미국 라티노의 역사

미국 라티노의 역사

초판 1쇄 인쇄 _ 2014년 5월 25일
초판 1쇄 발행 _ 2014년 5월 30일

지은이 후안 곤살레스
옮긴이 이은아, 최해성, 서은희
펴낸곳 (주)그린비출판사 | **주소** 서울시 마포구 동교로 17길 7, 4층(서교동, 은혜빌딩)
전화 02-702-2717 | **이메일** editor@greenbee.co.kr | **등록번호** 제313-1990-32호

ISBN 978-89-7682-535-3 03900

이 책은 2008년도 정부(교육부)의 재원으로 한국연구재단의 지원을 받아 번역되었음.(NRF-2008-362-B00015)

나를 바꾸는 책, 세상을 바꾸는 책 www.greenbee.co.kr

트랜스라틴 총서 15

미국 라티노의 역사

Harvest of Empire

후안 곤살레스 지음

이은아 · 최해성 · 서은희 옮김

응B
그린비

우리를 모르는 가장 강력한 이웃인 그들이 가하는 경멸이야말로 '우리 아메리카'가 직면한 거대한 위험이다. 그 이웃이 방문할 시기가 다가오면서, 그들이 우리에 대한 경멸을 삼가도록 우리를 아는 것, 그것도 즉시 아는 것이 시급해졌다. 그들은 무식함을 빙자하며 심지어는 우리에게 손을 대기까지 할 것이다. 그러나 우리를 일단 알게 되면 존경심이 생겨서 손을 거둘 것이다. 누구나 인간의 최상에 대한 신념을 지녀야 하고 최악을 불신해야 한다.

— 호세 마르티, 1891년 1월 10일

머리말

2006년 3월과 5월 사이, 300만에서 500만으로 추산되는 시위대, 대부분
라티노들인 그들이 미국의 160개 도시와 마을의 도심 중심부 거리를 메
우면서 이 국가가 전혀 경험해 보지 못한, 가장 오래 이어진 대규모 항의
를 벌였다.[1]

　　1930년대 미국 노동 운동의 정점에서도, 1960년대 베트남전에 대한
대중적 반대나 시민권 운동의 최고조에서도, 이런 경이로운 숫자의 행진
이 펼쳐진 적이 없었다. 대규모 시위가 공통의 불만을 대상으로 이렇게

---

1) 시위에 참가한 군중의 규모를 파악하는 일은 역사적으로 논쟁에 휩싸여 왔다. 정부 기관은
　전형적으로 이 숫자를 적게 잡았고, 조직자들은 흔히 과장했다. 최근 많은 정치 당국과 지방
　정부는 공식적 집계를 발표하는 것을 삼갔다. 2006년 시위 규모를 가늠하기 위해 각 도시의
　지방 미디어 보고를 기준으로 가장 체계적인 산출을 해보면, 165개 도시에서 350만 명에서
　510만 명이 참가한 것으로 드러난다. 대도시에서는 이 기간 동안 다양한 사건이 벌어졌다.
　Xóchitl Bada, Jonathan Fox, Elvia Zazueta, and Ingrid Garcia, "Database: Immigrant
　Rights Marches", 2006년 봄, "Mexico Institute: Mexican Migrant Civic and Political
　Participation", Woodrow Wilson International Center for Scholars(2010년 5월 10일,
　http://www.wilsoncenter.org/index.cfm?topic_id=5949&fuseaction=topics.item&news_
　id=150685#coverage_of_2006_marches) 참조.

많은 지역에서 평화롭게 진행된 적이 없었다. 미국 사회의 소외 지역에 있는 어떤 그룹도 정치 기득권층을 그토록 경악하게 만든 적이 없었다. 추동mobilization이라는 말이 스페인어 라디오와 텔레비전, 인터넷이라는 젊은 라티노들의 사회적 네트워크를 통해 널리 확산되고 있었는데, 정부 지도자들과 일반 대중은 도시 거리에 거대한 군중이 갑자기 쏟아져 나오기 전까지 무슨 일이 벌어지고 있는지 알지 못했던 것이다.

시위대의 당장의 목적은 이 국가에 불법적으로 머무는 이민자들에게 새로 무거운 형벌을 내리겠다는 의회 법안을 기각시키는 것이었다. 반대자들은 센선브레너 법안으로 알려지게 된 이 안을 폐기시키고 이민 정책에 대한 포괄적 점검을 요구함으로써, 기존의 1,200만으로 추산되는 불법 거주자들에게 "국민으로 가는 길"을 제시하고자 했다. 시위 지도자들은 자신들의 노력을 불법 이민자들에게 동정과 존중을 촉구하고 이들의 존엄을 보호하라는 도덕적 요구로 간주했다. 많은 사람이 "우리는 할 수 있다"라는 슬로건을 받아들였는데, 이 말은 전설적인 멕시코계 미국인 노동 조직가인 세사르 차베스가 그의 '농장 노동자 조합'을 위해 반세기 전에 내세운, 이제는 거의 잊혀진 어구였다.

주요 도시에 잘 정착된 라티노 주거촌 내 북적이는 거리에서부터 미국의 중심부를 가로질러 새롭게 싹튼 작은 마을의 바리오[2]들에까지 그들의 메시지가 울려퍼졌다. 그들이 계획한 시위는 갑자기 수만 명의 가정부, 유모, 정비 노동자, 저임금 정원사, 일용 노동자, 식당 배달 소년, 접시닦이, 호텔 웨이터와 사환, 일차 도축장 노동자, 건축 노동자 등이 참여하면서 불어났다. 이들 중 다수는 사회의 어두운 부분에서 눈에 띄지 않

---

2) barrio. 스페인어로 '동네'를 뜻함.─옮긴이

는 삶을 쉬쉬하며 영위해 왔고, 항상 지방 경찰이나 보안관에게 검문을 당할까 봐 두려워하거나, 이민 관련 현장 급습 때 검거되어 급히 송환될 위험으로 인해 겁에 질린 채 살아왔다. 갑자기 이 갈색 피부를 지닌, 한때는 고분고분했던 이 인류 집단이 밝은 대낮에 번쩍이는 도심을 통과해 행진을 한 것이다. 그들은 배우자와 아이들을 동반하거나 유모차에 어린 애들을 태우고, 자신들의 오순절 교회나 가톨릭 교회의 집회 참여자와 함께 사제와 교회 현수막 뒤를 따라 행진하면서 미국의 국기와 자신들의 출신국가 국기를 동시에 흔들었다.

그러나 그들은 단순한 불법 이민자 모임이 아니었고, 미국에서 태어났거나 이미 시민권을 획득한, 혹은 오랜 기간 합법적 거주자로 지내온 수십만 명의 라티노들이었다. 그리고 사실상 모든 항의의 선두에 나선 이들은 경이적인 인원수의 미국 태생 히스패닉 고등학생과 대학생이었다. 이들 중 많은 사람은 그들의 이민자 부모와 헤어지게 될 가능성이 높았다.

모두 불타오르는 분노의 심정을 공유하고 있었다. 이들은 주류 미디어가 라티노 그룹과 불법 이민 노동자들을 겨냥해 지나치게 정형적으로 만들어 온 인상, 즉 이 국가를 집어삼키는 신종 위협으로 그리는 데에 지쳐 있었다.

그리고 물론 라티노들이 시위대의 압도적 다수를 이루고 있었지만 혼자가 아니었다. 수천 명의 폴란드, 아일랜드, 한국, 중국, 필리핀 출신 이민자들이 수많은 백인, 흑인 종교 지도자, 노동운동가, 지지자들과 함께 그 자리에 있었다.

2006년 이민법 항의는 소외된 그룹이 갑자기 일어나 국가 대다수에게 민주적이고 인간적인 권리에 대한 기존의 개념을 재고하도록 요구한 희귀한 예였다. 시위대 대부분에게는 이것이 그들의 첫 사회적 항의의 행동이었을뿐더러, 그들이 세상을 바라보는 방식을 영원히 바꿔 놓았을 사건이었다. 워싱턴의 1963년 시위가 많은 흑인 미국인들의 세계관을 결정지었던 것처럼, 그리고 1968년 대학생 저항이 백인 미국인 세대의 사고를 형성시켰던 것처럼, 이번 시위는 이 국가의 히스패닉 소수자들의 정치적 성장을 표출시킨 것이었다.

새로운 운동은 예기치 못한 영향력을 이 국면에 행사했고, 상업적 미디어에서는 몇 가지 상충하는 내용의 이야기들을 즉시 만들어 냈다. 한편, 십여 종의 주류 신문과 텔레비전 방송국에서는 처음으로 불법 이민자들의 삶에 관한 가슴 아프고 동정적인 사연들을 이야기하기 시작했다. 지금까지 언론은 대체로 이들을 무시했고, 대신 '불법적 외부인'이라는 고정된 생각을 유지해 왔다. 반면, 급성장세의 스페인어 미디어는 근본적으로 다른 이야기를 들려주었다. 즉, 동정의 시선이 아닌 연대의 시선으로 바라본 이야기였다. 수십 명에 이르는 미국의 유명 라디오 진행자들로부터 우니비시온Univision이나 텔레문도Telemundo와 같은 대형 텔레비전 방송국에 이르기까지, 또한 수백 종의 주간 히스패닉 신문들에서 로스앤젤레스의 라오피니온La Opinión, 뉴욕의 엘디아리오-라프렌사El Diario-La Prensa와 같은 대도시 일간지에 걸쳐서, 스페인어 언론은 공개적으로 이 운동을 칭송하고 홍보했다. 그들은 이 운동이 히스패닉계 미국인들이 이 나라에 공헌한 바를 마침내 인정받기 위해 펼치는 영웅적 노력이라고 묘사했다.

그러나 러시 림보, 빌 오라일리, 루 답스 같은 우파 라디오나 텔레비전 토크쇼 진행자들에게서 강경한 반응이 비슷하게 생겨났다. 일부 시위자들이 미국 국기와 동시에 그들의 출신국가 국기를 자랑스럽게 흔들었다는 사실을 빌미로 이들은 공개적으로 대중적 분노를 자극하려고 들었다. 이들은 더 강력한 이민 정책과 대규모 송환을 요구했고, 남서부 지역의 전 멕시코 영토를 히스패닉 고향으로 되찾아야 한다는 라티노 극단주의자들의 시도에 경고를 보냈다.

당연하게도 일반 대중들 사이에서 반反이민자 정서는 점점 더 들끓었고 견고해졌으며, 더욱 명료하게 히스패닉을 겨냥했다. 상황이 이렇게 되자, 미국 내 지방 정치인들은 이민자 공동체를 급습해서 단속했다는 이유로 하룻밤 사이에 유명 인사로 떠올랐다. 이들은 애리조나 마리코파 카운티의 보안관인 조 아르파이오, 펜실베이니아 헤이즐턴의 조 바를레타, 뉴욕 롱아일랜드의 서퍽 카운티 경찰청장인 스티브 레비 등이었다. 정치적 성향을 따라 많은 백인, 흑인 미국인들은 불법 이민자 송환에 박차를 가하고, 불법 노동자들을 고용한 회사에 높은 벌금을 부가하라고 분노에 겨운 외침을 터뜨렸다. 이들은 2천 마일에 달하는 미-멕 국경 전체에 물리적이고 실제적인 장벽을 빠른 시일 내 완성해서 국경을 봉쇄하라고 강력히 권고했다.

그러나 시위자들과 동조자들도 역시나 굳세게 저항했다. 이들의 저항력이 대단한 나머지 상원에서 센선브레너 법안이 소멸되었다. 그러나 2007년 매사추세츠 상원위원인 에드워드 케네디, 공화당 상원의원인 존 매케인, 부시 대통령이 지지한 초당적인 포괄적 이민 개혁안 역시 같은 운명을 맞았다.

이 새로운 운동은 이민 개혁이라는 주요한 목표를 달성하는 데 실패했지만, 그 놀랄 만한 폭발력으로 인해 미국 정치에서 30년간 지속된 보수적 지배를 효과적으로 종결시켰다는 전혀 예상치 못한 깊은 흔적을 국가 전체에 남겼다. 이민 시위가 있은 지 6개월 후, 민주당은 상하원을 모두 장악했는데, 그런 역사적 권력 이동의 주요 원인들 중 하나가 우후죽순으로 성장하는 라티노 유권자들 때문이었다. 이전 중간 선거에 비해 그 해 11월에는 히스패닉 캐스팅보트가 거의 백만 명이 증가해 2002년 470만 명에서 2006년 560만 명이 되었다. 공화당은 센선브레너 법안과 대부분 밀접하게 연관되어 있었기 때문에 하원의 공화당 후보자에게 표를 던진 라티노 비율은 38%에서 30%로 극감했다.[3)]

그리고 2008년 일리노이 민주당 상원의원인 버락 오바마는 차베스의 농장 노동자와 이민자 권리 운동에서 사용된 "우리는 할 수 있다"라는 슬로건을 똑같이 사용했고, 이후 백악관을 접수했다. 오바마의 역사적 승리는 라티노 유권자들의 압도적인 지지에 큰 빚을 지고 있다. 대통령 선거의 라티노 캐스팅보트는 2008년 870만 명으로, 2004년에서 210만 명이 늘어난 숫자였다. 오바마는 이 표의 67%를 가져간 반면, 공화당의 존 매케인은 오직 31%를 가져갔다. 매케인 의원의 몫은 2004년 재선에서 부시가 가져간 40%의 라티노 표에 비하면 40%나 줄어든 것이었다.

2008년 210만 명이 추가로 증가한 라티노 유권자와 비슷하게 아프리카계 미국인도 굉장한 증가세를 보였고, 아시아계 미국인도 30만 명이라는 큰 상승폭을 보여 주었다. 따라서 이 국가의 역사상 가장 다양한 선거집단이 만들어졌고, 첫 흑인 대통령을 당선시켰다. 희열감을 맛보게

---

3) "The Latino Electorate: An Analysis of the 2006 Election", Pew Hispanic Center fact sheet, 2007년 7월 24일(2010년 4월 1일, http://pewhispanic.org/files/factsheets/34.pdf) 과 James G. Gimpel, "Latino Voting in the 2006 Election: Realignment to the GOP Remains Distant", Center for Immigration Studies, 2007년 3월(2010년 4월 1일, http://www.cis.org/2006ElectionLatinoVotingRealignment) 참조.

한 대통령 취임식 이후, 많은 이들은 미국이 새로운 탈인종 시대로 진입했다고 주장했다. 그러나 투표 통계에 관한 냉철한 조사에 의하면 그런 위안을 안길 만한 변화의 시각은 존재하지 않았다. 곧이어 등장한 우파의 티파티 운동도 마찬가지였다. 오바마는 결국 백인 유권자의 43%만을 획득했고, 존 매케인은 55%를 거둬들였다. 백인들 사이의 극심한 차이는 보통 공화당의 승리를 가져오게 마련이다. 오직 인종적 소수자들, 즉 95%의 아프리카계 미국인, 62%의 아시아계 미국인들로부터 오바마가 압도적 지지와 대단한 투표율을 획득했기에 선거에서 쉽사리 이길 수 있었다.[4]

그래서 오바마의 부상은 아프리카계 미국인들이 더 큰 기회를 지니게 되었다는 의미뿐 아니라 이 국가의 유권자들이 변화하고 있다는 사실을 반영했다. 이 세기의 첫 십 년간 히스패닉 선출 공무원의 숫자가 6,600명을 넘어섰다. 1994년에서 2009년 사이, 의회의 라티노 숫자는 17명에서 25명으로 거의 50%가 증가했다. 한편, 주 정부에서 선출직을 맡고 있는 히스패닉은 184명에서 247명으로 3분의 1이 증가했다. 지난 십 년 중 일정한 기간 동안 미국 상원에서 라티노가 3석이라는 기록적인 의석 수를 차지했다. 그들은 플로리다 공화당원 멜 마르티네스, 콜로라도 민주당원인 켄 살라사르, 뉴저지 민주당원인 로버트 메넨데스였다.[5]

필자가 1990년대 말에 이 책 『미국 라티노의 역사』의 초판을 쓰는 동안, 연방 정부는 멕시코와 미국 사이의 장벽을 샌디에이고 남부에만

---

4) Mark Hugo Lopez and Paul Taylor, "Dissecting the 2008 Electorate: The Most Diverse in the U.S. History," Pew Hispanic Center, 2009년 4월 30일(2010년 4월 3일, http://pewhispanic.org/files/reports/l08.pdf).

세우는 초기 단계에 있었다. 나는 이 급조한 장벽이 인간의 불안에 대한 지구상 가장 큰 증거물로 불릴 만한, 중국의 황제들이 흉노족을 상대로 세운 1,500마일의 만리장성보다는 인상적이지 않다고 썼다. 그럼에도 미국은 미-멕 국경이 우리 반구의 중대한 변화의 진원지가 되었음을 명백히 보여 주자는 생각이었다. 낮에는, 국경 남쪽을 향한 끊임없는 트럭의 행렬이, 수백만 명의 저임금 노동자들로 북적거리는 신규 공장에 물건을 실어 날랐다. 밤에는 뒤에 남겨진 가족들의 생계를 좌우할 미국의 임금을 찾아서 사람들의 조용한 물결이 국경 북쪽을 향했다. 두 이동은 국경 양쪽의 소수 투자자 엘리트들에게 거대한 횡재를 안겨 주었고, 멕시코 쪽 사회적 여건을 끔찍하게 황폐화시켰다.

초기 유럽 정착민들이 북미 변경을 가로질러 서진했던 여행과 맞먹는 규모를 지닌 북으로의 노동 이동은, 미국을 라티노화시키는 현저한 변화를 양산했다. 비교할 수 없을 정도의 대규모 이민이 2차 세계대전 이후 멕시코, 카리브, 중미, 남미로부터 발생했고, 1960년 이후 특히 가속화되었다. 4천만 이상의 외국인이 1960년에서 2008년 사이 미국에 정착했다. 미 국가의 역사상 어떤 50년간의 주기와 비교해도 능가하는 숫자였고, 이 새로운 유입자들의 절반이 라틴아메리카 출신이었다. 그러나 1980년대와 1990년대 사이 언론에서 히스패닉 인구 증가에 관한 과장된 발표

---

5) 라티노 선출직 공무원 국가 협회(NALEO)의 연간 히스패닉 공직자 기록에서 전체 공무원 숫자를 2009년 2,670명으로 보았다. 이는 얼핏 보기에 1994년에 보고된 5,459명에서 별다른 진전이 없는 것처럼 보인다. 그러나 2002년 NALEO는 시카고 학교위원회의 위원을 라티노 선출직 숫자에 합산하는 것을 중지했다. 이 위원회는 학교위원회 공무원들로 구성된 위원회 중 가장 큰 규모였다. 시카고 위원회는 7,700명의 위원 중 대략 14%인 약 천 명이 라티노다. 이들이 포함된다면 히스패닉 공직자들의 보다 정확한 숫자는 현재 6,600명이 넘는다. *2009 National Directory of Latino Elected Officials*, NALEO Education Fund, p.vii 참조.

를 많이 했음에도 불구하고 대부분의 전문가들은 이 변화의 거대한 의미를 제대로 파악하지 못했다.

예를 들어, 미국 통계국은 라티노 인구의 미래 성장에 대한 전망을 반복해서 검토함으로써 더 높이 수정해야 했다. 가장 최근의 추산에 따르면, 미국의 히스패닉의 인구는 2009년 4,600만 명이었는데(미국 시민인 400만의 푸에르토리코 인구를 계산하지 않았다), 2050년에 가면 거의 세 배인 1억 3,200만에 이른다고 한다. 그때에 이르면, 라티노는 미국 전체 인구의 대략 3분의 1을 구성하게 될 것이다. 아프리카계 미국인과 다른 비소수자 인구와 더불어 추산하면, 미국 거주자의 절반 이상, 즉 4억 3,900만 인구 중 2억 3,500만을 구성할 것이다.

다른 말로 하면, 이 세기의 중반에 이르면 유럽계 백인은 의심할 여지 없이 부와 권력의 측면에서 지배적 인종 그룹으로 남겠지만, 미국의 다수로 존재하지는 못할 것이다. 2050년 이후를 내다보면, 이 세기의 말즈음 미국 내 다수 인구의 종족적 뿌리가 유럽이 아닌 라틴아메리카에 있게 될 가능성이 매우 농후하다.[6]

라티노 인구가 가까운 1970년만 해도 910만 명으로, 인구의 겨우

---

6) 1993년 미국 통계국은 2010년 전체 인구의 13.2%인 3,900만 히스패닉이 미국에 거주할 것이라고 예측했다. 그리고 2050년에는 전체 인구의 21%인 8,000만 명에 이를 것이라고 말했다. 그러나 2000년 인구 조사 바로 직전, 통계국은 이 예측을 2050년 9,800만 명으로 늘렸다. 그리고 2008년 새로운 보고서에 히스패닉이 그 해 총인구의 15%인 4,600만 명을 넘을 것이라고 작성해, 앞선 수치를 수정해야 했다. "Hispanic Americans Today", Current Population Reports, pp. 23~183. U.S. Department of Commerce (Washington, D.C.: U.S. Government Printing Office, 1993), p. 2. Randolph E. Schmid, "Twice as Many Americans by 2100", Associated Press, January 13, 2000. "An Older and More Diverse Nation by Midcentury", U.S. Census Bureau News, 2008년 8월 14일 (2010년 4월 5일, http://www.census.gov/Press-Release/www/releases/archives/population/012496.html) 참조.

4.5%에 해당했다는 점을 생각해 보면 이는 참 놀랄 만한 일이다. 히스패 닉 인구 폭발은 더 이상 남부 국경 지역이나 캘리포니아, 뉴욕, 플로리다 와 같은 몇몇 큰 주에 한정되지 않는다. 현재 사실상 이 나라의 모든 도시 외곽, 작은 소도시, 시골 지역까지 확산되어 있다. 멕시코 레스토랑, 스페 인 음식잡화상, 라틴 음악은 이제 미국 곳곳에 퍼져 있다.

이런 빠른 변화가 비히스패닉 백인들에게, 심지어 일부 흑인 미국인 들에게까지 깊은 불안감을 안겨 준다는 점은 이해할 만하다. 특히 대규 모 베이비부머 세대에게 그러하다. 이들은 20세기에서 인구 증가율이 가 장 저조한 시기였던 1950년대와 1960년대 성장했다. 외국 출생 인구가 매우 희박했기도 했지만, 인종 분리 정책의 우세와 백인 중심 도시외곽 의 성장으로 인해, 백인, 흑인 모두 문화적으로나 언어적으로 자신들과 상이한 사람들과는 사회적 교류를 거의 갖지 않았다. 다른 말로 하면, 이 국가는 인종적으로 분리됐지만, 인구학적으로는 동종적이었다.[7]

오늘날, 이 나이 든 미국인들은 라티노와 아시아 이민자들이 미국식 삶의 방식을 영원히 바꿔 놓을 것이라며 굉장한 두려움에 사로잡혀 말한 다. 1990년대 당황스러울 정도로 많은 사람이 현대의 흉노족으로 보이 는, 스페인어를 사용하는 "대문 앞의 야만인" 집단이 국가를 위협하고 있 다고 믿기 시작했다. 많은 사람이 공립학교와 대학교에서 실시하는 다문 화교육 운동이 종족적 민족주의라는 분열적 형태를 키우는 일이라고 믿 게 되었다. 이들은 이것이 유럽 중심적 전통의 미국사를 전복시키고 이 중언어 교육이라는 '비미국적' 개혁을 조성하는 것이라 생각했다. 이 언

---

7) Damien Cave, "The Immigration Gap: Baby Boomers Are Backing Arizona's Tough New Law While Young People Are Rejecting It", *New York Times*, 2010년 5월 18일.

어 문제만큼 우리나라의 앵글로색슨 전통을 옹호하는 이들을 흥분시키는 것도 없는 것 같다. 인간의 문화가 필연적으로 언어를 통해 표현되기 때문에 '외국어' 사용의 증가는 아무래도 외국 문화의 유입을 동반하게 마련이다. 그래서 옳든 그르든 간에 히스패닉계는 점점 더 언어적 위협의 선봉으로 여겨진다.

널리 확산된 불안감은 라티노를 대상으로 한 혐오 범죄의 빠른 성장을 통해 알 수 있다. 2003년에서 2006년 사이 FBI의 보고서에 의하면 35%가 늘었다. 다른 연구들에 의하면 라티노 문제에 관해 통계의 범위를 심각하게 축소해 잡는다. 예를 들어, 2008년 FBI는 7,780건의 혐오 범죄가 발생했다고 보고했다. 지방 경찰 보고서를 집계해서 나온 이 수치는 지난 십 년간 6천 건에서 만 건으로 들쭉날쭉했다. FBI에 따르면, 2008년 사건의 11.5%만이 인종적 혹은 국가적 원인의 혐오 범죄였다고 한다.[8]

그러나 법무부 통계국은 2005년에 혐오 범죄의 실제 건수가 지난 십 년간 대부분 매년 평균 19만 건으로 훨씬 많았다는 분석을 발표했다. '국가 범죄 희생 조사'National Criminal Victimization Survey에 근거한 이 연구는 2000년에서 2003년 사이 혐오 범죄의 거의 30%가 종족적 원인에 기인한다고 밝혔다. 또한 혐오 범죄의 절반 이상이 경찰에 보고되지 않으며, 주요한 이유는 그런 공격에 희생당한 불법 이민자들이 시민이나 합법적 거주자에 비해 경찰에 알리는 빈도가 훨씬 낮기 때문이라고 밝혔다.[9]

8) Brentin Mock, "Immigration Backlash: Hate Crimes against Latinos Flourish", Southern Poverty Law Center, Intelligence Report, 2007년 겨울, no. 128 (http://www.splcenter.org/get-informed/intelligence-report/browse-allissues/).

9) Caroline Wolf Harlow, "Hate Crime Reported by Victims and Police", U.S. Department of Justice, Bureau of Justice Statistics Special Report, 2005년 11월 (2010년 3월, http://bjs.ojp.usdoj.gov/content/pub/pdf/hcrvp.pdf).

동시에 불법 이민자를 겨냥한 법안을 채택하는 지방 정부가 증가했다. 아마도 가장 논쟁적인 것은 2010년 애리조나 주 입법주가 통과시킨 법안으로서, 경찰이 이 국가에 불법적으로 거주하고 있다고 '합리적으로 의심하는' 사람들을 누구든지 세워서 검문할 수 있도록 허가하는 내용이었다.

그러나 미국만 통제할 길 없는 제3세계로부터의 이민에 두려움을 느끼는 것은 아니다. 2차 대전 이래 항공과 대중매체를 통한 현대 세계의 압축 및 부유하고 발전된 나라들과 극도로 빈곤한 아시아, 아프리카, 라틴아메리카의 유례없는 격차가 서구로의 전무후무한 대규모 이주를 유발하고 있다. 과거의 식민-피식민 관계 때문에 제3세계 이민자들이 또다시 식민시대 옛 주인들의 메트로폴리스에 이끌리고 있는 것이다. 영국에서는 파키스탄인, 인도인, 자메이카인들이 백인 원주민들을 무력화시키고 있다. 프랑스에서는 점점 성장하고 있는 우익 운동이 알제리인과 튀니지인을 목표로 삼고 있다. 독일에서는 아프리카, 동남아시아, 동유럽에서 온 이민자들이 현지 시민들의 분노를 자아내고 있다.

그러나 미국의 히스패닉 인구의 거대한 폭발은 어떻게 일어났는가? 이렇게 많은 인구를 이곳으로 이끈 힘은 무엇이었는가? 단순히 느슨한 국경 통제와 잘못된 연방 정부의 이민 정책 탓이었는가? 혹은 이 국가의 발전에 있어 보다 근본적인 그 무언가에 의해서였는가?

이 책의 핵심 요지는 라틴아메리카에 대한 미국의 경제적·정치적 지배가 언제나 이곳에 대규모 라티노 인구를 만들어 왔고, 계속 생기게 할 기초 원인이라는 것이다. 아주 단순히 말해, 우리의 거대한 라티노 인구는 미 제국이 의도치 않았던 수확인 것이다. 우리 대부분은 심지어 월스트리트의 투기꾼이나 투자은행들이 단 몇 시간 만에 세계의 거의 모든 국가경제를 파멸시키는 능력을 숱하게 보아 왔음에도, 미국이 제국이라는 생각에 불편함을 느낄 것이다. 이것은 로마 제국이나 오스만 제국이 휘두른 권력보다 훨씬 강력한 권력이다. 우리의 공립학교들은 이런 점과 관련해서는 철저히 실패했다. 영토적 팽창에 수반된 음모나 미국의 경제적 세계 지배를 초래한 음모에 대해서는 거의 아무것도 가르치지 않았기 때문이다.

비교적 최근까지도 라틴아메리카는 미국의 권력과 영향력 하에 있는 이국적이고 매혹적인 뒷마당으로 인식되었다. 미국인들이 진기한 여행 경험이나 휴가를 즐기기 위해, 혹은 헐값의 토지를 축적하거나 막대한 재산을 일구어 내려고 종종 모험을 떠나는, 묘사할 길 없는 일군의 바나나 공화국들과 반문명적인 나라들이 있는 곳으로 알았다. 라틴아메리카의 불운한 정부들은 미국의 경쟁적인 은행가와 투자자 집단의 음모, 그리고 미국 대통령들의 함포외교의 영원한 먹잇감이었다. 그러나 지난날의 그 불평등의 산물인 라티노 이주자들은 이제 미국의 정원, 부엌, 거실로 거침없이 밀려들었다. 우리 라티노들은 미국의 학교와 군대, 심지어 감옥에도 넘쳐나고 있다.

물론 이주자는 문명의 시초부터 존재했다. 그리고 사람들이 이 땅에서 저 땅으로 이동하는 기본적인 이유들은 그동안 변하지 않았다. 기아나 악화된 조건, 정치적·종교적 박해, 다른 곳에서 다시 출발함으로써 운명을 바꿀 기회 등이다. 그러나 내가 이 책에서 보여 주려고 하는 것처럼, 라틴아메리카인들의 이주와 미국에서의 라티노의 존재는 몇몇 점에서 유럽인들의 이주와는 다르다.

첫째, 라티노 이주자들은 미 제국의 성장과 직접적인 관련이 있었다. 미국을 안정시키기 위해서든, 그저 더 큰 차원의 대외정책 목표를 수행하는 과정에서 피난민들을 받아들일 정치적 필요성 때문에서든(쿠바인, 도미니카인, 엘살바도르인, 니카라과인), 혹은 미국 내 특정 산업의 노동력 수요를 충족시키는 경제적 필요성에서든(멕시코인, 푸에르토리코인, 파나마인) 라티노 이주자들은 제국의 필요성에 긴밀하게 응답해 왔다.

둘째, 라틴아메리카인들은 미국에 머물게 되면서 이민자에서 주류의 지위가 아닌, 이민자에서 언어적·인종적 천민의 지위로 전락했다. 미국과 라틴아메리카의 역사에서 언어적·인종적 갈등의 추이에 따른 결과였다.

셋째, 대부분의 라틴아메리카인들은 미국이 이미 세계의 강대국일 때, 즉 우리 사회가 후기 산업사회 시대로 접어들어 빈부격차가 벌어져 있을 때 이곳에 왔다. 이는 과거 유럽계 이민자가 중산층으로의 신분 상승을 위해 활용한 공장의 비숙련 일자리가 라틴아메리카 이주자들에게는 더 이상 주요 수단이 되지 못했음을 의미한다.

그러나 미국 회사와 재정 기관들이 점점 더 깊게 라틴아메리카에 개입했기 때문에 전무후무한 노동 이동이 남에서 북으로 폭발적으로 이뤄졌다. 더 큰 경제적 통합을 증진시키고자 했던 정부 정책들은 두 지역에서 더욱 심각한 수입과 부의 불균등을 초래했을 뿐이다. 대부분 워싱턴과 월스트리트의 영향 하에 있던 국가들에서 특히 더 그랬다. 그 결과, 미국의 경제는 우리의 '공동 시장'이라는 빈약한 지대로부터 저임금 노동을 끌어당기는 거부할 수 없는 자석이 되고 말았다.

예를 들어, 1990년대 NAFTA가 효력을 발생하기 4년 전, 연방 정부는 미국에 불법적으로 거주하는 이민자를 340만에서 550만으로 추산했다. 오늘날 믿을 만한 추산에 의하면 불법 이민자는 약 1,200만으로, 이 인구의 3분의 2 이상이 멕시코 출신이다. NAFTA 효력 발생 이전, 매년 평균 35만 명의 멕시코인이 미국으로 이주했다. 2000년대 초반에 이르면, 거의 매년 50만 명이 이주하게 된다. 멕시코는 이제 중국과 인도를 포함해 세계 어느 나라보다도 국내인을 해외 노동자로 많이 보내는 미심쩍은 특징을 지닌 나라가 되었다.[10]

라티노 이주 문제와 관련된 큰 맥락에서의 사회적 동인을 아는 것만큼이나 중요한 것이 이런 대단히 복잡한 현상 뒤에 숨겨진 이주자들의 인간적인 무용담을 이해하는 일이다. 각각의 라티노 그룹은 왜 이주를 하게 되었는가? 어떤 이유로 누군가는 이주를 하고 누군가는 결국 이주하지 않았는가? 그들이 이곳에 왔을 때 각 그룹의 개척자들은 무엇을 발견했는가? 그들은 어떻게 다른 미국인들과 상호 영향을 주고받았는가? 공동체는 어떻게 건설되었는가? 왜 어떤 이들은 소수민족의 게토에 은거하고 어떤 이들은 그러지 않았는가? 어떤 방식으로 라티노가 나라를 바꾸고 있고, 미국의 백인과 흑인은 그 변화에 대해 어떻게 느끼고 있는가?

이 책은 라틴아메리카와 미국 속의 라티노인들 모두를, 그들이 미국의 이상과 현실에 어떻게 기여를 했고 희생했는지를 통합된 역사적 시각으로 조망함으로써 위의 질문들에 대한 대답을 모색해 보고자 한다.

---

10) Eduardo Zepeda, Timothy A. Wise, and Kevin P. Gallagher, "Rethinking Trade Policy for Development: Lessons from Mexico under NAFTA", Carnegie Endowment for International Peace, 2009년 12월 13일 (http://www.carnegieendowment.org/files/nafta_trade_development.pdf). 또한 다음을 참조. "Illegal Aliens: Despite Data Limitations, Current Methods Provide Better Population Estimates", U.S. Government Accountability Office, 1993년 8월 5일 (2010년 4월 5일, http://www.gao.gov/products/PEMD-93-25). Brad Knickerbocker, "Illegal Immigrants: How Many Are There?", Christian Science Monitor, May 16, 2006. Roberto Gonzalez Amadador and David Brooks, "México, el mayor expulsor de migrantes del planeta, dice BM", La Jornada, 2007년 4월 16일.

이 책은 각각 '뿌리', '가지', '추수'라고 이름 붙인 세 개의 주요 부분으로 나뉜다. 3장으로 구성된 첫 부분은 라틴아메리카와 미국의 길고 긴 굴곡진 관계를 추적한다. 식민시대를 다루는 1장은 라틴아메리카와 미국이 1500년대부터 독립에 이르기까지 지극히 상이한 사회로 발전해 나가는 과정을 요약하고 있다. 2장은 미국이 19세기에 어떻게 라틴아메리카의 영토를 강탈하고 수탈함으로써 제국으로 팽창했는지를 다룬다. 3장은 20세기에 미국의 지도자들이 카리브 지역을 어떻게 보호령으로 만들었는지를 개괄한다. 500년의 신세계 역사를 세 개의 짧은 장에서 되짚어 보는 것은 분명 녹록지 않은 일이기에 미리 주의를 당부하겠다. 나는 우리의 현재 상황을 조망할 빛을 찾는 마음으로, 앵글로아메리카와 라틴아메리카 양쪽 저술가들이 쓴 다양한 역사책에서 추려 낸 핵심 교훈과 유형에 초점을 맞출 것이다.

두번째 부분인 '가지'는 총 6장으로 구성되어 있고, 각 장마다 미국 내에서 가장 큰 라티노 그룹을 각기 다루었다. 이 두번째 부분에서 나는 현대의 이주에 관한 타인들의 연구와 언론인으로서 행한 인터뷰와 조사를 결합시켰다. 비록 모든 라틴아메리카인이 미국과 동질적이고 보편적인 관계를 맺고 있기는 하지만, 각 국가 국민들의 이민 이야기는 이주가 발생한 시점, 미국에 온 사람들의 계층과 유형, 새로운 환경과의 접촉 방식에 따라 독특하다. 우리의 이민 이야기는 우리보다 먼저 이주해 온 스웨덴, 아일랜드, 독일, 폴란드, 이탈리아인들의 이야기만큼이나 다채롭다. 물론 그 다채로운 경험들이 모두 풍요롭기 때문에 각각의 라티노 그룹을 다루는 책을 몇 권 정도 쓸 수도 있다. 그러나 나는 각 그룹의 일반적인 이주 이야기, 특히 이주 초기의 이야기를 반영하는 가족 혹은 소수의 개인 이야기에 중점을 두기로 했다. 이주 지도자나 선구자가 된 이민자들, 그래서 자신들만의 경험을 의식적으로 반추하고자 하는 사람들에게 초점을 맞추었다. 등장하는 사람들은 대부분 내가 미국, 멕시코, 중앙아메리카, 카리브에서 언론인으로 20년 이상 일하면서 만난 사람들이다. 그들은 외부인들이 특정 공동체가 어떻게 느끼고 행동하는지를 쉽게 파악하고 싶을 때 찾는 통상적인 종족 정치가들이 아니다. 차라리 나는 풀뿌리지도자, 즉 동료 이주자들에게는 분명히 존경심을 획득했지만 그들의 공동체 외부에서는 인터뷰 요청을 거의 받지 않는, 알려지지 않은 그런 사람들을 주목했다.

마지막 부분인 '추수'는 오늘날의 미국 내 라티노에 대한 것이다. 전부 5장으로 구성되어 있으며, 정책, 이민, 언어, 문화 등 보통 평균적인 미국인이 라티노와 결부시키는 가장 중요한 사안들을 다루고 있다. 여기에다가 지난 60년간 진행된 라틴아메리카 이민의 핵심 원인, 가령 미국의 무역정책, 혹은 적절하게는 세계화라고 불려야 하는 흐름을 다루는 장을 하나 더 추가했다. 마지막으로 푸에르토리코에 관한 장이 있다. 한 장 전부를 푸에르토리코에게 할애한 이유는 카리브의 그 작은 섬이 20세기 동안 세계 그 어느 국가보다도 미국 투자가들에게 막대한 이윤의 원천이 되어 왔기 때문이다. 그 섬은 미국에게 마지막으로 남은 거대 식민지이기도 하다. 그럼에도 불구하고 푸에르토리코는 그 중요성에 걸맞지 않게 언론이나 학계의 주목을 거의 받지 못했다. 푸에르토리코에서 식민통치를 종식시키는 것은 이 나라 전체는 물론 본토와 그 섬의 780만 명의 푸에르토리코인들에게 심대한 반향을 불러일으킬 커다란 사안이다. 푸에르토리코가 독립을 할 때까지 미국 민주주의는 완성되지 못할 것이다.

지난 수십 년간 라틴아메리카와 미국의 발전은 나의 '제국의 수확'이라는 독창적 이론을 뒷받침할 새로운 증거를 풍부하게 만들었다. 이 수정판에서 나는 이 발전의 핵심 사항을 추적했다. 이 책의 첫 두 부분에서는 글 양식상 미세한 부분을 조금 수정했을 뿐 나머지는 그대로 두었다. 그러나 마지막 '추수'의 다섯 장은 라티노 공동체의 진화를 이뤄 가는 핵심 사건과 경향, 최신 정보를 보충함으로써 광범위하게 수정하고 새롭게 변화시켰다. 지난 십 년간 벌어진 가장 두드러진 사건은 다음과 같다.

- 9·11 이후 연방 정부와 지방 정부에 의한 불법 이민 급습, 이로 인해 급속도로 거세진 이민자 권리 운동.
- 미국 정치에서 라티노 유권자의 영향력 상승. 오바마 대통령이 첫 히스패닉 대법원 판사로 소니아 소토마요르Sonia Sotomayor를 임명한 역사적 사건.
- 푸에르토리코가 4년 동안 비에케스에 주둔한 해군 축출을 위해 벌인 특별한 투쟁. 이 섬의 경제적 위기 심화와 미해결된 섬 지위 관련 사안.
- 라틴아메리카에 미친 미국 자유무역정책의 파괴적 영향. 나프타의 여파로 생긴 이민자 유입.
- 라틴아메리카 전역에 좌파 경향 포퓰리스트 정부의 등장. 미국 라티노 인구에 영향을 미친 해외 변화.

물론 어떤 국가도 멕시코만큼 미국과 라틴아메리카의 관계, 혹은 이민 물결의 안정된 통제에 중요하지 않다. 노르테Norte[11]를 향한 노동자들의 대탈출이 대규모로 이뤄져, 몇 년 전부터 멕시코는 연방 정부가 182년간 통계를 집계한 이래 미국에 가장 많은 합법적 이민자를 공급하는 국

---

11) '북'이라는 스페인어 단어. 미국을 의미. —옮긴이

가로 자리매김했다. 이런 측면에서 이제 독일, 영국, 이탈리아, 아일랜드를 능가했다.

멕시코에서 새로운 일자리를 많이 창출함으로써 이민의 압력을 늦출 것으로 기대했던 NAFTA는 오히려 미국을 향한 더 큰 규모의 대탈출을 초래했다. 반면, 미국 회사들은 멕시코 제조업, 은행, 농업 분야에 자신들의 통제력을 급격히 증가시켰고 이제 교역까지 지배하게 되었다. 외국의 은행들이 1994년 페소 위기 이후 큰 물결을 이루면서 이 국가로 몰려들어왔고, 시티그룹이 오늘날 멕시코의 가장 큰 은행들 중 하나로 바뀌게 된 시점에 이르렀다. 몇 개의 미국과 다른 외국계 회사 몇 개가 멕시코의 은행 자산의 80% 이상을 통제하고 있다.[12]

멕시코 시골에서 근근이 먹고살던 수만 명의 생존형 농부들은 거의 파산상태로 내몰렸다. 전통적인 콩과 옥수수를 경작하는 대신, 잔인한 마약 카르텔들에 의해 점점 마리화나와 아편을 경작하도록 유인당하고 있다. 몇몇 공식적 집계에 의하면 멕시코 농토의 30%가 이제 불법 작물 수확에 이용된다고 한다. 후아레스, 티후아나, 브라운스빌과 같은 국경 도시에는 많은 실직 남성들이 마약 카르텔의 자위 부대에 도리 없이 모집당할 신세에 처해 있다. 이런 도시에서 확산되는 마약 관련 폭력은 1980년대 콜롬비아를 집어삼킨 참혹한 비극을 되풀이하고 있다.[13]

---

12) Heiner Schulz, "Foreign Banks in Mexico: New Conquistadors or Agents of Change?", 2007년 1월 10일, University of Pennsylvania, 3 (2010년 4월, http://www.polisci.upenn.edu/faculty/faculty.articles&papers/foreign-banks-inmexico.pdf).

13) Tracy Wilkinson, "Mexico Agricultural Subsidies Are Going Astray: A Fund to Help Poor Farmers Compete with U.S. Imports Is Instead Benefiting Drug Lords' Kin and Officials", *Los Angeles Times*, 2010년 3월 7일.

이 책은 히스패닉에 대한 관심을 심화시키고 싶은 일반 독자와, 자신들의 개별적인 종족 그룹——예를 들어, 치카노인, 푸에르토리코인, 쿠바인——에 관해서 깊은 이해를 지녔지만, 다른 히스패닉들에 대해서는 잘 모르는, 증가 추세에 있는 라티노 학생, 전문가, 지식인을 위한 책이다.

이런 야심찬 과업에 착수하는 나는 누구일까? 나는 1947년 푸에르토리코 폰세에서 노동자 부모 사이에서 태어났다. 우리 가족이 이듬해 나를 뉴욕 시의 엘바리오 동네로 데려오면서 계속 이 나라에 살게 되었다. 언론인인 나는 1960년대 '영로드당'Young Lords과 1970년대 후반 '푸에르토리코인 권리를 위한 전국의회'National Congress for Puerto Rican Rights라는 두 개의 전국적인 조직을 창설하고 지휘하는 데 참여한 푸에르토리코 공동체의 활동가였다. 지난 수십 년 동안 미국과 라틴아메리카를 돌아다니며 라티노 공동체의 실상을 보도했고, 이 과정에서 알게 된 라티노들의 경험에 관한 연구나 이야기를 닥치는 대로 흡수했다.

어느 순간, 나는 라티노의 삶을 살아 보지 않은 소위 '전문가'들이, 아무런 열정이나 아픔 없이 이따금씩 일방적으로 늘어놓는 이야기에 싫증이 났다. 그 세월 동안 일반 독자를 대상으로 좋은 의도에서 출발한 노력들이 있기는 했다. 그러나 전적으로 앵글로 독자들만을 위해서 작성한 책들 대부분은 내가 사파리식 접근이라고 부르는 것에 빠졌다. 작가들이 길을 따라가다 마주치는 원주민의 안내인이자 해석자 역할을 담당했기 때문이다.

그러는 동안 우리 대학가에서는 수많은 훌륭한 역사가들이 이 나라 라티노의 삶에 관한 중요한 연구의 장場을 열었다. 그들이 길을 닦아 놓지 않았다면 이 책은 불가능했을 것이다.

그러나 보통은 라티노 개별 그룹이나 문화, 정치, 특정 시기의 역사

같은 일개 영역만 편협하게 다루어 왔다. 라티노와 앵글로 모두를 아우르는 전체적 과정을 다루면서, 과거와 현재를 연관시키거나 혹은 분과학문들을 횡단하는 등 상당히 광범위한 화폭을 구상하는 시도는 적은 편이었다. 우리의 거주 영역을 하나의 신세계, 즉 북과 남이 하나인 신세계로 이해하려는 시도도 거의 없었다. 그 누구도 앵글로아메리카의 라틴아메리카 지배와——우루과이인 에두아르도 갈레아노가 "라틴아메리카의 절개된 혈관"the open veins of Latin America이라고 부른,[14] 200년간 계속 증가한 남에서 북으로의 대규모 부富의 이전——미국으로 향하는 최근 라틴아메리카인들의 홍수 사이의 질긴 연줄을 추적하지 않는다. 한쪽이 또 다른 한쪽 없이는 존재하지 못하리라는 것이 바로 이 책의 관점인 것이다.

만일 라틴아메리카가 독립 때부터 지금까지 미국 자본에게 강간당하고 노략질당하지 않았다면, 수백만 명의 노동자들이 지금 이곳에서 그 부의 배분을 요구하고 있지는 않으리라. 그리고 미국이 오늘날 세계에서 가장 부유한 국가라고 한다면, 이는 부분적으로는 칠레 구리 노동자, 볼리비아 주석 광부, 과테말라와 온두라스의 과일 수확 노동자, 베네수엘라와 멕시코의 석유 노동자, 푸에르토리코의 제약회사 노동자, 코스타리카와 아르헨티나의 목축 노동자, 파나마 운하를 건설하면서 죽어간 서인도제도인, 운하를 유지한 파나마인의 땀과 피 덕분이다.

미국의 백인과 흑인들이 급격히 늘어나는 라틴아메리카 주민에 어떻게 대처하는가에 따라 21세기에 우리나라가 민족 간 평화를 누릴지, 아니면 동구와 소련 및 여타 다민족 국가의 파멸적인 분리와 같은 갈등

---

14) Eduardo Galeano, *Las venas abiertas de América Latina*, 1971. 국내에는 '수탈된 대지'라는 제목으로 번역되었음.—옮긴이

으로 혼란스러울지 결정될 것이다.

복잡한 문제들에 대한 지난한 해결책뿐만 아니라 라틴아메리카와 미국 양자의 경험에 모두 의미를 부여하는 나의 솔직한 시도를 독자들이 이 책에서 발견하기를 바란다. 나는 이 일에 매달리면서 머리와 가슴을 분리하기가 쉽지 않았다. 시인인 페드로 피에트리가 언젠가 쓴 것처럼 "속옷 없이 땅에 묻힐" 정도로 존중 한번 받지 못한 라티노들을 나는 내 인생에서 너무도 많이 만났다. 그들은 자식들에게 무언가 더 나은 것을 해주려고 우리들 대부분이 지닌 인내심을 뛰어넘는 투쟁과 희생을 펼쳤으나 휴식조차 제대로 얻지 못했던 사람들이다. 우리의 정치가, 사업가, 장군들이 200년 동안 라틴아메리카에서 행한 끝없는 분탕질의 기록을 깊이 파고들면 들수록 나는 더 분노했다. 특히 그 지도자들이 과거 역사에서 아무것도 배우지 못한 것 같아서 더욱 그랬다. 그러나 나의 분노는 증오로 얼룩져 있지는 않다. 어떤 이들에게는 너무도 은혜로웠던 우리나라의 약속이 다른 이들의 가슴을 가차 없이 찢어 놓았다는 것을 알게 되면서 미국에 대해 낙심하게 되었다. 그러나 그래도 미국인은 기본적으로는 정의를 추구하고 있다는 신념, 사실을 알게 되면 불의가 지속되는 것을 용납하지 않으리라는 확신 덕분에 그 분노가 누그러졌다. 부분적으로는 이런 이유 때문에 나는 이 책에 라티노에 대해서 보통 알려지지 않은 '사실'들을 대거 포함시켰다.

바라건대 독자들이 이 책을 다 읽고 나면 미국의 라티노를 다른 시각으로 바라보았으면 한다. 우리 히스패닉은 미국을 떠나지 않을 것이다. 인구와 역사의 도도한 물결은 21세기에 라티노의 존재가 보다 강해질 것임을 보여 주고 있다. 그러나 우리는 그 옛날 라티노 소유의 신성한 땅에서 앵글로인 점유자들을 내쫓으려는 무장 재정복 운동을 벌이려는 것이 아니다. 생존을 위한 탐구, 동등한 토대로의 편입을 모색할 뿐이다. 이는 500년 동안의 경험으로 얻은, 우리 모두가 신세계의 아메리카인이라는 믿음, 우리의 가장 위험한 적은 상대방이 아니라 우리 사이에 존재하는 무지의 장벽이라는 믿음에 근거한 것이다.

용어 사용에 관한 이야기를 해야겠다. 나는 우리를 가장 정확히 지칭하는 용어가 '히스패닉'인지 '라티노'인지를 두고 이 나라 라티노 지식인들이 쓸데없이 시간을 낭비했다고 생각한다. 그 어느 용어도 완전히 적확하다 할 수 없지만 둘 다 수용할 만하다. 그래서 나는 이 책에서 이들을 구별 없이 사용하고 있다. 이 나라의 흑인들이 '유색인종'에 만족했다가 다음에는 니그로, 흑인, 아프리카-아메리카인으로 명칭을 바꾸어 왔듯이, 미국의 라틴아메리카인들도 그들만의 단계를 거치고 있는 중이다. 1980년대 중반 멕시코 언론인들과 히스패닉 언론인들의 공동 회의에 참석한 기억이 떠오른다. 회의가 열린 곳 근처의 작은 인디언 마을 사람들이 어느 날 밤에 우리 방문자들을 위한 리셉션을 열었다. 마을 광장은 "Bienvenidos, periodistas hispano-norteamericanos"(환영, 이스파노 아메리카-북아메리카 언론인)[15]이라는 거대한 현수막으로 장식되었다. 이렇게 양측 모두 각자의 명칭을 지니고 있었던 것이다.

게다가 우리 모두가 알고 있다. 현재 북미 전체를 가리키는 말인 '아메리카'는 불공평하게도 미국인이 미국을 지칭하기 위해 전유해 온 용어라는 것을. 그러는 동안 라틴아메리카인들은 미국을 '노르테아메리카' norteamérica 즉 노스아메리카로 부르고, 캐나다인에게는 미안한 일이지

---

15) 이스파노아메리카는 라틴아메리카의 스페인어권 국가들을 지칭함.―옮긴이

만 미국인을 '노르테아메리카인'norteamericano이라고 불렀다. 그리고 이곳 미국 내 멕시코 공동체에서는 백인을 보통 앵글로인이라고 부른다. 이와 관련해서도 나는 순수주의를 삼가고 아메리카인Americans, 북미인North Americans, 앵글로인Anglos을 무차별적으로 사용하였다.

나는 멕시코 아메리카인Mexican Americans이나 치카노인Chicanos을 미국에서 태어나고 성장한 멕시코인을 지칭하기 위해 사용하고, 멕시코인, 테하노인tejanos, 칼리포르니오인californios은 과달루페-이달고 조약Treaty of Guadalupe Hidalgo이[16] 그들을 미국인으로 만들기 전부터 현재의 미국에 살고 있던 멕시코인을 지칭하기 위해서 사용했다. 나는 필요할 때마다 스페인어 단어를 이탤릭체로 명기했고, 책의 마지막 부분에 이런 단어들의 정의를 담은 어휘록을 포함시켰다. 이렇게 이야기를 맺고자 한다. 이제 독자들께 나와 함께 벽을 부수고 미국 이야기를 통해 새로운 과거 여행을 떠나기를 권유한다.

---

16) 미국과 멕시코의 전쟁 후 국경선을 리오그란데 강과 힐라 강 사이로 정한 조약. 1848년 맺은 이 조약에서 미국은 136만km²의 땅(지금의 애리조나, 캘리포니아, 콜로라도 서부, 네바다, 뉴멕시코, 텍사스, 유타 등)을 멕시코에게 할양받았음.—옮긴이

차례

3부 _ 추수

1부

뿌리

제1장
정복자와 희생자: 아메리카의 이미지 형성(1500~1800)

> 우리는 이들 도시에서 신전과 사당을 보았다. 마치 하얀 탑이나
> 성이 빛을 내뿜는 것 같았다. 대단한 장관이었다.
>
> ─베르날 디아스 델 카스티요, 1568

유럽의 탐험가들이 아메리카에 도착함으로써 문명사에서 가장 놀랍고
도 광범위한 문화 간의 만남이 시작되었다. 이를 계기로 그때까지 서로
존재조차 알지 못했던 인류의 두 구성원이 만나 결합하였고, 우리의 근
대 세계를 이루는 기본적인 정체성이 확립되었다. 프랑스의 작가이자 비
평가인 츠베탕 토도로프는 그것을 "자아^self가 만든 타자他者의 발견"이라
불렀으며, 애덤 스미스는 "인류 역사에 기록된 가장 크고 중요한 두 개의
사건" 중 하나라고 이름 붙였다.[1]

아메리카에 정착한 유럽인들 중에서 특히 영국과 스페인 사람들이
가장 큰 영향을 주었다. 이 둘은 광활한 영토 곳곳에 자신들의 문화를 이
식하고, 식민제국을 건설하였다. 유럽은 이 식민지의 풍요로움 덕에 세
계를 지배하기에 이른다. 그리고 마침내 두 국가의 후예들이 독립전쟁을

---

[1] Tzvetan Todorov, *The Conquest of America* (New York: HarperCollins, 1984), pp. 4~5. Adam Smith, *The Wealth of Nations* (1776), ed. Edwin Cannan, vol. 2 (London: University Paperbacks, 1961), p. 141. 스미스가 말한 다른 하나는 인도 항로의 발견이다.

일으켜 전 세계의 정치 체제를 새롭게 바꾸어 갔다.

라틴아메리카인과 앵글로아메리카인은 이러한 공통의 역사 속에서 태어났다. 이들은 마치 사촌지간이면서도 늘 갈등관계에 있는 중동의 아랍인과 유대인처럼, 서로의 목소리는 자주 듣지만 이해하지는 못하는 사이다. 우리들 대부분은, 스페인인과 영국인이 아메리카에 정착한 방식에서 얼마나 큰 차이를 보였는지, 그리고 그러한 차이가 어떻게 그토록 철저히 다른 사회와 국가를 낳을 수 있었는지 잘 모르고 있다. 성인의 기본 성품이 유년 시기의 초반에 형성되듯, 새로 태어난 아메리카 국가들의 경우에도 공동체적 정체성과 사고방식, 언어와 사회관습 등은 식민기의 요람에서 수세기에 걸쳐 형성되었다.

이 첫 장에서는 식민의 시작에서 독립전쟁까지, 즉 1500년대에서 1800년대 초까지의 시기에, 라틴아메리카 문화와 앵글로아메리카 문화가 어떻게 형성되었는지, 특히 이들 각각의 문화가 오늘날 미국을 구성하고 있는 여러 지역에 어떻게 뿌리를 내리게 되었는지 살펴보고자 한다.

영국과 스페인에서 처음으로 이주한 사람들은 어떤 부류였을까? 그리고 그들이 들여온 사고방식이나 관습은 그들이 건설한 아메리카에 어떠한 영향을 미쳤을까? 그 이주민들의 신앙체계, 인종 정책 그리고 경제적 관계가 남긴 유산은 무엇인가? 그들의 모국에서 수립한 식민제도는 그들의 정치적 전통에 어떠한 영향을 미쳤을까? 이들 두 그룹의 식민지에서 개인의 권리는 어떻게 인식되고 있었는가? 토지 및 토지의 소유권·사용권에 대한 관점이 그 사회의 발전을 어떻게 진척 또는 지연시켰는가? 유럽인에게 정복된 아메리카 원주민의 다양한 문명은 그 유럽 이주민들의 생활양식에 어느 정도 영향을 미쳤을까?

두 세계가 충돌할 때

유럽인들이 처음 도착했을 당시의 원주민 인구에 대해서는 많은 논쟁이 있어 왔다. 추정 수치들은 서로 큰 차이를 보이지만, 유럽 인구와 비슷하거나 더 큰 규모였을 것이라는 데에는 거의 이견이 없다. 6,000만 명 전후의 인구수가 가장 타당해 보이지만, 일부 학자들은 1억 1,000명까지 높여 잡기도 한다.[2] 지역별로 살펴보면, 가장 많은 2,500만 명의 주민이 '멕시코 계곡'[3] 내부나 그 주변에 살았고, 약 600만 명의 인구가 중앙 안데스 지역에 거주했다. 한편, 리오그란데 강[4] 이북 영토에는 아마도 1,000만 명 정도의 원주민이 삶의 터전을 일구며 살았을 것이다.[5] 이 아메리카 토착민들이 이룩한 문명들 간에는 상당한 수준 차이가 나타나 당혹감마저 느끼게 된다. 석기시대의 삶을 벗어나지 못한 한Han족과 카포케Capoque족은 여전히 나체로 수렵과 채집을 하면서 북미 멕시코 만 유역을 따라 이동생활을 하였다. 반면, 노예제 기반의 도시국가를 건설한 아스텍과 마야 문명, 그리고 안데스의 잉카 문명은 유럽에 견주어도 전혀 손색이 없

---

2) William M. Denevan, *The Native Population of the Americans in 1492* (Madison: University of Wisconsin Press, 1992), pp. xvii~xxix. 또한 Jack Weatherford, *Indian Givers: How the Indians of the Americas Transformed the World* (New York: Fawcett Columbine, 1988), p. 158. Alvin Josephy, Jr., *The Indian Heritage of America* (Boston: Houghton Mifflin, 1991), p. 71. Francis Jennings, *The Invasion of America: Indians, Colonialism and the Cant of Conquest* (New York: W. W. Norton, 1976), p. 30 참조.

3) 멕시코 계곡(Valley of Mexico)은 현 멕시코시티가 있는 멕시코 중부의 고원지대와 멕시코 주의 동부지방을 일컫는다. 테오티와칸, 톨테카, 아스테카 문명 등 다양한 고대문명의 중심이 되었던 지역이다. ―옮긴이

4) 리오그란데(Rio Grande) 강은 미국(텍사스 주)과 멕시코의 경계를 이루는 강이다. ―옮긴이

5) 추정 인구는 700만에서 1,800만 사이를 오르내린다. David Weber, *The Spanish Frontier in Northern America* (New Haven: Yale University Press, 1992), p. 28. 또한 Jennings, *The Invasion of America*, p. 30 참조.

는 정교함과 웅장함을 갖추었다. 아스텍의 수도 테노치티틀란은 활기 넘치는 대도시였다. 호수 한가운데에 치밀한 설계와 높은 기술력을 바탕으로 세워진 이 도시는 방어가 잘 된 제방을 통해서만 접근이 가능했다. 에르난 코르테스가 처음 그곳에 당도했을 때의 인구는 대략 25만을 헤아렸다(당시 런던의 인구는 불과 5만, 카스티야의 가장 큰 도시인 세비야의 인구는 4만에 지나지 않았다). 스페인인들은 그 위용에 압도당하고 말았다. 코르테스의 부하 장교 베르날 디아스 델 카스티요는 첫날 스페인 동료들과 함께 아스텍 중앙 신전의 꼭대기에서 목격한 장면을 생생히 묘사했다.

우리는 엄청난 수의 카누를 보았다. 그 중 일부는 양식을 실어오고 또 다른 일부는 화물이나 상품을 싣고 돌아가고 있었다. 또한 우리가 이 거대한 도시와 다른 수상水上 도시들에서 목격한 사실은 목재 도개교跳開橋나 카누를 이용하지 않으면 한 집에서 다른 집으로 건너갈 수 없다는 점이었다. 우리는 이들 도시에서 (……) 사당을 보았는데, 마치 하얀 탑이나 성이 빛을 내뿜는 것 같았다. 대단한 장관이었다. 우리 병사들 중에는 콘스탄티노플, 로마, 이탈리아 전역 등 세계 여러 지역을 돌아본 자들도 있었지만, 이 정도로 잘 정돈되어 있고, 규모가 크며, 사람으로 넘쳐나면서도 질서정연한 시장은 본 적이 없다고 했다.[6]

그러나 고고학자들의 발표에 따르면, 아스텍 문명은 그 웅장함에 있어서 그들의 선조인 테오티와칸에는 비할 바가 못 되었다. 수세기에 걸쳐 번영하다 서기 700년경에 불가사의하게 사라진 이 도시국가는 찬란

---

6) Bernal Díaz del Castillo, *The Conquest of New Spain* (London: Penguin, 1963), p. 235.

한 과거를 입증하는 웅대한 피라미드와 복잡하게 얽힌 성벽, 다양한 공예품을 남겼다. 한편, 지적인 정교함으로 보면 아스텍인들은 마야인들에 미치지 못했다. 아메리카의 그리스인이라 불리는 마야족은 고대 시기 어느 민족보다도 뛰어난 수학자와 천문학자들을 배출했고, 그들의 지식인은 고전기A.D. 300~900 아메리카에서 유일하게 표음문자를 발명했다.

리오그란데를 지나 더욱 북쪽으로 올라간 지역에는, 유럽인들이 도착했을 당시 수백 개의 토착민 사회가 존재하고 있었다. 그들은 모두 자체 언어와 전통을 지니고 있었지만, 메소 및 남아메리카의 문명 수준에 이른 것은 단지 뉴멕시코의 푸에블로Pueblo족과 북동부의 이로쿼이Iroquois 연방뿐이었다. 푸에블로족은 규모나 문명 수준에서 훨씬 앞섰던 아나사지Anasazi족의 후예들이었다. 테오티와칸처럼 역시 불가사의하게 사라진 아나사지족은 오늘날 콜로라도, 뉴멕시코, 애리조나 주에 해당되는 지역에서 서기 12, 13세기 동안 번영하였다. 스페인인들이 처음 이 지역에 당도한 1540년에 푸에블로족의 인구는 대략 1만 6,000을 헤아렸다. 아코마, 주니, 호피 등 다양한 부족으로 구성된 푸에블로족은 높은 고원 지대에 어도비 벽돌로 지은 다층식 공동주택에 모여 살면서 소도시를 형성하였다. 평화로운 정주定住문명을 이룬 그들은 척박한 관목지와 메마른 산이 끝없이 펼쳐진 지역에 거주하였지만, 강변 저지대에 넓게 식물들을 재배하면서 생존하였다. 그들은 '키바'kiva라는 의례 공간을 중심으로 한 복잡한 애니미즘 종교를 신봉하였는데, 젊은 세대에게는 "경쟁심, 호전성, 그리고 타인을 앞지르려는 야심은 초자연적 힘을 거스르는 일"[7]이라고 가르쳤다.

---

7) Alvin Josephy, Jr., *The Indian Heritage of America*, p. 164.

1570년경 모호크족의 제사장 혹은 족장이었던 히아와타^{Hiawatha}에 의해 형성된 이로쿼이 연방은 북아메리카 역사에서 가장 크고 가장 오래 지속된 원주민 사회의 연합체였다. 그들의 영향력은 슈피리어 호[8] 배후지에서 버지니아 변경의 삼림지대에 이르기까지 널리 미치고 있었다. 다른 인디언들에게 공포의 대상이었던 이로쿼이족은 거대한 모피 무역의 통제자로 나섰으며, 무역 주도권을 놓고 서로 충돌한 영국과 프랑스 사이에서 결정적인 역할을 담당했다. 그들은 주로 이중, 삼중의 말뚝 울타리로 보호된, 기다란 일자형 목재 공동주택^{longhouse}에서 살았는데, 한 마을에는 대개 수천 명이 넘는 주민들이 거주했다. 이로쿼이 연방을 이룬 5개 부족은 모두 모계사회였다. 먼저 각 씨족의 여성들이 부족회의에 참여할 대표 남성들을 선발하면, 각 부족에서는 50명으로 구성된 연방 통치기구, 즉 연방회의[9]에 보낼 대표자들을 선출했다. 이 기구에서는 연방에 관련된 모든 안건들을 만장일치로 결정했다.

이렇듯 복잡 다양한 아메리카 원주민 문명과 마주친 유럽인들도 실은 오랜 기간의 침체에서 막 벗어난 상태였다. 1350년 러시아를 휩쓸고 지나간 흑사병은 2,500만 명의 사망자를 남겼다. 그 후에도 혹독한 전염병들이 쉴 새 없이 창궐하여 유럽 대륙을 유린했고, 그 여파로 인구는 100년 동안 60~75%가 감소하였다. 농촌에는 땅을 경작할 농부가 얼마 남지 않아 봉건사회가 와해되었으며, 농업 인력 비용이 상승하여 부유한 농민과 가난한 귀족이라는 새로운 계층이 출현하였다. 갑작스런 노동력

---

8) 슈피리어 호(Lake Superior)는 북아메리카 오대호 중에서 가장 북서쪽에 위치한, 제일 규모가 큰 호수이다.—옮긴이
9) 연방회의(Council Fire)는 회의를 진행하는 동안 모닥불을 계속 피운 데서 그 명칭이 유래한다.—옮긴이

부족은 생산의 증대를 위한 기술혁신을 가져왔고, 이 기술혁신이 이번에는 도시에 공장을 증가시켰다. 사회적 격변으로 오랜 기간 괴로움을 겪은 농민계층 사이에는 새로운 움직임들이 나타났다. 게다가 이러한 움직임들은 전에 없던 공격성까지 띠고 있었다. 굶주린 빈민들은 봉건 영주에 대항해 더욱 빈번하게 반란을 일으켰고, 그들 중 일부는 심지어 무소불위의 권력인 가톨릭교회마저 공격의 대상으로 삼았다. 당시 귀족 특권층에 둘러싸여 있던 교회 주교들은 일반인들을 향해서는 경건한 신앙심을 설교했다.[10]

15세기경에는, 빈발하던 전염병이 잦아들고 인구도 다시 증가하기 시작했다. 그리고 유럽 대륙은 예술과 과학에서 눈부신 업적을 거두는 화려한 시대로 접어들었다. 특히 활자 인쇄의 등장으로 새로운 지식이 널리 보급되었다. 여러 지역어로 쓰인 책들이 유포되면서 라틴어가 독점적으로 사용되던 시대, 승려계급이 학문을 전유專有하던 시대는 영원히 막을 내렸다. 콜럼버스의 항해로 유럽과 아메리카 원주민의 역사적인 만남이 이루어진 1492년은 히에로니무스 보쉬나 레오나르도 다빈치와 같은 르네상스의 천재들이 최고의 명성을 얻고 있던 시기였다. 한편, 독일의 알브레히트 뒤러는 스물한 살, 니콜로 마키아벨리는 스물셋, 네덜란드의 데시데리우스 에라스무스는 스물여섯이었고, 영국의 토머스 모어는 열넷, 코페르니쿠스는 아직 열아홉, 그리고 마르틴 루터는 여덟 살의 소년에 불과했다.

생산과 지식 분야의 혁명은 그대로 정치에도 반영되었다. 처음으로,

---

10) Robert S. Gottfried, *The Black Death* (New York: The Free Press, 1993), pp. 133~156. 이 책은 전염병이 중세 유럽을 변화시킨 과정을 매우 자극적으로 분석하였다.

강력한 힘을 지닌 군주들이 영국과 스페인을 통치하기 시작했다. 양국의 국왕들은 로마제국 멸망 이후 서로 대립하며 전쟁을 일삼던 봉건 영지들을 하나로 합쳐 통일국가를 건설하려는 의지를 지니고 있었다. 그러한 군주들 중에서 출발점을 끊은 것은 아라곤의 페르난도 왕과 카스티야의 이사벨 여왕이었다. 두 형제 왕국을 하나로 통합한 이들은 1492년 마침내 유럽의 마지막 이슬람 거점인 그라나다 왕국에서 무어인들을 몰아내었다. 이전 8세기 동안 이베리아 반도를 지배했던 무슬림들은 영토를 회복하려는 기독교도 스페인인들의 간헐적이지만 맹렬한 십자군 전쟁에 맞부딪혀야 했다. 이러한 성전聖戰——스페인인들은 이를 '레콩키스타'국토회복전쟁라 불렀다——은 몇 세기에 걸쳐 느리게 진행되면서 무어인들을 계속 남쪽으로 몰아갔고, 최종적으로 그라나다 한 곳만을 아랍인들 손에 남겨 두었다.

아이러니하게도 스페인은 무어인들의 지배와 레콩키스타를 겪으면서 아메리카에서 제국의 역할을 소화할 수 있는 역량을 갖추게 되었다. 이슬람의 지배와 더불어 코르도바 왕국과 그 수도는 유럽에서 가장 발전된 과학과 철학의 중심지로 변모하였고, 국토회복전쟁을 통해 스페인 하층 귀족 '이달고'hidalgo들 사이에는 엄격한 기사도 정신이 싹트게 되었다. 훗날 신세계 콩키스타도르conquistador(스페인어로 정복자를 뜻함)들의 군대에 앞 다투어 이름을 올린 사람들도 다름 아닌 이달고들이었다. 국토회복전쟁은 식민지 건설에 매우 중요한 실습의 장이었다. 스페인 국왕들은 점차 전쟁에서 군사들이 되찾은 땅의 일부를 그들에게 상으로 하사하는 방식을 취했기 때문이다. 그리고 마침내 스페인인들은 레콩키스타를 통해 자신들이야말로 진정한 가톨릭의 수호자라는 확신을 더욱 굳히게 되었다.

반면, 영국은 스페인과 다른 상황에 처해 있었다. 스페인이 국토회복 전쟁을 겪으며 통합된 국가로 성장한 것과 달리, 영국은 자국민들끼리의 전쟁에 시달리면서 중세를 벗어났다. 전쟁 중에서도 가장 희생이 컸던 것은 30년전쟁이었다. 장미전쟁으로도 불린 이 전쟁은 1485년 랭커스터 가家의 헨리 튜더가 요크 가家의 리처드 3세에게 승리하면서 간신히 종지부를 찍었다. 헨리 7세는 신속하게 중앙집권화된 정부와 합리적인 과세 제도를 수립하여 명성을 얻었다. 이는 영국 군주로는 최초의 일이었다. 그가 성공을 거둔 배경에는 영국 농업의 번영과 민족주의의 개화, 그리고 지방자치정부로의 현명한 권한 이양 등이 있었다. 헨리의 신민들은 자신들이 유럽의 어느 국민들보다도 나은 삶을 살고 있다는 긍지가 높았는데, 그들의 생각이 틀린 것은 아니었다. 왜냐하면 15세기 동안 유럽 대륙을 괴롭혀 온 심각한 계급 분열이나 기근, 궁핍 등이 영국에서는 나타나지 않았기 때문이다. 예를 들면, 영국에는 노예제가 존재하지 않았으며, 이미 영국의 농노들은 유럽 다른 국가들에서보다 훨씬 더 많은 자유를 누리고 있었다.[11] 그리고 작은 토지를 소유한 자영농yeomanry들이 지주귀족계급gentry과 농노 사이에서 광범위한 중산계층을 형성하여 경제적인 안정성을 넓히고 귀족들의 권력을 견제하는 균형추 역할을 하였다. 그와 동시에, 의회와 영국 관습법common law 전통은 유럽의 다른 어느 정치체제보다도 왕이나 귀족들로부터 일반 시민들을 크게 보호해 주고 있었다.

이상과 같은 상황들이 1497년 헨리가 콜럼버스의 발견 소식에 자극받아 존 캐벗John Cabot을 아메리카 탐험에 급파했을 때의 배경이다. 캐벗

---

11) Geoffrey Elton, *The English* (Cambridge: Blackwell Publishers, 1995), p. 111.

은 뉴펀들랜드에 도착하여 북아메리카 땅을 영국 왕실의 소유라고 선언하였으나, 계속 이어진 여행 중 사망하여 식민지 건설은 이루지 못했다. 그러한 실패와는 대조적으로, 불과 몇십 년 지나지 않아 멕시코와 페루에서 금과 은을 발견한 스페인은 16세기 세계 권력의 최정상으로 날아오르게 되었다. 반면에 식민지를 얻지 못한 영국인들은 국내의 종교적·정치적 분쟁까지 겹치면서 해적들의 노략질로 스페인인들의 업적을 훔치는 처지로 전락하고 만다.

1세기가 지난 후 마침내 신세계에 제국 건설을 시작했을 때, 영국인들은 지방자치 전통뿐만 아니라 국내 갈등의 자취도 함께 가져갔다. 그 중에서 가장 심각한 갈등은 헨리 7세가 로마 교황과 결별하고 영국 국교회를 수립한 뒤 나타난 종교적 분열과 분파들이었다. 그러한 종교적 분파들 가운데 특히 미국 사회에 광범위한 영향을 남긴 것은 퓨리턴들이었다.

신세계에 중대한 영향을 미친 또 다른 '영국적' 갈등으로는 가톨릭 아일랜드의 정복과 그에 수반된 참혹한 유혈 탄압을 들 수 있다. 앵글로-노르만계 프로테스탄트 교도들이 아일랜드인에게 자행한 무자비한 처사는 결국 아일랜드인들의 집단 이주를 야기했다. 영국 지도자들은 자신들의 정복을 정당화하기 위해 아일랜드인이 미개한 민족이라는 주장을 펼쳤다. 그들은 이러한 논리를 바탕으로 앵글로색슨족의 우월성이라는 개념을 만들었는데, 이 개념은 후에 아메리카 원주민의 정복을 정당화하기 위해서도 사용하게 된다.[12]

---

12) Ibid., pp. 138~139. 또한 Nicholas Canny, *The Ideology of English Colonization: From Ireland to America* (Jennings, *The Invasion of America*, p. 46에서 재인용)를 참고.

미국에 새겨진 초기 스페인의 영향

대부분의 미국인들이 초등학교 시절 읽은 교과서에는 오랫동안 이런 내용이 수록되어 왔다. 즉, 제임스타운과 매사추세츠 만에 영국 최초의 식민지가 건설되기 약 1세기 전, 스페인 콩키스타도르들이 이미 미국 남부와 서부의 여러 지역을 종횡으로 다니면서 자신들의 땅이라 주장하였다고. 그러나 대다수 영미 역사학자들은 초기 스페인인들의 자취가 빠르게 사라졌기 때문에 미국 문화에 끼친 영향은 앵글로색슨의 지배적인 유산遺産에 비해 매우 미미하다는 시각을 발전시켜 왔다.

그러나 스페인인들은 초기 탐험을 통해 미국 땅에 항구적인 전진기지를 건설하고, 세인트오거스틴이나 산타페와 같은 초기 도시들을 세웠을 뿐만 아니라, 수많은 미국의 강, 산, 도시, 나아가 여러 지방에까지 이름을 붙였다. 더욱이 그들의 뒤를 이어 출현한 스페인어 사용 주민——보다 정확히 말하면 라티노/메스티소mestizo 주민——은 미국의 특정한 지역에서 그 후로도 계속 존재해 왔다. 오늘날 문화, 언어, 이민을 논하는 자리에서 스페인인들의 유산과 그것이 낳은 식민사회는 쉽게 간과되곤 하지만, 우리는 앞으로 그러한 유산의 주요한 특징들에 대해 상세히 고찰해 보고자 한다.

유럽인으로서 가장 먼저 미국 땅을 밟은 사람은 후안 폰세 데 레온 Juan Ponce de León이었다. 그는 전설에 나오는 '청춘의 샘'Fountain of Youth을 찾아 이렇다 할 결실 없이 돌아다니다가 1513년 플로리다를 발견했다. 8년 뒤 그는 다시 돌아왔지만 미처 정착촌을 세우기도 전에 칼루사Calusa 인디언들과의 충돌에서 목숨을 잃었다.

폰세 데 레온이 죽고 거의 20년이 경과했을 때, 에르난 코르테스의 멕시코 보물 획득 소식에 자극받은 프란시스코 바스케스 데 코로나도 Francisco Vásquez de Coronado와 에르난도 데 소토Hernando de Soto가 각자 큰 규모의 탐험대를 이끌고 전설의 황금도시를 찾아 나섰다. 1539년 멕시코 중부를 출발한 코로나도와 대원들은 북쪽으로 행군하여 지금의 애리조나, 뉴멕시코, 텍사스, 오클라호마를 지나 캔자스까지 나아갔다. 가는 곳마다 스페인 국기를 꽂은 이 탐험대는 1542년 돌아오는 길에 그랜드 캐니언을 발견하고 자신들이 건넌 많은 강에 이름을 붙였지만, 끝내 금은 발견하지 못했다. 코로나도가 출발한 해 데 소토도 원정대를 이끌고 쿠바를 떠나 조지아, 사우스캐롤라이나, 앨라배마, 미시시피, 아칸소, 루이지애나 등을 탐험했다. 하지만 아무런 보물도 찾지 못한 채 그와 대원 절반이 목숨을 잃었다.

그러나 이 모든 탐험들 중에서 가장 눈길을 사로잡는 것은 알바르 누녜스 카베사 데 바카Álvar Núñez Cabeza de Vaca의 탐험이라 할 수 있다. 미숙한 쿠바 총독 판필로 데 나르바에스Pánfilo de Narváez의 부사령관이었던 그는 데 소토보다 15년 앞선 1527년에 플로리다 땅을 밟았다. 스페인 국왕이 나르바에스에게 플로리다 식민화의 완성을 위탁하자, 카베사 데 바카도 그와 동행하였던 것이다. 플로리다 반도 서쪽 해안에 도착한 나르바에스는 300명의 대원을 이끌고 현재의 탤러해시 부근 내륙을 탐사하였지만, 자신의 선박과 연결이 끊긴 채 허무하게 살해되고 만다. 계속되는 인디언의 공격을 버티지 못한 그의 대원들은 임시로 만든 거룻배에 몸을 싣고 멕시코 만을 따라 서쪽으로 이동하였다.

천신만고 끝에 목숨을 건진 사람들은 카베사 데 바카와 무슬림 스페인인 에스테바니코Estevanico를 포함해 겨우 4명뿐이었다. 이들은 북아메리카의 황야를 유랑하면서 7년을 보냈다. 6천 마일에 이르는 그들의 여정은 유럽인에 의한 최초의 북미 횡단이자 역사에 길이 남을 대탐험 오디세이의 하나였으며, 그 내용은 카베사 데 바카가 1542년 스페인 국왕에게 제출한 보고서에 잘 기록되어 전해진다. 처음에 그들은 해안 부족들에게 잡혀 각기 따로 노예생활을 하게 되었고, 카베사 데 바카는 그들에게 너무 많이 매질을 당하여 목숨이 위태로울 지경에 이르렀다. 사로잡힌 지 일 년 만에 간신히 탈출한 그는 부족들 사이에서 물품을 교역하며 생활하기 시작했다. "제가 어디를 가든 인디언들은 저를 정중히 대하며 음식을 주었습니다. 그것은 제 물품이 그들 마음에 들었기 때문입니다. 저는 아주 유명한 사람이 되었습니다. 저를 개인적으로 알지 못하는 사람들도 제 평판을 듣고는 저와 만나길 원했습니다."[13]

한번은 그가 기초적인 의학 지식으로 인디언 몇 명을 치료한 적이 있었다. 그 이후로, 부족들은 그를 의학자로 존경하게 되었다. 일 년에 한 번씩 여러 부족이 선인장 열매를 거두기 위해 모일 때, 그는 여전히 노예 상태에 있던 옛 스페인 동료들을 만날 수 있었다. 1533년 이러한 모임을 이용해 동료들을 탈출시킨 카베사 데 바카는 그들 모두와 함께 서쪽으로 도주하여 현재의 텍사스, 뉴멕시코, 애리조나를 통과했다. 그들이 지나치는 곳에서는 신비한 의술을 지닌 백인과 그 동료들의 이야기가 퍼졌고, 곧 그를 숭배하는 수천 명의 인디언 행렬이 그 뒤를 따랐다. 그들은 1534년이 되어서야 멕시코 북부의 스페인 사회와 다시 만날 수 있었다. 그때 카베사 데 바카는 완전히 변해 있었다. 이제 아메리카 원주민들의 문화와 사유방식을 깊이 이해한 그는 더 이상 그들을 미개인이라 여기지 않

---

13) Alvar Núñez Cabeza de Vaca, *Adventures in the Unknown Interior of America*, ed. and trans. Cyclone Convey (Albuquerque: University of New Mexico Press, 1990), p. 67.

았다. 오히려 스페인 동료들이 인디언을 향해 저지른 야만적 행동에 깊은 절망감을 느꼈다. 스페인 노예 상인들이 인디언 사냥을 자행한 지역을 묘사한 그의 여행기록은 정복의 본질을 강력하게 폭로한다.

> 풍요롭게 물이 흘러 기름지고 아름다웠던 땅이 이제는 불에 타서 내버려진 모습, 비쩍 말라 쇠약해진 사람들이 겁에 질린 채 여기저기 숨어 있는 광경을 우리는 무거운 마음으로 바라보았습니다. 사람들은 작물을 재배하지 못하여 근근이 나무뿌리와 껍질로 연명하고 있었습니다. 우리는 내내 그들과 배고픔을 함께했습니다. 우리를 맞이한 이들은 내놓을 것이 아무것도 없었지요. 그들은 마치 스스로 목숨을 끊으려는 사람들처럼 보였습니다. 기독교인들의 눈을 피해 숨겨 놓았던 담요를 우리에게 가져다주면서 인디언들은 그 기독교인들이 어떻게 마을을 파괴했고, 남자들 절반과 여자와 아이들 전부를 잡아갔는지 말해 주었습니다.[14]

정복의 희생

카베사 데 바카가 경고한 파괴의 정도는 여전히 우리의 상상을 초월한다. 1500년대 말, 즉 정복이 시작되고 불과 한 세기가 지났을 때, 아메리카 대륙 전체에 남은 원주민은 겨우 200만 명에 지나지 않았다. 16세기 거의 전 기간을 통해 연평균 백만 명 이상이 사라진 셈이다. 그런 의미에서 "인류 역사상 가장 거대한 학살"이라 불려 왔다.[15] 1492년 이스파뇰라 섬에

---

14) Ibid., p. 123.
15) Todorov, *The Conquest of America*, p. 5.

는 약 백만 명의 타이노족들이 거주했으나 20년 뒤 남은 수는 46,000명이 채 되지 않았다.[16] 역사학자 프랜시스 제닝스Francis Jennings가 지적한 것처럼, "아메리카 땅은 처녀지處女地라기보다는 차라리 과부지에 더 가깝다. 유럽인들은 이곳에서 인적 없는 황무지를 발견하지 못했다. 하지만 부지불식간에 그들이 그러한 땅을 만들고 말았다."

반면 영국 식민지에서는 그보다 적은 수의 원주민이 희생되었다. 그러나 그 이유는 단순히 미국의 원주민Amerindian 인구가 처음부터 훨씬 적었기 때문이다. 섬뜩할 정도의 인구비율이 희생된 것은 결국 마찬가지였다. 청교도들이 플리머스 록Plymouth Rock[17]에 도착한 후 반세기 만에 인디언 인구의 90%가 사라졌다. 블록아일랜드Block Island 인디언 수는 1661년 1,500명에서 1774년 51명으로 곤두박질쳤다. 마서스비니어드[18]의 왐파노아그Wampanoag족은 1642년 3,000명에서 1764년 313명으로 급감했다. 그리고 중부 펜실베이니아의 서스퀘해나Susquehanna족은 1647년 6,500명이었으나 거의 전멸하여 1698년에는 불과 250명만이 살아남았다.[19]

이러한 대재앙은 대부분 피할 수 없는 일이기도 했다. 원주민은 면역력이 없는 천연두, 홍역, 결핵, 선腺 페스트 등에 쓰러졌다. 마치 이전 세

---

16) Samuel M. Wilson, *Hispaniola: Caribbean Chiefdoms in the Age of Columbus* (Alabama: University of Alabama Press, 1990), pp. 91~93. 이 책은 이스파뇰라의 인구에 관한 논쟁을 정리해 놓았다. 그에 따르면 인구는 약 20만에서 500만까지 오르내린다. 또한 Eric Willliams, *From Columbus to Castro: The History of the Caribbean 1492-1969* (New York: Vintage Books, 1984), p. 33을 참조.

17) 1620년 메이플라워호를 타고 북미 대륙에 도착한 청교도들이 제일 처음 발을 내디딘 곳이다.―옮긴이

18) 마서스비니어드(Martha's Vineyard)는 매사추세츠 주의 섬으로 현재는 고급 휴양지로 유명하다.―옮긴이

19) Jennings, *The Invasion of America*, pp. 24~27.

기에 유럽인들이 그들 자신의 전염병에 무너진 것과 같았다. 그러나 직접적인 학살이나 노예화 과정에서 희생된 원주민 수도 경악을 금치 못할 수준이었다. 만약 스페인인들이 영국인이나 프랑스인들보다 더 많은 수의 원주민을 학살했다면, 그것은 단지 그들이 마주친 문명에 더 많은 인구와 부富를 갖춘 복잡한 사회가 존재했기 때문이다. 특히 이러한 사회는 자신을 정복하거나 영토와 자원을 강탈하려는 그 어떠한 시도에도 주저 없이 맞서 싸우기 때문에 더욱 절망적인 최후를 맞이할 수밖에 없다.

일례로, 사상자의 규모 면에서 테노치티틀란 전투에 견줄 만한 격전은 근대사에서 찾아보기 힘들다. 코르테스와 텍스코코 동맹군이 아스텍의 수도를 점령하기 위해 벌인 8일간의 전투에서만 약 24만 명의 원주민이 사망했다.[20] 이 전투에 대해 몇몇 원주민의 기록이 오늘날까지 전해 내려온다. 이는 베르나르디노 데 사아군, 디에고 데 두란과 같은 프란체스코 수도회 선교사들의 노력이 있어 가능한 일이었다. 이들은 매우 이른 시기인 1524년경부터 멕시코 중부에서 통용되던 원주민어 나우아틀Nahuatl의 문자 표기 방식을 발전시켰다. 그리고 원주민을 독려하여 그들의 비극적인 노래와 정복에 대한 회상을 보존할 수 있도록 유도했다. 이러한 기록들 속에서 당시 테노치티틀란의 상황을 생생히 묘사한 부분들을 발견할 수 있다. 다음은 피렌체 사본에서 발췌한 구절이다.

다시 한 번 스페인인들은 살육을 시작하였고 너무 많은 원주민이 죽어 갔다. 도시의 탈출이 시작되면서 전쟁은 끝을 보이기 시작했다. 사람들

---

20) Miguel León-Portilla, *The Broken Spears: The Aztec Account of the Conquest of Mexico* (Boston: Beacon Press, 1992), p. 124.

은 울부짖었다. "이제까지 우리는 충분히 고통을 받지 않았는가! 이제 도시를 떠날 수 있게 해다오! 풀 더미 위에서 살게 해다오!"

그들은 일부 남자들을 다른 사람들로부터 분리시켰다. 이들은 가장 용감하고 강인한 전사들이다. 그들을 도왔던 젊은이들도 역시 한쪽으로 떨어져 서 있으라고 말했다. 스페인인들은 즉시 그들의 뺨이나 입술에 인두로 낙인을 찍었다.[21]

콜럼버스가 도착한 지 25년이 채 지나지 않아, 한 사람의 스페인인이 원주민 대량학살에 대해 처음으로 항의의 목소리를 높였다. 바로 바르톨로메 데 라스 카사스 신부였다. 산토도밍고에 도착했을 때 지주계급이었던 그는 곧 프란체스코 선교사의 길로 들어선다. 아메리카에서 최초로 사제에 임명된 라스 카사스는 재빨리 토지를 처분하고 원주민 노예제 반대활동을 전개하여 유럽 전역에 이름을 알렸다. 그러한 활동의 일환으로 신학적 쟁점들에 대해 일련의 저술을 집필하거나, 스페인 최고의 철학자들을 상대로 한 공개토론에서 원주민을 옹호하기도 하였다. 그의 저서 중에서 가장 유명한 『인디아스 파괴에 관한 짧은 보고서』*A Short Account of the Destruction of the Indies*에는 스페인 군사들이 저지른 학살의 상처들이 자세히 기록되어 있다. 특히 쿠바 총독 판필로 데 나르바에스의 명령으로 자행된 학살은 라스 카사스가 직접 목격한 것이었다. 라스 카사스에 따르면, 이 사건에서 한 그룹의 원주민들이 음식과 선물을 들고 스페인군 주둔지를 찾았으나, 기독교인들은 "위협적인 행동이 전혀 없었음에도 삼천여 명의 사람들(남녀 성인들과 어린이들)이 자리에 앉자마자 내 눈

---

21) Ibid., pp. 117~120.

21) Ibid., pp. 117~120.

50 미국 라티노의 역사

앞에서 그들을 살육하였다."[22]

아메리카 원주민을 위한 라사 카사스의 지칠 줄 모르는 노력은 1542년 스페인의 '신법령'[23] 제정으로 이어졌다. 이 법령에서 원주민은 스페인 국왕의 자유롭고 평등한 신민으로 인정되었다. 하지만 많은 지역의 지주들은 이 법령에 따르지 않은 채 오랜 기간 원주민을 사실상의 노예제 안에 가두었다. 영웅적인 활약을 펼친 라스 카사스는 마침내 과테말라에서 치아파스의 주교직에 오른다. 그러나 그도 역시 결정적인 실수를 피해갈 수는 없었다. 최종적으로는 철회하지만, 어느 시점에서 그는 원주민 노동력을 대체한 아프리카 노예의 사용을 옹호하기도 하였다. 그의 저술들이 유럽에서 대단한 인기를 끌고, 식민화의 희생에 대한 논쟁이 널리 확산되는 과정에서, 이미 끔찍한 수준에 도달한 원주민 집단 학살의 숫자는 더욱 과장되게 부풀려졌다. 그리고 라스 카사스는 자신도 알지 못하는 사이에 네덜란드와 영국 신교도들이 만들어 낸 스페인 "검은 전설"의 기원이 되었다.[24]

물론 아메리카 정착민들의 야만성은 스페인인들만의 전유물은 아니었다. 1637년 매사추세츠 만灣 정착촌에 거주하던 청교도들은 현지 피쿼트Pequot족이 백인 두 명을 살해했다고 오인하여, 그들을 응징하기로 마음먹는다. 영국인들은 피쿼트족과 적대관계에 있던 다른 인디언 부족의

---

22) Bartolomé de las Casas, *A Short Account of the Destruction of the Indies* (London: Penguin Classics, 1992), p. 19.
23) 신법령(New Laws)은 아메리카 식민지를 위해 새롭게 제정된 법률과 명령들로 구성되어 있다. 원주민들에게 큰 피해를 준 엔코미엔다 제도의 조정도 신법령의 중요한 내용 중 하나였다.—옮긴이
24) John A. Crow, *The Epic of Latin America* (Berkeley: University of California Press, 1992), pp. 157~160.

지원을 받아 미스틱 강Mystic River에 위치한 피쿼트족 마을을 공격했다. 피쿼트 전사들이 마을을 비운 사이 일어난 습격에 약 300에서 700명 사이의 여성과 어린이들이 총에 맞거나 불에 타 숨졌고, 마을 전체도 화염에 휩싸였다.[25] 그 후 약 40년이 지나 발생한 필립 왕의 전쟁[26]에서도 식민 개척자들과 용병들은 여성과 어린이를 대상으로 과거와 비슷한 잔인한 학살을 저질렀다. 그 결과 약 2,000명의 인디언들이 전투에서 목숨을 잃었고, 또 다른 1,000명은 서인도제도에 노예로 팔려 갔다.[27] 또한 사우스캐롤라이나의 체로키Cherokee 전쟁(1760~1761)에서도 지극히 야만적인 상황이 발생했다. 인디언들로부터 항구를 방어하던 한 식민개척자는 총독에게 다음과 같이 보고했다. "각하, 매우 기쁘게도 우리는 그들의 시체로 개들을 먹이고, 그들의 머리 가죽을 벗겨 성채의 꼭대기를 장식하고 있습니다."[28]

이러한 형태의 야만성은 영토를 지키지 못해 절망에 빠진 인디언들의 보복에서도 나타났으며, 식민시기가 끝난 뒤에도 오랫동안 앵글로-인디언 관계의 특징으로 남았다. 특히 가장 소름 끼치는 예는 1814년 앤드루 잭슨[29]이 주도한 일이었다. 독립전쟁 직후 캐롤라이나 출신 식민개

---

25) Josephy, Jr., *The Indian Heritage of America*, pp. 302~303. Alice B. Kehoe, *North American Indians: A Comprehensive Account* (Englewood Cliffs, N. J.: Prentice-Hall, 1992), pp. 251~252.

26) 필립 왕의 전쟁(King Philip's War)은 17세기 영국의 아메리카 식민지 개척사에서 뉴잉글랜드 지방의 영국계 정착민들과 인디언 사이에서 벌어진 최대의 격전(1675~76)이다.—옮긴이

27) Ibid., pp. 252~253.

28) Bernard Bailyn, *The Peopling of British North America* (New York: Vintage Books, 1988), p. 116.

29) 앤드루 잭슨(Andrew Jackson). 미국의 제7대 대통령. 미영전쟁에서 크게 활약하여 대중적 인기를 얻었다.—옮긴이

척자와 토지 투기자들이 인디언 영토 안으로 들어가기 시작했다. 이들이 인디언 주민들을 밀어내려 하자, 크리크^{Creek}족이 저항하였고, 잭슨이 이끄는 미국 군대가 여기에 개입하였다. 1814년 3월 27일, 이 전쟁을 결정짓는 앨라배마의 호스슈 벤드[30] 전투에서 잭슨의 병사들은 인디언들을 학살하고, 크리크족 557명의 코를 베었다. 또한 죽은 시체의 피부를 벗겨 무두질을 한 다음, 선물용 말고삐를 만들었다.[31]

교회의 역할

유럽의 식민개척자들은 너 나 할 것 없이 원주민 정복과 대량학살을 신의 뜻으로 정당화하였지만, 원주민을 예속시키는 방식에서 스페인인들과 영국인들은 근본적인 차이를 보였다. 그리고 그러한 차이가 양국 식민지 사회를 본질적으로 차별화시켰다. 예를 들면, 영국의 국왕들은 그들의 대리인에게 '야만인과 이교도들'의 영토를 "공격, 점령, 소유하라"고 명령을 내렸으나, 그곳에 거주하는 사람들에 대해서는 어떠한 언급도 하지 않았다. 반면, 스페인은 교황 알렉산더 6세의 교령에 따라 영토의 약탈에 머물지 않고 그곳에 거주하는 이교도들은 누구든지 "가톨릭 신앙에 귀의하여 훌륭한 도덕을 갖추도록 훈련받게" 하였다. 스페인에서는 왕실과 교회 양쪽 모두 식민화와 가톨릭 개종을 동일한 작업으로 보았다. 각각의 군사원정대에는 원주민 선교를 위해 성직자들이 동행했다. 베르

---

30) 호스슈 벤드(Horseshoe Bend). 콜로라도 강이 말발굽 모양으로 휘돌아 흘러 형성된 계곡 지대이다.—옮긴이
31) Weatherford, *Indian Givers*, p. 158. 그리고 Josephy, Jr., *The Indian Heritage of America*, p. 322.

날 디아스에 따르면, 코르테스는 멕시코에 상륙한 지 한 달도 채 되지 않아 최초의 원주민 세례식을 주관했다. 멕시코 해안의 타바스코족이 스페인 군사들에게 선물한 20명의 원주민 여성이 그 대상이었다. "원주민 여성 중 한 명은 도냐 마리나라는 세례명을 받았다. 지방 호족의 딸이자 지체 높은 공주였던 그녀는 한 제후의 부인이기도 했다……. 이들이 누에바 에스파냐에서 최초로 세례받은 여성들이었다. 코르테스는 이들을 각각의 부하 지휘관에게 한 명씩 선사했다."[32]

정복이 진척됨에 따라, 성직자들은 그러한 세례식을 몇천 명 단위로 수행하였다. 스페인 군인이나 식민지 개척자들이 세례를 갓 받은 원주민 여성들을 이마의 성수가 마르기도 전에 첩으로 낚아채 가는 일도 비일비재했다. 게다가 성직자들은 스페인인과 원주민 사이, 특히 양측 지배계층 사이의 결혼식도 주재했다. 이는 아메리카에서 새로운 메스티소 인종을 합법화하고 장려하는 일이기도 했다. 일례로 '엘 잉카'El Inca라 불린 페루 역사가 가르실라소 데 라 베가는 1539년 스페인 관리와 잉카 공주 사이에서 태어났다. 한편, 플로리다 세인트오거스틴 교구의 기록을 보면, 마을 인근에 약 백여 명의 원주민밖에 거주하지 않던 1700년대 초반, 26쌍의 스페인-원주민 결혼식이 열렸다는 사실을 알 수 있다.[33] 하지만 더 중요한 것은 정식 결혼보다 합의에 의한 혼인수가 월등히 많았다는 점이다. 칠레 정복자들 가운데 한 명인 프란시스코 데 아기레Francisco de Aguirre는 자신이 낳은 메스티소 자식이 50명도 넘으며, 이를 통해 신에게 바치

32) Díaz, *The Conquest of New Spain*, p. 82.
33) Kathleen Deagan, "St. Augustine and the Mission Frontier", *The Spanish Missions of Florida*, ed. Bonnie G. McEwan (Gainesville: University of Florida, 1993), p. 99.

는 봉사가 "그러한 행실로 범하는 죄의 무게보다 훨씬 크다"고 자랑스럽게 떠벌리고 다녔다.[34]

이와는 대조적으로, 초기 영국인 정착촌들은 가족 단위로 시작되었다. 그들은 인디언 공동체와 철저히 거리를 두고 생활하였고, 때로는 법률을 통해 격리를 강화했다.[35] 북미지역에서는 식민개척자들이 원주민을 노동자나 가정의 하인으로 사용하는 일이 거의 없었으며, 미혼 백인과 인디언 사이의 성적인 결합은 전쟁포로에 한해서 일어난 매우 이례적인 일이었다.

더욱이 영국인들은 원주민들의 개종을 중요하게 생각지 않았다. 그러나 사실 1607년 영국 왕실이 제임스타운에 칙허를 내렸을 때는 버지니아 회사Virginia Company의 설립 목적 중에 선교활동도 포함되어 있었다. 게다가 9년 후 왕실은 원주민을 위한 학교를 세우기 위해 영국 국교회의 모든 교구에 자금을 모으라는 지시를 내리기도 했다. 하지만 이 회사는 버지니아에 단 한 명의 선교사도 파견하지 않았고, 학교를 세운 바도 전혀 없었다. 관리들은 그저 자신들의 사적인 목적을 위해 자금을 유용하기에 급급했다. 왕실은 이러한 기만적 행위를 조사한 후, 1622년 회사에 내린 칙허를 파기하고 식민지를 직접 관리하기로 결정한다.[36]

이와 마찬가지로, 뉴잉글랜드의 청교도들도 인디언들과는 거리를 두고 생활하였다. 선교를 위해 정착촌 밖으로 발을 옮긴 것은 도착 후 수십 년이 지나서였다. 1643년에는 하버드 대학의 일부 학과가 설립되었는데,

---

34) Simon Collier, Thomas E. Skidmore, and Harold Blakemore, *The Cambridge Encyclopedia of Latin America* (New York: Cambridge University Press, 1992), p. 193.
35) Jennings, *The Invasion of America*, p. 111.
36) Ibid., pp. 53~56.

이때 사용된 자금은 뉴잉글랜드 회사가 귀국한 영국 국교회 신도들을 대상으로 모금한 것이었다. 기부자들은 그 기금이 인디언 교육에 활용된다고 알고 있었지만, 실제로는 자금의 일부가 식민개척자들의 총포와 탄약 구입비로 전용轉用되었다.[37] 원주민의 영혼에 대한 청교도들의 관심은 극히 낮아, 플리머스 식민지가 세워지고 55년이 흐른 1674년까지 뉴잉글랜드 전 지역에서 기독교로 개종한 원주민은 겨우 백 명에 불과했다.[38]

로드아일랜드의 로저 윌리엄스와 매사추세츠 만灣의 코튼 매더, 그리고 버지니아의 새뮤얼 퍼처스 같은 성직자들은 기회가 있을 때마다 원주민을 악마라고 비난했다. 필그림 파더스Pilgrim Fathers의 리더 중 한 사람인 윌리엄 브래드퍼드 목사는, 그들이 "잔인하고 야만스러운 데다, 매우 위험한 존재이며, (……) 사람을 죽이고 생명을 빼앗는 것에 만족하지 않고 가장 피비린내 나는 방식으로 고문하길 즐긴다"고 주장했다.[39] 식민지 역사를 통틀어 인디언 이웃들과 조화롭게 공존하려는 의지를 보인 것은 단지 윌리엄스의 로드아일랜드 정착촌과 펜실베이니아의 퀘이커 교도들뿐이었다. 원주민들을 저열하게 보았음에도 불구하고 영국인 정착민들은 그들을 정복하려 들지 않았다. 처음에 영국인들은 그저 몇몇 부족들로부터 양질의 토지를 구입하거나 편취하는 정도였고, 가끔 일부 부족들을 압박하여 내륙 오지로 밀어내기도 했다.

그와는 대조적으로 스페인령 식민지는 원주민 인구가 훨씬 많은 데다, 가톨릭교회의 정책도 매우 공격적이었다. 교회 지도자들은 단순히 원

---

37) Ibid., p. 247.
38) Ibid., p. 251.
39) William Bradford, *Of Plymouth Plantation, 1620-1647*, ed. Samuel E. Morrison (New York: Alfred A. Knopf, 1952), p. 24.

주민을 인간으로 인정한다거나 혼혈인을 받아들이는 것에만 머물지 않았다. 가톨릭교회는 프란체스코회, 도미니쿠스회, 예수회의 수도사들을 대거 파견하였고, 이들은 16세기 스페인 식민주의의 첨병 역할을 하였다. 아메리카로 몰려든 수도사들의 인식에 따르면, 유럽에서 자본주의가 어지럽게 출현한 것은 도덕적으로 쇠퇴한 시대가 도래할 것이라는 징후였다. 그들은 아메리카 토착민들에게서 더 순진하고 오염이 덜 된, 그래서 더욱 쉽게 교화될 수 있는 인간상을 찾으려 하였다. 따라서 스페인을 떠난 그들은 식민도시와 엔코미엔다[40]에서 매우 멀리 떨어진, 아메리카의 오지로 들어가 선교구를 건설했다.

이러한 선교구들 ── 최초의 선교구는 라스 카사스가 1520년 베네수엘라에 세웠다 ── 은 스페인 문명의 중요한 전초기지가 되었다. 많은 선교구들에서는 원주민을 유럽화하기 위한 농장과 학교가 세워졌고, 토착언어를 배우고 보존하는 연구센터도 운영되었다. 또한 상당수의 성직자들이 토머스 모어에게서 자극을 받았다. 당시 광범위하게 읽힌 그의 저서 『유토피아』(1516)는 아메리카 어딘가의 한 섬에 위치한 가상의 기독교 공동사회를 그리고 있다. 토머스 모어의 열렬한 추종자 중에 바스코 데 키로가라는 성직자가 있었다. 그는 멕시코 중부에서 타라스코족 원주민 3만 명으로 구성된 선교구를 세웠고, 미초아칸 지방의 주교에도 임명되었다. 토머스 모어와 마찬가지로 키로가도 "잃어버린 원시 기독교회의 순수성을 회복"하기 위해 노력해야 한다고 주장했다. 원주민들에게는 땅

---

40) 엔코미엔다(encomienda). 식민시대 스페인령 아메리카에서 원주민의 보호와 기독교 전파를 전제로 왕이 식민개척자들에게 원주민의 세금과 노역을 부과할 수 있도록 허가한 제도. 또는 원주민 노동력을 사용하여 경작하는 왕실 불하 토지. 여기서는 후자를 지칭한다. ─옮긴이

의 소유나 금전에 대한 개념이 없었기 때문에, 선교사들은 모어의 주장 그대로 협동경작은 물론 심지어 공동주택까지 쉽게 구성할 수 있었다.

그러나 유럽인들의 생각과는 달리, 원주민들이 그다지 유순하거나 순진하지 않다는 점이 드러났다. 초기 식민지 역사는 원주민들의 손에 끔찍한 죽음을 당한 성직자들의 수많은 이야기로 가득 찼다. 그러한 비극에도 불구하고 선교사들은 계속 도착했고, 해가 지나면서 일부 선교구들은 오히려 더 번성했다. 그러한 번성이 식민지의 대지주들을 분노케 했다. 이들은 대농장의 생산에 필요한 원주민 노동력을 확보하기 위해 선교구와 원치 않는 경쟁을 벌여야 했다. 1767년 식민지 지배층은 마침내 가장 독립적인 교단인 예수회를 신세계에서 몰아내는 데 성공했다. 그때까지 식민지에는 2,200명의 예수회 수사들이 활동했고, 그들의 선교구에는 70만이 넘는 원주민들이 거주했다.[41]

이 예수회 추방이 있기 훨씬 전부터, 스페인 선교사들은 미국 주요 지역의 식민화에 결정적인 역할을 했다. 가장 중요한 교단은 프란체스코회로서, 이들은 1600년대에 플로리다, 조지아, 앨라배마 등지에 거의 40개에 가까운 선교구를 세워 발전시켰고, 미국 남서부에도 수많은 선교구를 수립했다. 플로리다의 중심 거점인 세인트오거스틴에는 무려 2만 명의 기독교화된 원주민이 거주했다.[42] 시간이 지나면서 플로리다 선교구들은 대부분 폐지되었지만, 남서부의 몇몇 선교구들은 번화한 도시로 발전하였다. 오늘날 이러한 곳들, 예를 들면 샌안토니오, 엘 파소, 산타페,

---

41) Crow, *The Epic of Latin America*, pp. 192~208에는 스페인 선교사들의 활동이 훌륭하게 요약되어 있다.

42) Josephy, Jr., *The Indian Heritage of America*, pp. 319~320.

〈지도 1〉 스페인령 플로리다의 선교구들(1674~1675)

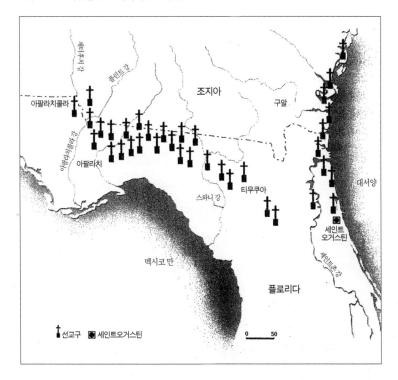

투손, 샌디에이고, 로스앤젤레스, 몬터레이, 샌프란시스코 등에서는 스페인 선교사를 창설자로 인정하고 있다.

플로리다의 선교구와 정착촌들은 우리의 생각 이상으로 개척기 미국 문화에 커다란 영향을 남겼다. 그러한 영향은 항상 직접적인 것만은 아니었다. 오히려, 그것은 선교사들이 떠난 후 남게 된 원주민과 아프리카인들을 통해 전해졌다. 이들은 스페인 정착촌에서 배운 여러 관습들을 이어 갔다. 역사학자 데이비드 웨버는, 1822년 펜서콜라에서 유럽인들과 교역을 하던 원주민들은 "프랑스인이나 영국인들보다 스페인어를 훨씬 잘 구사하였다"고 기술하고 있다. 버지니아, 캐롤라이나, 조지아에 정착한 영국인들은 복숭아나무를 재배하는 원주민들을 만나기도 했다. 복숭아나무는 스페인인들이 처음으로 유럽에서 들여온 식물이었다. 웨버의 기록에 따르면, 플로리다와 뉴멕시코의 선교사들은 "원주민 개종자들에게 유럽 가축——말, 소, 양, 염소, 돼지, 닭 등——의 사육법이나, 수박부터 밀까지 유럽 작물의 재배법을 가르쳤다. 또한 복숭아에서 석류나무에 이르기까지 다양한 과수果樹의 재배법, 바퀴, 톱, 정, 대패, 못과 대못 등 철제 도구 사용법 등도 가르쳤다. 그밖에도 스페인인들이 문명에 필수적이라고 생각한 기술이나 공예술도 전수했다."

농업, 언어, 관습, 기술 등 선교사들이 원주민에게 전해 준 지식들은 수도사들이 모두 떠난 뒤에도 사라지지 않고 오히려 원주민 생활의 일부로 남았다. 영국인들이 미국 남동부에 정착하기 시작했을 때, 그들은 크리크족, 체로키족, 촉토족 등 "문명화된 종족들"과 마주쳤다. 심지어 남서부에서 가장 유목적이고 사나운 민족인 아파치, 코만치, 카이오와 족들도 스페인 사회에 부분적으로 동화된 모습을 보였다. 흔한 경우는 아니지만, 아파치족 마누엘 곤살레스는 캘리포니아 산호세의 시장이 되기도 했다.[43]

선교구가 아니더라도, 교회는 식민지 생활의 모든 부분에 관여하고 있었다. 교회는 스페인 민간 정부의 협력자로서 역할을 충실히 했지만, 때로는 그 위에 군림하기도 했다. 모든 마을에서 교회는 지배구조를 형성했고 그 옆에는 중앙광장, 시의회cabildo, 그리고 왕실 기구la casa real가 나란히 서 있었다. 왕실은 상류층을 상대로 5분의 1세royal fifth를 징수한

---

43) Weber, *The Spanish Frontier in Northern America*, pp. 106, 307, 309.

반면, 교회는 모든 사람들로부터, 즉 부유층이건 빈곤층이건, 또는 백인이건 유색인이건 관계없이, 십일조를 거두었다. 따라서 교구 성직자는 주요한 대금업자였으며, 주교들은 식민 개척자와 토착민 모두의 사회적 삶을 좌우하는 권력을 행사했다. 교회는 스페인 시민사회가 원주민을 극도로 남용하는 것을 막는 완충 역할을 했지만, 또 다른 한편에서는 원주민들의 독립이나 자립 의지를 꺾고 자신들에게 복종하도록 요구하였다.

교회의 권위나 교의에 의문을 제기하면 유럽인이라 할지라도 절대권력을 지닌 종교재판소에 소환되지 않을 수 없었다. 이 기관은 심지어 상대가 총독이라 할지라도 파문이나 투옥 등으로 위협을 가할 수 있었다. 그리고 신성모독이라 판단되는 수천 권의 서적과 예술작품의 유포도 금지시켰다. 기독교 교리에 대한 맹목적 믿음의 강요는 수세기 동안 라틴아메리카 사상에서 관용, 창의력, 그리고 창조성의 확산을 가로막았다.

그에 비해 영국 식민지 교회는 스페인 영토에서 가톨릭교회가 행사한 것과 같은 독점적 권력은 누릴 수 없었다. 비록 교세를 확장한 프로테스탄트 교파들이라 할지라도, 신정주의적인 식민지를 건설하려는 노력은 청교도들의 매사추세츠와 코네티컷 등 제한된 영역에서만 실현되었을 뿐이었다. 1680년대 후반 세일럼과 에섹스 지역에서 발생한 청교도의 마녀사냥은 가장 잔혹한 종교재판의 하나로 기록된다. 남녀 20명이 처형되고 150여 명이 투옥되었지만, 광신자들이 모든 사람을 통제하는 것은 불가능함이 증명되었다. 마녀사냥이 있기 훨씬 전, 로저 윌리엄스는 세일럼에서 갈등을 일으킨 후, 로드아일랜드로 이동하여 정착촌을 세웠다. 그곳에서 그는 모든 종류의 신앙을 허용하였으며, 점차 다른 정착촌에서도 그를 따라 자유주의적 정책을 펼쳤다. 가톨릭 교도들의 메릴랜드에서는 종교관용법을 제정하였고, 펜실베이니아를 세운 퀘이커 교도 윌리엄 펜도 모든 종교인을 받아들였다. 뉴욕 시에서도 그러한 종교 그룹들의 혼재가 나타나자, 영국인 총독은 1687년 다음과 같이 보고했다. "이곳에는, 영국 국교회는 많지 않고 로마 가톨릭도 거의 없지만, 퀘이커 교도들은 많이 있습니다. 특히 남녀 전도사가 많지만, 노래하는 퀘이커 교도, 고함을 지르는 퀘이커 교도들도 있습니다. 그밖에도 안식일 엄수주의자, 반反 안식일 엄수주의자, 일부 재세례파 교도들, 몇몇 독립교회파 교도들, 약간의 유대인 등, 한마디로 말해 모든 종류의 교파들이 약간씩 존재하며, 어떤 교파도 다수를 점하지 못하고 있습니다."[44]

1689년 의회가 종교관용법 제정과 더불어 식민지의 종교적 자유를 선언하자, 유럽에서 다양한 종파의 이민이 급증했다. 특히 루터파 교도, 모라비아 교도, 메노파 교도, 그리고 암만파 교도를 포함한 수천 명의 독일인이 중부 정착촌들과 남부의 내륙지에 정착했다. 마찬가지로 스코틀랜드계 아일랜드인 장로교도들도 남부에 정착했다.

인종의 역할

종교적인 관행 이외에, 영국과 스페인의 식민 세계는 노예와 인종에 대한 사고방식에서도 근본적인 차이를 보였다. 오랜 기간 이슬람의 지배를 받은 스페인에는 인종과 문화의 혼성이라는 선명한 유산이 존재했고, 스페인 이민자들은 이를 신세계로 실어 왔다. 이베리아 반도를 점령한 무어인들은 예외 없이 스페인 부인을 맞아들여 광범위한 이종 혼교混交의 시대를 열었으며, 한 역사학자의 언급처럼 "15세기 무렵 카스티야에는

---

44) Bailyn, *The Peopling of British North America*, p. 96.

어두운 피부색의 기독교인, 밝은 머리색의 무어인 등 온갖 종류의 외형과 피부색의 혼종이 존재했다." 무데하르Mudejar라 불린 일부 무슬림들은 기독교 통치하에서 계속 살아갔으며, 모사라베Mozarabe라 칭한 일부 기독교인들은 아랍어를 배우고 무슬림의 습관을 받아들였다. 무어인들과 스페인인들의 의복, 음식, 전통은 서로 상대방의 사회로 침투했다. 건축을 일례로 들면, 아메리카에 도입된 스페인 건축 디자인에서 흔히 볼 수 있는 말발굽형 아치, 타일 장식의 바닥과 벽면, 그리고 개방된 내부 정원은 모두 아라비아 양식에서 영향을 받은 것이다.[45]

이러한 인종 혼교라는 전통을 지닌 스페인 정착자들은 아메리카 원주민이나 아프리카인들과의 성적性的 결합을 큰 거부감 없이 받아들일 수 있었다. 특히 무어인의 지배가 가장 길었던 스페인 남부 안달루시아 출신의 정착자들은 더더욱 그러하였는데, 식민 초기 정착자의 약 40%가 이 지방 출신이었다.[46] 정복 초기, 안달루시아의 중심 항구 세비야는 스페인에서 가장 국제적인 도시였고, 아프리카 교역의 연결고리 역할을 하였다. 그러나 얼마 지나지 않아 세비야는 대서양 횡단 교역의 가장 번화한 교차로가 되었으며, 16세기 중반에는 유럽과 지중해 전역에서 몰려든 사람들로 인해 10만의 인구——6천 명의 아프리카 노예를 포함하여——를 헤아리게 되었다.[47]

---

45) Nancy Rubin, *Isabella of Castile: The First Renaissance Queen* (New York: St. Martin's Press, 1991), pp. 11~12. 또한 Crow, *The Epic of Latin America*, p. 149를 참조.

46) Hugh Thomas, *Conquest: Montezuma, Cortés and the Fall of Old Mexico* (New York: Simon & Schuster, 1993), p. 652 n. 17.

47) Leslie Bethell(ed.), *Colonial Spanish America* (New York: Cambridge Univ. Press, 1987), p. 20. 또한 Clara Rodríguez and Héctor Cordero-Guzmán, "Placing Race in Context", *Ethnic and Racial Studies* 15, no. 4 (London: Routledge, October 1992), p. 527을 참조.

그러나 인종적 혼성이 인종적 평등을 의미한 것은 아니다. 아메리카 원주민 인구가 점차 회복되고, 흑인 노예 노동력이 식민지 플랜테이션 생산에서 갈수록 큰 비중을 차지함에 따라, 스페인인과 크리오요[Creole] 상류층 내에는 폭동의 두려움이 확산되기 시작했다. 이러한 두려움은 아이티 혁명 이후 더욱 증가하여, 식민 통치를 위한 왕실 행정기관인 인디아스 평의회[Council of the Indies]는 백인과 자유흑인 또는 물라토[mulato] 간의 결혼을 모두 금지시켰다. 하지만 이러한 금지에도 불구하고 인종 간의 혼인은 계속되었는데, 특히 여성의 명예가 훼손될 위험에 처한 경우 특면장特免狀이 교부되곤 했다. 1855년 쿠바 오리엔테 지방의 민간 주지사는 이러한 결혼의 허가에 반대하며 다음과 같이 주장했다. "백인 계층과 유색인종 간의 평등이라는 사상이 유포된다면 조용한 섬이 위기에 빠질 것은 불을 보듯 뻔하다. 인구의 가장 큰 비율을 차지하는 것은 바로 유색인종들이기 때문이다."[48]

백색-유색 인종 간의 혼인 금지와는 관계없이, 스페인령 사회에서는 결혼 제도 그 자체에 매우 특별한 기능이 담겨 있었다. 영국령 식민지에서 뚜렷하게 나타나는 노예제의 심각한 문제들을 완화시키기 위해, 스페인 교회가 활용하는 다양한 수단 가운데 하나가 바로 결혼이었다. 예를 들면, 교회는 결혼한 노예 부부를 노예주가 떼어 놓는 것을 허용하지 않았으며, 나아가 노예와 자유민 사이의 결혼을 용인하였다. 1825~1829년 기간의 아바나 교구들을 선별 조사한 사학자 허버트 클라인[Herbert Klein]

---

48) Verena Martínez-Alier, *Marriage, Class and Colour in Nineteenth-Century Cuba: A Study of Racial Attitudes and Sexual Values in a Slave Society* (Ann Arbor: University of Michigan Press, 1989), pp. 42~79.

에 따르면, 전체 결혼의 1/3은 노예들 간에, 그리고 거의 1/5은 노예와 자유민 사이에 이루어졌다. 쿠바의 많은 지역에서 노예 간의 결혼 비율은 백인 간의 결혼 비율과 같거나 더 높게 나타났다.[49]

그러나 이러한 공식 결혼보다 더 중요한 것은 아마도 합의혼에서 비롯된 사회적 효과일 것이다. 19세기 이전의 유럽 사회에서는 라틴아메리카에서 빈번하게 발생한 비합법적인 혼인을 찾아볼 수 없다. 모든 계층에서 자유민들 간의 사생아 출산율은 50%에 육박했다. 특히 백인 상류층에서는 유럽의 다른 어느 곳 상류층에서보다 이 비율이 높게 나타난다.[50] 이러한 비공식적 혼인은 거의 예외 없이 백인 남성과 유색인 여성 사이에서 이루어졌으며, 계층구조를 파괴할 위험이 없기 때문에 공식적인 혼인보다 더 선호되었다.

비공식적 혼인과 인종적 결합이 성행한 데다 가톨릭교회의 강력한 영향력이 더해져, 스페인인들은 노예의 권리를 바라보는 시각에서 영국인들과 커다란 차이를 드러냈다. 특히 이러한 차이는 18세기 말로 갈수록 더욱 분명해졌다. 이때까지는 식민지를 소유한 모든 강대국이 노예주에게 소유 노예를 해방할 수 있도록 허용했다. 그러나 아이티 혁명 이후, 영국, 프랑스, 네덜란드는 그러한 해방을 제한하기 시작했다. 하지만 포르투갈과 스페인령 식민지에서는 해방을 더욱 장려하고 법으로 뒷받침하였다.

---

49) Herbert S. Klein, "Anglicanism, Catholicism, and the Negro Slave", in *Slavery in the New World*, ed. Laura Foner and Eugene D. Genovese (Englewood Cliffs, N. J.: Prentice-Hall, 1969), p. 146.

50) Herbert S. Klein, *African Slavery in Latin America and the Caribbean* (Oxford: Oxford University Press, 1986), pp. 169~170.

그 결과, 오직 포르투갈과 스페인령 식민지에서만 거대한 자유 흑인 계층이 형성되었고, 그중에서도 물라토——일부 국가에서는 파르도pardo 나 모레노moreno라는 명칭을 사용한다——그룹은 북아메리카의 엄격한 흑백 인종 체제와는 확연히 다른 라틴아메리카의 다채로운 인종 분포를 만들었다. 예를 들면, 미국에서 1790년 처음 실시된 연방 인구조사를 보면 '자유 유색인'은 전체 인구의 2% 미만인 반면, 흑인 노예는 33%에 달했다.[51] 자유 흑인의 비율은 영국, 네덜란드, 프랑스령 카리브 해 식민지에서도 대략 비슷한 비율이었다. 그러나 스페인과 포르투갈령 식민지에서는 그와 반대되는 현상이 우세하였다. 즉 자유를 획득한 흑인과 유색인이 수적으로 노예를 능가했는데, 아마도 자유 흑인들 중 약 40~60%는 자신의 해방을 공공연하게 매입하였을 것이다.[52] 오늘날 콜롬비아, 베네수엘라, 에콰도르 지역에 해당되는 누에바그라나다 부왕령에는 1789년 8만의 노예와 42만의 자유 유색인이 거주했다.[53] 1817년 쿠바에는 19만 9천 명의 노예와 11만 4천 명의 자유 유색인이 존재했다.[54] 1872년 무렵에는 브라질 인구의 43%가 자유 유색인들로 구성되었다. 이 비율은 순수

---

51) 클라인에 따르면, 백인 1,300,000명, 노예 658,000명 그리고 자유 유색인 32,000명이 거주했다. 반면, 영국령 서인도제도에는 1780년대에 거의 오십만의 노예가 있었지만, 자유 백인은 단지 53,000명 그리고 자유 흑인은 13,000명뿐이었다(Klein, *African Slavery in Latin America and the Caribbean*, p. 224).

52) 해방 노예의 약 60%, 그리고 주인에 의해 조건 없는 자유를 얻은 노예들은 사실상 모두 젊은 여성들이었다. 이는 백인 주인과 여성 노예 사이의 인간적인 관계가 이베리아 식민지에서 해방된 인구 수를 증가시키는 데 결정적인 역할을 했음을 시사한다. Klein, *African Slavery in Latin America and the Caribbean*, p. 227을 참고.

53) 1788년 산토도밍고에는 80,000명의 해방된 유색인과 15,000명의 노예가 존재했다. 푸에르토리코에는 1820년 22,000명의 노예와 104,000명의 해방 유색인이 있었다. 그리고 멕시코에는 1810년 10,000명의 노예와 60,000명의 자유 유색인이 거주했다. Ibid., p. 221.

54) Louise A. Pérez, Jr., *Cuba: Between Reform and Revolution* (New York: Oxford University Press, 1995), p. 86.

백인과 흑인 노예를 뛰어넘는 것이었다.

　이와는 반대로, 영국령 식민지에서 피부색과 신분은 너무나 깊게 경계가 나누어져 있어서 자유로운 유색인 계층은 그저 참고 눈감아 줘야 하는 비정상적인 존재일 뿐이었다.[55] 앵글로색슨 사회에서는 흑인의 피가 단 한 방울만 섞여 있어도 흑인으로 간주되었다. 반면, 포르투갈과 스페인어권 세계에서 메스티소와 물라토들은 아무리 피부가 어두워도 예외 없이 백인사회의 일원으로 받아들여졌다. 비록 그 사회 내부에서는 이류 시민으로 여겨지긴 했지만 말이다.

　인종주의가 양대 식민지 그룹에서 지속된 것은 분명한 사실이다. 하지만 이베로아메리카 식민지에서는 거대한 혼혈인구가 존재하였기 때문에, 좀더 완화된 형태를 띠면서 매우 복잡한 방식으로 작동했다. 라틴아메리카에서 백인 순혈주의는 극소수 최상위 계층 내에서만 요구되었다. 반면 하층 백인들이 외부의 다른 인종과 결혼하는 것은 통상적으로 묵인되었다. 이유는 단순하다. 부유층 백인들에게 결혼은 무엇보다 상속의 혈통을 공고히 하는 문제였던 것이다. 비록 지배층 일부가 혼혈 자녀를 공식적으로 '인정'하여 백인사회에 부분적으로 수용하는 경우도 간혹 있기는 했지만, 인종적 결합이 계층 구조를 파괴하는 것은 결코 용납하지 않았다. 라틴아메리카에서 혼혈 자손을 분류하는 난해한 유형들은 그저 놀라울 따름이다. 메스티소와 물라토는 물론이고, 삼보zambo(원주민과 흑인), 코요테coyote(메스티소와 원주민), 살타-아트라스salta-atrás(백인 부모 사이에 태어난 검은 피부의 자손), 치노chino(원주민과 살타-아트라스 사이의 자손), 콰르테론cuarterón(흑인의 피가 1/4 섞인 자손) 등이 있었고, 그

---

55) Klein, *African Slavery in Latin America and the Caribbean*, pp. 225~226.

밖에도 매우 진귀한 분류들이 더 존재했다.

　한편, 앵글로색슨 식민지에서는 어느 계층의 백인이건 다른 인종과의 결혼은 터부시되었다. 심지어 독립과 해방 이후에도, 인종 간의 혼인은 허락되지 않았다. 물론 강제 추행이나 용인되지 않은 결혼이 일어나기도 했다. 하지만 앵글로색슨인들은 거의 대부분 아무리 그 자식의 피부가 밝은 색이더라도, 또는 아무리 그 아버지가 초라한 입장에 있더라도 혼혈 자녀를 결코 인정하지 않았다.

두 사회의 토지와 토지정책

종교와 인종 이외에, 경제와 정치 제도의 운영방식에서도 스페인령 식민지와 영국령 식민지는 근본적인 차이를 보였다. 스페인의 식민지 개척은 처음부터 왕실사업으로 시작되었다. 콩키스타도르들은 왕실의 직접적인 대리인으로서 역할을 수행했다. 그리고 적어도 정복 첫 세기 동안, 스페인의 주요 목표는 금과 은이었다. 1600년까지 스페인 식민지에서 생산된 귀금속의 가치는 이미 200억 페소를 넘어섰다. 이는 콜럼버스 항해 이전 시기에 유럽 전체에서 조달된 공급량의 세 배에 달하는 것이다.[56] (1800년까지의 총생산액은, 거의 대부분 은에서 비롯되지만, 600억 페소를 능가한다.) 그렇지만 은화의 유통은 본국에 대규모 인플레이션을 유발했다. 식민 개척 첫 세기에 20만 명 이상의 스페인인들이 신세계로 떠남에 따라, 자국의 산업과 농업은 침체를 겪게 되었다. 수많은 사람들이 스페인의 농촌을 버리고 무역 거래에 종사하기 위해 세비야와 카디스로 모여

---

56) Crow, *The Epic of Latin America*, p. 216.

들었다.[57] 게다가 무어인과 유대인을 추방한 왕실 정책은 경제 위기를 더욱 심화시켰다. 이 두 그룹이 지방의 전문직종과 상업에 활력을 제공했기 때문이다. 유대계 상인들은 영국, 암스테르담, 제노바 등 당시 재정의 중심지로 그들의 부富를 챙겨 피신했다.[58] 광대한 제국의 관리비용이 증가하면서, 스페인은 외국은행에서 막대한 자금을 끌어오지 않으면 안 되었다. 따라서 멕시코와 페루의 광산으로부터 거둬들인 생산물들을 대부분 네덜란드와 영국의 은행 금고로 보내거나, 식민지에 공급할 제품의 구입비용으로 지불해야 했다.

스페인보다 거의 한 세기 늦게 아메리카 식민지 운영을 시작한 영국과 네덜란드는 국가가 후원하는 스페인 방식을 채택하지 않았다. 대신 그들은 독자적인 식민지 개척에 자금을 쏟아붓는 부유한 귀족이나 새로운 형태의 투기적 사업——합자회사——에 의존했다. 런던 회사, 플리머스 회사, 버지니아 회사, 네덜란드 서인도 회사 등 모든 회사들은 그들의 군주로부터 새로운 영토에 사람들을 이주시켜도 좋다는 허가를 받아 냈다.

사실, 필그림 파더스와 다른 식민 개척자들은 종교적 탄압을 피해 이주한 것이지만, 그들을 수송한 회사들도 동일한 입장에 있었다고는 할 수 없다. 이 새로운 자본주의자들에게 유토피아란 본질적으로 정신적인 것과는 거리가 멀었다. 다시 말해 그들은 거대한 이익을 뒤쫓았던 것이다. 때로는 원주민들과 모피 거래를 성사시킴으로써, 또는 목재나 철, 그 밖의 원자재를 영국으로 수송함으로써, 아니면 영국에 불만이 있거나 의

---

57) J. H. Elliot, *The Old World and the New, 1492-1650* (New York: Cambridge University Press, 1970), pp. 75~77.
58) Larry Neal, *The Rise of Financial Capitalism: International Capital Markets in the Age of Reason* (Cambridge: Cambridge University Press, 1990), p. 10.

견을 달리하는 사람들을 신세계로 이주시키고 두둑한 비용을 청구함으로써 막대한 이익을 거두었다. 예를 들면, 1627년 런던 회사는 자신들이 추구하는 목적의 하나로, "위험한 폭동의 원인이 될 수 있는 빈곤층의 적체積滯를 해소하고, 식민지에 체류하는 사람들을 지탱할 수 있도록 더 많은 사람들을 그곳으로 보내는 것"이라고 선언했다.[59]

그러나 우리가 믿었던 이민의 신화와 달리, 영국과 유럽에서 일어난 집단 이주는 그저 핍박받는 자들과 가난한 자들의 자발적인 이민이 아니었다. 1776년 이전에 13개 식민지에 거주하던 인구의 절반 이상은 계약제 고용인들이었다. 그 중에는 17세기 메릴랜드와 버지니아 식민지에 사람들을 정주시키기 위해 영국 교도소에서 석방된 5만 명의 기결수와 유괴되어 노예로 팔려간 상당수의 아이들도 포함되어 있었다.[60]

상인들과 제휴한 토지 투기자들이 집단 이주의 대부분을 기획하고 추진했다. 이 투기자들은 아메리카에 거대한 토지를 소유하고 있었고, 그 땅들을 경작할 수 있는 인원을 모집하기 위해 노동자 중개업자들이 영국의 섬들이나 라인 지방을 휩쓸고 다녔다. 이들은 주로 영농가족들을 상대로, 재산을 팔고 신세계로 가면 즉시 부를 얻을 수 있다는 감언이설을 늘어놓았다.[61] 예를 들면, 윌리엄 펜은 런던, 더블린, 에든버러, 로테르담 등지에서 인력 중개인들을 채용했다. 로테르담에 있던 그의 무역상 친구 벤저민 펄리는 라인 밸리Rhine Vally 지역에서 얼마나 성공적으로 홍보를

59) Herbert Aptheker, *The Colonial Era* (New York: International Publishers, 1959), pp. 10~12.
60) Philip Foner, *Labor and the American Revolution* (Westport, Conn.: Greenwood Press, 1976), p. 7. 또한 Bailyn, *The Peopling of British North America*, pp. 120~122 참조.
61) Bailyn, *The Peopling of British North America*, pp. 37~42.

하였던지 펜실베이니아를 독일 이민자들의 중심지로 변모시켰다.[62]

개척 초기에 영국은 식민지 관리를 회사들의 손에 맡겼다. 왕실은 국내의 분쟁과 종교전쟁에 몰두했기 때문이다. 그러나 17세기 종반에는 의회가 스페인의 인디아스 평의회에 해당하는 상무부를 통해 직접적인 경영을 시도했다. 하지만 그러한 경우에도 영국은 스페인보다 훨씬 작은 규모의 관료제를 유지했다.

반면, 스페인 제국은 거대한 식민지 관료제를 낳았기 때문에, 17세기 무렵에는 110만 명의 인원이 스페인령 식민지에서 종교 관련 직종에 종사했다. 그리고 대략 50만 명의 인력이 정부 관련 직종에 몸담았다.[63] 대부분의 관료제가 그렇듯이, 식민지 교회와 민간 정부는 의사결정 속도가 늦었다. 따라서 혁신은 산처럼 쌓인 보고서와 칙령에 파묻혔고, 모든 종류의 이견異見은 억눌려졌다. 스페인을 감싸는 것이 아니라, 그 제국은 과거에 한 번도 볼 수 없었던 세계 최대 규모의 영토를 소유하고 있었다. 오리건에서 파타고니아에 이르는 제국 안에는, 세계에서 가장 넘기 어려운 산맥들, 가장 긴 강들, 사람의 발길을 허락하지 않는 사막과 통과하기 어려운 정글들이 펼쳐져 있었다. 모국보다 10배 이상 많은 식민지 인구를 관리하기 위해서는, 앨러게니 산맥[64] 동쪽으로 한정되어 있고 인구밀도도 높지 않은 영국 식민지보다 훨씬 많은 노력이 요구되었다.

라틴아메리카의 광활한 영토와 풍부한 자원은 거대한 노동력을 필요로 했다. 원주민과 메스티소들이 제국의 금과 은을 채굴하고, 도시와

---

62) Ibid., p. 147, n. 40.

63) Crow, *The Epic of Latin America*, p. 217.

64) 앨러게니 산맥(Allegheny Mountains). 미국 동부의 애팔래치아 산맥에 딸린, 펜실베이니아 주 북동부에서 버지니아 주 남서부까지 뻗어 있는 산맥이다.—옮긴이

교회를 건설하였으며, 또한 가축을 키우고, 식량도 재배했다. 그리고 광산업의 중요성이 한풀 꺾이자, 이번에는 아프리카 노예들이 새로운 황금인 설탕, 담배, 코코아, 인디고(쪽빛 염료)를 수확하기 위해 동원되었다. 아메리카에서 스페인인들이 고된 노동에 참여했다는 이야기는 들어 본 바가 없다.

반면, 영국령 식민지에서 아메리카 인디언은 단 한 번도 노동력의 일부가 된 적이 없었다. 식민지 경제는 세 그룹의 노동자들에게 의존했다. 즉, 자유 백인 농민, 무산無産 백인(계약고용인과 자유인), 그리고 아프리카 노예였다. 미국혁명 전까지 모든 백인 이민자의 약 70%는 계약고용인 indentured servants이었다. 이 고용인들은 노동 계약 기한이 만료되면 도시에서 자유 기술자로 살아가거나 국경지대로 이동하여 자기 소유의 농장을 경영하였다. 미국혁명 무렵에는 독립 자작농, 소농, 어민 등이 백인 인구의 대다수를 차지했다.[65] 이들 농민 그룹은 단순하고, 허세 부리지 않으며, 멀리 떨어진 정부의 지배에 회의적이었다. 따라서 거대하고 비옥한 미개간지에서 새로운 삶을 창조하기로 마음먹는다. 결국 이들이 새로운 북미 사회의, 또는 적어도 다수를 점하는 백인 사회의 문화적 핵을 형성하게 된다.

영국과 스페인의 식민지 사회를 더욱 분명하게 구분 짓는 것은 토지 정책에 대한 본질적인 차이였다. 열광적인 토지 투기가 영국령 식민지 곳곳에서 일어났다.[66] 한 역사가는 이렇게 말한다. "여분의 토지를 소

---

65) Aptheker, *The Colonial Era*, pp. 36, 40. 또한 Bailyn, *The Peopling of British North America*, pp. 60~61 참조.
66) Patricia Nelson Limerick, *The Legacy of Conquest: The Unbroken Past of the American West* (New York: W. W. Norton, 1987), pp. 68~69.

유한 농민들은 모두 토지 투기자가 되었다. 모든 도시 지주들, 마음 급한 모든 상인들이 투자를 위해 십시일반으로 자금을 모았다."[67] 처음에는 영국의 식민지 관료들이, 그리고 나중에는 국가와 연방정부까지 나서서 투기를 부추겼다. 정부 관료들은 동료나 그들 자신을 위해 속성으로 재산을 만들었으며, 부정한 방식으로 거대한 부를 축적하였다. 예를 들면, 1697년경 허드슨 밸리[68]에 거주한 네 가족, 즉 밴 코틀랜트, 필립스, 리빙스턴, 밴 렌슬리어 가*는 160만 에이커의 토지를 축적했다. 오늘날 뉴욕 주 한가운데 여섯 개 군郡에 걸친 거대한 토지를 소유하게 된 이들은 뉴욕의 새로운 지주 귀족으로 떠올랐다.[69]

영국이 토지 투기라는 전통을 지녔다면, 그와는 대조적으로 스페인에는 장자상속제mayorazgo의 전통이 있었다. 이 관습에 따르면 한 가족의 지방과 도시의 재산은 법적으로 분리할 수 없었고, 가장 나이 많은 아들을 통해 세대에서 세대로 전해 내려갔다. 다른 가족 구성원들은 가족 자산의 일부를 할당받아 관리하고 소득을 얻을 수 있었다. 그러나 그들은 그 할당 부분을 소유할 수 없었고, 그것을 매각한다는 것은 더더욱 있을 수 없는 일이었다.

가장 큰 토지를 소유한 장자는 최초의 콩키스타도르들이었다. 그보다 적은 할당을 받은 사람들은 그들의 하급 군인들이었다. 그리고 그보다 더 적은 재산이 민간 개척자들에게 돌아갔다. 여러 세대가 지나면서, 지배층 간의 결혼을 통해 오래된 토지들의 복잡한 합병이 일어났다. 상

---

67) Bailyn, *The Peopling of British North America*, pp. 66~67.
68) 허드슨 밸리(Hudson Valley)는 뉴욕 주 동부를 흐르는 허드슨 강 계곡을 가리킨다.─옮긴이
69) Aptheker, *The Colonial Era*, p. 56.

인, 광산업자, 그리고 후에 들어온 이민자들은 종종 장자 칭호를 돈으로 사거나 결혼을 통해 기존 장자 계층에 편입되려고 노력했다. 거대한 토지는 계속 증가할 뿐이지, 결코 줄어들지 않았다. 또한 즉각적인 이익을 얻기 위한 개인적인 토지 매매는 매우 드문 일이었다.[70] 이렇게 해서 장자상속제는 엔코미엔다encomienda 제도와 더불어 라틴아메리카 라티푼디움latifundio 체제의 토대가 되었다. 라티푼디움은 소수의 백인 인구가 토지의 대부분을 소유하고 그 밖의 사람들은 노동자로 전락할 수밖에 없는 제도였다.

영국인, 스페인인들과는 달리, 아메리카 원주민들은 예외 없이 토지를 개인 소유가 아닌, 모두 함께 사용하는 자원으로 간주했다. 계층화가 가장 잘 이루어진 원주민 사회에서조차 토지는 궁극적으로 공동 소유였다. 예를 들면, 아스텍인들 사이에서는 칼푸이calpulli — 확대된 씨족 — 가 각각의 구성원들에게 토지를 분배한다. 그러면 이 구성원들은 수확의 일정 부분을 씨족 지도자에게 보내고, 지도자들은 이를 황제에게 바치는 공물로 사용한다.[71] 원주민 부족들은 백인 정착민들을 진정시킬 목적으로 많은 조약을 체결했지만, 이는 그저 '토지 사용권'을 양도한 것일 뿐, 영구소유권을 넘긴 것은 아니라고 생각했다.

끝으로, 아마도 가장 중요한 요인이라 생각되지만, 영국과 스페인 출신 정착민들은 서로 상당한 차이를 보이는 정치적 전통을 아메리카에 들여왔다. 각각의 그룹이 신세계에 그 전통들을 이식하려 했을 때, 그들은

---

70) 장자상속제(mayorazgo)에 대한 논의는 Bethell, *Colonial Spanish America*, pp. 283~285. Crow, *The Epic of Latin America*, pp. 162, 257을 참조.
71) Thomas, *Conquest*, p. 8.

오히려 본래 거주하던 아메리카 원주민들로부터 깊은 영향을 받았음을 깨달았다. 멕시코를 예로 들면, 아스텍의 최고 통치자는 귀족회의를 거쳐 왕족 중에서 한 사람이 선발되며, 고도로 차별화된 계급사회의 가장 높은 곳에 위치한다. 그는 자국민은 물론 정복한 국가의 국민들에게도 공물을 강요할 수 있다. 뿐만 아니라 타쿠바, 텍스코코, 틀락스칼라, 타라스카 등 자신들에게 종속된 도시국가들도 공물을 바치게 했다. 스페인인들은 그러한 권력의 중앙집권적 구조를 해체하지 않고, 그것을 위에서부터 그대로 수용했다. 즉 기존 원주민의 전제적 체제 위에, 부왕으로부터 중간 통치 계급인 코레히도르corregidor에 이르기까지 자신들의 식민 행정조직을 덧세운 것이다. 그리고 그들은 약삭빠르게도 대도시를 벗어난 지역에서는 카빌도cabildo(시의회)의 관리를 다수파 원주민들에게 양도했다. 이렇게 함으로써 전통적인 원주민 수장首長들을 정치적 중재자나 엔코미엔다에 원주민 노동력을 제공하는 공급자로 활용할 수 있었다.

앞서 살펴본 것처럼, 이로쿼이인들은 아스텍인들과는 매우 달랐다. 그들은 독립 이전 시기 150년 동안 영국인 정착민들과 서로 적대자로 싸우거나 동맹자로 협력했다. 미국 인류학의 창시자이자 체계적인 이로쿼이족 연구의 선구자인 루이스 헨리 모건은 1851년 다음과 같이 기록했다. "그들의 전체적인 국가정책을 보면 어느 한 개인의 손에 권력이 집중되는 것을 매우 경계했음을 알 수 있다. 오히려 그 반대의 경향, 즉 동등한 권한을 지닌 다수의 인원들에게 권력을 분산하는 원칙이 우선되었다."[72]

오랜 기간 구전으로 전래되어 오다 조가비구슬 벨트wampum belt에 기

---

72) Bruce E. Johansen, *Forgotten Founders: How the American Indians Helped Shape Democracy* (Boston : Harvard Common Press, 1982), p. 9에서 재인용.

록된 이로쿼이 헌법은 독특한 유형의 민주주의를 지향했다. 그 기본원리는 선발된 대표들이 합의를 통해 의사를 결정하는 방식이었다. 모건에 따르면, 이 연방에는 "근대식 의회제, 연방의회, 입법부 등의 근원"이 내포되어 있었다. 모건 이래로 많은 학자들은 이로쿼이인들이 미국 건국의 아버지들의 민주주의 사상에 어떠한 영향을 미쳤는지를 기록으로 남겼다.[73] 개인의 권리에 관한 미국의 열렬한 신념은 이로쿼이 사상에 뿌리를 두고 있다고 사학자 펠릭스 코언은 주장한다. 예를 들면 "여성들의 보편 참정권, 한 국가 내에 여러 국가가 존재하는 오늘날의 연방주의 유형, 지도자를 주인이 아니라 국민의 종복從僕으로 여기는 관습" 등이 이에 해당한다.[74]

몇몇 학자들은 더 많은 것을 주장한다. 인류학자 잭 웨더퍼드의 경우, "오늘날 우리가 미국에서 볼 수 있는 평등적 민주주의와 자유는 유럽에서 받아들인 것이 아니다." 그보다는 오히려 "아메리카 인디언의 사유 개념들이 유럽어로 번역되면서, 그러한 원리들이 서양의 사상과 문화에 유입된 것"이라고 역설한다.[75] 미 건국의 아버지들 중 일부는 이로쿼이 제도의 견제와 균형에서 영향을 받기도 했다. 벤저민 프랭클린은 1736년에 첫 인디언 조약집을 간행했다. 또한 그는 1750년대에 펜실베이니아에서 인디언 담당관으로 일하면서 폭넓게 토착민 사회를 연구했다. 1744년

---

73) Clark Wissler, *Indians of the United States: Four Centuries of Their History and Culture* (New York: Doubleday, Doran, 1940). Henry Steele Commager, *The Empire of Reason: How Europe Imagined and America Realized the Enlightenment* (New York, Anchor Press/Doubleday, 1977). Felix Cohen, "Americanizing the White Man", *American Scholar* 21, no. 2 (1952). Weatherford, *Indian Givers*, pp. 132~150.

74) Johansen, *Forgotten Founders*, p. 13.

75) Weatherford, *Indian Givers*, p. 128.

어느 영국인-인디언 회담에 참석한 그는, 이로쿼이 제사장 카나사테고 Canassatego가 행한 연설을 듣고 깊은 감명을 받았다. 이때 인디언 제사장 은 식민지들을 그들 스스로의 연방제로 구성할 것을 주창하였는데, 프랭 클린은 곧 그러한 식민지 연방 체제를 지지하게 되었다.[76] 토머스 제퍼슨 도 종종 이로쿼이 전통을 탐구했다. 그리고 그의 저서 『버지니아 주에 대 한 기록』Notes on the State of Virginia에서 그들의 도덕성과 웅변을 칭송했다. 대륙회의Continental Convention의 사무총장이었던 찰스 톰프슨은 이로쿼이 정부에 감탄을 금치 못하며 "일종의 가부장적인 연맹"[77]이라고 설명했다.

그밖에도 미국 민주주의에 받아들여진 이로쿼이족의 원칙으로는 군 사적 권력과 시민 권력의 분리 —— 히아와타 법에서는 이로쿼이 연방의 추장과 군사 지휘관을 분리해서 선출하도록 규정됨 —— 와 선출된 지도 자의 탄핵을 들 수 있다. 어떤 의미에서 이로쿼이 연방의 다섯 부족은 미 국 건국의 아버지들보다 훨씬 더 앞섰다고 할 수 있다. 왜냐하면 그들은 노예제를 금지하고 여성 참정권을 인정했기 때문이다. 정착민들은 이로 쿼이 사회의 순수성을 깨닫게 되었고, 반사회적 행위를 억제하는 도덕적 권위와 개인의 자유를 조화시키는 능력에 예외 없이 감명을 받았다. 예 를 들면, 이로쿼이 사회에서는 거의 범죄가 발생하지 않았다.

영국은 전 세계에 걸쳐 식민지를 건설했다. 그러나 오직 북미에서만 영국의 전통인 관습법, 지방행정, 의회대표제 등이 꽃을 피웠다. 이러한 성공은 정착민에게 영향을 미친 이로쿼이 전통이 있었기에 가능한 일이

---

76) Johansen, *Forgotten Founders*, p. 54.

77) Thomas Jefferson, *Notes on the State of Virginia*, 9th American ed. (Boston : H. Sprague, 1802), p. 287.

었다. 이와는 대조적으로, 영국의 다른 식민지들, 예를 들면 인도, 자메이카, 또 남아프리카는 미국에서와 같은 성공, 즉 개인의 자유와 강력하고 안정적인 대의제 정부를 독특하게 결합시킨 전통을 만드는 데 실패했다. 한편, 라틴아메리카에서는 멕시코, 그란 콜롬비아 등 옛 스페인령 식민지와 브라질이 미국식 민주주의 모델을 이식하려 했지만 역시 실패로 끝나고 만다.

이렇게 해서, 19세기 초 300년의 식민주의가 끝났을 때, '신세계'는 서로 경쟁하는 거대한 두 문화 그룹, 즉 '앵글로-색슨'과 '스페니시-라틴'으로 분리되었고, 그밖에 작은 그룹들로서 포르투갈, 네덜란드, 프랑스의 식민지, 그리고 영국령 카리브 식민지들이 형성되었다. 지배적인 두 사회의 식민 개척자들은 냉혹한 변화에 직면해야 했다. 그들은 더 이상 영국인이나 스페인인이 아니었다. 이제 그들은 앵글로아메리카인이거나 라틴아메리카인이었다. 그들은 자신의 종교, 정치경제적 관점, 언어, 음악, 음식 등을 새로운 대지에 알맞게 변화시켰다. 또한 자신들이 정복한 원주민, 노예로 데려온 아프리카인들과 서로 뒤얽힌 부자연스런 정체성을 만들었다. 라틴아메리카는 사회적 포용과 정치적 배제가 동거하는 땅이 되었다. 영국령 아메리카는 모든 종류의 정치, 종교적 견해를 받아들였으나, 사회적·인종적 측면에서는 여전히 심각한 불관용의 자세를 취하였다. 다수의 원주민과 아프리카인들을 강제로 포함시킨 라틴아메리카는 그 민중의 영혼과 노래, 고통을 간직한 땅이 되었고, 그 지배층은 거대한 계급에 기생하는 존재가 되었다. 미국의 백인 정착민들은 자신들이 정복한 인종들과 격리되어 생활하면서 이원적이고 모순적인 정체성과 세계관을 발전시켰다. 한편에서는 소농으로 이루어진 대중들 사이에 의지와 노동의 정신, 흔들리지 않는 낙관주의가 존재했고, 다른 한편에서는 지배층 사이에 먹고 먹히는 치열한 사업과 토지 투기, 그리고 힘없는 비유럽인들에 대한 지배가 존재했다.

아메리카 정복은 이주민, 원주민, 노예를 막론하고 그들의 믿음에 의문을 일으키고 깊은 변화를 가져왔다. 그와 동시에 본국으로 돌아가는 유럽인들에게도 복잡한 문제를 던져 주었다. 모든 인간은 신의 자식인가? 무엇이 야만이고 무엇이 문명인가? 신세계의 인종적 혼혈은 인간의 새로운 보편적 인종을 창조하는 일인가? 교회, 왕 또는 국가는 사회의 최종 심판자인가, 아니면 개개의 인간들은 자유롭게 자신의 운명을 개척할 수 있는가? 이러한 질문에 대한 답들이 ──그 답들은 서로 대립되기도 하지만── 이제 막 떠오른 주요한 두 신세계 문화의 틀을 만들어 갔다. 19세기 초 독립을 쟁취했을 때 그토록 풍요로운 자원을 지니고 있던 스페인령 식민지는 왜 정체되고 쇠퇴하였는가? 그에 비해 젊은 북미의 공화국은 어떻게 번영할 수 있었는가? 이러한 내용들이 다음 장의 주제를 이룰 것이다.

제2장
스페인령 변경邊境과 또 하나의 제국 만들기(1810~1898)

> 비록 우리는 현재의 이해관계로 인해 국경 내에 머물고 있지만,
> 먼 앞날이 기대되는 것은 어쩔 수 없다. 우리는 빠르게 국경 너머
> 로 확장할 것이고, 남쪽 대륙까지는 아니더라도, 북쪽 대륙은 전
> 체를 차지하게 될 것이다.
>
> —토머스 제퍼슨, 1801

1810년 독립의 길로 들어선 스페인령 아메리카 식민지는 자원, 영토, 인구 면에서 신생 미합중국보다 훨씬 풍족하였다. 하지만, 그로부터 몇십 년 되지 않아 네 곳의 스페인 부왕령(누에바 에스파냐, 누에바 그라나다, 페루, 리오 플라타)은 10여 개 국가로 분열되었다. 뿐만 아니라, 그들 대부분은 내부 투쟁, 경제적 침체, 외채, 외세의 지배 등 심각한 문제에 직면했다. 반면, 미국은 극적으로 영토와 인구를 확대하면서 안정적인 민주주의를 수립하고, 외세의 지배도 피해 갈 수 있었다.

발전 도상에서 그러한 차이는 어떻게 발생했을까? 미국의 역사학자들은 흔히 그 원인을 영국과 스페인의 식민주의 유산으로 돌린다. 그들의 설명에 따르면, 앵글로색슨계 농부와 상인들의 금욕적 프로테스탄트 민주주의는 변경의 미개척지대에서 부를 일구어 내는 데 매우 적합하였지만, 어느 의미에서 라틴아메리카의 가톨릭적 전제주의 사회는 그러하지 못했다.[1]

그러나 이러한 관점은 독립 초기부터 미국과 라틴아메리카 사이에 존재한 갈등과 불평등의 관계를 간과할 수 있다. 또한 19세기 미국이 이

룩한 성장의 상당 부분은 그들이 점령한 스페인어권 아메리카에서 직접 유입된 것이라는 사실도 은폐한다. 그러한 점령은 어떤 식으로 전개되었고, 또 어떻게 미국 내 근대 라티노 출현의 토대가 되었을까? 바로 이 점이 이번 장의 중심 주제가 될 것이다.

1800년대 미국의 영토 확장에 대해서는 기록이 잘 보존되어 있다. 하지만 그 확장이 남쪽의 젊은 공화국들, 특히 변화무쌍한 미 국경지대의 인접 국가들을 얼마나 약화시키고 기형적으로 만들었는지에 대해서는 관심이 덜하다. 스페인어권 접경지대의 합병은 뚜렷한 세 단계를 거치며 전개되었다. 즉, 1820년까지의 플로리다와 남동부 합병 단계, 그리고 1855년까지 진행된 텍사스, 캘리포니아, 남서부의 합병 단계, 마지막으로 19세기 후반부 동안 계속되다 1898년 미서전쟁으로 완결되는 중미 및 카리브 해 합병 단계이다. 한동안 고립되어 있던 독립 자영농^{yeoman}의 민주 국가는 위와 같은 합병을 통해 강력한 세계 제국으로 변모하였다. 그 과정에서 멕시코는 영토의 절반과 지하자원의 4분의 3을 잃었다. 카리브 해 유역은 미국인들의 지속적인 착취와 간섭의 대상으로 전락했으며, 라틴아메리카인들은 미국의 초기 다국적기업들에게 값싼 노동력을 안정적으로 제공하는 공급원이 되었다.

대중적인 역사 서술에서는 19세기의 움직임을 비천한 농민들의 영웅적 서사시로 묘사하고 있다. 이들은 지붕 덮인 마차를 타고 서쪽으로 나아가 야만적인 인디언들과 싸우며 미개척지를 경작한 영웅이었다. 그

---

1) George W. Crichfield, *American Supremacy: The Rise and Progress of the Latin Republics and Their Relations to the United States under the Monroe Doctrine* (New York: Brentano's, 1908), vol. 1, pp. 268~299.

러한 설명들은 그 이동의 또 다른 얼굴, 즉 미국 개척자들이 라틴아메리카 영토를 가차 없이 습격한 사실에 대해서는 거의 분석하지 않는다.

정착민들보다 한발 앞서 무역업자와 상인들이 먼저 진출했다. 예를 들면, 텍사스에는 찰스 스틸먼Charles Stillman, 미플린 케네디Mifflin Kenedy, 리처드 킹Richard King, 중미지역에는 코넬리어스 밴더빌트Cornelius Vanderbilt, 조지 로George Law, 마이너 키스Minor Keith, 앤틸리스 제도에는 윌리엄 새퍼드William Safford, H. O. 헤브마이어H. O. Havemeyer, 존 리미John Leamy, 그리고 베네수엘라에는 존 크레이그John Craig와 같은 사람들이다. 이들은 모두 라틴아메리카의 토지와 생산물을 이용해 거대한 재산을 축적했다. 상인들은 모험가나 용병들과 손을 잡았는데, 대표적인 인물로는 존 매킨토시John McIntosh 장군(플로리다), 데이비 크로켓Davy Crockett(텍사스), 윌리엄 워커William Walker(니카라과) 등이 있다. 그들은 미숙하고 허약한 라틴아메리카 정부들에 충성을 맹세한 후, 해방이라는 미명하에 이 정부들을 강압적으로 전복시켰다.

대다수 미국 대통령들은 라틴아메리카의 토지 획득을 지지했다. 제퍼슨, 잭슨, 테디 루스벨트는 모두 미국의 라틴아메리카 지배가 본래부터 운명 지어진 것이라고 여겼다. 그러나 제국 건설을 앞장서서 주장하고 또 그로부터 가장 많은 이익을 얻은 자들은 투기꾼, 플랜테이션 소유주, 은행가, 그리고 상인들이었다.[2] 그들은 대중적인 지지를 이끌어 내기 위해 미국 해안으로 몰려드는 유럽 이민자들에게 값싼 토지를 약속했다. 그리고 스페인어권 지역에서 백인 정착민들이 줄기차게 일으키는 무장 반란들을 재정적으로 후원했다. 이 모든 일을 정당화하기 위해 미국 지도자들은 "아메리카인들을 위한 아메리카"America for the Americans나 "명백한 운명"Manifest Destiny과 같은 중요한 개념들을 유행시켰다. 특히 후자는

19세기 인종우월주의를 대변하는 상징적인 문구로 떠올랐다.

그러나 영토를 정복함에 따라, 원치 않은 사람들도 흡수되었다. 더욱 서쪽으로 밀려나 보호구역 안에 모여 살던 토착 인디언들을 비롯하여 미국 통치하에 놓인 수백만의 멕시코인, 쿠바인, 필리핀인, 푸에르토리코인 등이 바로 그들이다. 심지어 의회에서 공식적으로 피정복민의 일부를 미국 시민으로 선언한 후에도, 새롭게 도착한 미국 정착민들은 그들의 재산을 지속적으로 강탈하였다. 게다가 이러한 행위들은 정착민들이 설치한 영어 법정에서 보호를 받을 수 있었다. 남서부의 멕시코계 미국인들은 자신들이 태어난 땅에서 소수의 이방인으로 전락했다. 스페인어 사용자이고, 가톨릭교도이며, 대부분 '메스티소'인 이들은 인디언이나 흑인에 버금가는 낮은 신분으로 빠르게 내려앉았다. 우여곡절 끝에 스페인에서 독립한 쿠바와 필리핀은 그 후 또다시 수십 년간 미국의 지배하에 놓이게 된다. 한편, 푸에르토리코는 오늘날까지도 미국의 식민지로 남아 이등 시민으로 살아가고 있다.

---

2) Jack Ericson Eblen, *The First and Second United States Empires: Governors and Territorial Government, 1784-1912* (Pittsburgh: University of Pittsburgh Press, 1968), pp. 17~51. 이 책에는 미국의 건국 초창기 지도자들에게 가해진 영토 확장 압력이 간략하게 정리되어 있다. Malcolm Rohrbough, *The Land Office Business: The Settlement and Administration of American Public Lands, 1789-1837* (New York: Oxford University Press, 1968). 여기서 저자는 "미 공화국에서 처음 50년간 생필품 다음으로 가장 많이 추구된 것은 땅이었다. 토지를 획득하려는 인간의 노력이 당대 가장 지배적인 힘의 하나였다"고 말한다. Charles Grant, *Democracy in the Connecticut Frontier Town of Kent* (New York: Columbia University Press, 1961), pp. 13~27. 이 책은 자료를 토대로 식민지 초기부터 정착민들 사이에 토지 투기가 얼마나 거세게 몰아쳤는지를 잘 보여 주고 있다. 그리고 Arthur Preston Whitaker, *The Spanish-American Frontier: 1783-1795* (Lincoln: University of Nebraska, 1927), p. 47. 저자는 "미국 서부 확장의 역사에서 토지 투기의 중요성은 아무리 강조해도 지나치지 않다"고 주장한다.

〈지도 2〉 1825년의 신생 아메리카 국가들

캐나다(영국령)

미합중국(1776)

멕시코
(1821)

대서양

바하마(영)

쿠바(스)

아이티(1804) 산토도밍고(1821)

영국령
온두라스

자메이카(영) 푸에르토리코(스)

중앙아메리카연방
(1821)

베네수엘라
(1811)

기아나(영, 네, 프)

콜롬비아
(1819)

에콰도르(1822)

태평양

페루
(1824)

브라질
(1822)

볼리비아
(1825)

파라과이(1811)

칠레(1824)

아르헨티나
(1816)

우루과이(1825)

☐ 독립국
▨ 유럽 식민령

혁명의 시대: 고무(鼓舞)에서 배신까지

1800년대 초만 하더라도 라틴아메리카인들 가운데 미국이 자신들을 위협할 것이라 예견한 사람은 거의 없었다. 무엇보다도 미국의 독립전쟁은 스페인령 식민지의 지식인들을 크게 고무시켰다. 심지어 일부 라틴아메리카인들은 조지 워싱턴의 반란군 측에 가담해 싸우기도 했다. 루이지애나의 스페인인 주지사 베르나르도 데 갈베스는 영국에 대항하여 제2 전선을 열었다. 영국 점령하의 웨스트 플로리다를 침공한 그는 수비대를 격파하고 반도를 스페인 식민지로 선언했다. 한편, 아바나의 상인들은 워싱턴에게 결정적인 자금과 물자를 공급했다.

혁명이 승리로 끝나자, 라틴아메리카의 독립지도자들도 미 건국 아버지들의 뒤를 따랐다. 멕시코 독립의 지도적 이념가인 세르반도 데 미에르 신부는 제퍼슨 정부 시기에 필라델피아를 돌아보았고, 반反군주제의 논리를 펼 때는 자주 토머스 페인을 인용하였다.[3] 벤저민 프랭클린을 숭배한 보고타의 부유층 지식인 안토니오 나리뇨는 1794년 프랑스 국민의회의 인권선언을 번역하여 비밀리에 출판하였다. 걸출한 칠레 혁명가 호세 안토니오 로하스는 유럽에서 프랭클린을 만난 이후, 미국 혁명에 대한 레이날Raynal의 수많은 저서들을 칠레로 수송했다. 1776년에는 로하스 자신이 펜을 들어 스페인 왕실에 대한 칠레의 불만들을 열거했다. 남미 해방의 대大지도자 시몬 볼리바르는 1806년 미국 전역을 여행했다. 미국의 성취에 고무된 그는 수년 후 베네수엘라 독립을 위해 봉기를 일

---

3) Lester D. Langley, *The Americas in the Age of Revolution, 1750-1850* (New Haven: Yale University Press, 1966), pp. 107, 111, 163.

으킨다.[4]

　아마도 북남미 혁명가들의 긴밀한 관계를 보여 주는 가장 좋은 예는 라틴아메리카 독립의 '샛별', 프란시스코 데 미란다일 것이다. 1750년 카라카스의 성공한 상인 집안에서 태어난 그는 17세 되던 해 스페인 군에 입대한다. 그 후 북미지역으로 여행을 떠나, 갈베스가 지휘하는 플로리다의 스페인군과 콩트 드 로샹보 장군이 이끄는 프랑스군에 차례로 복무했다. 잘생긴 외모에 박학다식하고 카리스마 넘쳤던 미란다는 알렉산더 해밀턴, 로버트 모리스 등 미국의 많은 지도자와 두루 친분을 맺었고, 워싱턴 대통령과도 만남을 가졌다. 또한 그는 장기간 유럽을 편력하는 도중, 나폴레옹 군에 가담하여 지휘관으로서 훈장을 받기도 했으며, 러시아의 예카테리나 대제와 사랑에 빠지기도 했다. 유럽에서 다시 미국으로 돌아온 미란다는 스페인령 식민지 독립운동에 미국 정부의 후원을 얻으려고 노력했다.[5]

　하지만 라틴아메리카의 다른 유명한 독립운동가들처럼 미란다도 상류층 크리오요criollo; 라틴아메리카 태생의 스페인인 출신이었다. 그 점이 그의 동포들 사이에서 광범위한 지지를 이끌어 내는 데 한계로 작용했다. 크리오요들은 앵글로아메리카의 혁명가들과는 달리 자신이 속한 사회에서 매우 특별한 소수였던 것이다. 1800년에 스페인 식민지에 거주한 1,350만의 인구 중 백인은 300만 명이 되지 않았고, 그 중에서도 단지 20만 명

---

4) Jacques Barbier and Allan J. Kuethe(eds.), *The North American Role in the Spanish Imperial Economy, 1760-1819* (Manchester: Manchester University Press, 1986), p. 16.

5) Peggy Liss, "Atlantic Network", in *Latin American Revolutions, 1808-1826*, ed. John Lynch (Norman: University of Oklahoma Press, 1994), pp. 268~269. 또한 Crow, *The Epic of Latin America*, pp. 418~420 참조.

만이 '페닌술라르'peninsular, 즉 스페인 태생 백인이었다. 원주민, 흑인, 혼혈인이 인구의 80%를 차지하기 때문에 라틴아메리카의 혁명가들은 지속적인 두려움 속에 살고 있었다. 그리고 그러한 불안은 미국독립전쟁이 마지막 단계에 들어섰을 때 더욱 가중되었다. 남미 원주민들 사이에서 수차례 중요한 반란이 일어났기 때문이다.[6]

사실 처음에 크리오요들은 그러한 반란에 대한 공포를 오히려 흡족해했다. 이를 이용해 완전한 독립은 아니더라도 더 좋은 대우를 스페인에 요구할 수 있었기 때문이다. 그들은 왕실이 높은 세금을 책정하고 제국 외부와의 교역에서 자신들을 배제한 것에 불만을 토로하면서 더 많은 자치를 요구했다. 크리오요들은 자신들에 대한 스페인 본국의 차별을 규탄했다. 무슨 이유로 왕실은 오직 '페닌술라르'에게만 해외무역 독점권을 인정하는가. 왕실은 왜 크리오요를 식민정부의 최고위직에서 제외시켰으며, 자신들의 진출 분야를 단지 광업과 농업으로 국한시키려 하는가.[7] 그러나 아무리 많은 불만을 갖고 있어도, 그들에게는 반란을 일으킬

---

6) 인구의 90%가 원주민인 페루 부왕령에서는 1780년 잉카족 원주민 지도자 호세 가브리엘 콘도르칸키(José Gabriel Condorcanqui)가 현지 관리를 처형하고 잉카제국의 부활을 선언했다. 잉카 마지막 황제(스페인군에게 참수당함)의 뒤를 잇는다는 의미로 스스로 투팍 아마루 2세라 칭한 그는 노예제를 폐지하고, 수천 명의 병사들을 규합하여 식민지 수도 쿠스코를 공격하였다. 1781년 마침내 스페인군은 그를 체포하여 처형한다. 하지만 반란은 3년간 계속되었고, 진압될 때까지 약 8만 명이 희생되었다. 투팍 아마루가 처형되던 해, 누에바 그라나다(콜롬비아) 부왕령에서는 소코로 인근 지역 원주민과 메스티소 2만 명이 판매세 인상에 항의하기 위해 보고타를 향해 행진했다. 투팍 아마루 반란에 대한 훌륭한 요약은 Crow, *The Epic of Latin America*, pp. 404~408 참조. 그리고 비호의적인 시각에 대해서는 Lynch, *Latin American Revolutions, 1808-1826*, pp. 191~205, "What Is an Indian?"을 보라.

7) 크리오요들이 스페인으로부터 환영받은 유일한 곳은 아마도 군대였을 것이다. 실제로 군 장교의 60%는 크리오요들이 차지했다. Lynch, *Latin American Revolutions, 1808-1826*, p.17. 또한 Tulio Halperin-Donghi, *The Contemporary History of Latin America* (Durham: Duke University Press, 1993), pp. 6~7 참조.

만한 용기가 없었다. 자신들이 항상 억눌러 온 대중 속에서 폭동이 일어
날 수 있다는 두려움 때문이었다.

결국, 라틴아메리카 혁명을 점화시킨 불꽃은 식민지 내부가 아니라
유럽으로부터 전해졌다.[8] 1808년 나폴레옹은 스페인을 침공하여 그의
형 조제프 보나파르트를 왕으로 앉혔다. 이를 시작으로 스페인 식민제국
전체를 해체시키게 될 일련의 사건들이 잇달아 발생했다. 스페인 국민은
프랑스 침략자들에 저항하면서 국가 전역에 지방평의회를 구성했다. 그
리고 감금되어 있는 왕을 다시 복위시키기 위해 게릴라전을 전개했다.
유럽의 상황을 전해들은 식민지 크리오요 지도자들도 스페인의 저항에
동참했다. 그들은 아메리카의 주요 도시에 자신들만의 평의회를 구성하
고 왕의 이름으로 지역의 사안들을 감독하고자 했다.

항쟁을 위해 수립된 스페인의 평의회는 곧 새로운 의회를 소집하였
고, 이 의회는 자유주의 헌법을 제정, 공포하였다. 이 헌법은 역사상 처음
으로 아메리카 식민지의 신민들에게도 본국과 동등한 시민권을 부여하
였다. 하지만 의회는 스페인보다 훨씬 인구가 많은 식민지에 인구비례의
대표 선발을 허용하지 않아 완전한 평등에는 이르지 못했다. 이러한 한
계에 분노를 느낀 급진적 크리오요 지도자들은 스페인 신정부와 관계를

---

8) 1790년대와 1800년대 초반에 연속해서 일어난 스페인-영국 전쟁은 식민지와 본국 사이의
무역을 반복적으로 중단시켰다. 상황이 이렇게 되자 스페인 왕실은 점차 영국과 미국의 밀
무역 상인들에게 자신의 식민지와 공개적으로 무역을 할 수 있도록 허가를 내주게 된다. 미
국은 빠르게도 1776년에 이미 쿠바의 가장 중요한 무역 파트너가 되어 있었다. 이에 대해
서는 다음 문헌들을 참조하라. Barbier, *The North American Role, 1760-1819*, p. 15.
Lynch, *Latin American Revolutions, 1808-1826*, pp. 10~11. John Fisher, *Commercial
Relations Between Spain and Spanish America in the Era of Free Trade, 1778-
1796* (Liverpool: Centre for Latin American Studies, University of Liverpool, 1985), p. 16.
Halperin-Donghi, *The Contemporary History of Latin America*, pp. 80~83.

끊고 독립을 선언하기에 이른다.

이후 라틴아메리카 혁명은 독자적인 진로로 나아갔다. 나폴레옹이 워털루에서 패배한 후 얼마 지나지 않아 스페인에서 프랑스인들이 축출되었지만, 조각난 제국은 원상으로 되돌아가지 못했다. 나폴레옹 패배 후 다시 복위된 페르난도 왕은 식민지 상실을 인정할 수 없었다. 건방진 라틴아메리카인들을 무릎 꿇리기 위해 군대를 파견했다. 왕에게 충성하는 왕당파와 반란파 사이의 전쟁이 대륙 곳곳에서 일어났고, 일부 지역에서는 독립지도자들 간에도 충돌이 발생했다. 전투의 양상은 나라마다 차이가 있었지만, 어느 곳에서든 인적 피해는 매우 심각했다. 거대한 크기의 식민지는 영웅적이면서도 혼란스러운, 유혈이 낭자한 무대가 되었다. 예를 들면 멕시코 독립전쟁은 1810년 한 교구 신부 미겔 이달고가 이끈 봉기가 도화선이 되었다. 원주민 농부와 광부 수천 명이 가담한 이 사건은 멕시코시티 북서쪽에 위치한, 자원 풍부한 바히오 지역 돌로레스 마을에서 일어났다. 이달고는 지지자들을 모으기 위해 원주민 성모 과달루페 상像을 앞세웠다. 1861년 전쟁이 종료될 때까지 60만 명 이상이 사망하여, 지역 인구의 10%를 잃었다.[9] 베네수엘라에서는 백만 인구 중 절반 정도가 희생되었다.[10] 2만 5,000명의 목숨을 앗아간 미국 독립전쟁에 비해, 라틴아메리카의 전쟁은 전반적으로 훨씬 길게 지속되었고, 지역 주민에

---

9) David J. Weber, *The Mexican Frontier, 1821-1846: The American Southwest Under Mexico* (Albuquerque: University of New Mexico Press, 1982), p. 159. Alexander von Humboldt, *Political Essay on the Kingdom of New Spain* (Norman: University of Oklahoma Press, 1988), p. 37. Desmond Gregory, *Brute New World: The Rediscovery of Latin America in the Early Nineteenth Century* (London: British Academic Press, 1992), p. 133.

10) Crow, *The Epic of Latin America*, p. 609.

게도 훨씬 더 파멸적이었다.

이렇듯 험난하고 희생이 큰 독립전쟁의 와중에도 라틴아메리카 독립지도자들은 항상 미국을 자신들의 모범으로 여겼다. 또한 신생국 가운데 일부는 제헌과정에서 미국 헌법을 모델로 삼았다. 전쟁 기간 중에는 미국에 군사적 지원을 요청하였고, 전후에는 재건을 위해 미국의 우의와 원조를 구하기도 했다.[11]

그러나 미국의 지도자들은 대부분 스페인 식민지를 영토 확장의 대상으로 삼았을 뿐, 라틴아메리카 우국지사들의 역량에는 거의 호의를 보이지 않았다. 1801년 제퍼슨은 제임스 먼로에게 이렇게 썼다. "비록 우리는 현재의 이해관계로 인해 국경 내에 머물고 있지만, 먼 앞날이 기대되는 것은 어쩔 수 없다. 우리는 빠르게 국경 너머로 확장할 것이고, 남쪽 대륙까지는 아니더라도, 북쪽 대륙은 전체를 차지하게 될 것이다."[12] 존 애덤스는 "새나 짐승 또는 물고기"가 그렇듯 스페인령 아메리카도 민주주의에 어울리지 않는다고 말했다.

미국의 태도에 놀란 첫번째 인물은 아마도 미란다일 것이다. 1806년 베네수엘라 해방 원정대를 위해 영국 정부로부터 12,000파운드를 확약받은 후, 그는 더 많은 원조를 기대하며 미국으로 달려갔다. 하지만 제퍼슨 대통령과 매디슨 국무장관은 그의 호소를 거절했다. 그들의 거부에도 불구하고 미란다는 미국 동부해안 지대를 따라 자원병을 모집하여 반란군에 합류시켰다. 그러나 이 원정대가 베네수엘라에 도착했을 때, 미란다

---

11) Ibid., p.675.
12) R. W. Van Alstyne, *The Rising American Empire* (Chicago: Quadrangle Books, 1965), p.87.

의 동포들은 그들을 영국군 파견대로 오인하였다. 베네수엘라인들은 봉기를 호소하는 그에게 귀를 기울이는 대신 스페인군을 지원하였고, 힘을 얻은 스페인군은 신속하게 반란을 진압하였다. 간신히 체포를 면한 미란다는 해외로 도피하였다.

10년 후, 남미에 독립의 열망이 휩쓸고 지나갔을 때에도 미국의 태도는 변하지 않았다. 남미 해방군이 막강한 스페인군에 맞서 격렬하게 전투를 벌이던 시기였지만, 미국은 미란다 때와 마찬가지로 볼리바르의 요청을 거부했다. 먼로 대통령은 매디슨 정부에서 국무장관을 맡던 시절에도, 그리고 후에 대통령이 되어서도 남미 전쟁에 대해 중립을 고수했다. 제퍼슨이 그랬듯, 그도 스페인과의 우호 관계를 계속 유지하고자 했다. 언젠가는 스페인이 미국에 쿠바와 플로리다 식민지를 매각하리라고 보았기 때문이다. 이는 대부분의 미국 지도자들이 공유한 정서였다. "우리는 남미와 전혀 관계가 없다"고 당시 영향력 있는 언론지『노스 아메리칸 리뷰』*North American Review*의 편집장 에드워드 에버렛은 기술했다. "우리가 그들에게 정치적으로 연민을 느껴야 할 이유가 없다. 우리는 그들과 전혀 다른 뿌리에서 태어났다."[13]

그러나 미국 내 일반시민들은 라틴아메리카의 자유에 많은 지지를 보냈다. 소수이긴 하지만 미국의 중립정책에 반대하는 고위층 인사도 있었다. 헨리 마리 브랙큰리지Henry Marie Brackenridge도 그러한 사람들 중 하나였다. 그는 먼로가 라틴아메리카의 지역사정을 파악하기 위해 1817년에 파견한 미국위원회의 일원이었다. "독립지도자들은…… 미국 정부가 그들에게 냉담함을 보인 데 대해 마치 그들 자신의 부끄러움인 양 푸념

13) Langley, *The Americas in the Age of Revolution, 1750-1850*, p. 240에서 재인용.

을 늘어놓았다"라고 브랙큰리지는 보고했다.[14] 그 무렵 라틴아메리카인들은 미국의 의도에 더욱 강하게 의심을 품기 시작했다. 그리고 '타이거'와 '리버티'Liberty라는 두 척의 상선에 얽힌 사건이 일어나자 그러한 의심은 비통함으로 변했다. 볼리바르의 그란 콜롬비아 공화국 병사들이 베네수엘라 오리노코 강 유역에서 그 두 척의 선박을 붙잡았을 때, 배에는 스페인군에게 제공할 군수물자가 가득 실려 있었다. 백악관은 선박을 풀어주고 선박 소유주들에게 피해를 배상하라고 콜롬비아에 요구했다. 볼리바르는 미국 정책의 이중성을 비난하며 응수했다. 그는 분노가 담긴 외교서한을 수차례 백악관에 보내 미국의 과거 행위들을 상기시켰다. 미 해군은 볼리바르 혁명군에게 물자를 공급하던 여러 상선들, 심지어는 영국 국적의 선박들까지 차단하여 나포하지 않았던가. 그러했던 미국이 이제는 왜 그의 적에게 물자를 공급하고 있는가?[15]

볼리바르는 미처 알아채지 못했지만, 이러한 독특한 형태의 중립정책은 훌륭한 성과를 거두려던 참이었다. 1819년 미국은 스페인과 애덤스-오니스 조약을 체결하여 플로리다를 할양받았다. 이 협상의 일환으로서 먼로는 라틴아메리카 독립운동가들에 대한 지원을 계속 거부하겠다고 스페인에게 약속했다.[16] 비밀협정을 알지 못했던 라틴아메리카의 지도자들은 미국이 왜 자신들에게 계속 등을 돌리고 있는지 이해할 수 없었다. 한때 미국을 "인류 역사에서 보기 드문 정치적 미덕과 도덕적 계

---

14) Henry Marie Brackenridge, *South America: A Letter on the Present State of That Country to James Monroe* (Washington, D. C.: Office of the National Register, October 15, 1817), p. 24.

15) Apolinar Diaz-Callejas, *Colombia-Estados Unidos: Entre La Autonomía y La Subordinación. De La Independencia a Panamá* (Bogotá : Planeta Colombiana Editorial S. A., 1997), pp. 93~98.

발의 모델"이라 칭찬했던 볼리바르는 1819년 무렵부터는 점차 미국에 적대적인 인물로 변하게 된다. 바로 그 해에 볼리바르는 이렇게 언급했다. "필설로 다할 수 없는 투쟁과 고난의 10년 동안, 인간의 인내를 초월한 고통의 10년 동안, 우리가 목격한 것은 전 유럽은 물론 심지어 우리의 북미 형제들이 보여 준 무관심이었다. 그들은 우리의 고뇌를 그저 지켜보기만 하는 수동적인 관객에 지나지 않았다."[17]

그러나 미국이 라틴아메리카인들의 성공을 달가워하지 않는 이면에는 더 깊은 이유들이 내재해 있었다. 미국 남부의 농장주들과 그 지역 하원의원들의 뇌리에서 떠나지 않는 가장 중요한 문제는 노예제였다. 라틴아메리카 독립전쟁이 오래 지속됨에 따라 남부의 농장주들은 경계심을 갖고 그 추이를 예의 주시하였다. 볼리바르를 비롯한 크리오요 지도자들이 수천 명의 파르도, 메스티소, 원주민, 노예들을 혁명군으로 흡수하면서, 하층민들에게 대규모 신분 이동의 기회를 제공하거나 노예들에게 자유를 부여했기 때문이다.

미국의 노예 소유주들은 볼리바르가 스페인군에게 두번째 패배를 당했을 때, 아이티 대통령 알렉상드르 페티옹이 그의 남미 귀환을 돕기 위해 지원을 아끼지 않은 사실도 잘 알고 있었다. 1815년 페티옹은 베네수엘라의 노예 해방을 조건으로 볼리바르에게 재정적인 지원과 함께 선박 7척, 병사 6,000명, 그리고 총기 및 탄약을 제공하였다.[18] 곧이어 이

---

16) 헨리 클레이와 브랙큰리지는 리오플라타합중국을 즉시 승인하라고 촉구하였지만, 먼로 대통령은 이들의 요청을 거부하였다. 이와 관련해서는 William F. Keller, *The Nation's Advocate: Henry Marie Brackenridge and Young America* (Pittsburgh: University of Pittsburgh Press, 1956), pp. 221~222에 잘 요약되어 있다.

17) Harold A. Bierck, Jr., *Selected Writings of Bolívar*, vol. 1, 1810~1822 (New York: Colonial Press, 1951), p. 213.

'남미 해방자'가 노예제를 공개적으로 비난하자 미국의 농장주들은 분노에 휩싸였다. 1826년 볼리비아 독립 의회에서 볼리바르는 "노예제는 모든 법을 부정하는 행위이며, 그것을 지속하게 하는 그 어떤 법도 신성모독이 될 것"이라고 선언했다.[19] 미국의 대농장주들은 해방의 열망이 라틴아메리카에서 미국으로 확산되는 것 ── 1850년까지 독립을 쟁취한 모든 스페인령 식민지들은 노예제를 폐지했다 ── 을 확실히 두려워하였다. 그리고 그 두려움이 그들을 라틴아메리카 해방의 냉혹한 적대자가 되도록 만들었다.[20]

시작부터 미국 정부에게 버림받고, 유럽 보수 군주국들에게 비판당한 라틴아메리카 공화국들은, 유일하게 의지할 수 있는 동맹은 영국뿐이라고 결론 내렸다. 잉글랜드, 스코틀랜드, 아일랜드 출신의 베테랑 군사 약 6천 명이 1817~1819년 기간 중에 볼리바르 군대와 계약을 맺었다. 이들 중 대부분은 영국의 대對나폴레옹 전이 끝나고 실직 상태에 놓여 있었다. 이러한 의용군 중에 대니얼 오리어리라는 인물은 볼리바르의 최고 비서관으로 활약하기도 한다.[21] 이러한 영국의 지원에 힘입어, 볼리바르, 산마르틴, 베르나르도 오이긴스, 산탄데르 등 위대한 지휘관들은 전장戰場에서 과감한 전략을 펼치며 1826년 남미대륙에 마지막 남은 스페인 군

18) Langley, *The Americas in the Age of Revolution, 1750-1850*, pp. 194~195, 244~245. Halperin-Donghi, *The Contemporary History of Latin America*, p. 76. 미국의 베네수엘라 정책에 대해서는 Barbier, *The North American Role*, pp. 174~175 참고.

19) Bierck, *Selected Writings of Bolívar*, Vol. 2: 1823~1830, p. 603.

20) 칠레는 1823년에, 중앙아메리카는 1824년에, 그리고 멕시코는 1829년에 노예제를 폐지했다. 베네수엘라, 에콰도르, 페루, 콜롬비아에서는 노예소유주 그룹의 저항으로 1840년대와 1850년대까지 노예제가 유지되었다. Simon Collier, *The Cambridge Encyclopedia of Latin America*, p. 142 참조.

21) Gregory, *Brute New World*, pp. 90~93. Brackenridge, *South America*, p. 42.

대를 격파하였다.

　쿠바와 푸에르토리코를 제외한 광대한 스페인 제국의 식민지들은 이제 모두 자유를 얻었다. 그 해, 볼리바르는 최초의 범미주회의[22]를 소집했고, 그 석상에서 라틴아메리카 연방을 향한 자신의 꿈을 피력했다. 혁명적 국가들의 연합을 추구하는 그의 계획은 미국 지도자들의 심각한 우려를 낳았고, 미 의회는 모임을 연기시킬 의도로 대표단 파견을 늦추기도 했다. 그 후 미국은 볼리바르에게 쿠바와 푸에르토리코 해방을 시도하는 그 어떤 원정대의 파견도 단호히 반대한다는 점을 분명히 했다.

자유, 불법약탈(filibuster), 그리고 명백한 운명

남미의 해방투사들이 워싱턴 정책결정자들의 냉담함을 느꼈다면, 미국 국경지대 근처에 거주하는 라티노들은 미국인 이웃들의 노골적인 적대감을 느꼈다. 1810년에서 1819년 사이에 미국은 플로리다의 대부분을 집어삼킴으로써 스페인령 변경지대로 팽창하는 하나의 패턴을 낳았다. 미국 국기 아래로 스페인어권 사람들이 처음 들어오게 된 계기는 1803년 제퍼슨의 루이지애나 매입이었다. 하지만 플로리다의 경우는 루이지애나 때와 같은 '매입' 방식은 아니었다. 사실 애덤스-오니스 조약Adams-Onís Treaty은 노상강도의 강탈이나 다름없었다. 이 조약은 남부 투기자들이 영토를 포기하라고 20년간 쉴 새 없이 스페인을 압박하여 얻어 낸 결

---

22) 볼리바르가 주도한 제1회 범미주회의(Pan American Congress)는 1826년 파나마에서 개최되었다. 미국 주도로 1889년 워싱턴에서 개최된 제1회 범미회의(Pan-American Conference)와 혼동해서는 안 된다.—옮긴이

실이었다. 당시의 플로리다는 걸프코스트Gulf Coast, 즉 멕시코 만 해안을 따라 내처즈와 배턴루지까지 이어지는 영역을 모두 포함하고 있었기 때문에 오늘날 면적보다 훨씬 넓었다.

16세기 프란체스코 수도회 선교구들이 설립된 이래, 멕시코 만 연안지대의 요새화된 도시들에는 수천 명의 스페인인이 거주하면서 남동부 원주민들과 우호관계를 크게 발전시켜 왔다. 약 200년간 크리크족, 촉토족, 체로키족, 치카소족 등이 스페인령 플로리다와 조지아·켄터키의 영국인 정착민들 사이에서 완충 역할을 하였다. 그들은 이미 유럽의 의복, 도구, 농법 등을 받아들여 '문명화된 종족'으로 알려져 있었고, 인구도 1800년에는 대략 4만 5천 명을 헤아리게 되었다. 그러나 플로리다 식민지는 미국인들에게는 달갑지 않은 존재였다. 갈등 관계에 있던 인디언들이나 남부 대농장에서 도주한 노예들의 도피처가 되었기 때문이다.[23] 더욱이 세미놀Seminole족 인디언들에게서 흔히 나타나는 도주 노예와 인디언 사이의 혼혈은 대농장 소유주들에게는 두려움의 대상이었다.

1800년대 초반 미국인 정착민들이 플로리다로 대거 이동하자, 인구가 희박한 요새 도시의 스페인 병사들은 이제 더 이상 영토를 통제할 수 없게 되었다. 그러자 스페인은 통제를 재강화하기 위해 모험적인 방식을 채택하였다. 새로 들어온 사람들을 모두 합법화하는 대신, 스페인 왕실에 충성을 맹세하고, 아이들을 가톨릭 신도로 키우며, 토지 투기나 정치적

---

23) 17세기 중반 최전성기였을 때, 스페인 선교구는 약 40개, 기독교화된 원주민은 26,000명을 헤아렸다. Bonnie G. McEwan의 *The Spanish Missions of La Florida* (Gainesville: University of Florida Press, 1993), p. xv를 보라. 도주 노예 문제에 대해서는 Theodore G. Corbett의 "Migration to a Spanish Imperial Frontier in the Seventeenth and Eighteenth Centuries: St. Augustine", *Hispanic American Historical Review* 54, no. 3 (August 1974)을 참조.

집회를 삼간다는 의무조항을 달았다.[24] 하지만 이 정책은 역효과를 낳아, 정착민들의 이민을 더욱 용이하게 만들었다. 스페인의 식민지 상실은 단지 시간이 약간 늦춰졌을 뿐이었다.[25]

1810년에는 웨스트플로리다에서 한 그룹의 정착민들이 당국의 권위에 직접 도전하는, 일종의 반란을 도모하였다. 그리고 결국 이러한 반란은 스페인 국경지대 곳곳에서 미국인 모험가와 해적들이 벌이는 전형적인 행태가 되었다. 요컨대, 한 무리의 새로운 정착민이나 상인들이 단순히 어느 도시나 영토를 점령하고 그곳을 자신들의 공화국이라고 선언하는 식이었다. 스페인인들은 그들을 '필리부스테로'filibustero, 즉 약탈자freebooter라 불렀다. 그리고 그러한 반란은 '불법약탈'filibuster이라는 이름으로 알려졌다. 초기의 이러한 시도들 가운데 하나로, 1810년 9월 23일 한 그룹의 미국 정착민들이 배턴루지의 스페인 요새를 점령하고 독립을 선언한 사건이 있었다. 이 반란이 일어나자 매디슨 대통령은 그 영토의 주변지역을 점령하기 위해 신속히 연방군을 파병했고, 뒤이어 의회는 그 지역을 새로 편입된 루이지애나 주에 합병시켰다.[26] 웨스트플로리다

---

24) Weber, *The Spanish Frontier in Northern America*, p. 289. 그리고 원주민, 스페인인, 미국인 사이의 상호관계에 대한 논의에 대해서는 Whitaker, *The Spanish-American Frontier: 1783-1795*, pp. 33~46을 보라.

25) Weber, *The Spanish Frontier in Northern America*, pp. 280~281에 따르면, 루이지애나 인구는 1782년에서 1792년 사이에 20,000명에서 45,000명으로 두 배 이상 증가했는데, 이 증가의 가장 중요한 요인은 미국인들의 이민이었다. 그리고 스페인은 영어 교육을 받은 마누엘 가요소 데 레모스(Manuel Gayoso de Lemos)라는 군 간부를 내처즈 지역 사령관으로 임명한다. 이러한 인사를 추진한 이유는 특히 그가 그 지역의 많은 외국계 시민들과 의사소통이 가능했기 때문이다.

26) Ramiro Guerra y Sánchez, *La expansión territorial de los Estados Unidos a expensas de España y de los países hispanoamericanos* (Habana: Editorial del Consejo Nacional de Universidades, 1964), p. 102. 또한 Weber, *The Spanish Frontier in Northern America*, p. 297을 보라.

의 나머지 영토도 1812년 전쟁을 통해 미국의 수중에 들어왔다. 이어서 1813년에는 미 해군 장성이자 '불법약탈'의 대가인 제임스 윌킨슨 장군이 모빌 시의 스페인 요새를 점거하였고, 앤드류 잭슨도 1814년 펜서콜라를 점령했다. 나폴레옹 전쟁으로 마비상태에 빠진 스페인 정부는 그러한 침략에 저항할 수 있는 여력이 전혀 없었다.

또 다른 약탈자들의 반란도 빠르게 이스트플로리다로 확산되었다 (〈표 1〉 참조). 대부분의 반란은 남부의 정치 지도자들로부터 후원을 받았는데, 이들의 염원은 노예제를 확산시키고 플로리다 지역에서 땅 투기를 펼치는 것이었다. 앤드류 잭슨도 바로 그런 지도자들 중 하나였다. 그의 일생은 땅 투기의 연속이라고 해도 좋았다. 예를 들면, 1796년 그는 미시시피 치카소 단애지역Chickasaw Bluffs에서 5천 에이커의 토지 소유권 절반을 100불에 사들였다. 그리고 그 중 일부를 곧바로 매각하여 상당한 이익을 챙겼다. 20년 후, 미군 사령관이 된 잭슨은 치카소를 압박하여 조약을 체결하게 만들었다. 조약의 핵심은 백인 정착민들에게 영토를 개방하는 문제였다. 또한 그는 신속하게 토지의 나머지 부분을 5천 달러에 팔아넘겼다.[27] 그러나 이 '올드 히코리'Old Hickory[28]의 상상력을 가장 자극한 땅은 플로리다였다. 그의 병사들은 세미놀족 무리들을 추격한다는 명목하에 여러 차례 이스트플로리다를 침공했다. 잭슨의 반복된 습격과 미국인 정착민들의 '불법약탈'적 반란들을 겪으면서, 스페인은 점차 플로리다에

---

27) 잭슨의 초기 토지 투기에 대한 개요는 Michael Paul Rogin, *Fathers and Children: Andrew Jackson and the Subjugation of the American Indian* (New York: Alfred A. Knopf, 1975), pp. 81~100을 참조하라.

28) 올드 히코리(Old Hickory)는 앤드류 잭슨 대통령의 별명이며, 그를 기리기 위해 테네시 주 내슈빌 시의 한 구역에 이 명칭을 붙였다. 히코리(hickory)는 북미산(産) 호두나무의 일종이다. —옮긴이

〈표 1〉 불법약탈의 기록

1800년대 동안 발생한 스페인 식민지 또는 라틴아메리카 공화국에 대한 미국 시민들의 침략

1801	필립 놀런, 무장한 무리들과 함께 텍사스 국경을 넘는다. 그러나 스페인 병사들에게 잡혀 처형된다.
1809	제임스 윌킨슨 장군의 '의용병'들이 웨스트플로리다 일부를 점령한다.
1810	미국인 개척자들, 웨스트플로리다의 배턴루지에서 공화국을 선언한다. 연방군이 동(同)지역을 점령하자, 의회는 그곳을 루이지애나에 병합시킨다.
1812	존 매킨토시 전 장군, 아멜리아 아일랜드 및 페르나디나 점령 후, 페르나디나 공화국을 선언한다. 그러나 스페인군이 이를 격퇴한다.
1812	오거스터스 매기 전 미군 대위, 멕시코인 베르나르도 구티에레스, 그리고 일단의 미국인들이 이스트 텍사스를 침범하지만 패주한다.
1813	제임스 윌킨슨 장군이 웨스트플로리다의 모빌을 점령한다.
1817	헨리 페리가 텍사스 침략 후 라 바이아까지 진군한다.
1819	미시시피 상인 제임스 롱, 텍사스를 침공하지만 텍사스 공화국 수립에는 실패한다.
1826	하이든과 벤저민 에드워즈가 내커도처스(Nacogdoches)를 점령하고 프레도니아 공화국을 선언한다. 멕시코 군사들이 스티븐 오스틴의 도움으로 그들을 물리친다.
1835	이그나시오 메히아 장군과 미국인 200명이 타마울리파스의 파누코 강을 불법으로 침입한다. 그들을 격퇴한 멕시코는 서둘러 미국인들의 이민을 금지한다.
1836	샘 휴스턴과 텍사스의 반란군이 소수의 테하노 연방주의자들과 함께 산타 안나 장군의 통치에 반대해 반란을 일으킨다. 그들은 샌재신토(San Jacinto)에서 산타 안나를 격파하고 텍사스 공화국을 선포한다.
1839	멕시코 연방주의자인 안토니오 카날레스와 S. W. 조던이 미국인 500명과 함께 리오그란데 공화국을 선언한다. 하지만 그들은 분열되어 멕시코군에게 패배한다.
1849	전직 스페인군 장교 나르시소 로페스가 출판인 윌리엄 오설리번의 후원을 받아 쿠바 침략을 시도한다. 그러나 미 정부 당국이 그 계획을 좌절시킨다.
1850	로페스, 카르데나스를 침공하지만 격퇴당한다. 그의 병사 600명 가운데 미국인이 500명을 차지한다.
1851	로페스, 두번째로 쿠바의 바이아 온다(Bahía Honda)를 침공한다. 그의 의용군 400명 중 미국인이 또다시 대다수를 차지한다. 스페인군이 그를 체포하여 처형한다.
1853	윌리엄 워커, 멕시코를 침략하여 소노라 공화국을 선언한다. 멕시코군이 국경 너머까지 그를 추격한다.
1855	워커, 니카라과에 도착하여 권력을 잡는다. 2년 동안 독재자로 군림하지만, 중미연합군과 코넬리어스 밴더빌트에 의해 격퇴된다.
1858	워커, 니카라과를 재침략하지만 또다시 패퇴한다.
1860	워커, 온두라스를 공격한다. 하지만 체포되어 재판에 회부된 후, 처형된다.

대한 미국의 갈망이 결코 해소되지 않을 것임을 깨닫게 된다. 애덤스-오니스 조약은 바로 그 결과였다. 이 조약에서 스페인은 미국에게 벨기에, 덴마크, 네덜란드, 스위스를 합친 것보다도 더 넓은 지역을 불과 500만 불에 양도했다. 스페인은 플로리다를 포기하는 대신, 흔들리는 제국의 나머지 지역, 그중에서도 특히 테하스Tejas[29]를 보존할 수 있으리라 기대했다. 테하스는 이미 1801년부터 1819년까지 미국인 그룹의 '불법약탈'적 반란을 네 차례나 겪은 상태였다.[30] 조약에서 워싱턴 정부가 유일하게 양보한 것은 스페인 영토에 대한 다른 요구사항들을 공식적으로 포기하고, '사빈 강'Sabine River을 스페인령 텍사스와의 경계선으로 받아들인다는 내용이었다.

바로 이것이 1822년을 앞둔 상황이었다. 이 해는 수년 동안 라틴아메리카 혁명 지원을 거부하던 먼로 대통령이 갑자기 태도를 바꾸어 세계 지도자 중 첫번째로 멕시코의 독립을 인정한 해이기도 하다. 먼로는 이듬해까지 더욱 대담한 행동을 이어 갔다. 그는 유명한 먼로 독트린을

---

29) 테하스(Tejas)는 텍사스의 스페인어식 표기이다. ―옮긴이
30) 초기 텍사스에서 발생한 '불법약탈'(filibuster) 중에는, 1801년 스페인군에게 체포되어 처형된 필립 놀런(Philip Nolan)과 그의 무리들, 1806년 침략을 준비했으나 실패하고 제퍼슨 대통령의 명령으로 체포된 애런 버(Aaron Burr) 등의 사건이 있다. 이들에 대해서는 Charles H. Brown, *Agents of Manifest Destiny: The Lives and Times of the Filibusters* (Chapel Hill: University of North Carolina Press, 1980), pp. 6~7을 보라. 한편, 1812년에는 멕시코인 베르나르도 구티에레스와 전직 미군 대위 어거스터스 매기가 미국인, 프랑스인, 멕시코 혁명가 등으로 구성된 800여 명의 그룹을 이끌고 테네시에서 텍사스로 진격, 샌안토니오를 점령하지만 곧 격퇴된다. 그리고 1817년에는 코네티컷 출신 모험가 헨리 페리가 텍사스를 공격하여 라 바이아(La Bahía)까지 진출했다. 이에 대해서는 Odie B. Faulk, *The Last Years of Spanish Texas, 1778-1821* (London: Mouton & Co., 1964), pp. 134~137을 참고하라. 또한 미시시피 상인 제임스 롱은 1819년 300명을 인솔하여 텍사스를 침공, 텍사스 공화국 수립을 시도하지만 실패로 끝난다. Rodolfo Acuña, *Occupied America: A History of Chicanos* (New York: HarperCollins, 1988), p. 6을 보라.

통해, 유럽의 어떠한 새로운 식민지배도 아메리카에 절대 들어올 수 없음을 선언했다. 사실, 먼로의 선언은 상당한 주저 끝에 영국의 강력한 재촉이 있고 난 뒤 발표된 것이었다. 영국의 압력은 나폴레옹의 패배와 그에 따른 유럽 신성동맹의 움직임과 관련이 있다. 이 동맹이 라틴아메리카 식민지 회복을 노리는 스페인 페르난도 7세를 후원하기로 결정했기 때문이다. 영국은 이미 라틴아메리카의 가장 큰 교역상대로 자리를 잡은 상태였다. 외무장관 조지 캐닝은 이 지역의 재再식민화로 자신들의 교역이 가로막힐 것을 두려워하였다. 따라서 캐닝은 유럽 열강에게 아메리카에서 손을 떼라는 경고를 보낼 때 먼로도 그와 함께할 것을 촉구한 것이다. 하지만 캐닝은 동맹국 미국도 상호주의에 따르길 희망했다. 즉 먼로가 텍사스나 쿠바의 식민화 계획을 단념하길 원했다. 하지만 그것은 먼로가 따를 수 없는 일이었다.[31]

영국과 신성동맹 사이의 지정학적 역학관계를 저울질하던 먼로는 오히려 독자적인 행보를 취하기로 결정한다. 그리고 수년간 라틴아메리카 혁명 지원을 거부해 오던 그가 갑자기 방향을 바꾸었다. 12월 2일, 의회에 보낸 연례교서에서 그는 아메리카 역사에서 가장 중요한 정책 성명을 발표했다. 라틴아메리카 국가들에 대해 "어떠한 유럽 열강도 그들을 미래의 식민지 대상으로 여겨서는 안 되며…… 유럽 동맹 세력들이 [미주 대륙] 어느 곳으로든 그들의 정치체제를 확대하려 한다면, 우리의 평화와 행복은 위기에 처해질 것"이라고 선언했다.[32]

---

31) Jorge Roa, *Los Estados Unidos y Europa en Hispano América: Interpretación Política y Económica de la Doctrina Monroe, 1823-1933* (Havana: Carasa, 1933), pp.167~178.
32) Henry Steele Commager, *Documents of American History*, Vol. 1: To 1898 (Englewood Cliffs, N. J.: Prentice-Hall, 1988), pp. 236~237.

먼로의 새로운 정책은 발표 초기 라틴아메리카 지도자들의 환영을 받았다. 마침내 미국이 그들의 투쟁에 대한 중립적인 자세를 버렸다고 생각했다. "모범적인 자유의 땅에 걸맞은 행동"이라고 콜롬비아 대통령 산탄데르는 말했다. 물론, 유럽의 군주국들에게는 갑자기 등장한 미 공화국의 위협보다는 막강한 영국 해군의 무기가 더 큰 두려움의 대상이었다. 어찌되었건, 라틴아메리카 독립의 명목상 보호자로 나선 영국과 미국의 존재로 인해, 이 지역의 신생 국가들은 아프리카와 아시아의 대부분을 덮친 재난만은 피할 수 있었다. 이들 두 대륙은 19세기 후반의 대大식민지 분할 시기에 유럽 열강들에 의해 분해되고 말았다.

먼로 독트린의 강한 어조에도 불구하고, 그 후 19세기 동안 유럽 정부들이 라틴아메리카에 전면적으로 개입한 것만 십여 차례에 달한다. 게다가 사소한 개입은 셀 수 없을 정도로 많았지만 미국의 반대는 이따금 나타났을 뿐이다.[33] 미국이 자신의 정책을 지키지 못한 것보다 더 심각한 사항은, 먼로의 뒤를 이은 대통령들이 그 독트린을 정반대로 실천했다

---

33) 외부의 개입에 미국이 대응하지 않았거나 오히려 후원한 사례들을 살펴보면, 1833년 영국의 아르헨티나 말비나스(또는 포클랜드) 제도 점령, 1835년과 1838년 영국령 온두라스 확장을 위한 영국의 중앙아메리카 점령, 1838년 프랑스의 베라크루스 봉쇄 및 점거, 1861년 스페인의 도미니카공화국 재합병 등이 있다. 특히 지나치게 독트린에 어긋난 사례로는 1853년의 클레이턴-불워 조약(Clayton-Bulwer Treaty)을 들 수 있다. 이 조약에서 미국과 영국은 앞으로 건설될 중앙아메리카 운하를, 그 지역 지도자들의 의견은 무시한 채, 두 나라가 공동으로 통제한다는 데에 합의하였다. 유일하게 미국이 유럽의 중대한 침략을 공개적으로 비난한 것은, 1862년 프랑스가 멕시코를 점령한 후 루이 나폴레옹이 오스트리아 대공을 멕시코 황제로 옹립했을 때였다. 하지만 이때에도 워싱턴은 공식적인 반대 선언 이상의 행동은 취하지 않았다. 미국 스스로도 남북전쟁의 혼란에 빠져 있었기 때문이다. 결국 프랑스의 침략을 물리치는 일은 베니토 후아레스와 멕시코 국민의 몫으로 남았다. 이러한 폭력에 대한 자세한 분석은 Gaston Nerval, *Autopsy of the Monroe Doctrine* (New York: Macmillan, 1934), pp. 155~181, 그리고 Luis Quintanilla, *A Latin American Speaks* (New York: Macmillan, 1943), pp. 117~122를 참조.

는 점이다. 라틴아메리카, 특히 카리브 해 유역은 사실상 미국의 세력권이 되었다. 갈수록 더 거만해지는 미국에 넌더리가 난 볼리바르는 숨을 거두기 직전, 미국은 "신의 섭리에 따라, 자유라는 미명하에 아메리카를 고통 속으로 몰아넣는 운명을 타고난" 것 같다고 토로했다.[34] 20세기 내내, 미국의 역대 대통령들은 라틴아메리카의 군사적 점령을 정당화하기 위해 먼로의 발언을 이용했다. 이렇게 독트린의 내용을 이중적으로 해석하는 일은 오늘날까지도 이어지고 있다. 이것은 미국 역사에서 해결되지 않은 자기모순──자유라는 이상과 정복 지향성 사이의 모순──을 명확히 보여 준다.

그러한 모순으로서 가장 먼저 나타난 사례는 변경지역의 팽창을 마친 다음 단계에서 찾을 수 있다. 바로 1836년에서 1853년까지 반복되는 멕시코 영토의 합병이다. 이러한 합병이 있기 전까지, 멕시코합중국(이 신생국은 자신을 그렇게 불렀다)과 미합중국은 기이하게도 영토와 인구의 크기가 매우 유사했다. 1824년을 기준으로, 멕시코는 170만 평방마일의 넓이에 600만의 인구를 지녔고, 미국은 180만 평방마일의 면적에 960만의 주민을 포함하고 있었다. 그러나 이러한 균형은 그 후 30년간 미국 정착민들이 멕시코 땅으로 몰려들면서 급격히 무너진다.

미국인들의 정착은 모제스·스티븐 오스틴 부자父子 그리고 샌펠리페 데 오스틴San Felipe de Austin 시市와 함께 시작되었다. 루이지애나가 아직 스페인령이던 시절 모제스는 미주리에 살고 있었는데, 1820년 스페인 왕실로부터 테하스Tejas 지방에 미국인 가족 마을을 건설해도 좋다는 허가를 받아냈다. 그로부터 채 일 년이 지나지 않아 오스틴은 세상을 떠나

---

34) Bierck, *Selected Writings of Bolivar*, Vol. 2, p. 732.

〈지도 3〉 1821년의 미국과 멕시코

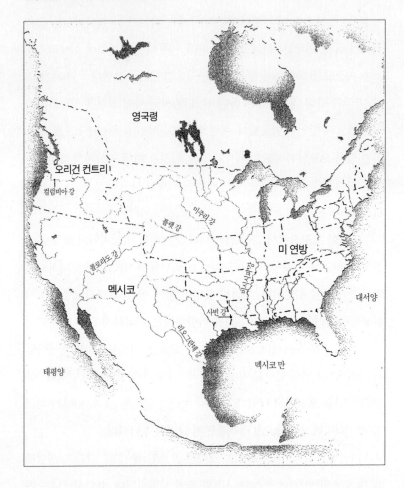

고, 멕시코는 독립을 쟁취한다. 그러나 그의 아들 스티븐이 그 계획을 계속 이어 갔다. 새로운 멕시코 정부는 오스틴의 정착민들이 멕시코에 충성을 맹세하고 가톨릭으로 개종한다는 조건으로 옛 스페인의 허가를 계속 인정해 주었다. 샌펠리페 시는 더욱 성장했고, 텍사스에는 10여 개의 미국인 정착촌이 빠르게 들어섰다.[35]

텍사스에서 더 남쪽으로 내려간 리오그란데 강 입구에서는, 1825년 코네티컷 출신 상인 프랜시스 스틸먼이 배에 건초와 귀리를 싣고 마타모로스 시 부근으로 상륙했다. 자신의 물품에 대한 수요가 많은 것에 깊은 인상을 받은 스틸먼은 아들 찰스를 그 지역으로 보내 가업의 분점을 설치했다.[36] 멕시코인들에게 '돈 카를로스'로 통했던 찰스는 교역의 귀재임을 증명했다. 머지않아 그는 이 지역에서 가장 규모가 큰 상인이자 지주가 된다. 한편, 1832년 무렵에는 마타모로스에 약 300명의 외국인이 거주하게 되지만, 그 중 대다수는 미국인들이었다.[37] 그 가운데 한 사람으로 제임스 파워라는 인물이 있었다. 그는 부유한 지주 가문 '데 라 가르사'의 상속녀인 돌로레스 데 라 포르티야와 결혼했다. 파워는 이렇게 해서 새로운 토지 획득 방식의 길을 열었다. 이후 남서부에 거주하는 수백 명의 미국인 모험가들이 그 방식, 즉 멕시코 상류층 집안으로 결혼해 들어가 '재산상속권'mayorazgo을 물려받는 방식을 모방하게 된다.[38] 돈 카를로

---

35) John Francis Bannon, *The Spanish Borderlands Frontier 1513-1821* (Albuquerque: University of New Mexico Press, 1974), pp. 213~214.

36) 스틸먼 일가와 협력관계에 있던 마타모로스 주재 미국 영사 대니얼 스미스는 이미 30개 이상의 뉴올리언스 회사들을 감독하고 있었다. 이 회사들은 멕시코 목축업자들로부터 양털과 가죽을 사들이거나 미국으로 목재를 운송하였다. Chauncey Devereaux Stillman, *Charles Stillman, 1810-1875* (New York: C. D. Stillman, 1956), pp. 4~20.

37) Milo Kearney, *More Studies in Brownsville History* (Brownsville: Pan American Univ., 1989), pp. 47~48. 이 책은 초기 미국인 정착민 중 몇몇 인물에 대해 언급하고 있다. 1829년에는 스티븐 오스틴의 사촌인 헨리 오스틴이 뉴올리언스에서 뱃길로 리오그란데 강을 따라 미에르 시까지 선박 운행을 개시했다. 1834년에는 존 사우스웰이 마타모로스에서 신문을 발행했다. 그리고 얼마 후에는 로버트 러브가 모자 공장을 시작했다. 영국인 윌리엄 닐은 1834년에 이 지역에 도착하여 마타모로스에서 보카델리오까지 역마차 노선을 개설했다.

38) Acuña, *Occupied America*, p. 89에는 1872~1899년 기간 중 소노라(애리조나)에서 실시된 결혼식이 분석되어 있다. 총 784회의 혼인 중 148회는 미국 남성과 멕시코 여성 사이에서 이루어졌으나, 멕시코 남성과 미국인 여성 사이의 결혼식은 불과 6회에 지나지 않았다. 그러나 20세기에 들어서면 이종(異種) 간의 혼인은 대부분 중단된다.

스 스틸먼은 마타모로스의 강 맞은편에 브라운스빌을 세우고, 그곳에서 1850년 아들 제임스 스틸먼을 낳는다. 후에 이 아들은 미국 재계의 거물로 성장하여 퍼스트 내셔널 시티뱅크의 회장이 되며, 신흥 부호 존 D. 록펠러와 J. P. 모건의 동맹자로도 이름을 알린다.

리오그란데 북쪽 너머 지역에서는, 이미 1820년대부터 미국 정착민들이 이스트 텍사스로 이동하기 시작했다. 이들은 대부분 불법 무단 거주자들로서, 에이커당 1에서 10센트에 토지를 판매한다는 무자격 투기꾼들에게 속아 이끌려 온 사람들이었다.[39] 이들 중 일부는 곧 '불법약탈' filibustering에 뛰어든다.[40] 헤이든 에드워즈의 반란을 계기로 멕시코 정부는 미국인들의 이민을 금지하고, 나아가 1829년에는 노예제까지 폐지했다. 이는 이주를 생각하는 미국 남부 출신자들의 경제적 동기를 제거하려는 의도였다.

하지만 이미 너무 늦었다. 당시 테하스에 거주하는 미국인 정착민들은 수적으로 멕시코인들을 압도하였다. 근대 미국 이민 논쟁의 효시라고 할 만한 자리에서, 멕시코 국무장관 루카스 알라만은 다음과 같이 경고했다. "다른 국가들이라면 침략군을 파견했을 장소에, 미국은 식민 개척자들을 보내고 있다.…… 만약 텍사스를 보호할 적절한 조치를 취하지 않는다면, 텍사스는 그 공화국의 손에 넘어갈 것이다."[41] 하지만 멕시코 중앙정부와 달리, 지방 당국들은 외국인들의 쇄도로 발생한 경제적 붐을

---

39) Carlos Castañeda, *Our Catholic Heritage in Texas, 1519-1933*, vol. 6 (New York: Arno Press, 1976), pp. 217~218.

40) Ciro R. de la Garza Treviño, *Historia de Tamaulipas: Anales y Efemérides* (Mexico City: Princeton University Press, 1956), p. 96.

41) Weber, *The Mexican Frontier, 1821-1846*, p. 170에서 재인용.

환영했다. 그것은 마치 오늘날 미국 사업가들이 멕시코인들, 특히 불법으로 국경을 넘어와 기꺼이 낮은 임금으로 일하고자 하는 멕시코인들을 환영하는 것과 유사했다.

1833년 산타 안나 장군이 멕시코시티에서 권력을 장악했을 때, 그가 제일 먼저 취한 행동 중 하나는, 과거 멕시코 정부가 텍사스 미국인들에게 부여했던 과세와 반反노예법의 면제 혜택을 폐지하는 것이었다. 이러한 결정은 그들에게 멕시코시티 정부의 '폭정'에서 벗어나야 한다는 구실을 제공했다.

미국 역사에서 텍사스 독립전쟁과 전설적인 알라모 전투만큼 미국의 문화적 정체성과 직결된 사건도 드물 것이다. 포위당한 요새는 150년이 넘도록 미국 신화의 일부가 되어 왔다. 187명의 수비대원들은 순교자가 되었고, 그중에서도 특히 윌리엄 배럿 트래비스, 짐 보위, 데이비 크로켓은 불멸의 미국 영웅이 되었다. 하지만 사실 그들은 노예제를 공공연히 옹호하면서 타인의 토지를 강탈한 자들이었고, 더욱이 미국 시민권자도 아니었다. 엄밀히 말하면, 그들은 텍사스 공화국을 세우기 위해 반란을 일으킨 멕시코 시민이었다.

텍사스의 미국인 정착민들은 대부분 거주한 지 2년도 채 되지 않았고, 모험가나 방랑자, 아니면 토지 투기꾼들이 다수를 차지했다.[42] 트래비스는 미국에서 살인을 저지른 후 가족을 버리고 텍사스로 도주했다. 노예 무역상이던 보위는 광산의 부를 찾아 멕시코 지방을 돌아다녔다. 반란군을 승리로 이끈 사령관 샘 휴스턴이나 크로켓은 과거 앤드류 잭슨의 잔인한 승리 ── 호스슈 벤드에서 크리크족을 상대로 거둔 승리[43] ── 에

---

42) Ibid., p. 10.

가담했던 베테랑들이다. 또한 그들은 라틴아메리카에 대한 올드 히코리(앤드류 잭슨)의 인종주의적이며 팽창주의적인 관점을 공유하고 있었다.

한때 테네시 주지사를 역임한 휴스턴은 1832년 텍사스로 이동하기 전까지 잭슨의 백악관 사설고문단에 속해 있었다. 한편에서 휴스턴이 텍사스의 반란을 모의하고 있는 동안, 다른 한편에서 잭슨은 텍사스의 즉각적인 매입을 멕시코에게 제안하나 실패한다. 두 사람 사이가 너무나 긴밀하여, 잭슨의 정적政敵인 전임 대통령 존 퀸시 애덤스는 휴스턴이 텍사스에서 잭슨의 비밀요원으로 암약했다고 비난했다. 비록 역사학자들은 그 말을 뒷받침할 문서를 발견하지 못했지만, 잭슨은 분명 멕시코 지방에 대한 부하의 계획을 인지하고 있었을 것이다.[44]

알라모에서 패배한 샘 휴스턴의 반란군은 그 후 샌재신토San Jacinto 전투에서 결정적인 승리를 거두고 산타 안나를 생포한다. 그리고 그를 풀어 주는 대신 텍사스 독립을 인정하는 조약에 서명하도록 강요한다. 그러나 멕시코 정부가 조약의 성립을 인정하지 않아, 텍사스의 정확한 경계선은 한동안 쟁점으로 남았다. 또한 북부지역 의원들이 노예제 주州인 텍사스의 연방 편입을 계속 반대했기 때문에, 텍사스는 1845년 합병되기 전까지 명목상 독립 영토로 남아 있었다. 한편, 논쟁이 거세지는 와중에, 목화 재배가 텍사스 공화국에 정착하게 되었다. 또한 텍사스 지도자들은 쿠바에서 미국 남부로 밀매되는 노예들의 주요 중개지로 텍사스가 활용되는 것을 용인했다.[45]

---

43) 제1장 각주 31) 참조. 인디언의 코를 베고, 살갗을 벗긴 참혹한 전쟁.─옮긴이

44) John Hoyt Williams, *Sam Houston: A Biography of the Father of Texas* (New York: Simon & Schuster, 1993), pp. 81~100. Guerra y Sánchez, *La expansión territorial de los Estados Unidos a expensas de España y de los países hispanoamericanos*, p. 199.

텍사스 합병은 더욱 서쪽으로 팽창하려는 열망을 낳았다. "아메리카인들을 위한 아메리카"라는 먼로 독트린의 슬로건이 나온 지 막 20년이 되던 무렵, 새로운 표어가 갑작스럽게 나타나 대중들의 관념 속에 자리를 잡았다. '명백한 운명'Manifest Destiny이 바로 그것이었다. 이 개념은 1845년 언론인 존 오설리번John O'Sullivan이 자신의 월간지 『미합중국 매거진과 민주 평론』United States Magazine and Democratic Review에서 처음 쓴 것이다. 영향력 있는 이 잡지의 필진 중에는 포Edgar Allan Poe, 롱펠로Henry Wadsworth Longfellow, 휘티어John Greenleaf Whittier 등도 포함되어 있었다. 오설리번은 민주당 측 정치평론가로 활약하면서 여러 대통령과도 친분을 맺고 있었다. 그는 라틴아메리카를 향해 팽창해야 한다는 주장을 일관되게 펼쳤으며, 특히 쿠바에 관심이 많아 사적으로 불법약탈filibuster 원정대에 여러 차례 재정을 지원했다.

'명백한 운명'의 지지자들은 라틴아메리카인들을 문화적 성향이 낮고 민주적 제도를 갖추지 못한 열등한 인종이라고 생각했다. 미국의 칼뱅주의적 믿음은 그러한 영토적 야심을 더더욱 강화시켰다. 국가의 번영, 경탄할 만한 운하, 증기선, 철도 연결망의 건설 등을 바라보면서, 미국인들은 이러한 것들이야말로 국경지대를 정복해야 할, 신이 내린 자신들의 운명의 증거물이라고 생각했다. 당시의 신문과 잡지들은 조지 콜드웰George Caldwell, 조사이어 노트Josiah Nott 등 여러 골상학자phrenologist들의 기사와 논문으로 넘쳐났다. 이러한 글들에서 골상학자들은 원주민, 흑인,

---

45) Frederick Merk, *Slavery and the Annexation of Texas* (New York: Alfred A. Knopf, 1972), p. 206. José María Tornel y Mendivil, "Relations Between Texas of the United States of America and the Mexican Republic, 1837", in Carlos Castañeda, *The Mexican Side of the Texas Revolution* (Washington, D.C.: Documentary Publications, 1971), p. 328.

멕시코인에 대한 백인 유럽인의 우월성을 제기했다.

콜드웰은 영향력이 큰 자신의 저서 『인류의 본래적 단일성에 대한 고찰』*Thoughts on the Original Unity of the Human Race*에서 이렇게 논했다. "과학과 예술에서 거둔 모든 위대하고 중요한 발견, 발명, 진보에 대해, 세계는 코카서스 인종에게 빚을 지고 있다." 남부에서 손꼽히는 외과의사였던 노트는 콜드웰의 관점에서 한 걸음 더 나아갔다. 그는 백인종의 순수함을 유지하기 위해서는 우생학eugenics이 필요하다고 역설했다. 1844년에 행한 어느 연설에서 노트는 "세계의 역사를 보면, 어느 곳에서든 열등한 인종은 항상 정복되었고, 코카서스인들과 혼혈이 일어났다. 이로 인해 코카서스인들은 야만에 빠지게 되었다"고 단언했다.

골상학자들은 지식의 주변부에 머문 학파가 아니었다. 1850년대 그들의 견해는 미국에서 주류를 형성했다. 이들은 두개골의 모형과 상세한 뇌의 도표를 들고 이 도시, 저 도시로 여행하면서 강연을 하고, 무료서적을 배포하였으며, 두뇌를 측정해 주고 비용을 청구하기도 했다. 지구상에서 인간의 두개골을 가장 많이 수집한 필라델피아의 인종학자 새뮤얼 조지 모턴 등 세계적인 명성을 지닌 학자들도 다양한 인종의 뇌의 크기, 용량, 구성물 등을 '과학적'으로 연구하여 그러한 견해를 뒷받침했다. 노트에 따르면, 모턴은 "몽골, 인디언, 흑인 그리고 모든 어두운 피부의 인종들은 순수 백인에 비해 두개골의 용량이 더 작다는 사실을 확립했다." 노트는 다른 코카서스 인종과 '혼혈인'을 구별해 낼 수 있도록 그러한 차이점들을 더욱 넓혀 갔다. 미국의 백인과 "어두운 피부색의 스페인인"을 대비시켜, "어두운 피부색의 켈트인들은 우월한 인종 앞에서 점차 쇠락하여, 결국에는 흡수될 것임에 틀림없다"라고 기록했다.[46]

남부에서는 농장주들이 노예제 지지표를 늘리기 위해 의회에 압력을 행사하였고, 북부에서는 많은 사람이 '명백한 운명'이라는 인종주의적 논리에 사로잡혔다. 결국 이러한 분위기 속에서 더 많은 멕시코 영토를 합병해야 한다는 격렬한 외침이 국가 전체를 압도하게 되었다. 따라서 텍사스가 연방에 가입하자, 서두르듯 멕시코와 전쟁을 벌인 것은 놀라운 일이 아니다. 이 전쟁에 대해 텍사스 공화국의 마지막 대통령 앤슨 제임스Anson James[47]조차 이 전쟁을 부끄럽게 여길 정도였다. 제임스는 포크 대통령과 전쟁 영웅 재커리 테일러를 비난하면서 "그들은 멕시코 전쟁을 유발하기 위한 사악하고 혐오스런 계획에 가담하도록 나를 설득하려 했다"고 폭로했다.[48] 이 전쟁에는 10만이 넘는 미국 병사들이 참가했고, 그 중 약 1만 4천 명이 전사하여 미국 역사에서 가장 높은 사망률을 기록했다.[49] 멕시코로 진군하는 과정에서 인종주의에 물든 미군 병사들은 잔인하고 끔찍한 사건들을 저질렀다. 그중 몇 가지 사건들로 인해 그랜트와 미드 장군에게 공개적인 비난이 쏟아졌다. 훗날 그랜트는 그 전쟁이 "강국이 약소국에게 저지른 가장 부당한 전쟁 중 하나"였음을 인정했다.[50]

그러나 군대가 멕시코시티로 향해 갈수록, 멕시코인의 열등성이라는 바로 그 이론들이 국가적 논쟁을 불러일으켰다. 미국은 과연 얼마만

---

46) Reginald Horsman, *Race and Manifest Destiny: The Origins of American Racial Anglo-Saxonism* (Cambridge: Harvard University Press, 1981), pp. 117~228. 이 문헌은 19세기 중반 미국에 유행한 인종우월주의 이론들을 정리하고, 그 이론들이 영토 팽창의 합리화에 어떻게 이용되었는지 훌륭하게 개괄하였다.

47) 텍사스 공화국 마지막 대통령의 정확한 이름은 앤슨 존스(Anson Jones)이다.—옮긴이

48) Anson Jones, *Memoranda and Official Correspondence Relating to the Republic of Texas, Its History and Annexation* (New York: Arno Press, 1973), pp. 97~98.

49) John S. D. Eisenhower, *So Far from God: The U.S. War with Mexico 1846-1848* (New York: Doubleday, 1989), p. xviii.

50) Ulysses S. Grant, *Personal Memoirs of U. S. Grant*, vol. I (New York: Charles A. Webster & Co., 1885), p. 53.

큼의 멕시코 영토를 주장해야 할 것인가. 일각에서는 미국이 너무 많은 영토를 차지하면 수백만의 혼혈 멕시코인도 함께 흡수될 것이고, 그것은 장기적으로 앵글로색슨의 수적 우위를 위협할 것이라고 주장했다. 과달루페-이달고 조약(1848)으로 멕시코는 끝내 영토의 절반을 단념하게 되지만, 양도된 영토는 인구분포가 가장 적은 지역들로서 오늘날의 뉴멕시코, 캘리포니아, 네바다, 애리조나의 일부, 유타 주, 그리고 현재 텍사스의 분쟁지역 등이 해당된다. 5년 후, 미국은 이른바 '개즈던 매입'Gadsden Purchase을 통해 소노라Sonora의 영토를 추가적으로 차지한다.[51]

1848년 조약에 포함된 또 다른 중요한 영토로는, 리오그란데와 누에시스 강 사이에 위치한 150마일 너비의 누에시스 지대Nueces Strip가 있다. 사실 이 지대는 스페인은 물론 독립 후 멕시코에서도 코아우일라 지방의 일부로 인식하고 있었다. 하지만 미국의 협상가들은 이곳을 텍사스의 일부로 포함시킬 것을 요구했다. 누에시스 지대의 면적은 현재의 매사추세츠, 코네티컷, 뉴저지를 합친 것과 같은 크기이며, 이 지역이 특히 중요시된 이유는 비옥한 로어 리오그란데 밸리Lower Rio Grande Valley를 포함하는 데다 계곡 북부의 평원지대에 야생의 말과 소들이 가득했기 때문이다. 1700년대 초반 스페인 정착민들이 들여온 이 가축들은 1830년에는 300

---

51) 동부의 철도업자들은 풍부한 금이 매장된 캘리포니아까지 남부 철도 노선을 부설하고자 했다. 따라서 그들은 과달루페-이달고 조약에 포함되지 않은 멕시코 땅을 더 확보하도록 프랭클린 피어스 대통령을 압박하기 시작했다. 피어스는 멕시코 대사 제임스 개즈던에게 소노라 지방의 힐라[Gila; 영어식 발음은 '길라'―옮긴이] 강 남부 평지 지대와 코아우일라(Coahuila) 지방 매입을 위한 협상 권한을 주었다. 이들 지역이 수송에 가장 좋은 경로를 제공하기 때문이었다. 원래 철도회사 경영자 출신인 개즈던은 약 3만 평방마일의 구역 ― 스코틀랜드 면적에 해당하는 영토 ― 을 천만 달러에 매입하는 데 성공한다. 그리고 그 지역을 통해 남태평양 철도회사(Southern Pacific Railroad)의 노선이 건설된다. Weber, *The Mexican Frontier, 1821-1846*, pp. 274~275.

만 마리를 넘어섰다.[52] 이러한 가축들과 함께, 당초 스페인 정부로부터 무상으로 불하된 토지들까지 확실히 관리하게 되자, 찰스 스틸먼, 리처드 킹, 미플린 케네디와 같은 초기 미국 정착인들은 곧바로 거대한 부를 창출하기 시작했다.

이렇듯 미국의 축산업은 멕시코 영토를 토대로 탄생한 것이다. 그러나 초기 수십 년간 농장 인력의 대부분은 미국인이 아니었다. 스페인어로 '바케로'vaquero라 불리는 카우보이들은 대개 메스티소나 물라토였고, 이따금 흑인이나 인디언들도 보였다. 이러한 경향은 코퍼스 크리스티 Corpus Christi 남쪽에 위치한, 거의 백만 에이커의 면적을 자랑하는 유명한 킹 목장King Ranch에서도 뚜렷하게 나타난다. 멕시코인 '바케로'들이 이 산업에서 절대적인 역할을 하였으므로, 미국인 카우보이들은 사실상 그들의 모든 목장 문화를 모방하였다. 역사학자 캐리 맥윌리엄스는 카우보이들이 '바케로'들로부터 받아들인 것을 다음과 같이 기록하고 있다.

그들의 밧줄, 올가미, 뱃대끈, 고삐, 말총으로 만든 밧줄macate, 가죽바지 chaparejo, 등자橙子장식, 모자를 고정하는 턱끈barboquejo, 말 사료주머니 morral, 말고삐bosal 등을 받아들였다. 심지어 카우보이들의 유명한 '챙 넓은 모자'ten gallon hat라는 이름도 멕시코식 스페인어 표현인 "꽃 모양의 가는 줄로 장식된 모자."su sombrero galoneado라는 제목의 코리도corrido[53]

---

52) Juan Gómez-Quiñones, "The Origins and Development of the Mexican Working Class in the United States: Laborers and Artisans North of the Río Bravo, 1600-1900", in Elsa Cecilia Frost et al., *Labor and Laborers Through Mexican History* (Tucson: University of Arizona Press, 1979), pp. 482~483.
53) 코리도(corrido)는 멕시코 민속음악의 한 장르 이름이다. ─옮긴이

를 잘못 번역하여 쓴 말이다.

누에시스 지대와 뉴멕시코 북부지역은 유일하게 합병 후에도 원래의 멕시코인 주민들이 미국인보다 뚜렷하게 수적 우위를 점한 지역이었다. 그런 이유로, 미국인들조차 목장에서 사용하는 용어는 스페인어에서 유래된 단어들을 주로 사용하였다. 'bronco'(브롱코, 방목되는 반야생의 말), 'buckaroo'(브롱코 길들이는 목동), 'burro'(부로, 당나귀), 'mesa'(메사, 꼭대기가 평평하고 주위가 벼랑인 지형), 'canyon'(캐논, 협곡), 'rodeo'(로데오, 방목한 소 모으기), 'corral'(코랄, 울타리), 'loco'(로코, 가축들이 미친), 'lariat'(la reata에서 차용, 올가미 밧줄) 등과 같은 어휘들이 대표적인 예라 할 수 있다. 그럼에도 불구하고, 민간에 전해 내려오는 카우보이 신화――할리우드 영화로 만들어져 전 세계에 유포된――에는 높은 안장에 홀로 앉아 있는 미국 백인이 옛 서부의 멕시코인들과 등장하는데, 후자는 예외 없이 무법자이거나 당나귀에 올라탄 얼빠진 농부로 그려진다.[54]

하지만 미국이 멕시코 전쟁을 통해 얻은 가장 값진 수확은 텍사스가 아니라 바로 캘리포니아였다. 1800년대 초부터 태평양에 다다른 뉴잉글랜드의 선장들은 멀리 떨어진 이 스페인 식민지에 대해 열정적인 보고서를 보냈다. 그러나 그러한 보고서에도 불구하고, 멕시코 전쟁 발발 이전까지 이 극서부Far West 지방에 거주한 미국인은 거의 없었다. 그곳에 도착

---

54) Carey McWilliams, *North from Mexico: The Spanish-Speaking People of the United States*, edition updated by Matt S. Meier (New York: Praeger, 1990), pp. 144~145. David Montejano, *Anglos and Mexicans in the Making of Texas 1836-1986* (Austin: University of Texas Press, 1987), pp. 80~84.

하려면 인디언 거주지를 관통하는 길고 까다로운 육로를 횡단해야 했기 때문이다. 그러한 상황에서, 과달루페-이달고 조약 체결 2주일 전 아메리칸 리버에 위치한 서터스밀Sutter's Mill에서 금이 발견되었다. 이 소식은 하룻밤 사이에 급속히 퍼져 나갔다. 동부지방과 멕시코는 물론 남아메리카에서도 금광 투기자들이 몰려들었고, 심지어 멀리 하와이나 오스트레일리아에서 찾아오는 경우까지 있었다. 일 년 사이에 캘리포니아의 비非원주민 인구는 2만에서 10만으로 급증하여, 원래 거주하던 멕시코인들 (1만 3천여 명)은 물론 수십만의 인디언들까지 압도하기에 이르렀다.

캘리포니아 산지에 가장 먼저 도착한 멕시코와 남아메리카의 탐광探鑛업자들이 확실한 이점을 지니고 있었다. 그들에게는 과거 정복자 conquistador 시대까지 거슬러 올라가는 금, 은 채굴 전통이 존재했기 때문이다. 동부 변두리 출신의 미숙한 미국인들에 비해 이들이 거둔 초기의 성공이 훨씬 컸다는 것은 그리 놀랄 일이 아니다. 이들의 성공은 백인 탐광자들에게 좌절감을 안겨 줬고, 곧 멕시코인들에 대한 신체적 공격과 린치로 이어졌다. 1850년, 주州정부는 미국인들에게 더욱 유리한 여건을 만들어 주기 위해 외국 광산업자들에게 세금을 부과했다.

비록 몇 년 지나지 않아 금광지대는 쇠퇴해 갔지만, 캘리포니아의 금광 발견은 국가 전체에 즉각적인 이익을 가져다주었다. 이는 마치 아스텍의 금과 은이 16세기 스페인에 이익을 제공한 것과 같았다. 처음 4년 동안 광산에서 2억 5천만 달러 이상의 귀금속이 채굴되었다. 거대한 수익은 새로운 세대의 은행가들을 출현시켰고, 이들은 서부 전역에서 전개되는 수많은 사업들에 신속하게 자금을 공급했다. 그리고 마침내 미국 이민자들은 그 주州에서 더욱 오래 지속될 부富, 즉 토지로 관심을 돌리게 된다. 수천 명의 미국인이 '칼리포르니오'californio(토착 캘리포니아인)

들의 거대한 토지를 강탈하거나 그곳에 무단 거주하였다. 서터스밀의 금 발견 후 20년도 채 안 되어 캘리포니아 주에 거주하던 멕시코인들은 대부분 자신들의 땅에서 밀려났다.

텍사스가 전쟁 이후 면화와 목축업의 중심이 되었듯, 캘리포니아와 네바다는 금·은광의 기원이 되었다. 그리고 애리조나와 뉴멕시코는 미국의 또 다른 핵심 산업인 동광銅鑛과 모직산업을 낳았다.

뉴멕시코는 1598년 정복자 후안 데 오냐테Juan de Oñate가 처음으로 양떼를 들여온 곳으로, 식민시대 초기부터 목양牧羊사업의 중추를 담당하였다. 당시 스페인은 유럽에서 가장 역사가 길고 발전된 목양 문화를 자랑하고 있었다. 스페인 목축업자들은 북아메리카에 추로churro와 메리노merino 품종을 소개했다. 작고 털이 많은 '추로'는 건조한 남서지역에 잘 맞는 이상적인 품종이었으며, 스페인 전초기지들이 그 지역에 광범위하게 분포되는 데 기여했다. 양은 식민 개척자와 군인에게 음식과 의류를 제공했을 뿐만 아니라 현금이 나오는 중요한 출처이기도 했다. 수세기에 걸쳐 뉴멕시코는 복잡한 목양 전통을 발전시켰으며, 목양업 노동자들 사이에는 권리, 지위, 특전, 나아가 조직까지도 명확하게 확립되었다. 남텍사스에서 목축업이 그러했던 것처럼, 뉴멕시코, 콜로라도, 캘리포니아 일부에서는 목양업이 문화의 많은 부분을 규정하였다. 그러나 양들은 문화만 제공한 것이 아니라 거대한 부를 창출했다. 뉴멕시코가 미국 영토에 편입되고 2년이 지날 때까지, 남서지방의 양목업자들이 깎아 낸 양모는 연간 3만 2천 파운드에 불과했다. 그러나 1880년 무렵에는 그 무게가 400만 파운드로 급증했다.[55]

뉴멕시코에 목양업이 있다면, 애리조나에는 구리산업이 있었다. 1800년대 초, 스페인인들은 뉴멕시코 서부의 산타리타에서 첫번째 은광과 동광을 개발했다. 뒤를 이어 애리조나의 투박에 하인츨맨^{Heintzelman} 광산이 열려, 1859년 무렵에는 약 800명의 노동자가 고용되었다. 그리고 1870년대에는 유명한 클리프턴^{Clifton}과 비스비^{Bisbee} 광산이 열렸다. 1838년에서 1940년까지 애리조나의 광산들은 금속광물에서 약 30억 달러의 가치를 생산했는데, 그 중 대부분은 구리였다. 광산 노동자들 가운데는 멕시코인 ——원래 그곳 태생이든, 노동력 도급업자와 계약을 맺고 국경을 넘어온 이민자이든——이 절대 다수를 차지했다. 치카노[56] 역사학자 루디 아쿠냐^{Rudy Acuña}의 서술에 따르면, "1880년대 중반, 치와와의 농부들은 농작물을 심은 후 동부 애리조나로 이동하여 현지 광산에서 일용직으로 일하다, 수확 시기가 되면 다시 집으로 돌아갔다."[57]

멕시코인들이 미국의 번영에 기여한 것은 이뿐만이 아니다. 철도가 등장하기 전, 미국 남서부의 마차 운송에 주된 인력을 제공한 것도 멕시코인 노동자들이었다. 이들은 노새가 이끄는 긴 마차 행렬에 들어가 물품을 싣고 국토를 횡단했다. 철도가 부설된 이후에도, 철로를 유지하는 선로보수공이나 철도노동자들은 대부분 멕시코인이었다. 1848년 조약 당시, 할양된 영토에 거주한 멕시코 인구는 116,000명에 지나지 않았다. 그러나 전쟁 후 그 수가 꾸준히 증가하여 멕-미 국경을 오가는 이주 노동자는 수십만 명에 이르렀다. 이는 그 지역에 미친 멕시코의 영향이 초기 인구수가 시사하는 것보다 훨씬 컸음을 의미한다.

합병된 멕시코 영토에서 미국인들이 발견한 광물과 가축의 부富를

---

55) McWilliams, *North from Mexico*, pp. 136~139. Gómez-Quiñones, "The Origins and Development of the Mexican Working Class in the United States", pp. 486~487.
56) 치카노/나(chicano, na)는 멕시코계 남성/여성 미국인을 지칭한다.—옮긴이
57) Acuña, *Occupied America*, p. 148.

기반으로 하고, 그 위에 미국인 사업자들이 계약한 멕시코 노동력이 더해져, 20세기 서부 번영의 토대가 마련되었다. 이 부富와 노동력의 조합이 미국의 전기, 목축, 목양, 광업, 철도 산업을 광범위하게 확산시키는 원동력이 되었다.[58] 그럼에도 불구하고 역사에 남을 멕시코인들의 중요한 기여는 대중적인 개척사에서 사실상 배제되었고, 게으르고 무능한 멕시코인이라는 신화가 오랫동안 그 자리를 대체했다.

미국인 정착민들, 국경의 남쪽을 향해 나아가다

그러나 1836~1848년 시기에 합병된 멕시코의 영토만으로는 '명백한 운명' 신봉자들의 팽창주의적 욕망을 충족시키기에 부족함이 있었다. 일각에서는 광물이 매장된 멕시코 북부 영토를 더 많이 합병해야 한다는 요구가 일었다. 남부의 대농장주들은 특히 열대의 중앙아메리카 지협地峽에 눈독을 들였다. 갓 태어난 그곳의 대여섯 개 공화국들은 정복하기 안성맞춤인 상태에 놓여 있었다.

그러한 팽창주의자들 중에 가장 대표적인 인물로 윌리엄 워커를 들수 있다. 테네시 태생의 변호사이자 언론인인 워커에게서 훗날 그가 지니게 될, 허세 부리고 재물만 탐하는 독재자의 이미지를 찾기란 쉽지 않다. 원래 그는 의사 과정의 교육을 받았고, 부드러운 말씨에 왜소한 체형 —— 5피트 5인치(약 165cm)의 신장에 체중은 불과 120파운드(약 54.4kg) ——을 지닌 인물이었다. 그러던 그가 샌프란시스코에서 통신원

---

58) McWilliams, *North from Mexico*, pp. 135~136; Gómez-Quiñones, "The Origins and Development of the Mexican Working Class in the United States", pp. 492~493.

으로 근무한 후, 1853년 11월에 한 무리의 무장한 추종자들을 이끌고 바하칼리포르니아에 나타난다. 그리고 그곳에서 멕시코 소노라 지방의 반란을 획책하여 소노라 공화국을 선포한 뒤, 스스로 대통령에 취임한다. 하지만 몇 주 못 가 멕시코군의 추격을 받은 워커와 그의 오합지졸 그룹은 다시 미국으로 도주하였다. 미 연방 수사요원들은 그를 중립법 위반으로 체포하였으나, 팽창주의적 언론들이 과감한 그의 반란에 주목하자 워커는 순식간에 대중적 영웅으로 떠올랐다. 그리고 모든 신문이 그의 재판과 최종 무죄 판결을 널리 보도했다.

재판이 끝난 후, 워커는 더욱 남쪽으로 관심을 넓혀 잘 알려지지 않은 중앙아메리카 지협에 주목했다. 그곳에는 1823년 멕시코에서 떨어져 나가 느슨한 형태의 연합체를 형성한 중앙아메리카 연방이 있었다. 이 지역이 독립을 이루자, 대서양-태평양 연결 운하 건설을 꿈꾸던 일부 영미 사업가들이 곧바로 이곳으로 발길을 옮기기 시작했다.[59] 1838년 이 연방은 5개의 독립국가로 분열되고, 이들 국가의 지도자들은 상호 간의 무력충돌에서 헤어나지 못하게 된다. 그 무렵, 오래전부터 운하에 대해 관심을 보이던 미국 정부가 콜롬비아와 조약을 체결하는 데 성공했다. 양국은 파나마를 가로지르는 수로 건설이 필요하다는 데에 의견의 일치를 보았는데, 당시 파나마는 콜롬비아의 한 지방이었다. 1846년에 체결된 조약에서 미국은 장래 어떠한 운하에 대해서도 중립을 보장할 것이라

---

59) 1826년, 뉴욕 기업가 아론 A. 파머가 '중미 미국 대서양-태평양 운하회사'(Central American and United States Atlantic and Pacific Canal Company)를 세웠다. 뉴욕 주지사 드위트 클린턴도 중역으로 참여한 이 회사는 지협을 관통하는 운하 건설 허가권을 얻어내지만, 자금을 확보하는 데 실패한다. Karl Bermann, *Under the Big Stick: Nicaragua and the United States since 1848* (Boston: South End Press, 1986), pp. 15~16을 참조.

는 점을 분명히 했다.[60]

그러나 캘리포니아의 골드러시로 인해 태평양 해안으로 연결되는 가장 빠른 길이 필요하게 되었다. 당시 뉴욕에서 샌프란시스코에 이르는 유일한 바닷길은 혼 곶[61]을 돌아야 하는 여정으로 약 4개월이 소요되었다. 따라서 좁은 중앙아메리카 협곡은 시간을 극적으로 단축시킬 수 있는 최상의 선택지였다.

이러한 일들이 일어나기 직전, 서로 경쟁관계에 있던 두 개의 뉴욕 상인그룹이 의회로부터 캘리포니아와 동부 연안 간의 우편물 운송 업무를 확보하였다. 운송수단은 증기선 항로와 파나마 육로를 결합하는 방식이었다. 조지 로와 마셜 O. 로버츠가 운영하는 유에스 우편 증기선 회사 U.S. Mail Steamship Company는 대서양 경로를 맡았고, 윌리엄 H. 아스핀월의 태평양 우편 증기선 회사Pacific Mail Steamship Company는 서쪽 부분을 담당했다. 의회에서 우편업무를 위해 연간 90만 달러의 풍족한 보조금이 할당되자, 두 회사는 이 재원財源을 활용하여 우편물 외에 인력의 수송도 병행하기로 결정한다. 하지만 불행히도 노새가 끄는 수레 행렬에 몸을 싣고 파나마 정글을 통과해야 하는 50마일의 육로 여행은 일반인들에게는 험난한 일이었다. 상황이 여의치 않자, 아스핀월은 콜롬비아 정부와 협상을 벌여 파나마 지협을 통과하는 철로를 부설하였다. 이 파나마 철도의 건설에는 6년의 시간과 200만 달러의 경비가 소요되었고, 4,000명의 인명피해가 뒤따랐다. 희생자는 대부분 아스핀월이 들여온 서인도인과 중

---

60) Lester D. Langley, *The United States and the Caribbean in the Twentieth Century* (Athens: University of Georgia Press, 1989), pp. 32~33.

61) 혼 곶(Cape Horn). 남아메리카 대륙 최남단에 위치한 곳으로, 칠레의 티에라델푸에고 제도에 속해 있다. ―옮긴이

국인 노동자들이었다. 그러나 일단 공사가 완료되자, 철도는 운행한 지 몇 년 되지 않아 비용의 세 배가 넘는 수익을 가져왔다.[62]

아스핀월이 파나마에 철도를 건설하고 있을 무렵, 아마도 그 시대 가장 냉혹한 실업가라 할 수 있는 코넬리어스 밴더빌트Cornelius Vanderbilt도 새로운 사업을 위해 움직이기 시작했다. 니카라과를 관통하는, 더 빠르고 경쟁력 있는 경로를 구상한 그는, 전직 의원인 조지프 L. 화이트와 함께 니카라과 부설 운송회사Nicaragua Accessory Transit Company를 설립했다. 증기선과 철도 노선을 결합한 이 회사는 아스핀월의 철도보다 먼저 운행을 개시하여, 첫 해에만 500만 달러의 총수익(그 중 순익은 20~40퍼센트)을 올렸다.[63]

하지만 아스핀월의 철도와 밴더빌트의 증기선 항로는 미국 상인들을 만족시키지 못했다. 이들은 운하를 통해 배로 직접 상품을 운송하길 희망했다. 공학자와 정치인 대부분은 니카라과 운하를 선호했다. 파나마 경로가 더 짧긴 했지만, 기술적인 측면에서 산후안 강과 거대한 마나과 호수 등 자연 수로를 활용할 수 있는 니카라과 경로가 더 용이하다고 판단했기 때문이다.

---

62) Gustavus Myers, *History of the Great American Fortunes*, Vol. 2 (Chicago: C. H. Kerr, 1910), pp. 117~123. 그리고 Wheaton J. Lane, *Commodore Vanderbilt: An Epic of the Steam Age* (New York: Alfred A. Knopf, 1942), pp. 85~86에는 중앙아메리카에서 로(Law), 밴더빌트 등이 벌인 증기선 회사의 기만적인 행위들이 정리되어 있다. 파나마 철도 회사에 대해서는 Fessenden N. Otis, "History of the Panama Railroad", in *The Panama Canal: Readings on Its History*, ed. Paul Scheips (Wilmington, Del.: Michael Glazier, Inc., 1979), pp. 25~52을 보라.

63) Albert Z. Carr, *The World and William Walker* (New York: Harper & Row, 1963), pp. 33, 70. David Folkman, Jr., *The Nicaragua Route* (Salt Lake City: University of Utah Press, 1972), p. 43.

그 결과, 워싱턴 정치인들과 미국인 한탕주의자들은 니카라과에 더 많은 관심을 쏟기 시작했다. 1853년, 밴더빌트 회사가 현지 지방 정부와 분쟁을 벌이자, 이 회사를 방어하게 위해 미국 선원들이 상륙했다. 이듬해 또 다른 미국회사와 현지 당국 사이에 재정적 분쟁이 발생했을 때에는 미 해군이 폭격을 가해 산후안(당시에는 그레이타운이라 명명)의 마을들을 파괴하였다.[64]

1854년에는 토지 투기자이자 텍사스 경비대Texas Rangers 창설자인 헨리 L. 키니 대령이 니카라과에 도착했다. 키니는 곧바로 무역상 새뮤얼 H. 셰퍼드로부터 2,200만 에이커의 토지를 구입했다. 셰퍼드는 이 토지가 1839년 미스키토족[65]의 왕으로부터 '허가'받은 것이라고 주장했다. 하지만 국토의 70%에 이르는 토지에 대한 키니의 소유권 주장을 니카라과 정부가 인정해 줄 리 만무했다. 키니의 '중앙아메리카 토지 및 광산 회사'Central American Land and Mint Company에 자금을 댄 출자자들 중에는 미 법무장관 케일럽 쿠싱Caleb Cushing, 피어스 대통령의 산후안(그레이타운) 무역대리인 워런 페븐Warren Faben[66] 등도 포함되어 있었다.[67]

당시 키니의 식민 계획을 칭송했던 『뉴욕타임스』의 한 특파원은 다음과 같은 글을 남겼다. "중앙아메리카는, 만약 그 위치, 기후, 토양의 이점들이 '북미' 인종에 의해 적절히 이용된다면, 그리고 이 북미 인종이 중미를 너무나 욕되게 하는 저 더럽고, 잡종화되고, 퇴락해 가는 인종을

---

64) Bermann, *Under the Big Stick*, pp. 43~46에서 재인용.
65) 미스키토(Miskito)족은 니카라과 북동부 카리브 해 연안 지역에 거주하던 토착부족이다.
   ─옮긴이
66) 원문에 표기된 회사명 'Land and Mint Company'와 인명 'Faben'은 다른 문헌에서는 각각
   'Land and Mining Company'와 'Fabens'로 나온다.─옮긴이
67) Ibid., pp. 46~50.

대체한다면, 여러 국가들 사이에서 영향력 있는 위치를 차지하게 될 것이다."[68]

키니는 의혹받는 자신의 주장을 실현하기 위해, 일부 추종자들을 무장시켜 반정부 폭동을 준비했다. 하지만 토지분쟁이 자신의 투자에 악영향을 미칠까 우려한 밴더빌트는 영국과 미국 정부를 압박하여 키니의 주장에 제동을 걸게 했다. 결국 키니는 어쩔 수 없이 도피길에 올라야 했다.

키니의 좌절에도 불구하고 니카라과에 대한 미국의 영향력은 갈수록 커져 갔다. 1855년 무렵에는 이 나라에 거주하는 미국인이 600명을 넘어섰다.[69] 당시 영국은 여전히 세계에서 가장 막강한 군사력을 보유한 국가로서, 미국의 해양 운하 프로젝트 독점에 확실한 제동을 걸어야 했다. 따라서 미국과 클레이턴-불워 조약을 체결하여, 미래의 어떠한 운하에 대해서도 중립을 보장하며, 중앙아메리카 국가를 점령하거나 장악하는 일은 삼간다는 것에 합의했다. 물론, 두 나라는 조약에 영향을 받게 될 이 지역의 정부들과 내용을 상의하려는 수고는 결코 하지 않았다.

그런데 니카라과에 갑작스럽게 관심을 보인 것은 정치인과 상인계층만이 아니었다. 멕시코에서의 실패에도 뜻을 굽히지 않은 워커는 1855년 자신이 모집한 56명의 용병 그룹과 함께 샌프란시스코를 떠나 니카라과로 향했다. 오래 끌고 있는 니카라과 내전에서 어느 한 편을 지원하기 위해서였다. 워커는 도착 후 얼마 지나지 않아 그를 채용한 측에 대항해 반란을 일으켰다.[70] 그리고 나라의 통치권을 장악한 뒤 스스로 대통령이

---

68) *New York Times*, December 15, 1854, 3.
69) Bermann, *Under the Big Stick*, p. 63.
70) 당시 레온 시의 자유파가 그라나다 시의 보수파를 제거하기 위해 워커를 고용하였다.—옮긴이

되었음을 선언한다. 이는 라틴아메리카 역사상 가장 터무니없는 일화 중 하나일 것이다.

워커는 통치기간 중에 노예제를 부활시키고, 영어를 스페인어와 동등한 언어로 선포했다. 또한 앵글로아메리카 정착민들에게 토지의 소유권이 쉽게 넘어갈 수 있도록, 모든 토지의 등록을 의무화하였다.[71] 그러나 이러한 일들의 배후에는 그 지역의 교역을 통제하기 위해 서로 경쟁을 벌인 미국 투자자 그룹들의 비열한 이해관계가 있었다. 워커와 니카라과인들은 단지 그들 사이에서 하수인 노릇을 한 것에 불과했다. 밴더빌트로부터 일시적으로 해운회사를 가로챈 한 운송회사의 임원 그룹이 워커의 군대를 재정적으로 지원했다. 또한 밴더빌트의 강력한 경쟁자이면서 파나마에 미국 증기선 회사를 소유하고 있는 조지 로도 워커에게 무기를 공급했다. 한편, 밴더빌트는 자신의 경제적 맞수들을 물리치기 위해 코스타리카, 엘살바도르, 온두라스 연합군에게 자금을 대주었고, 이 연합군은 1857년 워커를 공격하여 패주시켰다.

일부 사람들은 워커의 모험담을 미국 역사에서 그다지 중요성이 없는 부차적인 사건으로 치부하려고 한다. 그러나 인종주의적이고 광기 어린 2년간의 그의 통치기 동안 1만 1천 명이 넘는 미국인이 니카라과에 정착했다. 이 숫자는 당시 니카라과에 거주하던 백인 총인구의 3분의 1에 해당한다.[72] 그 이민자는 대부분 워커의 지지자들이었고 어느 곳이든 약 3,000~5,000명의 사람들이 그의 점령군에 가담했다. 니카라과의 주요 대도시에서는 수천 명의 사람들이 모여 워커를 성원하며 영웅으로 떠받

71) Brown, *Agents of Manifest Destiny*, pp. 352~355.
72) Ibid., p. 348.

들었다. 브로드웨이에서는 그의 모험담을 배경으로 한 뮤지컬이 갑작스럽게 인기를 끌었다. 피어스 행정부는 워커의 정부를 인정함으로써 그의 노골적인 침략행위를 용인한 셈이 되었다. 또한 워커의 행동에 영향을 받은 민주당은 1856년에 개최된 전당대회에서 제임스 뷰캐넌을 대통령 후보로 추대한다. 뷰캐넌은 경쟁자인 피어스보다 더 열광적으로 '명백한 운명'을 지지한 인물이었다. 대통령에 당선된 후, 뷰캐넌은 니카라과에서 추방된 워커를 백악관으로 맞아들였다. 그때까지 워커가 일으킨 전쟁에서 희생된 미국인은 천여 명에 이른다. 이는 미서전쟁이나 페르시아 만 전쟁의 사망자 수를 훨씬 넘어서는 수치이다.[73] 워커는 두 차례나 더 니카라과 권력 복귀를 시도했으나, 성공을 거두지는 못했다. 1860년 마지막 시도에서 그는 온두라스에 상륙하나, 현지 군인들에게 곧바로 체포되어 처형된다.

그 무렵, '명백한 운명'과 팽창의 열망은 급격하게 기울고 있었다. 미국 북부와 남부 사이에 벌어진 노예제 갈등과 전쟁이 원인이었다. 그러나 남북전쟁이 끝나자, 승리한 북부의 기업가들은 서부 변경지대로 관심을 돌렸다. 그곳의 토지를 매입하여 변경지대와 그 밖의 지역을 연결하는 철도망을 건설하기 위함이었다. 미국의 일부 정책입안자들은 여전히 중앙아메리카 운하에 대한 미련을 버리지 못하였지만, 워커 사건에서 쓴맛을 본 중미 지도자들은 수십 년간 운하 계획을 검토조차 하지 않았다. 워커의 기억을 간직한 콜롬비아와 니카라과는 미국이 자신들의 영토를 통제하는 계획은 어떤 것이 되었든 망설이지 않을 수 없었다.

따라서 중앙아메리카는 미국 대신 유럽으로 시선을 돌렸다. 1880년,

---

73) Bermann, *Under the Big Stick*, p. 71. Brown, *Agents of Manifest Destiny*, pp. 346~358.

프랑스인 페르디낭 드 레셉스는 수에즈 운하 건설에서 거둔 자신의 업적을 파나마에서 재현하고자 콜롬비아 정부로부터 운하 건설 시공권을 얻어 낸다. 밴더빌트의 니카라과 횡단 철도나 파나마의 철도 건설 때와 마찬가지로, 드 레셉스의 건설 계획에도 서인도제도의 흑인들이 수입인력으로 활용되었다. 프랑스인들은 5만 명의 흑인을 건설현장으로 실어 날랐다. 그러나 1889년 드 레셉스의 회사가 파산하자, 유럽은 역사상 가장 큰 금융스캔들에 휩싸이게 된다. 절반 정도 진행된 운하 건설 작업은 돌연 중단되었고, 서인도제도의 노동자들은 오갈 데 없는 신세가 되었다. 그 결과 콜론 시와 파나마시티에는 서인도인 정착촌들이 급속히 생겨났다.[74]

드 레셉스의 실패로 미국 소유의 파나마 철도가 중미를 가로지르는 유일한 운송수단이 되었다. 19세기 동안 철도는 라틴아메리카 내에서 미국의 가장 큰 투자대상이자, 콜롬비아 정부의 주 수입원이었다. 미국의 첫 대륙횡단철도가 개통되는 1869년까지, 미국의 양측 해안 사이를 여행하는 가장 빠른 수단은 여전히 증기선과 파나마 철도였다. 하지만 파나마 철도노선은 끊임없는 분쟁의 원인이기도 했다. 콜롬비아 파벌들 간의 무력충돌로부터 철로를 지키고 통제를 강화하기 위해 1900년까지 미군의 개입이 십여 차례나 발생했기 때문이다.[75]

이후 19세기 말까지, 철도와 바나나 재배는 파나마 지협에 정착한 미국 상인들의 가장 중요한 수입원이 되었다. 1870년 찰스 프랭크라는 태

---

74) Michael L. Conniff, *Black Labor on a White Canal: Panama, 1904-1981* (Pittsburgh: University of Pittsburgh Press, 1985), p. 17.

75) Díaz-Callejas, *Colombia-Estados Unidos*, pp. 215~230.

평양 우편 증기선의 한 승무직원이 파나마 철도회사 소유의 토지에서 처음으로 바나나 재배를 시작했다. 비슷한 시기인 1870년대에 뉴올리언스에서 건너온 이탈리아 이민자 산토 오테리와 마체카 형제는 온두라스와 과테말라 해안에 바나나 대농장을 세웠다. 그리고 머지않아 그들의 회사는 스탠더드 프루츠 컴퍼니Standard Fruits Company로 성장하게 된다.[76] 1871년, 코스타리카 대통령은 재계의 거물인 헨리 메이그스 키스Henry Meiggs Keith에게 수도 산호세와 가장 발전이 더딘 대서양 연안 지역을 연결하는 철도 부설권을 허가했다. 키스는 건설공사를 위해 전례前例에 따라 서인도인과 중국인 노동자 수천 명을 들여왔다. 그와 그의 조카 마이너 키스도 종국에는 과일 재배에 뛰어들어 회사를 확장했다. 1886년까지 그들의 '열대 무역 및 운송 회사'Tropical Trading and Transport Company는 매년 미국으로 2만 톤의 바나나를 실어 날랐다.[77]

하지만 중앙아메리카보다 훨씬 더 중요한 곳은 멕시코였다. 독재자 포르피리오 디아스의 통치기간1876~1911은 외국 투자자들에게는 천국과도 같은 시기였다. 디아스가 축출될 무렵, 멕시코에 대한 미국의 총 투자액은 20억 달러에 달했다. 록펠러 가家, 구겐하임, E. H. 해리먼, J. P. 모건 등의 주도하에 미국인들은 멕시코의 모든 석유와 전체 기업의 76%, 농업 부문의 96%를 장악하기에 이른다. 자신들 소유의 신문과 잡지에서 항시 디아스를 칭송한 허스트Hearst 일가는 치와와에 백만 마리의 가축을 사육하는 대농장을 보유하였다. 1860년에 700만 달러에 불과했던 미국-멕시

76) Thomas Karns, *Tropical Enterprise: The Standard Fruit and Steamship Company in Latin America* (Baton Rouge: Louisiana State University Press, 1978), pp. 3~4.

77) Aviva Chomsky, *West Indian Workers and the United Fruit Company in Costa Rica, 1870-1940* (Baton Rouge: Louisiana State University Press, 1996), pp. 17~19.

코 교역량은 1908년에는 열 배로 증가했다. 그 무렵 미국은 멕시코 수출의 약 80%를 소비하고, 수입의 66%를 공급하였다.[78]

대앤틸리스 제도의 유혹

미국인들을 멕시코와 중앙아메리카로 진출하게 했던 바로 그 무역, 상업, 정복에 대한 욕망이 이번에는 그들을 대앤틸리스 제도로 이끌었다. 이미 1809년에 토머스 제퍼슨은 쿠바로 눈길을 돌리고 있었다.[79] 1823년, 존 퀸시 애덤스는 "쿠바를 우리 연방공화국으로 합병시키는 것은 합중국 자체의 영속과 통합을 위해 불가결한 사안"이라고 썼다.[80] 하지만 미국 지도자들은 그 섬(이스파뇰라 섬)을 놓고 영국 해군과 전쟁을 벌일 만큼의 위험은 감수하고 싶지 않았다. 그들의 입장에서는 쿠바가 독립하거나 다른 강대국의 통치하에 있는 것보다 연약한 스페인의 지배를 계속 받는 편이 더 바람직스러웠다.[81] 마틴 밴 뷰런Martin Van Buren이 표현한 것처럼 "그 섬에서는 스페인의 굴레에서 벗어나려는 어떠한 시도도 있어선 안 될 것이다. 만약 그들이 독립한다면, 곧바로 수많은 노예들이 갑작스럽게 해방될 것이고, 또한 그 결과는 인접한 미국 해안지대에도 매우 민감하

78) Acuña, *Occupied America*, pp. 146~149. John Kenneth Turner, *Barbarous Mexico* (Chicago: C. H. Kerr, 1910), pp. 251~269.

79) Arturo Morales Carrión, *Puerto Rico: A Political and Cultural History* (New York: W. W. Norton, 1983), p. 114.

80) John Quincy Adams, *The Writings of John Quincy Adams*, Vol. 7, ed. Worthington C. Ford (New York: Macmillan, 1913-1917), pp. 372~379.

81) Philip S. Foner, *The Spanish-Cuban-American War and the Birth of American Imperialism*, vol. 1: 1895-1898 (New York: Monthly Review Press, 1972), p. xvi.

게 작용할 것이다."[82]

결국 스페인은 미국인들에게 쿠바 토지에 투자할 수 있도록 허가를 내주었는데, 이는 중대한 결과를 초래했다. 1823년 무렵에는 마탄사스 Matanzas 지방에서만 50여 명의 미국인이 300만 달러 상당의 플랜테이션을 소유하기에 이른다.[83] 이 농장주들은 쿠바의 크리오요들, 그리고 스페인인 지주들과 결탁하여 미국에 병합되는 방안을 모색했다. 1828년, 농장주 D. B. 우드버리와 윌리엄 F. 새퍼드라는 상인이 설탕 수출항으로 사용될 카르데나스 시를 세웠다. 이윽고 미국 시민들이 그곳으로 대량 이주하여, 카르데나스 시는 실질적으로 미국인들의 독립된 문화권이 되었다. 1859년에 마탄사스를 찾은 한 방문객은 "그곳은 다른 어느 쿠바 도시보다 우리 언어(영어)를 보편적으로 사용한다"고 기록했다.[84] 포크 대통령은 상당히 이른 시기인 1848년에 쿠바 섬을 매입하기 위해 스페인에 1억 달러를 제시했다. 4년 뒤에는 피어스 대통령이 가격을 올려 1억 3천만 달러를 제안하지만 뜻을 이루지는 못한다.

미국 대통령들이 쿠바 매입을 모색하는 동안, 모험가나 투기꾼들은

---

82) Ibid., p. 42.
83) Louis A. Pérez, Jr., *Cuba and the United States: Ties of Singular Intimacy* (Athens: University of Georgia Press, 1990), pp. 18, 19, 24. 페레스의 조사에 따르면, 필라델피아의 윌리엄 스튜어트(William Stewart)는 시엔푸에고스 근처의 라 카롤리나 농장을 획득했다. 약 2천 에이커 면적의 이 대농장에는 일하는 노예만 500명이었다. 보스턴의 오거스터스 헤먼웨이(Augustus Hemenway)는 1840년 사구아 라그란데(Sagua la Grande) 부근의 산호르헤 농장을 매입했다. 이 대농장은 2,500여 에이커의 면적에 160명의 노예를 보유했다. 필라델피아 출신 J. W. 베이커(Baker)는 시엔푸에고스 인근에 1,200에이커의 산호세 농장을 소유했다. 이곳에는 약 700명의 노예가 일을 하였다.
84) 페레스에 따르면, 카르데나스에 거주하는 미국인의 수는 1846년 1,256명에서 1862년 약 2,500명으로 증가했다. 너무 많은 수가 들어와서 "1855년에는 아바나에 전적으로 미국인 거주자만을 응대하는 새로운 병원이 세워졌다." Ibid., pp. 19~21.

과거 자신들이 플로리다, 텍사스, 니카라과에서 행한 방식 그대로, 즉 총으로 쿠바를 가로채려 하였다. 1848년부터 1851년 사이에 불법약탈을 노리는 원정대가 세 차례나 쿠바 섬을 공격했다. 이 침략들은 모두 나르시소 로페스에 의해 주도되었다. 스페인군 장교 출신의 재력가인 로페스는 미국의 쿠바 합병을 지지하였고, 세 차례의 약탈에 참여한 전투원들도 대부분 미국인이었다. 일례로, 1849년에 카르데나스를 공격한 600명의 전투원 중 쿠바인은 5명에 불과했다.[85]

1850년대 말의 철도 건설은 미국인 기술자와 정비공들을 쿠바 섬으로 불러 모았다.[86] 북쪽에서 유입된 이러한 노동이민의 흐름은 1870년대 초반 제1차 쿠바 독립전쟁이 발발할 때까지 줄지 않았다. '10년 전쟁'으로 더 많이 알려진 이 교전으로 인해 수천 명의 토착 쿠바인과 미국인 정착민이 국외로 도피하게 되었다.

하지만 전쟁이 끝나기가 무섭게 미국인들은 다시 쿠바로 돌아왔다. 그들은 재빨리 설탕 생산을 독점한 후, 쿠바 섬에 다른 산업을 일으키기 위한 토대를 구축했다. 베슬리헴과 펜실베이니아 철강회사는 강철, 망간, 니켈 자회사들을 운영하기 시작했고, 미국의 투자액은 1890년까지 5천만 달러 이상으로 증가했다. 당시 쿠바 설탕 수출량의 94%는 미국 시장으로 향했다.[87] 한편, 새롭게 쿠바에 도착한 사람들 중에 로렌조 도우 베

---

85) Ibid., p. 47
86) 페레스에 의하면, 1858년에는 1,800명, 1859년에는 3,106명이 들어왔다. Ibid., p. 22.
87) 예를 들면, 보스턴 은행가 에드윈 앳킨스는 1880년대 시엔푸에고스에서 십여 개의 설탕 농장 독점권을 획득했다. 뉴욕 금융회사 이턴 스태퍼드는 시엔푸에고스-트리니다드 지역에서 농장들을 독식하였다. 팔미라 지역에서는 보스턴의 이앤엘 폰버트 브러더스(E&L Ponvert Brothers) 사가 다수의 농장을 매입하거나 소유권을 강탈하였는데, 그 가운데에는 4천 에이커의 오미게로(Homiguero) 대농장도 포함되어 있다. 그리고 1893년 뉴욕 출신의

이커라는 인물이 있었다. 매사추세츠 주 출신 선장인 그는 자메이카에서 미국으로 바나나를 수출하는, 상당히 안정된 교역을 추진한 바 있었다. 1885년, 베이커는 보스턴 해운회사를 운영하는 앤드류 프레스턴과 함께 새로운 회사 '보스턴 프루츠 컴퍼니'Boston Fruits Company를 설립한다. 이 회사는 19세기 말까지 연간 1천 600만 송이의 바나나를 수입했다.[88]

미국에게 너무도 비중이 커진 쿠바는 1880년대에 이미 미국 대외무역의 1/4를 차지할 정도가 되었다.[89] 미서전쟁이 일어나기 직전, 쿠바 섬은 그저 명목상 스페인 식민지일 따름이었다.

도미니카공화국에서도 이와 비슷한 상황이 펼쳐졌다. 1804년 독립을 이룬 아이티 군대가 이스파놀라 섬의 동부 끝자락을 공격하여 도미니카 노예들을 해방시켰으나, 그곳을 점령하고 현지 지배층을 억압하였다.[90] 이 점령은 결국 대중반란을 초래하였고, 아이티인들의 축출과 도미니카공화국의 수립(1844년)으로 이어졌다. 그 이듬해 미국의 첫 대사 존 호건이 도착했다. 호건은 도착 즉시 북동부에 위치한 장대한 사마나 만灣의 군사적 잠재력에 주목했다. 호건은 "전 세계의 모든 해군함선들에게 방호防護를 제공할 수 있을 만한 수용규모"라고 본국에 보고했다.[91] 도미

벤저민 퍼킨스와 오스굿 월쉬는 세계에서 가장 큰 농장의 하나인 6만 에이커 면적의 콘스탄시아 대농장을 확보했다. Ibid., pp. 57~63.

88) Stephen Schlesinger and Stephen Kinzer, *Bitter Fruit: The Untold Story of the American Coup in Guatemala* (New York: Doubleday, 1983), p. 66

89) Lester D. Langley, *The United States and the Caribbean in the Twentieth Century*, p. 12.

90) 이스파놀라(영어명은 히스파니올라) 섬은 도미니카가 동부지역(섬 전체의 2/3)을, 아이티가 서부지역(섬의 1/3)을 차지하고 있었다. ─옮긴이

91) Alfonso Lockward, *Documentos para la Historia de las Relaciones Dominico Americanas*, Vol. 1: 1837~1860 (Santo Domingo: Editora Corripio, 1987), p. ix.

니카공화국의 페드로 산타나 대통령은 첫 협상에서 미 해군의 석탄 공급 기지로서 사마나 만을 제공하는 안에 동의하였다. 심지어 산타나는 도미니카를 미국에게 합병시키는 아이디어까지 내비쳤다. 하지만 두 나라에서 모두 반대의견이 나오자 그의 구상은 곧 물거품이 되었다.

다음으로 도착한 사람은 윌리엄 L. 캐즈노William L. Cazneau였다. 그는 과거 텍사스의 탈퇴[92]에 관여하였고, 후에는 니카라과에서 워커를 후원한 바 있었다. 열렬한 팽창주의자인 캐즈노는 합병이라는 책략을 부활시키는 한편, 앤드류 존슨과 율리시스 S. 그랜트 두 대통령의 국무장관을 지낸 윌리엄 수어드를 설득했다.[93] 수어드의 제안에 대해 그랜트는 공개적으로 지지를 보냈다. 또한 아이티의 재침공에 대한 방어수단을 간절히 찾던 도미니카 백인 지도층도 그의 제안을 환영했다.

그러나 그 외의 카리브 해 지역에서는 혁명의 격동으로 인해 조용한 합병은 쉽지 않았다. 푸에르토리코와 쿠바의 우국지사들은 스페인의 지배에서 벗어나기 위한 전쟁에 몰두하였고, 아이티와 도미니카공화국에서는 보수적인 소수 독재에 저항하는 노골적인 민중운동이 전개되었다. 1869년 아이티 반란군이 승리를 거두었을 때, 그들은 수도 포르토프랭스를 모든 카리브 해 지역 민주 인사들에게 안전한 피신처로 제공했다. 이 제의를 받아들인 사람들 중에는 푸에르토리코의 라몬 에메테리오 베탄세스, 도미니카공화국의 군지휘관 그레고리오 루페론, 호세 카브랄 등도

---

92) 텍사스 탈퇴(Texas Secession). 남북전쟁의 계기가 된 남부 노예제 주들의 합중국 탈퇴 과정에서 텍사스 주도 1861년 연방을 탈퇴하여 남부연합 측에 합세하였다. 남북전쟁 후 1869년 미 연방에 재병합된다.—옮긴이

93) Bruce J. Calder, *The Impact of Intervention: The Dominican Republic During the U.S. Occupation of 1916-1924* (Austin: University of Texas Press, 1984), p. 2.

포함되어 있었다.[94]

이러한 모든 혼란의 와중에서 그랜트는 도미니카의 독재자 부에나 벤투라 바에스와 합병 조약을 체결했다. 그랜트의 계획은 이 카리브 해 국가를 식민 사업지로 만들어 남북전쟁 이후 남부지방에 불만을 품은 흑인에게 제공하는 것이었다. 앤틸리스 제도의 모든 독립지도자들은 이 조약에 분노했다. 미국이 이 지역을 직접 지배하려는 의도라고 보았던 것이다.[95] 조약 소식을 들은 루페론은 바에스 정권을 전복시키기 위해 아이티에서 자신의 조국으로 진격해 들어갈 준비를 하였다. 도미니카의 독재자는 미국에 지원을 요청하였고, 그랜트는 미 해군에게 "육로나 해로를 통해 도미니카 영토를 침공하려는 모든 시도를 저지하라"고 명령하였다.[96] 카리브 해에서 미 해군은 전능한 존재였기 때문에, 그랜트는 국내에서도 자신의 힘을 지나치게 과신했다. 하지만 전후 급진적 재건주의자들이 장악한 미 상원은 카리브 제국이라는 그랜트의 목표에 동조하지 않았다. 매사추세츠 출신 노예폐지론자 찰스 섬너가 위원장으로 있는 상원 외교위원회는 그랜트의 조약을 무효화했다.[97]

하지만 조약의 실패에도 불구하고 미국 농장주들의 의지는 꺾이지

---

94) Emilio Rodríguez Demorizi, *Luperón y Hostos* (Santo Domingo: Editora Taller, 1975), pp. 14, 31.
95) Carlos M. Rama, *La Idea de la Federación Antillana en los Independentistas Puertorriqueños del Siglo XIX* (Río Piedras: Librería Internacional, 1971), pp. 15~16. Harold J. Lidin, *History of the Puerto Rican Independence Movement*, Vol. 1: *19th Century* (Hato Rey: Master Typesetting of Puerto Rico, 1981), pp. 108~109.
96) Charles C. Tansil, *The United States and Santo Domingo, 1798-1873: A Chapter on Caribbean Diplomacy* (Baltimore: Johns Hopkins Press, 1938).
97) 그랜트와 섬너 간의 대결에 대한 생생한 설명은 William S. McFeely, *Grant: A Biography* (New York: W. W. Norton, 1981), pp. 332~355를 보라.

않았다. 그들에게 도미니카는 착취하기 쉬운, 라틴아메리카의 또 다른 저개발 약소국이었던 것이다. 1850년 이전에는, 도미니카 무역의 대부분이 유럽을 상대로 이루어졌고, 특히 담배, 코코아, 커피 등이 대량으로 수출되었다.[98] 하지만 제1차 쿠바 독립전쟁 기간 중 약 3천 명에 달하는 쿠바인과 스페인인 농장주들이 도미니카로 이동하면서 상황은 급변하였다. 증기를 이용한 발전된 제당 기술을 지닌 새로운 이주민들은 하루아침에 설탕을 도미니카의 가장 중요한 작물로 바꿔 놓았다. 쿠바 농장주들의 뒤를 이어 영국, 이탈리아, 미국의 농장주들이 들어왔다. 미국인 알렉산더 배스와 그의 아들 윌리엄은 1880년대 후반에 우선 산페드로 데 마코리스에 있는 콘수엘로 제당소를 인수했다. 그리고 1893년에 이 일가는 서반구에서 가장 큰 플랜테이션의 하나인 센트럴 로마나Central Romana를 세웠다.[99] 설탕 생산이 증가함에 따라, 미국 시장의 중요성도 그만큼 커졌다. 독립 후 40년이 채 안 된 1882년 무렵, 도미니카 전체 무역량의 절반가량이 미국과의 사이에서 이루어지고 있었다. 새롭게 도착한 미국인들은 매우 적극적인 후원자 겸 동맹자를 만날 수 있었다. 바로 울리세스 에우록스Ulises Heureaux 장군이었다. 그는 1886년부터 자유당 반란세력에 의해 암살되는 1899년까지 도미니카의 독재자로 군림하였다. 통치기간 중 에우록스는 미국 수입품에 대한 관세를 인하하고, 다수의 비밀 협정을 체결하여 미국인 사탕수수 재배업자들을 이롭게 하였다. 그리고 해외에서 ── 처음에는 네덜란드 자본가, 후에는 월스트리트 은행가들로부

---

98) Roberto Marte, *Cuba y la Republica Dominicana: Transición Económica en el Caribe del Siglo XIX* (Santo Domingo: Editorial CENAPEC, 1988), p. 350.

99) Roger Plant, *Sugar and Modern Slavery: A Tale of Two Countries* (London: Zed Books, 1987), pp. 13~14. Marte, *Cuba y la Republica Dominicana*, pp. 436~437.

터──상당한 액수의 자금을 빌려 썼으며, 자신의 정책에 반대하는 사람은 누구든 감옥에 가두었다.[100] 그가 암살당할 무렵, 도미니카는 이미 미국의 또 다른 경제적 속국이 되어 있었다.

이제 미국-라틴아메리카 관계에 하나의 뚜렷한 패턴이 나타난다. 독립 후 75년간 북쪽 이웃이 처음에는 플로리다를, 그 다음은 텍사스를, 그리고 또다시 멕시코의 거대한 영토를 합병하였을 때, 라틴아메리카 지도자들은 그들을 의심의 눈초리로 지켜보았다. 또한 니카라과와 쿠바에서 워커와 로페스가 용병들을 동원하여 벌인 행적을 충격의 눈으로 바라보았다. 미국 지도자들이 외교계에서 거만한 자세로 자신들을 대할 때나, 대중 언론을 통해 라틴아메리카인들을 인종주의적 시각으로 묘사할 때는 경악을 금치 않을 수 없었다. 그리고 마침내 그들은 합병 전략에 뒤이은 미국의 대규모 경제적 침투를 두려움에 떨며 지켜보아야 했다. 그 결과, 세기말에는 도미니카공화국, 멕시코, 스페인령 쿠바 및 푸에르토리코의 미국인 정착지들, 그리고 중앙아메리카의 많은 지역이 팽창하는 미 제국의 경제적 종속지로 전락하였다.

반면, 미국인들은 근본적으로 다른 시각에서 그리고 좀더 유리한 입장에서 그 현상들을 바라보았다. 아마도 국가의 발전이라는 그들의 시각을 가장 잘 표현한 것은 역사가 프레더릭 잭슨 터너일 것이다. 그는 변경지역의 정복에서 미국 민주주의, 개인주의, 진보의 정수를 보았다. 1893년에 행한 유명한 연설에서 그는 "미국이 이룬 사회적 발전은 변경지대에서 또다시 새롭게 시작된다"고 발언했다. 터너에게 변경지대는 "야만

---

100) Frank Moya Pons, *The Dominican Republic: A National History* (New York: Hispaniola Books, 1995), pp. 265~278을 보라.

과 문명이 만나는 지점"이었다. 그는 "미국적 삶의 이러한 유동성, 서부로의 팽창과 그곳의 새로운 기회들, 단순한 미개사회와의 지속적인 접촉 등이 미국적 기질을 특징짓는 원동력을 제공한다"고 믿었다. 그러나 터너는 전적으로 유럽 정착민들이 토착 인디언과 미개척 토지에 어떻게 맞섰는지에 대해서만 초점을 맞췄다. 그의 분석에는 변경지대에 거주하는 멕시코인들이나 다른 라틴아메리카인들에 대한 언급은 전혀 없다. 특히 그들이 정착민으로서든 이주노동자로서든, 미국의 특질을 형성하는 데 기여한 부분에 대해 일언반구도 없다.

게다가 변경지대를 민주화시켜야 할 요소로 보는 이러한 관점은 서부 팽창의 어두운 부분을 덮어 버리는 맹점이 있다. 서부 팽창은 정치적인 문제의 한 해결책으로 인식되어, 외부인들에 대한 폭력 행사를 용인하였다. 샘 휴스턴이나 데이비 크로켓과 같은 정치인들은 국내에서 정적政敵들에게 앞이 가로막힐 때마다 가방을 싸들고 새로운 토지의 점령에 나섰다. 그리고 그곳에 주州를 하나씩 세워 그와 그의 동맹자들이 지배하였다. 이런 식으로, 변경지대는 미국사회 안에서 통제를 가장 적게 받고 싶은 자들에게 폭력과 부패의 분출구가 되었다.

미국의 영토 확장이 최고조에 이른 것은 서부 변경지대로의 팽창을 마무리한 시점이 아니었다. 오히려 1898년 미서전쟁을 통해서 그 정점을 찍었다고 할 수 있다. 미국 선박 메인Maine 호의 미스터리한 폭발, 그리고 허스트와 그 밖의 팽창주의 언론인들이 만들어 낸 전쟁 열기에 힘입어 매킨리 대통령은 의회로부터 선전포고를 이끌어 내려 했다. 하지만 매킨리는 쿠바 반란군 임시정부를 이 전쟁의 파트너로 인정하려 하지 않았다. 의회에서 그는 "쿠바에 개입하여 평화를 회복하는 데에 굳이 그들을 인정할 필요는 없다"고 말했다.[101]

그러나 쿠바 독립지사들의 입장은 달랐다. 30년간 독립투쟁을 벌인 끝에 승리를 눈앞에 둔 상황이었다. 쿠바의 저항을 위해 싸운 변호사 오라티오 S. 루벤스는 이렇게 경고했다. "만약 그러한 논리에 입각하여 미국이 개입하고, 또 쿠바 영토에 미군을 상륙시킨다면, 우리는 그 병력을 적으로 간주해 맞설 것이다."[102]

쿠바에 전투로 단련된 3만의 군사력이 있다는 사실을 깨달은 미 의회는 매킨리를 저지하고 나섰다. 또한 쿠바의 정당한 독립권을 인정하지 않는 그 어떤 개입에도 반대한다는 뜻을 분명히 했다. 최종적으로 콜로라도 상원의원 헨리 M. 텔러의 주도로 미 의회는 "쿠바의 평화를 목적으로 한 경우를 제외하고, 그 섬에 대해 주권, 사법권, 또는 지배력을 행사하려는 일체의 의도"를 버린다는 공동 선전포고문을 채택했다.[103] 텔러의 수정안을 접한 쿠바의 반란군은 미국의 개입을 환영하고, 윌리엄 R. 섀프터 장군이 이끄는 미군에게 결정적인 지원을 제공했다. 하지만 일단 쿠바의 땅에 발을 내딛자, 섀프터와 대부분 남부 백인 자원병으로 구성된 미군은 쿠바의 흑인 병사들을 철저히 무시했다. 섀프터는 "화약이 지옥에 적합하지 않듯, 저 국민들도 자치에 걸맞지 않다"고 말하곤 했다.[104] 전쟁의 중대 고비가 된 전투에서 산티아고를 점령한 섀프터는 쿠바 병사들의 도시 진입을 막고, 그들의 지휘관 칼릭스토 가르시아를 스페인의 항복에 참여하지 못하게 하였다. 그리고 민간정부의 관리하에 옛 스페인 식민지 당국이 존속되는 것을 허용했다.[105]

---

101) Foner, *The Spanish-Cuban-American War*, Vol. I, p. 261.
102) Ibid., pp. 258~259.
103) Ibid., p. 270.
104) Pérez, *Cuba and the United States*, p. 100.

미국의 많은 역사가들, 특히 1934년 『미국 비즈니스와 미서 전쟁』 *American Business and the Spanish American War*을 집필한 줄리어스 W. 프랫Julius W. Pratt 등은 당시의 상황이 불가피했음을 강조한다. 즉, 매킨리와 미국 기업체들이 허스트와 팽창주의 지식인들——루스벨트, 헨리 캐벗 로지, 앨프리드 T. 머핸, 헨리 애덤스 등——에 이끌려 전쟁과 식민제국에 마지못해 가담했다는 것이다. 아서 M. 슐레진저는 그의 저서 『근대 미국의 탄생』*The Rise of Modern America*에서, 미국 월가街는 실제로 스페인과 전쟁을 벌이기보다는 평화를 선호했다고 주장한다. 이러한 역사가들은 라틴아메리카에서 펼쳐진 19세기 미국의 팽창주의에서 어떻게든 미서전쟁을 분리시키려 한다. 반면, 다른 역사가들, 이를 테면 마틴 스클라Martin Sklar, 월터 라페버Walter La Feber, 필립 포너Philip Foner 등은 이상적으로 서술하려는 측면이 덜 나타난다. 이들에 따르면, 미국 기업의 핵심층은 아시아 및 라틴아메리카 시장으로 신속히 진출해야 한다는 요구를 줄곧 해왔다. 특히 포너는 의회의 선언이 있기 몇 달 전 이미 애스터, 록펠러, 모건 등 거대 기업들이 모두 전쟁의 열렬한 지지자로 돌아섰음을 지적한다.[106] 휘청거리고 침체된 스페인은 신흥강국 미국에 대적할 수 있는 상대가 결코 아니었다. 스페인의 패배로, 미국은 마침내 제퍼슨, 존 퀸시 애덤스를 비롯한 많은 건국의 아버지들이 오랫동안 추구해 온 것을 이룰 수 있게 되었다. 그것은 바로 카리브 해에서 가장 탐스런 과일인 쿠바를 손에 넣고, 다음 세기에도 계속해서 라틴아메리카 지배를 확고히 하는 것이었다. 전쟁을 공식적으로 종결짓는 파리조약에서 미국은 쿠바뿐만 아니라 푸

---

105) Foner, *The Spanish-Cuban-American War*, Vol. 2, pp. 368~370.
106) Foner, *The Spanish-Cuban-American War*, Vol. 1, pp. 281~310.

에르토리코, 괌, 필리핀의 직접적인 통제권까지 확보했다.

전쟁이 종료되자 또다시 미국 회사들이 쇄도했다. 1899년 3월 30일, 바나나 상인 베이커와 프레스턴은 자신들이 운영하던 보스턴 프루츠 컴퍼니를 마이너 키스의 중앙아메리카 회사와 합병했다. 그들은 새롭게 결합된 이 회사를 '유나이티드 프루트 컴퍼니'United Fruit Company라 명명했다. 출범 초부터 이 회사는 그 지역 일대에 23만 에이커 이상의 토지와 112마일의 철도노선을 보유하였다.[107] 유나이티드 프루트는 미국의 다른 어느 회사보다도 20세기 미국 제국주의를 상징하는 회사로 발전한다. 그리고 마침내 수십만 명의 생활을 통제하고 마음만 먹으면 정부마저도 쓰러뜨릴 수 있는 거대 기업으로 진화해 간다.

스페인의 변경지대는 미국 회사들에게 무릎을 꿇었다. 그 정복의 대가는 다음 세기에 드러나게 될 것이다.

---

107) Schlesinger and Kinzer, *Bitter Fruit*, p. 67.

제3장

바나나 공화국과 속박:
제국의 뒷마당 길들이기(1898~1950)

> 하와이에서는 사탕수수 밭에서 일할 노동자들이 필요했고, 쿠바
> 에서는 철광 노동자들이 필요했다. 좋은 임금이 제시되었으며,
> 많은 사람이 설득당해 이주하였다.
>
> — 찰스 앨런, 푸에르토리코 행정관, 1900~1901

미서전쟁에서 승리한 미국은 갑작스럽게 손에 들어온 해외 식민지를 처
음에 거북하게 느꼈다. 물론 프레더릭 잭슨 터너를 비롯한 많은 사람들
은 영토 팽창과 미국의 자유는 불가분의 관계라는 시각을 지녔고, 대부
분의 미국인들도 또한 그렇게 믿었다. 그러나 외국 영토를 점령하고 그
곳 국민들 위에 군림하는 것은 그들이 혁명을 통해 얻으려 했던 바로 그
자유에 모순되는 것처럼 보였다. 따라서 스페인과의 전쟁이 미국 최초의
반제국주의 운동──필리핀 독립운동의 진압에 반대하는──으로 이어
진 것은 어찌 보면 당연한 일이기도 하다.

　전체적으로 보면, 노골적인 영토 합병은 1898년 이후 중단되었다.
정복 전쟁을 벌이고, 불법약탈 그룹의 무력침략을 용인하며, 영토를 구매
하는 행위 등은 이제 포함砲艦외교로 대체되었다. 그리고 훨씬 더 은밀하
고 광범위한 금융 지배 체제가 들어섰다. 중미 카리브 지역이 미국 다국
적기업의 배후지로 성장함에 따라, 경제적 점령이 노골적인 정치적 병합
을 대신했다. 미국 상무부의 통계에 따르면, 1924년 미국 전체 대외투자
액의 거의 절반이 라틴아메리카로 향했다(〈표 2〉 참조).

〈표 2〉 미국의 직접투자(1924년)[1]

유럽	1,000
아시아 및 오세아니아	690
라틴아메리카	4,040
캐나다 및 뉴펀들랜드	2,460

(단위: 백만달러)

이번 장에서는 그러한 포함외교와 경제적 침투가 카리브 지역 경제를 어떻게 기형화시키는지, 그리고 그것이 어떻게 해서 20세기 후반의 거대한 라티노 이민자의 유입으로 연결되는지 파악해 보고자 한다.

앞으로 살펴보겠지만, 20세기 초반 일련의 군사적 점령 ─때로는 단기간, 때로는 수십 년 동안 지속되지만, 항상 그럴듯한 거짓 논리로 포장된─ 을 통해 미국의 은행과 기업들은 모든 국가에서 핵심 산업들을 장악할 수 있게 되었다. 해군의 뒤를 따라 설탕, 과일, 철도, 광산, 가스, 전력회사의 경영진들이 경쟁하듯 남으로 달려갔고, 월스트리트에는 라틴아메리카의 기업들이 갑작스럽게 등장하기 시작했다. 이 신참 기업들은 순종적인 현지 지도층의 협력과 미국 외교관 및 군사지휘관(종종 이들은 새로운 회사의 파트너나 경영진으로 옮겨 가기도 한다)의 도움으로, 수익성 높은 허가권을 재빨리 손에 넣을 수 있었다. 그에 반해 현지 당사국들은 외채와 종속의 수렁으로 더욱 깊이 빠져들게 된다.

완고한 민족주의 지도자가 문제를 일으킬 경우, 이 외국 회사들은 그

---

1) Scott Nearing and Joseph Freeman, *Dollar Diplomacy: A Study of U.S. Imperialism* (New York: B. W. Huebsch, 1925), p. 16.

저 미국 정부에 개입 요청만 하면 되었다. 미국의 개입은 대개 자국민 보호나 국경 인접지역의 혼란을 예방한다는 명분 아래 이루어졌고, 개입을 정당화하기 위해 미국 외교관들은 귀국하는 사람들에게 라틴아메리카는 책임 있는 정부를 구성할 능력이 없다고 주입시켰다. 그리고 언론인, 소설가, 필름 제작자들이 나서서 그러한 인식을 더욱 강화시켰다. 이들은 최고 권력자El Jefe의 부정적 이미지를 제조하고 유지시켰는데, 그러한 권력자들은 하나같이 가무잡잡한 피부의 무자비한 독재자이며, 번들거리는 새까만 머리칼에, 교양 없는 거친 억양의 영어를 내뱉고, 짙은 선글라스를 걸친 채 독단적으로 바나나 공화국을 통치하는, 잔혹한 인간성의 소유자로 그려진다. 하지만 언론이나 매체 등에서 이러한 이미지를 유포하는 동안에도, 은행가와 정치인들은 바로 그 독재자들에게 부정한 자금을 터무니없이 높은 금리로 계속 제공했다.

워싱턴의 도움을 받은 독재자들이 어떻게 권력에 올라 국민을 공포로 몰아넣었는지, 또는 그들 정권이 어떻게 미국 기업을 위해 '우호적인' 사업 환경을 제공했는지 등을 알 수 있는 매우 중요한 정보들이 외교문서에 담겨 깊숙이 보관되어 있다. 미국인 소유의 대농장들이 멕시코, 쿠바, 푸에르토리코, 도미니카공화국, 온두라스, 과테말라로 급속히 확장됨에 따라, 수백만의 농민들이 자신의 땅에서 강제로 밀려났다. 또한 미국 회사들은 광범위하게 펼쳐져 있는 자신들의 자회사에서 노동력 수요가 점점 커지자, 국경 너머로 노동력을 모집하기 시작했고, 이로 인해 일부 사람들은 자신의 모국을 떠나야만 했다. 초기 노동이민의 흐름은 주로 종속국가들 사이에서 이루어졌다. 예를 들면, 서인도제도 사람들은 파나마 운하의 건설에, 아이티인들은 도미니카공화국의 설탕 수확에, 푸에르토리코인들은 하와이의 사탕수수 농장에 모집되었다. 그러나 제2차

세계대전의 발발로 유럽 노동자의 공급이 끊기게 되자, 미국 기업가들은 자국의 노동 제일선에 라틴아메리카인들을 대규모로 계약하기 시작했다. 장기적인 결과로서 20세기 미국을 탈바꿈시켜 갈 하나의 이민과정은 이렇게 출발했다.

푸에르토리코

푸에르토리코만큼 미국의 새로운 정책이 깊은 영향을 남긴 곳도 없을 것이다. 미서전쟁이 한창이던 1898년 7월 25일, 넬슨 마일스 장군이 과니카Guánica 시에 상륙했을 때, 푸에르토리코인들 대부분은 그의 도착을 환영했고, 스페인 식민통치를 종식시키겠다는 그의 약속에 환호했다. 마일스는 "우리는 당신네 국민들에게 이로운 기존의 법령과 관습을 손상시킬 생각이 없다"라고 성명서에서 선언했다.[2] 당시에는 어느 누구도 푸에르토리코 섬이 20세기 내내 미국의 소유로 남으리라고는, 또는 미국 역사에서 가장 중요한 식민지가 되리라고는 예상치 못했을 것이다. 점령이 시작되고 2년이 흘렀을 때, 포레이커 법안Foraker Act이 의회를 통과했다. 이 법안의 핵심은 푸에르토리코 섬이 미국 영토의 일부임을 선언하고, 대통령에게 민간 행정관 및 고위 관료 임명권을 부여하는 것이었다. 새로운 법안은 섬 주민들이 자체 하원을 구성하도록 허용하였으나, 매년 이 하원에서 통과된 모든 법률안의 최종 입법권은 미 의회에 남겨 두었다. 또한 포레이커 법안은 통상, 조약, 체신, 보건, 국방에 관한 권한을

2) Angel Rivero, *Crónica de la Guerra Hispano Americana en Puerto Rico* (New York: Plus Ultra Educational Publishers, 1973), p. 502.

연방정부 소관으로 정한 반면, 푸에르토리코에게는 투표권이 없는 단 한 사람의 대표만을 미 의회에 보낼 수 있게 하였다.[3] 여러 측면에서, 포레이커 법안이 푸에르토리코인들에게 부여한 자치권은 이들이 스페인 지배 시기에 누렸던 것보다 더 적었다. 푸에르토리코인들은 19세기 대부분을 스페인 시민으로 살아왔고, 섬의 유권자들은 투표권을 지닌 대표를 스페인 의회로 16명까지 보낼 수 있었다. 뿐만 아니라, 스페인이 1897년에 새롭게 선포한 지방자치 헌장은 푸에르토리코에 실질적인 주권을 부여하였다.[4]

그런데 포레이커 법안은 푸에르토리코인들에게서 의회 의원 선출권만 빼앗은 것이 아니다. 타국과의 통상조약 체결을 금지하였고, 푸에르토리코의 페소peso화를 평가절하하다가 결국에는 미국 달러화로 대체하도록 만들었다.[5] 이 조치를 통해 미국 제당회사들은 더욱 손쉽게 푸에르토리코인 소유의 토지를 탈취할 수 있었고, 그 결과 수천 명의 독립 커피 재배농이 하루아침에 무산無産 농민 계층으로 전락했다.

새로운 법안에 대한 법률적인 항의는 곧바로 연방대법원의 다양한 사건 판례를 낳았다. '도서島嶼 사건들'로 알려진 이러한 판례들은 모두

3) Mini Seijo Bruno, *La Insurrección Nacionalista en Puerto Rico, 1950* (Río Piedras: Editorial Edil, 1989), pp. 8~9.

4) James L. Dietz, *Economic History of Puerto Rico: Institutional Change and Capitalist Development* (Princeton: Princeton University Press, 1986), pp. 87~88. José Trías Monge, *Puerto Rico: The Trials of the Oldest Colony in the World* (New Haven: Yale University Press, 1998), pp. 12~13.

5) 몇몇 추산에 따르면, 이러한 통화의 평가절하로 푸에르토리코의 커피 재배농들은 실제 자산의 40%를 잃었다. Delma S. Arrigoitia, *José De Diego, El Legislador: Su Visión de Puerto Rico en la Historia, 1903-1918* (San Juan: Instituto de Cultura Puertorriqueña, 1991), pp. 322~326.

근소하게 1표 차이로 결정이 되었는데, 오늘날까지도 여전히 미국의 식민지 소유를 뒷받침하는 중요한 법적 근거를 제공한다. 푸에르토리코인들에게 이 판결들은 아프리카계 미국인의 드레드 스콧 판결[6]과도 같은 것이다. 아이러니하게도 같은 재판관 그룹이 드레드 스콧과 '도서 사건들'의 판결을 내렸다. 그 중에서도 가장 핵심적인 판결은 1901년의 다운즈 대 비드웰Downes v. Bidwell 사건이었다. 이 사건에서 연방대법원은 "포르토리코 섬[7]은 미국의 부속 영토이며, 미국령에 속한다. 그러나 헌법의 세입 조항에 관한 한 미국의 일부가 아니다"라는 판결을 내렸다.[8] 변경지대가 그러했듯 도서지역도 정식 자치주로 인정받은 것이 아니므로, 의회에서 특별히 푸에르토리코인들에게 특별히 시민권을 부여하지 않는 한, 헌법이 자동적으로 푸에르토리코에 적용되지는 않는다고 대법원은 판단했다.[9] 이에 반대의견을 낸 존 마셜 할런John Marshall Harlan 판사는 그

---

6) 드레드 스콧 판결(Dred Scott Decision)은 '드레드 스콧 대 샌퍼드 사건'이라고도 불린다. 1857년 미 연방 대법원이 내린 판결로, 미국 역사의 전환점이 된 사건이자 미국 대법원 사상 가장 치욕적인 판결의 하나로 기록되고 있다. 이 판결은 아프리카인의 자손은 노예 신분이든 아니든 관계없이 미국 시민이 아니며, 미 의회는 연방 영토에서 사유재산인 노예를 금지할 수 있는 권한이 없다는 점을 주요 내용으로 하고 있다. 드레드 스콧은 미주리에 거주하던 흑인 노예로, 소유주인 군의관 존 에머슨을 따라 여러 근무지를 전전하였다. 당시 미국은 '노예주'와 '자유주'로 나뉘어 있었는데, 그가 거주했던 일리노이와 위스콘신 주는 자유주였다. 다시 미주리로 돌아온 드레드 스콧은 자신이 자유주에 살았던 사실을 근거로 자유신분을 요구하는 소송을 법원에 제기했다. 하지만 미주리 주 법원은 그가 연방시민이 아니므로 법원에 소장을 제출할 자격이 없다고 소장의 접수 자체를 거부했다. 이에 스콧은 미주리 주 법원의 행위를 심판해 달라는 소장을 연방 대법원에 제출했고, 연방 대법원은 주 법원의 판결이 옳았다는 판정을 내렸다.—옮긴이

7) 미 군정 기간(1898~1932) 동안 미국에서는 푸에르토리코를 '아일랜드 오브 포르토리코'(Island of Porto Rico)라 불렀다.—옮긴이

8) Juan R. Torruella, *The Supreme Court and Puerto Rico: The Doctrine of Separate and Equal* (Río Piedras: Editorial de la Universidad de Puerto Rico, 1988), p. 53.

9) Dietz, *Economic History of Puerto Rico*, p. 88.

판결의 무자비한 의미에 대해 대단히 감동적인 반론을 펼쳤다. "이 나라가 정복에 의해서든 조약에 의해서든, 지구상의 어디에서나 영토를 획득할 수 있다는 생각, 그리고 그 땅을 단순한 식민지나 지방으로 소유할 수 있다는 생각, 그곳에 거주하는 사람들은 단지 의회가 그들에게 부여하는 권리에 한해서 누릴 수 있다는 생각들은 헌법의 문구는 물론 그 정신과 진수眞髓에도 완전히 어긋난다."[10]

포레이커 법안이나 '도서 사건들'이라는 문제에도 불구하고, 많은 푸에르토리코인들은 미국의 점령을 계속 지지했다. 특히 스페인 치하에서 탄압을 견뎌야 했던 노동계 지도자들, 그리고 주州 지위의 획득은 곧 미국 시장의 개방을 의미한다는 것을 알아챈 대지주들이 더욱 점령을 반겼다. 노동조합 간부들은 마일스 장군의 병사들이 푸에르토리코 노동계의 전설적 인물, 산티아고 이글레시아스를 스페인 치하의 구치소에서 해방시켜 준 일을 잊을 수 없었다. 이글레시아스와 사회당은 주州의 지위에 대한 열성적인 옹호자로 전향했다.[11] 페미니스트이자 아나키스트인 루이사 카페티요Luisa Capetillo도 예외는 아니었다. 푸에르토리코에서 공개적으로 바지를 가장 먼저 입은 여성으로 잘 알려진 그녀는, 독립을 요구하는 사람들을 향해 푸에르토리코와 미국의 노동자 사이를 갈라놓으려는 "이기주의자, 착취주의자, 귀족주의자"라고 맹비난했다.[12]

포레이커 법안이 통과된 후, 미국 사탕수수 재배자들이 떼 지어 푸에르토리코로 몰려들었다. 이들은 대농장을 설립하는 데에 그치지 않고, 다

---

10) Torruella, *The Supreme Court and Puerto Rico*, p. 59.

11) Dietz, *Economic History of Puerto Rico*, pp. 94~95.

12) Norma Valle Ferrer, *Luisa Capetillo: Historia de una Mujer Proscrita* (San Juan: Editorial Cultural, 1990), p. 66.

른 해외지점에서 일할 사탕수수 수확자들까지 모집하였다. 1900~1901년 시기에 푸에르토리코 행정관을 지낸 찰스 앨런의 기록에 따르면, 미국의 이민 알선업자들은,

지방의 농촌 지구에 파고 들어가, 이 단순한 시골사람들에게 외국 땅을 여행하고 돌아보는 귀중한 동기를 제공했다. 하와이에서는 사탕수수 밭에서 일할 노동자들이 필요했고, 쿠바에서는 철광 노동자들이 필요했다. 좋은 임금이 제시되었으며, 많은 사람이 설득당해 이주하였다. 그들은 항구도시 폰세, 마야게스, 과니카로 몰렸다. 산후안에서 배를 타는 사람들은 매우 적었다. …… 그들 중 대부분은 호놀룰루로 향했고, 수천 명은 쿠바로 갔으며, 일부는 산토도밍고로 떠났다.[13]

1900년에서 1901년까지, 하와이 사탕 재배자 협회Hawaii Sugar Planters Association와 계약을 맺은 5천 명 이상의 푸에르토리코인이 십여 차례의 선박 수송을 통해 하와이로 옮겨 갔다.[14] 이는 고통스러운 장시간의 여정이었다. 먼저 뱃길로 뉴올리언스에 도착한 후, 그곳에서 기차로 샌프란시

---

13) Charles H. Allen, "First Annual Report, Charles H. Allen, Governor of Puerto Rico", in *Documents of the Puerto Rican Migration*, ed. Centros de Estudios Puertorriqueños (Research Foundation of the City of New York, 1977), p. 11.
14) 농장주들을 대신하여 일한 대행사들로는 뉴욕의 노동력 중개회사인 윌리엄스, 디몬드 앤 컴퍼니, 그리고 푸에르토리코 항구도시에 사무실을 다수 보유한 대농장 장비 수입업체 맥 피 앤 노블이 있다. Norma Carr, *The Puerto Ricans in Hawaii: 1900-1958* (University of Michigan doctoral dissertation, 1989), p. 87을 보라. 또한 *Documents of the Puerto Rican Migration*, pp. 13~42, 그리고 Blase Camacho Souza, "Boricuas Hawaiianos", in *Extended Roots: From Hawaii to New York, Migraciones Puertorriqueñas*, ed. Centro de Estudios Puertorriqueños (New York: CUNY, 1988), pp. 8~10을 참조.

스코까지 달린 다음, 또다시 배로 호놀룰루까지 이동하는 험난한 모험길이었다. 가혹한 취급에 불만을 품은 다수의 사람들이 수송 도중 탈출하였다.[15] 그래도 대부분의 이민자들은 마침내 오아후 섬에 자리를 잡았고, 본국 밖에서는 최초로 대규모 푸에르토리코인 공동체를 형성했다.

다시 워싱턴으로 시선을 돌리면, 미 의회는 완전 자치와 궁극적인 주의 지위를 기대하는 푸에르토리코 지도자들의 청원을 계속 거부했다. 이러한 태도는 훌리오 엔나Julio Henna 박사나 호세 셀소 바르보사와 같은 가장 열정적인 합병 찬성주의자들까지도 분노하게 만들었다. 1914년, 미국의 완고함에 실망한 푸에르토리코 하원은 의원 전체가 참석한 가운데 푸에르토리코의 독립을 워싱턴에 요구했다. 이에 대해 미 의회는 1917년 존스 법안으로 답을 대신했다. 푸에르토리코 하원이 만장일치로 거부했음에도 불구하고, 모든 푸에르토리코인에게 시민권이 강제로 부여되었다. 미네소타 주 의원 클레어런스 밀러는 이렇게 선언했다. "미국 의회는 포르토리코인들에게 단호히 말한다. 그들은 미국의 일부이며 또한 항상 그럴 것이다. 포르토리코의 독립을 요구하는 입법 행위는 명백하고 항구적인 파멸로 이어질 것이다."[16]

그 후 30년 동안, 푸에르토리코는 미국의 직접적인 식민지로 계속 남아 있었다. 미국인 행정관은 미 대통령이 임명하였고, 주민들은 사실상

---

15) 사탕수수 계약 노동자의 대부분은 푸에르토리코 섬에서 커피 재배에 종사했던 사람들이다. 그러나 사상 최악의 허리케인, 산 시리아코가 섬을 초토화시켰다. 1899년 8월 8일 푸에르토리코를 강타한 폭풍우는 약 3천 명의 목숨을 앗아갔다. Dietz, *Economic History of Puerto Rico*, p. 99를 보라.

16) Congressional Record, 64th Congress, 1st session, May 5, 1916; Ronald Fernandez, *Cruising the Caribbean: U.S. Influence and Intervention in the Twentieth Century* (Monroe: Common Courage Press, 1994), p. 113에서 재인용.

의회에서 잊힌 존재였으며, 미국의 푸에르토리코 정책은 소수의 제당회사들이 좌우하였다. 이 회사들이 노동자를 얼마나 착취하였는지, 1930년대와 40년대에 푸에르토리코는 카리브 해의 빈민보호소라는 오명을 썼으며, 파업과 폭력적인 반미 활동의 온상으로 유명해졌다. 1948년이 되어서야 비로소 미 의회는 민족주의 운동의 확산에 대한 대응으로, 그리고 식민주의를 종결하라는 유엔의 압박에 대한 답변으로, 푸에르토리코인들에게 행정관을 직접 선출할 수 있는 권한을 인정했다. 4년 뒤, 미국은 제한적인 자치 형태, 즉 푸에르토리코 연방the Commonwealth of Puerto Rico을 승인하였고, 그 지위는 오늘날까지 이어지고 있다.

이렇게 새로운 정치관계를 형성하는 과정에서, 루스벨트와 트루먼 행정부는 루이스 무뇨스 마린에게서 동맹 가능성을 발견했다. 아마도 그는 푸에르토리코 근대사에서 가장 영향력 있는 인물이라 할 수 있을 것이다. 젊은 시절 사회주의자이자 **독립주의자**independentista였던 무뇨스는 이후 루스벨트를 숭배하게 되었고, 뉴딜New Deal 정책을 푸에르토리코에 전파하기 위해 인민민주당을 창당했다. 그리고 푸에르토리코 의회를 장악하자, 일명 '자립 작전'Operation Bootstrap이라 불린 속성 산업화 프로그램에 착수했다. 그는 이 프로그램을 제3세계 경제 발전 모델로 만들었다. 해외로부터——거의 예외 없이 미국 기업들이긴 하지만——투자를 끌어들이기 위해 낮은 임금을 제시하고, 공장을 세울 때에는 세금을 면제했으며, 미 본토로 수출할 때는 관세를 면제했다.

초기의 경제 성공에 의기양양해진 무뇨스는 인민민주당 내에서 독립을 지지하는 다수파의 기대를 저버린 채, 푸에르토리코를 미국 경제에 묶어 놓는 지방자치의 형식을 택했다. 그의 공약에 따르면, 이 자치는 단지 독립으로 가기 위한 임시적인 단계이며, 그동안에도 푸에르토리코는 자신의 언어와 문화를 유지할 수 있을 것이라고 약속했다. 전후 경제 성장에 고무된 유권자들은 1952년 그의 연방commonwealth 모델에 찬성 표를 던졌다. 그 정책의 반대자들은 국민투표를 사기라고 비난했다. 투표 는 단지 기존의 식민지와 연방모델 중 하나를 선택할 수 있을 뿐, 독립도 주州 지위의 획득도 투표용지에는 선택지로 나와 있지 않았다.

연방 투표 이후, 워싱턴은 국제사회에서 푸에르토리코를 정치적·경제적 양 측면에서 '카리브 해의 시범 사례'라고 자랑스럽게 내세우기 시작했다. 사실, 1950년대 푸에르토리코는 라틴아메리카에서 평균 수입이 가장 높은 곳 중 하나였다. 그러나 그런 빛나는 통계수치는 또 다른 현실을 가리기도 했다. 매년 농촌을 버리고 도시로 이동하는 사람의 수는 새롭게 창출되는 일자리 수를 훨씬 초과했다. 사회적 불안이 재발되지 않도록 무뇨스와 워싱턴의 관리들은 북으로의 이민을 장려하기 시작했다. 1950년대 초, 그들의 정책은 라틴아메리카에서 미국으로의 집단 이주를 촉발했다. 이는 서반구에서 지금까지 볼 수 없었던 최대 규모의 이동이었다(제4장 참조).

쿠바

미국의 쿠바 점령은 전혀 다른 방식으로 진행됐다. 푸에르토리코에 비해 훨씬 풍부한 자원을 지닌 데다, 발전된 토착 지주계층과 베테랑 독립군까지 보유한 쿠바는 쉽게 제압할 수 있는 상대가 아니었다. 점령 초기, 미국 관리들은 쿠바 섬을 보호령으로 만들고자 쿠바 헌법 대신 플랫 수정안Platt Amendment을 강요했다.

첫 점령정부는 도로와 보건을 개선하고, 많은 학교를 새로 건립하였으며, 쿠바로 쇄도하는 외국 투자를 관리하였다. 독립전쟁으로 재산이 파괴되었거나 부채로 몰락한 쿠바인 지주들이 미국인 투기꾼들의 먹잇감이 되었다. 당시 한 투자자는 "자본가들뿐만 아니라 평범한 재산 소유자들에게도, 오늘날 쿠바가 제공하는 것보다 더 좋은 기회는 세계 어디에서도 찾을 수 없을 것이다"[17]라고 과장되게 말하였다.『커머셜 앤 파이낸셜 월드』Commercial and Financial World 지는 쿠바를 "가난한 자들의 천국, 부자들의 메카"라고 묘사했다. 예를 들면, 1898년에 도착한 퍼시벌 파커 Percival Farquhar는 곧바로 전력화電力化 사업을 따내고 아바나에서 산티아고까지의 철도를 독점한다. 마이너 키스의 유나이티드 프루트 컴퍼니는 아주 적은 비용으로 20만 에이커의 토지를 차지했다.[18] 1902년에는 미국의 새로운 담배 기업합동 '토바코 트러스트'가 아바나 시가Havana cigar 수출의 90%를 장악했다. 전체적으로 보면, 1895년에서 1902년 사이에 미국 투자는 거의 두 배로 증가하여 1억 달러에 달했다.[19]

　　미국이 쿠바의 초대 대통령으로 세운 인물은 귀화시민인 토마스 에스트라다 팔마였다. 그가 이끈 쿠바 지배계층은 처음에는 미국인들을 환영했다. 성장하는 경제의 파이를 한 조각이라도 얻기 위함이었다. 유복한 쿠바인들 대부분이 그렇듯이, 에스트라다 팔마도 궁극적으로는 미국과의 합병을 선호했다. 1905년 대통령 재선을 노린 그는 광범위한 부정선거를 저질렀으나 폭력적인 저항을 초래한 채 실패로 막을 내린다. 1906년 다시 돌아온 미군은 임시정부를 수립하고 3년을 머물렀다.

---

17) Pérez, *Cuba and the United States*, p. 118.
18) Langley, *The United States and the Caribbean*, p. 38.
19) Foner, *The Spanish-Cuban-American War*, Vol. 2, p. 481. Langley, *The United States and the Caribbean*, p. 38.

찰스 E. 마군Charles E. Magoon이 이끈 두번째 점령은 결국 쿠바의 약탈로 변질되었다. 마군이 도착했을 때, 쿠바 국가 재정은 1,300만 달러의 흑자를 기록했으나, 그가 떠날 때는 1,200만 달러의 적자로 돌아섰다. 그가 주기적으로 명령한 공공사업은 미국 건설업자의 주머니만 채우는 쓸데 없는 일들이었다. 그러한 특권의 열매를 차지한 것은 프랭크 스테인하트였다. 첫번째 점령 시기에 군 하사관 신분으로 쿠바에 도착한 그는, 군대가 철수한 뒤 아바나 주재 미국 총영사로 임명되었다. 그 후 스테인하트는 두번째 점령이 실현되도록 워싱턴에 로비를 하거나, 미국군에게 중요한 정보를 제공하였다. 그에 대한 사례로 마군 장군은 아바나 전기철도 회사, 전기전력 회사를 확장하여 수익을 올릴 수 있도록 허가했다. 또한 마군은 월스트리트 스파이어 앤 컴퍼니 사社의 재정 대표인 그에게 1909년 아바나 하수도 건설을 위한 1,650만 달러의 자금을 쿠바에 중개하도록 허가했다. 1921년 무렵 아바나 전기회사의 연수익은 500만 달러에 이르렀고, 대중들은 스테인하트를 쿠바의 록펠러라 불렀다.[20]

1912년 미국 군사들이 세번째로 돌아왔다. 인종문제로 기인한 흑인 설탕노동자들의 폭동을 진압하기 위해서였다. 그 당시 쿠바 섬에는 약 1만 명에 가까운 미국인이 살고 있었다. 그들은 철도, 공공시설, 광산과 제조회사, 설탕과 담배 플랜테이션, 해운 및 은행 사업 등을 운영했으며, 국채의 상당 부분을 보유하고 있었다.[21] 심지어 영토도 3/4 이상이 외국인 소유로 넘어갔다.[22] 토착 상류층은 주로 정부직과 외국 기업 관리직으로

---

20) Nearing and Freeman, *Dollar Diplomacy*, pp. 178~181.
21) Langley, *The United States and the Caribbean*, pp. 64~65.
22) Louis A. Pérez, Jr., *Cuba Under the Platt Amendment, 1902-1934* (Pittsburgh: University of Pittsburgh Press, 1986), p. 140.

진출하여 소득을 얻었으며, 공직비리는 그들이 부를 축적하는 중요한 수단이었다.[23] 1917년, 보수당 지도자 마리오 가르시아 메노칼에 대항해 반란이 일어나자 윌슨 대통령은 네번째로 군대를 파병해 진압을 도왔다. 미국의 지원을 등에 업은 가르시아 메노칼은 그 전 해에 기만적인 부정선거로 대통령에 재선되었다.

1920년대 초, 실업률이 하늘로 치솟자 쿠바 노동자들은 19세기에 미국으로 이주한 자국민들의 뒤를 따랐다. 이 새로운 이민 물결은 뉴올리언스, 뉴욕, 키웨스트, 탬파 등으로 향했다. 특히 탬파에는 스페인, 쿠바, 이탈리아 출신 시가cigar 제조업자들이 일으킨 산업이 번창하고 있었다.[24] 쿠바 국내에서는 사회의 위기로 인해 노동 파업이 빈발하였고, 그러한 사회적 불안정은 쿠바 최초의 근대 독재자 헤라르도 마차도Gerardo Machado가 등장하는 배경이 되었다. 마차도 대통령은 반체제적인 노동운동을 억압하거나 흡수하여 불안감을 느낀 외국 투자자들에게 호의적인 환경을 제공했다. 마차도는 내셔널시티뱅크, J. P. 모건 앤 컴퍼니, 체이스의 중역들로부터 강력한 지원을 받았고, 이들은 그의 정부에 아낌없이 차관을 제공했다. 하지만 새로운 차관을 제공할 때마다, 각 은행들은 마차도 정부에게 더욱 엄격한 지출 관리를 요구했다. 시간이 지날수록 마차도의 공포정치는 확대되었고, 그에 비례해 민중적 저항도 거세져 갔다.

1933년 그와 같은 폭동이 또다시 국가를 마비시키자, 결국 루스벨트 대통령은 마차도가 물러나야 한다는 결론을 내린다. 그는 베테랑 외교관

---

23) Ibid., p. 229.
24) Gary R. Mormino and George E. Pozzetta, *The Immigrant World of Ybor City: Italians and Their Latin Neighbors in Tampa, 1885-1985* (Urbana: University of Illinois Press, 1987), pp. 64~69.

섬너 웰스를 보내 독재자를 퇴진시키고 동요를 잠재우려 하였다. 하지만 웰스가 도착했을 때는 이미 너무 늦었다. 전국적으로 확산된 총파업은 마차도와 미국 후원의 과도정부를 모두 쓰러뜨리고, 웰스가 조종할 수 없는 혁명적인 임시정부를 등장시켰다. 라몬 그라우 산 마르틴Ramón Grau San Martín이 이끄는 신정부는 급진적인 개혁에 착수했다. 이들은 플랫 수 정안을 폐지하고, 여성들에게 투표권을 부여했으며, 최저임금과 1일 8시간 노동을 법제화했다. 그러나 그라우가 개시한 자유주의 혁명은 백일천하에 그치고 만다.

웰스는 미국의 이익을 위협하는 그라우 정부에 두려움을 느꼈다. 비록 웰스는 자신을 자유주의자라고 여겼지만, 대부분의 라틴아메리카 주재 미국 외교관들처럼 그도 현지 지도자들이 자신의 의사에 따를 것을 강요했다. 그러나 그라우 정부가 그의 말을 따르지 않자, 웰스는 쿠바군의 새 사령관 풀헨시오 바티스타Fulgencio Batista를 움직여 쿠데타를 기도한다. 웰스는 바티스타를 "대단히 뛰어나고 능력 있는 인물"이라고 칭송하게 되는데, 1934년 1월에 바로 그렇게 행동했기 때문이다.[25] 바티스타의 병사들은 잔인한 유혈탄압을 전개하여 그라우의 개혁운동을 분쇄했다. 또한 지도자 대부분을 살해하거나 투옥시켰고, 그 밖의 사람들은 해외로 내쫓았다. 1934년에서 1944년까지 군 독재자로서 또는 대통령으로

---

25) "물론 미군의 개입을 바라는 청원이 수없이 들어왔다. 특히 통상무역의 이익을 대표하는 특정인들로부터 청원이 많았다. 그러나 단호하게 모든 요청을 거절했다"고 웰스는 회상했다. 웰스가 자신의 회고록에서 전혀 언급하지 않은 것은──후에 국무성 기밀문서에서 발견되는 것처럼──그 자신이 루스벨트에게 반복해서 보낸 미국의 공격 요청이었다. 루스벨트는 웰스의 요청을 모두 일축했다. 웰스의 발언에 대해서는 Sumner Welles, *The Time for Decision* (New York: Harper, 1944), pp. 193~199를 보라. 웰스의 은밀한 역할에 대한 자세한 기술은 Pérez, *Cuba and the United States*, pp. 186~201 참조.

서 바티스타는 절대 권력을 쥔 통치자가 되었다. 그는 미국을 위해서는 외국 투자자들이 환영할 만한 사회의 안정을 제공했다. 쿠바인들을 위해서는 빈곤층의 환경을 개선하는 사회개혁에 착수했다. 특히 이 사회개혁은 자신이 막 무너뜨린 그라우 운동의 프로그램을 교묘히 활용하여 성취하였다. 심지어 바티스타는 쿠바 노조들의 지지를 전제로 공산당을 합법화하였다. 1940년에 그는 쿠바 역사상 가장 민주적이고 진보적인 헌법의 제정을 감독했다. 이러한 개혁들은 일시적인 경제 번영에 편승하여 더욱 쉽게 이루어졌다. 바티스타의 명성을 더욱 높여 줄 이러한 번영은 제2차 세계대전으로 미국에 쿠바 농산물의 수요가 증가하면서 발생한 것이었다. 하지만 이러한 성공에도 불구하고, 1944년 대통령 선거에서는 여전히 대중의 커다란 지지를 얻고 있던 그라우 산 마르틴이 승리하였다. 그러나 그의 정통당Auténtico Party은 이후 8년간 권력에 머물면서 쿠바 역사에서 가장 부패한 정당이라는 오점을 남긴다. 상당수의 관료들이 국가재정을 빼돌리자 1952년 바티스타는 또다시 쿠데타를 시도하여 쉽게 권력에 복귀했다. 그의 두번째 통치기(1952~1958)는 첫번째보다 더욱 냉혹했다. 다시 한 번 반대자들을 투옥시키거나 그저 단순히 제거해 버렸다. 그러나 이번에는 어떠한 경제 기적도 일으키지 못했다. 당시 미국 시장에 완전히 종속된 쿠바 경제는 파탄의 늪으로 빠져들기 시작했다. 실업률은 급등하고, 소득은 곤두박질쳤으며, 매춘과 부패가 만연했다. 바티스타는 자신의 권력을 지키기 위해 월스트리트 투자자들, 폭력단, 미국 기업의 쿠바인 관리자들과 기묘한 동맹관계를 맺고, 갈수록 그들에게 의지하게 되었다.[26] 1959년 1월, 피델 카스트로의 '7월 26일 운동' 게릴라들이 아바나로 진격하면서 마침내 바티스타 독재는 붕괴된다.

파나마

쿠바와 푸에르토리코에 뒤이어, 미국이 라틴아메리카에서 추진한 가장 큰 단일 개척사업은 파나마 운하였다. 세계적인 경제력을 추구하는 미국에게 이 프로젝트는 너무나도 야심차고 거대한 중대 사업이어서, 대통령 테디 루스벨트는 단지 그 장소만 제공해 줄 전혀 새로운 국가를 모색하였다. 이미 앞서 언급한 것처럼, 미국의 통상 그룹들은 1850년대부터 중앙아메리카 운하를 요구해 왔다. 이들은 두 그룹으로 나뉘어 각기 다른 루트를 지지하며 서로 경쟁하였다. 한 루트는 모기들이 기승을 부리는 콜롬비아 다리엔 지방의 정글을 통과하는 계획이고, 다른 하나는 밴더빌트의 옛 증기선과 역마차 노선을 따라 건설하는 니카라과 루트였다. 니카라과 루트는 초기에 운하 계획을 연구한 기술전문가들로부터 폭넓은 지지를 받았다. 그러나 오하이오 주 상원의원이자 막강한 권한을 지닌 공화당 전국위원회 위원장 마크 해나는 다른 구상을 갖고 있었다. 해나와 절친한 관계인 뉴욕 변호사 윌리엄 넬슨 크롬웰이 파나마 루트의 투자자였기 때문이다. 논쟁의 와중에 공화당에 전달된 크롬웰의 6만 달러 기부금이 해나의 결의안에 힘을 보탠 듯하다. 파나마 루트는 의회에서 과반수를 확보할 수 있었다.[27]

당시 콜롬비아의 대통령은 호세 마누엘 마로킨이었다. 다행히도 그는 큰 희생을 초래한 3년간의 내전에서 막 벗어난 상태였다. 당장 시급

---

26) Louis A. Pérez, *Cuba Between Reform and Revolution* (New York: Oxford University Press, 1995), pp. 276~312에는 바티스타 시대가 훌륭하게 요약되어 있다.

27) Luis A. Diez Castillo, *El Canal de Panamá y Su Gente* (Panama: 1990), p. 26.

한 현안은 고갈된 재정을 확충하기 위해 신속히 현금을 확보하는 일이었다. 결국 그는 니카라과 대통령 호세 산토스 셀라야가 미국에게 거부한 사안을 테디 루스벨트에게 제안하였다. 그것은 바로 운하 양측 10킬로미터 지역의 영유권을 미국에 양도하는 것이었다. 제안의 결과는 1903년 헤이-에란Hay-Herrán 조약으로 나타났다. 그러나 조약은 마지막 순간에 생각지도 못한 장애에 부딪혔다. 10킬로미터 조항을 주권의 침해라고 인식한 마로킨의 대항세력이 콜롬비아 의회에서 조약의 승인을 거부한 것이다.

루스벨트는 이들의 거부에 분노하였다. 미국 역사상 가장 위대한 건설 프로젝트가 하등한 라틴아메리카인들 사이의 하찮은 싸움으로 중단되는 것은 있을 수 없는 일이었다. 보복에 나선 루스벨트는 콜롬비아의 한 지방이던 파나마의 무장 분리 계획을 지원한다. 대통령의 지원을 등에 업은 크롬웰은 두 명의 파나마 프로젝트 투자자——프랑스인 필리프 뷔노-바리야Phillippe Bunau-Varilla와 파나마인 마누엘 아마도르——와 뉴욕 호텔에서 여러 차례 회의를 가지며 반란의 청사진을 준비했다. 1903년 11월 2일, 뷔노-바리야와 아마도르는 반란군을 이끌고 항구도시인 파나마시티와 콜론을 점령했다. 루스벨트는 해군을 파견하여 콜론 항구로 들어오는 콜롬비아 부대를 차단하였다. 이로써 반란의 성공이 확실해지자, 아마도르는 파나마의 독립을 천명했다. 신설 파나마 정부는 뷔노-바리야를 신속하게 미국 대사로 임명하였고, 신임대사는 오늘날 '헤이-뷔노-바리야 조약'Hay-Bunau-Varilla Treaty이란 이름으로 불리는 협정문에 지체 없이 서명했다. 파나마의 '독립' 반란에 몹시 당황한 미 의회는 청문회를 개최하였고, 그 자리에서 파나마 대부代父 역할을 행한 루스벨트의 움직임이 밝혀졌다.[28]

프로젝트 완성까지 미국 파나마 운하 회사U. S. Panama Canal Company
는 10년이라는 시간(1904~1914)과 3만 5천 명의 노동력을 쏟아부었다.
노동자들은 대부분 운하회사에서 모집한 서인도의 영어 사용자들이었
다. 노동자의 가족까지 포함한다면 건설 기간 동안 15만 명 이상의 서인
도인들이 파나마로 이주한 셈이다. 당시 파나마 전체 인구 40만(스페인
인들과 원주민들)의 1/3을 넘는 이 거대한 이주는 신생 국가의 모든 면을
변화시켰다.[29]

미국 언론은 세계에서 밀도가 가장 높은 정글의 일부를 통과했다며
미국의 놀라운 건설 위업에 찬탄의 기사를 쏟아냈다. 하지만 이주 흑인
노동자들이 완수한 중대한 역할이나 그들에게 편중된 희생에 대해서는
거의 언급하지 않았다. 예를 들면, 1906년 처음 열 달 동안 운하 작업에
참여한 백인의 사망률은 천 명 당 17명인 데 비해, 서인도인 사망률은 천
명 당 59명에 이른다.[30]

운하가 개통되자 미국의 횡대양 무역은 놀라울 정도로 확대되었다.
그리고 운하는 제1차, 제2차 세계대전 동안 미국의 더할 나위 없이 소중
한 군사적 자원이 되었다. 운하 지역 자체도 파나마 국가 내에서 분리된

---

28) Langley, *The United States and the Caribbean*, pp. 35~37. Walter LaFeber, *The Panama Canal: The Crisis in Historical Perspective* (New York: Oxford University Press, 1970), pp. 29~46.

29) 약 2만 명의 인구는 바베이도스에서 이주했다. 이 수는 당시 그 섬에 거주하는 남성 성인인구의 약 40%에 해당한다! Conniff, *Black Labor on a White Canal*, p. 29를 보라. 또한 David McCullough, *The Path Between the Seas: The Creation of the Panama Canal, 1870-1914* (New York: Simon & Schuster, 1977), p. 476을 참조.

30) 이 10개월 동안 656명의 서인도인이 사망한 반면, 미국인은 34명이 사망했다. 흑인 노동자 인구는 백인보다 3배 많았지만, 사망자 수는 거의 20배에 달했다. McCullough, *The Path Between the Seas*, p. 501을 보라.

하나의 소형 국가로 진화했다. 그곳에는 운하를 보호하기 위해 다수의 미군 기지가 설치되고 수천 명의 병사들이 영구 주둔하였다. 운하 건설이 종료되었을 때, 서인도 출신 노동자들 중 상당수는 고향으로 돌아가기 어려운 형편이었다. 따라서 이들은 현지에 그대로 남아 운하 유지보수를 맡는 노동자가 되었다. 운하 지역 행정 관료나 군사지휘관들 중에는 미 남부 출신이 많아 수백 년간 그곳에 존속했던 인종차별 제도를 그대로 답습했다. 그들은 미국 시민들에게는 '골드'gold 급여를 지불하고, 서인도의 비非시민들에게는 훨씬 낮은 '실버'silver 급여를 지불하는 차별정책을 확립했다. 한편, 파나마 토착민들은 운하 지역에서 어떠한 일도 할 수 없었다. 흑인들은 회사 부속의 초라하고 격리된 마을에 거주한 반면, 백인들은 주택, 보건에서 휴가까지 모든 것을 연방정부가 지원하는 호화로운 운하 지역에서 거주했다.[31] 수십 년이 지난 후, 서인도인들과 파나마인들은 서로 갈등을 일으키거나, 차별적 조건 위에서 군림하는 소수 미국인들을 상대로 분쟁을 일으키게 된다(제9장 참조).

그러나 파나마, 푸에르토리코, 쿠바에서 벌어진 미국의 다양한 지배 이야기도 도미니카공화국과 니카라과의 피로 물든 역사에 비하면 하찮게 보일 정도다. 이 두 나라에서는 미국의 오랜 군사점령이 게릴라 전쟁을 유발하여 값비싼 희생을 치러야 했다.

도미니카공화국

미국의 도미니카공화국 진출은 이미 살펴본 바와 같이 19세기 독재자 울

---

31) Ibid., pp. 31~35.

리세스 에우록스와 함께 시작되었다. 그는 국가에 대규모 외채를 떠안긴 장본인이기도 하다. 1892년 국가부도를 막기 위해 네덜란드 채권자 및 일부 뉴욕 투자자들과 함께 재정 차환借換 계획을 세웠다. 그 계획의 일부로서, 네덜란드인들은 새로 수립된 미국 회사인 '산토도밍고 개발회사'에 그들의 채권을 팔아넘겼다. 새로운 회사는 임원 중 한 사람이 벤저민 해리슨 대통령 내각의 일원이기도 했다. 네덜란드 채권단에게 채무를 모두 갚은 미국 회사는 비밀리에 에우록스에게도 수백만 달러의 새로운 융자를 제공했다. 그 대가로 에우록스는 이 회사에 국립은행과 두 개의 국유철도 중 하나를 독점 관리하는 권한을 주었다.

1896년 에우록스가 암살된 뒤, 도미니카 신정부는 전직 대통령에게 3,400만 달러의 채무가 있음을 발견했다. 채무의 대부분은 해외 채권자들을 상대로 한 것이었다. 당시는 국가 수입의 근간이 되는 관세 수익이 연 200만 달러에 그치던 시절이었다. 채무의 상당 부분은 '개발회사'가 유럽 가톨릭 농민들로부터 부당하게 확보한 자금이라는 것도 밝혀졌다. 농민들은 전혀 의심을 일으키지 않았다. 그들은 자신의 돈이 도미니카공화국이 아니라 도미니카 선교회에 제공된다고 믿었던 것이다!³²⁾

1905년 금융위기를 맞아 관세 수익이 급격히 줄어들자, 신정부는 외채 상환을 유보하였고, 이에 대해 일부 유럽 강대국들이 무력 개입을 시사하며 위협하고 나섰다. 루스벨트 대통령은 유럽의 점령이 발생하면 아직 미완인 파나마 운하의 항로가 위태로워질 수 있다고 판단했다. 결국 그는 뉴욕 은행에서 새로운 차관을 제공하여 도미니카의 채무를 정리하

---

32) Calder, *The Impact of Intervention*, p. 3. Frank Moya Pons, *The Dominican Republic: A National History*, pp. 279~282.

기로 했다. 그 대신, 루스벨트는 도미니카의 모든 관세 수익을 미국이 지정한 대행자에게 맡겨, 수익의 가장 큰 부분을 채무 변제에 할당하라고 강요했다. 도미니카는 이제 미국의 동의 없이는 더 이상 정부 지출을 늘리거나 세금을 인상할 수 없게 되었다.

그 시점부터, 도미니카는 금융 부문에서 사실상 미국의 보호령이 되었다. 루스벨트가 파견한 감독들은 도착 즉시 외국 투자자들에게 유리한 추가적 법률 개정에 박차를 가했다. 예를 들면, 1906년에는 모든 수출용 설탕에 대해 면세조치를 취하도록 도미니카 정부를 압박했다. 또한 1911년에는 사탕수수 재배업자들이 손쉽게 소유지를 확대할 수 있도록 정부를 구슬려 공유共有 토지의 분배를 허용하게 만들었다. 워싱턴의 새로운 제안에 도미니카 관리들이 난색을 표할 때면, 이들을 굴복시키기 위해 미국 군함들이 앞바다에 모습을 나타냈다.

이러한 미국의 보호정책을 두둔하는 자들은 정치적 폭력과 불안정으로 얼룩진 도미니카의 역사를 거론하며 그 정당성을 내세웠다. 독립 후 72년간, 도미니카인들은 29회의 쿠데타와 48명의 대통령을 맞이했다는 것이다. 그러나 도미니카의 불안정을 비웃는 사람들 중 일부는 많은 충돌이 외국인들의 재정적 지원하에 일어났다는 사실을 쉽게 간과하곤 한다. 미국의 보호정치가 시작되고 10년이 지난 1915년까지도 정치적 폭력은 감소하지 않았다. 워싱턴은 자신들의 방식을 문제 삼기보다는 도미니카의 돈주머니 끈을 더욱 조이는 쪽을 택했다.

그 무렵, 유럽에 전운이 감돌기 시작하자, 당시 미국 대통령 우드로 윌슨에게 새로운 근심거리가 생겼다. 도미니카의 한 다수 정파가 독일과 동맹을 맺으려 할지도 모르기 때문이었다. 윌슨은 그러한 가능성을 없애기 위해, 후안 이시드로 히메네스 대통령에게 몇 가지 권한을 요구했다. 미국 시민들을 도미니카 정부 요직에 앉히고, 미국이 훈련시킨 새로운 방위군을 정부군으로 활용하는 권한 등이었다. 오랜 세월 동안 스페인, 아이티, 프랑스의 점령에 맞서 투쟁해 온 국가에게 그러한 조건은 받아들일 수 없는 것이었다. 미국의 도움으로 권좌에 오른 히메네스조차도 그 조건을 거부했다. 보복에 나선 윌슨은 국가의 관세 수익을 동결했다. 그래도 도미니카인들은 물러서지 않았다. 수천 명의 공무원들이 단결하여 그들의 지도자를 지지하였고, 수개월간 임금을 받지 않고 근무했다.

1916년 5월, 윌슨은 해군을 파병하여 의회를 해산하고 계엄령을 실시했다. 또한 언론을 검열하고 수백 명의 반대자를 투옥했다. 이 점령은 장장 8년간이나 지속되었고, 라틴아메리카 전역에서 미국에 저항하는 광범위한 움직임을 초래했다. 특히 도미니카인들에게 깊은 고통을 안겼으며, 사회의 모든 부문을 송두리째 변화시켰다.

점령의 지지자들은 해군의 점령으로 많은 발전이 이뤄졌음을 강조한다. 카리브 지역에서 가장 근대적인 간선도로망을 건설하고, 정부의 재정 관리를 개선시켰으며, 수백 개의 공공학교를 세우고, 말라리아, 성병, 장 질환 퇴치 등 보건 캠페인을 성공적으로 수행했다는 것이다. 하지만 건설 프로그램에 필요한 자금은 재산, 주류, 국내 제조업 등에 새롭게 세금을 부과하거나 더 많은 외채를 끌어들여 충당하였다. 또한 도미니카가 누렸던 초기 번영은 전쟁 중인 유럽 내에 도미니카산 설탕, 담배 및 기타 농산물의 수요가 증가한 데 따른 것이다. 설사 아무리 경제가 나아졌다 해도, 자신들의 국가를 오만하게 통치하는 계엄 지도자들에게 도미니카인들은 분노를 느끼지 않을 수 없었다. 심지어 도시의 엘리트 계층마저도 점령군에게 협력을 거부하였다.

한편, 도미니카 동부 지방에서는 산페드로 데 마코리스San Pedro de

Macorís와 로마나의 사탕수수 대농장 지역 주변에서 대여섯 개의 농민 그룹이 산발적인 게릴라 저항을 벌였다. 마르틴 페게로, 라몬 나테라, 비센테 에반헬리스타 등이 이끄는 게릴라들은 노련하게 미국인들을 공략하여 좌절감을 안겨 주었다. 그 지역에 파견된 해군은 현지주민들을 상대로 잔혹한 행위를 수없이 저질러 대다수 시민들을 게릴라군 측으로 몰아내는 결과를 초래했다.[33]

해군이 실시한 기반시설 및 보건 개선 사업은, 그들이 본격적으로 추진한 경제적·군사적 측면의 근본적인 변화들에 비한다면 극히 미미한 일에 지나지 않는다. 이러한 변화들은 도미니카를 되돌릴 수 없을 정도로 미국에 의존하게 만들었다. 예를 들면, 1919년 관세법은 국가를 수입시장에 개방하여, 245개 미국 제품을 면세품목으로 선언하였고, 그 밖의 700개 제품에 대해서도 관세를 대폭 낮추었다. 결과적으로 수입품이 밀려 들어와 도미니카의 많은 생산업자들이 도산하였다.

그 뒤를 이어 재산세와 토지등록에 관한 새로운 법령이 시행되었다. 특히 토지법은 엄청난 혼란과 변화를 가져왔다. 과거의 스페인 식민지들이 모두 그러했듯, 도미니카공화국의 토지소유 제도도 수백 년간 가족 소유의 장자상속제mayorazgo를 중심으로 움직여 왔다. 개인의 재산이 그 밖의 가족 구성원들로부터 분리되는 일은 거의 없었다. 즉, 토지 사용에 대한 비공식적인 동의가 주된 방식이었다. 미국에서 온 초기의 토지 투기자들과 농장주들은 이러한 제도가 토지를 신속히 사고파는 데 걸림돌

---

33) 1921년, 몇 명의 해군이 한 영국 시민 —세인트키츠 섬 출신의 흑인 플랜테이션 노동자— 에게 총격을 가해 살해한 일이 발생했다. 산페드로 주재 영국 공사 C. M. 레저는 해군의 '공포정치'에 대해 조사할 것을 요청했다. Calder, *The Impact of Intervention*, pp. 133~183 에서는 점령과 게릴라 전쟁에 대한 심도 있는 견해를 만날 수 있다.

이 된다는 점을 발견했다. 따라서 이들은 텍사스, 캘리포니아 그리고 다른 옛 스페인 영토에서 써먹던 방식 그대로, 토지법 개정에 재빨리 착수했다. 1911년 제당회사들이 가장 먼저 법 적용을 시도했지만, 도미니카인들은 변화를 받아들이는 속도가 매우 느렸다. 더욱이 대량의 위조 증서와 빈약한 기록들로 인해 더 많은 노력이 요구되었다. 그러나 점령정부는 훨씬 효율적이었다. 해군은 즉각적인 등록과 측량, 모든 공유지共有地의 분할을 명했고, 분쟁을 조정하고 법을 집행하기 위해 토지법원을 신설했다.

이미 예견된 일이지만, 제당회사들은 최고의 변호사를 고용하여 신설 토지법원에서 수천 명의 문맹 농민들을 기만하고 토지를 강탈했다. 일례로 뉴욕에 기반을 둔 바라호나 컴퍼니Barahona Company를 살펴보자. 침략의 해인 1916년에 설립된 이 회사는 1925년까지 4만 9,400에이커의 토지를 끌어모았다. 대부분 공유지를 매입한 이 회사는 도미니카에서 두번째로 넓은 플랜테이션을 보유하게 되었다. 센트럴 로마나 사社의 면적도 1912년 3,000에이커에서 1925년에는 15만 5,000에이커로 급격히 확대되었다.[34] 1924년에는 21개 제당회사가 총 43만 8,000에이커의 땅을 관리하였다. 이는 도미니카 전체 경작 가능 면적의 1/4에 해당한다. 그 가운데 12개의 미국 회사가 소유한 땅이 80% 이상을 차지한다.[35] 자급농업에 활용되는 땅이 줄어들면서, 주요 농산물을 미국에서 수입해야 하는 처지가 되었고, 식료가격은 천정부지로 치솟았다.[36]

---

34) 미국 소유 남포르토리코 담배회사의 자회사인 센트럴 로마나는 면적이 4배로 증가하여 1960년대에는 50만 에이커 이상을 보유하게 된다. 그리고 후에는 세계적인 거대 기업 '걸프 앤 웨스턴 사'(Gulf and Western Corporation)의 카리브 해 보물 중 하나가 된다. Plant, *Sugar and Modern Slavery*, p. 14.

그러나 당시의 설탕 붐은 임금 인상으로 이어지지 않았다. 농장주들은 스페인어권 노동자들에게 급료를 인상해 주는 대신, 자메이카, 버진아일랜드, 터크스케이커스 제도 출신 영어 사용 흑인들을 데려오기로 했다. 농장주들은 이 흑인들이 도미니카, 쿠바, 푸에르토리코 노동자들보다 자신들의 필요에 훨씬 더 적합하고 다루기 쉽다고 여겼다. 몇몇 도미니카 제당소는 노동력 전체를 영어 사용 노동자들로 구성하였다. 이 노동이민자들 중 대다수는 수확 시즌이 끝난 후에도 계속 도미니카에 거주하였고, 그 후손들은 오늘날까지 옛 제당소 주변지역에서 살고 있다. 이주 흑인들이 일자리를 빼앗아 가는 데 분노한 토착주민들은 그들을 '코콜로' cocolo라고 불렀다. 인종적인 경멸의 의미를 지닌 이 용어는 아직도 카리브 해 지역에 남아 있다.[37] 끝으로, 센트럴 로마나Central Romana와 그 밖의 다른 거대 제당소의 미국인 대농장주들은 아이티 노동자들에게로 시선을 돌렸다. 1920년에 공식적으로 받아들인 2만 2,000명의 계약 노동자 중 거의 절반은 아이티인이었다. 그러나 수확 시즌이 되면 불법 체류 아이티인들까지 포함하여 그 수가 적어도 10만 명까지 증가했을 것으로 추산된다.

제당회사들의 탐욕에 놀란 군정장관 해리 S. 냅Harry S. Knapp은 1917

---

35) Calder, *The Impact of Intervention*, pp. 91~114에서는 점령 시기의 토지 및 설탕 정책에 대한 훌륭한 개요를 볼 수 있다. 또한 Edward S. Herman and Frank Brodhead, *Demonstration Elections: U.S.-Staged Elections in the Dominican Republic, Vietnam, and El Salvador* (Boston: South End Press, 1984), p. 19 참조.

36) Plant, *Sugar and Modern Slavery*, pp. 14~15.

37) 예를 들면, 1902~1903년의 설탕 수확기 동안, 농장주들은 영어권 카리브 지역에서 3천 명의 노동력을 도미니카공화국으로 수입했다. Plant, *Sugar and Modern Slavery*, p. 17 참조.

년 해군장관에게 항의했다. "내가 보고 싶은 것은 도미니카 국민, 그 중에서도 특히 더 가난한 계층이 자기 소유의 작은 땅에서 일할 수 있고, 그들의 노동이 산토도밍고에서 열매를 맺는 것입니다. 거대한 기업들이 이곳에 와서 나라를 착취하고, 수익이라는 명목으로 어마어마한 금액을 빼가는 것을 보고자 하는 것이 아닙니다."[38] 그러나 냅의 불만은 무시되었다.

오랜 기간 지속된, 정복의 또 다른 유산은 국가경찰이다. 해군은 도착 즉시, 주민을 영구적으로 통제할 수 있는 근대 경찰의 창설에 착수했다. 불행하게도, 해군이 떠난 뒤 경찰은 점령군이 사용한 전횡적인 방식을 그대로 모방했다. 새로운 경찰력에 모집된 초기 인원 중에는 한 제당회사의 경비요원이었던 라파엘 레오니다스 트루히요Rafael Leónidas Trujillo도 포함되어 있었다. 이 젊은이의 영리함과 리더십에 감명받은 미국인 지휘관들은 그를 고속으로 승진시켰다.

1920년에는 미 공화당 의원 워런 하딩이 백악관에 입성했다. 신임 대통령은 산토도밍고에서 미군을 철수하기 위해 협상책임자로 섬너 웰스를 파견하였다. 후에 니카라과에서 바티스타의 쿠데타를 획책하게 될 바로 그 외교관이다. 웰스는 미군 철수 이후의 정부를 구상하는 도미니카 지도자들의 계획에 고압적으로 개입하여 그들과 적대관계에 놓였다. 하지만 다른 한편으로는 미국에 있는 자신의 친구들을 위해 사업 계약 로비를 진행하였다. 이러한 계약들은 점령 이전보다 더 무거운 외채를 도미니카에 떠안겼다.[39] 웰스는 1924년이 되어서야 해군 철수 협상을 마무리했다. 미군이 철수하자마자, 부패와 무자비로 악명 높았던 트루히요는 국민군으로 재명명된 군의 사령관에 취임했다. 그리고 1930년에 실시

---

38) Calder, *The Impact of Intervention*, p. 99.

된 대통령 선거에서 그의 병사들이 경쟁후보들을 위협하는 가운데 트루히요가 승리를 거두었다. 처음에 워싱턴은 그에게 냉담하였지만, 계속되는 도미니카의 불안정에 미국 외교관들은 곧 그의 강경한 노선을 선호하게 된다.

그 후 30년간, 대통령으로서 또는 자신이 직접 결정한 후계자들을 통해서, 트루히요는 서반구에서 가장 악명 높은 독재통치를 완성했다. 그리고 국가를 그의 가족과 우인들을 위한 개인 영지처럼 운영했다. 자국 내에서는 '우두머리'라는 의미의 '헤페'El Jefe라고 불린 그는 전설적인 냉혈한이기도 했다. 일상적으로 아이들을 납치하고, 여성들을 겁탈하였으며, 심지어 부하들의 부인과 딸까지 유린하였다.[40] 1937년 그의 부대가 1만 8,000명의 아이티인을 대량 학살한 것 이외에도, 그는 수천 명의 사람들을 고문하고, 투옥하고, 처형했다. 그가 보낸 스파이들은 망명을 떠난 그의 정적들까지 추적하여 암살하였다. 그의 병적인 잔인성은 가브

---

39) 1922년 도미니카에 도착한 직후, 웰스는 군사정부에 670만 달러를 알선해 준다. 이 금액은 공공사업 자금을 위해 미국 기업 리, 히긴슨 앤 컴퍼니(Lee, Higginson & Company)를 통해 확보한 것이다. 1924년 새로운 문민 대통령 오라시오 벨라스케스가 취임하자, 웰스는 그에게 압력을 가해 리, 히긴슨 사(社)로부터 또다시 350만 달러를 차입하게 한다. 그리고 이 금액의 일부를 파산한 미국인 소유의 회사를 인수하는 데 쓰도록 종용한다. 이 회사는 푸에르토플라타와 산티아고에 설립된 수도, 전기, 전력 회사로서 자산이 지나치게 부풀려져 있었다. 그 후 벨라스케스는 리, 히긴슨 사에 불만을 품지만, 웰스는 또다시 그를 설득하여 1926년 새롭게 1,000만 달러의 차관을 도입하게 만든다. 심지어 웰스는, 워싱턴 주재 도미니카 대사관을 호화스럽게 건설하고 15만 달러의 건설비를 자신의 여자친구 회사에 지불하도록 벨라스케스를 회유한다. Jose Ortega Frier, *Memorandum Relativo a la Intervención de Sumner Welles en la República Dominicana* (Santo Domingo: Ediciones de Taller, 1975), pp. 89~94 참조. 도미니카 역사가 프랑크 모야 폰스(Frank Moya Pons)에 따르면, 점령이 종료될 시점에는 1,000만 달러의 도미니카 외채가 1,500만 달러로 증가해 있었다. Moya Pons, *The Dominican Republic*, p. 339 참조.

40) Ramón Alberto Ferreras, *Trujillo y sus mujeres* (Santo Domingo: Editorial del Nordeste, 1982)에는 트루히요가 저지른 수많은 여성 유린들이 기록되어 있다.

리엘 가르시아 마르케스의 기념비적 소설 『족장의 가을』*The Autumn of the Patriarch*에 영원히 기록되어 있다. 1960년 트루히요가 베네수엘라 대통령을 암살하려고 하자, 그제서야 미국 정부는 쿠바의 바티스타식 쿠데타가 반복되지 않도록 '헤페'의 제거를 계획하기 시작했다. 1961년 5월, 트루히요는 미국 CIA의 지원을 받은 자신의 장교 그룹에 의해 암살되었다(제7장 참조).

니카라과

한편 니카라과인들은 그들의 '헤페'의 지배를 받으며 살고 있었다. 니카라과의 경우는 아나스타시오 소모사 가르시아와 그의 일가가 이에 해당한다. 소모사의 통치도 트루히요나 바티스타와 유사하게 미국의 점령에 기원을 두고 있다. 워커 전쟁의 파괴에도 불구하고, 니카라과는 20세기의 여명기에는 안정적이고 번영된 나라를 이루었다. 그러한 배경에는, 1893년부터 1909년까지 대통령을 지낸 대중적인 자유주의자 호세 산토스 셀라야*José Santos Zelaya*가 있었다. 외견상, 셀라야는 다른 라틴아메리카 국가들에게서는 찾기 힘든 미래지향적이고 잘 관리된 정부를 제공했다. 게다가 그는 외국 투자를 환영하고, 외채도 제때에 상환했다. 그러나 그도 역시 민족주의자였다. 외국인들에게 특별대우를 하지 않은 반면, 수익성 좋은 무역의 독점권은 자신이 선호하는 니카라과인들에게 분배했다. 그러한 태도는 니카라과 내에 거대한 바나나, 마호가니 농장이나 광산개발권을 소유한 소수의 미국 관리들과 갈등을 유발하였다.

대서양 연안에 위치한 영어 사용 지역 블루필즈의 경우, 셀라야가 정권을 잡기 전에는 토착 미스키토*Miskito*족 지도자들이 개발 특권을 내주었고, 그러한 특권에는 규제나 관세가 부가되지 않았다. 따라서 외국인 경영자들은 새로운 세금을 둘러싸고 종종 중앙정부와 분쟁을 벌였다. 특히 1894년과 1899년에는, 실패로 끝나긴 했지만, 반反셀라야 폭동을 조장하기도 했다. 미국 해군은 자신들의 자산을 지킨다는 명목으로 두 차례의 폭동에 모두 개입하였다.[41]

블루필즈 기업들과의 분쟁은 셀라야가 직면해야 할 문제의 서곡에 불과했다. 앞서 본 것처럼, 20세기로 접어들 무렵 셀라야는 두 바다를 잇는 운하 프로젝트를 놓친 바 있다. 운하 통과지역의 영유권을 미국에 허용하지 않았기 때문이었다. 그 후 1907년, 온두라스, 과테말라, 엘살바도르 연합과 니카라과 사이에 전쟁이 발발했다. 셀라야의 군대는 여러 차례 신속한 승리를 거둔 후 온두라스를 점령했다. 니카라과군이 빠르게 진격하자, 그곳의 미국 바나나 회사들은 플랜테이션을 보호하기 위해 루스벨트에게 해군 파견을 요청했다. 미군이 셀라야 군과 맞부딪치기 직전, 미 국무장관 엘리후 루트와 멕시코 대통령 포르피리오 디아스Porfirio Díaz가 군대를 철수하도록 니카라과 대통령을 설득했다. 이들 사이의 평화회담은 미래의 분쟁을 중재하기 위한 중앙아메리카 사법재판소Central American Court of Justice의 수립으로 이어졌다.[42] 그러나 이 전쟁으로 셀라야의 위상은 확실하게 올라갔다. 그는 이제 누구도 부인할 수 없는 지역의 강자로 떠올랐고, 이는 미국 관리들에게 상당히 불편한 일이 되었다.

---

41) 1899년까지 미국의 5개 기업이 블루필즈에 투자한 금액은 거의 300만 달러에 이른다. Langley, *The United States and the Caribbean*, pp. 46~49. Bermann, *Under the Big Stick*, pp. 123~150. Gregorio Selser, *Sandino: General of the Free* (New York: Monthly Review Press, 1981), pp. 28~40.
42) Bermann, *Under the Big Stick*, pp. 137~140.

루스벨트의 뒤를 이어 윌리엄 하워드 태프트 정부가 들어섰을 때, 국무장관 필랜더 체이스 녹스는 새로운 대^對카리브 정책을 수립했다. 역사가들은 그것을 '달러 외교'dollar diplomacy라고 불렀다. 유능한 기업 고문변호사로 활약했던 녹스에게 라틴아메리카는 낯선 땅이 아니었다. 그는 파나마와 쿠바에서 지낸 경험이 있었고, 과거 몸담았던 로펌은 두 개의 니카라과 대기업(미국-니카라과 회사와 라루스 앤 로스앤젤레스 광산회사)을 소유한 피츠버그의 플레처 가^家를 대리했다.

녹스의 재정 개혁 구상은 이 지역에 관세 관리체제를 수립하여, 중앙아메리카 외채의 대부분을 장악하고 유럽 투자은행을 미국 회사들로 대체하는 것이었다. 그러한 목적을 달성하기 위해서 녹스는 해군에게 원조를 요청하는 일도 마다하지 않았다.[43] 그는 곧바로 셀라야가 장애물이라고 결론 내린다. 운하 프로젝트를 놓친 뒤, 셀라야는 니카라과를 통과하는 자신만의 노선을 구상해 왔다. 그것은 서부 해안과 대서양의 외딴 지역을 연결하는 철도노선이었다. 그는 철로를 건설하기 위해 독일 회사와 협상을 진행하면서 영국-프랑스 기업조합으로부터 120만 달러의 융자를 확보했다. 그러한 셀라야의 경제적 독립 움직임에, 녹스는 물론 중앙아메리카 대출 사업의 한 부분을 차지하려는 브라운 브라더스, J. W. 셀리그먼, J. P. 모건 앤 컴퍼니와 같은 금융회사들은 당황하지 않을 수 없었다. 1909년, 자유주의자이자 니카라과군 장교인 후안 에스트라다와 보수주의자인 에밀리아노 차모로가 셀라야에 대항하여 반란을 일으킨다. 그 무렵, 미국의 황색언론들은 카리스마 넘치는 대통령을 학살자나 폭군으로 매도하는 기사를 싣기 시작했고, 미국 대중들에게는 가장 정형화된

---

43) Ibid., pp. 142~145.

'헤페'의 이미지로 소개한다.[44]

　　에스트라다의 반反셀라야 반란은, 파나마에서 발생한 아마도르, 뷔노-바리야의 경우와 마찬가지로, 국내에서 준비하기는 어려운 일이었다. 작전은 뉴올리언스에서 수립되었고, 미국 기업들이 자금을 지원했다. 자금의 전달은 플레처 가의 로스앤젤레스 광산회사 중역인 알폰소 디아스가 담당했다.[45] 그리고 19세기의 옛 불법약탈filibuster 폭동으로 되돌아간 듯, 다수의 미국 용병이 군사고문으로 반란에 가담했다. 이들 속에는 현역 텍사스 주방위군 대위 고드프리 파울러, 수년간 중앙아메리카에서 광산 채굴에 종사한 레너드 그로스, 그리고 버지니아 태생 사업가 리 로이 캐넌 등도 보였다. 반란이 시작된 후 얼마 지나지 않아, 니카라과 병사들은 군 보트 폭파를 시도하던 캐넌과 그로스를 체포했다. 셀라야는 이들을 군법회의에 회부했고, 재판에서 사형이 선고됐다. 이 모든 사건은 태프트가 셀라야와 외교관계를 단절하고 퇴진 캠페인을 펼치는 구실이 되었다. 미국은 신속하게 그의 사임을 압박하고 나왔다. 그러나 위기상황은 워싱턴이 후원한 에스트라다와 디아스가 권력을 잡는 1910년이 되어서야 끝을 맺는다.

　　새로운 지도자들은 녹스가 원하는 모든 '개혁'을 충실하게 수행했다. 그들은 브라운 브라더스와 셀리그먼의 차관을 통해 셀라야가 차입한 영국-프랑스 외채를 정리하고, 관세 징수를 위해 미국인 감독을 임명하였

44) Ibid., p. 143.
45) Ibid., p. 144. Langley, *The United States and the Caribbean*, pp. 50~52. 버만(Bermann)과 랭글리(Langley)는 미국 정부가 폭동에 매우 적극적으로 가담했다고 언급한다. 반면 대너 먼로(Dana Munro)는 그의 저서 *Intervention and Dollar Diplomacy in the Caribbean* (1964), pp. 167~186에서 미국의 행위에 제국주의적 동기를 그다지 많이 부여하지 않는다.

으며, 자국에 미군을 주둔시켰다. 이러한 과정에서 그들은 국고를 약탈하기도 했다.[46] 1912년 중반, 두 개의 월스트리트 기업이 신설 니카라과 국립은행(코네티컷에 설립됨)과 태평양 철도회사(메인에 수립됨)를 관리했다. 니카라과의 동과 서를 철로로 연결하려던 셀라야의 꿈은 그의 퇴진과 함께 물거품이 되었다.[47] 워싱턴과 월스트리트가 니카라과의 재정 업무를 지휘함에 따라, 이후 13년 동안 소규모의 해군 병력이 니카라과에 계속 잔류했다.

해군은 1925년이 되어서야 철수했다. 그러나 다음 해 새로운 내전이 발발하자 다시 니카라과로 복귀했다. 이번에는 차모로 장군이 전년도 선거에서 승리한 자유당 후안 사카사Juan Sacasa를 밀어내고 디아스를 다시 권력에 앉히려고 시도했다. 처음에 중립을 선언했던 미 해군은, 지방 농민들이 대중적인 사카사의 재집권을 위해 무기를 들자 디아스를 지원하기 시작했다.[48] 농민반란은 7년간 지속되었고, 반란지도자 아우구스토 세사르 산디노Augusto César Sandino를 전설로 만들었다. 정부군과 워싱턴이 파견한 6천 명의 해군을 계속 따돌리자, 여러 나라에서 수백 명의 의용군이 산디노 군에 가담했다. 1927년, 진압군들의 폭격과 기관총 난사로 비무장한 남녀노소 300여 명이 사망하는 오코탈Ocotal 학살이 발생했다. 이 사건 이후 미국 내 여론은 점령 전쟁에 반대하는 방향으로 돌아섰다.[49] 1932년 사카사 대통령이 다시 한 번 당선될 때까지 버티고 있던 미해군은, 철수를 요구하는 대중시위가 발생하자 어쩔 수 없이 물러났다.

---

46) 그들은 반(反)셀라야 전쟁 중에 입은 피해에 대한 보상금 명목으로 그들 자신과 동료들에게 터무니없는 금액을 지급했다. 차모로 한 사람이 무려 50만 달러를 받았다.
47) Bermann, *Under the Big Stick*, pp. 157~161.
48) Langley, *The United States and the Caribbean*, pp. 102~103.

그 후 산디노는 말을 타고 의기양양하게 마나구아에 입성하여, 대통령궁에서 사카사와 포옹했다. 미국이 라틴아메리카에서 패배를 맛본 것은 이때가 처음이었으며, 미 대통령들은 이 일을 두고두고 기억하게 된다. 철수하기 전, 해군은 가까스로 신국민군을 훈련시킬 수 있었고, 영어를 구사할 수 있는 아나스타시오 소모사 가르시아를 사령관에 앉혔다. 2년 뒤 소모사의 병사들은 산디노를 습격하여 처형하였다. 다수의 역사학자들에 따르면, 이 암살의 배후에는 미 대사 아서 블리스 레인의 비밀스런 지원이 있었다.[50] 소모사는 지체 없이 사카사를 몰아내고, 니카라과를 사적인 영지로 만들었다. 소모사 이후에는 두 아들이 그 뒤를 이어 독재자로 군림하여, 소모사 일가의 통제는 1979년 산디니스타 혁명이 일어나기까지 지속되었다.

20세기 초에 미국 정부는 왜 그토록 카리브 해와 중앙아메리카 전역에서 지역 경찰 역할을 맡으려 애를 쓴 것일까? 일부 역사가들은, 미국 지도자들이 제1차 세계대전을 앞두고 미국 해안 인근에 독일이나 다른 유럽 국가들의 교두보가 건설되는 것을 진정으로 두려워했다고 주장한다.

---

49) 니카라과와 도미니카공화국의 대사를 지낸 놀스(H. H. Knowles)는 윌리엄스타운에서 행한 연설에서 미국의 개입을 비난하며 다음과 같이 말했다. "우리는 그 공화국들에 우호적인 유럽 국가들이 그들을 지원하러 올 수 없도록 먼로 독트린을 이용해 막아 왔다. 그러면서도 우리는 그들에게 교사, 기술교관, 문명의 기본요소들을 보내는 대신, 고리(高利)의 금융회사 사기꾼들, 탐욕스런 투기자본가들, 부패한 매수꾼들, 그들에게 방아쇠를 당기는 군인들, 그리고 온갖 질병을 옮기는 타락자들을 보냈다." Selser, *Sandino: General of the Free*, pp. 80~81 참조.

50) Langley, *The United States and the Caribbean*, p. 109. Selser, *Sandino*, pp. 174~177. Tom Barry and Deb Preusch, *The Central America Fact Book* (New York: Grove Press, 1986), p. 272.

그러나 제1차 세계대전이 끝난 후에도, 의심할 바 없는 카리브 해의 절대 강자가 된 후에도, 미국의 개입은 계속되었다.

다른 학자들은 라틴아메리카 정부에 차관을 대준——대부분의 자금은 불건전한 투기사업에 흘러 들어갔지만——미국 은행가와 기업가들의 공격적인 진출을 거론한다. 1914년 11월, 미국 은행으로는 처음으로 내셔널 시티뱅크가 아르헨티나에 라틴아메리카 지점을 개설한다. 5년 뒤이 은행은 42개 지점을 확보한다.[51] 1920년대에는 미국 기업들이 라틴아메리카, 그 중에서도 특히 멕시코, 중앙아메리카, 카리브 지역에 정부채권을 매입하는 방식으로 약 20억 달러를 유통시켰다. 은행가들은 자신들의 자금이 존재하는 한, 투자 보호를 위해 해군이 파견되길 원했다.[52] 그러나 바로 그때 월가의 주가폭락으로 대공황이 엄습했다. 1931년 볼리비아를 시작으로 아이티를 제외한 모든 라틴아메리카 국가들이 채무를 상환하지 못한다. 결국 미국 투자자들은 대공황 기간 중에 라틴아메리카에서 철수할 수밖에 없었다.

미국의 초기 개입이 어떠한 이유로 발생했든, 프랭클린 D. 루스벨트의 대통령 당선은 라틴아메리카에 접근하는 방식을 새롭게 변화시켰다. 이제 워싱턴의 공공연한 위협이나 군사적 점령은 대부분 종료되었다. 그 대신 현지 주재 미국 외교관들이 내부질서를 유지할 만한 순종적인 친미독재자들을 통해 간접적으로 지배하는 방식을 추구했다. 이렇게 해서 1930년대 중반부터 1940년대까지 '헤페'들의 전성시대가 도래했다. 일

---

51) 1920년경에는 이 지역에 99개의 미국 은행 지점이 존재했다. Barbara Stallings, *Banker to the Third World: U.S. Portfolio Investment in Latin America, 1900-1986* (Berkeley: University of California Press, 1987), pp. 65~67 참조.

52) Ibid., p. 71.

부 소수를 제외하면, 그들의 이름은 미국 국민들에게 거의 알려져 있지 않다. 하지만 자국 국민들에게 그들은 공포와 어둠으로 가득찬, 잃어버린 시대를 상징한다. 일부 국가에서는 그 잔재가 너무 강해 오늘에 와서야 가까스로 정상을 회복하고 있다.[53] 트루히요, 바티스타, 소모사 일가뿐만 아니라 과테말라의 호르헤 우비코 카스타녜다, 엘살바도르의 막시밀리아노 에르난데스 마르티네스, 온두라스의 티부르시오 카리아스 안디노 등도 그러한 시대를 이룬다. 이들을 하나로 묶을 수 있는 공통점은, 처음에는 제2차 세계대전 기간 중 반파시스트 동맹으로, 그 후 1940년대 후반과 50년대에는 믿음직한 반공동맹으로 '엉클 샘'Uncle Sam의 환심을 산 능력을 들 수 있을 것이다.

전쟁이 끝난 후, 라틴아메리카에 투자를 재개한 미국 기업들은 예외없이 '헤페'들을 믿음직한 세력가라고 생각했다. 수십 년간의 혼란을 끝내고 원하던 안정을 제공했기 때문이다. 1955~1969년 기간 동안 라틴아메리카에 대한 미국의 직접투자는 세 배로 증가했다. 광산, 석유, 제조회사들이 투자를 주도하였고, 수익률도 급증했다.[54] 예를 들면, 1950년에서 1967년 사이에 미국이 라틴아메리카에 신규로 투자한 금액은 총 40억 달러를 넘지 않았지만, 수익은 거의 130억 달러에 달했다.[55]

이러한 통상무역의 급증과 더불어, 유럽과 아시아에 출현한 공산주의 블록도 라틴아메리카라는 뒤뜰을 통제해야 한다는 워싱턴의 결심

---

53) Eduardo Galeano, *Open Veins of Latin America: Five Centuries of the Pillage of a Continent*, trans. Cedric Belfrage (New York: Monthly Review Press, 1973), pp. 124~129.
54) Stallings, *Banker to the Third World*, pp. 84, 187. 1950년대 초반, 전 세계를 대상으로 한 미국 기업들의 연간 '금융자산 투자'(portfolio investments)에서 라틴아메리카가 차지하는 비율은 불과 4%에 지나지 않았다. 그러나 1979년에 이 수치는 41%까지 치솟는다.
55) Galeano, *Open Veins of Latin America*, pp. 246~247.

을 더욱 굳히게 했다. 사회민주주의나 급진 좌파정부가 권력을 잡고 기업 환경을 위협하는 곳은 어디든, 미국 정부는 그들을 전복시킬 우익 대항세력을 후원하면서 맞대응했다. 1954년 과테말라에서 하코보 아르벤스Jacobo Arbenz의 자유주의적 개혁 정부가 전복된 이면에는 미 중앙정보부CIA의 암약이 있었다.[56] 1961년에는 정보부가 쿠바의 피그만 침공을 기획했으나 실패로 끝났다. 4년 뒤에는 해군이 다시 한 번 도미니카공화국을 침공했다. 이곳에는 2년 전 민주적으로 당선된 후안 보슈 대통령이 군부 쿠데타로 축출된 사건이 있었다. 그러나 대통령을 따르는 반란군이 쿠데타를 주도한 군 장성 그룹을 격퇴시키려 하자 미국이 곧바로 개입한 것이다. 이와 비슷한 상황이 1970년대에는 살바도르 아옌데Salvador Allende 대통령 통치하의 칠레와 후안 벨라스코 알바라도Juan Velasco Alvarado의 페루에서, 1980년대에는 산디니스타 지도자 다니엘 오르테가Daniel Ortega 통치하의 니카라과에서도 발생했다. 그 밖의 다른 곳에서는 이러한 계획이 모두 실패하자, 1982년 그레나다와 1989년 파나마의 경우처럼 미국 지도자들은 직접적인 침공을 선택했다.

그러나 20세기를 거치면서 라틴아메리카에 침투하는 미국 자본이 증가함에 따라, 이전과 다른 특이한 현상이 나타나기 시작했다. 즉, 라틴아메리카 노동자들이 북쪽으로 향하기 시작한 것이다. 멕시코 인구의 1/10에 해당하는 100만 명 이상의 사람들이 1900년에서 1930년 사이에 미국 남서부로 이주했다.[57] 어떤 이들은 1910년 혁명의 혼란과 탄압을 피해 도주했다. 그러나 대개의 경우 서부의 철도, 광산, 면화나 과일 농장

56) Schlesinger and Kinzer, *Bitter Fruit*, p. xii.
57) McWilliams, *North from Mexico*, p. 152.

에 싼값의 노동력으로 채용되었다.

예를 들면, 산타페 앤 서던 퍼시픽 철도회사는 1908년 노선 관리를 위해 1만 6,000명의 멕시코인을 받아들였다. 헨리 포드 사(社)는 1918년 디트로이트에서 학생 근로자로 일할 인력으로서 멕시코인 수백 명을 데려왔다. 그 결과 1928년경에는 이 자동차 도시에 1만 5,000명의 멕시코인이 거주하게 되었다.[58] 1923년에 베슬리헴 철강회사는 펜실베이니아 제당소에서 일할 천여 명의 멕시코인들과 계약을 체결했다. 같은 해, 내셔널 튜브 컴퍼니는 오하이오 주 로레인 공장에서 일할 이민자 1,300명을 텍사스에서 데려왔다.[59] 그레이트 웨스턴 사탕무 회사는 1920년대와 30년대에 3만 명이 넘는 멕시코인을 콜로라도 사탕무 농장에 받아들였다. 미네소타 제당회사는 그 주로 이주하는 멕시코인들에게 수송, 주택, 신용대출을 제공했다. 그 결과 1912년에는 미네소타의 주도(州都) 세인트폴에 멕시코인 정착촌이 들어섰다.[60] 미시건과 캔자스에도 이와 유사한 계약들이 이루어졌다.

제2차 세계대전 이후, 실개천 같던 이민자의 흐름은 급류가 되었다. 1950년대 푸에르토리코인들과 함께 시작된 이 흐름은 1960년대에는 쿠바인과 도미니카인, 1970년대에는 콜롬비아인, 1980년대에는 중앙아메리카인들로 넓혀졌다. 이 이민자들의 출신지는 지난날 미국 병사와 기업가들이 파고들어 위협하고 변형시켰던, 바로 그 카리브 지역의 국가들이

---

58) Ibid., p. 169. Acuña, *Occupied America*, p. 177. Zaragosa Vargas, *Proletarians of the North: A History of Mexican Industrial Workers in Detroit and the Midwest, 1917-1933* (Berkeley: University of California Press, 1993), p. 6.

59) McWilliams, *North from Mexico*, p. 169.

60) Acuña, *Occupied America*, p. 153.

었다. 그러나 앞으로 살펴보겠지만, 각각의 국가들에서 일어난 이주에는 뚜렷한 차이가 존재한다. 계층의 차이도 있고, 관습의 차이도 있다. 어디에 어떻게 정착했는가 하는 면에서도 차이가 나타난다. 그리고 미국인들이 받아들인 방식에도 차이가 있다. 그들 하나하나의 모험은 그들 이전에 도착한 영국인, 아일랜드인, 이탈리아인, 폴란드인들의 모험만큼이나 풍부하고 다양한 경험들로 가득 차 있다. 그러나 그들은 이전의 이민 물결에서는 볼 수 없는 하나의 연결 끈을 공유하고 있었다. 그것은 바로 공통의 언어였다.

20세기 말에 가까워질수록, 라틴아메리카의 새로운 이민자들은 아무도 예상치 못한 방식으로 미국을 변화시키기 시작했다. 미국인들의 정복이 이제 부메랑이 되어 미국 해안으로 되돌아온 것이다.

2부

가지들

제4장
국민이자 외국인이었던 푸에르토리코 사람들

마르칸토니오가 선거에서 졌어요. 사람들이 스픽spic(스페인어를
쓰는 중남미계 미국인을 모욕적으로 일컫는 말)을 보이는 족족 밟아
뭉개고 있어요.

— 뉴욕의 한 경찰, 1950

2차 대전 전까지 멕시코 농민들은 미국에서 가장 친숙한 라틴아메리카
인이었다. 물론 할리우드 영화 속 배우나 뉴욕의 나이트클럽 지휘자, 프
로야구 팀의 선수로 뛰는 라티노가 간간이 보이기도 했다. 하지만 미국
남서부 밖에서는 미국인들이 일상적으로 히스패닉을 목격하거나 알게
되는 일은 드물었다.

　　그러던 중 푸에르토리코인들이 미국에 도착했다.

　　1946년 한 해에만 카리브 해로부터 뉴욕으로 4만 명 이상이 이주했
다. 사실 뉴욕에는 1차 대전 이래로 작은 푸에르토리코 거주지가 존재해
왔고, 이 '콜로니아'colonia(스페인어로 '식민지'. 여기서는 밀집 거주 지역을
의미)는 점차 커져서 2차 대전 말미에는 13만 5천 명에 달하는 상황이었
다. 하지만 1946년에 일어난 폭발적인 푸에르토리코 이민인구 증가 현상
은 이후 15년간 계속 상승세를 탔다. 1960년경에는 100만 명 이상이었고,
한 사회학자는 이를 "역사상 가장 규모가 큰 비행이민"이라고 불렀다.[1]
오늘날 본토에 거주하는 푸에르토리코인의 숫자(380만)와 미국에 거주
하는 숫자(280만)가 비슷할 정도다.

우리 가족도 1946년에 이주했다. 나의 부모님 후안 곤살레스와 플로린다 곤살레스는 팬암의 첫번째 정규 산후안 발發 비행편 중 하나를 이용했다. 저 멀리 서부의 '브라세로'bracero(멕시코 단기 계약 농민)와 마찬가지로, 나의 부모님도 현대의 라티노 디아스포라의 초창기 개척자들이었다.

푸에르토리코인들은 개척자의 역할에 특히나 적합했다. 오늘날에 이르기까지, 모든 라틴아메리카 출신 이민자들 가운데 오직 우리만이 비자나 외국인 거주증 없이 미국 국민으로 이곳에 입국할 수 있다. 하지만 미국의 식민지라는 위치에서 직접적으로 비롯된 이 독특한 장점은 의외의 장애물이 되기도 했다. 우리가 가진 시민권이 합법적이었음에도 불구하고, 북부에 사는 보통 미국인은 백인이든 흑인이든 상관없이 푸에르토리코인을 사실상 외국인으로 여겼다. 우리가 보아 온 것처럼 대법원조차도 푸에르토리코인의 지위를 설명하는 데 어려움을 겪을 정도였다. 국민이자 동시에 외국인이라는 이 모순이 우리가 근본적으로 다인종적 혼혈인구라는 현실과 결합하면서, 푸에르토리코인들의 미국 이민 경험을 심각하게 정신분열증적인 무언가로 만들었다. 이러한 현상은 여러 면에서 다른 라틴 집단들보다는 아프리카계 미국인이나 북미 원주민들의 경험과 유사하다.

그 정신분열을 이해하려면 우리는 먼저 푸에르토리코인의 세계관을 형성한 요소들을 연구해야만 할 것이다. 왜 그토록 많은 수의 이민자가

---

1) 인구조사국은 맨해튼의 스패니시 할렘과 브루클린 네이비 야드 주변 인구를 7,364명으로 집계했다. Joseph Fitzpatrick, *Puerto Rican Americans: The Meaning of the Migration to the Mainland* (Englewood Cliffs, N.J.: Prentice-Hall, 1987), p. 38.

고향을 버렸는가? 그들이 미국에 도착했을 때 무슨 일이 일어났는가? 다른 사람들은 그들을 어떻게 바라보았는가? 그들은 새로운 환경에서 어떻게 대처하고 살아남았는가? 어째서 그렇게 많은 이들이 이민의 사다리를 오르지 못하고 빈곤층으로 남았는가? 우리 가족의 이야기는 아주 전형적인 초기 이민자들의 이야기인 만큼, 다행스럽게도 이런 질문에 대해 어느 정도 통찰을 제시할 수 있을 것이다.

우리는 왜 왔는가

1932년 5월 어느 날, 푸에르토리코 남서쪽 해안에 있는 도로 건설현장 막사에서 기관장이었던 나의 조부님 테오필로 곤살레스는 열에 들떠 의식을 잃었다. 며칠 후 그는 폐렴으로 사망했고 그의 죽음은 젊은 아내 마리아 곤살레스 톨레도와 여섯 아이를 곧바로 극도의 가난으로 몰아넣었다.[2]

나의 조모님은 1914년에 라레스라는 산속 도시에서 테오필로와 결혼했다. 그때 그녀는 16세의 글을 모르는 고아 소녀였고, 그녀를 하녀로 길러 온 스페인 출신 대모로부터 도망치고픈 절박한 상황이었다. 그녀의 새 남편은 좋은 교육을 받은 34세의 신사였고, 1850년대 후반에 스페인 마요르카 섬에서 라레스로 이주해 온 부유한 커피농장주의 장남이었다.

---

2) 이 내용을 포함한 곤살레스 가문의 초기 역사는 저자가 1992~1993년에 걸쳐 그라시엘라 라모스, 푸라 모로네, 세르히오 곤살레스, 아나 멜렌데스, 테오필로와 마리아 곤살레스의 자녀 중 생존자들, 저자의 모친 플로린다 기옌, 그녀의 남동생 에라클리오 '판초' 리베라, 저자의 숙부 찰리 멜렌데스, 그리고 곤살레스 가족의 2세대 구성원인 저자의 여러 사촌들을 인터뷰한 내용에서 발췌한 것이다.

푸에르토리코의 크리오요criollo는 재빨리 라레스의 사업계를 휘어잡았으나 그곳 태생 사람들을 고용하지는 않던 마요르카 출신 스페인인들에게 울분을 품었다.[3] 마요르카인들은 스페인 왕권에 충성했던 반면 라레스는 분리주의와 노예제 폐지론의 온상이었다. 1868년 9월 23일 라레스 봉기가 일어났고, 이는 푸에르토리코 역사상 가장 중요한 독립운동이었다. 내 조부님의 부모님이었던 테오필로 곤살레스와 아우렐리아 레비는 그때 십대였지만, 신속하게 반란을 진압한 스페인 군인들에게 환호를 보냈다. 더 이상의 동요를 억누르고자 스페인 왕실은 1873년에 푸에르토리코에서 노예제도를 폐지했지만, 나의 증조부모님은 그 지역의 다른 소규모 커피농장주들과 마찬가지로 법령을 피해 몇몇 흑인 노동자들을 반半노예 상태로 농장에 데리고 있었다. 이 사실은 그들의 막내아들 오노프레를 분노케 했고, 그는 곧 스페인 통치에 반대하는 반체제 인사가 되었다.

가족들 사이에 전해지는 이야기에 따르면, 나의 증조부모님은 오노프레를 조롱하며 미친 몽상가라고 불렀다고 한다. 그들은 미서 전쟁이 발발하고 미군이 과니카에 상륙할 때까지도 그를 비웃고 있었다. 얼마 안 있어 오노프레는 아버지의 말 몇 마리를 훔쳐서 양키 침입자에게 복무를 자원하러 남부로 떠났다. 그는 몇 주 후에 미군 중대의 정찰병으로 자랑스럽게 말을 몰며 라레스로 돌아왔다.[4]

우리가 본 바와 같이, 이 초기 미군 주둔은 푸에르토리코 지지자들마

---

3) Dietz, *Economic History of Puerto Rico*, p. 55.
4) 미국의 침공에서 푸에르토리코 정찰병들이 담당한 역할에 대해서는 Rivero, *Crónica de la Guerra Hispano Americana en Puerto Rico*, pp. 473~487 참조.

저 실망시켰다. 이 나라 경제의 척추 역할을 하던 소규모 커피농장과 담배농장을 파산시킨 것이다. 미국 설탕회사들이 토지를 차지했고, 이로 인해 일 년에 몇 달밖에 일하지 못하는 광범위한 무산 농민층이 생겨났다. 수많은 가난한 이들에게 삶은 점점 견디기 힘들어져 갔다. "나는 농장에서 농장으로 이동해 갔고, 어디서나 야위고 영양이 부족한 여자들과 병든 남자들이 똑같은 이야기를 반복했다. 언제나 음식이 부족하고 일거리가 없다는 이야기였다."[5] 1929년에 푸에르토리코의 전 총독이었던 시어도어 루스벨트 주니어의 말이다.

절망적이었던 그 몇 해 동안, 마리아 곤살레스와 테오필로 곤살레스는 열한 명의 자식 중 다섯을 잃었다. 그나마 테오필로가 정부를 위해 도로를 건설하는 일을 했기에 그들은 대부분의 사람들보다는 나은 상황이었다. 그러나 1932년에 가장을 잃은 가족의 재산은 급격히 줄어들었다. 마리아는 남부 해안가 폰세 시市에 있던 큰 집을 팔고, 시의 산동네에 위치한 빈민촌인 마요르 칸테라에서도 가장 열악한 지역인 엘 리가오의 초라한 판잣집으로 이사했다. 그녀는 폰세의 트리코체 병원에서 잡역부 일을 구했고, 때로는 라레스 근방 농장에서 커피콩을 따기도 했다.

하지만 임시직으로는 대가족을 부양하기에 충분한 돈을 벌지 못했기에, 그녀는 어쩔 수 없이 굶주림에서 벗어날 희망을 품고 자식 중 몇 명을 친구들에게 맡겼다. 그녀의 장녀이자 나의 고모인 그라시엘라는 가게를 소유한 이웃에게 맡겨졌고, 카운터를 보는 대가로 숙식을 제공받았다. 다른 딸 아나 고모는 이웃집에 살며 가정부로 일했다. 내 삼촌 세르히오

---

5) Earl Parker Hanson, *Puerto Rico: Land of Wonders* (New York: Alfred A. Knopf, 1960), p. 77.

는 아이가 없는 학교 선생님과 함께 살게 되었다.

그러나 가장 어린 두 아이, 즉 나의 고모 푸라와 나의 아버지 페페는 남의 집에서 일하기엔 너무 작았다. 그래서 그녀는 여섯 살 먹은 페페를 고아원에 맡겼다. 고아원의 수녀들에게 페페를 넘기던 날 아이가 공포에 질려 외치던 목소리는 그녀의 마음을 짓찢었다. 죄책감이 너무 컸던 나머지 몇 년 후에 그녀는 수녀들로부터 아이를 되찾아와 아이 없는 다른 교사와 함께 살도록 했다. 하지만 그 교사는 여러 해 동안 페페를 성적으로 학대했고, 이 때문에 그는 말없고 쉽게 분노하는 알코올중독자가 되고 말았다. 그의 생애 내내 내면에는 목적 없는 분노가 쌓여 있었고, 술을 많이 마실 때마다 그의 어머니가 자신을 버렸을 때의 이야기를 읊조리곤 했다.

집에 남은 유일한 자식인 푸라는 어머니의 충실한 동반자가 되었다. 다른 아이들은 한 달에 두세 번쯤 일요일에만 어머니를 볼 수 있었다. 마리아는 어디에 가든 막내딸을 데리고 갔다. 병원에서 감독관이 나타날 때마다 딸을 싱크대 밑에 숨겼다. 농장에서는 푸라의 목에 양철통을 달아 주고 작은 손가락으로 커피콩을 따는 법을 가르쳐 주었다. 유년기에 어머니와 오래 떨어져 있었기에 그들 모두가 입은 마음의 상처는 너무도 깊었다. 수십 년이 지나 가족이 재결합하고 뉴욕으로 이사한 뒤에도, 곤살레스 가문의 형제자매들은 그 당시에 대해 터놓고 이야기하는 일이 절대로 없었다.

1930년대는 푸에르토리코 현대사에서 가장 큰 격동기였다. 내 가족이 자리 잡았던 폰세가 폭풍의 중심지였다. 경제 대공황은 푸에르토리코를 오늘날의 아이티보다도 더 비참한 사회적 지옥으로 변화시켜 버렸다. 이곳을 방문한 한 사람이 다음과 같이 말한 바 있다.

천천히, 가끔은 빠르게, 굶주림은 도처로 퍼져 갔다. 시골길로 차를 타고 갈 때는 죽은 아이들을 궤짝에 담아 나르는 장례행렬 때문에 멈춰 서기 일쑤였다.

대다수의 도시에는 여섯 살에서 열여섯 살 사이의 '늑대 갱'들이 도사리고 있었다. 그 아이들 대부분이 자신의 부모가 누구인지도 몰랐다. 그들은 날치기나 도둑질을 했고 주차된 자동차를 '보호'해 주는 서비스도 제공했다. 운전자가 그 서비스에 대해 돈을 내기를 거부하는 경우엔 연료 탱크에서 기름을 빼내고, 바퀴 덮개를 훔치고, 타이어에 칼집을 냈다. 그들은 공원이건 건물 복도건 골목이건 상관없이 아무 데서나 잤다.[6]

폰세 꼭대기에 위치한 엘 리가오 구역은 폭력과 범죄로 악명이 높았다. 이웃들은 자주 싸웠고, 도끼 칼을 휘두르는 싸움 끝에 잔인하게 살해당하는 일도 흔했다. 어느 날 푸라 곤살레스는 작은 손수레로 얼음을 팔던 사로라는 이름의 젊은이가 피를 흘리며 네 명의 남자들에게 붙들려 그녀 집 앞의 먼지 낀 거리를 질질 끌려가는 모습을 공포에 질려 바라보았다. 그 남자들은 아무렇지도 않게 사로를 나무에 매달고 칼로 찌르고 거세했다. 푸라가 나중에 알게 된 바에 의하면 사로는 숫자 도박꾼이었고, 시의 고위공무원이 그에게 돈을 걸었다. 숫자가 맞아서 공무원이 돈을 받으러 왔을 때, 사로가 그 돈을 전부 술에 탕진했음을 깨달았다. 결국 엘 리가오에 본보기를 보여 주기 위해 그 공무원은 사로의 공개처형을 명했던 것이다.

이와 동시에, 폰세는 푸에르토리코에서 가장 풍요롭고 교양 있는 도

---

6) Ibid..

시이기도 했다. 이 나라 민족주의 운동의 중심지로, 그 지도자는 페드로 알비수 캄포스였다. 알비수는 1916년 하버드 대학을 졸업하고 미 해군에서 복무했으며 라틴아메리카를 수년에 걸쳐 여행했다. 1932년 그는 고향으로 돌아와 당 지도자가 되었다. 카리스마 있는 연설가이자 독실한 가톨릭 신자였던 알비수는 미국의 통제하에서 푸에르토리코가 오랫동안 느껴 온 좌절감을 쉽게 파고들었고, 거의 신비주의적 성격의 반反양키, 반反신교적인 민족주의를 곧바로 설파하게 되었다.

알비수가 귀국했을 즈음, 미국 설탕 농장주들의 탐욕은 일종의 사회적 불씨처럼 작용했다. 사탕수수 수확 인부들의 월급의 경우, 1917년에는 하루 12시간 노동에 63센트였으나, 1932년에는 50센트로 떨어진 상태였다. 노동 가능 인구의 40퍼센트가 실직 중이었지만 기업의 이윤은 높았다.[7] 1933년 한 해만도 하반기 6개월을 살펴보면 85회의 파업과 시위가 일어났고, 그중 일부는 식민지 정부에 직접적으로 대항해 일어났다. 이중 한 파업에서는 수천 명의 사탕수수 수확 인부들이 하루 8시간 노동을 요구하며 봉기해서, 무능한 지도자들을 규탄하고 알비수 캄포스와 민족주의자들에게 도움을 요청했다. 처음으로 민족주의와 노동운동이 결합하게 된 것이다. 푸에르토리코의 다른 지역인 라레스와 마야게스에서는 재봉 노동자들이 파업을 진행하는 동안 시위 중 발생한 폭력 사태로

---

7) 1917년에 푸에르토리코인들은 하루에 63센트를 벌었고, 반면에 하와이의 사탕수수 노동자들은 97센트, 쿠바인들은 1달러 26센트를 벌었다. 1923년에서 30년 사이에 미국에서 가장 큰 4개 기업의 자본수익률(ROC) 평균은 22.5퍼센트였다. 1920년에서 25년 사이에 미국 사탕수수 재배 기업 세 곳(센트럴 아기레, 사우스 포르토리코, 파하르도)이 6천만 달러 이상을 주주들에게 배당금으로 분배했으나 재투자를 위해서는 2천만 달러를 모았을 뿐이었다. 말하자면 이 기업들이 벌어들인 수익의 75퍼센트가 나라를 떠나 주주들의 주머니로 들어가고 있었던 것이다. James Dietz, *Economic History of Puerto Rico*, pp. 110~111, 139.

두 명이 사망하고 일흔 명이 다쳤다.[8]

반反양키 폭력을 막기 위해 1936년 연방 요원들은 폭동을 선동했다는 명목으로 알비수 캄포스와 당 지도자들을 체포했다. 그들이 갇혀 있는 동안 당의 젊은이들이 만든 커데츠the Cadets('사관생도들'이라는 의미)라는 소부대는 폰세에서 그들의 석방을 요구하는 평화 행진을 계획했다. 당시 식민정부의 수장이었던 블랜턴 윈십은 마지막 순간에 이들에게 허가를 거부했지만, 민족주의자들은 행진을 고수하기로 결정했다.

이날은 1937년 3월 21일로, 종려주일(기독교에서 부활절 직전 일요일)이었다. 나의 고모 그라시엘라는 16세였고 민족주의의 열기에 푹 빠져 있었다. 다행히도 그녀는 이날 행렬에 참가하는 대신 아나와 푸라를 데리고 소풍을 가기로 마음먹었다. 그들은 돈 쿠 양조장 주인인 세라예스 가문 소유지였던 아름다운 언덕 위에 자리잡은 엘 비히아까지 걸어 올라갔다. 완만하게 경사진 영지로부터 폰세 전체가 내려다보였다. 당시 어린애였던 푸라의 기억에 따르면, 민족주의자들이 모이자마자 성당의 종이 울리기 시작했고, 산 아래쪽 광장 방향을 쳐다보니 사람들이 사방으로 흩어지고 있었다. 안면이 있던 한 젊은 여인이 뛰어와서 소리쳤다. "도시에서 학살이 벌어지고 있어. 민족주의자들과 군인들이 싸우고 있어. 병원에서는 다친 사람들로 넘쳐나." 연기가 걷힌 후 21명이 사망했고 150명이 부상당했음이 알려졌다. 한 인권위원회는 이들 모두가 경찰의 총에 맞았다고 나중에 보고했다. 이것은 푸에르토리코 역사상 가장 광범

---

8) Ronald Fernández, *The Disenchanted Island: Puerto Rico and the United States in the Twentieth Century* (New York: Praeger, 1992), p. 116. Dietz, *Economic History of Puerto Rico*, p. 175.

위한 학살이었다.[9]

종려주일의 대학살 이후, 신경발작증과 내전과 같은 상황이 푸에르토리코 섬을 지배했다. 민족주의자들은 추적당했고 발견되는 족족 구속되었다. 어떤 이들은 뉴욕이나 아바나로 망명을 떠났다. 우리 가족 중 유일하게 민족주의당 당원이었던 그라시엘라는 미국인들과 싸워 봤자 얻을 것이 없다는 결론을 내렸다. 알비수 캄포스는 감옥에 있고 민족주의자들은 죽임을 당하는 가운데 그녀는 당을 떠났다.

1940년대 초반 나의 조모님 마리아는 간신히 가족을 다시 모았다. 아이들은 성장해 있었고 2차 대전으로 일자리는 한결 늘어났다. 나의 아버지 페페는 푸에르토리코 65보병대에 지원해서 북아프리카, 프랑스, 독일에서 복무했다. 그의 형제들인 세르히오와 토마스는 1년 후에 징집되었다.

65보병대의 푸에르토리코인들은 전쟁 내내 다른 미군들로부터 분리되어 대부분 전투부대를 지원하는 업무를 받았다. 그들은 영어를 하지 못한다는 이유로 종종 동료 미군들의 놀림거리가 되었다. 그러나 그들이 맞서야 했던 편견 이상으로, 남프랑스와 독일의 시골이 폐허가 된 모습은 그들의 마음에 깊은 충격을 주었고 고향의 우거진 푸른 언덕을 기억하게 만들었다. 떠도는 프랑스 농민들을 보면 푸에르토리코의 극빈층에 속하는 '히바로'jíbaro(농부)들이 생각났다. 전쟁은 곤살레스 집안 형제들만 변하게 한 것이 아니었다. 전쟁에 참여한 모든 푸에르토리코인이 변했다. 처음으로 그렇게 많은 푸에르토리코 사람들이 동시에 집을 떠나

---

9) Kal Wagenheim and Olga Jiménez de Wagenheim, *The Puerto Ricans: A Documentary History* (Maplewood, N. J.: Water Front Press, 1998), pp. 179~182.

세계를 여행했고, 그들 중 다수가 인종적 편견에 처음 노출되는 경험을 했다. 또한 최초로 그들은 알지도 못하는 나라를 위해 싸웠다. 그럼에도 불구하고, 참전 용사들은 멕시코계 미국인들처럼 미국이라는 탁자에서 한 자리를 차지했다고 믿으며 귀향했다. 최초로 그들은 스스로 미국 국민이라고 느꼈다.

마리아 곤살레스의 세 아들이 전장에 있는 동안, 군에서 보내 준 급여가 가족들을 가난에서 벗어나게 했다. 하지만 귀환한 곤살레스 형제들은 그들이 떠날 때처럼 푸에르토리코가 여전히 가난하다는 것을 깨달았다. 페페는 돌아오자마자 나의 어머니 플로린다와 결혼했다. 그녀는 고아였는데, 외조모님은 그녀를 낳다가 죽었고 외조부님은 어느 날 도미니카공화국에 있는 사탕수수 농장에 일하러 가서 다시는 돌아오지 않았다. 그래서 어머니와 형제들은 그들의 할머니 손에 자랐다.

그러나 전쟁이 끝난 뒤에 빠른 변화가 일어났다. 1946년 트루먼 대통령은 처음으로 푸에르토리코 출신인 헤수스 피녜로Jesús Piñero를 이곳 총독으로 임명했다. 그로부터 얼마 지나지 않아 1947년 12월 15일, 페드로 알비수 캄포스는 폭동 선동죄로 10년간 복역을 마치고 풀려났다. 수천 명의 민족주의자들이 영웅의 귀환을 공항에서 맞이했다. 알비수 캄포스는 그의 추종자들에게 경고했다. "결정의 때가 왔습니다."[10] 민족주의당과 미 정부는 마지막 유혈 충돌을 향해 돌진해 가고 있었고, 그동안 곤살레스 가족과 다른 많은 이들은 짐을 꾸려 뉴욕으로 떠났다.

---

10) Seijo Bruno, *La Insurrección Nacionalista en Puerto Rico, 1950*, p. 35.

뉴욕, 바리오에서의 시작

그들은 북맨해튼에 있는 바리오의 공동주택에 정착했고, 그곳에서 도움의 손길과 적대감을 동시에 경험했다. 나의 삼촌 토마스가 1946년 맨 먼저 도착했다. 다른 친한 이민자가 당시 뉴욕에서 가장 유명한 나이트클럽이었던 코파카바나에서 커피 나르는 일자리를 그에게 구해 주었다. 토마스는 곧바로 형제들인 세르히오와 페페를 불러서 코파카바나의 접시닦이로 앉혔다. 조직폭력배였던 프랭크 코스텔로가 이 클럽의 운영자였음에도 불구하고 정치인들, 경감들, 고소득 변호사들, 프로야구 선수들모두가 이 시대 최고의 연예인들이 펼치는 공연을 보기 위해 이곳으로몰려들었다. 필리핀 웨이터들과 푸에르토리코 주방 노동자들은 이곳의화려함과 신비에 이끌려 마음이 들떴고, 그들이 매일 시중드는 유명인들에 대해 자랑하며 즐거워했다.

나의 부모님은 온수 공급이 안 되는 1번가 근처 이스트 112번가의공동주택에 정착했다. 이곳은 할렘 동부의 이탈리아 지구에 속해 있었다.이웃에 사는 시칠리아 출신 노인들은 매일 가게 앞 공터를 사교클럽 삼아 모이곤 했다. 남자들 대부분은 의류공장에 다녔고 그들 중 다수가 무정부주의 혹은 사회주의 운동에 참여하고 있었는데, 이들은 밤이 되면집 밖으로 나와 도미노 게임을 하면서 노조운동의 미래에 대해 토론을했다. 1940년대 후반에는 많은 이탈리아 이민 2세가 길거리 갱단에 합류했다. 자기들이 만든 작은 게토를 외부인들에게 절대 개방하지 않던 갱들은, 시 소유의 커다란 제퍼슨 수영장과, 1번가와 2번가에 밀집한 술집들을 순찰하며 이 지역으로 흘러 들어오는 흑인이나 푸에르토리코인을내쫓았다.

비토 마르칸토니오가 이 지역 의원으로 있는 동안에는 인종 간 갈등이 제어되었다. 구식 사회주의자였던 마르칸토니오는 할렘 동부의 서로 다른 인종과 민족 집단들 간에 독특한 연합체를 만들었다. 이 덕분에 그는 1934년부터 1950년까지 하원의원직을 유지했다. 마르칸토니오는 고향에서 쫓겨난 실업자들이든 굶주리는 가족들이든 누구든 가리지 않고 늘 가난한 이들을 위해 목소리를 높였다. 수년간 그는 워싱턴에서 유일하게 미국의 푸에르토리코 통치를 비난하는 비판자였다. 1937년 그는 미국에서 푸에르토리코 출신 행정관이 처음 임명되도록 도왔다. 그의 제자격 인물인 오스카 가르시아 리베라Oscar García Rivera는 그 해 공화당과 노동당 양당의 후보로 나와서 의원으로 당선되었다.[11] 반면에 뉴욕의 정치 기득권층은 마르칸토니오와 그의 과격한 방침을 혐오했다. 1950년 마침내 그의 적들이 선거에서 이겨 그를 의회에서 쫓아냈다. 하지만 그러기 위해서 공화당, 민주당, 자유당이 단일후보를 내기 위해 유례없는 연합작전을 펼쳐야 했다.

마르칸토니오가 사라지면서 할렘 동부는 노동자 계급의 단합을 외치던 주된 목소리를 잃게 되었다. 순식간에 인종 갈등이 불거져 나왔고, 어떤 이탈리아인들은 마르칸토니오의 패배가 푸에르토리코인 때문이라고 주장했다. 우리 가족의 연장자들은 1950년 11월 인종 전쟁이 발발한 그 끔찍했던 선거의 밤을 아직도 회상한다. 폰세의 엘 리가오 시절 이웃이었던 에우헤니오 모랄레스는 그날 밤 나의 조모님 마리아와, 성장한 그라시엘라와 푸라의 집에 찾아왔다. 모랄레스는 잘생기고 검은 피부에

---

11) Gerald Meyer, *Vito Marcantonio: Radical Politician, 1902-1954* (Albany: State University of New York, 1989), pp. 27~29. 마르칸토니오에 대한 폭넓은 시각을 제공한다.

유머감각 있는 남자였고, 그가 풀어놓는 푸에르토리코 시절의 우스운 추억을 들으며 여자들은 흥겨운 시간을 보냈다. 밤 10시경 모랄레스가 떠나려고 일어설 때쯤 푸라는 라디오에서 마르칸토니오의 패배를 요란하게 전하는 뉴스를 들었지만 아무도 특별히 신경쓰지 않았다.

"길거리에서 조심해요." 나의 조모님이 그에게 말했다. "이 구역 이탈리아 사람들이 우리를 알지만 당신은 외지인이니까요." 조모님이 더 이상 말하지 않은 속뜻은, 곤살레스 가족은 피부색이 희어서 이탈리아인으로 여겨지곤 했지만 에우헤니오의 초콜릿색 피부는 그럴 수가 없다는 것이었다.

"걱정 마세요, 마리아 부인." 그는 어깨를 들썩여 보이고는 미소 지으며 말했다. "제 앞가림은 잘하니까요." 그리고 그는 나갔다. 몇 분 후에 문을 힘껏 두드리는 소리가 들렸고, 그라시엘라가 뛰쳐나가 문을 열자 에우헤니오가 그 자리에 쓰러졌다. 그는 머리, 입, 가슴에서 피를 흘리고 있었고, 얼굴 한쪽의 뼈가 무너져 피부를 뚫고 나온 뼛조각들이 보였다. 앰뷸런스가 그를 메트로폴리탄 병원으로 싣고 갔다. 몇 분 후 이곳에는 카사노바라는 이름의 푸에르토리코 출신 아마추어 권투선수가 피투성이가 된 채 실려 왔다. 에우헤니오가 나중에 들은 바에 의하면 카사노바는 이탈리아인들에게 얻어맞고 칼에 찔린 것이었다. 30분 후에 또 다른 폭행 당한 푸에르토리코인이 입원했다. 에우헤니오는 젊은 아일랜드 경찰이 한 응급실 간호원에게 속삭이는 말을 들었다. "마르칸토니오가 선거에서 졌어요. 사람들이 중남미 사람들을 보이는 족족 밟아 뭉개고 있어요."[12]
그 뒤로 에우헤니오 모랄레스는 할렘 동부의 우리 집에 다시 오지 않았

---

12) 저자의 에우헤니오 모랄레스 인터뷰에서.

고, 우리 친척들 중 피부색이 어두운 이들도 마찬가지였다. 인종차별주의자들의 공격으로 인해 거주지에서 쫓겨나지 않기 위해서 푸에르토리코인들은 자발적으로 '바이스로이즈'Viceroys나 '드래곤즈'Dragons와 같은 길거리 갱단을 조직했다. 곧 뉴욕의 주요 신문들은 뉴욕을 푸에르토리코 갱단과 흑인 갱단의 공포에 싸인 도시로 묘사하게 되었다. 그러나 세월이 지나면서 늘어난 새로운 이민자들은 겁을 주어 쫓아내기엔 너무도 큰 집단으로 변해 갔고, 이와 함께 길거리 갱단의 존재감도 사라졌다.

1950년대 갱단들의 전쟁으로 얼룩진 쓰디쓴 시기를 보냈음에도 불구하고, 공통된 노동 경험과 가톨릭교라는 연결고리로 인해 푸에르토리코, 이탈리아, 아일랜드 이민자들은 점차 이웃으로, 친구로, 심지어 가족으로 엮여 갔다. 예를 들어, 푸라 고모는 우리 구역에 하나뿐이었던 식료품가게 주인의 아들인 빙 모로네와 결혼했고, 두 사람의 아이이자 나의 사촌인 앤서니, 마리아, 줄리는 푸에르토리코인이자 동시에 이탈리아인으로서 성장했다.

그 시기에는 아직 육체 노동이 가장 영예로운 직업이라고 여겨졌고, 시내의 화이트칼라 사무직 근로자들은 상대적으로 수가 적었다. 아직 셀 수 없이 많은 푸에르토리코 가정이 경제적으로 복지체제에 지나치게 의존하게 되어 정부의 짐이 되기 전이었다. 여전히 일자리는 많았다. 그런 일자리들은 이미 꿈꾸던 부를 현실로 만든 일부 기업가들이 사용하는 기계장치, 대부분 바늘, 압축기 또는 칼날과 같은 것들에 팔다리를 잘리거나 잃을 가능성이 있는 일이었다. 하지만 전후 미국에서 이런 일들은 하루에 열 시간이나 열두 시간을 땀 흘리며 일함으로써 자녀들에게 더 나은 무언가를 제공해 줄 수 있는 기회를 뜻했기에, 사람들은 아무리 힘들어도 참을 수 있었다.

나의 어머니와 고모들은 뉴욕에 왔을 때 고용주를 선택할 수 있었다. 푸에르토리코에 살았을 당시 의복 회사에서 재봉사로 기술을 연마한 그라시엘라 고모는, 당시로서는 상당한 큰 액수였던 주당 30달러의 봉급을 요구할 수 있었다. 고모는 당시를 회상하며 말했다. "가끔 우리는 마음에 드는 공장이 나타날 때까지 하루에 서너 군데씩 돌아보기도 했었지."

곤살레스 형제들은 코파카바나에서 나와서 고기 포장, 식당, 택시 사업처럼 벌이가 더 좋은 직업으로 옮겨 갔다. 1950년대 중반쯤, 다른 많은 푸에르토리코인들처럼 우리 가족도 연방정부가 도시 전체에 빈곤 노동계층을 위해 건설하던 공공주택 프로젝트를 통해 주거지를 옮기게 되었다. 어쨌거나 우리는 할렘 동부를 떠나며 푸에르토리코 출신 개척자들의 촘촘한 관계망에 작별을 고했다.

그러는 동안에 시카고, 필라델피아, 오하이오 일부 지역에서 새로운 푸에르토리코 공동체가 성장하고 있었다. 미 정부와 푸에르토리코 정부가 푸에르토리코의 사회적 불안을 막는 안전책으로 미국 이민을 권장했기 때문이다.[13] 차 지붕에 스피커를 올린 직원 모집자들이 가장 가난한 지역을 돌아다니며 미국 땅에서 구할 수 있는 직업과 미국까지의 이동 비용을 광고했다. 예를 들어 오하이오의 로레인에서, 군과 체결한 계약으로 호황을 누리던 미 철강회사의 계열사인 국립 철관 회사가 1947년에서 1948년 사이에 500명의 푸에르토리코인을 철강 제조공장 노동자로 모집했다. 인디애나 주 개리 시에 위치한 카네기-일리노이 철강회사

---

13) 푸에르토리코 산업발전의 예전 지도자였던 테오도로 모스코소와의 인터뷰를 볼 것. *Manos a La Obra: The Story of Operation Bootstrap*, Center for Puerto Rican Studies of the City Universiy of New York.

는 1948년에만 500명을 모집했다. 1951년에는 오하이오 직업안정소가 1,524명의 푸에르토리코인을 영스타운과 클리블랜드로 데려갔다.

이런 고용의 많은 경우가 필라델피아에 본거지를 둔 H. G. 프리드먼 직업소개소를 통해 이루어졌다. (이 소개소의 소장은 푸에르토리코에 정착해서 경찰을 조직한 미서 전쟁 참전 군인의 아들이었다.) 이민자들은 일단 공장에 도착하면 가족을 데려왔고, 다른 푸에르토리코인들도 미 중서부의 철강, 고무, 자동차공업 분야에 일자리가 풍부하다는 이야기를 전해듣고 뒤따라 이민의 길을 떠났다.[14]

1960년대 중반경, 백만 명 이상의 푸에르토리코인이 미국에, 그중 대다수가 뉴욕에 거주하고 있었다. 하지만 그들은 여전히 백인 사회에서는 투명인간과 크게 다를 바 없었다. 그들은 뉴욕의 의류 쇼핑센터에서 조용히 카트를 밀고, 환자용 요강을 비우거나 호텔과 식당에서 접시를 닦았다. 또는 큰 아파트 건물의 설비를 관리하거나, 공장의 조립 라인에서 일하거나, 콜택시 면허로 몰래 거리에서 승객을 끌거나, 식품 잡화점을 경영했다. 어쨌거나 그때 미 북동부와 중서부는 이민 인구로 넘쳐나고 있었다. 코네티컷, 펜실베이니아 동부, 뉴욕 주 북부, 오하이오, 사우스 저지에 있는 농장에서는 농작물을 수확할 일손으로 푸에르토리코인들을 모집했다. 수확철이 끝나면 이민자들은 근처 도시에 정착했고, 그렇게 푸에르토리코 바리오들이 뉴욕의 하버스트로, 뉴저지의 바인랜드, 코네티컷의 하트퍼드, 펜실베이니아의 케네트 스퀘어에 생겨났다.

---

14) Juan Gonzalez, "The Turbulent Progress of Puerto Ricans in Philadelphia", *Bulletin of the Center for Puerto Rican Studies (CPRS) 2*, no. 2 (Winter 1987-1988), pp. 34~41. Eugenio Rivera, "The Puerto Rican Colony of Lorain, Ohio", *Bulletin of CPRS 2*, no. 1 (Spring 1987), pp. 12~14.

2세대의 삶

이 이민자들의 자녀들, 말하자면 나를 포함한 '우리'는 1950년대에 공립학교에 다니기 시작했다. 이는 모든 것을 흑백으로 나누는 사회에 들어간다는 의미였다. 대다수의 영어를 말하는 백인 아이들은, 점점 수가 늘고 있는 갈색 피부에 스페인어를 쓰고 어떤 기존의 인종집단에도 딱 들어맞지 않는 청소년들에게 얼마 지나지 않아 불편한 시선을 던지기 시작했다. 뉴욕의 타블로이드 신문들은 젊은 푸에르토리코 범죄자들을 야만인으로 묘사했다. 이들 중 가장 유명한 이들이 '망토맨'이라는 별명의 살바도르 아그론Salvador Agron과 프랭크 산타나Frank Santana였다.[15] 푸에르토리코 이민이 명확히 노동계층의 성격을 지녔음에도, 「거칠게 외쳐라」 *Cry Tough*(1959), 「젊은 야만인들」*The Young Savages*(1961), 「웨스트사이드 스토리」*West Side Story*(1961)와 같은 영화 속에서 할리우드는 푸에르토리코인을 쉽게 폭력을 휘두르고 마약에 중독된 칼잡이들의 이미지로 오래 기억되도록 만들었다.[16]

　　우리 대부분은 공립학교의 '가라앉기 싫으면 헤엄쳐라'라는 철학의

---

15) 프랭크 산타나는 푸에르토리코 갱단의 청소년 멤버였다. 그는 1955년에 백인 소년을 살해하여 신문 헤드라인을 장식했다. 판결을 받는다면 전기의자행일 상황에서 그는 2급살인 죄를 호소했고 결국 25년형에 처해졌다. "Gangster, 17, Admits Slaying Model Boy, 15", *New York Daily News*, 1955년 5월 2일자 참조. 마찬가지로 살바도르 '망토맨' 아그론은 충격적인 인간 살육 이후 붙잡혔고, 1959년 뉴욕의 헬스 키친 구역에서 벌어진 갱들의 싸움에서 두 백인 소년을 찔러 죽인 죄로 구형받았다. 아그론은 결국 20년 가까이 감옥에서 보낸 후 넬슨 록펠러 주지사에게 사면을 받았다. 그는 폴 사이먼이 만든 문제적이고 수명이 짧았던 브로드웨이 뮤지컬의 주인공이 되기도 했다. "Slew Two 'Because I Felt Like It', Says Capeman", *New York Daily News*, 1959년 9월 3일자.

16) Richie Perez, "From Assimilation to Annihilation: Puerto Rican Images in U.S. Films", *Centro Bulletin* 2, no. 8 (Spring 1990), pp. 8~27.

산물이 되었다. 수업 첫날부터 우리는 영어로 지도를 받았고 우리의 모국어 사용에 대해 적극적인 제지를 받았다. "네 이름은 후안이 아니야." 이스트 할렘 제87공립학교 1학년에 입학했을 때 젊은 교사가 내게 말했다. "미국에서는 존이라고 해야 해. 너를 존이라고 부를까?" 나는 혼란스럽고 두려웠지만, 이것이 일종의 운명적인 결정이라는 것을 느끼고 수줍게 "아니오"라고 대답했다. 하지만 대부분의 아이들이 그럴 용기를 내지 못했기에 학교 관계자들이 아이들의 이름을 영어로 바꾸는 것은 흔한 일상이었다. 교사들은 내가 유치원에 들어가기 전에 스페인어밖에 몰랐는데도 빠른 속도로 영어를 습득하는 것을 보고 감탄했다. 그때부터 푸에르토리코에서 새로 온 아이가 우리 반에 들어올 때마다 그들은 그 아이를 내 옆에 앉히고 내가 스페인어로 수업을 통역하게 했다. 어리둥절하고 공포에 질리고 부끄러워하던 새로 온 아이들은, 교사가 하는 이상한 말들을 해석하려는 나의 서투른 시도에 매달렸다. 필연적으로 학년이 끝날 때 그런 아이들은 그 학년을 다시 다녀야 했고, 어떨 때는 여러 번 더 다녀야 했다. 그것은 오로지 그들이 영어를 습득하지 못했기 때문이었다. 40년이 지난 지금도 그 아이들의 얼굴이 내 마음속에 생생히 남아 있다. 그들은 오늘날 일어나는 이중 언어 병용 교육에 대한 논쟁을 더욱 통렬하게 만들고, 현재 진행 중인 영어 절대주의를 향한 압박을 더욱 무서운 것으로 만든다(12장 참조).

우리 부모님 세대는 우리가 학교에서 받는 취급에 대해 불평하는 일이 거의 없었고, 이는 이해 못 할 일은 아니다. 그들은 푸에르토리코에서 끔찍한 가난을 겪은 뒤로는 오로지 교육만이 ─ 어떤 교육이든 간에 ─ 자식들의 발전을 위한 유일한 희망이라고 믿게 되었기 때문이다. 만일 미국화 과정에서 생겨난 몇 가지 상처를 인내하는 일이 교육에 포함되어야 한다면, 어쩔 수 없지만 그렇게 해야만 하는 것이었다. 글을 읽지 못했던 나의 조모님은 역시 문맹에 가까웠던 나의 아버지에게 그런 생각을 주입시켰다. 아버지가 나의 누나인 엘레나와 나에게 주는 공부에 대한 압박은 거의 잔인할 정도였다. 집으로 가져온 성적표가 나쁘면 가죽혁대로 우리를 사정없이 매질하는 것도 특별한 일이 아니었다. 오늘날이었다면 아버지는 아동학대로 감옥에 갇혔을 것이다.

시간이 지나면서 곤살레스 가족은 누가 봐도 미국이라는 용광로에서의 성공 스토리로 변해 갔다. 우리 모두 차례로 고등교육을 마쳤고, 우리 가족사에서 대학 교육을 받은 첫 세대를 이루었다. 나의 삼촌 세르히오와 숙모 카틴의 아이들 중 하나는 대학에서 그리스어와 라틴어를 가르치는 대학 강사가 되었고, 다른 아이는 닉슨과 레이건 행정부의 공무원이 되었고, 또 다른 아이는 사우스 브롱크스의 사회복지사가 되었다. 나는 아이비리그에 속하는 컬럼비아 대학교에 진학했고 결국 언론 분야에서 일하게 되었다. 누나는 공립학교 교사로 일하다가 대학 강사가 되었다. 다른 사촌은 의사가 되었고, 심리치료 복지사가 된 사촌, 형사가 된 사촌도 있다.

그럼에도 불구하고, 영리하고 도시적이고 영어를 모국어처럼 사용하는 우리들 2세대 주류는 백인 사회가 푸에르토리코계를 아직도 완전한 미국인으로 바라보지 않는다는 점을 날카롭게 인식하고 있었다. 우리는 수업에서 유럽 역사와 문화를 공부했지만, 푸에르토리코나 라틴아메리카에 대해서는 아무것도 배우지 않았다. 우리의 작은 고향에 공부할 만한 역사나 문화가 과연 존재하는지에 대한 언급 자체가 없었다. 제2차 바티칸 공의회의 개혁안이 각 지방 고유의 미사 형식 도입을 인정했음에도 불구하고, 성당은 푸에르토리코인과 라티노들을 대다수 교구의 가장 낮은 자리로 좌천시켰다. 우리가 가장 빨리 증가하는 신자 집단이었는데도 말이다.

하지만 미국의 뿌리 깊은 인종주의적 전통은 흑인이나 피부가 검은 푸에르토리코계가 더 큰 편견에 직면해 있음을 보여 주었다. 우리 가운데 피부색이 밝은 사람들은 좀더 안정적인 이탈리아나 아일랜드 구역에 정착해서 백인 행세를 하는 경향이 있었다. 백인 구역에 집을 구할 수 없었던 검은 피부를 가진 사람들은 푸에르토리코인들만 사는 거주지를 이루거나 아예 흑인 거주지로 이사했다. 여러 도시에서 푸에르토리코 공동체는 흑인과 백인 사이의 완충지역으로 나타났다. 예를 들어 필라델피아의 푸에르토리코 공동체는, 거의 도시 전체를 종단하며 동쪽 백인 구역과 서쪽 흑인 지역을 나누는 5번가의 양쪽 보도를 따라 좁은 남북간 통로를 형성해 왔다.

노예제 폐지 이후로 이런 실제적인 인종간 분리가 미국 사회의 치명적인 해악이 되어 왔고, 우리 가족의 경우에 이것은 우리 가족의 유대를 향한 참을 수 없는 공격으로 작용했다. "너희 할머니는 어디 계시니?"라는 의미의 스페인어인 "이 뚜 아부엘라, 돈데 에스따?"(¿Y tu abuela, dónde está?)는 푸에르토리코인이 흔히 쓰는 관용구이자 포르투나토 비스카론도의 유명한 시 제목이다. 이 문장은 흑인의 피가 모든 푸에르토리코 가정에 흐르고 있음을 우리에게 상기시킨다. 푸에르토리코인들은 미국에 만연한 날카로운 인종 구분과 그 안에 포함된 인간적 가치의 축소를 거부했다. 하지만 점점, 아주 알아보기 힘들 정도로 조금씩, 나의 삼촌과 고모들은 흑인을 차별하는 태도를 보이기 시작했다. 마치 그것이 진정한 미국인이 되기 위한 통과의례인 것처럼 말이다. 작가 토니 모리슨은 이를 적절하게 묘사한 바 있다. "미국화의 문이 열리려면 그 전에 흑인 거주자들을 향한 적대적인 태도와 맞닥뜨려야 한다."[17]

오로지 흑인 아니면 백인이라는 범주 안에서 '하나의 인종 정체성을 선택하라'는 사회적 명령은 우리 2세대에게 일단 모국어와 모국의 문화를 포기하고 백인 혹은 흑인의 세계에 동화될 것을 요구했다. 내 삼촌 부부인 세르히오와 카틴은 우리 가족 중 예외적인 경우였다. 그들은 끝까지 이스트 할렘을 떠나지 않았고, 그곳에서 푸에르토리코 문화를 열렬히 지켰다. 그들의 집에서는 언제나 푸에르토리코 농민 '히바로'들의 음악인 '아기날도스'ɑguinaldos가 들렸고, 도미노 게임판이 벌어졌으며, 주말에 열리는 가족 파티인 '피에스타'fiesta가 일상이었다. 이웃 사람들은 푸에르토리코인이든 백인이든 흑인이든 상관없이 환영받았다.

1950년대 공동체 조직을 표현하는 하나의 방식이 문화적 자부심을 나타내는 연례행사인 '푸에르토리코의 날 퍼레이드'였음은 놀랄 일이 아니다. 푸에르토리코 인구가 증가함에 따라 이 퍼레이드는 뉴욕의 많은 인종 관련 행사 가운데 가장 큰 행사가 되었다. 1990년대에 이르러서는 백만 명 이상이 참가했다.

푸에르토리코 이민의 물결이 최고조에 이르렀을 때 다른 사건이 일어났다. 아프리카계 미국인들이 인종차별에 대항해 일어나서 흑인 사회와 백인 사회 사이에 존재하던 깊은 간극을 드러낸 것이다. 우리 푸에르토리코인들은 우리 자신이 두 사회 모두와 공통된 기반을 가지고 있지만 어느 쪽에도 꼭 들어맞지 않는다는 것을 깨달았다. 미국의 태생적인 결함, 즉 백인이 만든 노예제도와 그 여파인 흑인차별 정책은 우리에게 해

---

17) Fortunato Vizcarrondo, *Dinga y Mandinga* (San Juan: Baldrich, 1942). Toni Morrison, "On the Backs of Blacks", *Time* 142, no. 21 (Fall 1993), p. 57.

당되지 않았던 것이다.

1964년 밀턴 갤러미슨 목사, 맬컴 X를 포함한 흑인 지도자들이 뉴욕 공립학교 학부모들을 추동해 인종차별에 항의하도록 만들었다. 전쟁 전 이민 세대에 속하는 몇몇 푸에르토리코 커뮤니티 지도자도 이에 동참했다. 프랭크 에스파다, 에벨리나 안토네티, 힐베르토 헤레나 발렌틴 등도 거기에 있었다. 에스파다는 공화당 출신 시장인 존 린지 행정부에 동참하기 전 커뮤니티 설립위원이었는데, 나중에는 푸에르토리코 디아스포라 연대기를 보여 주는 멋진 사진가의 길을 걷게 되었다. 안토네티는 푸에르토리코인의 교육 문제를 다루는 중요한 학부형 지지 조직인 브롱크스 학부형 연합회를 조직했다. 민족주의자이자 한때 공산당에 몸담았었고 노조 설립자였던 헤레나 발렌틴은 영향력이 큰 푸에르토리코 향우회 연합을 창설했다. 그런 향우 모임들을 정치적 기반으로 삼아 그는 1970년대 시의회 의원직을 맡았다. 이들과 같은 사람들이 뉴욕에서 떠오르는 푸에르토리코 커뮤니티에서 전후 첫 지도자 그룹을 형성했다.

그러나 이런 지도자들의 물결 위로 곧 더욱 과격한 세력이 나타났다. 맬컴 X(1965)와 마틴 루터 킹(1968)의 암살은 흑인들 사이에 대규모 도심 폭동의 불을 붙였고 인권운동의 양극화를 초래했다. 이런 사건들의 영향을 받은 우리들 중 다수는 사회통합 운동보다는 블랙파워 운동 쪽에 더 큰 동질감을 느꼈다. 그런 동일시 경향이 강화된 시기는, 2차 대전 참전 군인들처럼 수천 명의 푸에르토리코인이 베트남전에서 싸우고 돌아와 보니 미국이라는 나라는 여전히 그들을 외국인으로 바라보며 불신한다는 것을 깨달았을 때였다.

우리가 성인이 되면서 우리는 그런 불신과 몰이해에 공개적으로 반란을 일으켰다. 새로운 민족주의적 좌파 조직들이 푸에르토리코인들 틈에서 숱하게 생겨났다. 어떤 조직들은 푸에르토리코의 옛 국민당이나 미국의 흑표범당의 영향을 받았다. 가장 영향력이 큰 조직은 내가 1969년에 창당을 도운 영로드당Young Lords이었다. 전성기였던 1969년에서 1972년 사이 이 당은 수천 명의 젊은 라티노들에게 급진적 정치학으로 활력을 불어넣었고, 구성원들은 놀라울 정도의 높은 비율로 푸에르토리코 공동체에서 영향력을 행사하는 지도자가 되었다(10장 참고).[18]

정치적 깨달음에 힘입어 푸에르토리코 예술가들 사이에 일종의 문화적 르네상스가 출현했다. 피리 토마스Piri Thomas와 니콜라사 모르 Nicolasa Mohr와 같은 작가들, 페드로 피에트리Pedro Pietri나 호세 앙헬 피게로아José Angel Figueroa 같은 시인들, 미겔 피녜이로Miguel Piñeiro나 미겔 알가린Miguel Algarén 같은 극작가들이 푸에르토리코 이민 경험을 생생한 목소리로 전해서 대중의 이목을 끌었다. 라틴음악에서마저 에디와 찰리 팔미에리Eddie, Charlie Palmieri, 레이 바레토Ray Barretto, 윌리 콜론Wille Colon 등이 재기하며, 푸에르토리코 세력 등장의 새로운 의미를 축하하는, 정치 색채가 짙은 가사를 노래에 담기 시작했다.[19]

이런 새로운 움직임의 핵심에는 우리 스스로에 대한 갑작스러운 자각, 즉 우리가 미국의 마지막 주요 식민지에서 온 경제적 난민이라는 깨달음이 있었다. 이 자각은 우리로 하여금 이민 선배인 유럽인들이 걸은

---

18) 1960년대의 사회 변동에 있어 푸에르토리코인들의 결정적인 참여와 이것이 사회 전체에 어떤 방식으로 영향을 미쳤는가는 앞으로 연구되어야 할 주제이다. 이 시기와 '영로드'들에게 관심을 가진 연구자가 참고 가능한 자료는 Alfredo López, *Puerto Rican Papers: Notes on the Re-Emergence of a Nation* (New York: Bobbs-Merrill Company, 1973), pp. 321~339. Michael Abramson, *Palante: Young Lords Party* (New York: McGraw-Hill, 1971)가 있다.
19) 저자의 에디 팔미에리 인터뷰에서.

길을 거부하게 했다. 유럽인들이 걸은 길이란, 2급 시민이라는 위치에 수십 년간 순응하며 발판을 다지는 1세대, 교육에 매달려 조용히 적응하는 2세대, 100퍼센트 '용광로 미국인'melting-pot American으로 나타나는 3세대라는 과정이었다.

우리는 스스로에 대해서 이탈리아인, 스웨덴인, 폴란드인과는 다른 위치에 있다고 결론지었다. 우리가 이주한 바로 그 나라의 손에 우리 고향은 침략당하여 영속적으로 점령당한 상태이며, 그곳의 부는 착취당했고, 그곳의 애국자들은 처형당하거나 투옥되었다. 우리의 경험은 독립 이전의 알제리 사람들이 프랑스에서 겪은 것, 혹은 아일랜드 가톨릭이 오늘날 영국에서 겪는 일과 더 유사했다.[20] 수십 년간 미국 교과서는 푸에르토리코 아이들에게 우리 고향은 자치능력이 없는 땅이고 '샘 아저씨' Uncle Sam가 없으면 경제적으로 사멸하리라고 가르쳤다. 하지만 1970년 대 초반 새로운 세대를 이룬 독립적인 푸에르토리코 학자들이 그런 전제에 도전하고 나섰다. 그들은 이민 2세대에게, 푸에르토리코는 이스라엘이나 타이완, 스위스만큼 풍요로운 독립국이 될 능력이 있었지만, 역사의 흐름이 의도적으로 뒤틀려 의존감이 주입되고 말았다는 사실을 확인시켰다.

우리 부모님 세대는 본능적으로 이런 새로운 자각에 공감했다. 신좌파운동이 부모와 자식을 갈라 놓은 백인들의 미국과 달리, 신민족주의는 푸에르토리코 신구 세대의 사이를 가깝게 했다. 또한 젊은이들로 하여금 모국어를 주장하고 공부하도록 했고, 우리 부모님 세대가 겪어야 했던

---

20) 영화 「알제리 전투」(*The Battle of Algiers*)는 '영로드'들에 의해 조직의 교육 수업이나 커뮤니티를 대상으로 하는 거리 상영을 통해 정기적으로 상영되었다.

고통도 이해하게 해주었으며, 우리의 심리와 세계관을 변화시켰다. "미국에 있으니까 영어를 써!"라며 짖어대는 백인의 말을, 혹은 "여기 있기 싫으면 네가 온 곳으로 돌아가"라는 기계적인 권고를 푸에르토리코인이 얌전히 받아들이는 일은 일어나지 않을 것이다.

그러나 1970년대 중반에 불경기가 불거졌고, 미국의 여러 도시에 새로운 라티노들이 도착했다. 점차 줄어들던 비숙련노동 일자리를 놓고 경쟁이 치열해지면서 푸에르토리코 이민의 성격이 근본적으로 변화했다. 많은 대졸자와 전문직 종사자가 푸에르토리코에서 직업을 찾지 못하고, 최빈곤층과 기술을 보유하지 못한 도시빈민들과 마찬가지로 미국으로 이주했다. 동시에, 이민 1세대인 공장노동자와 식료품점 주인들은 그간 저축한 돈을 가지고 푸에르토리코로 돌아가서 은퇴생활을 하거나, 혹은 당시 한창 상승세였고 영어 실력을 요구하는 관광사업에 뛰어들었다.

그렇게 되자 1980년대의 푸에르토리코 공동체에서는 서로 매우 다르지만 정부 의존도가 높다는 공통점을 지닌 두 사회계층이 주를 이루게 되었다. 꼭대기층은 아직 적지만 수가 늘고 있던 화이트칼라 전문 지식인들이 차지했고, 이들 중 다수가 사회복지 프로그램이나 교육제도 안에서 고용되었다. 아래층에는 수가 많고 빠르게 증가하는 저임금 비숙련노동자들과 최하층에 속하는, 장기간 실직 중인 무상복지 수혜자들이 있었다. 의미 있는 숫자에 이르지는 못했지만 대단히 중요한 두 계층도 존재했다. 어떤 인종집단에서건 자본의 형성과 자족적인 시각 제공의 역할을 맡는 자영업 계층과, 하층민들에게 모방할 수 있는 안정성과 롤모델을 제공하는 숙련된 기술노동자였다.

한편, 1980년대 초반에 미국 도심지역에서의 생활은 점점 더 혼돈스러워지고 있었다. 산업시설과 숙련된 백인 노동자들이 교외로 옮겨 감으로써 초래된 세수 감소, 공립학교와 사회기반 시설에 대한 정부의 투자 중단, 전염병처럼 번지는 마약과 알코올의 남용, 이 모든 것들이 도시의 생활수준을 망쳐 놓았다. 예상할 만한 일이지만, 이런 혼돈이 가장 비싼 요금을 물린 곳은 도심의 아프리카계 미국인과 푸에르토리코 이민자 공동체였다.

푸에르토리코 3세대는 1980년대 후반에서 90년대 초반에 성인이 되었다. 이들은 질이 낮아진 학교 교육, 일자리 부족, 재원 없는 사회 보장 서비스 속에서 스스로를 무능력하게 느꼈다. 그들은 이웃이 마약과 폭력에 찌든 모습을 보았다. 그들 대부분은 자아상도, 국가 정체성도, 문화적 자각도 없이 성장했고, 길을 잃은 세대가 되고 말았다.

하지만 정체성의 분리, 언어와 유산이 걸린 난관은 비단 푸에르토리코인만의 문제가 아닌 것으로 드러났다. 라틴아메리카 이민이 폭발적으로 증가하면서 많은 백인이 미국의 사회구조가 해체되고 있는 것은 아닌지 걱정하기 시작했다. 이 근심의 가장 큰 원천은 이 책에서 곧 다루게 될 미국 내 멕시코 인구 증가라는 현상이었다.

제5장
다른 유형의 개척자, 멕시코 사람들

이곳에 있는 멕시코 인종 전체가 쓸모없는 물건, 싸구려, 그것도 아주 더럽게 싸구려가 되어 가고 있다. 뉴에이서스 강을 따라 열한 명의 멕시코인이 목이 매달린 채 발견되었다고 전해진다.
— 주간 갤버스턴 뉴스, 1855

멕시코 디아스포라는 미국 내 라티노 유산의 핵심을 이룬다. 미국의 라티노 3명 중 2명이 멕시코계일 뿐 아니라, 오직 멕시코 사람들만이 미국 땅의 초기 정착민이자 동시에 새로이 도착하는 가장 큰 인구집단이라고 주장할 수 있기 때문이다. 1820년 이후로 너무나 많은 멕시코인이 도착했기에 지금 미국 역사 속에서 그들은 두번째로 큰 이민민족이 되었다. 멕시코인만큼 미국의 부에 기여한 히스패닉 그룹도 없으며, 동시에 그들만큼 백인들에게 미래에 대한 걱정을 많이 심어 주는 사람도 없다.

현재 미국 땅에서 펼쳐진 멕시코인들의 긴 역사를 인정한다면, 피치 못하게 히스패닉 문화와 스페인어를 미국 역사를 구성하는 요소로 받아들여야 하기 때문에 멕시코 개척자들의 후손들은 가장 큰 고민거리다.

실제로 멕시코인들은 미국이나 멕시코가 생기기 전부터 바로 '이곳'에서 살아왔고, 게다가 미국이 생기자마자 이주해 오기 시작했다. 1820년에 연방정부가 이민 기록을 남기기 시작한 이래로, 멕시코보다 많은 이민 인구를 미국 해안으로 보낸 나라는 독일뿐이었다.

멕시코 이민 인구가 여타 국가들의 이민 인구를 능가하는지 아닌지

〈표 3〉 국가순 미국 합법이민 인구(회계년도 1820~1996)[1]

(단위: 명)

모든 국가	63,140,227
독일	7,142,393
멕시코	5,542,625
이탈리아	5,427,298
영국	5,225,701
아일랜드	4,778,159
캐나다	4,423,066
오스트리아-헝가리	4,360,723

는——최근 수십 년간 실제로 그래 왔지만——대부분 리오그란데 강 '아래쪽'에서 일어나는 일에 좌우된다. 우리는 종종 멕시코가 스페인어권에서 가장 인구가 많은 국가라는 사실을 잊는다. 멕시코는 9,500만 명의 인구, 높은 출산율, 절망적 빈곤이 있는 나라이다. 국가 재산에서 충격적일 정도로 큰 부분이 매일 국경 밖으로 새어 나가 월스트리트 주주들의 주머니로 흘러 들어간다. 최근 여러 해 동안 너무 많은 부가 빼돌려진 나머지 멕시코 경제는 점점 국민의 의식주를 해결할 힘을 잃어 가고 있다. 이런 상황이 변하지 않는다면 멕시코는 미국으로 이민을 떠나는 사람들이 태어나는 마르지 않는 샘이 될 것이다. 그런 이유 때문에 미국인들은 예를 들어 이스라엘이나 팔레스타인, 아일랜드, 발칸 반도 국가들보다 더 많은 관심을 국경 남쪽의 이웃나라에 쏟아야 할 필요가 있다.

---

1) *1996 Statistical Yearbook of the Immigration and Naturalization Service* (October 1997), p. 28.

반면에 멕시코계 미국인들은 푸에르토리코인들과 비슷한 양상으로 정체성 문제에 좌절감을 느낀다. 그들은 미국에서 태어났으면서도 이민자이고, 개척자이자 외지인이며, 애국자이면서도 반란자이다. 그 선조들이 미국 땅에 아무리 오래전에 정착했더라도, 여전히 그들은 공식적인 미국사의 어두운 가장자리를 벗어나기 위해 싸우고 있으며, 여전히 완전한 인정과 이해를 요구하고 있다. 멕시코계 미국인 개척자 가족인 남텍사스의 카날레스 가문의 이야기에서도 이 사실을 볼 수 있다.

호세 프란시스코 카날레스는 1640년대에 스페인 레우스에서 신세계로 왔다. 그는 지금 멕시코 북동부에 해당하는 고립된 몬테레이 시에 정착했고, 1660년경에는 이 시에 있는 여섯 개의 상점 중 하나를 소유했다. 그의 손자인 블라스 카날레스는 1675년 몬테레이 북쪽에 있는 세랄보에서 태어났다. 두 도시는 스페인의 종교재판을 피해 도망쳐 온 개종한 유태인들이 세웠고 북쪽 국경의 광업 중심지로 융성했다.[2]

1740년대 후반 누에바 에스파냐의 총독은 케레타로에서 온 젊은 대령 호세 데 에스칸돈에게 뉴에이서스 강에 이르기까지 탐피코 위쪽 지역을 탐험하고 식민화할 권한을 부여했다. 이 지역은 당시 서쪽으로는 리판 아파치, 북쪽으로는 코만치, 리오브라보 강을 따라서는 코아우일테칸, 멕시코 만을 따라서는 카랑카와족이 자리잡고 있었다.[3]

얼마간 탐험을 시도한 후, 에스칸돈은 1749년에 멕시코 중부 출신인

---

2) Conan T. Wood, "Cerralvo as the Mother City of the Lower Rio Bravo Valley", in *Selections from the Collected Papers of the Lower Rio Bravo Historical Society: 1949-1979* Vol. 1 (Harlingen, Tex: Lower Rio Bravo Valley Historical Society, 1982). 우드는 이 대화를 1964년 10월 28일에 협회에 제출했다(pp. 1~3).

3) J. B. Wilkinson, *Laredo and the Rio Bravo Frontier* (Austin: Jenkins Publishing Company, 1975), pp. 11~12.

수백 명의 크리오요와 메스티소, 원주민과 함께 출발했다. 이들은 모두 공짜 토지를 받을 수 있다는 약속에 이끌려 온 것이었다. 에스칸돈은 재빨리 리오그란데 강 위쪽까지 정착지를 연이어 개척했고, 강을 따라 오늘날의 카마르고와 레이노사를 건립했다.[4] 에스칸돈의 주요 협력자 중 한 사람이 블라스 데 라 가르사 팔콘 대령이었는데, 그는 카날레스 가문과 혼인으로 맺어진 친척이었다.[5]

이후 몇 년에 걸쳐 에스칸돈은 다른 정착지를 만들기 위해 돌아가곤 했다. 마지막에 세운 시가 1755년의 라레도였는데, 당시 신대륙에서의 식민 활동 가운데 가장 성공적인 경우 중 하나로 꼽혔다.[6] 이 젊은 대령은 10년이 채 안 되는 기간 동안 총 20개의 도시와 18곳의 전도 공동체를 세웠다고 전해지는데, 이들 중 한 군데를 제외하고는 모두 아직도 존재한다. 그가 창립한 전도 공동체에서는 처음 몇 해만 해도 3천 명의 인디언들이 기독교로 개종했는데, 이는 청교도들이 첫 50년간 획득한 성과를 훨씬 넘어선다.

에스칸돈은 그의 식민지를 누에보 산탄데르라고 불렀다. 무상으로 토지를 받은 정착민 가족 간의 돈독한 혈연을 바탕으로, 잡목이 우거진 불모의 땅과 적대적인 원주민이 둘러싼 양쪽 계곡 안에서 누에보 산탄데르는 다른 스페인 식민지로부터 고립된 채, 독특한 자급자족적 목축 공

---

4) Florence Johnson Scott, *Historical Heritage of the Lower Rio Grande* (San Antonio: Naylor, 1937), pp. 8~21. *Royal Land Grants North of the Rio Grnade, 1777-1821* (Rio Grande City: La Retama Press, 1969), pp. 1~17.
5) 그의 친척인 아나 호세파 데 라 가르사는 블라스 카날레스 주니어의 아들인 호세 안토니오 카날레스와 1755년에 결혼했다.
6) 카날레스 가족 일원이었던 호세 로페스가 로페뇨(Lopeño)를 세웠다. 이곳은 가족들과 텍사스 주립 역사협회가 세운 표지에 의하면 여전히 미에르 외곽에 존재한다.

동체로 성장했다. 이 식민지의 삶과 마을의 상업은 강을 중심으로 이뤄지고 강을 통해 하나가 되었다. 정착민들은 강에 가장 가까운 비옥한 토지를 농작물을 키우는 데 사용했고, 계곡 가장자리에서 가축을 돌봤다.[7] 리오그란데 강 북쪽은 150마일 너머 뉴에이서스 강까지 펼쳐진 드넓고 건조한 평야였다. 이곳에는 일 년 내내 풀이 무성했고, 마을에서 떨어진 지역은 짙은 덤불과 메스키트, 흑단과 우이사체 나무로 뒤덮여 있었다. 정착민들의 가축은 번식 속도가 매우 빨랐고, 2년 후에 카마르고와 레이노사의 백여 가구가 소유한 소·말·양의 수는 3만 6천 마리에 이르렀다.[8]

카날레스 가문의 몇몇 구성원은 에스칸돈의 원정대와 함께 여행했다. 처음에 그들은 리오브라보 강 남쪽에 있는 미에르에 자리 잡았지만, 1800년대 초반 그들 중 한 사람인 호세 안토니오 카날레스 살리나스가 현재 텍사스의 스타 카운티에 해당하는 강의 북쪽 제방에 속한 왕실의 땅을 하사받아 자기 소유로 만들었다. 그의 토지는 1만 에이커 가량의 넓이로, 처음에는 사카토사 분지分地라 불리다가 나중에는 부에나비스타 농장이라 불렸다. 토지를 불하받은 이들이 대부분 그렇듯, 카날레스 가족은 번창하였고 19세기 이 지역 엘리트층의 일원이 되었다. 호세 안토니오 티부르시오 카날레스는 멕시코 독립선언문에 서명을 남긴 바 있다.[9]

---

7) Wilkinson, *Laredo and the Rio Bravo Frontier*, pp. 17~27. Johnson Scott, *Historical Heritage of the Lower Rio Bravo*, pp. 8~21. Robert J. Rosenbaum, *Mexican Resistance in the Southwest* (Austin: University of Texas, 1981), pp. 33~39.

8) Johnson Scott, *Royal Land Grants North of the Rio Bravo*, 1777~1821, p. 7.

9) 개척자의 증손자인 호세 호아킨 카날레스는 몬테레이에서 시의원으로 30년 이상 일했으며 세 번 시장이 되었다. 그의 사촌인 마누엘 마리아 카날레스 목사는 그 지역의 첫 공립학교를 1812년에 세웠고, 몬테레이의 시민들로 하여금 독립 이후의 새로운 멕시코 정부의 동맹으로 공식 선언하게 했으며, 나중에는 국회의원으로서 몬테레이를 대표하게 되었다. *Israel Cavazos Garza, Diccionario Biográfico de Nuevo León*, vol.1, A-L (Monterrey:

그러나 1820년경 미국, 아일랜드, 독일에서 온 이민자들이 이 지역, 특히 북부에 정착하기 시작했고, 리오브라보 강 주변의 멕시코인들은 백인들이 뉴에이서스 강 남쪽 땅의 소유권을 주장하자 점점 큰 위협을 느꼈다. 실제로 포크 대통령은 뉴에이서스 강 구간을 넘어서 멕시코 전쟁을 꾀했다. 1846년 초에 텍사스가 합세하면서 재커리 테일러 장군의 군대는 분쟁지역을 가로질러 멕시코 군대의 공격을 유발했다.

카날레스 가문의 후손인 호세 안토니오 로시요 카날레스 장군은, 테일러 장군에 맞서 게릴라 전술을 통해 엄청난 승리를 거둠으로써 전쟁 영웅으로 떠올랐다. 1847년 2월 그의 부대는 150명 이상의 미군 사상자를 냈고, 미군은 그에게 '덤불 속의 여우'라는 별명을 붙였다. 전쟁이 끝나면서 카날레스는 대단한 유명세에 힘입어 결국 타마울리파스 주지사로 선출되었다.[10]

그러나 과달루페-이달고 조약으로 뉴에이서스 구간이 미국에 넘어가게 되자, 누에보 산탄데르의 주민들은 그들을 백년간 결속시켜 왔던 바로 그 강이 갑자기 두 적대국 사이의 경계로 변하는 것을 목격하고 충격을 받았다. 백인들은 심지어 리오브라보라는 강 이름마저 리오그란데라고 바꿔 버렸다. 미에르의 강 아래 유역에 살던 카날레스 집안 사람들

Universidad Autónoma de Nuevo León, 1984), pp. 70~71.

10) John S. D. Eisenhower, *So Far from God: The U.S. War with Mexico, 1846-1848* (New York: Doubleday, 1989), p. 103. 본디 산타 안나 대통령의 독재에 저항해 두 번 반란을 일으켰고, 심지어 자신의 부대에 텍사스의 모험가들을 맞아들였던 연방주의자 카날레스는, 1840년대 중반에 멕시코 정부와 화해하고 군대의 대령직을 수락했다. 오래지 않아 그는 악명 높은 암푸디아 장군과 함께 미에르의 엘 로시오 전투에서 일군의 텍사스 약탈자들의 침입을 격퇴시켰다. 이 전투에서 암푸디아와 카날레스는 250명의 백인들을 포로로 잡았고 산타 안나 대통령의 명령에 따라 이들 중 17명을 처형했다. 이 승리로 카날레스는 장군으로 승진했다.

은 이제 미국에 속하는 부에나비스타 농장이나 기타 소규모 농장에 사는 카날레스 집안과는 다른 통치권 아래 살게 되었다. 새로운 통치권과 함께 일련의 새로운 법이 나타났고, 이 법은 특히 토지 등록, 세금, 상속에 관련된 것이었다. 이 지역 인구의 대다수를 차지하던 멕시코인들이 이해할 수 없는 언어인 영어로 새로운 조항들이 변호사, 보안관, 판사들에 의해 선포되고 집행되었고, 분쟁이 일어날 때마다 이들은 미국 측의 해석을 강요하기 위해 매번 미군의 힘을 빌렸다.

플로리다 강에서 선장으로 일하던 미플린 케네디는 1846년 여름에 이 지역에 도착했다. 군대는 리오그란데 강 상류로 함대를 보내기 위해 그를 채용했다. 케네디는 오랫동안 그의 수로 안내인이었던 뉴욕 출신의 리처드 킹을 고용했다. 전쟁이 끝나고 두 남자는 군 경매에서 몇 채의 배를 구입했고, 캘리포니아 금광으로 모여드는 채굴자들의 무리를 실어 나를 수 있었다.[11] 내륙 수로 운송업을 확실히 독점하기 위해 케네디와 킹은 찰스 스틸먼과 동맹을 맺기로 했다. 그들이 만든 카르텔은, 그 지역 군 사령관이었던 명예 진급 소령 W. W. 채프먼이 수익성 좋은 군수물자 공급 계약 체결을 우호적으로 도와준 결과 승승장구했다.[12]

한편 북쪽 멀리서는 다른 백인 농장주가 싸움을 통해 돈을 버는 다른 방법을 발견했다. H. L. 키니는 뉴에이서스에서 악명 높은 밀수꾼이었는데, 윈필드 스콧 장군 군대의 대령이자 보급관의 자리를 안전하게 확보

---

11) John C. Rayburn and Virginia Kemp Rayburn, *Century of Conflict, 1821-1913: Incidents in the Lives of William Neale and William A. Neale, Early Settlers in South Texas* (Waco: Texian Press, 1966), pp. 57~61.

12) Pat Kelley, *River of Lost Dreams* (Lincoln: University of Nebraska Press, 1986), pp. 46~71.

하고, 자신의 농장을 2천 명이 머무는 신흥 도시로 바꿔 놓았다. 종전 후 키니는 그의 농장이 있던 곳에 크리스티 코퍼스 시를 세웠다.[13]

처음부터 백인 정착민들은 남텍사스의 멕시코인들을 발전의 장애물로 여겼고 일상적으로 그들을 속여 땅을 빼앗았다. 그런 땅은 종종 법정 경매에 붙여져 세금 체납 처분용으로 에이커당 몇 페니에 팔려 나갔다.

"많은 멕시코인이 읽고 쓸 줄을 몰랐어요." 브라운스빌에 사는 카날레스 가문의 후손인 산토스 몰리나는 말한다. "그들은 자기 권리도 자기 조부모님의 권리도 이해하지 못했어요. 누구라도 그들에게 '그 땅은 네 할아버지 땅이 아니다. 그가 예전에 그 땅을 팔았다'고 말하면 아니라고 증명할 방도가 없었지요."[14]

멕시코인들을 향한 폭력이 만연했다. "이곳에 있는 멕시코 인종 전체가 쓸모없는 물건, 싸구려, 그것도 아주 더럽게 싸구려가 되어 가고 있다"고 1855년에 『주간 갤버스턴 뉴스』는 썼다. "뉴에이서스 강을 따라 열한 명의 멕시코인이 목매달린 채 발견되었다고 전해진다. 땅바닥에 남겨지는 것보다는 나을 것이다. 그랬다면 울부짖는 늑대들이 시체를 갈기갈기 찢은 후에 시체 뱃속의 매운 고추 때문에 더욱더 울부짖었으리라."[15] 멕시코인들에 대한 학대는 1900년대 초반까지 이어졌고, 카날레스 가족이 마지막으로 목격한 사태는 1917년에 일어났다.[16]

오스틴, 세긴, 우발데의 모든 주민들이 밖으로 쫓겨났다. 텍사스의

---

13) Montejano, *Anglos and Mexicans in the Making of Texas 1836-1986*, p. 43.

14) 저자와 카날레스 가족의 일원인 산토스 몰리나와의 인터뷰에서.

15) *The Tejano Yearbook: 1519-1978: A Selective Chronicle of the Hispanic Presence in Texas*, Compiled and edited by Philip Ortego y Gasca and Arnoldo De León (San Antonio: Caravel Press, 1978), p. 41.

독립 이후 6년쯤 지났을 무렵, 13명의 백인이 358명의 멕시코 지주들로부터 '합법적인' 매매를 통해 130만 에이커의 토지를 모아들였을 정도였다.[17] 그들 사이에는 존 영이라는 이름의 스코틀랜드 이민자가 있었다. 그는 전쟁이 끝나고 브라운스빌에 잡화점을 열었고, 유명한 멕시코 지주 가문의 딸이었던 살로메 발리와 결혼해서 그녀 가족들의 부동산을 처분할 권리를 얻었다. 텍사스 이달고 카운티의 도시 에딘버그는 영이 태어난 스코틀랜드의 도시에서 이름을 따온 것이다. 1859년에 영이 죽은 후 그의 부인은 영의 부하직원인 존 매캘런과 결혼했다. 1890년대에 매캘런 가족과 영 가족의 땅은 16만 에이커에 육박했고, 매캘런은 옛 상사의 전철을 밟아 자기 이름을 딴 도시인 매캘런을 세우게 되었다.[18]

상인이었던 스틸먼, 킹, 케네디도 곧 토지 붐land rush에 뛰어들었다. 스틸먼은 가짜 땅 주인들로부터 소유권을 구매하고 법정에서는 진짜 멕시코 지주들을 이김으로써 광대한 에스피리투 산토 지역을 차지했다. 그는 이 땅 한쪽에 브라운스빌을 세우고 그곳을 이 지역의 도박, 음주, 매춘의 중심지로 변화시켰다.[19] 스틸먼이 브라운스빌 주변의 땅에 중점을 둔 반면, 그의 증기선 파트너인 킹과 케네디는 북부의 대목장들을 병합해

---

16) 1923년에 태어난 헤르바시오 카날레스 시니어의 증손녀 이멜다 가르사는 그녀의 오빠들인 플라비오와 페르난도가 1917년에 목격했다고 말한 린치를 기억한다. "오빠들은 들판에서 밭이랑 사이를 걷고 있다가 한 텍사스 레인저를 봤어요. 전에 본 적이 없는 사람이었죠. 오빠들이 숨어서 지켜보는 동안 레인저는 한 '모하이토'(mojaito, 젖었다는 뜻의 스페인어로, 멕시코 출신 밀입국자 혹은 불법 이민자를 지칭)를 불러 세우더니 나무에 그를 목매달았어요." 저자와 이멜다 가르사와의 인터뷰에서.

17) Montejano, *Anglos and Mexicans in the Making of Texas 1836-1986*, p. 28.
18) Johnson Scott, *Royal Land Grants North of the Rio Bravo, 1777-1821*, pp. 62~67.
19) Judge J. T. Canales, "Juan N. Cortina Presents His Motion for a New Trial", in *Selections from the Collected Papers of the Lower Rio Bravo Valley Historical Society*, 1949~1979, Vol. 1, pp. 78~79.

나갔다. 이 지역에서 가장 명석한 토지 전문 변호사 스티븐 파워스가 그들의 노력에 유능한 조수가 되었다. 젊은 영과 매캘런처럼, 케네디도 부유한 멕시코 여인과의 결혼을 출발점으로 삼았다. 그녀의 이름은 페트라 벨라 데 비달이었다.[20] '라 파라'라는 이름의 케네디 가족의 농장은 32만 5,000에이커에 달했고, 300명의 농장 일꾼을 거느렸는데, 이들은 모두 멕시코인이었다.[21] 킹의 경우, 1885년에 사망할 때까지 그의 농장은 50만 에이커에 이르렀고, 500명의 일꾼을 고용했으며, 개인 소유의 산타거트루디스라는 마을을 세울 정도였다.

전 텍사스 기마경관 조지 더럼은 뉴에이서스 지역의 삶에 대해 오싹한 통찰력을 가지고 다음과 같이 회고했다. "산타거트루디스 농장의 저택 안은 군대의 무기고에 더 가까웠습니다. 큰 방 하나에 80개의 받침대가 있었고 그 위에는 라이플총이 늘어서 있거나 포탄이 100상자씩 쌓여 있거나 했어요. 두 남자가 망루에서 매일 밤낮으로 보초를 섰고, 라이플총 하나마다 그 총을 맡을 사람이 늘 대기하고 있었지요."[22]

그 무기고의 존재에는 이유가 있었다. 당시 신흥 대지주들 중 많은 수가 서로, 혹은 '테하노'tejano(텍사스 거주 멕시코인)들로부터 소를 빼앗았다. 악명 높은 소도둑 리처드 킹은 텍사스 기마경찰을 자신의 사병으로 고용했다고 전해질 정도이다. "킹의 영토가 카운티 전체로 뻗어 나가는 동안 그의 이웃들은 이유 없이 실종되었다." 1878년에 킹에 대해 한 『코퍼스 크리스티 세계』*Corpus Christi World* 통신원이 쓴 글이다. "평원의

---

20) Montejano, *Anglos and Mexicans in the Making of Texas 1836-1986*, p. 41.

21) Ibid., p. 79.

22) George Durham, *Taming the Nueces Strip: The Story of McNelly's Rangers* (Austin: University of Texas Press, 1962), p. 29.

소에게 킹의 머리글자로 낙인을 찍는 대가로 멕시코인들에게 마리당 50센트가 지급된다. 미래의 우牛왕 말고는 어느 누구도 소떼를 늘릴 수가 없다."[23]

감히 백인의 침략에 도전하는 멕시코인은 종종 도적이나 범법자로 낙인찍혔다. 그들 중 가장 유명한 '도적'은 역시 카날레스 가문의 선조 중한 사람인 후안 '체노' 코르티나였다.

코르티나의 어머니는 '카르멘 농장'을 소유하고 있었다. 1859년 7월에 코르티나는 브라운스빌의 한 집행관이 술에 취한 멕시코인을 채찍으로 때리는 모습을 보고 그를 총으로 쐈다. 그 후 그는 50여 명의 추종자들과 함께 시 중심가로 달려가서 멕시코 국기를 게양하고, 그 지역의 간수와, 멕시코인들에게 폭력을 가해 온 다른 네 명의 백인을 쏴 죽였다. 시의 백인들은 그를 잡으려고 민병대와 기마경찰을 파견했으나, 그는 1,200명의 멕시코인으로 구성된 군대를 일으켜 그들을 완패시켰다. 그리고 그는 소수의 백인 거주민들에 대항한 전쟁을 선포했다.

이후 20년간 코르티나가 이끄는 무리는 멕시코 쪽에 있는 안전한 피난처에서 텍사스로 들어와 간헐적인 게릴라전을 진행했다. 기마경찰도, 로버트 리 대령이 지휘한 연방군 파병대도 코르티나를 잡지 못했다. 가축 절도와 반란죄로 기소된 그는 어느덧 텍사스에서 가장 무시무시한 멕시코계 미국인으로 통하게 되었다. 그가 근방에 있다는 소문만 돌아도 도시 전체가 공포에 질릴 정도였다.[24] 그의 공격이 중단되었던 유일한 시

---

23) Charles W. Goldfinch, *Juan N. Cortina, 1824-1892: A Re-Appraisal* (Chicago: University of Chicago, 1949), p. 33.

24) 미 정부는 그를 가축 절도와 밀수죄로 고발했으나, 베니토 후아레스 대통령이 지명한 멕시코 측 위원회 역시 이 문제를 조사했고 다른 결론을 내렸다. 코르티나가 고용한 사람들

기는 1862년에서 1867년 사이였다. 이때 코르티나는 미국과의 휴전을 선포하고 프랑스군을 향해 총부리를 돌렸다. 프랑스가 멕시코에 주둔하여 오스트리아 대공 막시밀리안을 황제로 앉힌 시기였다. 프랑스 저항기 동안 코르티나의 최측근 가운데에는 호세 안토니오 카날레스의 아들이며 멕시코-미국 전쟁에 참전했던 세르반도 카날레스가 있었다. 아버지와 마찬가지로 세르반도 카날레스는 타마울리파스의 주지사를 역임했다. 그러나 1875년 포르피리오 디아스 대통령이 미국의 청원으로 코르티나를 체포해서 수감시킬 때까지, 그 지역에서 가장 강력한 정치인은 코르티나였다.

코르티나가 벌인 전쟁은 미국의 멕시코 침탈을 늦추었으나 막지는 못했다. 1850년에 텍사스의 부는 두 그룹에 상당히 균등하게 나뉘어 있었다. 미 통계국에 의하면 같은 해 텍사스 주 노동인구의 32.4퍼센트가 테하노였고, 그들이 이 지역 부의 33퍼센트를 차지하고 있었다. 그러나 이후 20년에 걸쳐 상황은 급격히 달라졌다. 1870년경 테하노들은 노동력의 47.6퍼센트를 구성했지만 그들의 재산은 이 지역 전체의 10.6퍼센트에 불과했다.[25]

남텍사스에서 멕시코인들은 압도적 대다수를 차지했지만, 1990년

중 몇몇이 가축 절도에 연루된 것은 사실이나 코르티나 본인이 절도를 부추긴 적은 없었고, 오히려 그는 텍사스 권력자들이 주도한 중상모략의 희생자였다는 것이다. 멕시코 측 위원회는 더 나아가 텍사스의 대지주들인 킹, 빌리 맨, 패트릭 퀸이 강의 멕시코 쪽 연안에서 대규모 가축 절도를 지휘했다고 고발했다. Gabriel Saldivar, *Historia Compendiada de Tamaulipas* (Mexico: Academia Nacional de Historia y Geografía, 1945), pp. 197~198.

25) Arnoldo De León, *Tejanos and the Numbers Game: A socio-Historical Interpretation from the Federal Censuses, 1850-1900* (Albuquerque: University of New Mexico Press, 1989), pp. 42~43.

경 농장 전체의 3분의 1과 주요 부동산은 백인의 손으로 넘어가 있었다. 오직 테하노 중소농들만이 소유권을 계속 지니고 있었다. 가장 완강하게 버티는 이들 가운데 한 사람은 대대로 이어온 부에나비스타 농장을 운영하던 루시아노 카날레스였다. 루시아노의 확고함 덕분에 그의 증손자인 피아크로 살라사르는 여전히 200에이커의 옛 농장 소유권을 지니게 되었다. 샌안토니오의 군 엔지니어인 그는 1992년 인터뷰에서 말했다. "그들은 총을 들고 농장을 지켜야만 했어요. 가난한 사람은 그렇게 하지 않으면 잃을 수밖에 없었으니까요."[26] 수천 명이 땅을 잃어 가는 와중에, 다른 멕시코인들이 남서부로 계속 이주해 오고 있었다. 1900년에서 1930년 사이 백만 명 이상이 이 지역에 도착했다.[27]

1920년대에 이르러, 리오그란데 계곡은 인종차별적인 남아프리카공화국만큼이나 격리되어 있었다. 멕시코인이 그곳 인구의 90퍼센트 이상을 차지했지만 소수의 백인이 대부분의 토지와 모든 정치권력을 소유하고 있었다. 현재 은퇴한 공립학교 교사인 이멜다 가르사는 1923년 헤르바시오 카날레스와 부인 마누엘리타 사이에서 태어났는데, 13세에 처음으로 백인을 보았다. "그것도 많은 백인도 아니었어요. 일꾼 몇몇뿐이었죠. 모두 촌스러운 시골 사람들이었고요. 헤럴 초등학교에서 가르치기 위해 킹스빌로 이사했을 때 흑인을 처음 봤어요."

그녀의 제부 산토스 몰리나는 브라운스빌에서 보낸 유년기에 몇몇 백인을 본 적이 있다고 인정한다. "하지만 오일타운 고등학교에 가서야

---

26) 저자의 피아크로 살라사르 인터뷰에서.
27) McWilliams, *North from Mexico*, p. 152.

그들을 만나 볼 수 있었어요."[28]

이런 격리를 없애려는 첫 조직적 시도는 1929년에 생겨났다. 일곱 개의 멕시코 조직이 코퍼스크리스티에 모여 '단결한 라틴아메리카 시민 동맹'the League of United Latin American Citizens, LULAC[룰락]을 결성했다. 처음 부터 룰락의 목적은 멕시코인이 미국 사회에 완전히 동화하는 것과 백인 사회가 그들을 동등한 국민으로 수용하는 것이었다. 이런 목적을 이루기 위해 룰락은 멕시코인에게 영어를 가르쳐 숙달케 하는 것을 가장 큰 목 표로 삼았다.[29]

그러나 대공황이 닥치고 백인들 사이에서도 실업자가 생기자, 영어 를 유창하게 구사하는 멕시코인이라 할지라도 반이민주의적 히스테리 를 피할 수 없게 되었다. 1930년대에 50만 명 이상이 강제 추방되었고, 이들 중 많은 사람이 미국 시민권자였다. 이런 히스테리를 피해 간 소수 지역 중 한 곳이 리오그란데 계곡이었다. 이곳에서는 멕시코인의 숫자가 많았기에 안전할 수 있었다.

"일자리는 없었지만 땅이 우리를 돌봐줬지요." 지금은 샌안토니오 고등학교 교사인 카날레스 가문의 후손 산토스 몰리나는 기억한다. "우 리는 옥수수와 곡물, 수박, 호박, 콩을 심었어요. 젖소도 네댓 마리 있었고 요. 토끼와 사슴도 사냥했어요. 그때는 염소 한 마리에 1달러쯤 했었죠. 그러니 먹을 것은 충분했어요."[30]

2차 대전의 발발은 멕시코 이민자들에 관한 미국의 정책에 또 한 번

---

28) 저자의 이멜다 가르사와의 인터뷰에서.
29) John Chavez, *The Lost Land: The Chicano Image of the Southwest* (Albuquerque: University of New Mexico Press, 1984) pp. 113~115.
30) 저자의 산토스 몰리나와의 인터뷰에서.

의 반전을 가져왔다. 루스벨트 대통령이 추축국들에게 전쟁을 선포한 지 3개월 후, 미국과 멕시코는 멕시코 노동자들을 유입하기 위한 새로운 프로그램에 합의했다. 연간 10만 명의 멕시코인이 미국에서 노동 계약을 체결할 수 있게 된 것이다. 이것은 '브라세로 프로그램'이라고 불렸고, 어떤 형태로든 1965년까지 지속될 계획이었다. 실제로 이 프로그램이 실행되는 동안 수백만 명의 이민자가 한시적 노동자로 미국에 들어왔고, 해마다 추수가 끝나면 그들 중 상당수가 불법 체류할 방법을 찾아내곤 했다. 대부분의 미국인은 이에 그다지 신경을 쓰지 않았다. 1960년대까지 국경지대의 인구 이동에 주의를 기울이는 사람은 거의 없었다. 이 지역 주민들은 더욱 관심이 없었다. 국제적 국경선이 일상 속의 현실이라기보다는 워싱턴에 있는 정치가들의 환상이라고 느꼈기 때문이다.[31]

그러나 2차 대전은 다르게 작용했다. 마치 푸에르토리코인들에게 미친 영향처럼, 2차 대전은 참전한 멕시코계 미국인 세대 전체의 생각을 변화시켰다. 37만 5,000명 이상의 멕시코계 미국인이 전시에 군에 복무했고, 그들 중 상당수가 중대한 전투 역할에 배치되었다. 텍사스에서만 다섯 명의 '메히카노'mexicano(스페인어로 '멕시코인'이라는 의미)가 의회 명예훈장을 받았다. 바탄 전투에서는 부상자의 4분의 1이 멕시코계 미국인이었다.[32]

산토스 몰리나와 마누엘 가르사는 카날레스 가문 후손이었고, 수많은 선조가 맞서 싸웠던 바로 그 미군 부대의 일원으로 전투에 참여했다. 몰리나는 1940년에 징집되었고 제7보병사단 공수부대에 배치되었다. 이

---

31) McWilliams, *North from Mexico*, pp. 309~317.
32) Ibid., p. 232.

곳에서 그는 연합국의 프랑스 진공 이틀째 노르망디 해안으로 한 분대를 이끌고 갔다. 그날 거의 모든 병사가 죽거나 다친 반면 몰리나는 별 탈 없이 살아남았지만, 나중에 독일에서 심각한 총상을 입었다.

전쟁이 끝나고 귀향한 멕시코계 미국인 참전자들은 떠날 당시와 똑같은 차별과 인종주의에 직면하게 되었다. 다른 점은 이제는 그들이 그것을 받아들이기를 거부한다는 점이었다.

마누엘 가르사는 유럽에서 미군 특수부대와 함께 포병대 소속으로 복무한 후 고향인 킹스빌로 돌아갔다. 이곳은 킹 가족 농장의 신경중추이자 남텍사스에서 가장 인종차별이 심한 지역 중 한 곳이었다. "도시에서, 화이트 키친이라는 식당 체인은 멕시코 요리사와 멕시코 접시닦이는 고용해도 멕시코 손님들은 받지 않았지요." 가르사는 회고한다. "하루는 여럿이서 함께 군복 차림으로 들어가서 강제로 우리를 손님으로 받게 했어요. 킹스 인Kings Inn에서도 마찬가지였고요. 그곳은 순수 독일인 구역이었고 절대로 우리를 받아주지 않았어요. 제대하고 나서 우리는 소란을 피우기 시작했고, 결국 그런 곳에서 식사를 할 수 있게 되었죠. 지금 킹스 인 손님 중에는 멕시코인이 가장 많아요."

이와 유사한 저항이 남서부 전체에서 일어났다. 브라운스빌 의회 명예훈장을 받은 호세 멘도사 로페스 병장은 지역 식당에서 서비스를 거부당했고, 이 일은 메히카노들 사이에서 분노를 불러일으켰다. 룰락 같은 중산층 조직들과 새롭게 형성된 미군 포럼American GI Forum 등은 전쟁에서 라틴아메리카 병사들이 세운 기록을 자랑스럽게 내보이며 평등한 대우를 요구했다.[33]

---

33) Chavez, *The Lost Land*, pp. 121~124.

또한 처음으로 멕시코인들은 백인의 정치권력 독점에 과감히 도전했다. 마누엘 가르사의 형제인 네리오 가르사는 1950년대에 킹스빌 공립학교의 지도교사로 일하면서 백인들의 인종차별주의에 분노를 느꼈고 공직에 도전하기로 결심했다. 그는 멕시코 시민들에게 그들의 거주 지역에 포장도로와 가로등, 하수도가 부족하다는 사실을 일깨웠고, 쉽사리 시의원에 당선되어 이후 30년간 거의 변함없이 그 자리를 지켰다.

가르사가 킹스빌에서 승리했고, 로스앤젤레스와 샌안토니오에서도 몇몇 승리자가 나왔다. 그러나 2차 대전 세대의 평등과 존중을 향한 외침은 대부분 무관심 속에 흘러갔고, 멕시코인들에 대한 분리주의 정책은 1960년대에도 지속되었다.

"처음으로 스페인어를 말한다는 이유로 길바닥에 앉혀진 건 제가 여섯 살 때 일이었어요." 이멜다와 마누엘 가르사의 딸인 산드라 가르사의 말이다. "경비원과 얘기하다가 잡힌 거예요. 그 경비원은 메히카노인 데다 우리 옆집 이웃이었거든요."[34]

1960년대에 근처 텍사스 A&M(농학과 기계학) 대학의 대다수 학생들이 멕시코계 미국인이었다. 처음으로 그들이 내세운 후보들이 학생회의 주권을 잡았다. 그들은 스스로를 지칭할 때 '치카노'라는 이름을 사용하기 시작했다. 이 말은 원래 남서부의 빈민층이 리오그란데 북쪽에서 태어난 사람들을 부를 때 사용하던 속어였으나, 이 학생들은 이 이름을 자긍심의 표현으로 변화시켰다. 이 별칭은 젊은이들 사이에서 멕시코 본토와 문화적으로 연결되는 수단이 되었는데, 이는 '니그로'라는 말이 '블랙'으로 바뀐 변화가 남부의 인권운동에 미친 영향과 여러 면에서 유사했다.

---

34) 저자의 산드라 가르사와의 인터뷰에서.

어떤 치카노들은 텍사스 남서부를 아스틀란^{Aztlán}, 즉 코덱스 라미레스 필사본에 등장하는 아스텍 역사가들이 그들의 조상들이 내려온 멕시코 북쪽 지역에 붙인 바로 그 이름으로 부르기 시작했다. 수십 년간 지속된 백인들의 인종차별주의에 대한 반발로, 멕시코인들이 아스틀란을 다분히 돈키호테적인 방식으로 역사적 고향으로 바라보게 된 것이다. 그곳에서 그들은 백인 정착민들로부터 땅을 회복해 마침내 다시 주류가 될 것이라고 생각했다.

남텍사스는 치카노들의 불만의 중심지로 떠오르고 있었다. 1963년 리오그란데 밸리의 크리스털 시티 의회를 다섯 명의 멕시코계 미국인 노동자가 선거에서 이겨 장악했을 때, 이 승리는 남서부 전체의 치카노들에게 충격을 주었다. 오래지 않아 세사르 차베스의 '농장노동자 연합' United Farm Workers union이 라 카시타 농장에서 일으킨 파업은, 적어도 남텍사스에서는 다수의 지배권을 되찾는 꿈을 품도록 젊은 치카노들을 자극했다.

이 기간에 생긴 가장 영향력 있는 집단 중 하나는 '멕시코계 미국인 청년회'Mexican American Youth Organization, MAYO였다. 이 조직은 '스페인어 사용에 대한 가톨릭 주교위원회'의 청년 조직 담당자 윌리 벨라스케스와 크리스털 시티의 호세 앙헬 구티에레스가 설립했다. 멕시코 이민 2세인 두 사람은 새로운 움직임 속에서 두 가지 흐름을 상징하게 되었다. 구티에레스의 아버지는 멕시코 혁명 당시 판초 비야와 함께 싸웠고, 구티에레스는 대학 교육을 받은 카리스마 있는 과격한 청년이었다. 그는 민주당과 공화당 모두 인종주의자들이라고 생각했고 이에 맞설 독립된 치카노 당을 설립하고자 남서부 일대를 돌아다니며 사람들을 설득했다.

윌리 벨라스케스의 가족도 혁명 기간에 멕시코를 떠났다. 윌리는 좀

더 현실적인 인물이었다. 그의 부모는 샌안토니오 웨스트 사이드의 치카노 바리오에서 자라났고, 아버지는 2차 대전에서 돌아와 포장육 노동자가 되었다.[35] 샌안토니오 세인트 메리 학교의 윌리의 반 친구 중에는 헨리 시스네로스라는 이름의 키 크고 여윈 라티노가 있었다. 벨라스케스는 구티에레스의 보다 혁명적인 아이디어들을 편안히 받아들일 수 없었다. 아마도 이는 부분적으로 그가 받은 천주교식 교육의 영향이거나, 그 지역의 영웅인 국회의원 헨리 곤살레스의 영향 때문이었다. 그는 주류 선거 전략을 통해 멕시코계 미국인들이 권력에 접근하는 길을 마련했다. 혹은 시스네로스와의 오랜 기간 지속된 우정 때문일 것이다. 이유가 무엇이든 간에 구티에레스와 벨라스케스는 결국 다른 길을 가게 되었다. 구티에레스는 전투적인 '라사 우니다당'Raza Unida(스페인어로 '단결한 인종'이라는 의미)을 창당했고, 벨라스케스는 그보다 훨씬 온건한 '남서부 투표자 등록과 교육 프로젝트'를 시작했으며 미국에서 가장 중요한 히스패닉 투표권 옹호자가 되었다.

그러나 구티에레스가 만든 새로운 단체가 젊은 치카노들 사이에서는 훨씬 뜨거운 반응을 일으켰다. 1969년 크리스털 시티와 킹스빌을 포함한 몇몇 작은 텍사스 도시에서 이 당은 승리를 거뒀다. 킹스빌에서는 라사 우니다당 주의회 의장인 카를로스 게라가 이끈 후보단이 텍사스 A＆M에서 온 치카노 학생들의 도움을 받아 시의회의 주도권을 잡으려 했다. 이들은 백인 농장주들과 네리오 가르사를 포함한 안정된 구세대 정착민 테하노들 양쪽에 도전했다. 많은 호전적 성향의 유권자들은 가르사가 지나치게 백인들의 제도에 안주한다고 느꼈다. 그들의 공격은 카날

---

35) 저자의 메리 벨라스케스와의 인터뷰에서.

레스 집안을 포함해서 가족들을 서로 대립시켰고, 이때의 싸움이 남긴 쓰라림은 오늘날까지 지속되고 있다. 산드라 가르사는 네리오 삼촌에 반대하는 사람들 편에 끼었고, 네리오의 딸인 다이앤 가르사는 그를 옹호했다.[36]

"게라만큼이나 빌어먹을 인간들이 있었죠." 브라운스빌의 공립학교들에서 오랫동안 행정직에 근무한 다이앤 가르사는 수십 년 후 이루어진 인터뷰에서 회상했다. "그 개자식들은 '그링고'gringo(멕시코에서 미국인 남자를 낮춰 부르는 어휘)를 불태워라, 그링고를 증오해라'라고 세뇌시키면서도 사귀는 여자는 모두 그링가gringa(그링고의 여성형이며 미국인 여성을 의미)였어요. 그들은 여기 와서 학교 중퇴자들이나 할 소리를 지껄여댔지만, 그들의 과격한 방식은 이 도시의 이익에 별로 맞지 않았어요."[37]

투쟁은 심지어 폭력적으로 변해 갔다.

"저는 이곳 브라운스빌에서 가르치고 있었어요." 다이앤 가르사는 기억한다. "하루는 우리 아버지를 폭행할 계획이 진행 중이라는 전화를 받았어요. 아직도 그 밤이 생생히 기억나요. 저는 그들을 '취한 인종'La Raza Sumida이라고 불러요. 그놈들은 손에 가솔린 깡통을 들고 있었어요. 우리는 고속도로 순찰대뿐만 아니라 텍사스 기마경관들까지 불러야 했어요. 이 사람들은 그 천치들의 무리를 해산시키지 못했어요. 우리는 아버지를 집에 숨기고 문을 잠갔어요. 그 놈들은 '네리오는 코코넛'(백인처

---

36) Ignacio García, *United We Win: The Rise and Fall of La Raza Unida Party* (Tucson: Masrc, 1989), pp. 161~164.
37) 저자의 다이앤 가르사와의 인터뷰에서.

럼 행동하는 히스패닉)이라는 둥 떠들고 있었어요. 하지만 누구나 속으로
는 네리오 가르사가 어떤 인물인지 알고 있었어요. 아버지는 대농장과,
권력자들과, 소인배들과 똑같이 맞섰어요. 차이가 없었어요."

카를로스 게라가 이끄는 단체의 일부 지지자들은 수년 후에 그들이
멕시코인들 사이에서 지나친 대립을 일으켰다고 인정했다. 산드라 가르
사는 회상했다. "그들은 우리 삼촌이 '벤디도'vendido(매수된 놈)라고 사
람들에게 가르쳤어요. 하지만 그건 단지 새로운 것을 못 받아들이는 나
이든 성질일 뿐이었어요. 지금 돌아보면 모두 함께 잘해 나갈 수도 있었
는데 말이에요."

카날레스 가문의 유산에 대한 부모님의 설명과 그링고들이 빼앗아
간 땅에 대한 이야기를 늘 기억하던 산드라 가르사는 킹스빌 선거 이후
에 라티노 운동에 뛰어들었다. 이후 십여 년간 그녀는 서부와 남서부의
이 도시, 저 도시를 돌며 교사이자 공동체 조직자로서 일했고, 빼앗긴 땅
과 문화적 전통을 회복하려고 노력했다. 그녀는 콜로라도에서는 코르
키 곤살레스의 '정의를 위한 십자군'에서 일했고, 북부 뉴멕시코에서는
레예스 로페스 티헤리나의 '자유 도시 연방 동맹'에서 일했으며, 캘리포
니아와 텍사스에서는 라티노 노동자들을 조직하며 노조들과 협력했다.
필자가 1992년 그녀를 처음 인터뷰했을 당시, 그녀는 텍사스 엘패소의
'공업용 바늘 산업 고용자 조합'the Union of Industrial Needle Trade Employees,
UNITE에서 인사책임자로 일하고 있었다.

카날레스 가문의 역사는 미국 남서부의 다른 치카노 가족들 안에서
도 끊임없이 되풀이되어 왔다. 백인인 미국인들에게는 이 지역의 멕시
코계 미국인들의 뿌리가 얼마나 깊은지 이해하기 어려울 때가 많다. 이
지역의 백인은 대부분 겨우 최근 50년 사이에 정착했기 때문이다. 이들

의 이주 스토리는 잘해 봐야 몇 세대 이전으로 거슬러 올라갈 뿐이고, 옛 멕시코 이주민들의 이야기에 비길 수 없다. 예를 들어, 농장노동자의 지도자인 세사르 차베스의 가족은 애리조나가 주州로 승격되기 훨씬 전인 1880년에 이곳으로 이주했다. 이 가족은 땅을 소유하고 있었지만 대공황으로 파산하고 나서 캘리포니아로 떠나 이주노동자가 될 수밖에 없었다. 텍사스에서 1926년 출생한 로페스 티헤리나는 그의 증조부가 가족의 땅을 훔쳐 간 백인들의 손에 어떻게 죽음을 당했는지를 종종 이야기했다.

최근에 이주한 많은 멕시코 이민자들도 미 남서부와의 긴 역사적 인연을 인식하는 경우가 일반적이다. 예를 들어 샌디에이고 레몬 그로브의 오래된 멕시코계 주민들을 연구한 민족지학자 로버트 알바레스는 멕시코의 바하 칼리포르니아와 미국의 캘리포니아 주 사이에서 특정 광부 가문 혹은 농부 가문들이 200년 가까이에 걸쳐 이동한 이민 회로에 대해 기록한다. 가족들은 경제 사정에 따라 두 지역을 왕복했다. 알바레스의 주장에 의하면, 두 캘리포니아는 역사상 지리적, 경제적, 문화적으로 하나였다. 단지 지난 50년 동안 국경이 이러한 연결고리에 장벽이 되어 온 것이다. 게다가 가족 구성원 개개인이 생존을 위해 먼 친척들의 송금에 점점 더 의존했기에, 멕시코의 가족 네트워크와 연대의식은 실제로 이민 회로를 통해 더욱 강해졌다.[38]

멕시코 노동력. 멕시코 시장. 멕시코 음악과 음식. 멕시코 티브이와 라디오. 멕시코 이름을 가진 도시, 주, 강, 산들. 그러나 앵글로아메리카는 미 서부와 남서부의 사회적, 문화적, 정치적, 경제적 현실의 얼마나 많은

---

38) Robert R. Alvarez, Jr., *Familia: Migration and Adaptation in Baja and Alta California, 1800-1975* (Berkeley: University of California Press, 1991).

부분이 멕시코인들에 의해 형성되어 왔는지를 여전히 인정하려 하지 않는다. 이들은 미국의 창조의 일부분이었으며 미국의 미래에서 더 큰 부분을 차지할 것이다. 거부할 수 없는 멕시코 유산은 우리 모두가 그것을 우리 자신의 것으로 받아들일 때까지 미국인들을 괴롭히며 따라다닐 것이다.

제6장
쿠바 사람들, 특별한 난민들

> 상대적으로 그만큼 유리한 위치에서 미국 생활에 경제적으로 적
> 응하기 시작한 이민자 집단은 드물다.
> —알레한드로 포르테스[1]

1994년 여름 수천 명의 쿠바인이 나무 쪽배, 임시변통으로 만든 뗏목, 밧
줄로 연결한 자동차 타이어를 타고 플로리다 해안에 나타났다. 그 여름
에는 해안경비대가 매일 미국 해안에 도달하려는 '발세로'balsero(쿠바 뗏
목 난민)들의 숫자가 놀랍게 증가한다고 보고했다. 이 대이동은 그렇잖아
도 아이티의 필사적인 보트 피플을 수용하느라 안간힘을 쓰던 플로리다
이민 센터의 규모를 금방 뛰어넘었고, 이민 문제를 두고 점점 달궈지던
국가적 논쟁에 열기를 더했다.

이에 대한 반응으로 클린턴 대통령은 어떤 미합중국 대통령도 하지
않았던 일을 했다. 쿠바 난민들에 대한 특별대우를 멈추라고 명령한 것
이다. 30년 이상이나 미 대통령들은 대대로 쿠바 난민에게 유례없는 재
정적 원조를 제공해 왔다. 그러는 동안 의회는 피델 카스트로의 공산 정
권을 무너뜨리려는 난민들의 여러 시도에 자금을 제공했고, CIA는 그들

---

1) Alejandro Portes and Alex Stepick, *City on the Edge: The Transformation of Miami*
   (Berkeley: University of California Press, 1993), p. 129.

중 많은 이를 냉전의 믿음직한 보병으로 기용했다. 1965년 내전에서 도망친 도미니카공화국 사람들도, 파파 독 뒤발리에와 아이티 군부의 테러를 피해 도망쳐 온 아이티 사람들도 그만 한 처우를 받지는 못했다. 워싱턴에서 바다에서 구조된 아이티 사람들의 보호소 요청을 거절하는 일은 일상적으로 일어났지만, 훨씬 적은 수의 쿠바 발세로들은 반드시 보호소를 제공받았다. 클린턴 정부 시절에는 많은 아이티 사람이 본국으로 강제 송환되기까지 했다.

그러나 1994년 쿠바의 레드카펫은 거둬졌다. 당시 미국의 냉전에 대한 집착은 끝난 상태였다. 이민자 대군이 주는 공포가 공산주의 게릴라들에 대한 두려움을 대체했다. 클린턴의 생각에는, 미국에 불법 입국하려는 쿠바인은 다른 모든 이민자와 마찬가지로 제지당하고 자동 입국을 거부당해야 했다. 클린턴이 이 선언을 할 즈음엔 백만 명 이상의 쿠바인이 미국에 살고 있었다.

19세기 쿠바가 여러 독립전쟁을 겪는 동안 수천 명의 담배공장 노동자가 미국으로 이주한 이래, 1994년의 발세로들은 미국 해안에 상륙한 쿠바인의 물결 중 다섯번째로 큰 것이었다. 20세기 전반부 동안 쿠바 중산층은 미국을 계속 방문했다. 하지만 피델 카스트로의 1959년 혁명이 대규모 이민을 일으키기 전까지 영주권을 취득한 사람은 거의 없었다. 그 후 40여 년간 쿠바 이민자들은 네 개의 큰 파도를 일으켰다. 이들 각각의 사회적 구성과 정치적 입장이 전혀 달랐기에, 쿠바 디아스포라가 모든 라티노 이주 연대기 가운데 가장 복잡하다고 할 수 있을 것이다.

1960년대와 70년대의 난민들은 대부분 상류층과 중산층 출신이었고, 기술을 대거 유입시켰다. 이런 유리한 점에 연방정부가 제공하던 원조가 더해져 쿠바인들은 미국에서 가장 부유한 히스패닉 이민자라는 위치를 차지했다. 그러나 1980년 마리엘 호의 물결과 함께 도착한 쿠바인들은 전반적으로 더 가난하고 피부색이 더 검었다. '마리엘리토'라고 불리던 그들은 백인 미국인들과 경제 성장기에 놓인 계층 사이에서 일어난 이민 배척주의적 반발에 부딪혔고, 자신들의 난민 공동체 내부의 인종차별적 갈등에 직면했다. 이런 경험들은 다른 라티노 이주민들의 경험과 비교해 볼 때 더욱 큰 차이로 드러난다.

다양한 쿠바 이민의 물결 사이에는 사회계층, 교육수준, 인종 등에서 무시하지 못할 차이가 있었기에, 전형적인 쿠바 난민이라는 것은 존재하지 않을뿐더러, 어떤 이들은 심지어 '난민'이나 '망명'이라는 용어가 오늘날의 쿠바 이민사회를 적절히 묘사할 수 있는지에 의문을 제기한다. 나는 마이애미의 델 로사리오 가족의 경험에 초점을 맞추려 하는데, 그 이유는 이 가족이 쿠바 공동체에 관해 아직 충분히 연구되지 않은 중요한 부분을 대표할 수 있기 때문이다. 이 가족 구성원들 중 어떤 이들은 1994년에 발세로들과 함께 도착했고, 다른 이들은 훨씬 오래전부터 미국에 머물고 있었다. 이들 중 가장 말을 잘하는 가족의 대변인은 루이스 델 로사리오로, 그는 1979년에 도착했다. 조용하고 면도날처럼 마르고 거의 대머리 상태인 사십대 중반의 루이스는 일찍이 쿠바에서 정치범이었고, 마이애미에 정착한 뒤로는 발세로들을 돕기 위해 플로리다 해협 위로 경비행기를 띄워서 유명해진 망명군인 단체인 '형제구조대'Brothers to the Rescue에서 함께 활동했다.

나는 발세로들에 대해 보고서를 작성하던 1994년 여름에 그를 만났다. 루이스가 그의 형제 중 한 명이 부인, 아이들과 함께 뗏목을 타고 쿠바를 떠나 바다 어디에선가 행방불명되었다는 소식을 막 전해 들었을 때였다. 이후 몇 주 동안 그들을 찾는 일이 그의 개인적인 집착이 되었다. 우리가 그 광기 어린 시기에 대해 얘기하면 할수록, 나는 델 로사리오 가족이 쿠바 디아스포라의 다양한 면모들을 잘 조명할 수 있다는 것을 점점 더 명확히 깨달아 갔다.

초기 이주민들

최초의 쿠바 이민세대는 오늘날 거의 잊혀졌다. 이는 19세기 후반의 일로, 당시 쿠바 인구의 10퍼센트에 해당하는 10만 명 이상이 독립전쟁의 격변을 피해 해외로 도망쳤다. 이들 중 대다수가 실직한 담배공장 노동자들이었는데, 스페인과 쿠바의 제조업자들이 키웨스트, 탬파, 뉴올리언스, 뉴욕에 건설한 새 담배공장에서 일자리를 찾고자 했다.

1885년 비센테 마르티네스 이보르Vicente Martínez Ybor와 이그나시오 아야는 탬파 근교의 습지 40에이커를 매입해 배수작업을 하고 기업형 도시를 세우는 데 착수했다. 이곳은 이후 이보시티Ybor City로 알려지게 되었다. 마르티네스 이보르는 곧 아바나, 키웨스트, 탬파를 잇는 증기선편을 만들었고, 노동력의 안정적인 공급을 확보하면서 새 도시를 미국 시가의 수도로 변화시켰다. 1900년경 이 도시에는 129개의 시가 공장과 1만 5,000명의 주민이 있었다.

증기선 노선과 꽃피는 시가 사업은 쿠바와 미국 사이에 피와 살처럼 떨어질 수 없는 연결고리를 창조해 냈다. 20세기 초반에 아바나, 키웨스트, 탬파 사이를 연간 5만에서 10만에 이르는 사람들이 이동했다. 그 수가 너무 많아서 쿠바인들은 보통 세관이나 이민국을 거칠 필요가 없었다.[2]

---

2) Mormino, *The Immigrant World of Ybor City*, pp. 63~77.

쿠바의 수백만 빈민이 격동하던 마차도와 바티스타 집권기를 견뎌내는 동안, 쿠바의 소수 엘리트들은 미국 기업에 연결되어 화려한 사치를 누렸다. 그 구성원들은 월스트리트에서 자본금을 투자하고, 자녀들을 미국 대학에 보내고, 미국 병원에서 치료를 받고, 사라토가 스프링스와 같은 사교 리조트에서 휴가를 보냈다. 이들 중 많은 이들이 심지어 미국 시민권자가 되었다.

그러나 1959년의 혁명은 즉각적인 탈출의 불꽃을 일으켰다. 약 21만 5,000명이 첫 4년간 미국으로 떠났다. 이외에도 수천 명이 스페인과 라틴아메리카로 이주했다.[3] 이 첫번째 물결은 가장 부유한 이들로 구성되어 있었다. 미국 기업의 매니저들, 바티스타의 군 혹은 경찰 간부들, 의사들, 변호사들, 과학자들과 그들의 가족이었다.[4] 대도시인 마이애미의 히스패닉 인구는 1960년에 겨우 5만 명 수준에서 1980년에는 58만 명으로 수직 상승했다.[5]

"그렇게 유리한 위치에서 미국 생활에 경제적으로 적응하기 시작한 이민 집단은 거의 없다." 사회학자 알레한드로 포르테스는 쿠바인들과 마이애미에 대한 연구에서 이렇게 기술했다. 미 정부는 1966년 쿠바적응법Cuban Adjustment Act에 따른 정부 지원 프로그램으로 풍성한 쉼터를

---

3) Richard R. Fagen, Richard A. Brody, and Thomas J. O'Leary, *Cubans in Exile: Disaffection and the Revolution* (Stanford: Stanford University Press, 1968), p. 17.

4) 떠난 사람들과 남은 사람들 사이의 빈부의 차이는 엄청났다. 한 연구에 따르면 한때 쿠바의 남성 취업자 60퍼센트가 연간 900달러 이하를 버는 반면, 난민 가장들의 7퍼센트만이 연간 1,000달러 미만을 벌었으며, 이들의 절반 가량은 4,000달러 이상을 벌었다. 또한 이 연구는 격차를 축소해서 발표했을 가능성이 있는데, 가장 부유한 쿠바인들은 도착해서 난민 센터를 거치지 않으므로 설문조사의 대상이 된 적조차 없기 때문이다. Ibid., pp. 21~22.

5) Thomas D. Boswell and James R. Curtis, *The Cuban-American Experience: Culture, Images and Perspectives* (Totowa, N. J.: Roman & Allanheld, 1984), p. 81.

제공했는데, 이는 멕시코인과 푸에르토리코인 등 다른 라티노들이 받아보지 못한 혜택이었다. 난민들은 즉각 공적 원조, 저소득층 의료 보장 제도, 식료품 할인 구매권, 무료 영어수업, 장학금, 저금리 학자금 대출 등을 누릴 수 있었다. 그들은 즉각적인 기업 신용대출과 창업대출을 확보할 수도 있었다. 플로리다 주는 여기서 더 나아가서 쿠바 가정을 위한 즉시 대출 현금 분량을 할당해 놓았다. 데이드 카운티는 비시민권자들에게 공공 행정 서비스를 개방했다. 심지어 마이애미 의과대학은 쿠바인들이 면허증 교부 조건을 충족하도록 도와주는 특별한 프로그램을 실시하기에 이르렀다.[6]

많은 난민이 CIA의 비공개 프로그램들로부터 추가로 도움을 받았다. 이민 초반이던 당시에는 존 케네디 대통령이나 망명자들은 카스트로의 혁명이 곧 무너질 것이라 믿었다. 이런 전망은 1961년에 CIA의 원조를 받은 피그스만 침공이 실패로 끝났을 때도, 2506여단으로 알려진 원정군 가운데 수천 명의 망명자가 체포되었을 때도 꺾이지 않았다. 1962년경에 마이애미 대학의 CIA 기지는 버지니아 본부 다음으로 큰, 세계에서 두번째로 큰 CIA 기지였다. 이 기관의 급여 대상자 명단에 쿠바인들의 숫자가 너무 많아서 이곳이 마이애미에서 가장 큰 고용주 중 하나일 정도였다.[7] CIA에서 발행해 주는 수표는 많은 망명자에게 그 이전의 어떤 이민자도 상상하지 못할 만큼 높은 생활수준을 제공해 주었다.

---

6) Pérez, *Cuba and the United States*, p. 254. "The Cuban Immigration 1959~1966 and Its Impact on Miami-Dade County, Florida", The Research Institute for Cuba and the Caribbean Center for Advanced International Studies, University of Miami, July 10, 1967, pp. xiv~xv.
7) Portes and Stepick, *City on the Edge*, p. 126.

게다가 난민들은 심도 있는 기술력뿐 아니라 아마도 미국 역사상 어느 히스패닉 이민 집단보다도 높은 교육수준을 지니고 있었다. 섬에 남아 있던 쿠바인 가운데 4퍼센트만이 12학년에 다닌 반면, 난민들 가운에 36퍼센트 이상이 대학 졸업장을 따거나 최소한 얼마간의 대학 교육을 받았다.[8]

초기 망명자들은 그들이 보유한 기술과 정부의 후한 처우라는 유일무이한 조합 덕분에 마이애미에 쿠바의 기적을 일으키기 시작했다. 비스케인 만에 자리 잡은 나른한 리조트는 단 몇 년 만에 신흥 상업도시로 변했고 국제무역의 연결지점이 되었다. 이 나라에서 작은 식료품점이나 귀금속상으로 새 삶을 시작한 쿠바 사업가들은 재빨리 은행업, 건설업, 의류 제조업으로 옮겨 갔다. 그들 중 일부는 미국의 메이저 회사들에서 일하게 되었고 라틴아메리카 시장에 이 회사들의 지점을 열었다. 다른 이들은 부유한 남부 미국인들을 위해 부동산 중개업자나 은행업무 대리인으로 일했다.[9]

이와 동시에 난민들은 그들 고유의 지극히 충실한 내부 시장을 발달시켰다. 다른 어떤 히스패닉 이민자들보다도 쿠바인들은 자기들의 공동체 안에서 노동자를 고용하고 상품을 구입하는 데 충실했다.[10] 작은 마이애미 은행에서 대출 담당 간부 자리를 따낸 이들은 백인 대출자들에게

---

8) 섬에 남은 쿠바인들의 절반 이상이 4학년 미만의 교육을 받은 반면, 난민들의 4퍼센트만이 4학년에 진급하지 못했다. Fagen, *Cubans in Exile*, p. 19.

9) Portes and Stepick, *City on the Edge*, pp. 129~132.

10) 1979년에 한 설문조사에 응한 쿠바 이민자들의 63퍼센트가 일용품을 쿠바인이 경영하는 가게에서 구입했지만, 유사한 멕시코 집단의 경우 32퍼센트만이 멕시코 가게에서 쇼핑을 했다. 또한 같은 해 같은 조사에서 쿠바인 샘플의 49퍼센트가 쿠바 회사에 고용되어 있었으나, 멕시코인들의 경우 15퍼센트만이 멕시코 회사에서 일하고 있었다. Ibid., pp. 145~146.

서 신용을 얻지 못하는 동료 난민들에게 반드시 창업자금을 빌려 줬다. '인물 대출'이라는 새로운 분야를 개척함으로써 이를 가능하게 만든 것이다. 담보물이나 신용이 없는 망명자는 쿠바에서 지녔던 배경이나 지위 등에 근거해서 사업 대출을 받을 수 있었다. 대출을 받은 사람들은 그들이 무결점 고객임을 증명해 보였고, 이 대출 전략은 많은 쿠바인 은행 임원들을 백만장자로 만들어 주었다.

건축업계에서 대를 물려 이어진 인종차별적 정책으로 인해 노동조합에 참여하지 못한 망명자들은 대신 쿠바인들로부터 건축 관련 일자리를 구했다. 쿠바 공동체가 성장하면서 가족경영 건축의 동업 규모도 커져 갔다. 1979년경에는 데이드 카운티의 주요 건축기업 중 절반이 쿠바인 소유였다.

동시에 의류 노조가 이윤을 빼돌린다고 느끼던 뉴욕의 공장주들은 1960년대에 북부를 버리고 마이애미에서 생산을 재개할 기회에 뛰어들었다. 1973년 이전 10년 동안 이뤄진 재배치로 인해 사우스 플로리다의 의류 관련 일자리가 2만 4,000여 개로 세 배가량 늘었다. 새 공장들은 쿠바 난민 여성들에게 일자리를 제공했고, 이들 중 많은 수가 공장주의 하청업자가 되었다.[11] 1987년경에는 마이애미에 6만 1,000개의 히스패닉 소유 기업이 세워졌고, 이들의 총수입액은 미국의 어떤 도시보다도 훨씬 큰 38억 달러에 이르렀다.[12]

냉전의 열기에 사로잡힌 나라에서 쿠바 난민들은 60년대와 70년대에 걸쳐 따뜻이 환영받았다. 하지만 1980년대 이 환영은 거의 하룻밤 사

---

11) Ibid., pp. 127~128.
12) Ibid., p. 146.

이에 변해 버렸다. 텔레비전은 마리엘 보트 피플의 영상을 내보내기 시작했다. 12만 5,000명이 넘는 쿠바인이 마리엘 호의 탈출 운항이 지속된 4개월 동안 미국으로 들어왔다. 미국은 새로운 난민들이 이제 쿠바 엘리트 계층이 아님을 깨달았다. 이들은 대부분 가난하고, 흑인이었으며, 기술이 없었다. 정신적으로 문제가 있거나 위험한 중범죄자인 경우도 있었다. 어떤 기록에 따르면 피델 카스트로는 반정부 인사들뿐 아니라 범죄자들을 몰아내기 위해서도 이 기회를 이용했다고 한다.

처음으로 쿠바인들의 도착이 적대적인 반응을 일으켰고, 이들은 미국 전체에 퍼져 있는 열두 개가 넘는 군사기지로 분산되었다. 실업률이 높은 와중에 그토록 많은 난민이 입국하는 장면은 경제적 공포심뿐 아니라 인종차별적 태도와 결합하여 미국인들의 분노를 일으켰다. 이 분노는 난민들이 냉대에 좌절감을 느끼면서 일부 수용시설에서 시끄러운 시위를 일으키자 더욱 확대되었다.

필자는 신문기자로서 한 난민센터를 방문한 적이 있는데, 그때 쿠바인들에 대해 내가 가졌던 이미지는 근본적으로 흔들렸다. 그 이미지는 수년간 뉴욕의 거리에서 1960년대의 난민들과 만나며 형성된 것이었다. 이 경험 때문에 나는 쿠바인들이 대부분 백인이고, 교육을 잘 받았으며, 푸에르토리코인들에게 조금 거만하게 군다고 믿고 있었다. 세월이 흐르면서 쿠바와 푸에르토리코 공동체 사이에는 일종의 적대관계가 형성되어 있었다. 우리 푸에르토리코인들은 많은 바리오 내 사업과 스페인어 사용 환경 안에 있는 임금이 좋은 일자리들을 새로 도착한 쿠바인들에게 뺏긴 데 대해 원한을 품고 있었다. 이런 일은 미국과 푸에르토리코 양쪽에서 벌어졌는데, 60년대 대략 6천여 명의 쿠바인이 푸에르토리코에 정착했기 때문이다. 그러다가 내가 펜실베이니아의 포트 인디언타운 갭에서 본 것은 놀랍게도, 가시철조망 뒤에서 거의 흑인인 수천 명의 쿠바인들이 내가 할렘 동부에서 본 푸에르토리코인들만큼 꾸밈없이 소박한 모습으로 속사포처럼 구어체 스페인어를 사용하는 장면이었다.

마리엘 호는 쿠바나 푸에르토리코 공동체를 훨씬 넘어선 반향을 일으켰다. 겨우 몇 달 후에 치른 총선에서 공화당 후보인 로널드 레이건은 카터 대통령이 이민 제어에 실패했다는 이슈를 만들어 냈고, 그 덕분에 백악관의 주인이 되었다. 이와 마찬가지로, 당시 무명의 아칸소 주 주지사 빌 클린턴은 그의 재선 실패의 원인을 아칸소의 포트 채피에 마리엘 호 난민들을 너무 많이 받아들인 데 대한 투표자들의 분노 탓으로 설명했다. 나중에 다루겠지만, 마리엘 호는 미국인들이 이민 문제를 바라보는 방식에 있어 커다란 변화의 출발점을 찍었다(11장 참조).

델 로사리오 가족과 혁명 속에서의 삶

루이스 델 로사리오는 사면받은 정치범으로서 마리엘 호보다 1년 먼저인 1979년 여름 미국에 도착했다. 그의 가족은 본래 쿠바 중심의 카마구에이 지방의 벼농사 지역 출신이다. 1890년대 크리오요들의 팽배해 가는 독립 의지를 막는 것이 절박해진 스페인이 반도 출신 국민들을 쿠바에 정착하도록 고무하던 때, 그의 조부모는 카나리아 군도에서 그곳으로 이주했다. 루이스의 부모는 가난한 농민이었으나, 부유한 친척에게서 토지를 빌렸기 때문에 쿠바 대중을 휩쓸었던 극단적 빈곤에는 이르지 않았다. 대농장 노동자, 소작인, 도시 빈민이 카스트로가 이끈 혁명의 지지기반이 된 대중이었다.

델 로사리오 가족 중 몇 명은 사실상 바티스타 정부에서 일거리를 받았다. 루이스의 숙부인 칠로는 아바나에서 선로경찰로 근무했다. 다른 숙부 안톨린은 마탄사스에서 경찰로 일했다. 직계가족은 일곱 아들과 세 딸들로 구성된 대가족이었다. 루이스가 기억하기로, 혁명이 성공하기 몇 해 전, 게릴라 지도자인 카밀로 시엔푸에고스는 피델의 '7월 26일 운동' 으로부터 델 로사리오 가족이 살던 지역에 파견대를 보내라는 명령을 받았다. 하루는 그들의 농장에 시엔푸에고스 부대가 도착해서 그곳에 캠프를 쳐도 되는지 허락을 구했다. 루이스의 아버지는 바티스타 지지자였지만 감히 거절할 수 없었다.

카스트로의 게릴라 부대가 1959년 1월 아바나로 진군해 갔을 때 루이스는 겨우 열 살이었다. 그의 부모는 처음에는 새 정권과 평화롭게 공존하려고 시도했다. 그들은 심지어 혁명 초기 개혁으로부터 이득을 얻기도 했다. 예를 들어 정부가 이 지역의 모든 이들을 위해 새 집을 지었고, 이 집들에는 시멘트 바닥, 합판 벽, 양철지붕이 있었다. 이는 흔한 흙바닥과 가축우리 같은 쪽방에서 한 걸음 발전한 것이었다.[13] 델 로사리오 가족의 집에는 침실이 세 개 있었다. 일곱 아들이 방 하나, 딸들이 다른 방 하나, 부모가 나머지 방 하나를 차지했다.

또, 정부는 새 학교들을 지었고 지역 청년들을 위해 광범위한 야구와 축구 프로그램을 마련했다. "야구팀 유니폼은 우리에게 정말 중요했어요." 루이스는 회고한다. "우리는 글러브와 배트가 있었고, 다른 도시와 경쟁했어요. 나는 학교와 소년 리그 양쪽에서 여러 해 동안 뛰었지요. 그런 것 덕분에 처음에는 국민의 90퍼센트 정도가 피델을 지지했어요." 혁명 초반 쿠바 국민이 보여 준 태도에 대한 다양한 해외 연구에 의하면 이

---

13) 1994년 8월에서 1996년 5월까지 행해진 저자의 루이스 델 로사리오와의 인터뷰에서.

시각은 사실이다.[14]

그러나 1960년대 중반에 이르러 혁명이 주는 희열은 사라졌다. 젊은
이들은 정부가 배분해 주는 일자리를 버리고 더 나은 일을 찾아 아바나
로 떠나기 시작했다. 루이스는 이 시기에 처음으로 반정부적 감정이 심
각하게 표출되는 것을 보았다. 1964년 아버지의 사망 후, 루이스는 아바
나로 가서 도시 북부의 집 한 채에 살고 있던 형제들과 합류했다. 그들은
함께 그 집 뒷마당에서 작은 주조공장을 시작했다. 오래된 모터나 버려
진 금속 부품을 모아 녹여서 정부를 위해 구리, 동, 철 등을 재활용하기도
했다. 열두 명 정도였던 일꾼은 모두 가족이었다. 루이스는 구식 오븐 하
나를 관리했고, 그의 형 웬세슬라오는 공장의 제1주조공이었다. 미국이
무역 차단을 실시한 이후 쿠바의 미국산 자동차와 공업용 기계를 사용하
기 위해 필요한 여분의 부품을 구할 수 없었기 때문에 이런 가족 주조공
장은 쿠바의 생존을 위해 대단히 중요한 것이었다.

"투박한 작업이었어요." 루이스는 말한다. "기술이 전혀 없어서 화상
도 아주 많이 입었지요. 녹은 금속은 자주 튀어서 폭발을 일으켜요. 하지
만 우리는 열심히 일했고 주조공장 덕분에 살 만했어요. 우리가 계속 사
업을 키우도록 정부가 허가했더라면 오늘날 쿠바는 자유롭겠지요."

그런 일은 일어나지 않았다. 1968년에 정부는 소규모 상업조차 국영

---

14) 도시와 도시 근교 센터의 쿠바인 천 명을 대상으로 한 1960년 연구는 이들의 86퍼센트
가 혁명 정부를 지지한다는 결론을 내렸다. 반면에 1962년에 쿠바 노동자들을 대상으로
한 연구에 따르면 그들 중 70퍼센트가 정부에 등을 돌렸다. Lloyd A. Free, "Attitudes of
the Cuban People Toward the Castro Regime in the late Spring of 1960", Institute
for International Social Research, Princeton, N. J., 1960. Maurice Zeitlin, "Economic
Insecurity and the Political Attitudes of Cuban Workers", *American Sociological
Review* 31 (February 1966).

화하기 시작했다. "관료들이 와서 우리 주조공장이 모든 사람의 소유가 될 거라고 말했어요. 나는 너무 화가 나서 떠나기 전에 기계를 부쉈어요."

주조공장의 쓰디쓴 경험에도 불구하고, 루이스는 여전히 사회주의 안에서 부유해지기를 꿈꿨다. 그는 우체국 직원으로 일했고, 나중에는 국가의 배급제도 아래 모든 소비재를 공급하던 정부 소유 상회에서 식료품을 나르는 트럭 운전사가 되었다. 나라의 상황이 얼마나 복잡한지 그가 직접 목격하기 시작한 것은 이때 매일같이 쿠바 농촌을 돌아다니면서부터였다.

"모든 것이 퇴보하고 있었지요. 내가 혁명을 옹호하려고 하면 다른 사람들은 '어떻게 그런 말을 할 수 있나? 피델은 우리한테 엿만 먹일 뿐이야'라고 말하곤 했어요." 하루는 정부로부터 그에게 입대 명령이 담긴 통지가 도착했지만, 그는 이사를 가는 방법으로 이 모병을 피하기로 결정했다. 당시 쿠바에서는 모든 것이 너무나 혼란스러웠기에 정부는 그를 처벌하지 않았다. 하지만 그의 형제들 가운데 둘은 입대했고, 그중 아우구스토는 빠른 승진으로 병장이 되었다.

루이스는 이후 몇 년 동안 아바나에서 몇몇 국영 상점을 관리하며 지냈다. 이 가게들은 정기적으로 긴 대기시간와 상품 부족에 시달렸고, 하나같이 대중의 불만과 개인적 부패의 장으로 변해 갔다. 배급 카드의 교환이 끝난 뒤에도 어떤 상품들은 늘 풍부했기에 상점 관리인들은 이 남는 부분을 물물교환하거나 판매했다. 예를 들어 쌀 5파운드를 고기 5파운드와 바꾸는 식이었다.

"우리 중 많은 사람이 실제로 정부의 것을 훔치며 살아갔어요. 배급제도는 제대로 기능하지 않았지요." 루이스의 말이다.

1970년 초에 루이스는 혁명을 미워하고 있었다. 그는 몇몇 형제들과 함께 '10월 10일 국가 해방운동'이라는 비밀결사를 조직했다. 루이스는 자신들이 아마추어 공모자들일 뿐이고, 위대한 사보타주를 계획하기 위해 모이곤 했지만 한 번도 실천에 옮기지는 못했다고 인정했다. 결국 한 정보원이 군대에 이를 알렸고, 구스타보와 웬세슬라오는 미국행 비행기를 납치하려는 음모를 꾸민다는 이유로 카마구에이 주 공항 외곽에서 체포되었다. 몇 달 후 경찰은 루이스를 국가 전복 음모로 체포했다. 즉결심판에 회부되어 12년형을 받았지만 6년 반 후에 풀려났다.

루이스는 몰랐지만, 새로운 반反카스트로 쿠바계 미국인 조직이 미국과 쿠바 관계를 정상화하려는 의도로 카스트로를 만나고자 아바나를 방문했다. 이 조직의 이름은 자칭 '75 위원회'였다. 그들은 보수적인 마이애미의 반카스트로 조직들로부터 공산주의 동조자 단체라는 비난을 받았다. 그러나 위원회는 천 명 이상의 정치범을 사면하도록 카스트로를 설득시키는 데 성공했고, 이 죄수들은 즉각 쿠바를 떠났다.[15] 이들 가운데 루이스 델 로사리오도 있었다. 1979년 6월 6일, 피델이 마에스트라 산맥에서 출발한 지 20년이 넘어서, 델 로사리오와 그의 부인, 두 자녀는 아바나의 호세 마르티 공항에서 보잉 727기에 올라 마이애미로 날아갔다. 그들의 다른 친척들은 뒤에 남겨졌다.

루이스는 다른 난민이 소유한 건축회사에서 재빨리 일자리를 구했다. 연방정부의 모든 프로그램을 이용하고, 주택 매입 계약금을 지불하고, 아이들을 가톨릭 학교에 입학시켰다. 몇 년이 흐르고 아들 이스마엘

---

15) 저자의 1990년 5월 마누엘 데 디오스 우나누에와의 인터뷰와 1998년 1일 알보르 루이스와의 인터뷰에서. 두 사람 다 '75 위원회'의 일원이었다.

이 민간 항공 초계 부대에 입대하도록 허락한 뒤, 루이스는 비행에 관심을 갖게 되어 스스로 비행사 자격증을 취득하여 마이애미 외곽에서 전세 비행기를 몰기 시작했다. 동시에 그는 다른 가족들을 쿠바에서 데리고 나올 방법을 모색했다.

1990년대 초반 그는 CIA와 역사적으로 관계를 맺어 온 '형제구조대'에 합류했다. 그는 이 조직을 통해서 마이애미 난민 공동체의 나이 든 지도자들과 접촉하게 되었다. 이들은 쿠바에서 자신들이 가졌던 권력을 회복하는 데 집착하는 일군의 정치지도자들로, 동포들과 일반 미국인들 사이에서 반카스트로 열기를 더욱 지피는 데 평생을──그들 중 일부는 그렇게 해서 경제적 이득을 얻으면서──바쳐 온 사람들이었다.

"그들은 그저 피델을 없애고 자기들이 그 자리를 차지하길 바라는 늙은이 떼거리였어요." 당시의 지도자들에 대해 델 로사리오는 말했다. 그의 의견에 따르면, 최근에 미국에 도착한 노동자계급 출신 난민 중 많은 이들이 이 의견에 동의하지만 공개적으로 그렇게 말하는 사람은 거의 없다. 공산주의 지지자로 찍혀 배척당하거나 반카스트로 성향을 띤 집단에게 물리적인 공격을 당할지도 모른다는 두려움 때문이다. 가장 최근의 이민자들은 대부분의 미국인들이 결코 본 적이 없는 쿠바 이민공동체의 온건한 성향을 지닌 사람들이다. 이들은 카스트로의 혁명을 반대하지만, 동시에 혁명 초반에 쿠바의 대다수 빈민층이 실질적인 발전을 거뒀다는 사실도 부인하지 않는다. 이들은 혁명 초기에 마이애미로 도망쳐 온 바티스타 정권 지지자들 가운데 많은 이들이 진짜 범죄자와 착취자였음에 동의한다. 이들은 한 번도 그들이 소유한 적이 없는 압수된 부동산이나 재산을 회복하려 들지 않는다. 이들은 폭력, 테러, 일당 독재로부터 자유로운 쿠바를 열망하지만, 동시에 미국의 쿠바에 대한 무자비한 통상금지령이 끝나서 자유롭게 고향을 방문하고 아직 그곳에 있는 친척들을 만나게 되길 희망한다.

　보트 망명 이후 2년이 지나고 나는 델 로사리오를 다시 만났다. 그의 형제와 가족 들은 바다에서 해안경비대에 잡혀 1년 넘게 관타나모 수용소에 있었고, 그 후 조용히 가석방되어 미국으로 들어왔다. 새롭게 선거철이 다가오면서 클린턴 대통령의 쿠바 보트피플에 대한 봉쇄정책도 똑같이 조용히 밀려났다. "이 나라는 쿠바인들에게 관심이 없어요." 로사리오는 내게 말했다. "우리는 정치가들이 쓰고 버리는 장기판의 말일 뿐이죠."

제7장
도미니카공화국 사람들:
두아르테에서 조지 워싱턴 교(橋)로

> 아무도 자신의 이웃이, 평생의 친구가, 심지어 형제나 자녀나 부인이 자신을 고발하지 않으리라고 확신할 수 없었다……. 모든 사람이 공포에 떨었다. 아무도 다른 사람을 믿지 않았다.
>
> —존 바틀로 마틴, 전 도미니카공화국 주재 미 대사

1992년 7월 4일 주말 동안, 한 백인 경찰이 젊은 도미니카인 젊은이를 뒤에서 쏘아 죽음에 이르게 했다는 소문이 돌자 수백 명의 도미니카공화국 이민자들이 뉴욕의 워싱턴 하이츠 지역에서 폭동을 일으켰다. 며칠 동안 청년들은 자동차에 불을 붙이고, 한국인이나 백인 소유 가게를 약탈하고, 경찰서에 돌과 유리병을 던졌다. 2개월 전에 터진 로스앤젤레스 폭동이 반복될까 봐 두려웠던 뉴욕 시의 관료들은 조사를 하겠다고 약속하며 주민들을 안심시키는 데 급급했다. 나중에 맨해튼의 대배심은 그 경찰관이 쏜 것은 유명한 마약중개상이었고, 그것도 정당방위였으며, 이 총격을 본 목격자들이 이야기를 꾸며 냈다고 결론지었다. 하지만 미국 땅에서의 첫 도미니카 폭동으로 인해 갑자기 이 새 라티노 이민자집단 위로 국가적인 스포트라이트가 쏟아지게 되었다.

　1961년에서 1986년 사이에 40만 명 이상이 도미니카공화국에서 미국으로 합법적으로 이주했고, 4만 4,000명은 푸에르토리코로 건너갔으며, 이외에도 수천 명이 양국으로 불법 이주를 감행했다. 1990년대 30만 명 이상의 도미니카인들이 뉴욕 시에 살았고, 2000년대 초반 총 70만에

이를 것으로 추산되었다. 이로써 도미니카 이주민들은 지난 40년을 돌아볼 때 미국에서 가장 큰 이민집단 중 하나를 이루게 되었다.[1]

1950년대의 푸에르토리코인들과 비슷하게, 도미니카인들은 처음에는 대체로 눈에 띄지 않았다. 뉴요커들은 그들을 우연히 스페인어를 하게 된 흑인이라고 잘못 생각하곤 했다. 그러나 1990년대에 이르러 그들은 북동부에서 두번째로 큰 히스패닉 집단이 되어 있었다. 주류 신문들이 도미니카인들을 흔히 강력범죄나 마약거래에 연루된 모습으로 보도하자, 일부 백인들은 분노에 찬 반응과 함께 뉴욕이 퇴보하는 이유를 이 새로운 이민자들 탓으로 돌리기 시작했다.

그러나 폭동 이후의 뉴스들은 왜 그렇게 많은 도미니카인이 애초에 미국으로 왔는지를 설명하고자 하지 않았다. 새로운 이민자들이 왜 지역 내 상권에서 엄청나게 성공하는지, 왜 그들의 공립대학 등록률이 그렇게 높은지에 대한 연구도 거의 없었다. 도미니카 디아스포라가 이전의 유럽 이민자들, 혹은 심지어 다른 라티노 이민자들과 어떤 점에서 다른지 밝히는 보고서는 한 편도 없었다.

도미니카의 대이동은 푸에르토리코나 멕시코와는 달리 대체로 1960년대 중반의 난민 이동으로부터 시작되었다. 이민의 상당 부분은 도미니카공화국에서 민주적으로 선출된 첫 대통령인 후안 보슈를 재집권시키려는 1965년 4월의 민중봉기 이후 발생했다. 미국의 린든 존슨 대통령은 이 소요가 카스트로식 혁명을 유발할 것을 두려워하여 2만 6,000명의 군

---

[1] Jorge Duany, *Los Dominicanos en Puerto Rico: Migración en la Semi-Periferia* (Río Piedras: Ediciones Huracán, 1990), pp. 30~31.

인을 보내 도미니카공화국을 점령했고, 이들은 도미니카공화국 군대와 연합해서 민중봉기를 진압했다. 미국의 점령은 암살당한 독재자 트루히요의 오랜 조력자였던 호아킨 발라게르가 1966년 선거에서 권좌에 오르는 발판이 되었다. 이 선거는 미국과 국제사회의 감시에도 불구하고 보슈 지지자들을 향한 우파의 폭력으로 얼룩졌다. 선거 이후의 위기를 넘기기 위해서, 미국 관료들은 미 정부가 진압을 도왔던 바로 그 혁명가들을 황급히 미국으로 대거 탈출시켰다.[2]

이후 30년간, 도미니카공화국의 정치는 1965년 혁명의 인물들과 풀리지 않은 갈등들로 점철되었다. 보슈 지지자들에 대한 핏빛 억압이 정치적으로 10년 이상 지속되었다. 1966년에서 1974년 사이에만 3,000명 이상이 살해당했다. 수천 명이 투옥과 고문에 시달렸다.[3] 우파의 억압 때문에 1960년대 후반과 1970년대에 나라를 떠난 이들은 보통 정치적 좌파 출신이었다. 그러나 워싱턴은 (같은 시기 쿠바인들을 망명자로 규정했던 것과는 반대로) 도미니카인들을 망명자로 규정하기를 거부했고, 그래서 도미니카인들은 미국에 도착해서 어떤 국가적 원조도 받지 못했다. 도미니카공화국에서 공포통치가 끝난 1980년대에 이르러서야 이들의

2) Hamlet Hermann, *Francis Caamaño* (Santo Domingo: Editora Alfa y Omega, 1983), p. 253. Edward S. Herman and Brodhead, *Demonstration Elections*, p. 30. John Stockwell, *In Search of Enemies: A CIA Story* (New York: W. W. Norton, 1978), pp. 160, 236. Víctor Grimaldi, *El Diario Secreto de la Intervención Norteamericana de 1965* (Santo Domingo: Amigo del Hogar, 1989), pp. 39~40. Ramón Grosfoguel, "Migration and Geopolitics in the Greater Antilles", paper presented at Conference on Transnational Realities and Nation-States: "Trends in International Migration and Immigration Policy in the Americas", the North-South Center, University of Miami, May 18-20, 1995.

3) Frank Moya Pons, *The Dominican Republic: A National History* (New Rochelle, N. Y.: Hispaniola Books, 1995), p. 392.

이민은 비로소 정치색보다는 경제적인 성격을 띠게 되었다.

미국에 온 도미니카인들은 도착 시기와 상관없이 평균적인 멕시코나 푸에르토리코 이주민보다 일반적으로 교육수준이 더 높았고, 더 도시화되어 있었으며, 정치적으로 더 활발했다. 또한 이들은 사업 경영에도 더욱 적합했다. 마이애미의 쿠바인들처럼 이들은 뉴욕 시에 수천 개의 '보데가'bodega (포도주 가게 혹은 식품 잡화점), 슈퍼마켓, 소비재 상점을 열었다. 맨해튼의 워싱턴 하이츠는 그들의 바리오, 그들의 '리틀 아바나'가 되었다. 그러나 이 신참들은 대부분 물라토mulato (흑인과 백인 혼혈) 혹은 흑인이었고, 곧 인종차별의 벽에 부딪혔다. 심지어 다른 히스패닉 이주민들조차 그들에게 인종차별적 태도를 보였다.

에스텔라 바스케스는 이 도미니카 개척자들 중 한 사람이었다. 1965년 8월 미국에 도착했을 때 그녀는 아직 십대 소녀였고, 엄마, 남동생, 여동생이 함께 있었다. 그녀의 가족들의 경험은 당시 도미니카 디아스포라를 전형적으로 보여 준다. 또한 이들은 초기 이주민들이 맞닥뜨린 장애물, 이들이 만든 단체와 조직, 그들이 창조해 낸 독창적인 정체성에 대한 통찰을 제공해 준다.

루시아노 가족의 초년

대부분의 도미니카인들처럼, 에스텔라 바스케스 루시아노도 1961년 5월 30일 근대적인 삶을 맛보기 시작했다. 그날 '엘 헤페'El Jefe (두목)라고 불리던 라파엘 레오니다스 트루히요 장군은 31년간 절대 권력을 누리다가 동료 장교들에게 살해당했다. 나중에 세상에 알려진 바에 의하면, 미국전 정권이 트루히요를 보호하고 지지했음에도 불구하고, 당시 케네디 대통령과 CIA는 트루히요를 축출하기로 결정했다.[4] 그의 죽음 이후 혼란스러운 4년이 지났다. 그동안 도미니카공화국은 첫번째 민주적 대통령 선거를 치렀고, 대중주의적 성향의 개혁가이자 지식인 후안 보슈는 압도적인 득표수 차로 승리했다. 그러나 토지개혁 시도와 국내 공산주의 운동을 억압하지 않는 입장 때문에 보슈는 사탕수수 농장주들, 미 정부와 즉각적인 갈등관계에 휩싸였다. 집권 후 단 7개월 만에 그는 무력에 의해 실각하고 푸에르토리코로 추방당했다.

그러나 보슈는 망명 중에도 인기가 있었다. 축출당한 지 2년이 지난 1965년 4월 24일, 보슈의 지지자이자 젊고 카리스마 넘치는 프란시스코 카아마뇨Francisco Caamaño 대령이 젊은 군 관료들을 이끌고 보슈를 재집권시키려는 봉기를 일으켰다. 봉기가 시작된 순간부터 산토도밍고 주민들은 거리로 쏟아져 나와 장교들에게 민주주의를 요구했다. 당시 17세였던 에스텔라 바스케스는 즉시 할머니 집에서 뛰어나와 거대한 군중의 무리에 합류했고, 도시 한가운데 있는 두아르테 다리를 향해서 보슈를 무너뜨렸던 군인들에 맞서러 행진해 갔다.

그날 그녀가 집에서 뛰쳐나갔다는 사실은 에스텔라에게 다소 운명적으로 보였다. 그녀는 가난하지만 대단히 독립적인 여성들의 후손이었기 때문이다. 그녀의 할머니 라모나 루이사노는 아이티와 접한 서쪽 국경 근처의 바니 출신 농부였다. 라모나 루시아노는 젊었을 때 지방의 부유한 지주였던 후안 메히아스와 사랑에 빠졌고, 여러 해 동안 그의 여러 정부들 가운데 한 명으로 지냈다. 이들의 긴 관계 속에서 일곱 아이가 태

---

4) Stockwell, *In Search of Enemies*, p. 236. Herman, *Demonstration Elections*, p. 22. Grimaldi, *El Diario Secreto de la Intervención Norteamericana de 1965*, pp. 37~40.

어났고, 그들 중 에스텔라의 엄마인 아나 마리아 루시아노가 1920년에 태어났다.[5]

라모나는 1930년에 바니를 떠나 아이들과 함께 산토도밍고로 이사했다. 이곳에서 그녀는 딸 아나 마리아를 독재자 트루히요가 여자들을 위해 만든 재봉사 학교들 중 한 곳에 입학시켰다. 1938년경 아나 마리아는 작은 '풀페리아'pulpería(식료품점) 주인이었던 알시비아데스 빌체스와 결혼하여 자녀 셋을 두었다. 그중 맏이인 에스텔라는 1948년에 태어났다. 이 가족은 트루히요 정부의 관료들과 사소한 인맥을 지녔고, 그래서 상대적으로 혜택을 받은 편이었다. 아나 마리아의 여러 형제들 가운데 하나인 호아킨 메히아스 역시 후안 메히아스의 서출로, 트루히요의 절친한 친구 마누엘 모하 로페스의 수석보좌관이었다. 다른 형제인 라파엘 센시온은 모하 로페스의 운전수였다. 모든 것이 사적인 연줄을 통해 이루어지는 나라에서, 낮은 지위의 라파엘 삼촌은 결과적으로 온 가족의 '파드리노'padrino(대부)가 되었다.

트루히요가 모하 로페스를 1958년에 대사로 임명해 워싱턴으로 보냈을 때, 그의 운전사인 라파엘 삼촌도 미국으로 이주했다. 이렇게 그는 '엘 노르테'El Norte(북쪽 혹은 북미)를 향해 떠난 첫번째 루시아노 가족 구성원이 되었다. 그 당시에는 아주 부유하고 유명한 사람들을 제외하고는 도미니카인이 해외여행을 다니는 일이 전무했다. 1961년 초 라파엘 삼촌은 누이들 중 하나인 에스페란사에게 워싱턴에서 종업원으로 일하도

---

5) 루시아노 가문에 대한 이후 이야기의 많은 부분은 뉴욕과 산토도밍고에 사는 루시아노 가족 구성원인 에스텔라 바스케스, 아나 마리아 루시아노, 암파로 센시온, 토니 센시온과 저자가 한 인터뷰에서 따온 것이다.

록 여권을 마련해 주었다. 같은 해 다른 여동생 콘수엘로가 뉴욕으로 떠났다. 트루히요가 죽기 3개월 전인 그때까지도 그의 승낙 없이 여권을 발행하는 일은 실제적으로 불가능했다. 예를 들어 콘수엘로는 스물네 장의 사진을 마련한 뒤 수도의 24개 경찰구역에 각각 제출해서 그녀가 매춘부나 이름난 반체제 인사가 아님을 정부에 확인시켜야 했다.

아나 마리아의 모든 가족이 트루히요의 공포를 벗어난 것은 아니다. 그녀의 다른 형제인 후안 메히아스는 국가의 우두머리를 공개적으로 비판하는 실수를 저지른 적이 있었다. 그는 곧 체포되어 수도 외곽의 악명 높은 교도소 라 쿠아렌타에 알몸으로 처넣어졌다. 이곳에서 그는 지독한 고문을 당했고, 풀려났을 때는 정신이상에 청각을 완전히 잃은 상태였다. 다른 가족들이 감히 그에게 쉴 곳을 제공하지 못했기에, 그는 여생을 거리를 떠돌며 보냈다.

트루히요가 누린 절대 권력은 오늘날에는 상상도 할 수 없을 정도다. 한 전前 도미니카공화국 주재 미 대사는 회고록에서 이렇게 썼다. "전화는 도청되었고, 호텔 방에는 마이크가 설치되었다. 우편물은 미리 개봉되었고, 전선은 면밀히 검사되었다. 그러나 최악의 사태는, 트루히요의 비밀 정보원들이 나라 전체에 스며들어 있었기 때문에, 아무도 자기 이웃이, 평생의 친구가, 심지어 형제나 자녀나 부인이 자신을 고발하지 않으리라고 확신할 수 없었다…… 모든 사람이 공포에 떨었다. 아무도 다른 사람을 믿지 않았다."[6]

---

6) John Bartlow Martin, *Overtaken by Events: The Dominican Crisis from the Fall of Trujillo to the Civil War* (New York: Doubleday, 1966), p. 35. 또, Bernardo Vega, *Control y Represión en la Dictadura Trujillista* (Santo Domingo: Fundación Cultural Dominicana, 1986) 참조.

독재정권의 탄압에서 살아남은 아르눌포 레예스 박사는 회고한다. "경찰이 찾아오면 감히 도망치지 않는 편이 나았어요. 만약 도망치면 가족을 모두 죽였을 겁니다. 그래서 사람들은 그냥 집에 앉아서 경찰이 오기를 기다렸지요."[7]

트루히요가 암살당했을 때 에스텔라는 아직 중학생이었다. 처음에는 다른 모든 가족처럼 그녀도 대다수 도미니카인들이 유일하게 섬겼던 지도자의 죽음을 슬퍼했다. 하지만 이 상실감은 금방 분노로 바뀌었다. 트루히요 시대에 희생당한 망명자들이 해외에서 돌아왔고 이들의 이야기를 통해 부패한 정권하에서 자행된 고문이 어떤 것이었는지 드러났다. 이런 이야기들이 되살아난 자유언론을 통해 나라 전체에 널리 알려짐으로써 도미니카공화국 사회가 30여 년간 빠져 있었던 잠에서 깨어났기 때문이다. 곧 수천 명의 학생이 봉기해, 트루히요가 남긴 공백을 채우려고 경쟁하던 일련의 과도 군사정부의 종결과 민주 선거를 요구하는 행진을 시작했다. 과격한 신문과 서적들이 쏟아져 나왔고, 좌파 성향의 '6월 14일 운동'June Fourteenth Movement의 지도자들이 즉각 민중의 영웅으로 떠올랐다. 대부분의 도미니카 젊은이들과 마찬가지로 에스텔라도 정치적 소용돌이에 휩쓸렸다.

1963년 5월, 나라는 소요에 휘말리고 일자리는 부족한 데다 남편이 병이 나서 벌이를 못하는 상황에서, 아나 마리아는 아이들을 외할머니에게 맡기고 뉴욕으로 일자리를 구하러 가기로 마음먹었다. 그녀는 자매인 콘수엘로와 함께 브롱크스에 살게 되었고 맨해튼 로우어 브로드웨이의 외투 공장에서 일을 시작했다. 덕분에 그녀는 매달 남편과 아이들에

---

7) 저자의 아르눌포 레예스와의 인터뷰에서.

게 돈을 보낼 수 있었다. 도착하고 얼마 지나지 않아 그녀는 남편이 죽었다는 소식을 들었다. 그녀는 장례식 비용을 지불했지만 고국으로 돌아올 비행기표를 살 돈까지 마련할 수는 없었다.

1965년 6월 어느 밤, 일터에서 돌아온 아나 마리아는 어머니가 보낸 전보를 발견했다. "군인들이 에스텔라를 잡아감. 라 빅토리아에 있음." 아나 마리아는 즉시 산토도밍고행 비행기에 올랐다.

대부분의 미국인들은, 존 F. 케네디가 총을 맞았다는 뉴스를 들었을 때 무엇을 하고 있었는지 아직도 정확히 기억한다. 도미니카인들도 이와 마찬가지로, 도미니카공화국 혁명이 일어난 1965년 4월 24일 오후의 모든 세세한 부분들을 기억한다. 에스텔라 바스케스는 외할머니 집에서 벨벳 같은 목소리의 아나운서 프란시스코 페냐 고메스의 라디오 쇼를 듣고 있었다.

후안 보슈의 도미니카혁명당Dominican Revolutionary Party, PRD 청년당원 지도자였던 페냐 고메스는 토요일마다 쇼를 진행했다. 이 프로그램의 이름은 「트리부나 데모크라티카」Tribuna Democrática(민주연단)로, 페냐 고메스는 가난하고 피부색이 어두운 도미니카인들 사이에서 특별히 인기를 끌었는데, 모두들 그가 이 나라에서 확고한 정치적 입지를 지닌 소수 흑인 중 한 명임을 알고 있었다.

그날 군대의 젊은 장교들이 보슈 대통령을 권좌에 다시 앉히려는 반란을 일으켰음을 페냐 고메스가 알리는 순간, 이 프로그램을 듣던 청취자들은 깜짝 놀랐다. 페냐의 말에 의하면 이 장교들의 지도자는 트루히요 시절 악명 높았던 장군의 아들인 카아마뇨 대령이었다.[8] 에스텔라는

8) Hermann, *Francis Caamaño*, pp. 145~147.

남자친구, 몇 명의 사촌들과 함께 산토도밍고의 큰 상업지구들 가운데 한 곳인 메야 거리로 돌진했고, 거기서 이 도시의 식민시대 중심지로 연결되는 좁고 짧은 입구인 두아르테 다리로 내려갔다. 밤이 되자 사람들은 도시 외곽에 주둔한 정부군이 안으로 들어오는 것을 막기 위해 바리케이드를 쌓고 임시 캠프를 설치했다. 보슈의 복귀를 지지하는 이들은 스스로 '입헌주의자'Constitutionalist라는 명칭을 사용했다. 그들의 적은 '현체제주의자'Loyalist라는 별칭을 얻었다. 군중 가운데 카아마뇨와 보슈파 반란 군인들이 과연 실제로 권력을 잡을 수 있는지 아는 사람은 거의 없었지만, 민중의 승리를 선포하는 시민 연설가들의 끝없는 등장에 사람들은 환호했다.

반란 이틀째에 군용 비행정이 도심에 폭격을 가하기 시작했다. 이에 응대하여 보슈 지지자들은 '6월 14일 운동' 간부들을 앞세우고 몇몇 경찰서를 공격하여 점령했다. 이런 공격에 참여하기에 너무 어렸던 에스텔라는 그 대신 반란군을 위해 무기와 탄환을 날랐다.

3일째 아침에 공군이 두아르테 다리 위로 전면 공격을 퍼부었다. 50명 이상이 사망했고 백여 명이 부상당했으나, 카아마뇨와 반란군에 의해 강화된 입헌주의자들은 간신히 도시로 통하는 결정적인 입구를 방어해 냈다.[9] 다리에서 거둔 승리 이후 반란군에 대한 시민의 협조는 우후죽순 증가했고 정부군은 맡은 위치를 버리고 떠나기 시작했다. 장군들은 거의 투항하기 직전처럼 보였다. 그러나 존슨 대통령과 그의 사절단은 이를 허락하지 않았다. 미 관료들이 공산주의자들이 반란을 주도하며 미국인

---

9) Ibid., pp. 155~204. 또한 저자와 에스텔라 바스케스, 그리고 저자의 숙부이자 4월 혁명에서 살아남은 에라클리오 리베라와의 인터뷰에서.

들의 삶이 위협당하고 있다는 과장된 불평을 언론에 흘리자, 4월 28일 존 슨은 해군을 그곳에 보냈다. 백악관은 이 개입을 '중립적'이라고 묘사했으나, 그 이후로 기밀문서 분류에서 제외된 정부의 문건에 따르면 미 관료들이 보슈 지지세력을 진압하려는 집권 군부의 노력에 협조했고, 이를 고무했다는 사실에는 의심의 여지가 없다.[10] 수천 명에 이르는 카아마뇨의 반란군은 수도의 중심부로 퇴각했고, 이곳에서 '시우다드 누에바'로 알려진 식민시대 도시의 54평방 지구 안에 갇혔다. 미군이 강제로 설치한 안전선에 의해 다른 도미니카인들로부터 격리된 채, 반란군은 이 나라의 신경의 중심부, 즉 대통령궁, 항구, 전화회사, 중앙우체국, 라디오와 티브이 방송국을 장악했다.

이 반란군 지역에서 에스텔라는 한 달간 살았고, 5월 어느 오후 할머니의 집에 가려고 빠져나왔을 때 군인 순찰대에 의해 체포되었다. 군인들은 이 십대 소녀를 할머니 집으로 데려가 신원을 파악하고자 했다. 독재자 트루히요의 오래된 사진을 아직 벽에 걸어 놓았던 라모나 할머니는 말했다. "여기 이 밧줄로 그년을 목매달아요. 우리 집안엔 공산당은 필요 없소."

아나 마리아 루시아노는 6월에 산토도밍고에 도착했고 딸을 석방시키고자 노력했다. 그녀는 루시아노 가문의 모든 정치적 인맥에 호소했고, 마침내 새 군부의 수장인 베노이트 대령과 약속을 잡았다.

"우리 가족은 언제나 트루히요를 지지했어요." 그녀는 바쁜 대령에게 말했다. "우리는 공산당이 아닙니다. 우리는 정치에 대해 전혀 몰라요. 제 딸은 어린애일 뿐입니다."

---

10) Grimaldi, *El Diario Secreto de la Intervención Norteamericana de 1965.*

"루시아노 부인, 저는 그 애를 풀어 줄 수 없습니다." 부드러운 목소리의 대령이 말했다. "부인은 부인 딸이 어떤 애인지 몰라요. 그녀를 풀어 주면 곧바로 '소나 프로이비다'Zona Prohibida(금지구역)로 달려가 그 공산주의자들과 다시 만날 겁니다."

"대령님, 절대 그럴 일이 없다고 약속드립니다. 그 애는 저와 함께 뉴욕으로 떠날 거예요. 다시 이곳으로 돌아오지 않을 것입니다."

8월에 아나 마리아의 끈기는 보상을 받았다. 베노이트 대령은 에스텔라의 석방과 즉각적인 국외 추방을 명했다. 군인들이 그녀를 감옥에서 공항으로 데려갔고, 공항에는 그녀의 엄마, 여동생인 도랄리사, 여섯 살 난 남동생 라파엘 레오니다스가 기다리고 있었다. 에스텔라 바스케스는 17세에 정치적 망명자가 되었다.

뉴욕에서 새로운 삶을 건설하다

아나 마리아 루시아노는 브로드웨이의 공장으로 돌아갔지만, 처음에 감독관은 그녀를 다시 고용하려 들지 않았다. 공장의 베테랑 재봉사들 중 하나인 푸에르토리코인 에바 에스트레야는 분노하며 상사에게 말했다. "아나 마리아는 파티하고 춤추러 거기 간 게 아니에요. 아이들을 구하러 간 거죠. 그녀가 일터로 돌아오지 못하면 우리는 모두 파업하겠어요."

다음 날 아나 마리아는 재봉틀 앞에 있었고, 서둘러 에스텔라를 근방의 애스터 플레이스에 있는 열악한 조건의 저임금 작업장에 취직시켰다. 이 직장에서 보낸 첫 주에, 에스텔라는 미국 역사상 최대 규모의 정전으로 북동부가 마비되었을 때 뉴욕 지하철 안에 몇 시간 동안 갇혀 있었다. 1년도 채 못 되는 기간 동안 17세의 에스텔라는 격렬한 혁명을 경험하고,

눅눅한 감방에서 3개월을 보냈으며, 이상한 새 나라로 옮겨져 십대 공장 노동자가 되는 충격과 뉴욕 지하철 터널 안에서의 정전을 겪은 것이다.

이듬해 그녀는 사촌의 동료인 젊은 푸에르토리코인과 결혼했고, 에벨린과 알레한드로라는 두 아이를 낳았다. 얼마 동안 그들은 에스텔라의 엄마와 여동생, 남동생과 함께, 절대로 햇빛이 들지 않고 겨울에 난방이 안 되는 침실 두 개짜리 지하 아파트에서 7명이 몸을 구겨 넣듯이 살았다. 밤에는 추위를 쫓기 위해 코트를 입고, 아나 마리아가 공장에서 가져온 안쪽에 털가죽을 댄 플라스틱 장화를 신은 채로 자야 했다.

도미니카 개척자들의 삶은, 그들 이전의 푸에르토리코인들의 삶과 마찬가지로, 일자리를 구하고 생존을 위해 하루하루 싸우는 것이 전부인 삶이었다. 이들은 공통적으로 실업이라는 것을 모르고 자선을 받는 행위를 경멸하는 곳에서 왔다. 공장이 1984년에 문을 닫을 때까지 21년 동안 계속 근무한 아나 마리아 루시아노는 언제나, 심지어 퇴직한 후에조차도 누구에게서도——특히나 정부로부터는——자선을 받지 않았음을 자랑했다. 그러나 2세대는 그런 옛 가치관이 그들의 새로운 현실과 화해하기 어렵다는 것을 깨달았다. 예를 들어 에스텔라는 남편이 1973년 그녀를 버리고 여러 애인들 중 한 사람을 택하자, 두 어린 자녀들과 함께 사회복지에 의존할 수밖에 없었다. 그녀는 편모로서 생존을 위해 싸워 나가서 마침내 영어를 배웠고, 고졸에 해당하는 학위를 땄고, 공장을 떠나 커뮤니티 대학에 입학했으며, 스스로 자랑스럽게 여길 만한 직업을 얻었다. 이스트 할렘의 마운트 시나이 병원에서 1199지부, 즉 의료서비스 종사자 노조의 관리자로 일하게 된 것이다.

뉴욕의 새로운 '콜로니아'

1960년대에 도착한 대부분의 도미니카인은 이미 정착한 푸에르토리코인의 공동체 근처에 자리 잡았고, 이런 곳 중 가장 인기 있는 곳은 맨해튼의 어퍼웨스트사이드Upper West Side였다. 이 초기 정착민들은 발라게르의 공포 집권이 끝나면 고향으로 돌아갈 생각이었지만, 세월이 흐르면서 그들이 세운 새로운 사회는 점차 그들의 기대를 변화시켰고 그들의 꿈도 바꾸어 놓았다.

이민자들이 처음으로 조직한 단체는 사교 클럽과 스포츠 조합이었고, 이는 그들의 공동체 의식을 지속시키기 위함이었다. 가장 유명한 모임은 브로드웨이 104번지에 있었던 마리아 트리니다드 산체스 클럽과, 도미니카공화국 역사 속의 중요한 날짜들을 따서 이름 지은 3월 13일 클럽, 2월 27일 클럽이었다. 첫번째 시민단체 중 하나였던 카리브 교육센터는 산 페드로 데 마코리스의 사탕수수 노동자들의 지도자였던 알프레도 화이트가 1970년대 초반에 창립한 것이다. 이곳에서 이민자들은 영어를 습득하고 미국의 정치제도를 공부하기 시작했다.

초기 이민자들은 일반적으로 푸에르토리코 이주민들이나 고향의 도미니카인들보다 더 좋은 교육을 받았다.[11] 1980년에 이루어진 한 연구에 의하면 뉴욕에 사는 도미니카 이민자들의 41퍼센트가 10년 혹은 그 이상의 교육과정을 이수했는데, 이는 도미니카공화국 도시 거주자들 평균의 거의 두 배에 육박하는 수준이었다.[12] 또한 그들은 전반적으로 평균 푸에

---

11) Sherri Grasmuck and Patricia Pessar, *Between Two Islands: Dominican International Migration* (Berkeley: University of California Press, 1991), p. 24.

르토리코인이나 멕시코인보다 정치를 더 잘 이해했다. 트루히요 시대 이후 생긴 봉기들로 인해 도미니카인들은 미국 역사상 가장 급진적인 스페인어권 이민자 집단을 이루었다. 이는 실패한 1905년 혁명 이후 미국에 온 러시아 노동자들이나 무정부주의적 노동조합주의자인 1920년대의 이탈리아 이민자들과 유사한 경우였다.

많은 이들이 도착하자마자 발라게르 정권에 반대하는 정치조직의 지부에 가입했다. 1970년대 초, 몇몇 도미니카 청년들이 '영로드당'Young Lords을 창설한 푸에르토리코인들의 예를 본받아 그들만의 급진적인 조직을 만들었다. '엘 코미테'El Comité라고 불린 이 조직은, 당시 중간 소득 계층의 주거지를 위해 임대료가 싼 다세대주택들을 철거하던 뉴욕의 새로운 도시재개발 계획에 맞서서 어퍼웨스트사이드에서 일어난 무단 점유 세입자들의 운동을 진두지휘했다. 그러나 린지 뉴욕 시장 휘하의 자신감 넘치고 야심찬 도시 재배치 추진 위원 에르만 바디요가 체계적으로 어퍼웨스트사이드에 위치한 수백 채의 다세대주택과 1인실 호텔을 무너뜨리고 저소득층 푸에르토리코인은 남브롱크스로, 도미니카인은 북부 맨해튼으로 강제 이주시키면서, 도시재개발에 저항한 이 캠페인은 실패하고 말았다.

처음에 도미니카 공동체는 웨스트사이드로부터 135번가와 브로드웨이에 위치한 시립대학 주변으로 옮겨 갔다. 점점 더 많은 수의 이민자들이 도착하면서, 이 지역은 북쪽의 워싱턴 하이츠까지 확장되었고, 결국에는 이곳이 이 공동체의 중심이 되었다. 시립대학에서 도미니카 학생들이 만든 첫 단체들은 1970년대 후반에 조직되었다. 이런 집단들 사이

---

12) Ibid., p. 77.

에서 교사, 의사, 변호사들로 구성된 한 핵심적인 그룹이 등장해 오늘날 도미니카 공동체의 주요 지도자들이 되었다. 도미니카공화국 출신 첫 시의회 의원인 기예르모 리나레스는 이런 단체들 중 하나의 창시자다. 졸업 후 그는 공립학교에서 가르치면서 뉴욕 시립대학 동창인 페르난도 레스카이예와 함께 '진보적 도미니카 연합'Association of Progressive Dominicans, ACDP을 창설했다. 이는 워싱턴 하이츠의 첫번째 사회적 행동 단체였다. 1980년대 중반에 이르러 ACDP의 멤버들은 지역 학교와 주민위원회의 주도권을 장악했고, 이들의 승리는 리나레스의 선거 출마에 발판이 되었다.

도미니카 이민자의 출현은 곧 도미니카인과 푸에르토리코인 사이의 전통적으로 공고한 관계를 긴장시켰다. 이 관계는 19세기와 20세기 초반까지 거슬러 올라간다. 당시 많은 푸에르토리코 사람들이 섬을 떠나 더 부유한 도미니카공화국의 설탕농장으로 일을 찾아 갔다. 두 집단 간의 문화적 교류와 결혼은 당시 흔한 일이었다. 예를 들자면 전 도미니카공화국 대통령인 호아킨 발라게르와 그의 천적 후안 보슈는 모두 모계에 푸에르토리코 조상을 가지고 있었다. 또한 많은 푸에르토리코 사람들이 1960년대 도미니카 이민자들이 적대적이고 잔혹한 앵글로 세계를 헤쳐 나가는 것을 도와주었다. 그러나 최근에는 미국과 푸에르토리코 양국에서 이 두 집단 사이에 날카로운 긴장감이 생겨났다.

이 긴장은 상당 부분 도미니카인들이 푸에르토리코에 불법 이주한 결과물이다. 1990년 한 해 동안에만 이민귀화국Immigration and Naturalization Service은 푸에르토리코에 불법 입국한 도미니카인이 1만 3,200명 이상이라고 집계했다.[13] 밤마다 밀수꾼들은 동쪽 해안도시들에서 도미니카인으로 가득 찬 '욜라'yola(돛이 달린 쪽배)를 띄워, 모나 해협을 가로질러 푸에르토리코로 항해한다. 얼마나 많은 사람이 위험한 해협을 건너는 삯으로 1인당 400불을 '코요테'라 불리는 업자들에게 지불하고 나서 물에 빠져 죽는지는 알 도리가 없지만, 푸에르토리코의 언론은 해안에 밀려온 도미니카인들의 시체에 대한 이야기를 주기적으로 전달한다.[14]

성공하는 사람들은 아과디야, 마야구에스, 아레시보 등의 서부 도시 근처에 상륙하고, 산후안 지역까지 이동한 후 뉴욕이나 마이애미까지 진행한다. 푸에르토리코는 미국 영토이기 때문에, 매일 떠나는 수십 편의 미국 항공편이 반드시 거쳐야 하는 이민국이나 세관 검문소가 없다. 그러나 도미니카인들은 이곳의 기후, 공통된 언어, 문화, 더 부유한 환경에 매료되어 종종 이곳에 남는다. 현재 이곳의 도미니카 인구는 30만으로 추산된다. 이곳의 높은 실업률 때문에 이민 반대 움직임은 필연적인 것이었다. 푸에르토리코인들은 마치 미국인들의 공포를 반영하듯 도미니카인들이 자국민으로부터 적은 일자리마저 빼앗아 간다고 느낀다. 동시에, 푸에르토리코 언론은 전형적으로 도미니카인들을 의욕 없고 범죄와 마약거래에 빠지기 쉬운 사람들로 묘사한다. 산투르세의 바리오 오브레로 혹은 비야 팔메라스와 같이 현재 도미니카인 인구비율이 압도적으로 높은 도시에서 그런 불만은 점점 더 인종차별적으로 변해 왔다.

푸에르토리코로 유입되는 도미니카인의 숫자는 일상적으로 미국에 사는 푸에르토리코 친척들에게 과장되어 전해진다. 미국에서는 일자리와 창업 기회에 대한 경쟁으로 인해 북동부의 두 이민집단 사이에서 라

---

13) Palmira N. Rios, "Acercamiento al Conflicto Dominico-Boricua", Center for Puerto Rican Studies Bulletin 4, no. 2 (Spring 1992), p. 46.

14) Amelia Estades Santaliz, "Sólido red para el tráfico de ilegales", *El Nuevo Día*, *February* 19, 1999.

이벌 의식이 점점 높아지고 있다. 이는 서부의 멕시코계 미국인과 나중에 도착한 중미 이민자 사이에 증가하는 긴장과 같은 현상이다.

푸에르토리코와 도미니카공화국 사이의 라이벌 의식은 바리오 사업들 사이에서 번져 가고 있다. 20년 전에는 뉴욕과 보스턴의 모든 보데가는 실제로 푸에르토리코인 소유였다. 오늘날에는 도미니카인 소유가 아닌 보데가를 찾기 힘들다. 뉴욕 외곽에서 영업하는 택시회사들도 마찬가지다. 30년 전에는 푸에르토리코인과 아프리카계 미국인이 이 사업을 점유했었다. 오늘날에는 도미니카인과 자메이카인의 사업이 되었다. 라틴 나이트클럽과 스페인어 라디오 채널에서는 한때 푸에르토리코 살사가 가장 유행했지만, 지금은 도미니카공화국 발發 메렝게가 더 많이 들린다. 심지어 1980년대 북동부 도시들에 번진 코카인과 크랙 거래를 도미니카인 탓으로 돌리는 푸에르토리코인들도 있다. 말하자면, 초기 라티노 정착민들과 미국 백인들 사이에 일어났던 갈등이 현재 라티노 공동체 안에서 발전해 가는 모습이 보이는 것이다.

그러나 도미니카인의 빈곤, 마약, 저임금 노동과 나란히, 그들의 수많은 성공 스토리도 찾아볼 수 있다. 남브롱크스의 호스토스 지역 전문대학교Hostos Community College는 본래 1960년대 교육 전쟁의 결과로 푸에르토리코 성인 노동자들을 위한 학교로 설립되었다. 그러나 지금 이 학교는 등록률은 매우 높고, 등록한 학생의 60퍼센트는 도미니카인이며 90퍼센트는 여성이다. 시티대학교City University의 도미니카 학생들은 관례적으로 학생회장단으로 선출되며, 미국에서 성장한 도미니카인들로 구성된 유의미한 숫자의 전문직 종사 계층도 나타났다.

도미니카인들이 번창하는 가족형 사업공동체만을 양성한 것은 아니다. 이들은 점점 더 식품이나 소매상 등 중형 사업에도 진출하고 있다. 뉴욕의 몇몇 독립 슈퍼마켓 체인 —— 파이오니어, 어소시에이티드, C-타운 프로젝트 —— 들은 이제 도미니카인의 소유다. 1990년대 초에 이르러 국가 슈퍼마켓 연합은 미국에서 가장 부유한 도미니카 경제블록이 되었다. 최근 몇 년 동안에는 도미니카 이민자들이 소유하고 경영하는 은행과 공장들이 두각을 보이고 있다.

디자이너 오스카르 데 라 렌타부터 재즈 피아니스트 미첼 카밀로, 소설가 훌리아 알바레스와 주노 디아스에 이르기까지, 도미니카인이 미국 문화에 기여한 바는 점점 더 국가적 주목을 받고 있다. 최근 몇 년간 도미니카 선수들이 메이저리그에서 보여 준 놀라운 능력은 이들이 속한 이민공동체들이 국가적 자부심을 계속 지니도록 원천을 제공해 왔다. 새미 소사와 후안 사무엘에서 조지 벨에 이르기까지, 페드로 게레로와 토니 페르난데스에서 후안 구스만까지, 훌리오 프랑코와 호세 리호, 멜리도 페레스로부터 알프레도 그리핀까지 도미니카 야구스타들은 무수히 많다. 이들 중 많은 수가 공통적으로 도미니카공화국의 산 페드로 데 마코리스 출신이다. 이곳은 한때 거대한 사탕수수 농장으로 뒤덮여 있었고, 미 해군이 게릴라들을 사냥하던 곳이다.

그러나 종종 이런 스테레오타입 속에서 잊혀지곤 하는 것은 젊은 도미니카인들을 미국으로 내모는 엄청난 규모의 빈곤이다. 도미니카공화국의 평균 생활수준은 1980년대를 거쳐 1990년대 초반까지 수직 하강했다. 그곳에서 1991년 정부 고용 의사는 월 160달러에 해당하는 월급을 받았다. 공립학교 교사는 70달러 정도를 벌었다.[15] 종합적으로 보면 전체 인구의 60퍼센트 이상이 빈곤층에 해당하는 임금을 받는다. 도미니카 의

---

15) Juan Gonzalez, "Caribbean Labor Pains", *New York Daily News*, August 2, 1991.

사가 고향에서 외과수술을 할 때보다 맨해튼에서 접시를 닦으면서 더 큰 돈을 벌 수 있다면, 어떻게 이민이라는 유혹에 저항하겠는가?

미국에서 가족 중 가장 똑똑한 아이는 투자전문가, 인터넷 벤처 자본가, 의사가 되기를 원한다. 산토도밍고와 카리브 해의 빈민가에서는 가장 영리하고 우수한 사람들은 미국에 가서 가족 전체를 가난에서 구해 낼 것을 꿈꾼다. 오늘날 도미니카공화국에서는 가족 중 누군가가 미국에 살면서 간혹 고향집에 재정적 도움을 보태지 않는 도시 가정을 찾기 어렵다.[16]

루시아노 가족이 도착한 후 30년 동안 다른 가족들도 뒤를 따랐다. 이들 모두가 처음에는 귀향을 꿈꿨다. 1979년 에스텔라는 정말로 돌아갔다. 14년 전 망명 온 후 첫 귀향이었다. 그때 발라게르의 억압 정치는 종결된 후였고 후안 보슈의 옛 동료인 안토니오 구스만이 새로운 대통령이었기 때문에 뉴욕의 망명자들은 안전히 돌아갈 수 있다고 느꼈다. 그러나 구스만 정부는 발라게르 정부만큼이나 부패했음을 증명해 보였다. 에스텔라는 한 번도 상상해 본 적이 없는 빈궁한 나라를 보았다. 빠르게 증가하는 인구는 도시의 하부구조를 지탱하고 있었다. 정전은 흔한 일이었다. 식수는 오염되었다. 빈민가가 수도를 점점이 잠식했다. 도로는 보수되지 않은 채였고 실업률은 사상 최고였다.

그때 에스텔라는 고향에서 살 수 없음을 깨달았다.

미국의 착취와 도미니카공화국에 대한 학대의 역사, 그리고 착취가

---

16) 도미니카공화국의 도시 산티아고에서의 연구에 따르면, 1981년에는 전체 가정의 20퍼센트가 해외의 가족구성원에게서 정기적인 원조를 받고 있었다. Grasmuck and Pessar, *Between Two Islands*, p.71.

불러온 끔찍한 경제적 격차를 생각하면, 21세기에 대규모 이민이 줄어들 것으로 보이지는 않는다. 에스텔라 바스케스와 마찬가지로, 많은 도미니카인들은 멀리서도 여전히 나라를 사랑하는 애국자로 남겠지만 고국에서 살 수는 없을 것이다.

1993년 어느 날 그녀는 인정했다. "나는 미국이 좀더 비자를 많이 발급해 준다면 도미니카공화국의 모든 국민이 나라를 버릴 거라고 생각해요. 그만큼 상황이 나빠요."

제8장
중미 사람들: 창의력으로 정착하다

> 너무도 많은 이들이 고문당하고 죽었기에, 만일 군대에 잡혀간 누군가가 살아남았다면 주변 사람들은 그를 배신자라고 의심했을 것이다. 겁탈당한 여자들은 수치심으로 고향에 돌아갈 수 없었다. 가족과 지역 공동체는 쉽게 해체되었다.
>
> ─마리오 곤살레스, 과테말라 출신 이민 심리학자, 1998년

1970년대 샌프란시스코의 미션 지구와 로스앤젤레스의 피코 유니언 구역에 엘살바도르인들이 조금 살았고, 같은 시기에 시카고의 훔볼트 파크 구역에 아주 작은 과테말라 거주지가 형성되기는 했으나, 중미 사람들은 미국에서 20세기 후반에 이르기까지 눈에 띄지 않는 존재였다. 미 통계국에 의하면 1980년에는 미국 전체에 9만 4,000명의 엘살바도르 출신 거주민이 있었다. 이 숫자는 10년 후 8배에 이르는 70만 1,000명으로 폭증했고, 오늘날에는 120만이 넘는, 즉 엘살바도르 인구의 20퍼센트에 이르는 엘살바도르인이 미국에 거주한다.[1] 이와 유사한 놀라운 증가가 같은 시기에 과테말라인 인구(7만 1642명에서 22만 6,000명으로)와 니카라과인 인구(2만 5,000명에서 12만 5,000명으로)에서 일어났다.

이 갑작스러운 유입은 미국 사회의 물질적 이윤에 대한 새로운 집단

---

1) 저 숫자는 도착했다고 추정되는 전체 숫자보다 근 40만이나 적은 숫자이다. 그러나 우리는 수천 명이 미국에서 몇 년간 불법 노동을 한 후 고국으로 돌려보내졌음을 계산에 넣어야 한다. 또 다른 사람들은 이민귀화국에 발견되어 추방당했고, 입국했다고 계산된 110만이라는 숫자 가운데 얼마간은 국경을 여러 차례 건넘으로써 두세 번 중복해서 계산되었을 것이다.

적 욕망이 일으킨 것은 아니다. 오히려 잔학한 내전들과 내전이 낳은 사회 혼란이 해당 지역의 주민들을 도망치게 만든 것이었고, 이런 전쟁들의 기원과 심각한 강도는 미국 정부가 군사적, 경제적으로 개입한 데 따른 직접적인 결과였다.

이미 쿠바와 도미니카 이민자들의 유입 당시에 그랬듯이, 워싱턴에서는 새로운 이민자들에게 이중적이고 차별적인 정책을 펼쳤다. 이민귀화국에서는 니카라과인들은 환영했지만 과테말라인들과 엘살바도르인들은 가로막고 억류했다. 이 두 그룹을 난민으로 인정하기를 관례적으로 거부함으로써, 미 정부는 간신히 국경을 넘어 앵글로 사회의 주변부에서 불안하고 불법적인 존재로 살아가려는 엘살바도르인과 과테말라인들을 비난했다. 그들은 미 중산층에 노동력을 제공할 만큼 1980년대에 급속히 자라나 지하경제가 선호하는 정원사, 요리사, 보모가 되었다.

이런 장애에도 불구하고 새로운 이민자들은 놀라운 유연성과 강한 노동윤리를 보여 주었다. 이들은 빠른 속도로 생동감 있는 이민자 네트워크와 자립적인 조직들을 구성했다. 또한 이들은 연방 이민정책을 개선하기 위해 활력 넘치는 거리시위와 청원운동을 조직했다. 이들은 고향의 친척들에게 해마다 수십억 달러를 송금하면서 황폐해진 고국을 위한 결정적인 경제적 원조의 원천으로 부상했다. 이들의 숫자가 늘어나면서 이들은 점차 미국의 라티노 인구를 변화시키고 재구성했다.

이 새로운 라티노 물결을 이해하려면 이민자들이 뒤에 남기고 온 것에 대한 가장 기초적인 이해가 있어야 한다. 단순하게 말해서, 중미 사람들의 절대 다수는 오늘날 유례없이 큰 부를 누리는 극소수 엘리트들 옆에서 지속적인 가난을 겪는다. 미국에서 고양이 한 마리가 먹는 쇠고기

〈표 4〉 1인당 평균 국내총생산, 1980~1996년(1990년 미 달러 기준)[2]

(단위: 달러)

국가	1980년	1990년	1996년
코스타리카	1,986	1,865	2,016
엘살바도르	1,219	1,026	1,171
과테말라	1,044	857	915
온두라스	636	585	596
니카라과	979	645	637

의 분량은 중미 사람들의 그것보다 많다. 니카라과에서는 인구의 54퍼센트가 안전한 식수를 확보하지 못하고 있다. 과테말라에서는 44퍼센트가 문맹자이고, 전체 인구의 절반을 차지하는 원주민들의 평균수명은 48년이다.[3] 온두라스에서는 10명 중 7명이 극도의 빈곤을 겪으며, 시골에서는 10명 중 한 사람만 전기를 사용하고, 10명 중 두 사람만이 안전한 식수를 확보한다.[4] 영아사망률은 1990년에 천 명당 70명이었는데, 당시 미국에서는 천 명당 9명 이하였다.

이런 조건들은 1980년대의 '잃어버린 10년'에 악화되었다. 이때 라틴아메리카의 부채 위기와 미 통화에 대한 지역 통화의 주기적인 평가절하는, 미국에서 수입하는 물품의 가격을 급상승시키는 동안 임금의 실제 가치를 하락시켰다. 코스타리카를 제외한 중미의 모든 나라에서는 1인당 평균 국내총생산이 1980년에서 1996년까지 하락했다(〈표 4〉 참조).

---

2) Inter-American Development Bank, *1996 Annual*, p. 133.
3) Inter-American Development Bank, *1996 Annual Report* (Wahington D.C.), pp. 130~131. Barry and Preusch, *The Central America Fact Book*, p. 225.
4) Ibid., p. 251.

경기 침체는 지역 전체로 퍼졌으나 이민의 물결은 그렇지 않았다. 대부분의 이민자들은 전쟁으로 찢겨진 세 나라로부터 왔다. 이 전쟁들로 인한 사망자 수는 1989년 25만을 넘어섰는데, 이는 베트남에서의 미국인 사망자 수의 다섯 배였다. 과테말라에서는 14만 명 이상, 엘살바도르에서 7만 명, 니카라과에서 6만 명이 죽었고, 이곳이 텍사스 주보다 인구가 적었던 지역임을 감안하면 이는 상상하기조차 힘든 파괴였다.[5]

중미의 피해자들은 대부분 자기 나라의 군인이나 우파 암살단의 손에 죽었으며, 일률적으로 미국에서 제조된 무기로 살해당했다. 이들 각각의 국가에서 미 정부가 대부분의 살상행위를 저지르고 있는 쪽에 대규모 군사적 원조를 제공했기 때문이다. 국제 인권기구들이 되풀이해서 이 지역에서의 정부 지원 테러행위들을 보고했으며, 심지어 이들 중에는 미국 시민과 가톨릭 사제들에 대한 암살마저 포함되었음에도 불구하고, 레이건과 부시 행정부는 이 지역에서 공산주의를 근절하려는 강박관념 때문에 이 공포를 피해 멕시코 국경을 넘는 수천 명의 물결에 원조를 제공하려 들지 않았다. 1983년에서 1990년 사이에, 이민귀화국은 엘살바도르인들의 전체 정치적 망명 요청의 2.6퍼센트, 과테말라의 경우 1.8퍼센트, 온두라스의 경우 2퍼센트만 수락했으나, 니카라과인들의 경우 25.2퍼센트를 받아들였다. 이는 워싱턴이 니카라과의 산디니스타 정부를 전복시키려 했기 때문이다.[6] 이민귀화국은 니카라과인의 망명을 거부할 때조

5) Robert S. Kahn, *Other People's Blood: U.S. Immigration Prisons in the Reagan Decade* (Boulder: Westview Press, 1996), p. 11.

6) Sarah J. Mahler, *American Dreaming: Immigrant Life on the Margins* (Princeton: Princeton University Press, 1995), p. 174를 보면, 전시가 아닌 공산국가에서의 망명 요청에 대한 이민귀화국의 승인 비율은 전혀 달랐음을 알 수 있다. 루마니아로부터의 요청에는 68.2퍼센트, 소련으로부터의 요청에는 76.7퍼센트, 중국으로부터의 요청에는 64.9퍼센트였다.

차도 대부분 본국으로 돌려보내지는 않았다. 1981년에서 1989년 사이에 3만 1,000명이 거부당했으나, 이들 중 오직 750명만이 실제적으로 강제 추방되었다.[7]

불행히도 중미의 내전들에 대한 대중의 지식은 너무나 빈약하고, 대부분의 미국인은 어느 나라에서 어떤 쪽을 미 정부가 지지했는지조차 모른다.[8] 워싱턴의 지도자들은 이 지역을 민주주의와 공산주의 사이에 벌어진 세계 전쟁의 중심 지역으로 묘사하려고 노력했다. 이렇듯 지나치게 단순한 정당화는 이 지역 부자와 빈자 사이에 오랫동안 존재해 온 간극의 폐해를 덮어 버렸고, 이런 간극의 악화를 도와준 미 정부의 공범자적 역할을 무시했다.

니카라과 : 소모사에서 산디니스타로

이미 본 바와 같이 니카라과에서 워싱턴은 40년 이상 소모사 가문의 독재정치를 지지하고 그들의 국민 수탈을 눈감아 주었다. 이 기간 동안, 니카라과 장교들은 라틴아메리카의 다른 어떤 나라 출신보다도 더 많이 파나마의 미주 미육군학교U.S.Army's School of the Americas에서 훈련받았다.[9]

---

7) Maurice Belanger, "A Chronology of the Treatment of Central American War Refugees in the U.S.", National Immigration Forum, 1997.
8) Adam Clymer, "Poll Finds Americans Don't Know Positions in Central America", *New York Times*, July 1, 1983.
9) 1949년에서 1964년 사이에 2,969명의 니카라과 장교들이 이 학교에서 훈련받았다. 코스타리카가 1,639명으로 2위였다. Willard F. Barber and C. Neale Roning, *Internal Security and Military Power: Counterinsurgency and Civic Action in Latin America* (Columbus: Ohio State University Press, 1966), p. 145 참조.

대부분의 니카라과인들은 1970년대 중반에 이르러 소모사 가문에 진력이 난 상태였다. 전환점은 1972년에 수도 마나과의 상당 부분을 휩쓴 대규모 지진이었다. 국민들이 잔해를 파헤치는 동안 소모사 패거리와 군인들은 절실히 필요하던 국제 원조물자에서 수백만 달러어치를 훔쳐냈고, 이는 대중의 격렬한 항의를 불러일으켰다. 이 사건 이후로 소모사 시대에 이득을 얻었던 가톨릭 성직자들과 엘리트들마저도 정권에 등을 돌렸다.

새로운 혁명세대가 일어섰다. 이들은 신화적 지도자인 순교한 아우구스토 산디노의 이름을 본떠 스스로 '산디니스타 민족해방전선'Sandinista National Liberation Front이라 명명했고, 그들이 조직한 게릴라 군대는 빠른 속도로 지방에 퍼져 나갔다. 그러나 게릴라들이 진격해 가고 대중 정서가 소모사를 크게 적대시했음에도 불구하고 백악관과 의회는 계속 정권을 지지했다. 카터 행정부가 마침내 1979년에 소모사를 평화롭게 퇴위시키자는 결정을 내렸을 때는 이미 지나치게 늦었다. 국가 전체를 휩쓰는 민중봉기가 소모사 일족을 쓰러뜨리고 산디니스타들이 권력을 잡았다.

처음에 카터와 백악관은 산디니스타 혁명군과 협력하려 했으나, 로널드 레이건이 다음해 대통령에 당선되면서 모든 것이 변했다. 레이건은 즉시 소모사의 전직 군인들과 심복들을 무장 훈련시키고 재정적으로 뒷받침하도록 CIA에 권한을 부여해 악명 높은 '콘트라 반군'Contra army을 조직하도록 만들었다. 이후 1980년대 내내 니카라과 반정부군the Contras과 그들의 CIA 지휘자들은 새 정부를 동요시킬 목적으로 기습적인 사보타주와 테러 전쟁을 거듭했다. 비밀 작전들은 백악관의 올리버 노스 중령의 감독하에 온두라스와 코스타리카의 기지에서 이행되었다. 레이건 행정부와 그 이후 부시 행정부가 전쟁을 심화시키고 산디니스타 정권을 국제적으로 고립시킬 방법을 찾는 동안, 나라를 탈출하는 니카라과 국민들은 점점 늘어갔다.

엘살바도르 : '라 마탄사'에서 킬링필드로

엘살바도르 내전에서도 비슷한 양상이 나타났다. 이것의 기원은 지금은 거의 잊혀진 북미의 심복 막시밀리아노 에르난데스 마르티네스 장군으로 거슬러 올라간다. 1932년, 군사 쿠데타로 권력을 잡은 직후 에르난데스는 3만여 명의 피필 원주민 학살을 배후 조종했다. 피필 원주민은 엘살바도르의 이살코 지역 출신의 빈곤한 농부들로, 지역 지주에 대항해 반란을 일으켰고 엘살바도르의 소규모 공산당에 봉기를 조직할 도움을 구했다. 당 지도자였던 아구스틴 파라분도 마르티는 전투 중 처형되었고, 엘살바도르 역사에서 '라 마탄사'La Matanza (대학살)라고 알려진 군대의 유혈 농민 진압은 널리 확대되어 향후 40년간 민중의 반란을 원천봉쇄했고 엘살바도르에서 원주민 문화의 모든 흔적을 실질적으로 제거해 버렸다.

미국의 승인하에 에르난데스는 모든 종류의 회합을 금지했고 1932년부터 1944년까지 철권으로 나라를 통치했다. 그 결과 불만을 품은 군대가 그의 축출을 꾀했다. 그 이후로 엘살바도르의 14개 가문으로 알려진 소小과두제 집권층의 구성원들은 장교들과 번갈아 정권을 쥐었고, 그런 가운데 엘리트계층 당파들이 간헐적인 쿠데타를 일으키는 것이 일상이 되었다.

엘살바도르의 지방에서는 커피 독과점 상인들이 수많은 농장을 삼켜 버려서 무토지 농민의 수가 1961년에서 1975년 사이에 네 배로 증가했고, 35만 명 이상의 엘살바도르인이 인구가 부족하던 온두라스의 바나나 대농장으로 강제 이주되었다. 온두라스 정부는 이민자들의 숫자에 놀라 대규모 국외 추방을 이행했다. 이는 국경의 긴장을 악화시키는 정책이었고, 이 긴장은 1969년 양국 간의 무력 전쟁으로 번졌다. 외부 세계는 이 전쟁에 조롱조로 '축구전쟁'the Soccer War이라는 딱지를 붙였다. 이 전쟁은 딱 1주일밖에 지속되지 않았지만, 이 지역 전체를 불안에 휩싸이게 만들며 엘살바도르 실업에 대한 온두라스의 안전 밸브 역할을 현실적으로 끝장냈다. 전쟁이 끝나고 13만 명의 엘살바도르 이주민은 고향으로 강제 송환되었고, 남은 사람들은 멕시코와 미국으로 도망쳤다. 미국에 도착한 사람들은 결국 샌프란시스코와 LA로 향하게 되었으며, 이곳에서 미국 최초의 엘살바도르 거주구역을 이루었다.

엘살바도르로 귀환한 이주민들은 정부에게는 즉각적인 사회문제였다. 이들은 일을 찾을 수도 없었고 경작할 땅도 없었기에 대규모 시위를 벌였다. 많은 이들이 과두집권층의 소유지에 무단 거주하기 시작했다. 정부는 에르난데스 시절처럼 군대를 소집하고 우파 암살단을 기용해 저항세력을 학살했다. 유사 군사집단 가운데 가장 악명 높았던 것은 '민주국민파 조직'ORDEN, the Democratic Nationalist organization이었다. 이 조직은 1968년 국가경호대 장군 호세 안토니오 메드라노에 의해 결성되었고, 그는 정부 일 외에도 CIA를 위해 은밀히 부업을 했다.

그러나 중미에는 한 가지 중요한 세력이 존재했다. 산디노와 파라분도 마르티 시절 이후로 상당히 변화해 온 이 세력은 바로 가톨릭 교회였다. 교회는 역사적으로 라틴아메리카 과두정치 계급의 보호자 역할을 해왔으나, 1960년대 후반 무렵에는 새로운 역할을 받아들이고 있었다. 수십 명의 교구 사제들, 수녀들, 선교사들은 제2차 바티칸 공회의 부름에 응답하여 해당 지역의 가난한 사람들을 위한 사회활동에 헌신했다. 이들은 수십 개의 새로운 시민단체를 조직하여 그들의 성당과 선교회를 민주적 저항의 중심으로 변화시켰다.[10]

민초들의 각성은 엘살바도르 과두정치 계급에 예상치 못한 도전이 되었다. 이로 인해 수천 명의 농민들, 도시 빈민가 거주자들, 노조 구성원들이 처음으로 국가의 투표제도를 이용하게 되었기 때문이다. 이 새로운 움직임은 매우 강성해져 반대파 후보들이 1970년대에 두 번 총선에서 승리 직전에까지 이르렀다. 이들의 승리의 싹을 자르기 위해 국가경호대는 1972년과 1977년에 쿠데타를 일으켰다. 민중운동이 강해질수록 과두집권 세력은 더 노골적으로 선거결과를 조작했고, 따라서 이후 한동안 많은 엘살바도르인은 평화로운 개혁에 대한 희망을 잃기 시작했다.

1979년, 또 다른 군사 쿠데타가 민주선거 결과를 무시했으나, 이번에는 나라가 내전에 돌입했다. 이후 2년간 우파 암살단은 반대파를 사냥했고, 8,000명 이상의 노조 지도자가 살해, 상해, 납치, 실종되었다. 사나운 억압은 많은 엘살바도르 청년들이 같은 방식으로 반응하도록 자극했다. 1980년에 이르러 서로 독립적인 다섯 개의 반대파 게릴라 집단이 지방에서 활동하고 있었고, 이들은 서로 연합하여 1932년 봉기에서 죽은 지도자의 이름을 따서 '파라분도마르티 민족해방전선'을 조직했다.

같은 해 한 우파 암살단이 산살바도르의 대주교이자 엘살바도르 정권에 대한 격렬한 비판가였던 오스카르 로메로를 암살했고, 몇 달 후 네

---

10) John A. Booth and Thomas Walker, *Understanding Central America* (Boulder: Westview Press, 1993), pp. 135~139. 풀뿌리 교회 행동주의의 핵심적인 역할을 요약하고 있다.

명의 미국인 수녀와 건초 노동자들이 정부군에 의해 강간 살해당했다. 이런 학살은 외부 세계에 엘살바도르의 폭력 상황이 통제를 넘어섰음을 알렸다. 그런 극단적 야만성을 허락하는 정부를 비난하기는커녕, 부시와 레이건 행정부는 엘살바도르 과두정치 집단이 의지할 만한 유일한 반공 세력이라고 믿으며 이들에게 포상을 했다. 워싱턴은 엘살바도르를 라틴 아메리카에서 가장 큰 미 군사원조 수혜국으로 바꿔 놓았다. 1981년에서 1989년까지 미국이 엘살바도르에 퍼준 37억 달러라는 기록적인 액수의 70퍼센트는 무기와 전쟁에 대한 지원이었다.[11] 엘살바도르에서 무기의 숫자가 늘어 갈수록, 이 무기들이 유발하는 파괴로부터 도망치는 엘살바도르인들의 수도 늘어났다.

과테말라: 바나나를 위한 단체들

이와 유사하게, 현대 과테말라의 비극은 미국의 대외정책에 근원을 두고 있다. 40년 이상 군국주의 국가였던 과테말라는 중미 역사 속에서 가장 길고 유혈이 낭자한 내전의 현장이었다. 이 내전의 뿌리는 이제 잊히다시피 한 1954년 CIA의 지원을 받은 쿠데타로, 이는 민주선거로 당선된 대통령을 끌어내렸다.

20세기 초에 과테말라 대통령들은 모든 지주의 이익에 앞서 유나이티드 프루트 사United Fruit Company, UFCO의 이윤을 충실하게 보호해 주었다. 1931년부터 1944년까지 통치한 호르헤 우비코 대통령이 이 회사

---

11) Mario Lungo Ucles, *El Salvador in the Eighties: Counterinsurgency and Revolution* (Philadelphia: Temple University Press, 1996), p. 97.

에 베푼 호의는 그의 모든 전임자를 능가했다. 우비코가 대통령궁을 떠날 무렵, UFCO는 중미에 100만 에이커가 넘는 바나나 농장을 점유하고 있었고, 중미의 어떤 나라보다도 연간 예산이 컸으며, 소유한 85척의 배로 이 지역의 해외무역 대부분을 담당했다. 또한 멕시코와 파나마 사이의 가장 긴 구간을 포함한 1,400마일의 철도를 소유하고 있었다. 과테말라에서 UFCO와 그 제휴사인 중미 국제 철도International Railways of Central America, IRCA는 가장 규모가 큰 두 고용주였고, 그들의 급여 지급 명단에는 2만 명의 이름이 올라 있었다.[12]

커피 경작 엘리트 계층의 대부분이 독일인의 후손인 이 나라에서, 우비코 대통령은 어느 정도 파시즘에 동조하는 면을 지녔다. 그럼에도 불구하고 그는 2차 대전 동안 독일인을 억류하고, 그들의 대농장을 몰수했으며, 미국 투자자들에게 경제를 열어 줌으로써 워싱턴의 비위를 맞췄다. 이런 정책들은 전쟁이 지속되는 동안 과테말라에 상당한 부를 가져왔고, 우비코는 중미에서 가장 훌륭한 고속도로 시스템을 비롯하여 야심찬 공공사업의 재정을 마련할 수 있었다. 그러나 이런 발전에는 대가가 따랐다. 우비코는 토지를 소유하지 않은 엄청난 수의 마야인들에게 세금을 걷는 대신 정부 사업을 위해 일하도록 만들었다. 그는 모든 원주민에게 은행통장을 사용하게 하고 부랑죄를 적용하여 대토지 소유주들을 위해 일하도록 강제했다.[13] 워싱턴은 미국의 투자가 과테말라에서 결실을 보는 동안 반대파를 투옥하고 짓밟는 우비코의 취미에 대해서 못 본 체할

---

12) Piero Gleijeses, *Shattered Hope: The Guatemalan Revolution and the United States, 1944-1954* (Princeton: Princeton University Press, 1991), pp. 88~90.

13) Carol Smith(ed.), *Guatemalan Indians and the State: 1540 to 1988* (Austin: University of Texas Press, 1992), pp. 141~142.

뿐이었다.

중미의 다른 독재자들처럼 우비코는 결국 저항세력의 수를 늘렸다. 1944년, 주로 프랭클린 루스벨트의 뉴딜 자유주의에 영감을 받아, 전문직에 종사하는 중산층, 교사, 하급 장교들의 연합이 민주주의를 향한 움직임을 시작했다. 이는 성장해 가던 노조들의 지지를 얻었고 빠른 속도로 민중봉기로 변해서 우비코가 사임하도록 압력을 가했다.

과테말라 역사상 최초의 민주선거는 1945년에 이루어졌다. 투표자들은 아르헨티나에 망명 중이던 대학의 철학교수이자 작가인 후안 호세 아레발로를 대통령으로 선택했다. 그는 키가 크고 미남이고 체구가 건장했으며 마음을 사로잡는 연설가였다. 그가 캠페인을 벌이기 위해 고국으로 돌아온 순간부터 그는 과테말라의 가난한 대중에게 거의 메시아적인 인물이 되었다.

아레발로는 과테말라 국민들에게 평화로운 혁명을 약속했다. 이는 공산주의자들의 기계적 유물론이나 우비코와 보수 인사들의 탐욕스런 자본주의에 기반하지 않는 혁명이 될 것이었다. 아레발로는 이를 영적 사회주의라 불렀고, 업무를 시작하면서 곧바로 야심찬 개혁 프로그램을 밀고 나갔다. 그는 우비코가 세운 증오스런 부랑죄를 폐지했고, 노동권을 인정했으며, 과테말라 역사상 최초로 사회보장연금과 지방 교육 계획을 설립했고, 소농에게 정부 대출을 지원했다. 예상대로 그의 개혁은 유나이티드 프루트 사와 과테말라 상류층의 반발을 불러일으켰다. 저항을 상쇄할 노력의 일환으로, 아레발로는 개인적으로 공산주의에 반대했음에도 불구하고 그의 계획을 지지하는 대중 세력을 결집시키기 위해 결국 과테말라의 작지만 잘 조직된 공산주의자 단체와 이들이 장악한 노조에 의존하게 되었다.[14]

6년간의 임기 후에 아레발로를 계승한 사람은 젊은 장교이자 아레 발로의 제자인 하코보 아르벤스 구스만이었다. 아르벤스는 1951년 선거를 승리로 이끌고, 유휴지遊休地를 농민들에게 재분배함으로써 아레발로의 평화혁명을 한 발짝 더 나아가게 하겠다고 맹세했다. 아레발로는 언급할 만한 산업도 없고 전 인구의 70퍼센트가 문맹자이며 80퍼센트가 시골에서 간신히 목숨만 부지하고 있는 상황인 과테말라에서, 토지의 소유와 사용은 경제의 근본이 되는 사안임을 알고 있었다. 과테말라의 토양은 대단히 기름졌지만 경작 가능한 땅의 72퍼센트를 토지 소유주 전체의 2퍼센트가 독점하고 있었고, 이 땅의 극히 일부만이 실제 경작되고 있었다.[15]

이듬해 아르벤스는 과테말라 의회가 900조항Decree 900을 통과시키게 했다. 새 법조항에 따르면 600에이커 이상의 미경작 땅의 소유권은 박탈되었다. 압류된 토지는 땅 없는 농민들에게 분배할 계획이었다. 토지소유주들은 예상 세금 가치에 근거한 보상을 받되 25년간 정부 채권으로 지불하고, 농민들은 낮은 이자율로 정부에서 대출을 받아 작은 토지를 구입하는 것이다. 토지개혁 계획의 진행을 보면 이는 절대 과격한 계획이 아니었는데, 대규모 부동산에만 영향을 미쳤기 때문이다. 34만 1,000명의 지주로부터 오직 1,700개의 소작지만이 정부 공급량으로 넘어왔다. 그러나 이 소작지들은 국내 사유지의 절반이었다. 더 중요한 점은, 대략

---

14) 아레발로 시대에 대해 더 자세한 내용은 Walter La Feber, *Inevitable Revolutions: The United States in Central America* (New York: W. W. Norton, 1993), pp. 113~119. Schlesinger and Kinzer, *Bitter Fruit*, pp. 37~43. Booth and Walker, *Understanding Central America*, pp. 42~43.

15) Gleijeses, *Shattered Hope*, pp. 32~38.

60만 에이커(대부분이 노는 땅이었던)를 소유하고 있던 유나이티드 프루트 사의 광대한 소작지들이 여기 포함된다는 사실이었다.

아르벤스는 실제로 이 회사 소유 토지의 상당 부분을 압류하고 보상으로 120만 달러를 제안함으로써 유나이티드 프루트 사의 임원들에게 더 큰 충격을 주었다. 이 금액은 900조항이 통과하기 전에 유나이티드 프루트 사의 회계사들이 직접 산출한 세금 가치에 기반한 것이었다. 유나이티드 프루트 사와 미 국무부는 1,600만 달러를 요구하며 맞섰다. 아르벤스가 거절하자 국방부장관 존 포스터 덜레스와 CIA 국장인 앨런 덜레스는 아르벤스가 대통령직을 떠나야 한다고 아이젠하워 대통령을 설득했다. 덜레스 형제는 물론 중립적이라고 보기 힘든 인사들이었다. 둘 다 워싱턴에 있는 유나이티드 프루트 사의 메인 로펌과 협업한 전력이 있었다. 그들의 충고에 따라 아이젠하워는 CIA가 '성공작전'Operation Success을 조직하도록 허가했다. 이는 아르벤스를 무력으로 전복시키려는 작전이었고, 1954년에 실행되었다. CIA는 카를로스 카스티요 아르마스를 쿠데타의 지휘 대장으로 선택했고, 소모사 치하의 니카라과에서 카스티요 반란군을 지원하고 훈련시켰으며, CIA 공군기로 침입을 도왔다. 쿠데타 기간 동안과 그 이후, 9,000명이 넘는 과테말라의 아르벤스 지지자들이 체포되었다.

카스티요 정부가 권력을 잡은 폭력적이고 불법적인 방법에도 불구하고, 워싱턴은 재빨리 이 정부를 인정하고 해외 원조를 베풀었다. 카스티요도 후원자들에게 보답하기를 주저하지 않았다. 그는 잽싸게 500개 이상의 노조를 불법으로 규정하고 150만 에이커가 넘는 토지를 유나이티드 프루트와 다른 대지주들에게 돌려주었다. 과테말라의 짧은 민주정치 경험은 끝났다. 이후 40년간, 국민들은 라틴아메리카 현대사를 통틀어 최악의 정부 테러를 겪었다. 한 미국인 관찰자가 묘사했듯이, "과테말라 시에서는 중무장한 사람들로 가득한, 번호판 없는 화물차들이 멈춰서서 백주대낮에 또 다른 암살단 희생자를 납치해 간다. 토막 난 시체들이 헬리콥터로부터 군중이 모인 경기장 위로 흩뿌려지고 사람들은 공포에 질린다……. '실종된' 사랑하는 사람들에 대해 감히 묻는 사람들은 혀가 잘려 나간다."[16]

아르벤스가 쫓겨난 후 몇 년 동안 대부분의 과테말라인은 평화로운 변화와 민주선거를 다시 찾으리라는 희망을 잃었다. 피델 카스트로의 쿠바혁명에서 영감을 얻어, 급진적 성향의 학생들과 지식인들은 1960년에 산속으로 도망쳐서 독재에 맞서기 위한 몇몇 게릴라 집단을 조직했다. 이들을 사냥하기 위해 정부는 초토화 활동, 강화조약 프로그램, 준군사적 암살조직 등으로 대응했고, 종종 미 특수부대 고문단의 도움을 받았다. 1976년경에 이르러서는 살해된 사람의 숫자가 2만 명을 넘어섰다. 학살이 지방으로 퍼져 가는 사이에 정부에서는 군의 실력자 몇 명이 힘을 행사했고, 엉터리 선거와 쿠데타가 번갈아 일어나는 동시에 엘리트들은 게릴라를 절멸시킬 가장 좋은 방법이 무엇인지 논쟁을 벌였다. 군의 실력자들 가운데 1970년 국가원수의 자리에 오른 카를로스 아라나 오소리오 대령이 있었다. 아라나는 1960년대 후반 반란활동을 진압하면서 일으킨 수많은 대학살로 '사카파의 백정'이라는 이름을 얻었다. 그는 자랑스럽게 말한 바 있다. "나라에 평화를 가져오기 위해 나라가 무덤으로 변해야

---

16) Barry and Preusch, *The Central America Fact Book*, p. 225. 1954년 CIA 쿠데타에 대한 자세한 내용은 Schlesinger and Kinzer, *Bitter Fruit*. Richard H. Immerman, *The CIA in Guatemala: The Foreign Policy of Intervention* (Austin: University of Texas Press, 1982), pp. 161~186.

한다면, 나는 주저없이 그렇게 할 것이다."

사망자와 실종자 수는 1985년경 7만 5,000명에 달했다. 멕시코로 도망친 인구는 15만가량이었고, 이들 중 대다수는 원주민이었다. 그러나 과테말라의 더러운 전쟁에 대해 워싱턴에서는 눈 하나 깜짝하지 않았다. 입법자들과 언론은 엘살바도르에 대해 훨씬 더 관심이 많았는데, 이곳에서 벌어진 사제와 수녀 살해가 미국 가톨릭 신자들 사이에 분노를 불러일으켰기 때문이다. 또한 니카라과에 대한 관심도 높았는데, 이는 레이건 행정부가 이곳에서 공산주의에 반대하는 확고한 입장을 밝혔기 때문이다.

북쪽으로의 탈출

1980년대 초반 과테말라, 엘살바도르, 니카라과는 모두 전쟁에 잠식당하고 있었고, 이 상황에 대한 큰 책임이 미국에 있었다. 인권단체들은 엘살바도르에서만 한 달에 500명이 암살조직에 의해 학살된다는 통계를 내놓았다. 이런 대학살 때문에 수많은 난민이 멕시코 국경을 건넜고, 1984년까지 미국에 도착한 엘살바도르인의 수는 50만에 이르렀다.[17] 이들의 존재는 한 가지 불편한 질문을 던져 주었다. 어떤 연유로 미국이 지지하는 정부로부터 그렇게 많은 사람이 도망쳐 오는 것일까?

1952년 이민과 국적 헌장the Immigration and Nationality Act의 표현에 따르면, 30년 가까이 미국 법은 공산주의 정권에서 탈출한 사람들에게만

---

17) U.S. General Accounting Office, "Central American Refugees: Regional Conditions and Prospects and Potential Impact on the United States", July 29, 1984, 3.

망명자의 신분을 부여했다. 그러나 중미로부터의 대탈출——또한 이로부터 비롯된 대중의 격렬한 항의——은 모든 것을 바꿔 놓았다. 카터 행정부 마지막 해에 국회는 미공법 96-210, 즉 1980년 난민 조항을 제정했다. 새 법이 선언하는 바에 의하면, 박해를 경험했거나 "인종, 종교, 국적, 특정 사회단체에의 소속 여부, 정치적 의견에 근거한 박해로 인해 정당한 이유의 공포를 겪은" 사람이면 누구라도 정치적 망명자가 될 수 있었다. 난민이 탈출한 국가의 정부가 어떠한가는 이제 중요하지 않았다.

법이 실효성을 지니기 전에 로널드 레이건이 대통령에 취임했고, 그는 중미의 '공산주의자들'에 대한 싸움이 대외정책의 핵심임을 다시 한 번 확인했다. 이 정책의 일환으로 법무장관 윌리엄 프렌치 스미스는 1981년 중미 출신으로 정치적 망명을 요청 중인 모든 미등록 이민자들을 이민귀화국 수용소에 구금시키라는 명령을 내렸다. 몇 개월 안에 미국의 이민자 감옥은 사람으로 넘쳐났고, 이민귀화국은 황급히 과잉인구를 수용하기 위한 임시수용소를 세웠다. 여전히 엘살바도르와 과테말라에서 사람들이 오고 있었다. 국경순찰대를 지나치는 데 성공한 사람들은 고국에서 암살단이나 게릴라들의 손에 죽을 위험보다는 미국에서 불법적으로 숨어 사는 불안정한 상황을 선택했다.[18]

LA의 엘살바도르 공동체는 1979년에 고작 3만 명이었지만, 그 후 4년간 주로 피코유니언, 사우스이스트, 사우스센트럴 지역을 중심으로 30

---

18) Kahn, *Other People's Blood*, pp. 11~24는 미국의 망명정책에 대해 매우 비판적인 요약을 제공한다. Aristide R. Zolberg, "From Invitation to Interdiction: U.S. Foreign Policy and Immigration Since 1945", in *Threatened Peoples, Threatened Borders: World Migration and U.S. Policy*, ed. Michael S. Teitelbaum and Myron Weiner, pp. 137~152를 보면, 중미 대상 망명정책이 세계의 다른 지역들과 마찬가지로 미국의 대외정책의 이해관계에 의해 결정되어 왔음을 보여 준다.

만으로 수직 상승했다. 워싱턴의 애덤스-모건^{Adams-Morgan}, 롱아일랜드, 뉴욕, 메릴랜드 교외에 정착한 사람들도 있었다. 버지니아의 알렉산드리아에 있는 아파트단지에 연달아 수많은 엘살바도르 사람들——치릴라구아의 같은 고향 마을에서 온 사람들——이 정착했기에, 이주민들은 결국 그들이 가진 재산을 모아 단지를 매입해 단지의 이름을 '치릴란드리아'로 바꾸기에 이르렀다.[19]

과테말라인들은 LA, 시카고 북서부, 휴스턴 등지에 유사한 새 공동체들을 이루어 냈다. 하지만 이들은 엘살바도르인과 몇 가지 점에서 달랐다. 우선, 과테말라인은 고국의 저개발 산악지대에서 온 원주민 농민이었고, 엘살바도르인 대다수는 훨씬 인구가 많고 국제적으로 알려진 대도시나 지방 도시 출신의 메스티소였다. 엘살바도르인 중 다수는 이미 온두라스에서 이주노동자로 일한 경험이 있었기에, 동료 과테말라인들보다 새로운 나라에 더 빨리 적응할 수 있었다. 워싱턴 구역에 정착한 엘살바도르인은 지역 호텔이나 식당사업에 종사했고, 아마도 고국의 강력한 노동조합주의 전통으로 인해 곧 워싱턴의 조직된 노동운동의 중심에 서게 되었다. 반면에 상당수의 과테말라인은 대도시 외곽에 정착하기를 선택했고, 캘리포니아, 플로리다, 노스캐롤라이나의 농장지대와 소규모 상업도시로 이동해 갔다.

중미 사람들이 도착할 무렵, 더 일찍 정착했던 라티노 이주민들은 안정된 소수인종 밀집거주지를 이미 건설했고, 완벽한 영어 구사력을 획득했으며, 심지어 시민권에 대한 기본적인 이해를 갖춘 훌륭한 전문직 계층

---

19) 저자의 1998년 8월 18일 아나 솔 구티에레스와의 인터뷰에서.

을 탄생시켰다. 반면에 평균적인 중미 사람은 영어를 몰랐고, 불법체류자였고, 기술도 없었으며, 무슨 일이든 할 수만 있기를 바라는 상황이었다.

휴스턴의 과테말라인들을 예로 들어 보자. 이들은 대부분 엘 키체티 Quiché와 토토니카판Totonicapán에서 온 고산지대의 마야족이었고, 기존 개척자들과의 친인척 관계를 통해 이 도시로 오게 되었다. 이들은 걸프턴에 있는 임대료가 싼 저층 아파트 대단지에 정착했는데, 이곳은 휴스턴 남서부에 위치한 노동자계층 거주지로 오일 쇼크 기간 동안 백인들이 사실상 쫓겨난 곳이다.

이곳에서 그들은 그들 고유의 친족 기반 사회와 마야인들의 관습을 재창조하기 시작했다. 1990년경 걸프턴의 4만 인구 가운데 3분의 2가 라티노였고, 이들 대부분이 과테말라인이었다.[20] 온두라스인과 마찬가지로, 과테말라인들은 곧 휴스턴의 중심가 사무실 빌딩의 유지·보수 인력으로 이용됐고, 상당수가 랜들 슈퍼마켓 체인에서 일을 찾았다.[21]

1982년경, 과테말라군의 초토화정책으로부터 도망쳐 온 마야인들은 플로리다 에버글레이즈에 정착하기 시작했고, 이들은 토마토 농장으로 흡수되었다. 많은 이들이 오키초비 호湖 근처의 임모칼리, 인디언타운 혹은 동쪽 해안의 레이크 워스 근방에 정착했다. 1990년대 중반까지 2만 5,000명 이상의 과테말라 원주민이 남플로리다에 살고 있었다.[22]

---

20) Jacqueline María Hagan, *Deciding to Be Legal: A Mayan Community in Houston* (Philadelphia: Temple University Press, 1994), pp. 48~68. Roberto Suro, *Strangers Among Us: How Latino Immigration Is Transforming America* (New York: Alfred A. Knopf, 1998), p. 38.
21) Suro, *Strangers Among Us*, pp. 44~48.
22) Anne-Marie O'Connor, "Refugees in Florida Cheer Prize, Guatemalans Want Asylum", *Atlanta Constitution*, December 6, 1992.

그동안 남서부에서는 미 정부의 대對중미정책에 반대하는 수십 개의 미국 교회 안에서 '지하 철도 조직'the Underground Railroad의 현대적 모습이 기틀을 잡아 가고 있었다. 교회의 지도자들은 이것을 '임시보호처 운동' the Sanctuary movement이라고 불렀다. 이 운동의 공식적인 시작은 1982년 3월로, 이때 투손의 사우스사이드 장로교회의 존 파이프John Fife 목사가 법무부에 한 통의 편지를 보냈다. 편지에 적힌 바에 의하면, 교회의 신도들은 연방정부가 중미 망명자들을 투옥하고 강제 추방함으로써 1980년 망명자 조항을 어겼다고 결론지었다. 또한 파이프 목사는 교회의 구성원들이 교회 건물을 중미 사람들을 위한 일종의 임시보호처로 사용할 것이라고 말했다. 저항운동은 빠르게 전국적으로 퍼졌다. 몇 년 후 200개 이상의 교회가 참여해서 정부에 공개적으로 저항했다.

임시보호처 운동은 미국의 사제와 목사 들이 주도한 것처럼 보이지만, 이 운동의 기본적인 영감과 목표는 사실상 망명자들로부터, 특히 고국에서 정치적 반대파의 지도자였던 이들로부터 나온 것이었다. 예를 들어 카를로스 바케라노는 형제 중 한 명이 우파 암살단에게 살해된 뒤, 1980년 11월 엘살바도르에서 미국으로 도망쳐 나왔다. 바케라노는 산비센테 구역 아파스테케 시의 대학생 지도자였고, FMLN(파라분도마르티 민족해방전선)의 좌파 게릴라들에게 동조했다. LA에 도착한 후, 그는 미국의 정책에 변화를 요구하리라는 희망을 갖고 북미인들에게 고국의 전쟁을 가르칠 목적으로 동료 엘살바도르인들을 모았다.[23] 엘살바도르 단체들(대부분 비밀조직이었던)의 네트워크가 망명자 공동체 안에 생겨났다. 이들 단체의 회원들이 전국적으로 흩어져 교회, 대학, 노동조직에

---

23) 저자의 1998년 8월 카를로스 바케라노와의 인터뷰에서.

서 엘살바도르의 상황에 대해 말했고, 임시보호처 운동은 이런 의견교환 속에서 생겨난 것이었다.

임시보호처들은 공식적으로 처음 알려진 중미 조직들에 기반을 제공했다. 예를 들어 카사 메릴랜드Casa Maryland는 1983년 메릴랜드의 타코마에 있는 장로교회 지하실에 보호소로 만들어졌다. 오늘날 이곳은 이 지역의 가장 큰 엘살바도르 공동체 사무실이다. 같은 해 LA에서 엘살바도르인인 아킬레스 마가냐와 다른 망명자들은 카레센CARECEN, Central American Refugee Center으로 알려진 중미 망명자 센터를 창립했다. 진보적인 미국 백인 변호사들과 협력해서 일하는 엘살바도르인들로 구성된 이 센터는 동료 이민자들에게 귀중한 법률적 도움, 급식, 개인 상담을 제공했다. 더 많은 카레센이 시카고, 워싱턴, 롱아일랜드에 생겨나기 시작했다.[24]

1983년, 시카고에서 열린 임시보호처 대표자들의 공식 전국대회에서 보호운동 최초의 진행 담당 부서원들이 선출되었다. 이들은 여섯 명의 북미인, 세 명의 엘살바도르인, 세 명의 과테말라인이었다. 한편 이 세 과테말라인은 그들 스스로 하부 조직망을 만들기 시작했고, 19세기 초 스페인으로부터 독립하고자 봉기를 일으킨 지도자를 본떠 '라 레드 아타나시오 출'La Red Atanasio Tzul(아타나시오 출 조직망)이라고 이름을 붙였다.

아타나시오 출의 창립자 중 하나인 마리오 곤살레스는 1970년대 후반 고국을 등진 과테말라의 심리학자이다. 곤살레스는 베를린 대학으로 공부하러 가는 길에 시카고에 머물렀다. 이때 이곳의 소규모 과테말라 망명자 모임이 여기서 조직망을 만들라고 그를 설득했다. 곤살레스처럼

---

24) 1998년 8월 LA 카레센의 안젤라 삼브라노, 1998년 5월 휴스턴 과테말라 지원 네트워크의 베니토 후아레스와의 인터뷰에서.

초기 망명자들은 대부분 중산층의 도시 전문직 종사자이거나 숙련 노동자였지만, 초반에는 시카고의 공장 노동자 이외의 직업을 찾지 못했다. 1980년대에 점점 더 많은 동포들이 도착하면서 이 도시의 과테말라 '콜로니아'는 형태를 갖추기 시작했다. 처음에 초기 이주민 대다수는 강제 송환을 두려워했기 때문에 일반적인 사회적 관계를 피하고 다른 라티노들 사이에 섞여들기를 원했다.

"푸에르토리코 구역에 살던 사람들은 푸에르토리코인처럼 행동하고 말하기 시작했고, 심지어 자기들이 푸에르토리코인이라고 주장했어요." 곤살레스는 회상한다. "그리고 멕시코 구역에 사는 이들은 자기들이 멕시코인이라고 맹세하더군요."[25] 이 익명성의 유일한 예외가 스포츠였다. 열정적인 축구선수였던 과테말라인들은 몇십 개의 축구리그를 조직했다. 이 축구리그들 외에 시카고에서 조직된 새 '콜로니아'의 첫 진짜 조직은 1970년대 후반에 만들어진 '과테말라 시민협회'Guatemalan Civic Society였지만, 소수의 전문직 종사자들에게 주로 열려 있었기에 이민자 전체 생활에는 거의 영향력이 없었다.

플로리다의 과테말라인들도 아타나시오 출 조직망으로부터 자극을 받아 조직을 만들었다. 이 조직망의 창설 멤버인 헤로니모 캄포 세코는 칸호발Kanjobal 원주민으로 전직 교사였는데, 1980년 과테말라 북서부에서 도망쳐 나왔다. 그는 미국에서 정치적 망명을 허가받은 최초의 과테말라인 중 한 명이었다. 4년 후 그는 남플로리다로 이사했고, 이곳에는 이미 수백 명의 마야인과 칸호발인이 농장 일꾼으로 살아가고 있었다. 그는 팜비치 카운티에서 '정의와 평화를 위한 가톨릭위원회'the Catholic

25) 저자의 1998년 8월 마리오 곤살레스와의 인터뷰에서.

Committee for Justice and Peace의 회장이었던 낸시 코치를 만났다.[26]

"인디언타운에서 이주민들과 함께 일하고 있는데, 헤로니모가 다가와서 내가 그의 동포들을 도와줄 수 있는지 물었어요." 코치는 회상한다. 그녀는 망명 신청과 관련해 캄포 세코를 돕기 시작했고, 곧 과테말라인들의 정열적인 변호인이 되었다. 인디언타운의 거주자 3,000명에는 백인, 아이티인, 흑인, 멕시코계 미국인 등이 포함됐지만, 겨울마다 수확기가 오면 1만 5,000명의 마야인이 이에 더해지곤 했다.

1986년, 국회는 증가하는 반反이민 감정에 응하여 '이민 개선과 통제 법령'Immigration Reform and Control Act, IRCA을 통과시켰다. 법안의 목적은 불법 이민의 억제였으나 이는 의도치 못한 결과를 야기했다. 예를 들어, 장기 불법체류자들에 대한 사면 제공 법안은 곤살레스와 같은 중미 초창기 이민자들에게 그들의 신분을 재빨리 합법화할 수 있는 길을 마련해주었다. 일단 이 개척자들이 '녹색카드'를 지니면, 귀국에 대한 두려움 없이 고국의 친척들을 살짝 방문할 수 있었다. 가장 중요한 것은, 이들이 새로이 도착하는 이들의 권리를 공개적으로 옹호할 수 있다는 사실이었다. 1986년 이후에 아타나시오 출 조직망은 점차 임시보호처 운동으로부터 분리되어 과테말라인들의 조직으로 완전히 성장했다.

레이건과 부시 행정부의 노력에도 불구하고, 많은 백인 미국인은 자국의 대對중미 정책에 대한 지지를 거부했다. 가톨릭교회와 임시보호처 운동에서부터 인권운동 변호사들, '엘살바도르인 지원위원회'the Committee in Support of the People of El Salvador, CISPES와 같은 좌파 정치조직들에 이르기까지, 다양한 단체가 중미의 망명자들을 향한 쉼 없는 지지를

---

26) 저자의 1998년 8월 헤로니모 캄포 세코와의 인터뷰에서.

보여 준 결과, 마침내 1990년 말경 두 개의 역사적인 돌파구가 생겨났다. 그 해 11월, 국회는 대중의 압박에 못 이겨 엘살바도르인들에게 강제추방 연기, 즉 임시 보호 상태temporary protected status, TPS를 선언했고, 이를 점차 과테말라인과 니카라과인에게도 확대 적용했다.

그 후 12월에 한 미국 지방법원 판사가 미국 침례교 대 손버그 American Baptist Churches v. Thornburgh 사건이라는 중요한 집단소송에서 법원의 합의 인정 판결을 승인했는데, 이 판결은 엘살바도르인과 과테말라인을 강제 추방하는 이민귀화국의 정책을 차별적이라고 선포한 것이었다. 이 판결은 이민귀화국이 정치적 망명 요청을 거부한 십만 건의 결과를 번복했다. 이는 단 하나의 법정 소송 사건이 가장 많은 정부의 사법적 결정을 무효화시킨 기록이다. 이 ABC 판례와 TPS법은 인권을 위한 놀라운 승리였다. IRCA의 사면 제공과 더불어, 이것들은 중미 사람들이 직면하고 있던 불법상태라는 연옥으로부터 처음으로 한숨 돌릴 수 있는 기회를 주었다.

반갑잖은 망명자에서 이민 유권자 블록이 되다

즉각적인 강제 추방의 위협이 사라지고, 이민자의 지도자들은 그들의 관심을 새로운 사회에 뿌리를 내리는 데 집중시켰다. 예를 들어 곤살레스는 카사 과테말라Casa Guatemala를 세우는 것을 도왔다. 시카고 외곽에 있는 카사 과테말라는 새롭게 도착하는 사람들이 일상생활에서 기본적으로 필요한 것을 해결하도록 돕는 단체였다. 오늘날 곤살레스의 전업은 '고문 생존자 치료를 위한 시카고 코블러 센터'Chicago's Kobler Center for the Treatment of Survivors of Torture의 임상 원장이다. 이곳에서 그와 직원들은 내전 기간 40년 동안 강간, 구타, 전기고문에 시달린 수백 명의 과테말라인들에게 상담을 제공한다.

"내 조국이 겪은 공포는 사회심리적 재앙을 가져왔어요." 곤살레스는 내게 말했다. "너무나 많은 사람이 고문을 당해서 죽었기 때문에, 만일 군대에 잡혀간 누군가가 살아남았다면, 주변 사람들은 그를 배신자라고 의심했어요. 강간당한 여자들은 너무 수치스러워 집으로 돌아갈 수 없었고요. 가정과 공동체들은 쉽게 해체되었어요. 우리는 지금 미국에 살고 있지만, 대부분의 과테말라인은 아직도 공개적으로 조직을 만들 엄두를 내지 못해요."

남플로리다에서도 마야인들이 숨어 살던 삶에서 합법적 체류로의 변화를 경험했다. 이들의 정착이 공고해지면서, 캄포 세코는 1990년대 초반 두 개의 조직을 만들었다. 하나는 인디언타운에 있는 콘 마야CORN Maya라는 이름의 활동가 집단이었고, 다른 하나는 레이크워스에 있는 과테말라 센터였다. 과테말라 이민 지도자들의 이런 모든 노력은 1992년에 마야 동포인 리고베르타 멘추가 노벨 평화상을 수상하면서 큰 힘을 얻었다.[27]

ABC 이후에도 엘살바도르인과 과테말라인 사이에서는 인권과 노동권 운동이 활발했다. 처음에 이 운동은 혼란스럽고 폭력적인 형태를 띠었다. 90년대 초반 라티노들이 핵심적 역할을 맡은 도시폭동이 세 차례 일어났고, 이들 중 두 경우는 중미 사람 거주지를 포함하고 있었다.

---

27) "Researcher says Mayans Adapt Well", United Press International, November 24, 1987; "Mayan Refugees Seek New Lives in the united States", Associated Press, July 10, 1984.

1991년 5월, 경찰이 한 라티노를 쏘는 사건이 일어나자 수백 명의 라티노가 워싱턴 북서부의 마운트 플레전트 지역 내 4개의 블록에서 난동을 부리며 주변을 약탈했다. 이 사건이 일어난 후 히스패닉 지도자들은 이 구역의 경찰과 공무원들의 인종차별과 불감증을 규탄했다. 대부분 흑인이었던 정치 지도자들에게서 나온 반응은 정확히 둘로 나뉘었다. "히스패닉 청년들의 말을 들어 본 뒤 나는 집에 가서 아내에게 20년 전 내 자신의 말을 들은 것 같다고 말했습니다"라고 예전에 학생 비폭력 조정위원회 회원이었던 존 윌슨 의원은 말했다. 반면 다른 흑인 위원인 H. R. 크로퍼드는 "그들(히스패닉)이 우리나라를 존중하지 않을 거면 꺼지라지"라고 말했다.[28]

1년 후, 흑인 운전수 로드니 킹을 구타한 네 명의 경찰들에 대한 무죄선고가 LA 폭동을 일으켰을 때, 대부분 중미 사람이었던 히스패닉 수천 명이 나흘간의 방화와 약탈 행위에 참여했다. 가장 큰 피해를 본 지역 가운데 중남부 LA와 피코 유니언은 대부분 이민자들의 공동체였다. 실제로 폭동 중에 체포된 1만 2,000명 가운데에는 흑인보다 라티노가 더 많았고, 경찰은 가장 끔찍한 갱단인 엘살바도르의 마라 살바트루차Mara Salvatrucha가 폭동에 개입했다고 밝혀냈다. 필자는 일주일 동안 이 폭동을 취재하면서, 동부 LA나 에코 파크와 같이 좀더 오래된 멕시코계 미국인 구역이 아무런 문제도 겪지 않았다는 사실에 매우 놀랐다. 약탈자들로부터 본인 소유의 사진관을 보호하려고 무기를 들고 지켜 서 있던 한 중년의 멕시코계 미국인을 만났다. 그는 베트남전 참전 용사였다. "하나의 공

28) Juan Williams, "Black Power's New Dilemma: The D.C. Establishment That Fought for Civil Rights Faces a Latino Demand for Justice", *Washington Post*, May 12, 1991.

동체는 단 한 번만 폭동을 일으킵니다. 회복하는 데 20년이 걸리는 걸 깨닫고 나면 다시는 그럴 마음이 없어지니까요"라고 그는 설명했다. 이전에 언급한 것으로, 라티노들이 개입된 다른 주요 민간인 소요사태로는 1992년 7월 뉴욕 시의 워싱턴 하이츠에서 일어난 다른 이민자 공동체, 즉 도미니카인의 폭동이 있다.

그러나 이렇듯 분노한 청년들이 일으킨 초기 무법사태들은 정의를 향한 좀더 질서정연한 요구에 곧 자리를 내주었다. 1990년, 아나 솔 구티에레스는 메릴랜드 몽고메리 카운티의 교육위원회 위원으로 당선되면서 미국 역사상 최초의 엘살바도르 태생 당선 공무원이 되었다. 아이러니하게도 몽고메리 카운티는 미국에서 가장 부유한 카운티 중 하나이고, 구티에레스는 전쟁 망명자가 아니었으며, 그녀의 승리가 라티노 투표자들에 의존한 것도 아니었다. 엘살바도르의 전직 미국 대사의 딸이었던 그녀는 1948년, 세 살 때 미국으로 왔다. 세계은행 창립자 중 한 명이었던 그녀의 아버지는 케네디 시절 미주 기구Organization of American States에서 일한 경력도 있었다. 그의 외교관 업무 때문에 가족들은 산살바도르와 워싱턴을 오가며 살았고, 그래서 구티에레스는 대부분 체비 체이스 시市의 교외에 살며 미국 학교를 다녔고, 화학과 엔지니어링 양쪽에서 학위를 받으며 졸업했다.

교육위원으로 당선된 것은 "엘살바도르 출신이라는 사실보다는 제 자격증과 더 관련되어 있고, 유권자들이 제가 수학과 과학 방면에 크게 유능하다는 것을 알았기 때문입니다"라고 그녀는 설명한다. 그럼에도 불구하고, 그녀의 승리는 중미 사람들의 권력이 드러나기 시작했음을 알리는 신호였다. 선거운동을 하며 몽고메리 카운티 교외를 집집마다 돌아다니는 동안, 구티에레스는 문을 열어 준 사람들 중 많은 수가 워싱턴의 비좁은 아파트에서 이곳으로 이사 와 거의 눈의 띄지 않게 정착해 살고 있는 엘살바도르인이라는 사실을 알고 충격을 받았다.

구티에레스에 따르면, 미국의 수도 워싱턴에 가장 먼저 도착한 엘살바도르인들은 라틴아메리카 외교관들이나 다른 라티노 정부관료들의 고용인이었다. 그녀는 말했다. "나는 엘살바도르에서 온 가정부 세 사람을 수년간 고용해 봤어요. 이 사람들은 지금 모두 시민권자고 이 구역에 거주하고 있어요." 그러나 일단 내전이 발발하자 합법 체류자들은 가능한 한 많은 친척을 미국으로 데려왔다. 워싱턴 구역에 가장 먼저 생긴 이민자 조직은 거의 모든 미국 도시에서와 마찬가지로 축구 리그였다. 현재는 50개 이상의 축구 리그가 있다. 나중에 축구팀들은 애덤스-모건 구역에 있는 지역 카레센 센터로 왔다.

당선 후, 구티에레스는 대도시 중미 사람들의 가장 뛰어난 옹호자가 되었다. 그녀는 '히스패닉 동맹'the Hispanic Alliance을 만들었는데, 이는 가정과 교육 관련 사안을 다루는 최초의 엘살바도르 단체였고, 처음에는 중산층 엘살바도르인들이 회원이었다. 그러나 구티에레스는 곧 공동체의 미래가 훨씬 숫자가 많은 노동자계층 이민자들에 의해 결정되리라는 것을 알아차렸다.

"모든 이민자에게는 참여에 대한 갈증, 시민이 되고 싶은 열망이 있어요"라고 구티에레스는 주장한다. 1980년대 초반에 도착해서 열심히 일하고 1986년 IRCA가 통과된 이후 간신히 합법 체류자가 된 사람들은, 10년이 지나자 교외로 이사해서 자택을 구입하는 단계에 있었다. 4만 6,000명 이상의 라티노가 최근 몇 년간 몽고메리 카운티에서 시민권을 신청했고, 이렇게 이민자들은 새롭고 강력한 선거 세력으로 변하고 있다.

구티에레스가 회장으로 일하는 카사 메릴랜드는 가정 문제의 중요성의 변화를 반영한다. 이곳은 라티노 공동체를 위해 섬세한 일련의 서비스를 개발했다. 이런 서비스들 중 하나는 일용직 노동자 프로그램인데, 이는 카운티의 일부 동네에서 많은 엘살바도르인이 일용 노동을 위해 계약자들을 기다리는 동안 길거리 모퉁이에 무리 지어 있는 것을 위험스럽게 보는 이 지역의 염려에 따라 만들어진 것이었다. 백인 거주자들은 거리에 모여든 외국인 무리를 잠재적인 범죄의 원천으로 느꼈으며, 어떤 이민자들은 인종차별적 이유로 공격의 목표가 되기도 했다. 간신히 일을 차지한 사람들은 종종 비양심적인 고용주들에게 일당을 떼였지만 이를 신고할 수도 없었다. 오늘날 카사 메릴랜드의 직원들은 고용주들이 일손을 고용하고 노동자들은 법적인 상담을 받을 수 있는 특정 장소들을 마련하고 감독한다. 이 프로그램은 아주 성공적이었고, 결과적으로 이민자들의 기술과 수익을 증진시키기 위한 목공, 석고판 작업, 석면제거 훈련 프로그램으로 확대되었다. 나중에는 성인 교육, 영어, 컴퓨터 수업도 만들어졌고, 심지어 지금은 주택 공급 차별에 도전하는 프로그램을 개시한 상태이다.

아마도 중미 사람들의 가장 큰 특징은 중노동에서 그들이 보여 주는 성실함일 것이다. 엘살바도르인과 과테말라인의 경제활동 참여율은, 이민자든 미국 태생이든 모든 인종을 합쳐서 가장 높은 편에 속한다.[29] 일단 일을 찾으면, 가장 임금이 낮은 직종이라 해도, 이들은 더 나은 노동 조건을 얻기 위한 뛰어난 조직력을 보여 주었다. 예를 들어, LA에서 엘살

---

29) 1990년에 과테말라인들의 경우에는 75.7퍼센트, 엘살바도르인들은 76.3퍼센트였으며, 미국 평균은 65.3퍼센트였다. Alejandro Portes and Rubén G. Rumbaut, *Immigrant America: A Portrait* (Berkeley: University of California Press, 1996), p. 68.

바도르와 과테말라 출신 경비원들은 '경비원에게 정의를' 캠페인Justice for Janitors Campaign의 중심 세력이 되었다. 이 운동은 수천 명의 새로운 회원들을 '서비스직 고용인 국제조합'Service Employees International Union으로 불러들인 노조운동이었다.

노스캐롤라이나 모건턴에 있는 한 양계장의 과테말라 노동자들은 1996년과 1997년에 노조 인정을 주장하는 호전적인 캠페인을 통해 노동운동에 열기를 더했다. 케이스 팜스Case Farms라는 이 양계장의 관리자들은 1990년에 사우스플로리다에서 온 과테말라 이민자들에게 더 높은 임금과 모건턴 이주 교통비 면제를 약속했었다. 5년 후 이 양계장의 450명 노동자 가운데 85퍼센트가 과테말라인이었다. 그러나 새 노동자들은 도착 후 약속보다 더 낮은 임금과 끔찍한 노동조건을 알게 되었고, 그래서 국제노동자조합Laborers International Union을 개입시키고자 노력했다. 회사의 사나운 반대에도 불구하고 노동자들은 파업을 반복했고, 다른 주에 있는 회사 공장에서 피켓 시위를 벌였으며, 이 회사의 가장 큰 대출기관인 뉴욕은행의 월가 사무실 앞에서 시위를 펼쳤다. 이들의 끈질긴 운동은 워싱턴의 미국 노동총연맹 산업별 조합회의American Federation of Labor and Congress of Industrial Organizations, AFL-CIO 새 지도자들의 관심을 끌었다. 이들은 케이스 팜스 전투를 가리켜 중미 이민자들이 미국 노동운동 안에서 행사하게 될 영향력의 증가를 상징적으로 보여 주는 사례라고 일컬었다.[30]

---

30) Farhan Haq, "U.S. Labor: Guatemalan, U.S. Workers Unite Against Case Farms", Inter Press Service, August 16, 1996. Craig Whitlock, "Immigrant Poultry Workers' Struggle for Respect Draws National Attention", *News & Observer,* Raleigh, North Carolina, November 30, 1996.

1990년대에 미국 도처에서 대규모 제조회사들은 불법체류 중미 사람들을 모집했다. 이들은 IRCA의 고용주 처벌 조항을 무시했는데, 미 정부가 이들을 감시할 가능성이 거의 없으며, 걸린다 해도 심하게 처벌받지는 않을 것이라고 확신했기 때문이다. 이들 중 많은 사람이 중미 사람들은 미국에서 태어난 아프리카계 미국인들이나 초기 라티노 이민자들보다 다루기 쉬울 것이라고 믿고 있었다. 그러나 임금을 낮추려는 꾸준한 노력으로 생긴 이런 기업 정책들은 미국의 심장부에서 예기치 못한 사건들을 일으켰다. 라티노를 전혀 알지 못하는 백인 공동체가 갑자기 빠르게 증가하는 히스패닉 인구와 마주치게 된 것이다. 현재 노스캐롤라이나의 히스패닉은 이곳 건설노동자의 40퍼센트를 차지한다. 1990년 이후로 이곳의 히스패닉 인구는 70퍼센트 증가했고, 주립학교에 다니는 히스패닉 아동의 숫자는 세 배로 늘었다. 심지어 이 주에서 가장 작은, 몇 해 전만 해도 백인 아니면 흑인뿐이었던 도시들에서조차 지금은 라티노 인구가 불어나고 있다. 1998년 라티노들은 조지아 돌턴 거주자의 33퍼센트, 네브래스카 렉싱턴 인구의 45퍼센트, 캔자스 도지 시티 인구의 40퍼센트를 차지한다고 추산되었다. 아칸소의 라티노 인구는 1990년과 1996년 사이에 105퍼센트 증가했고, 테네시에서는 58퍼센트, 버몬트에서는 55퍼센트 증가했다.[31]

중미의 내전은 1996년을 마지막으로 끝을 맺었다. 그러나 1999년에 이르기까지 중미의 인간 대학살에 미국이 깊이 개입되어 있었다는 사실은 공식적으로 인정되지 않았다. 이 해 2월 25일, 미국이 감독한 평화조

---

31) Edwin Garcia and Ben Stocking "Diaspora: The Latino Migration to Middle America", *San Jose Mercury News,* August 16-17, 1998.

약의 일부로 과테말라에 세워진 한 국제 진실규명위원회가 충격적인 보고서를 발표했다.

이 위원회는 과테말라와 미 정부의 미분류 기록들을 18개월 동안 살펴본 후, 과테말라 군이 36년간의 과테말라 내전 동안 "대량학살행위"와 "무방비 상태의 마야 공동체 대규모 몰살"을 행했다고 고발했다. 위원회의 보고에 따르면, 나아가 미국은 많은 "불법적인 작전들"에 "CIA를 포함한 미국 기관들을 통해서 직접적이거나 간접적인 지원을" 했다.

내전 동안 20만여 명의 과테말라인이 죽었다고 위원회는 추산했다. 위원회가 직접 조사한 2만 9,000건의 사망 사건 중 90퍼센트는 정부와 그 동맹국에 책임이 있었다. 한 달 후, 몇몇 중미 국가들을 방문하면서 클린턴 대통령은 이 지역에서 과거 미국이 억압적 정부를 지지했던 사실을 공식적으로 과테말라 국민에게 사과했다.[32]

그러나 1980년대 중미 사람들의 대규모 탈출로 인해 중미와 미국에 일어난 변화들은 돌이킬 수 없게 되었다. 오늘날, LA와 워싱턴의 엘살바도르 인구는 산살바도르를 제외하고는 세계 어느 도시보다도 많다. 과테말라와 온두라스 사람들은 휴스턴, 시카고, 플로리다 농업지역의 인종 분포를 영원히 변화시켜 놓았고, 니카라과인들은 마이애미에서 같은 변화를 만들었다. 중미 사람들은 멕시코인, 쿠바인, 푸에르토리코인들 사이에 한때 존재했던 민족 간 분쟁과 분리의 벽을 허물며 라티노 집단에 거대한 영향력을 행사했다. 요약하자면, 이들의 도착으로 인해 다양한 히스패

---

32) Mireya Navarro, "Guatemalan Army Waged 'Genocide', New Report Finds", *New York Times,* February 26, 1999. John M. Broder, "Clinton Offers His Apologies to Guatemala", *New York Times,* March 11, 1996.

닉 이민집단들은 점차 섞여 가며 하나의 더 넓은 라티노 모자이크로 변해 가고 있다. 이 안에서 각각의 인종집단은 개별적인 인종 정체성을 유지하면서도, 다 함께 21세기 미국 사회의 복잡한 현실 속의 새로운 언어적 부분집합을 구성한다.

제9장
콜롬비아인과 파나마인 : 분열과 경멸 극복하기

> 신문 만화들은 흥에 겨운 백인 미국인들이 곡괭이와 삽을 들고 운하를 파는 모습을 묘사했다……. 사실, 언론에서는 거의 언급되는 일이 없는 흑인 차별은 이 지역 생활의 모든 면면을 관통하고 있었고, 미국 최남동부 지역이나 아프리카의 가장 보수적인 식민 소수 민족 거주지에서만큼이나 근거리에서 명확하게 관찰할 수 있었다.
>
> — 데이비드 매컬러프, 『바다 사이의 통로』

콜롬비아인과 파나마인은, 최소한 그들의 역사를 깊이 캐 보지 않는다면, 다른 이민자들과 동일선상에서 다루기에는 좀 특이한 사람들로 보일 수도 있으리라.

파나마인들은 1950년대에 미국에 들어가기 시작했고, 대부분 뉴욕의 브루클린에 정착했다. 1965년경, 이들은 1만 5,000에서 3만 명 사이였지만, 정작 백인 사회는 이들을 인식하지 못했다. 대부분 서인도제도 West India 운하 노동자들의 후손이었고, 빠른 속도로 뉴욕의 아프리카계 미국인들의 삶에 동화되어 갔다.[1]

콜롬비아인의 이민은 좀 늦게 시작했지만 훨씬 더 광범위하고 지속적이었다. 7만 2,000명 이상이 1960년대에 도착했고, 그 다음 10년간 7만 7,000명이, 1980년대에는 12만 2,000명이 왔다.[2] 이외에도 수천 명이 불법 입국했다. 콜롬비아인들의 전형적인 방법은 관광 비자로 뉴욕이나

---

1) Conniff, *Black Labor on a White Canal*, p. 137.

마이애미로 날아간 다음 그저 허가된 기간보다 더 오래 머무르는 것이었다. 오늘날 30만 명 이상의 콜롬비아인이 미국에 거주하고 있으며, 대부분 뉴욕과 남플로리다에 살고 있다.

콜롬비아인들은 쿠바인이나 도미니카인처럼 정치적 박해로부터 도망치지도 않았고, 수많은 푸에르토리코인이나 멕시코인처럼 계약 노동자나 이주 농민도 아니었으며, 파나마인과 달리 대부분 중산층 전문직 종사자이거나 숙련 노동자였고, 또한 백인이었다.

그렇다면 파나마인과 콜롬비아인을 1960년대, 70년대에 이주시킨 요인은 무엇이었을까? 그리고 왜 다른 나라가 아닌 미국으로 이주해 왔을까? 다른 라티노들과 이들의 경험은 어떻게 달랐을까? 그들은 미국에 도착한 후 어디에 정착했을까? 이들은 아프리카계 미국인들, 라티노들, 백인 미국인들과 어떤 관계를 맺었을까? 다른 라티노들에 대해서 그랬듯, 미국의 정책이 콜롬비아와 파나마에 어떤 영향을 미쳤는지를 추적하며 답을 찾아보기로 하자. 어쨌든 두 국가의 현대사는 1903년, 테디 루스벨트가 콜롬비아 영토에서 분리되어 나온 '독립' 파나마의 건국을 지원하면서 대양 횡단 운하를 건설할 상황을 만들던 해에 시작되었다.

다음에 전개되는 초기 콜롬비아와 파나마 이민자인 화이트 가문과 멘데스 가문의 이야기가 위 질문들에 대해 몇 가지 통찰을 전해 줄 수 있을 것이다.

---

2) U.S. Department of Justice, *1996 Statistical Yearbook of the Immigration and Naturalization Service* (Washington, D.C.: U.S. Government Printing Office, 1997), pp. 27~28.

화이트 가족과 운하에서의 노동

매켄지 화이트와 그의 아내 윌헤미나는 1880년대에 버진아일랜드에서 태어났지만, 세기가 바뀐 후 화이트가 도미니카공화국에 있는 미국 소유의 한 대농장에서 사탕수수를 수확하는 계약노동자로 일하기로 하면서 도미니카공화국으로 이주했다.[3] 도미니카공화국에서 이 젊은 부부는 아이를 가질 수가 없자 여자아이를 입양하고 모니카라고 이름 지었다. 10년가량이 흐르고, 이들은 다시 이주했다. 이번에 매켄지는 아내와 딸을 파나마로 데려갔고, 이곳에서 거의 끝나가던 미 운하 프로젝트의 준설부에서 일을 구했다.

파나마 운하는 오랫동안 20세기 기술의 기적이자 양키의 선견지명, 대담성, 공학의 승리로 여겨져 왔다. 이 운하 덕분에 해양무역이 엄청나게 팽창했고, 태평양과 대서양 사이에서 사람과 상품과 정보를 운송하는 데 필요한 시간을 크게 줄임으로써 북미 사회를 결합시키는 데 도움을 주었다.

그러나 이 운하는 또한 파나마인들의 삶에 깊은 상흔을 남겼다. 앞에서 밝혔다시피 운하 건설 노동자 대부분이 서인도제도 이민자들이었고, 건설기간 중 이들 가운데서 가장 많은 수의 사상자가 생겼다. 운하 건설 행정관들은 이들을 선호했는데, 그 이유는 이들이 영어를 할 줄 아는데다, 열대의 더운 날씨에 더 잘 견딘다고 생각했기 때문이다. 그러나 바로 이 서인도제도인들은 이 운하의 거의 신화적인 연대기가 기록될 무렵 사실상 망각되어 버렸다. 기록을 바로잡고자 노력한 한 역사가는 말했다. "수많은 보도를 통해 볼 때는, 카스트 제도 아래쪽의 거대한 흑인계층은 그저 존재하지 않는 것처럼 보였다. 신문 만화들은 흥에 겨운 백인 미국인들이 곡괭이와 삽을 들고 운하를 파는 모습을 묘사했다. 그리고 많은 사람들이 바로 그런 모습을 보기를 기대하며 파나마에 왔지만", "신성한 백인 미국인의 세계로부터 나머지 운하 지대the Canal Zone를 격리하는 끔찍한 만灣"에 대해 알게 될 뿐이었다.[4]

흑인은 운하 노동력의 압도적인 부분을 구성했고, 건설 막바지의 4만 5,000에서 5만 명가량에 이르는 고용인력 중 4분의 3 이상을 차지했다. 역사가 데이비드 매컬러프의 말에 따르면, 이들은 정말 수가 많았기에,

> (방문객들은) 건설 자체가 아니라 시스템 전체가 흑인의 노동력에 얼마나 많이 의존하고 있는지를 보면 그저 놀라거나 심지어 충격을 받을 수밖에 없었다. 쿨레브러컷Culebra Cut이나 수문 공사현장의 혼란 가운데 수천 명의 서인도제도인뿐만 아니라, 모든 호텔에는 흑인 웨이터들이 있었고, 항만 노동자, 트럭운전사, 수위, 병원 잡역부, 요리사, 세탁부, 간호부, 경비원, 사환, 마부, 얼음장수, 쓰레기 수거인, 정원사, 남자 점원, 경찰, 배관공, 가옥 도장업자, 무덤 파는 사람 등도 모두 흑인이었다. 등에 금속 탱크를 지고 걸으며 정수靜水 위에 기름을 뿌리는 흑인의 모습은 운하지대에서 가장 흔히 보이는 모습 중 하나였다. 백인 가정에서는 모기 한 마리가 나타날 때마다 보건부에 알렸고, 그러면 당장 흑인 한 사람이 클로로포름과 유리병을 들고 나타나 곤충을 잡아서 분석을 위해 실험실로 가져갔다.[5]

---

3) 저자의 1995년 1월 21일 모니카 맨더슨와의 인터뷰에서.
4) David McCullough, *The Path Between the Seas: The Creation of the Panama Canal 1870-1914* (New York: Simon & Schuster, 1977), p. 575.
5) Ibid..

건설 초창기부터 백인 미국인 감독들은 50년 동안 운하의 생활을 지배한 인종차별 시스템을 만들었다. 이 시스템의 중심에는 인종에 따라 분리된 급여대상자 명단이 있었으며, '골드' 등급에는 백인 미국 시민이, '실버' 등급에는 서인도제도인이 포함되었다. 모든 이득은 이 명단에 따라 분배되었다. 주택, 구내식당, 클럽 회관, 의료 서비스, 노동자 자녀들을 위한 학교 모두 그랬다.[6]

흑인 노동자들은 여기저기 흩어진 기업도시들이나 콜론과 파나마시티의 슬럼가에서 살아야 했지만, 백인들은 페드로 미겔, 크리스토발, 감보아 등의 계획 거주구역에서 풍성한 열대 녹음에 둘러싸여 살았고, 미 정부가 제공하는 주택에서 의료 서비스, 휴가에 이르기까지 모든 것을 소유하고 있었다.

"우리 학교들은 흑인 아이들에게는 8학년에서 끝이었어요." 윌헤미나와 매켄지 화이트의 딸 모니카 화이트는 회고한다. "흑인 선생님들한테만 배웠고, 우리는 많은 것에 대해 최우선권을 가질 수 없었어요." 분리된 흑인 학교들은 서인도제도인들을 그들의 새 고향땅 파나마로부터 격리시켰다. 이 학교의 학생들은 영어로만 수업을 들었고, 미국 공립학교에서 가르치는 것과 똑같은 내용을 배웠기 때문이다.[7]

1914년 운하가 개통되었을 때, 이곳은 노동불안이 들끓는 가마솥과도 같았다. 서인도제도인들은 임금, 노동조건, 미국 군인과 행정관들의 인종차별에 불만을 갖고 몇몇 호전적인 파업을 일으켰고, 각각의 파업은

---

6) Conniff, *Black Labor on a White Canal*, pp. 31~35. McCullough, *The Path Between the Seas*, pp. 576~581.
7) Conniff, *Black Labor on a White Canal*, p. 6.

운하지대 파업 참여자들의 대규모 퇴거라는 결과를 가져왔다. 정기적인 강제 해고 때문에 수천의 노동자가 파나마의 도시들로 일자리를 찾아 이주할 수밖에 없었고, 이들과 파나마 토착민의 관계는 급격히 나빠졌다.[8]

"파나마인들은 서인도제도인들에게 나쁜 선입견을 갖고 있었어요." 모니카 화이트는 회고했다. "그들은 우리를 파나마에서 내쫓아 우리가 온 곳으로 돌려보내려고 마음먹고 있었어요. 마치 파나마라는 나라와 운하지대라는 또 하나의 나라가 있는 것 같았어요." 사실은 세 개의 나라가 있었다고 볼 수 있다. 운하지대 자체는 서로 분리되고 불평등한 백인 세계와 흑인 세계를 담고 있었기 때문이다.

한편 파나마인들은 자기네 나라 안에서 차별을 당했다고 느꼈다. 이들은 운하 관계자들이 파나마의 대부분의 다른 직업보다 보수가 일관되게 높던 건축과 유지보수 일자리를 서인도제도인에게만 주었다는 점에 분개했다. 이에 대한 응답으로, 파나마는 몇 대 정권에 걸쳐 서인도제도 이민을 더 이상 금지하거나, 최소한 이민자 자녀들의 파나마 국적 획득을 막으려고 시도했다. 1928년 이후, 파나마에서 태어난 서인도제도 이민자 자녀들은 21세가 되어야만 귀화할 수 있었다. 또한 이때도 정부는 이들이 스페인어 능력과 파나마 역사에 대한 지식을 갖췄는지를 검증하는 시험에 합격할 것을 요구했다.

새 귀화법으로 인해 모니카 화이트는 아들 비센테가 태어난 후 곧 운하지대 밖으로 이주할 결심을 하게 됐다. 그렇게 하면 아들이 파나마 학교에서 공부하고 시민권을 받을 수 있었기 때문이다. 당시 그녀는 비센테의 아버지와 헤어진 상태였고, 1935년 파나마 시티에서 미용실을 열었

---

8) Ibid., pp. 49~61.

다. 몇 년 후 그녀는 다른 서인도제도인인 어니스트 맨더슨과 결혼했다.

1940년 초반에 이르러서야 워싱턴의 법안 제출자들은 운하지대의 짐 크로 차별정책에 문제를 제기했다. 프랭클린 루스벨트 대통령은 1941년 행정명령을 내려 방위산업의 차별을 끝내도록 했고, 이 명령에서 운하지대를 구체적으로 명시했다. 그러나 대부분 남부 출신 백인이었던 운하 행정관들은 모든 변화를 거부했다. 골드 등급과 실버 등급의 통합이 노동 통제를 저해할 것을 두려워하며, 이들은 '아파르트헤이트' 체제를 1950년대에 들어선 후 한참 동안 유지했다.[9]

"화장실과 식수대조차 분리되어 있었어요." 비센테 화이트는 회상했다. "건물 안에 들어가면 골드와 실버라는 표시가 보였어요. 골드 화장실은 깨끗했고 식수대에는 늘 냉수가 있었어요. 실버 쪽은 더럽고 물은 미지근했지요."[10]

1950년대 중반에 모니카 맨더슨과 많은 다른 서인도제도인들은, 이 나라의 가장 중요한 자원인 운하를 더 많이 통제하려는 라틴계 파나마인들의 요구와, 통합을 단호히 막으려 드는 고집스런 운하지대 공무원들 사이에 끼어 난감한 처지였다.

아이러니하게도, 많은 흑인 파나마인들은 미국 인권운동의 핵심적 승리로 인해 이민을 떠나게 되었다. 1954년 '브라운 대對 교육위원회 사건'에 대해 대법원이 전국적으로 인종 분리 정책separate but equal 공립학교는 불법이라는 판결을 내린 이후로, 미 정부는 운하지대 관계자들에게 학교를 통합하라는 명령을 내렸다. 이를 피하기 위해 운하의 최고 책

---

9) Ibid., p. 91.
10) 저자의 1993년 2월 10일 비센테 화이트와의 인터뷰에서.

임자는 흑인 학교에서 사용되는 공식 언어를 스페인어로 바꿨고, 강제로 많은 흑인을 운하지대 밖으로 이주시켜서 이들의 주택과 자녀교육 문제를 파나마 정부에 떠넘겼다.[11] 1955년의 새로운 운하 조약은 서인도제도인에게 더욱 불리한 상황을 만들었다. 이들은 최초로 파나마에 세금을 납부해야 했다.

파나마에서 40년간 살아온 모니카 맨더슨은 백인 미국인들과 스페인어권 파나마인들 양쪽으로부터 가해진 인종차별을 더 이상 참지 않겠다고 결심했다. 많은 다른 서인도제도인들처럼 그녀는 자신의 앵글로 카리브 문화에 자부심을 느꼈다. 그녀는 물려받은 유산의 핵심인 영어와 그녀가 속한 개신교 교회와 공제조합들을 보존하고 싶었다. 그러나 파나마 안에서는 그렇게 할 수 없었다. 그래서 1957년 그녀는 미국으로 떠났다.

브루클린의 파나마인 거주지

모니카 맨더슨은 혼자가 아니었다. 1950년대 중반에서 1960년대 중반에 이르기까지, 3만 명으로 추산되는 서인도제도인이 미국으로 이주했고, 이들 중 4분의 3이 뉴욕에 정착했다. 비슷한 시기의 푸에르토리코와 쿠바 이민자들과 대조되는 크지 않은 이민집단이었지만, 뛰어난 서인도제도인 지도자 조지 웨스터먼의 말에 따르면 이들은 파나마의 흑인공동체에서 가장 재능 있는 사람들이었다.[12]

모니카는 미국에 완전히 정착할 때까지 아들 비센테를 파나마의 아

---

11) Conniff, *Black Labor on a White Canal*, pp. 121~123.
12) Ibid., pp. 136~137.

버지 곁에 남겨 뒀다. 그녀는 브루클린의 베드퍼드-스타이브샌트 구역에 있는 스케넥터디 애비뉴에 있는 아파트로 이사했다. 이곳은 새 이민자들을 위한 첫번째 '콜로니아'였다. 이후 20년간, 그녀가 1974년에 퇴직할 때까지, 그녀는 세탁소 일꾼, 학교 보조원, 재택 간호 보조원 등 다양한 저임금 직종들을 거쳤고, 또한 파나마인 거주지의 필요에 맞춰 생겨난 많은 교회와 시민단체들에 헌신했다. 이 가운데는 '라스 세르비도라스'Las Servidoras(섬기는 여인들)라는 여성단체가 있었는데, 이는 어려운 형편에 처한 파나마 젊은이들에게 대학 교육을 제공하는 단체였다.

처음에 이민자들은 라틴아메리카 공동체와 아프리카계 미국인 공동체 양쪽에 적응하는 데 어려움을 겪었다. 그래서 이들은 자신들만의 사교 클럽들을 창설했다. 최초의 클럽 중 하나인 팝스코 클럽은 스케넥터디 애비뉴와 스털링 플레이스에 위치해 있었다. 이곳은 나라를 떠나온 사람들이 주말에 긴장을 풀고, 그들 고유의 '쿰비아'cumbia와 '과라차' guaracha 음악에 맞춰 춤을 추고, 고국으로의 단체여행을 계획하기 위해 모이는 주요 장소가 되었다.

파나마인들은 유창한 영어실력 덕분에 다른 라틴아메리카인들보다 쉽게 적응할 수 있었다. 그들은 더 벌이가 좋은 일자리, 특히 정부의 대민 서비스와 관련된 일을 구했고, 이로 인해 뉴욕의 더 큰 흑인공동체에 쉽게 동화될 수 있었다. "백인들은 점점 베드퍼드-스타이브샌트를 떠나기 시작했어요." 맨더슨은 회상했다. 그러나 새로운 갈등이 부각되었다. "미국계 흑인들은 언제나 우리 서인도제도인들을 시샘했어요." 그녀는 말한다. "우리는 늘 더 좋은 일을 찾아서 더 잘살고 싶어 했는데, 그들은 우리가 그러는 걸 싫어했어요."

몇 년 후에 엄마를 따라 뉴욕으로 간 비센테는 다른 시각을 가지고 있다. "어떤 자메이카 사람들과 바베이도스 사람들은 그렇게 생각하면서 자기들이 미국 흑인보다 우월하다고 느끼기 시작해요. 그리고 많지는 않지만 거기 속아 넘어가는 흑인들도 있어요. 그들은 말해요. '바나나 꼬마야, 너는 우리 일자리를 뺏으러 왔지?'"

비센테의 시각은 서인도제도인 3세대의 그것을 반영한다. 그의 모친이 그를 파나마 시티 학교에 입학시켰기 때문에, 그는 스페인어를 쓰고 말하며 자랐을 뿐만 아니라 스스로를 서인도제도 사회보다도 오히려 파나마 사회의 일부로 느꼈다. 어린 시절 그와 이웃 아이들은 파나마 시티에 있는 국회의사당 근처 공원에서 놀곤 했다. 그 거대한 빌딩 뒤로는 파나마 영토와 운하지대를 가르는 거리가 있었다.

"거리 반대편에는 거대한 망고나무들이 일렬로 늘어서 있었어요." 화이트는 기억한다. "우리 파나마 아이들은 길을 건너 망고를 따곤 했어요. 그럴 때마다 운하지대 경찰이 우리를 쫓아와서 때렸어요." 그로부터 수십 년이 지났어도 그는 여전히 소년이었던 자신이 자기 나라에서 과일을 따지 못하게 막은 외국인들에 대한 쓰디쓴 기억을 갖고 있다.

아이러니하게도, 고등학교를 마치고 화이트는 운하지대의 경찰관이 되었다.

"저는 감보아의 감옥에서 일했습니다. 죄수가 없을 때는 백인 장교들은 병사들에게 '가서 망할 파나마 놈들 좀 잡아와. 그래야 생활비가 나오지'라고 말하곤 했어요. 우리는 운하지대로 나가서 주변에서 아무 파나마 사람이나 체포해서 이유 없이 어슬렁거렸다는 죄목을 붙였어요. 스페인어로 '올가사네안도'holgazaneando(빈둥거리고 있는)라는 용어를 썼지요. 유치장이 텅 비었어도 아침 열두 시쯤엔 열두 명은 있었어요. 그런 일이 싫어졌어요."

1959년 미국의 통제에 대한 파나마의 울분이 최초로 드러났다. 미국 병사들이 운하지대에서 학생들이 미국 국기 옆에 파나마 국기를 게양하는 것을 막자, 이후 학생들이 봉기를 일으켰다. 당시 발보아 수비대의 경찰이었던 화이트는 시위대를 추격해서 체포하라는 북미 지휘관의 명령을 따랐다. 이후 몇 주 동안 자국민에게 행한 일 때문에 수치스러운 감정에 휩싸였고, 파나마를 떠나겠다는 결심을 확고히 굳혔다.[13]

그의 부친은 몇 달 후에 세상을 떠났다. 갓 결혼한 화이트는 아내와 함께 뉴욕으로 이주해서 브루클린에 있는 어머니의 아파트로 들어갔다. 곧 그는 공군에 지원했다. 운하지대에서의 경험 때문에 그는 군 경찰로 배정되어 알래스카의 페어뱅크스에 배치되었다. 1964년 1월, 그는 여전히 페어뱅크스에 배치되어 있었는데, 그때 운하지대에 파나마 국기를 게양하는 문제로 다시 시위가 발발했다는 뉴스를 들었다. 그러나 이번에는 미군이 청년 시위대를 향해 발포했고 24명이 죽었으며 수백 명이 다쳤다. 이 살해행위는 파나마와 라틴아메리카 곳곳에서 논란을 불러일으켰다.

"저는 곧바로 시위가 정당했다고 생각했어요." 화이트는 기억한다. "운하지대에서 미국인들의 권력 남용은 지나쳤어요. 하지만 복무 중이었기 때문에 속으로만 그렇게 생각할 뿐 말은 하지 않았어요."

존슨 대통령은 파나마인들이 운하 운영에서 목소리를 내도록 허용하지 않으면 쿠바식 혁명이 또 일어날 수 있다는 결론에 도달했고, 협상을 벌여서 1977년 카터-토리호스 조약을 체결했다. 이 조약의 결과로 미군은 점진적으로 철수했고, 파나마는 운하지대의 지배권을 되찾았으며,

---

13) Ibid., pp. 140~141.

루스벨트의 교묘한 술책으로부터 한 세기 가까이 지난 후에야 파나마인들은 이 중요한 수로에 대한 완전한 통제권을 회복했다.

화이트는 1964년 봉기 이후 공군에서 물러나 뉴욕으로 돌아갔다. 이곳에서 그는 주 검찰총장의 비밀 수사관으로 일하게 되었고, 결국 브루클린 지구 검찰청으로 옮겨 갔다. 이곳에서 나는 뉴욕에서 가장 악명 높은 인종 편견 재판 가운데 하나에 참석했다가 그를 만났다. 이 사건은 유수프 호킨스 사건이라고 불렸다. 16세의 흑인 소년 호킨스는 벤슨허스트라는 백인만 사는 구역을 배회하다가 근방의 백인 갱에게 공격당하고 살해당했다. 나는 『뉴욕 데일리 뉴스』를 위해 공판에 들어갔었고, 파나마에서 인종차별을 피해 도망쳤던 화이트는 검사팀에 배정된 수사관이었다.

화이트가 어느 날 법정에서 그의 고향에 대해 얘기하다가 나에게 일깨워 준 것이 있다. 대부분의 백인은 미국 지도자들이 그곳에 오랫동안 지속하도록 만든 인종차별 제도에 대해 아무것도 모른다는 사실이다. 그의 모친과 서인도제도인 윗세대가 라틴계 파나마인들을 향해 느끼는 적대감에 관해서는, 화이트는 그들이 백인 운하지대 행정관들과 '라비블랑코'rabiblanco들, 즉 전통적으로 그곳의 정치를 맡았던 소수의 순종적 백인 엘리트들에게 부지불식간에 속았던 것이라고 믿는다. "파나마인들이 흑인, 서인도제도인, 백인을 싫어한다는 이미지를 만들려고 한 건 미국이었어요." 그는 말한다. "나는 한 번도 히스패닉계와 문제가 있었던 적이 없어요. 한번은 죄수를 호송하러 마이애미에 가서, 흑인 파트너와 함께 쿠바 식당에 들어갔어요. 처음에 그들은 우리에게 서빙하기 싫다는 듯이 좀 서먹서먹하게 굴었어요. 하지만 내가 스페인어로 말하기 시작하니까 바로 태도가 바뀌었어요. 언어는 히스패닉계 사람들을 서로 연결시켜 주는 무언가예요."

멘데스 가족과 콜롬비아의 폭력의 순환

엑토르 멘데스와 페드로 멘데스는 콜롬비아의 서부인 톨리마의 시골에서 태어났다. 그들 가족은 열여덟 명의 자녀를 둔 전형적인 농촌의 대가족이었다. 그들의 아버지는 이 지역의 피아호 부족 후손인 부유한 메스티소 지주 라사로 멘데스였다. 페드로는 1940년에, 엑토르는 5년 후에 태어났다. 당시 콜롬비아는 상대적으로 부유하고 평화로웠으며, 톨리마와 이웃 안티오키아 주——주도州都는 메데인——주변의 산악지대는 한 역사가에 의하면 진정한 '소농 민주주의'가 이루어지는 곳이었다.[14]

이 평화는 1948년 4월 9일 카리스마 있는 자유당 지도자 호르헤 엘리에세르 가이탄Jorge Eliecer Gaitan이 살해당하면서 깨졌다. 이 암살은 지지자들의 분노를 일으켰고, 성난 군중은 수도인 보고타를 공격하고 불태웠다. 이로써 라틴아메리카 역사상 최악의 도심 폭동이 일어나 2천 명이 사망하고 수백만 달러의 재산 피해가 발생했다. 이 사건은 자유주의자들과 보수주의자들 사이에서 10년간 지속된 야만적인 내전을 촉발시켰는데, 이때 너무나 많은 사람의 피가 흘렀기에 모든 콜롬비아인은 이를 그저 '라 비올렌시아'La Violencia(스페인어로 '폭력'이라는 뜻)라고 부른다. 몇 명이나 죽었는지 아는 이가 없다. 18만 명에서 20만 명 사이의 사망자가 생겼다고 추산되는데, 이는 콜롬비아라는 나라의 크기를 생각해 볼 때 미국의 남북전쟁보다 훨씬 파괴적인 결과이다. '파하로'pájaro(스페인어로 '새'라는 뜻)라고 불린 암살단이 지주 권력자들의 명령에 따라 지방을 돌아다니며 자유주의자라고 의심되는 농부는 누구든지 잔인하게 죽

---

14) Galeano, *The Open Veins of Latin America*, p. 116.

였다. 한편 자유당 지지자들로 구성된 게릴라들은 대지주들을 목표로 삼았다.[15] 이 전쟁으로 모든 가정이 부숴졌지만, 특히 톨리마와 안티오키아 거주민들이 가장 큰 타격을 입었다. 라사로 멘데스의 친척들은 모두 자유주의자였고, 그의 아내의 친척들은 보수주의자였다. 전쟁이 발발하자 멘데스 가족 아이들은 다시는 외가 쪽 친척들을 볼 수 없게 되었다. "지금까지도 우리는 그들에게 어떤 일이 일어났는지 몰라요." 1995년 엑토르 멘데스는 고백했다.

내전은 농업 생산을 파괴했고, 수백만 인구가 도시로 도망치면서 농촌은 텅 비었다. '라 비올렌시아' 이전에는 나른한 곳이었던 이바게, 보고타, 칼리는 하룻밤 새 주변으로 뻗쳐 가는 대도시로 변해서 갈 곳 잃은 농부들과 땅 없는 소작농들로 붐볐다. 멘데스 가족은 1953년에 칼리로 도망쳤다. 라사로와 그의 아내는 도시 외곽의 산악지대에 작은 땅을 샀고, 라사로는 사채업이라는 새 일을 시작했다. 이 가족의 집은 매우 고립되어 있어서 아이들은 시내로 가려면 가장 가까운 버스정류장까지 산을 1마일이나 걸어 내려가야 했다. 이들의 부모는 엑토르와 페드로를 살레시안 사제들이 운영하는 학교에 보냈고, 그곳 사제들은 모든 학생이 기술 한 가지씩을 배우기 원했기 때문에 엑토르는 식자공이, 페드로는 인쇄공이 되었다.

'라 비올렌시아'는 1957년 자유주의파와 보수주의파의 지도자들이 교대로 집권하자는 합의에 도달하고 나서야 끝났다. 그러나 피가 홍수

---

15) Alonso Salazaar, *Born to Die in Medellín* (New York: Monthly Review Press, 1990), pp. 6~8. Galeano, *Open Veins of Latin America,* pp. 116~119. Crow, *The Epic of Latin America,* p. 800.

를 이룬 세월 동안 콜롬비아 사회의 큰 부분이 뿌리 뽑혔고 영원히 뒤틀려 버렸다. 싸움이 시작될 때 시골에서 도망친 농민의 자녀들은 이제 도시에 거주했고 더 이상 전통을 중히 여기지 않았다. 많은 이들이 1960년대에 학업을 마쳤지만 일자리는 없었다. 엑토르 멘데스는 대부분의 청년들보다 운이 좋았다. 그는 칼리의 주요 신문 중 하나인 『엘 파이스』에 식자공으로 들어갔다. 콜롬비아 기준으로 그의 급여는 좋았다. 최저임금이 월 350페소일 때 그는 4,500페소를 받았다. 하지만 다른 나라에서 인쇄공들이 받는 임금에 비하면 한참 낮은 것이었다. 『엘 파이스』에서 엑토르의 동료 대부분은 오스트레일리아로 떠나기 시작했는데, 그곳 출판업자들이 콜롬비아 이민자들에게 여행경비 전액 지불, 공짜 주택, 최고의 임금을 제공하겠다고 유인했기 때문이었다. 다른 이들은 베네수엘라로부터 비슷한 제안을 받았다.

한편 그 사이 폭력은 갈등을 해결하는 콜롬비아식 방식으로 수용되고 말았다. 내전이 맹위를 떨쳤던 지방에서뿐 아니라 도시와 전쟁 난민들이 만든 빈민가에서도 그랬다. 반감을 품은 슬럼가 출신 젊은이들은 새롭게 등장한 M-19와 같은 좌파 게릴라 단체들의 손쉬운 모집 대상이 되었다. 또한 지방에서는 FARC(콜롬비아 혁명 무장세력)과 다른 혁명조직들이 정부로부터 모든 지역의 통제권을 탈취했다. 새롭게 나타난 혁명집단들 중 몇몇은 '라 비올렌시아'를 끝낸 권력 분배식 휴전에 동의하지 않은 전 자유당 멤버들이 시작한 것이었고, 다른 몇몇은 쿠바 혁명에서 영감을 얻은 것이었다. 게릴라들을 섬멸하려는 노력의 일환으로, 군대는 반체제 인사들을 발견하는 족족 투옥하거나 살해했다. 1964년 군인들은 콜롬비아 역사에서 소농 분리독립 지지운동 중 하나였던 독립 마르케탈리아 공화국을 짓밟았다. 그러나 좌파집단들에 대한 탄압으로 인해 게릴라 훈련을 받은 수천 명의 슬럼가 청년들은 지도자를 잃은 채 뒤에 남겨졌다.

1970년대 후반, 칼리와 메데인 출신 마약왕들이 세계의 코카인 시장에 대한 통제권을 놓고 서로 싸우는 카르텔 경쟁에 뛰어들었을 때, 이들은 바로 이 젊은이들을 보병으로 모집해서 '물라'mula(마약 운반책, 스페인어로 '나귀'라는 뜻)와 '시카리오'sicario(암살자)로 이용했다.[16] 콜롬비아의 오랜 상업 중심지인 메데인은 당시 위기 수준에 봉착한 실업사태로 수렁에 빠져 있었기 때문에, 마약왕들은 빠른 돈벌이를 미끼로 청년들을 쉽게 모집할 수 있었다.[17] 그동안 지방에서는 콜롬비아 군대가 게릴라들을 섬멸할 수 없자 게릴라 지지자들을 향해 '더러운 전쟁'을 선포했다. 게릴라들에게 동조한다는 아주 희미한 의심만으로 군인들이나 우파 무장단체들은 수천 명의 사람들을 납치, 살해, 수감했다.[18] 그 결과 첫 내전보다 다소 강도가 낮은 두번째 내전이 발생했고, 이는 35년 이상 지속되면서 콜롬비아의 살인율을 세계 다른 어느 곳과도 비교할 수 없을 정도로 높여 놓았다. 한 보고타 신문은 1987년에 다음과 같이 보도했다. "콜롬비아의 가장 큰 세 도시인 보고타, 칼리, 메데인의 거리에서 43명이 살해되었다. 이들은 여자, 아이, 걸인, 쓰레기 수거인들로, 재미로, 혹은 명중 연습을 위해 마구잡이로 총을 쏘아 댄 무장한 불량배들에 의해 죽임을 당했다."[19] 1997년 한 해에만도 콜롬비아에서는 3만 1,000명이 살해당했는데, 미국의 인구가 콜롬비아의 7배임에도 불구하고 이 숫자는 그 해 미국

---

16) Salazaar, *Born to Die in Medellín*, p. 7.

17) Alan Gilbert, *The Latin American City* (London: Latin American Bureau, 1994), p. 63.

18) Human Rights Watch, *War Without Quarter: Colombia and International Humanitarian Law* (New York: 1998).

19) Crow, *The Epic of Latin America*, p. 803에서 재인용.

에서 살해된 총수와 거의 동일했다.[20]

멘데스 형제들은 한 사람씩 이민을 결심했다. 이들이 미국을 선택한 이유는 이곳이 라틴아메리카의 다른 지역보다 안정되고 평화로워 보였기 때문이고, 또한 이곳에 이미 많은 히스패닉이 거주한다는 사실을 알았기 때문이다. 가장 먼저 떠난 형제는 장남 그레고리오였다. 그는 1964년에 합법적인 체류 비자를 가지고 입국했으며, 한 큰 은행의 회계부서에서 일하게 되었다. 페드로 멘데스와 그의 부인 아우로라, 형 엑토르는 1970년대 초에 도착했고 재빨리 합법적인 영주권을 획득했다.

뿌리를 내리고 잡초와 싸우다

주로 요식업과 의류업 분야에서 저임금 직종을 구한 푸에르토리코나 도미니카 사람들과 달리, 많은 초기 콜롬비아 이민자들은 기술이 있는 중산층이었으며, 처음부터 높은 임금을 요구했고 빠르게 부를 형성했다. 오래지 않아 많은 미국 도시에서 인쇄업과 주요 신문 식자소(所)들은 콜롬비아 인쇄 장인들로 채워졌다.

멘데스 형제의 친구인 카를로스 말라곤은 35세이던 1967년에 미국에 도착했다. 그는 보고타 중심가에서 번창하던 미장원을 뒤로 하고 뉴욕으로 출발했다. 이에 대해 그는 "충동적으로, 모험을 찾아 나섰다"고 회상한다.[21] 미국을 방문했던 말라곤의 예전 고용인이 그에게 '엘 노르테'El Norte(스페인어로 '북쪽'이라는 의미)에 3~5년만 머물면서 목돈을 만

---

20) *New York Times*, "Bogotá Halts Unit Faulted Over Rights", May 25, 1998. "Colombia —
   A Killing Every 20 Minutes", *Reuters*, January 14, 1997.

들어 고향으로 돌아오라고 설득했다. 말라곤은 퀸스의 우드사이드에서 일하는 한 독일인 이발사에게 고용되었다. 겨우 8개월이 지나자 그는 본인 소유의 가게를 열 만한 충분한 돈을 벌었다. 이 가게는 거대한 부로바^Bulova 시계회사에서 한 블록 떨어져 있었고, 이 회사에는 최근에 도착한 콜롬비아인 수백 명이 일하고 있었다. 얼마 안 가 이들 모두가 말라곤의 고객이 되었다. 30년 후 이곳 '그라나다 헤어스타일리스트'는 이민자들의 랜드마크로 변했고, 말라곤은 콜롬비아 디아스포라에서 존경받는 원로로 손꼽혔다.

불법 이민자들은 더 큰 장애와 마주쳤다. 예를 들어 우리베 가의 세 자매 글로리아, 노렐리아, 베아트리스는 메데인의 중산층 집안에서 안락하게 자랐다. 이들의 어머니는 작은 의류공장을 소유하고 있었고, 일곱 딸을 모두 사립학교에 보냈지만, 동시에 재봉사 교육도 시켜서 돈이 되는 기술을 갖도록 만들었다.[22] 노렐리아가 처음 이주했다. 1970년, 그녀의 고용주였던 한 유태인 직물공장 소유주가 그녀가 뉴욕에서 일을 찾도록 도와주었다. 다음 해, 결혼 실패로 수척해진 그녀의 여동생 글로리아가 뒤를 따랐다.[23] 베아트리스는 메데인에서 수입식료품 가게를 운영하고 있었는데, 휴가로 뉴욕을 방문했다가 남기로 결정했다. 세 사람 모두 다른 콜롬비아 여성과 함께 퀸스 대로에 있는 침실 하나짜리 아파트에 살면서 롱아일랜드의 산업단지에서 공장 일을 구했다. 1970년대 후반 젊은 콜롬비아 여성들이 근면하다고 알려져서 퀸스의 공장 경영자들은 이

---

21) 저자의 1995년 1월 27일 카를로스 말라곤과의 인터뷰에서.
22) 저자의 1995년 2월 4일과 6일 베아트리스 우리베와의 인터뷰에서.
23) 저자의 1992년 5월 글로리아 우리베와의 인터뷰에서.

들을 닥치는 대로 모집했다. 여성들 대부분이 불법 체류 중이라는 사실을 고용주들 또한 알고 있었기 때문에 종종 그녀들은 낮은 임금과 상사의 일상적인 성적 괴롭힘을 어쩔 수 없이 참아야 했다.

이들의 가장 큰 두려움은 이민귀화국 사람에게 잡혀서 강제추방되는 것이었다. "모든 사람들이 그럴까 봐 겁을 먹었어요." 베아트리스는 회고한다. "영화관에 이민국 사람이 잠복하고 있다는 소문에 절대로 영화를 보러 가지 않았어요. 지하철을 타면 신분증을 검사하기도 한다는 말을 들었기 때문에 지하철도 안 탔어요. 오직 버스만 탔지요."

1970년대 후반에 밀수꾼들은 1주일에 500여 명의 콜롬비아인을 비미니나 바하마를 경유해서 불법적으로 미국에 입국시키곤 했고, 이 고객들로부터 1인당 6,000달러 정도를 받았다. 전형적인 방식은, '코요테'라고 불리는 밀수꾼이 사우스플로리다 공항에서 작은 개인 전용기를 타고 국내선인 척하며 출발해서, 미국의 레이더 아래로 비행해 카리브해의 섬들 중 하나에 총알같이 날아가서 콜롬비아인들을 싣고 오는 것이었다. 플로리다로 돌아와 에버글레이즈의 사람 없는 도로에 착륙하면, 그곳에 마이애미나 곧장 뉴욕으로 가는 승합차가 기다리고 있는 식이었다. 많은 인간 밀수업자들이 나중에는 사람보다 코카인을 싣고 움직이는 것이 훨씬 이득이 된다는 것을 알아차리면서 마약거래로 갈아탔다.[24]

결국에는 합법적인 거주권을 얻는 방법으로 우리베 자매는 이른바 '편의에 의한 결혼'을 위해 낯선 미국 시민권자들에게 돈을 지불했다. 예

---

24) Germán Castro Caycedo, *El Hueco: La entrada ilegal de colombianos a Estados Unidos por México, Bahamas y Haití* (Bogotá: Planeta Colombiana Editorial S.A., 1989), pp. 13~34. 콜롬비아 저널리스트가 이민자 밀입국 작전 이행과정을 직접 목격하고 쓴 놀라운 이야기를 볼 수 있다.

를 들어 1984년에 베아트리스는 거의 알지 못하는 푸에르토리코인과 결혼했고——전문 브로커가 결혼을 성사시켰다——9년 후에 미국 시민이 되었다.

콜롬비아 개척자들이 처음으로 시민단체 조직을 시도한 것은 1960년대 후반이었다. '콜롬비아노스 엔 엘 엑스테리오르'Colombianos en el Exterior(해외의 콜롬비아인)라는 이름의 조직을 만든 소수의 전문직 종사자들은 맨해튼의 콜롬비아 영사관에서 모임을 갖기 시작했다. 이들의 갓 시작된 노력은 1971년에 좌절했는데, 그 이유는 고국에서 자유당과 보수당에 각각 동조했던 사람들 사이의 정치적 차이 때문이었다.

그 다음 시도는 '엘 코미테 베인테 데 훌리오'El Comité 20 de Julio(7월 20일 위원회)였다. 이발사 카를로스 말라곤은 몇 년간 여기서 총무·회계를 담당했다. 이 단체는 수백 명의 콜롬비아 어린이를 뉴욕의 연례행사인 '디아 데 라 라사'Día de la Raza(인종의 날) 퍼레이드에서 행진하도록 한 전통을 처음 시작했다. 위원회는 400명으로 늘어났고, 유명한 콜롬비아 오케스트라 지휘자 아르티 바스티아스가 일부를 소유하고 있던 나이트클럽인 '클럽 미요나리오'Club Millonario(백만장자 클럽)에서 정기모임을 열었다. 하지만 내부 싸움으로 인해 마침내 모임은 해체되었다.

그런 시기에 멘데스 형제의 사업은 번창해 갔다. 이들은 1980년에 인쇄소를 열었는데, 콜롬비아인 사업으로는 최초로 잭슨 하이츠의 루스벨트 애비뉴 쇼핑구역에 들어갔다. 같은 해 미국 최초의 상설 이민자단체인 '콜롬비아 시민 센터'the Colombian Civic Center가 재외 보수당 멤버들에 의해 설립되었다. 이민자들은 이것을 '센트로 시비코'Centro Cívico(시민센터)라고 불렀다. 비록 그 기원은 정치적으로 중립적이지 않았지만, 잭슨 하이츠의 작은 빌딩에 입주한 이 단체는 콜롬비아 공동체 전체가 당파와 상관없이 모이는 장소로 발전했다. 말라곤과 멘데스 형제는 이곳의 초기 지도자들 가운데 끼어 있었다. 창립 후 10년 동안 콜롬비아인들의 가게와 식당들이 루스벨트 애비뉴를 따라 우후죽순 생겨났다.

한편 고국 콜롬비아 사회의 순환되는 폭력은 나라 전체를 사실상 무정부 상태로 만들었다. 마약 카르텔들, 혹은 카르텔과 정부군, 혹은 게릴라와 정부군 사이의 총기 난사 전투는 끊임없는 폭격, 납치, 비행기 납치, 살인으로 연결되었고, 폭력사태의 책임자들 사이에 미로처럼 복잡한 동맹관계를 낳았다. 1980년대 마약 거래로 인해 콜롬비아에 30억 달러 이상의 돈이 유입되는 과정에서 나라 안의 모든 중요 인물이 부패와 연루되었고, 이들 가운데는 경찰, 검사, 장교, 정치인들도 있었다. 엄청난 마약 수입의 유입 때문에 콜롬비아는 1980년대 라틴아메리카에서 유일하게 경제성장 흑자를 유지한 나라였다. 호황 덕분에 콜롬비아는 도로와 공공시설 등 일류 사회기반시설을 갖췄을 뿐 아니라, 현대적 소비사회가 갖춰야 할 모든 장비들, 즉 반짝이는 마천루들과 교외로 마구 뻗어 가는 쇼핑몰들, 매혹적인 밤문화를 갖게 되었다. 수백 개의 미국 회사, 특히 화학제품 회사들은 갈수록 정도가 심해지는 폭력에도 아랑곳없이 이곳에서 공장을 운영해 호황을 가속화했다.

카르텔의 뇌물을 거부한 콜롬비아인들은 테러에 굴복하거나 살해당했다. 아무도 안전하지 못했다. 1980년대에만 거의 50명에 이르는 판사와 수많은 언론인, 몇몇 대통령 후보가 살해당했다. 폭력의 강도는 갈수록 치솟아 1990년대 초반에는 좌파 성향의 '애국연합'Patriotic Union의 2,000명이 넘는 회원이 우파 암살자들에게 살해당했다. 대부분의 우파 집단은 콜롬비아에서 가장 부유한 지주들로부터 암묵적으로 군사력을 지원받았다.[25] 1989년 8월, 자유당 지도자 루이스 카를로스 갈란이 마약

왕 파블로 에스코바르의 총에 쓰러진 뒤에 콜롬비아 정부는 두 마약조직 중 더 잔인한 에스코바르의 메데인 카르텔에 전면전을 선포했다. 수백 명의 중간급 메데인 마약상과 '시카리오'들이 콜롬비아를 도망쳐서 뉴욕과 마이애미의 콜롬비아 공동체에 몸을 숨겼다. 그러는 동안 미국 내 코카인 도매권을 놓고 칼리와 메데인 사이의 영역 다툼이 점점 심해졌다. 이 싸움의 결과로 콜롬비아 이민자 지역에서 마약 수익금이 세탁되고 총알이 박힌 시체들이 발견되었다.[26]

"잭슨 하이츠는 하룻밤 새 신흥도시로 변했어요." 엑토르 멘데스는 기억한다. "질 낮은 이민자들이 도착하기 시작하면서부터의 일이었죠. 새로 생겨난 사업들 중 상당수가 마약과 관련된 건 아닌지 의심스러웠어요. 성공을 위해 공부하고 열심히 노력해 온 걸 자랑스럽게 생각하는 우리 같은 사람들이 이 새로운 종류의 이민자들을 만난 거예요. 우리는 그 사람들이 스스로 이민을 올 만큼의 돈도, 교육 수준도 못 가졌다는 걸 깨달았어요. 우리는 이 사람들을 '로스 누에보스 리코스'los nuevos ricos(신흥부자)라고 불렀어요. 그들은 자기들을 제외한 나머지 사람들을 쓰레기 보듯 쳐다봤어요."

"미용실에 가면 들리는 얘기는 다 마약 얘기뿐이었어요." 다른 초기 이민자도 회상한다.

시민센터에서 엑토르 멘데스는 사업 시작을 희망하는 새로운 이민

---

25) James Petras and Morris Morley, *Latin America in the Time of the Cholera: Electoral Politics, Market Economics, and Permanent Crisis* (New York: Routledge, 1992), p. 21. Crow, *The Epic of Latin America*, pp. 803~804.
26) 저자가 1991년과 1992년에 행한 뉴욕 탐정들과 콜롬비아 커뮤니티 리더들과의 인터뷰에서.

자들에게 가이드를 제공하는 수업을 열었다. 그러나 멘데스 형제들은 가는 곳마다 마약거래상으로 의심되는 사람들이 몇몇 정직한 조직들, 즉 시민센터, 자유당, 보수당, 콜롬비아 상인협회, 심지어 지역공동체 신문에까지 스며들어서 자신들을 정당화하고자 애를 쓴다는 사실을 알게 되었다.

"모든 사람이 다른 모든 사람에게 신뢰를 잃기 시작했어요." 멘데스는 말했다. "누구와 말하고 있어도 그 사람이 그런 사업에 연루되어 있는지 아닌지 알 수 없었어요."

1991년 여름, 페드로 멘데스는 시민센터에 참여한 새로운 이민자들 가운데 한 명인 후안 마누엘 오르티스 알베아르가 콜롬비아에서의 전과 기록을 숨기기 위해 미국에서 가짜 신분을 사용했다고 고발했다. 당시 오르티스는 퀸스의 스페인어 지역신문인 『엘 우니베르살』의 출판인이었는데, 그는 시민센터의 이사회를 통제하려고 시도했다. 오르티스는 1985년 칼리에서 미국에 도착했을 때부터 콜롬비아 공동체에서는 논란을 일으키는 인물이었다. 많은 사람이 그가 하얀 벤츠를 몰고 근방을 달리면서 대여섯 개의 퀸스 나이트클럽에서 엄청난 돈을 뿌리는 모습에 익숙해져 있었다. 보통 그는 무장한 경호원 몇 명을 데리고 다녔는데, 이들은 가끔 클럽에서 총으로 위협하며 여자들을 납치하고 강간했지만 결코 체포되지 않았다. 오르티스 일당은 구역 전체를 공포 속에 살게 했다.

멘데스의 공식적인 고발 이후 시민센터의 지도자들은 오르티스를 제명했다. 이들의 행동에 분노한 오르티스는 자신이 합법적인 사업자라고 주장하며 자신의 신문을 통해 시민센터에 반대하는 캠페인을 벌였다. 곧 페드로 멘데스는 살해 협박전화를 받기 시작했고, 몇 달 후 1991년 8월 6일 밤 인쇄소에서 귀가하던 길에 총에 맞아 사망했다. 다음 날 뉴욕의 어떤 영문 일간지도 콜롬비아 공동체에서 가장 존경받던 사업가 중 한 사람이 살해되었다는 내용을 싣지 않았다. 퀸스의 살인 전담 형사들은 잭슨 하이츠에서 일어나는 수많은 미제 살인사건에 질려 버린지라 그다지 주의를 기울이지 않았다. 이 살인사건은 현재도 미해결로 남아 있다.

6개월 후 더 중요한 두번째 살인사건이 일어났다. 1992년 3월 11일, 쿠바 태생 언론인이자 뉴욕에서 가장 오래된 스페인어 신문인 『엘 디아리오-라 프렌사』의 전 편집인인 마누엘 데 디오스 우나누에가 잭슨 하이츠의 한 식당에서 두건을 쓴 암살자의 총을 맞고 사망했다. 데 디오스는 당시 가십거리를 캐내는 잡지 두 개를 출판하고 있었는데, 미국에서의 메데인과 칼리 조직의 내부 활동과 계급을 드러내는 데 상당한 페이지를 할애했다. 조직도, 합법적인 퀸스 사업가로 활동하는 마약거래상들의 이름과 사진, 정부의 기소로 좌절된 마약거래 음모의 전말, 아직 기소되지 않은 갱들에 대한 가십에 이르기까지 많은 내용을 자세히 펴냄으로써, 데 디오스는 어떤 주류 영문 언론도 시도하지 않았던 일을 한 것이다. 경찰이 그 당시에 몰랐던 것은, 콜롬비아 공동체에서 마약거래상들의 영향력 증가에 지쳐 버린 퀸스의 몇몇 콜롬비아 이민 개척자들이 데 디오스에게 정보를 주고 있었다는 사실이었다.

멘데스와 데 디오스처럼 두드러지는 히스패닉 인사들의 죽음은 콜롬비아의 통제되지 않는 폭력이 미국으로 침투해 오고 있다는 신호였다. 몇몇 분노한 콜롬비아인들은 라티노 정치지도자들과 뉴욕 언론인들의 도움을 받아 경찰과 정부 기구들에 이 사건들을 해결하도록 압력을 넣었다. 몇몇 이민자들은 엄청난 위험을 감수하며 데 디오스를 기념하는 공식 행진에 참여했다. 이들 중 하나가 베아트리스 우리베의 아들인 윌리엄 아코스타였는데, 그는 콜롬비아 태생으로 뉴욕 경찰에 몸담은 최초의 인물들 중 하나였다. 아코스타는 미군 정보부에서도 일했고 경찰이 되기 전에는 미 세관에서 일했는데, 그는 뉴욕의 콜롬비아 마약거래상들 사이에 어떤 일이 일어나고 있는지 대다수 뉴욕 마약 단속국의 베테랑 요원들보다 훨씬 더 잘 알고 있었다. 그러나 많은 라티노 집행관과 마찬가지로 그의 정보나 심지어 그의 충성심은 종종 의심을 받았다. 그는 마누엘 데 디오스와 페드로 멘데스 살인사건을 해결하려고 노력했지만 몇 번이나 퇴짜를 맞았다. 뉴욕 경찰 안에서 10년간 좌절의 세월을 보낸 뒤, 아코스타는 1990년대 후반 퇴직해서 해당 부서를 차별로 고소했다.[27]

몇몇 라티노 형사가 주도한 공식적 압력과 완강한 수사를 통해 마침내 데 디오스 사건의 범인을 잡았다. 미 법원은 결국 콜롬비아 경찰의 손에 죽은 칼리 카르텔의 수장 호세 산타크루스 론도뇨의 명령에 따라 살인을 계획하고 실행한 여섯 명에게 유죄를 선고했다. 한편 멘데스 사건이 해결되지 않는 동안, 멘데스에 반대하는 캠페인을 벌였던 오르티스 알베아르는 나중에 칼리 카르텔을 위해 마약거래와 돈세탁을 했으며 다른 콜롬비아 이민자를 살해하고자 시도했다는 죄목으로 유죄 판결을 받고 각각의 죄목에 대해 장기 복역형을 선고받았다.

오르티스의 감옥행과 데 디오스 사건의 해결은 콜롬비아 이민사회에 대한 카르텔들의 목조르기에서 벗어나는 긴 여정이었다. 마약밀매는 끝나지 않았지만, 근면한 대다수를 향한 마약왕들의 협박과 테러는 급격히 줄어들었다. 그 시점부터 미국의 콜롬비아인들은 조금 편안히 숨을 쉬게 되었고, 콜롬비아 디아스포라도 넓은 라티노 이민 연대기 안에서 더 이상 일탈적인 상황이 되는 것을 그만두었다.

---

27) 저자가 1992년 3월, 5월, 12월, 1995년 11월, 1998년 2월에 행한 윌리엄 아코스타와의 인터뷰에서.

추수

제10장
후안 세긴의 귀환: 라티노와 미국 정치학의 재건설

> 밤낮으로 시도 때도 없이 내 동포들은 그런 모험가들의 습격과 강제 징수에 대해 보호해 달라고 내게 달려왔다. 때로는 설득을 통해 그들을 저지했고, 때로는 무력을 사용해야만 했다. 내가 어떻게 달리 행동할 수 있었겠는가? 어떻게 동포들을 무방비로 내버려 둘 수 있었겠는가? 멕시코 사람이라는 핑계를 대며 동물만도 못하게 대하는 외국인들의 폭행에 그대로 방치한 채 말이다.
> — 후안 세긴[1]

모든 미국인은 데이비 크로켓^{Davy Crockett}이라는 이름을 안다. 알라모를 방어하며 숨을 거둔 국경지역의 전설. 그러나 크로켓과 함께 싸우며 살아남은 후안 세긴은 사실상 아무도 모른다.

세긴의 조상은 미국 혁명 전 현재의 샌안토니오에 정착했다. 멕시코 대통령인 산타 안나에 맞선 부유한 지주이자 연방주의자였던 세긴은 알라모에서 벌어진 텍사스 반란에 참여한 소수 멕시코 사람들 중 한 명이었다. 그러나 그는 포위가 시작되기 전 샘 휴스턴에게 전언을 전달하기 위해 요새에서 급파되었기 때문에 대규모 학살을 피할 수 있었다. 세긴은 샌저신토 전투에서 휴스턴의 군대와 함께 싸움을 지속했고, 이후 텍사스 공화국의 상원의원으로 선출되었다. 1842년 새로운 앵글로 정착민들은 총부리를 겨눠 그를 의원직에서 물러나게 했고 그의 토지를 탈취했

---

1) *A Revolution Remembered: The Memoirs and Selected Correspondence of Juan N. Seguín,* ed. Jesús F. de la Teja (Austin: State House Press, 1991), p. 90.

다. 그 일로 인해 멕시코로 도피할 수밖에 없었기 때문에 세긴은 헨리 시스네로스Henry Cisneros가 140년 후 시장이 될 때까지 샌안토니오의 마지막 히스패닉 시장으로 남아 있게 되었다.[2]

세긴은 미국 라티노 정치에서 잊혀진 아버지다. 그의 인생과 이력이 새겨진 이야기는 워싱턴과 제퍼슨을 비롯한 건국의 아버지들이 백인 미국인에게 전수한 것, 혹은 냇 터너Nat Turner, 소저너 트루스Sojourner Truth, W. E. B. 듀보이스Du Bois가 흑인 미국인에게 상징하는 바와는 다소 상이한 정치적 유산을 멕시코계 미국인에게 남겼다. 어떻게 이 국가가 그 유산과 합의에 이를 것인가가 21세기 미국 정치의 많은 부분을 결정짓게 될 것이다.

이유는 간단하다. 히스패닉 미국인의 정치적 영향력이 아슬아슬한 속도로 성장하고 있다. 1976년에서 2008년 사이, 미국의 전체 유권자 등록이 63% 성장한 데 반해, 히스패닉 유권자 숫자는 460%, 즉 250만에서 1,100만 6,000명으로 증가했다.

1970~80년대 우후죽순처럼 일어난 민주적 혁명을 통해, 라티노들은 남서부 전역에서 학교위원회와 지방 정부의 대다수 자리를 차지하게 되었고, 남부, 북동부, 중서부에서도 유사한 격변을 체험하고 있다. 이는 과거 아프리카계 미국인들이 성취한 바를 떠올리게 한다. 이 세기의 첫 10년간 라티노 입후보자는 뉴멕시코 주지사, 세 명의 미국 상원의원, 로스앤젤레스, 샌안토니오, 하트퍼드, 코네티컷의 시장을 포함해, 국내 고

---

2) Ibid., pp. 1~70. 이 책의 편집자 데 라 테하는 세긴의 삶에 관한 훌륭한 요약본을 제공한다. 시스네로스의 선출과 관련해서는 다음을 참조. Thomas Weyr, *Hispanic U.S.A.: Breaking the Melting Pot* (New York: Harper & Row, 1988), p. 116.

위 선출직에 기록적으로 많이 당선되었다. 2009년 첫 히스패닉 미국 대법관인 소니아 소토마요르Sonia Sotomayor가 오바마 대통령에 의해 임명됨으로써 가장 큰 진보의 상징을 보여 주었다.

라티노 후보자들은 캘리포니아, 플로리다의 주지사직을 차지하게 될 것이고, 텍사스와 네바다의 상원의원직, 아마도 가장 확률이 높아 보이는 시카고, 뉴욕, 휴스턴 등 몇몇 대도시의 시장 자리에 서게 될 것이다.

이런 정치혁명은 백인이나 흑인 아메리카인들 사이에서 움트는 반히스패닉 감정에 의해 중지되지 않을 것이다. 또한 연방 정부가 멕시코 국경을 따라 장벽을 세우는 데 수십억 달러를 사용하고, 불법체류자들의 대규모 본국 송환을 위해 새로운 조치를 취한다 해도 주춤거리지 않을 것이다. 이는 1990년 인구조사 이후 새롭게 정리된 몇 개의 의회 구획을 '인종적 게리맨더링'으로 거부한 대법원의 결정에 의해서도 되돌려지지 않을 것이다. 설령 20세기 말 영어 전용 사용과 반이민법 운동을 대신하는 반히스패닉 흐름에 의해 흔들렸다고 할지라도, 오히려 완전한 정치적 평등을 지향한 라티노의 함성을 키우는 결과로 종결되었을 뿐이다.

새로운 몇 개의 요인은 이 평화로운 혁명의 유포에 불을 붙였다.

1. 시민권 획득 급증. 합법적인 히스패닉 이민자들은 이민자 전체를 겨냥해 사회적 서비스와 다른 합법적 보호의 제공을 거부하는 정부와 지방 차원의 계획에 위협을 느끼며, 지난 20년간 기록적인 수치로 시민권을 획득했다. 귀화를 서둘러 진행하도록 부채질한 가장 논쟁적인 조치들 중에는 1994년 캘리포니아의 주민발의안 187호와 1996년 이민과 테러 법령, 2006년 제안된 센선브레너Sensenbrenner 법안, 2010년 통과된 '거주신분 증명서류 제시'show me your papers라는 애리조나의 법과 같이 불

법 이민자를 체포하기 위해 지방 법률 집행을 강화하는 주정부와 지방 자치체의 법안들이 있다.

2. 인구 분포. 미국 나머지 인구에 비해 상당히 젊은 청장년층 연령대에 분포한 히스패닉은 미국 유권자의 비율을 매우 빠르게 증가시키고 있다. 이런 경향은 앞으로 유입될 전체 이민자 수의 변화와 상관없이 21세기 전반 내내 지속될 것이다.

3. 국가적 차원의 일관된 라티노 로비의 공고화. 역사적으로 이질적인 히스패닉 종족 그룹들은 라티노 대연합을 구축할 훌륭한 방식을 고안하고 완성시키기 시작했으며, 워싱턴 법안자들의 정책에 영향을 미치게 되었다.

4. 사회적 지향성이 강한 히스패닉 중간계급의 등장. 1980년대에 아마도 쿠바계 미국인만 예외로 한다면, 여전히 자신들의 뿌리와 미래를 블루칼라 라티노와 동일시하는 라티노 전문직, 사업가 계층이 많이 등장했다. 백인 비평가들은 라티노 전문직들을 차별철폐운동affirmative action에서 나온 열등한 산물로 낙인찍으면서 수년간 사회적으로 소외시켰다. 그러나 이들 전문직들은 지난 수십 년간 부와 기술을 축적했고, 이제 중간계급으로 싹틀 만큼 성장해 정부와 사회 내의 다른 기관들에서 라티노 인구에 대한 신뢰성을 입증하고 있다.

5. 라티노 제3의 힘의 성장. 라티노 지도자들과 유권자들은 민주당과 공화당 양당에서 당연히 챙기는 득표수가 되길 거부함으로써, 흑백의 인종 분리라는 결점투성이 프리즘을 통해 이 국가의 모든 정치를 바라보는 사람들에게, 정치적 판도에서 점차 예상할 수 없는 '스윙 요인'이 되었다.

60년 전, 미국에서 유권자로 등록한 라티노는 수천 명 단위로 집계될 수 있었는데, 지금은 거의 1,200만에 이른다. 60년 전, 어느 대통령 후

보도 히스패닉과 관련된 사안에 관해 굳이 걱정할 필요가 없었다. 오늘날 주요 양 정당은 라티노 유권자를 파악하고 환심을 사며 영향을 미칠 정교한 정책에 대해 재정 지원을 아끼지 않고 있다.

혁명은 하룻밤 사이에 일어나지 않았다. 제2차 세계대전 종결 이후 싹트기 시작했고, 이 시기 동안 몇 단계를 통과하였다. 이런 단계들이 전개된 방식은 지금까지 정치적 논객들의 눈을 대부분 피해 갔다. 왜냐하면 미국에서 라티노 정치학에 대한 체계적인 연구가 없었기 때문이다.

이 장에서, 필자는 각 단계별 현대 라티노 정치운동을 규명하고 분석할 것이다. 매 단계를 규정하는 사람, 조직, 생각, 방식과, 각 세대가 한 단계에서 다음 단계로 전진하면서 체득한 중요한 교훈에 대해 다룰 것이다. 가능하면 필자의 노력이 좀더 포괄적인 연구를 생산하는 촉매가 되길 희망해 본다. 발전의 시기가 각 라티노 그룹에게 정확히 맞아 떨어지지 않지만 그들 사이의 유사성이 차이점을 훨씬 능가해 놀랄 정도다. 나는 지난 60년간의 시간을 5단계의 주요 시기로 나누었다.

- 통합의 시기: 1950~1964년
- 급진적 민족주의의 시기: 1965~1974년
- 투표권 시기: 1975~1984년
- 무지개 시기: 1985~1994년
- 제3의 힘의 시기: 1995년~현재

통합의 시기: 1950~1964년

이 세기에 라티노 정치학에 가장 결정적 영향을 미친 사건은 제2차 세계대전이다. 세계대전과 몇 년 후 발발한 한국전쟁에 참전한 수천 명의 멕시코계 미국인과 푸에르토리코인은 미국인이라는 그들의 권리에 대해 새롭게 당당히 자각하고 전장에서 귀환했다. 이 퇴역 군인들은 특히 남서부에서 수세대에 걸쳐 통례가 된 노골적인 반히스패닉 인종차별을 거부했다. 예를 들어, 1949년 텍사스 주의 스리 리버스 시에 있는 한 장례식장에서 퇴역 군인인 펠릭스 롱고리아의 매장을 거부했을 때, 엑토르 가르시아 박사, 구스 가르시아 변호사와 같은 시민 지도자와 퇴역 군인들은 시민 권리와 퇴역 군인 지지 단체인 미군 포럼American G. I. Forum을 설립했고, 이 단체는 이후 멕시코계 미국인들 사이에서 폭넓은 지지를 얻었다.[3] 브라운스빌 시 의회로부터 명예 메달을 받은 호세 멘도사 하사관[4]에 대한 논쟁과 상당히 유사한 롱고리아 사건은 전국적으로 멕시코계 미국인의 분노를 샀다.

퇴역 군인들은 이 포럼이나 좀더 오래된 '라틴아메리카 출신 시민연합 연맹'League of United Latin American Citizens과 같은 단체에 참여했을 뿐 아니라, 정치로 눈을 돌려서 멕시코인을 투표 창구에서 배제해 온 역사적 차별에 저항하기 시작했다. 민주당의 백인 엘리트들은 텍사스 흑인, 멕시코계 미국인, 가난한 백인들 사이에서 포퓰리스트 운동의 성장을 막을 목적으로, 20세기 초 텍사스 입법부를 통해 악명 높은 텍사스 투표세와 후보자 지명권ballot access을 제한하기 위한 여러 조치, 즉 선거 전 몇 달 간

---

3) Juan Gómez-Quiñones, *Chicano Politics: Reality & Promise, 1940-1990* (Albuquerque: University of New Mexico Press, 1990), p. 60.
4) 호세 멘도사는 벌지 전투(Battle of Bulge)에서 백여 명 이상의 독일군을 사상시킨 공로로 메달을 받았는데, 그의 고향마을인 리오그란데 밸리에 있는 백인이 경영하는 한 식당에서 멕시코인이라는 이유로 출입을 거부당했다. —옮긴이

모든 백인의 예비선거와 연간 유권자 등록과 같은 조치를 가까스로 통과시켰다. 예를 들어, 1896년 인민당People's Party 전성기의 텍사스 주지사 선거후보는 투표 가능 연령층의 88%라는 경이로운 투표율과 더불어 44%의 득표를 획득했다. 그러나 투표세가 법률로 확정되고 난 후, 텍사스 선거에서 투표인 수는 3분의 2로 격감했고 20세기 전반기 동안 40% 이상을 넘지 못했다. 가난한 백인, 흑인, 멕시코계 미국인들은 남부에서 심지어 평균 주급의 30%에 육박하는 세금을 도저히 감당할 수가 없었던 것이다.[5] 이 세금은 1966년 연방 판사가 헌법위반이라고 규정한 시점까지 유효했다. 세금 폐지로 인해 마침내 흑인과 멕시코계 미국인이 대규모로 투표인단 명부에 등록할 수 있었다.

제2차 세계대전 이전 뉴멕시코 주만이 멕시코계 미국인이 연방 선출직을 유지하는 전통을 고수할 수 있었다. 예를 들어, 데니스 차베스 Dennis Chavez는 1935년부터 1962년까지 미국 하원의원직을 수행했다. 그러나 미국의 다른 지역에서 공직에 종사하는 히스패닉은 드물었다. 푸에르토리코인 오스카 가르시아 리베라Oscar García Rivera는 뉴욕 시의 유일한 경우로서 1937년에 뉴욕 주정부 의회직에 선출되었다. 전쟁 이후, 히스패닉 정치권력의 중심지로서 로스앤젤레스와 샌안토니오에 거대한 바리오barrio들이 등장했다. 샌안토니오의 퇴역 군인이자 전직 청소년 보호관찰 사무관이었던 헨리 B. 곤살레스는 '범미국진보협회'Pan American Progressive Association를 통해 서부지역의 테하노들tejanos을 조직하기 시작

<hr>

5) 1990년대 남부 공장의 평균 임금은 주당 10달러였다. 도시와 주의 인두세는 때로는 2.75달러였다. 참조 Chandler Davidson, *Race and Class in Texas Politics* (Princeton: Princeton University Press, 1990), pp. 18~23.

했고, 한편 로스앤젤레스의 퇴역 군인인 사회복지사 에드워드 로이발은 메히카노들mexicanos을 모아 유권자 등록과 투표에 참여하도록 독려했다. 로이발은 1949년에, 곤살레스는 1953년에 각자 도시의 시의회 의원으로 당선되었는데, 19세기 중반 이래 첫 라티노 시의회 의원이었다.

존 F. 케네디가 1960년 민주당 대선 후보로 임명된 것은 통합시기의 분수령이 되는 순간이었다. 그때까지 멕시코계 미국인들은 지방 선거에서는 진보적 후보를 지지했지만 총선에서는 눈에 띄는 영향력을 행사하지 못했다. 예를 들어, 이들은 텍사스에서 포퓰리스트 민주당 상원의원인 랠프 야보로와 린든 B. 존슨을 한결같이 지지했다. 그런데 로이발과 곤살레스, 다른 제2차 세계대전 퇴역 군인들이 드디어 카리스마 있는 진보 가톨릭 신자인 케네디의 선거운동을 통해 강성해져 가는 라티노들의 정치 영향력을 드러낼 기회를 가진 것이다. 그들은 '케네디 만세'Viva Kennedy 클럽을 남서부 지역에서 결성해 리처드 닉슨 부통령에 대항하는 젊은 매사추세츠 상원의원에게 지지를 보냈다.

백중세의 선거전에서 케네디는 텍사스에서 20만 멕시코계 미국인 투표의 91%를 휩쓸었고, 이로써 이 주에서 승리를 거두었다. 또한 인접한 뉴멕시코 주에서 소수 백인 표를 얻은 반면, 멕시코계 표의 70%를 획득함으로써 매우 근소한 차이로 이길 수 있었다. 전국적으로 케네디는 멕시코계 미국인 표의 85%를 얻었다. 그 결과 다음 해 특별 선거에서 국회의원에 성공적으로 당선된 곤살레스는 케네디의 지지를 얻었다. 또한 1962년 로이발은 비슷한 지지를 보낸 케네디 덕분에 단지 9%만이 멕시코계인 구역에서 국회의원직을 따낼 수 있었다. 민주당의 우세 속에서 린든 존슨은 1964년 배리 골드워터를 제치고 승리를 거두었고, 엘리히오 '키카' 데 라 가르사는 두번째 텍사스 주 의원직을 획득했으며, 뉴멕시코 주 의원인 조지프 몬토야는 미국 상원직을 거머쥐었다.

1960년대에 거둔 몇몇 승리는 현대 히스패닉 정치운동에 문을 열어주었다. 데 라 가르사가 선출되었을 때, 3,300개 선출직 중 오직 31자리만, 1만 1,800개 임명직 중 5자리만 테하노들이 차지하고 있었다. 30년이 겨우 지난 1994년에는 텍사스 히스패닉 공직자의 수가 2,215명으로 급증하게 된다.[6] 오늘날까지도 남서부의 멕시코계 미국인 집에 가면 존 케네디의 색바랜 사진이 과달루페 성모 사진 옆에 걸려 있는 것을 분명히 볼 수 있다. 이것은 미국 내에서 라티노들의 걱정거리를 고심한 첫 미국 대통령이었던 케네디의 역할에 대한 증거가 될 것이다.

그러나 이런 초기 정치적 성과는 주로 멕시코계 미국인에 한정되었다. 1950년 후반까지 약 백만 명의 푸에르토리코인이 미국에 거주했지만, 그들은 뉴욕 시에 모여 살았고 새로운 거주지의 정치적 사건보다는 푸에르토리코의 일에 더욱 관심이 많았다. 예를 들어, 1936년 8월, 만 명 이상의 사람이 이스트 할렘의 급진적 하원의원인 비토 마르칸토니오가 조직한 푸에르토리코 독립 행진에 참여했다. 1950년대 내내 뉴욕 시의 바리오에서는 푸에르토리코의 지위에 대한 논쟁이 지배적이었다.[7] 마르칸토니오의 추방 이후, 뉴욕에서 선출직을 얻은 소수 푸에르토리코인들은 태머니 홀Tammany Hall이라는 강경한 정치기구에 포섭되었다. 어느 누구도 멕시코계 미국인인 곤살레스와 로이발만큼 미국 땅의 다른 끝자락에서 보여 주었던 선구자적 열정을 지니지 않았다. 이 정치기구 후보들

---

6) Gómez-Quiñones, *Chicano Politics*, pp. 53~60, 73. National Association of Latino Elected Officials, *1996 Election Handbook*, p. 20.

7) James Jennings and Monte Rivera, *Puerto Rican Politics in Urban America* (Westport, Conn.: Greenwood Press, 1984), pp. 31~32.

중 펠리페 토레스는 1954년 브롱크스 출신으로 주의회 의원직을 차지했고, J. 로페스 라모스는 1958년 이스트 할렘에서 의원이 되었다.[8] 도시의 첫 광역 푸에르토리코 시민연합인 '푸에르토리코 포럼', '푸에르토리코 가족 연구소', '지역사회 현안을 위한 푸에르토리코인 연합'은 이 시기에 설립되었다. 푸에르토리코 유권자에 대한 이 기구의 영향력 행사는 1965년까지 지속되었는데, 그 해 에르만 바디요가 민주당의 개혁파 후보자로서 브롱크스 보로의 회장직에 당선되어 뉴욕의 주요 직책을 맡은 첫 푸에르토리코인이 되었다. 그러나 바디요의 승리는 투표권을 행사한 소수 푸에르토리코인들보다는 주로 진보적 유대인과 흑인 유권자들의 덕택이었다.

1960년대, 존슨 행정부는 시민권 운동의 증가와 반정부적 흑인들이 일으킨 폭동의 압박으로 인해 일련의 획기적인 예산안을 의회에 밀어붙였다. 1964년 시민 권리 법안, 1965년 투표권 법안, 1968년 주택 공정 법안은 흑인과 히스패닉에 대한 법적인 차별 근거를 무너뜨렸다. 일부 보수주의자들은 이러한 법률, 특히 투표권 법안에 히스패닉을 포함시키는 것에 반대했고, 오늘날까지도 지속적으로 반대하고 있는 실정이다. 예를 들어, 린다 차베스는 『바리오로부터』*Out of the Barrio*라는 책에서 "히스패닉은 흑인들이 경험한 기본적 투표권에 대한 거부를 동일하게 겪어 본 적이 없다"[9]라고 밝히고 있다. 이 주장은 어쨌거나 후안 세긴의 시대 이후 멕시코인들이 카스트 제도의 현실적 걸림돌 때문에 정치적 표현을 할

---

8) Sherrie Baver, "Puerto Rican Politics in New York City: The Post-World War II Period", Jennings and Rivera, *Puerto Rican Politics in Urban America*, p. 44.

9) Linda Chavez, *Out of the Barrio: Toward a New Politics of Hispanic Assimilation* (New York: Basic Books, 1991), p. 40.

수 없었던 사실을 무시하고 있다.

차베스는 그 카스트 제도를 마침내 무너뜨린 연방의회의 주요 결정조차 무시한다. 1954년 '브라운 대 교육위원회Brown v. Board of Education 사건' 판결 2주 전에 대법원은 멕시코계 미국인에게 영향을 미치는 중대한 소송 하나를 판결했다. '피터 에르난데스 대 텍사스 주Peter Hernandez v. Texas 판례'에서 대법원은 멕시코인이 차별로부터 보호를 요청할 수 있는 '구별된 계층'이라고 판결했다. 대법원은 멕시코 인구가 전체의 14%를 차지하는 텍사스의 잭슨 카운티에서 지난 25년간 소환된 6,000명의 배심원 중 멕시코 사람이 단 한 명도 없었다는 것을 알아냈다. 수석재판관인 얼 워런은 이것을 '단순한 우연'이라고 치부하는 일은 "우리가 워낙 쉽게 믿는다고 해도 믿기 어려운 일"이라고 대법원 중론을 대신했다. 대법원은 오히려 이 카운티의 정치제도가 멕시코인들을 백인이나 흑인과는 다른 계층으로서 차별하고 있다는 광범위한 증거를 수집했다.

워런의 지적에 의하면, 마을의 한 레스토랑에는 '멕시코인은 받지 않음'이라는 푯말이 붙어 있었다. 남자 화장실 한 칸에 '유색 인종 화장실'이라는 표지를 사용한 지방법원의 화장실은 인종차별적이었다. 또한 "아주 최근까지 멕시코 후손의 아이들은 4학년까지 분리된 학교에 다녀야했다."

그래서 대법원은 이 카운티에서 멕시코 사람들을 배심원단에서 제도적으로 제외한 사실을 들어 원고인 피터 에르난데스의 살인죄 선고를 뒤집었다. 이렇게 하면서 대법원 다수는 "제14조 개정안은 백인과 흑인 사이의 차이에 근거한 '두 계층 이론'으로 인해 생긴 차별만을 겨냥한 것이 아니다"[10]라고 지적했다. 3년 후 '에르난데스 외 사람들 대 드리스콜의 독립적 학교 통합 제도Hernandez et al. v. Driscol Consolidated Independent

School System 판례'에서 연방지방법원은 멕시코인을 위한 분리 학교를 위법으로 결정했다. 법원에 의하면 분리 학교는 앵글로 정착민들이 처음 도착한 이래 텍사스가 겪어 온 현실이었다.[11]

케네디-존슨 시대 동안 새로운 법과 연방법원의 결정으로 인해 법적 차별이 폐지됨으로써 라티노들은 정치 참여에 박차를 가했다. 그렇지만, 멕시코 카스트 제도와 짐 크로 차별로부터 축적되어 온 경제적·사회적 불평등은 그다지 해소되지 못했다. 한편, 텔레비전이라는 매체가 강력하게 영향력을 발휘함으로써, 할렘의 허름한 다세대주택이나 이민 노동자들의 판잣집의 이야기든, 혹은 불 코너[12]의 개 혹은 와츠Watts의 폭동이든 간에, 갑자기 사회적 불평등을 눈앞에 확연히 드러나게 되었다. 1965년 와츠 폭동은 성장하던 통합의 시기가 사실상 막을 내렸음을 표시했다. 미국의 모든 사람들과 더불어 히스패닉은 새로운 심리적, 정치적 시대인 저항과 사회 양극화의 시기로 들어갔다.

극단적 민족주의 시대 : 1965~1974년

와츠는 20세기 동안 미국에서 가장 큰 시민 소요의 시기를 촉발시켰다. 수년간 폭동은 도시 내부에서 연중 사건이 되었고, 그럴수록 많은 백인

---

10) *Rodriguez v. Texas*, May 3, 1954, 347 U.S. 475.

11) Gómez-Quiñones, *Chicano Politics*, p. 87. 또는 Manuel Del Valle, "Developing a Language-Based National Origin Discrimination Modality", *Journal of Hispanic Policy*, John F. Kennedy School of Government, Harvard University, vol. 4, p. 75 n. 22.

12) 불 코너(Bull Connor, 1897~1973). 앨라배마 주 버밍햄의 경찰청장으로 시민운동을 탄압하고 인종분리 정책을 주장한 사람. 흑인 시위대를 향해 자기 개들을 풀어 공격하게 한 일화가 있다.—옮긴이

미국인은 흑인과 히스패닉의 항의를 국가 안정의 위협으로 간주하기 시작했다. 동시에 아프리카계 미국인과 라티노 젊은이들은 그들의 부모들이 정치제도 속으로 편입되기 위해 펼쳤던 노력이 실패했다고 결론지었다. 오직 대규모 항의, 업무 방해 보이콧, 파업, 심지어 폭동을 통해서만, 새로운 세대는 질적(일부는 혁명적이라고 부른) 변화를 달성할 수 있다고 결론지었다.

몇 년 내에 일군의 새로운 조직이 생겨나 룰락LULAC, 지아이 포럼GI Forum, 푸에르토리코 포럼과 같은 보다 안정된 그룹들과 경쟁했다. 자신만만한 새 그룹——브라운 베레모당Brown Berets, 라사 우니다당La Raza Unida, 동맹Alianza, 농장노동자 조합United Farm Workers, 영로드당Young Lords, 로스 시에테 데 라 라사Los Siete de La Raza, 정의를 위한 십자군Crusade for Justice, 친독립운동당Movimiento Pro Independencia, 메차MECHA, 8월 29일 운동August Twenty-ninth Movement——은 안정된 시민단체들보다 예외없이 훨씬 극단적이었고, 회원들은 한층 젊은 층이었으며, 통상적으로 더 낮은 계층 출신이었다. 그들은 오래된 조직들이 현상 유지에만 너무 급급하고, 앵글로 사회에 합리적이고 모범적으로 비치는 데 지나치게 얽매여 있다고 파악했다.

극단적 그룹들은 모든 도시의 바리오와 남서부 농장공동체에서 조직적 연계를 갖추지 않은 채 거의 하룻밤 사이에 생겨났다. 이들은 모두 국내 흑인세력과 베트남전 반대 운동, 제3세계의 반식민지 혁명, 특히 쿠바 혁명에서 영감을 받았다. 미국의 변화를 두고 사회주의적이면서 유토피아적인 비전을 어렴풋이 갖추고는, 라티노의 역사적 위치에 대해 재해석할 것을 요구했다. 이들은 푸에르토리코인과 멕시코인 모두 미국의 확장기에 영토합병을 통해 강제로 종속된 정복당한 민족의 후손들이라고 주장했다. 저항자들은 이런 합병으로 인해 푸에르토리코인과 멕시코인이 스코틀랜드, 독일, 아일랜드, 이탈리아계 이민자들보다는 원주민이나 아프리카계 미국인에 비견될 만하다고 주장했다.

이 시기는 또한 라티노 공동체 자체가 종족적으로 보다 다양해지던 때였다. 도미니카공화국과 쿠바의 망명자들은 뉴욕과 플로리다에 60년대 후반 대규모로 도착했고, 그 후 수십 년간 콜롬비아, 엘살바도르, 과테말라, 니카라과 사람들이 이주했다. 그러는 동안, 멕시코 이민자들은 합법적이든 불법적이든 푸에르토리코인들과 마찬가지로 남서부와 북동부에 본래의 밀집거주지를 벗어나 여러 도시로 흩어졌다.

멕시코계 미국인과 푸에르토리코인들은 좌파 성향의 민족주의적 그룹을 조직했고, 반면 쿠바인들은 대부분 우파 지향성의 배타적 그룹을 조직했다. 쿠바인들에게 1961년 피그스만 침공의 실패는 결정적인 사건이 되었다. 많은 이들이 이 실패에 대해 케네디 행정부의 지원 부족을 탓했다. 이런 분노는 쿠바인 지도자들이 공화당을 선택하게 만드는 결과를 낳았다.

그 후 이십 년 동안 쿠바 이민자들의 최우선적 목표는 카스트로와 공산주의에서 해방된 고향으로 돌아가는 것이었다. 이런 집착으로 인해 그들은 어떤 전통적인 이민자 공동체보다 망명자 그룹이라는 성격을 강하게 고수했다.[13] 그들이 조직한 그룹들은 이와 같은 걱정을 반영했다. 오메가 7Omega 7, 알파 66Alpha 66, 코만도 세로Comando Zero, 악시

---

13) John F. Stack and Christopher L. Warren, "Ethnicity and the Politics of Symbolism in Miami's Cuban Community", *Cuban Studies* 20 (Pittsburgh: University of Pittsburgh Press, 1990), p. 13.

온 쿠바나^{Acción Cubana}라는 단체들과, 블로케 레볼루시오나리오^{Bloque} Revolucionario라고 불리는 거대한 연합을 조직하기도 했다. 망명자 공동체 내에서 배신자로 간주된 사람들, 혹은 더 넓게 사회 내에서 공산주의자로 의심받는 사람들에게 위협, 폭탄 테러, 암살이 뒤따랐고, 이는 망명자 공동체가 거의 만장일치에 가까운 공적인 입장을 표명하도록 거대한 영향력을 행사했다.[14]

쿠바인들이 지역 정치에서 그들의 존재를 드러내는 데는 그리 긴 시간이 걸리지 않았다. 의회가 1966년 통과시킨 공법 89-732조항 덕택에 쿠바인은 미국 비자를 얻는 게 용이해졌고, 시민권을 받는 데 통상적으로 필요한 5년을 기다릴 필요가 없었다. 곧이어 쿠바인의 귀화가 순식간에 늘어났고, 이와 더불어 쿠바인의 투표권이 폭발적으로 증가했다.[15] 이민이 시작된 지 겨우 십 년이 지난 1970년 초반, 쿠바계 미국인은 마이애미 교육위원회, 마이애미와 하이얼리아 시정부, 데이드 카운티의 재판 제도 내에 그들의 첫 공석公席을 마련하게 되었다. 반면, 도미니카공화국인들은 그들의 첫 시의원직을 얻기까지 25년 이상을 더 기다려야 했고,

---

14) 실례로는, 1975년 루시아노 니에베스(Luciano Nieves)와 롤란도 마스페레르(Rolando Masferrer), 1976년 라몬 도네스테베스(Ramon Donesteves)의 마이애미 암살과, 1979년 뉴저지 주, 유니언 시티에서 카를로스 무니스 발레라(Carlos Muñiz Varela)와 에우랄리오 네그린(Eulalio Negrín)이 벌인 살인을 들 수 있다. 쿠바와의 자세한 관계에 대해서 다음 참조. Max Azicri, "The Politics of Exile: Trends and Dynamics of Political Change Among Cuban-Americans", *Cuban Studies* 11 (Pittsburgh: University of Pittsburgh Press, 1981 and 1982), pp. 62~66.

15) 1961년에서 1965년까지, 평균 2,400명의 쿠바인이 매해 미국 시민이 되었다. 그러나 새로운 법률 이후 이 숫자가 점진적으로 상승했다. 1970년에만 2만 888명이 시민이 되었다. Silvia Pedraza Bailey, "Cubans and Mexicans in the United States: The Functions of Political and Economic Migration", *Cuban Studies* 11 (Pittsburgh: University of Pittsburgh Press, 1981), p. 89 참조.

2008년까지 콜롬비아인은 단 하나의 공직에도 선출되지 못했다.

히스패닉 인구는 빠르게 성장했지만 1970년대 중반까지도 남서부의 멕시코계 미국인, 뉴욕의 푸에르토리코인, 남플로리다의 쿠바인만이 앵글로 정치인의 주목을 끌 만한 충분한 규모의 유권자를 갖추었을 뿐이다. 그래서 이 세 그룹의 지도자들은 좋든 싫든 간에 새로운 라티노 이민자들을 위해 정치적 변호인과 대변인들을 사회화시켜야 하는 역할을 맡았다. 이 세 그룹은 이 나라의 서로 다른 지역에 집중적으로 분포해 있었기 때문에 국가 정책에 영향을 미치는 순간이 오면 각 지도자들을 긴장시킬 만한 경쟁 상황이 생겨났다. 그래서 각 그룹의 대변자들은 그들의 특수한 이익이나 권력이 '히스패닉'이나 '라티노'라는 더 광범위한 현수막 아래에서 희생될까 봐 두려워했다.

시민권 운동과 베트남전 반대 운동이 심화되어 감에 따라 라티노 근본주의자들 사이에서도 분화가 생겨나기 시작했다. 영로드당, 로스 시에테 데 라 라사, 8월 29일 운동, 브라운 베레모당은 전통적인 선거과정에 참여하길 거부하고 대신 라티노 공동체 밖의 혁명적 단체들, 즉 블랙팬더당Black Panther Party과 민주 사회를 위한 학생Students for a Democratic Society 등 다른 신좌파 조직들과 연합하고자 노력했다.

결국, 이런 연합은 깨졌고, 소수의 비주류 마르크스주의 분파들로 발전했다. 푸에르토리코인의 경우에 이런 분파들에 테러리스트의 폭탄 투척을 일삼는 일부 비밀 도시 조직들, 즉 FALNFuerzas Armadas de Liberación Nacional(푸에르토리코 민족해방군), 로스 마체테로스Los Macheteros 등이 포함되었다. 쿠바 공동체에서 가장 극단적인 반카스트로 행동가들은 미국과 라틴아메리카에서 종종 CIA의 지원을 받는 비非쿠바, 반공산주의 운동들과 연계해서 움직이기 시작했다.[16] 좌파든 우파든 이런 극단적인 분파들은 점점 더 서로 분리되었을 뿐 아니라 라티노가 겪는 일상적 현실과도 괴리되었다. 이들 모두는 라티노가 미국에서 겪는 불평등과 완고한 인종주의에도 불구하고, 가장 빈곤한 사람들의 여건조차도 그들이 떠나온 라틴아메리카의 국가들보다 본질적으로 더 살 만하다는 사실을 이해하지 못했다. 이 현실은 오늘날까지 미국에서 마르크스주의 운동이 추종자들의 사소한 모임으로 축소되는 운명을 지니도록 만들었다.

두번째 경향은 로돌포 '코르키' 곤살레스가 이끄는 콜로라도의 '정의를 위한 십자군', 레예스 티헤리나의 '도시동맹', 콜로라도와 텍사스의 '라사 우니다당'에 의해 대표된다. 비록 그들의 수사학은 마르크스주의자들의 호전적 민족주의를 내비쳤지만, 이들 단체는 미국의 선거제도 안에서 활동하는 것을 선택했다. 그러나 그들은 민주당과 공화당을 파산한 정당으로 간주하며 거부했고, 대신 치카노 독립 조직을 건설함으로써 아스틀란Aztlán이라 불린 지역 내에서 선출직을 당선시키려고 노력하였다. 아스틀란은 과달루페-이달고 조약에 의해 양도된 옛 영토를 포함한 아스테카의 원래 고향을 말한다. 우리가 살펴보았듯이, 그들이 조직한 라사 우니다당은 남텍사스의 일부 소도시에서는 인상적인 활동을 보여 줬지만 멕시코인을 민주당과 결별시킬 만큼 광범위하게 영향력을 행사하지는 못했다.

---

16) 비쿠바 관련 사안에 있어 쿠바 지하조직원들이 취한 많은 활동 중 가장 잘 알려진 것들은, 1973년 하워드 헌트의 '배관공' 그룹에 있던 세 명의 전직 CIA 쿠바인 요원을 포함한 워터게이트 침입 사건과 같은 해 워싱턴 칠레 대사관의 오를란도 레텔리에르(Orlando Letelier)의 폭탄 살해 사건이다. 여기서 쿠바 민족주의 운동에 속한 두 명의 조직원이 처음에 유죄를 선고받았지만 재심에서 무죄를 선고받았다. Azicri, "The Politics of Exile", pp. 62~66; Peter Dale Scott and Jonathan Marshall, *Cocaine Politics: Drugs, Armies, and the CIA in Central America* (Berkeley: University of California Press, 1991), pp. 23~50 참조.

세번째 경향은 세사르 차베스의 농장노동자조합 조직위원회, 라사 국가위원회National Council of La Raza, 힐베르토 헤레나 발렌틴 같은 푸에르토리코 시민 지도자에 의해 대변된다. 이 경향의 주역들은 멕시코인과 푸에르토리코인들이 미국 시민으로서 가질 기본권, 즉 조합 결성권, 투표권, 학교·공공주택·상하수도와 같은 기본적 정부 서비스에 대한 권리를 획득하는 데 집중했다. 이 경향의 가장 두드러진 대표자인 차베스는 결국 이 나라에서 가장 존경받는 히스패닉 지도자가 되었다.

NCLR(라사 국가위원회)의 성과로부터 두 개의 핵심적 조직이 생겨났다. 1967년 피트 티헤리나와 그레고리 루나가 조직한 멕시코계 미국인 법률 변호와 교육 기금Mexican American Legal Defense and Education Fund, 샌안토니오에서 윌리 벨라스케스가 건립한 남서부 유권자 등록과 교육 프로젝트Southwest Voter Registration and Education Project가 그것이다. NCLR이 워싱턴에서 히스패닉 관련 문제들을 로비하는 주요 단체가 된 반면, MALDEF와 SVREP는 남서부에 집중하면서 풀뿌리 수준에 있는 멕시코계 미국인들이 히스패닉 정치발전의 제3기로 나아가도록 법률적이고 조직적인 방책들을 제공했다.

한편 몇몇 북동부 도시에서 푸에르토리코인들이 유사한 시민권리 단체를 새롭게 창설했다. 오랜 기간 노동지도자로 활동한 힐베르토 헤레나 발렌틴은 섬 고향 마을의 다양한 사회 클럽과 연계해서 시정부에 더 나은 서비스를 요구하는 느슨한 연합을 결성했다. 교육가인 안토니아 판토하는 차세대 리더를 교육시킬 청년조직 아스피라Aspira를 세웠다. 존 올리베로, 세사르 페랄레스, 루이스 알바레스는 푸에르토리코 법률 변호와 교육 기금Puerto Rican Legal Defense and Education Fund을 세웠다. 푸에르토리코인이 멕시코인에 비해 뒤처진 부분은 선거 정치에 본격적으로 관여하지 못한 일이다. 1969년 의회에 당선된 첫 푸에르토리코인인 에르만 바디요는 대표적 예외라 하겠다.

투표권 시기 : 1975~1984년

1975년 이후, 혁명적 조직과 민족주의적 독립 정치학에 관여하는 라티노가 감소했다. 대부분의 지도자들은 통합적이고 개혁적인 목표로 회귀했고, 이 단계를 필자는 투표권 시기라고 이름붙였다. 또다시 이 운동은 주요한 목표로 정치적 평등을 내세웠고, 비로소 1960년대 근본주의에 의해 일깨워진 문화적, 종족적 자부심이 여기에 반영되었다. 인정하건대 호전성은 줄어들었다. 왜냐하면 미국이 변화했기 때문이다. 연방정부가 시민권, 페미니스트 운동, 베트남전 시기 동안 평화운동에 내어준 개혁이 도리어 뉴라이트의 반발을 낳았다. 이 반발은 1964년 배리 골드워터와 함께 시작됐고, 1968년 조지 월러스의 대통령 유세에서 힘을 모았다. 그리고 신교 근본주의 당파의 지지를 통해 전국적인 보수 포퓰리스트 운동으로 유포되었다.

한편 경제적 측면에서는, 미국의 회사들은 싼 노동력을 찾아서 제3세계에 일자리를 재배치하기 시작했다. 실업률 증가와 생활수준의 하락에 직면한 백인계 노동자들은 비난의 화살을 돌릴 누군가를 찾았고, 아프리카계 미국인과 히스패닉이 만만한 희생양이 되었다. 소수자 공동체 지도자들이 제기하는 사안들, 즉 평등한 주택 기회, 반反차별을 위한 스쿨버스 이용 통학, 차별 철폐 조처, 동등한 정치 표현, 이중 언어교육은 모두 미국 사회에서 기존 가치를 전복하고 공정 원칙을 배반한다고 비난받았다. 미국은 보수적 시기로 들어갔고, 수백만의 백인들은 미국의 전통을 부활시킬 것을 요구했지만, 그런 전통의 일부가 어떻게 다른 사람들을 종속시킴으로써 존재해 왔는지 생각해 보려는 사람은 드물었다.

이런 새로운 환경에서 전후 라티노 지도자 2세대들은 정치권력을 타도할 생각은 꿈조차 꾸지 않았고, 그 대신 비례적 권력 지분을 얻고자 노력했다. 그러나 그들의 생각은 이전 통합 시기의 단순한 반복이 아니었다. 왜냐하면 각 세대는 그들의 선조로부터 학습한 교훈을 간직하기 때문이다. 몇 가지 새로운 요소들이 투표권 시기를 구별 짓는다. 첫째, 라티노 지도자들은 유례없이 많은 사례의 연방 시민 권리 소송을 제기했다. 두번째, 그들은 처음으로 종족적·인종적 선을 넘어선 민족 연합을 결성했다. 세번째, 그들은 유권자 등록과 선거운동을 60년대 방식의 집단 항의와 연결시킴으로써 중간계층의 전문가들은 물론, 가난한 라티노 공동체에 자신들의 운동을 확산시켰다.

법률적 측면을 보면, '남서부 유권자 등록과 교육 프로젝트', '멕시코계 미국인 법률 변호와 교육 기금', 그리고 몇 년 후에는 '중서부 유권자 등록과 교육 프로젝트'가 많은 지방자치체에서 관행적인 광역선거구 제도에 관해 제기한 수많은 투표권 소송에서 승리를 거두었다. 이런 제도는 멕시코계 미국인들이 수십 년간 관직에 오르는 것을 효과적으로 막아 왔다. 라티노들은 역사적으로 바리오에 격리되어 거주했기 때문에 광역 선거구보다는 지리적으로 밀집된 구역에서 후보를 선출하는 방식이 그들의 대표성을 가장 잘 표출할 수 있었다.

텍사스 남부의 멕시코계 미국인 마을과 카운티에서 SVREP에 의해 시작된 대규모 유권자 등록 추진과 더불어, 이런 법정 승리는 이 주의 정치에서 사실상 혁명을 만들어 냈다. 이는 1982년 샌안토니오 시장에 헨리 시스네로스가 당선됨으로써 가장 잘 드러났다.[17)]

미국의 다른 한편에서, 푸에르토리코인들은 시민 권리와 변호 단체를 세우기 위한 노력을 새롭게 다지고 있었다. 그때 이미 그들의 거주지로 불리는 콜로니아colonia는 러스트벨트(과거에는 호황을 누렸으나 현재는 사양화된 철강, 자동차 등의 공업지대) 도시들이나 농장 카운티들로 퍼져 나갔다. 이 새로운 단체들은 예전에 비해 푸에르토리코 공동체의 유권자 등록과 로비에 상당히 많은 관심을 기울였다. 새로운 세대의 단체들은 1973년 루이스 알바레스, 루이스 누녜스, 아말리아 베탄소스가 포드 재단으로부터 얻은 종잣돈을 가지고 설립한 푸에르토리코 민족연합National Puerto Rican Coalition, 1970년대 후반 뉴욕 시의 변호사인 라몬 히메네스, 마누엘 오르티스 등이 설립한 푸에르토리코인과 히스패닉 권리 변호 연합Coalition in Defense of Puerto Rican and Hispanic Rights, 필자 자신을 포함해 60년대 근본주의자들과 전 영로드당 회원 십여 명이 1981년 건립한 푸에르토리코인 권리를 위한 전국의회National Congress for Puerto Rican Rights, 정치과학자인 앙헬로 팔콘이 설립한 연구와 공공정책 싱크탱크인 푸에르토리코 정책 연구소Institute for Puerto Rican Policy 등이었다.

새로운 단체들은 여러 투표권 소송에서 '푸에르토리코 법률 변호와 교육 기금'과 긴밀히 연계해 움직였다. 결과적으로 뉴욕과 시카고에서 연방법원 판사들은 1980년대 초 지방자치 구역의 의원수 할당에서 히스패닉과 아프리카계 미국인이 차별을 받았다고 판결을 내렸다. 이로 인해 시카고에서 7개의 새로운 지방자치 의회aldermanic 구역을 만들게 됐는데, 3개는 주로 흑인 인구가 밀집된 곳에, 4개는 주로 히스패닉이 밀집된 곳

---

17) Dan Balz, "Hispanics Use New Voting Rights Act to Reshape Texas Politics", *Washington Post*, April 25, 1983.

에 배분했다. 1984년 특별 선거로 히스패닉 자치구역 의회 의원들이 한 명에서 네 명으로 증가했다. 이들은 유일하게 현직에 있었던 미겔 산티아고, 그리고 헤수스 가르시아, 후안 솔리스, 루이스 구티에레스다. 구티에레스의 승리는 이 도시를 달궜는데, 그의 승리가 새로운 흑인 시장인 해럴드 워싱턴에게 시의회에서 한 번의 투표가 과반수 득표가 되는 길을 만들었기 때문이다. 따라서 흑인과 히스패닉 정치인 사이의 공조를 발전시킬 가능성을 상징했다.[18]

뉴욕에서 '푸에르토리코 법률 변호와 교육 기금'은 1981년 지방자치 선거를 중단시키는 데 성공했고, 광역구 시의회직을 없애기 위한 연방법원의 결정을 얻어 냈다.[19] 재구획된 의회 구역은 시의회에서 푸에르토리코 대표를 늘릴 수 있는 길을 열어 주었다. 뉴욕이 항상 푸에르토리코인들에게는 트렌드세터였기 때문에 이 싸움은 동부 해안에 걸쳐서 투표권에 대한 새로운 자각을 촉발시켰다. 새로운 조직의 활동과 다른 투표권소송에서 승리한 결과로 1980년대 중반까지 뉴욕 시의원 호세 리베라, 주의회 하원의원 호세 세라노와 이스라엘 루이스 같은 새롭고 보다 독립적인 푸에르토리코계 공무원들이 생겨나게 되었다. 유사한 승리가 다른 동부와 중서부 도시들에서도 일어났다.[20]

---

18) Gary Rivlin, *Fire on the Prairie: Chicago's Harold Washington and the Politics of Race* (New York: Henry Holt, 1992), pp. 348~357.

19) Jennings and Rivera, *Puerto Rican Politics*, p. 54.

20) 랠프 아코스타(Ralph Acosta)와 필라델피아의 앙헬 오르티스(Angel Ortíz) 시의원, 브리지포트의 아메리코 산티아고(Americo Santiago) 주대표, 하트퍼드의 에우헤니오 카로(Eugenio Caro) 시의원, 보스턴의 넬슨 메르세드(Nelson Merced) 주대표, 로체스터의 낸시 파디야(Nancy Padilla) 교육위원회 회원, 시카고의 구티에레스(Gutiérrez)와 산티아고(Santiago)의 승리를 들 수 있다.

보통 이런 승리는 히스패닉 후보자들이 강력한 아프리카계 미국인의 선거운동과 맺은 제휴로부터 나왔다. 그런 경우가 시카고의 구티에레스와 1983년 승리한 윌슨 구드 시장 선거의 일부로 광역시 의원직을 거머쥔 앙헬 오르티스, 그리고 흑인이 대부분 거주하는 보스턴 구역에서 매사추세츠 주 하원의원직을 얻은 첫 히스패닉인 넬슨 메르세드다.

투표권 시기는 1983년에 시카고의 해럴드 워싱턴과 필라델피아의 윌슨 구드가 시장 선거에서 거둔 놀라운 승리를 통해 절정에 다다랐다. 갑자기 미국은 새로운 현실에 눈을 뜨게 되었다. 민주당이 우세한 도시 지역에서 백인 정치인 조직들과 그들의 인종적 후원자들로부터 아프리카계 미국인과 히스패닉의 연합으로 권력이 이동했다. 시카고와 필라델피아에서 그동안 정치 후보자들에게 무시당해 왔던 히스패닉 유권자들은 경이로울 만큼 대규모로 등록하고 투표함으로써 새롭게 선거의 향방을 예상하게 만들 정도로 강한 영향력을 새롭게 드러냈다. 어렵게 싸운 민주당 예비선거에서 히스패닉 득표의 25%만 간신히 획득해 승리를 거둔 워싱턴은 공화당의 보수적인 버나드 엡턴에 맞선 일반 선거에서 히스패닉 표 가운데 74%를 얻어 큰 표차로 승리를 확정지었다.[21]

이처럼 필라델피아에서 구드는 흑인-히스패닉 연합 덕택에 전직 시장인 프랭크 리조와 싸운 박빙의 민주당 예비선거에서 어렵사리 승리를 얻었지만, 이후 공화당의 상대 후보는 완패시켰다. 양쪽 경우에서 대부분 푸에르토리코인이 대다수인 히스패닉 유권자들은 2 대 1 이상의 차이로

---

21) 그러나 히스패닉 유권자 중에서 푸에르토리코인이 가장 친정부적이었으며(79%), 멕시코인(68%)과 쿠바인(52%)이 뒤를 이었다. Rod Bush, *The New Black Vote: Politics and Power in Four American Cities* (San Francisco: Synthesis, 1984), pp. 150~151.

구드를 선택했다.

반면, 남플로리다에서 쿠바 망명자 지도자들은 처음에 카스트로를 몰아내고 쿠바로 귀환하는 것에 정치적 목표를 대체로 한정했지만, 1970년대 중반에 극적인 변화를 만들기 시작했다. 미국에서 출생해 성장한 새로운 세대의 쿠바인들이 이 변화에 전폭적인 영향력을 행사했다. 한 연구에 의하면 카스트로가 전복당하면 쿠바로 돌아갈 계획이라고 말한 사람들이 1973년에서 1979년 사이 60%에서 22%로 급감했다.[22] 쿠바 망명자들의 이런 태도 변화는 정치에 반영되었다. 1974년까지 남플로리다에서 약 20만 명의 쿠바인들이 시민권자가 되었고, 많은 수가 정기적으로 투표를 했다. 몇 건의 도전에 실패한 후, 쿠바인 두 명이 1973년 처음으로 선거에서 선출되었다. 마이애미 도시위원회의 마놀로 레보소와 데이드 카운티 학교위원회의 알프레도 두란이었다. 둘 다 피그스만 침공 당시 참전한 군인인 점은 놀랄 만한 일이 아니었다. 1975년 후반, 히스패닉 미디어 인사들의 도움을 받아 쿠바인 전문가들은 시민권 운동을 시작했다. 다음 해 2만 6,000명의 망명자가 귀화하였다. 1980년까지 55% 이상의 망명자들이 시민권자가 되었고, 이 수치는 1970년대의 두 배에 해당했다.[23]

처음에는 대부분 상징적인 방식에 머물렀지만 그들은 빠르게 자신들의 존재를 알렸다. 1973년 4월 15일, 9명의 위원 중 히스패닉이 전혀 없었던 메트로 데이드 카운티 위원회가 쿠바인의 압력에 무릎을 꿇고

---

22) Alejandro Portes, Juan M. Clark, and Manuel M. López, "Six Years Later, the Process of Incorporation of Cuban Exiles in the United States: 1973-1979", *Cuban Studies*, 1981년 7월~1982년 1월, p. 11.

23) María Cristina García, *Havana USA: Cuban Exiles and Cuban Americans in South Florida, 1959-1994* (Berkeley: University of California Press, 1996), pp. 113~115.

"공식적으로 이중언어"를 이 카운티에서 사용하겠다고 선언했다. 그러나 이런 상징은 곧바로 현실이 되었다. 1978년 호르헤 발데스는 스위트워터 시청을 차지한 미국의 첫 쿠바계 미국인 시장이 되었고, 라울 마르티네스가 하이얼리아 시에서 뒤를 이었다.[24]

마리엘 탈출이 가져온 새로운 이민 흐름과 함께 성장한 쿠바인의 투표권은 곧 데이드 카운티의 백인들 사이에서 반발을 샀다. 1980년대 백인들은 자신들의 위원회가 이전에 선언한 이중언어 사용을 무효화하는 투표를 제안하면서 반격에 나섰다. 그들은 "미국의 문화가 아닌 다른 문화를 증진시키거나, 영어가 아닌 다른 언어를 사용할 목적으로 카운티의 기금을 낭비"하는 것을 방지하기 위해 투표를 도입했다. 이것은 손쉽게 통과됐고, 투표 결과는 거의 예외없이 종족적 경계를 따라서 이분화되었다. 비히스패닉 백인들의 71%가 찬성했고, 라티노의 85%가 반대했다.[25]

쿠바계 정치인들은 미국 내 사안에서는 백인들의 저항에 부딪힌 반면, 자신들의 반공산주의 계획을 밀어붙이는 데는 큰 성공을 거두었다. 마이애미 도시위원회는 1983년 5월 이전 16개월 동안 라틴아메리카의 공산주의에 대항하는 28개 결의안과 조례를 통과시켰다.[26]

그러나 쿠바인 반대 흐름으로 인해 1, 2세대 이민자의 지도자들은 일부 영어 사용 언론이 유포한 자신들의 공동체에 대한 부정적 이미지를 불식시키기로 결정을 내리면서 일종의 자기 탐구를 시작했다. 1980년대 시민 지도자들은 '차별에 반대하는 스페인어계 미국인 연맹'Spanish American

---

24) Thomas D. Bowell and James R. Curtis, *The Cuban American Experience: Culture, Images and Perspectives* (Roman & Allandheld Publishers), p. 69.

25) Stack and Warren, "Ethnicity and the Politics", pp. 16~17.

26) Ibid., p 19.

League Against Discrimination, '쿠바계 미국인 민족 재단'Cuban American National Foundation, 2년 후 '쿠바 망명자의 실제'Facts About Cuban Exiles를 설립했다.[27]

1980년대 로널드 레이건의 대통령 당선은 쿠바계 미국인에게 새로운 시대를 의미했다. 백안관에 레이건과 같은 친구를 둔 CANF와 '라틴 아메리카 건설자 연합'과 같은 막강한 단체들은 그들의 특별한 프로젝트, 즉 라디오 마르티, TV 마르티, 니카라과 반군을 지원하고자 워싱턴에서 재정 지원이 탄탄한 '무대 뒤 로비' 활동을 완벽히 벌였다. 동시에 그들은 이중 언어교육과 같은 논쟁적 사안들에 관심을 줄이고, 공개적으로 새로운 실용주의를 받아들였다.[28]

쿠바의 유권자들은 또 다른 중요한 사안에서 푸에르토리코인, 멕시코계 미국인과 달랐다. 흑인 공동체에 대한 그들의 태도였다. 멕시코인과 푸에르토리코인은 여러 주요 도시에서 흑인들과의 느슨한 연합을 이전보다 더 확대해 나간 반면, 쿠바인과 아프리카계 미국인은 데이드 카운티에서 독한 적으로 변하고 말았다. 특히 마이애미의 오래된 흑인 공동체들은 새로운 쿠바 이민자들이 경제적으로 그들을 빠르게 추월하는 것을 보았다. 1970년대 초반, 푸에르토리코의 부유한 귀족 자제 출신으로 금발에 푸른 눈을 지닌 마우리시오 페레가 흑인, 진보적 유대인 공동체와 연합을 결성하면서 마이애미 시장직을 얻었고, 막 싹트기 시작한 보수적 쿠바 정치운동을 잠재웠다.

1970년대와 80년대에 수차례 마이애미의 흑인 공동체에서 폭동이

27) Alejandro Portes, "The Rise of Ethnicity: Determinants of Ethnic Perceptions Among Cuban Exiles in Miami", *American Sociological Review* 49, no. 3 (1984년 6월), p. 395.
28) Ibid., pp. 20~24.

발생했을 때, 흑인들이 쿠바인들에게 혹사당했다는 주장이 항상 잠재해 있는 근본 원인으로 제기되었다. 1980년대 중반에 이르면, 쿠바 이민자들은 남플로리다를 미국 내 히스패닉 보수권력의 중심으로 바꿔 놓게 된다. 1989년 쿠바계 미국인의 첫 의회 당선이 이 사실을 가장 잘 반영하였다. 보수적 공화당원인 일레아나 로스-레티넨은 민주당 상대 후보가 88%의 앵글로 득표와 94%의 흑인 득표를 얻었는데도 불구하고 간발의 차이로 선거에서 승리를 거둘 수 있었다. 로스-레티넨과 상대 후보와의 득표 차이는 아마도 60%에 이르는 라티노 득표에서 나왔을 것이다.[29]

무지개 시기 : 1985~1994년

제시 잭슨이 1984년 새로운 '무지개 연합'Rainbow Coalition을 요구하면서 민주당 대통령 지명 운동을 처음 시작했을 때, 워싱턴 전문가들은 그의 노력을 의미 없는 항의라고 불렀다. 잭슨은 곧이어 대다수 아프리카계 미국인 표와 사실상 소수인 라티노와 백인 표를 획득함으로써 모든 전문가들에게 충격을 안겼다. 흑인-라티노-진보적 백인 연합의 힘을 시카고와 필라델피아에서 경험한 잭슨은 전국적 차원에서 그것을 재현하고자 결심했다. 4년 후 그는 1984년에 그를 지지하지 않았던 흑인과 라티노 정치인에게서 확보한 광범위한 지원을 활용했고, 결국 민주당 대통령 후보인 마이클 듀카키스와 경쟁해 700만 표를 획득했다. 뉴욕, 코네티컷과 같은 주에서 잭슨은 라티노 표의 대다수를 획득한 반면, 캘리포니아, 텍사스, 남서부의 다른 주들에서는 그의 존재를 보다 확실히 드러냈음에도 불구하고 득표는 50% 이하에 머물렀다.[30]

1984년과 1988년 잭슨 선거 운동은 남부 전역과 북부의 빈민촌에서 수백만의 첫 유권자들을 투표장으로 불러냈고, 이 유권자들은 기록적인 인원수의 흑인과 히스패닉을 의회로 보냈다. 일부 주에서 흑인이 처음으로 백인 유권자보다 더 높은 투표율을 보였고, 자신을 잭슨의 '무지개 연합'의 일부로 간주한 후보들은 개별 지역 선거에서 승리를 거두었다. 예를 들어, 코네티컷의 하트퍼드에서 무지개 연합은 1980년대 후반 시의회를 장악했고, 첫 흑인 시장을 당선시켰다.

1989년 무지개 운동에서 가장 전율적인 지역 승리가 찾아왔다. 데이비드 딘킨스가 뉴욕 시의 시장직에 당선된 일이었다. 그는 시장직을 수행한 첫 흑인으로서, 흑인 표의 88%, 히스패닉 표의 64%, 백인 표의 35% 가량을 획득했다.[31] 그러나 민주당 내에서 흑인과 히스패닉이 점점 더 큰 영향력을 행사하자, 백인 중산층과 도시 교외 거주자들은 당을 지속적으로 떠나갔다.

무지개 운동의 혁명적 잠재력은 20세기의 대부분 동안 참정권 밖에 머물렀던 소외계층 유권자들인 흑인, 히스패닉, 청년층, 빈곤층에게 성공적으로 호소했다는 점이다. 미국은 수십 년간 다른 산업 민주주의 국가보다 낮은 득표율을 보여 왔고, 그래서 민주당, 공화당 가릴 것 없이, 공직에 선출된 경우는 유권자 연령층 성인 가운데 오직 소수만을 대표할 수밖에 없었다. 예를 들어, 1972년 자산 보유 중간계층의 77%가 투표한 반

---

29) Stack and Warren, "Ethnicity and the Politics".
30) Institute for Puerto Rican Policy, *The Puerto Rican and Latino Vote in the 1984 NYS Democratic Presidential Primary* (New York: 1984년 4월 5일). Institute for Puerto Rican Policy, "Puerto Ricans and the 1988 Presidential Elections" (New York: 1988년 11월 7일). Univision Network Poll, 1988년 6월 1일.
31) Institute for Puerto Rican Policy, *The 1989 Mayoral Election and the Charter Revision Vote in New York City* (New York: 1989년 11월).

면, 노동자 계층은 52%가 투표했다. 교육수준이 높은 미국인들은 낮은 시민에 비해 두 배 정도 더 많이 투표했다.[32] 이에 반해, 잭슨의 무지개 운동은 새로운 유권자를 등록시키는 일뿐 아니라 많은 주에서 단순하고 보편적인 유권자 등록을 방해하는 법적 장애를 폐지하는 일에도 관심을 기울였다. 그러나 1988년과 1992년 선거에서 민주당 대통령 후보들은 이미 등록한 동일한 소수의 유권자들 두고 공화당원들과 경쟁하는 길을 선택했다. 이 유권자들은 이미 민주당을 떠난 소위 레이건 시대 민주당원으로, 후보들은 이들의 마음을 되돌릴 희망을 품고 있었다. 이들 후보들은 흑인과 히스패닉이 불균형하게 밀집해 있는 하류층의 수백만 유권자를 새롭게 등록시켜 새로운 정치 다수의 기반으로 만들려는 잭슨의 전략에는 관심을 별로 기울이지 않았다.

그러나 1980년대 후반에 생긴 초기 돌파구 이후 무지개 연합은 멈춰섰다. 오랜 기간 동안 흑백 갈등에 맞춰진 국가에서 무지개는 자신의 내부적 분화의 희생양이 되었다. 잭슨과 그 주변의 많은 전직 흑인 공직자들은 백인, 히스패닉, 아시아계 회원들을, 아군에 포함되지만 조직적 전략이나 정책에 참여할 기회나 자치권은 지니지 않은 영원한 일반 사원으로 취급하기 시작했다. 동시에 흑인, 히스패닉 지도자들은 다양한 도시에서 일자리나 선출직을 두고 종족적 경쟁을 벌이기 시작했다. "흑인들은 자신들이 모든 것을 다 차지하길 원한다"라는 말은 일부 히스패닉 지도자들이 공통으로 사용하는 문구였고, "라티노들은 단지 권력의 뒷자락에 올라타길 원한다"는 말은 그들의 상대 흑인 동료들 가운데 상당히 많은

---

32) Frances Fox Cloward and Richard A. Piven, *Why Americans Don't Vote* (New York: Pantheon, 1988), pp. 115~116.

사람들이 즐겨 하는 표현이었다.

무지개 지도자들이 이렇게 주장하는 동안, 그들의 추종자들은 정부 임명과 후원 문제에서 부딪혔다. 예를 들어 공무원에 당선되는 히스패닉 숫자는 지속적으로 증가한 반면, 지방정부에 임명되는 숫자는 이를 따라가지 못했다. 이는 과거 아일랜드, 이탈리아, 아프리카계 미국인 도시 정치 연합에서 벌어졌던 일과 같았다. 1960년대 폭동 이후, 연방정부와 지방자치 정부 채용은 많은 흑인이 중간계급으로 상승하는 데 주요한 수단으로 사용됐다. 그러나 아마도 부분적으로 언어 장벽이라는 이유로 인해 히스패닉은 유사한 발전을 이루지 못했을 것이다. 공무원직을 얻은 소수 히스패닉들은 본인들의 상관 위치에 있는 흑인들이 그들의 발전을 돕는 데 탐탁지 않아 한다고 여겼다.

인종을 향한 태도의 차이 또한 이 연합에서 분출되었다. 잭슨은 경제 정의를 추구하는 모든 미국인에게 '공동의 기반'으로 '무지개'를 제시했다. 그는 모든 소수자를 향한 포용적 태도를 강변했다. 그러나 많은 아프리카계 미국인들은 라티노들이 백인으로 간주되길 원한다고 믿었고, 반면 많은 히스패닉은 흑인들이 인종에 집착한다고 보았다. 특히 멕시코계 미국인들 사이에서 흑인에 대한 편견이 마음속 깊이 자리 잡은 사람들이 많았다. 사실 라티노들은 인종문제를 역사적으로 다른 관점에서 보았을 뿐이다. 미국의 냉엄한 흑백 이분법이 라티노들에게는 낯설다. 다양한 수준의 민족성이 라티노 정체성의 핵심에 더 많이 자리 잡고 있다. 이런 시각은 미국 도시 내 많은 라티노 공동체의 물리적 위치에서도 드러난다. 종종 이런 공동체는 흑인과 백인 주거지 사이의 완충지역에서 생겨난다. 무지개는 이런 차별적 시각을 노출시켜 논쟁과 교육을 통해 해결하려고 노력하는 대신, 이를 덮어 버림으로써 자신만의 통일성을 약화시켰다.

1987년 시카고 시장인 해럴드 워싱턴의 갑작스런 죽음은 무지개 연합의 유지가 건설보다 힘들 것이라는 예상의 첫번째 표식이 되었다. 수년 내에 워싱턴을 지지했던 일부 라티노 지도자들은 해체된 이 운동을 떠났고, 전설적인 시장의 아들인 리처드 데일리가 회장을 맡고 있는 옛 민주당 조직과 새로운 연합을 결성했다. 지도자들 중 루이스 구티에레스는 푸에르토리코 독립운동 활동가였다.[33] 이런 변화의 결과, 구티에레스는 이후 재할당으로 조정된 새로운 의석을 차지하기 위해 데일리의 지지를 얻게 된다. 동시에 뉴욕에서 새로운 푸에르토리코 지도자인 니디아 벨라스케스는 무지개 연합을 지키기 위해 싸웠고, 새로운 의석을 위한 경쟁에서 잭슨과 앨 샤프턴 목사의 핵심적 지지를 얻었다. 1992년 구티에레스와 벨라스케스는 의회에서 제2, 제3의 푸에르토리코 표결권을 지니게 되었지만, 권력에 오르기 위해서는 다른 선거연합을 이용해야 했다.

필라델피아에서 흑인-라티노 연합은 1991년 붕괴되기 시작했다. 윌슨 구드의 두 번의 임기 동안 그를 지지했던 푸에르토리코인 중 일부는 구드를 잇는 진보적 흑인 민주당 지도자인 존 화이트 주니어를 지지한 반면, 일부는 좀더 온건한 백인 민주당원인 에드 렌델을 지지했는데, 에드 렌델이 최종적으로 승리를 거두었다.

1993년 결국 뉴욕 시에서 아프리카계 미국인과 라티노 연합은 데이비드 딘킨스 재선 운동에서 붕괴되었다. 딘킨스는 대다수 라티노 표를 획득했지만, 라티노 공동체의 투표율이 감소한 만큼 득표율이 감소한 까

---

33) Institute for Puerto Rican Policy, *The Dinkins Administration and the Puerto Rican Community: Lessons from the Puerto Rican Experience with African American Mayors in Chicago and Philadelphia* (New York: 1990년 2월).

닭에 공화당의 루디 줄리아니가 매우 근소한 차이로 간신히 승리를 거두었다. 따라서 1995년까지 미국의 4대 도시인 뉴욕, 로스앤젤레스, 시카고, 필라델피아의 시장직은 진보적 혹은 온건한 흑인 재임자에게서 보다 보수적인 백인 지도자에게로 넘어갔다. 매 경우마다 히스패닉 유권자들은 상당한 비율로 전직 흑인 시장에서 새로운 백인 후보자로 지지 후보를 변경했고, 바꾼 사람들의 주장은 매번 같았다. "흑인 지도자들은 우리를 동등하게 처우하지 않았다." 반면, 세번째 대통령 선거 운동에서 그의 무지개 연합을 확장하는 데 실패한 제시 잭슨은 전국적으로 조직적 표류 상태의 이 운동을 떠났다. 의회의 흑인과 히스패닉 지도자 수가 기록적으로 증가했다고 할지라도 연합의 응집력은 파괴되었고, 백인과 더불어 흑인 유권자들이, 특히 미국의 히스패닉과 아시아 인구수에 느끼는 불편함이 증가할수록 더욱 연합이 해체되었다. 예를 들어, 1994년 11월 캘리포니아의 흑인 대다수가 불법 이민자에게 모든 공공 혜택을 없애는 187조 발의안에 찬성했다.

따라서 무지개 연합은 1995년 초에 이르면 새로운 진보적 연합을 위한 매체로서는 죽은 신세가 된다. 물론 잭슨은 결코 공식적으로 연합의 사망을 선언하지 않고, 다만 그의 오래된 '오퍼레이션 푸시'Operation PUSH 조직 속으로 감싸 안았다.

제3의 힘의 시기 : 1995년~현재

무지개 운동의 해체에 뒤이어 라티노는 제3의 힘의 시기라고 필자가 명명한 새로운 단계로 진입했다. 이 새로운 단계의 전형적 특징은 라티노 이민자들의 대규모 시민권 획득, 투표 참여 수준의 큰 성장, 라티노 지도자들에 의해 새롭게 조명된 독립이다.

1994년에서 1997년까지 시민권 신청은 54만 3,353명에서 141만 1,981명으로 세 배 가까이 증가했다. 이들 중 압도적인 다수는 히스패닉이었다. 예전 이민귀화국INS이었던 이민세관단속국Immigration and Customs Enforcement의 관리들이 이민 신청비를 대폭 올리고, 매년 10만 건 이상으로 탈락 건수를 늘렸는데도, 1997년 이후 새로운 신청 건수가 매년 70만 개 정도 유지하고 있다. 2008년 미국 시민으로 선서한 50만 명 이상의 이민자가 라틴아메리카로부터 왔다.[34] 시민권에 대한 쇄도는 몇 가지 요인에서 기인한다. 가장 중요한 첫번째 요인은 캘리포니아의 187조 발의안과 함께 시작된 제한적 이민법이 전국적으로 확산되었다는 것이다. 그때까지 멕시코인들은 어떤 이민자 집단보다도 가장 낮은 귀화율을 보이고 있었다. 한 연구에 의하면 1970년 미국에 입국한 멕시코인 중 겨우 3%만이 1979년까지 시민권을 얻었다.[35] 많은 멕시코인이 수년간 미국에 거주하면서 노동을 하지만 변함없이 언젠가는 고국으로 돌아갈 기대를 지니고 있었기 때문에 시민권을 획득하는 일은 드물었다. 이와 마찬가지로 1980년대 내전을 피해 온 중미 사람들은 종전이 되자마자 귀향할 기대를 품었다.

그러나 새로운 이민법은 라티노의 반발을 일으켰다. 예를 들어, 1986년 이민개혁과 통제법Immigration Reform and Control Act의 사면 조항에 의해 합법적 미국 거주민이 된 300만 명의 불법 이민자 중에서, 260만 명이 라

---

34) U.S. Department of Homeland Security, *Yearbook of Immigration Statistics: 2008* (Washington, D.C.: Office of Immigration Statistics, 2009), pp. 52~53.

35) Alejandro Portes and Rubén G. Rumbaut, *Immigrant America: A Portrait* (Berkeley: University of California Press, 1996), pp. 117~118.

틴아메리카 출신이었다. 그들은 1992년 시민권 신청을 할 수 있게 되자 대부분 신청하는 길을 선택했다.[36] 게다가 1996년 공화당이 지지한 합법적 영구 거주민을 위한 연방 혜택 금지(이후에 부분적으로 철폐)는 미국에 있던 수십만 명이 시민권을 당장 획득하도록 유도하는 결과를 낳았다. 이 새로운 시민들은 선서를 하자마자 유권자 등록을 했다.

시민권 신청이 한꺼번에 몰린 두번째 요인은 니카라과, 엘살바도르, 과테말라의 평화협정이었는데, 이 국가들은 이를 통해 내전을 종식시켰지만 경제적 혼란에서 허우적거렸다. 전쟁이 종료되자 중미 출신 망명자들이 매년 집으로 보내는 수십억 달러의 송금액은 고통당하는 국가를 위한 경제적 지원의 주요한 원천으로 갑자기 변모했다. 따라서, 이민자와 그들의 출신국가는 그들의 본국 송환을 반대했다.

세번째 요인은 라틴아메리카의 시민권 관련 법안의 변경이었다. 그곳 정부들이 점차적으로 이중 국적 개정안을 받아들여 국민들이 미국 시민이 되더라도 본국의 권리를 유지하도록 허용했다. 콜롬비아, 멕시코, 도미니카공화국은 이런 방향으로 큰 걸음을 이미 내딛었다.[37]

이런 모든 요소들의 조합은 1996년 이래 라티노 정치학의 잠재된 능력을 현실로 바꾸고 있고, 히스패닉 투표는 폭발적 성장과 예측 불가능성으로 인해 정치 전문가들에게 충격을 안기고 있다.[38] 500만 명 이상의

---

36) *Hispanic Americans Today*, U.S. Census Bureau Current Population Reports, p. 23~183 (Washington, D.C.: U.S. Government Printing Office, 1993), p. 15.

37) Louis Aguilar, "Mexican Congress Approves Dual Nationality", *Hispanic Link Weekly Report,* December 23, 1996. Deborah Sontag and Larry Rohter, "Dominicans May Allow Voting Abroad", *New York Times*, 1997년 11월 15일.

38) "The Expanding Hispanic Vote Shakes Republican Strongholds", *New York Times*, November 10, 1996.

라티노가 그 해 투표권을 행사했고, 1992년에 비해 20%라는 놀라운 성
장률을 보여 주었다.[39]

정착한 지 오래된 라티노 지역보다는 새로운 이민 주거지역에서 투
표율이 더 높았다. 예를 들어, 뉴욕에서 전체 라티노 튜표율은 유권자의
48%였는데, 워싱턴 하이츠의 도미니카공화국 이민자 지역에서는 63%,
잭슨 하이츠의 콜롬비아 지역에서는 60%에 이르렀다.[40]

투표장에 온 사람들은 압도적으로 빌 클린턴과 민주당에 표를 던졌
다. 클린턴은 1992년 61%보다 높은 72%의 라티노 표를 확보했다.[41] 쿠
바인들이 굳건하게 항상 공화당에 투표하는 플로리다에서도 클린턴은
밥 돌의 46%에 비해 그다지 뒤지지 않는 44%를 획득했다.[42] 이런 대격
변은 캘리포니아에서 가장 잘 드러났는데, 비교적 잘 알려지지 않은 로
레타 산체스가 역사적으로 보수 공화당이 강세를 보이는 오렌지카운티
에서 근소한 차이로 우파인 로버트 도넌 의원을 이긴 것이었다.

다음 해 많은 도시의 지방선거에서 히스패닉은 높은 선거율을 나타
냈으며, 또한 라티노 투표가 과거에 비해 한층 예상 가능해진다는 사실
을 보여 주었다. 예를 들어, 뉴욕과 로스앤젤레스 시장 선거에서 라티노
투표수가 처음으로 흑인 투표수를 능가했지만, 라티노는 실질적으로 공
화당 현 재임자들이 승리를 도왔다. 라티노의 45%가 뉴욕의 루디 줄리아

39) National Association of Latino Elected Officials, 1996 *Latino Election Handbook*, p. 4.
40) Angelo Falcón, "Beyond *La Macarena*: The New York City Latino Vote", *Hispanic
  Link Weekly Report*, November 25, 1996, 4.
41) *New York Times*, "Expanding Hispanic Vote Shakes Republican Strongholds". *Wall
  Street Journal*, 1996년 9월 30일, "Despite Rapid Growth, Hispanic Vote May Play
  Only a Limited Role in Fall Presidential Contest".
42) Falcón, "Beyond *La Macarena*".

(단위: 백만 명)

구분	1976년	2008년	증가율
백인	78.7*	100.0	27%
흑인	7.2	16.1	125%
히스패닉	2.1	9.7	462%

* 비히스패닉 백인과 스스로 백인으로 간주하는 히스패닉을 포함

니에게, 48%가 로스앤젤레스의 리처드 리오단에게 표를 준 반면, 흑인들은 이들 모두를 극심하게 반대했다.[44]

전국적으로 라티노 투표는 1976년 이후 210만 명에서 970만 명으로 4배 이상 상승했다. 반면, 흑인은 가까스로 2배 상승했고, 백인은 30% 미만으로 상승했다(표 5 참조). 이런 가파른 라티노 투표 상승률은 수십년간 지속될 전망이다. 2008년 투표를 한 970만 명은 18세 이상의 인구 3,100만 명을 지닌 히스패닉의 3분의 1에 못 미치는 숫자이기 때문이다. 3,100만 명 중 1,950만 명은 미국 시민권자로서 투표를 할 자격을 지녔고, 나머지 1,150만 명은 영주권자 혹은 불법 이민자였다. 그러나 대부분 영주권자는 언젠가는 시민권자가 되고, 투표 가능한 인구가 될 것이다. 또한 의회가 결국 불법체류자를 합법화시킬 일종의 통로를 승인하게 된다면, 지금 이 나라에서 비합법적으로 거주하고 있는 사람들 중 많은 수가 투표하게 될 것이다.[45]

---

43) U.S. Census Bureau, Current Population Survey, 1976년 11월과 2008년 11월.

44) Los Angeles voter exit poll conducted by the Tomas Rivera Policy Institute, *La Opinión,* and KVEA-TV, 1997년 4월 8일.

라티노 성인들에게 벌어질 일과는 별개로, 언젠가 투표 연령에 도달하게 될 라티노 청소년이 거대한 규모로 여전히 존재한다. 2008년 백인 미국인의 오직 21%만이 18세 이하였던 것과 비교하면 라티노의 34% 이상이 18세 이하였다. 따라서 히스패닉 유권자가 수십 년간 급속히 성장할 것이라는 사실은 피할 수 없다.[46]

일부 정치 지도자들은 이 경향을 두려워하며 최근 몇 년간 소수 인종의 투표 성장을 억제하기 위한 노력에 착수했다. 2003년부터 2006년까지 플로리다, 오하이오, 뉴멕시코, 애리조나의 주 입법부는 주민 발의를 통해 유권자 등록을 더욱 어렵게 만드는 성과를 보였다. 이러한 법률은 부분적으로 에이콘ACORN[47]과 같은 조직들에 의한 등록 추진 활동의 남용으로 보이는 사례에 대한 반응이었고, 부분적으로는 '불법적 외국인 등록 사기'라고 주장하는 사례를 막기 위한 인종차별적 시도였다. 유권자 등록이든 소수 인종 유권자에 의한 실제적 투표 사기든 간에 대규모로 발생했다는 증거가 거의 드러나지 않은 채 이런 일들이 일어났다.[48] 지미 카터 전 대통령과 제임스 베이커 전 내무장관이 이끄는 한 위원회는 2005년 연구에서, "선거 사기가 발생하지만 그것을 파악하기가 어렵

45) Mark Hugo Lopez and Paul Taylor, "Dissecting the 2008 Electorate", 2. U.S. Census Bureau, Current Population Survey, "Reported Voting and Registration by Race, Hispanic Origin, Sex, and Age, for the United States: November 2008".

46) U.S. Census Bureau, "Census Bureau Estimates Nearly Half of Children Under 5 Are Minorities", May 14, 2009 (2010년 5월, http://www.census.gov/Press-Release/www/releases/archives/population/013733.html).

47) 저소득층을 위한 공동체운동 조직.─옮긴이

48) Southwest Voter Registration Project, "SVREP President's Report #1 (2008): The Latino Voter Registration Surge in 2008" (2010년 4월, http://www.hispanictips.com/2008/07/09/svrep-president's-report-1-2008-the-latinovoter-registration-surge-in-2008/).

다"라고 결론지었다. 위원회는 논쟁이 분분했던 캘리포니아의 1996년 의회 선거를 포함해 "최근 몇 개의 선거에서 비시민권자들이 유권자 등록을 했다"라고 지적하면서, 캘리포니아에서 "불법적으로 등록한 사람들이 던진 무효표가 784표였고", 2004년 텍사스의 해리스 카운티에서는 "적어도 35명의 외국인이 유권자 카드를 신청하거나 수령했다"고 밝혔다. 그러나 위원회는 그런 남용이 널리 퍼져 있다는 증거는 발견하지 못했다.[49]

'정의를 위한 브레넌 센터'는 투표자 불균형성에 관한 연구를 광범위하게 진행한 후, "한 개인이 투표 사기에 관여하게 될 확률보다 천둥에 맞을 확률이 더 높다"라는 결론을 내렸다. 이 센터에 의하면, 비시민권자들이 투표하는 사건이 실제적으로 존재한다기보다는 전면적으로 드러나지는 않았지만 이를 의심하는 혐의의 눈초리가 오히려 훨씬 일반적이었다.[50]

대부분의 전문가들은 과거 흑인들이 행했던 방식처럼 새로운 라티노 유권자가 거의 통일된 흐름으로는 결코 움직이지 않을 것이라고 주장한다. '히스패닉' 혹은 '라티노'라는 용어는 모든 것을 아우르는 무용한 범주로서 거대한 종족적 차이를 감추고 있기에, 그들의 차이를 감안하면 라티노들은 점차적으로 예전 유럽 이민자들에 보다 근접한 투표 양상을 나타내게 될 것이라고 지적한다. 그러나 앞에 언급한 용어의 무의미성은 확실히 맞는 말이지만, 뒤의 지적은 지난 수십 년간 미국 땅에서 새롭게

---

49) Center for Democracy and Election Management, "Building Confidence in U.S. Elections: Report of the Commission on Federal Election Reform", 2005년 9월 (2010년 5월, http://www1.american.edu/ia/cfer/report/report.html#sect5).

50) Justin Levitt, "The Truth about Voter Fraud", Brennan Center for Justice, 2007. 4. 18.

부상한 풍요로운 라티노 정체성을 제대로 파악하지 못한 생각이다. 우선, 대략 남서부의 멕시코계 미국인과 뉴욕 시의 푸에르토리코인 밀집 주거 지역의 인구로부터 다양한 히스패닉 그룹에 이르기까지 문화적 혼합이 진행되어 왔고, 계속해서 진행될 것이다. 이는 서로 간의 결혼을 통해, 서로의 음악, 음식, 전통이라는 공통 지식을 통해, 혹은 공통 언어를 통해, 혹은 반히스패닉 편견에 저항하고 똑같이 분리된 거주 지역에 이주해 사는 공통된 경험을 통해 가능하다. 일부 멕시코계 미국인, 푸에르토리코인이나 쿠바인은 히스패닉에 대해 더 이상 민족적 정치 논쟁을 펼치지 않는다. 오히려 이전 개별적 그룹들의 지도자들은 이제 '라티노 선출직과 임명직 공무원 국가협회'National Association of Latino Elected and Appointed Officials, '히스패닉 국가회의'National Hispanic Agenda, '히스패닉 국가 상공회의소'National Hispanic Chamber of Commerce, '라틴아메리카 진보를 위한 노동평의회'Labor Council for Latin American Advancement, '히스패닉 국가 정치 행동위원회'National Hispanic Political Action Committee와 같은 조직을 통해 보다 통합된 목소리를 낸다.

에드 로이발과 헨리 곤살레스가 현대 라티노 정치학의 선구자가 된 지 거의 65년이 지난 2009년, 약 6,600명의 라티노 선출직 공무원이 이 나라에 존재했다. 그러나 라티노가 인구의 15%를 차지하고 있는 시기에 이는 모든 선출직 공무원의 1%를 약간 더 상회하는 수치였다.[51]

1950년대, 60년대 정부에 더 많은 대표자를 내기 위한 운동이 여러 지역에서 개별적 라티노 종족 그룹에 의해 시작되었고, 새로운 세기의 첫 10년 동안 이 운동이 응집력 있는 힘으로 변화, 성장하고 있다는 생생한 증거가 드러났다. 멕시코, 푸에르토리코, 쿠바를 비롯해 다른 라틴아메리카 출신 공동체들은 그들의 공통된 기반——강력한 인구수——을 찾음으로써 점차로 백인 지배 사회의 종족적·인종적 차별에 대응하고 있다. 이 과정에서 미국 사회 내에 새롭게 상상된 라티노 공동체를 탄생시켰고, 혼종적인 종족적·인종적 축을 미국 정치학에 새롭게 구축했다. 이런 현상을 필자는 이 책의 첫 판본에서 '제3의 힘'이라고 명명했다.

미국의 주요한 지방 선거와 주 선거에서 히스패닉 유권자는 기존 정치권에 의해 사실상 무시당해 왔지만, 현재는 선거 승리의 주요한 요인으로 부상해 지나치리만큼 융숭한 대접을 받고 있다. 한편 라티노 정치인들은 과거 수십 년 동안 주요한 지방자치, 주, 연방 선거에서 승리를 거두었다.

아마도 가장 잘 알려진 경우가 빌 리처드슨으로, 그는 온건 민주당원이자 전 UN 대사였고, 클린턴 정부의 에너지부 장관이었다. 한동안 리처드슨은 미국에서 가장 구애를 많이 받는 라티노 지도자로서, 샌안토니오의 카리스마 있는 전직 시장이자 한때 주택과 도시 개발부 장관이었던 헨리 시스네로스가 개인적 스캔들로 인해 정치에서 물러난 후 더욱 각별한 애정을 받았다. 2002년 리처드슨은 뉴멕시코에서 주지사로 선출되었고, 이 주의 역사상 네번째 히스패닉 최고 행정관이 되었다. 그는 주 정부의 효율적 행정으로 인해 곧바로 칭송을 받게 되었고 4년 후 쉽게 재선했다.

---

51) '라티노 선출직 공무원 국가 협회'(NALEO)의 히스패닉 관직 종사자 연간 기록에 의하면 2009년 대략 5,670명으로, 1994년 이 단체가 보고한 5,459명과 비교하면 근소한 발전이 있었음을 알 수 있다. 그러나 2002년 NALEO는 연간 도표에 시카고 학교위원회의 회원들을 라티노 선출직에 포함시키기를 중단했다. 이 위원회는 미국에서 학교위원회 공무원들로 구성된 가장 큰 지역 단체를 대표한다. 시카고 위원회의 7,700명 회원 중에서 약 14%, 1,000여 명이 라티노다. 이들을 포함한다면, 히스패닉 관직 종사자의 더 정확한 숫자가 현재 6,600명을 넘는다. *2009 National Directory of Latino Elected Officials*, NALEO Education Fund, p. vii. *1994 National Roster of Hispanic Elected Officials*, NALEO Education Fund, 1995, p. viii 참조.

2008년 민주당 대통령 후보 지명에 적극적으로 나선 첫 라티노가 되었고, 대부분 히스패닉 유권자들의 우선적 선택이었던 힐러리 클린턴에 맞선 버락 오바마의 도전적인 선거운동에 최종적으로 지원했다. 대신, 대통령으로 선출된 오바마는 나중에 리처드슨을 상공부 장관으로 지명했다. 그러나 이 뉴멕시코 주지사는 주 공공연금 투자 배상금에 관한 스캔들에 연루되어서, 임명직 확정 소식을 듣기도 전에 내각에서 물러나야 했다.

그때 이미 미국의 상원은 라티노 정치학의 발전을 위해 예기치 못한 장소로 빠르게 바뀌고 있었다. 2004년 플로리다의 멜 마르티네스 공화당원은 이보 시티에 정착한 19세기 초기 쿠바 이민자의 후손으로 이 주의 상원의원으로 당선되었다. 같은 해, 멕시코계 미국인 켄 살라사르는 보수적 민주당원으로 두번째 콜로라도의 상원의원직을 확보했다. 2005년에 뉴저지에서 새로 선출된 존 코진 주지사가 자신의 민주당 친구이자 쿠바계 미국인인 로버트 메넨데스 하원의원을 임명해, 그가 비운 상원의원직을 맡도록 만들었다. 그래서 2005년에 이르자 3인이라는 기록적 인원수의 라티노가 상원 의회석에 앉게 되었다. 그러나 이런 진기한 상황은 오래가지 못했다. 왜냐하면 메넨데스는 2006년 쉽사리 재선되었지만, 플로리다의 마르티네스는 곧이어 은퇴했고, 살라사르는 2009년 사임해 오바마 대통령 정부의 내무장관이 되었기 때문이다.

캘리포니아의 새로운 투표

지난 십여 년간 라티노 정치권력의 성장을 캘리포니아 주만큼 잘 반영하는 곳은 없을 것이다. 캘리포니아 주는 현재 3,700만 명의 인구 중 37%가 히스패닉이다. 민주당원들은 1996년 캘리포니아 입법부를 장악했다. 부분적 이유로는 공화당 주지사인 피트 윌슨이 악명 높은 반이민법 187조 발의안을 지지한 후 라티노들이 투표에 많이 참여했기 때문이었다. 그 해 프레스노 출신 주 하원의원인 크루스 부스타만테는 주 의회의 첫 히 스패닉 대변인이 되었다. 그때 이후로 지금까지 7명의 주 하원 대변인 중 4명이 라티노였고, 모두 민주당원이었다.

부스타만테는 캘리포니아의 부지사로서 두 번의 임기를 마쳤다. 그 의 대변인 후계자인 비야라이고사는 이어서 전국적으로 라티노들에게 가장 중요한 선거 승리를 거두었다. UCLA에서 한때 치카노 학생운동에 참여했고 이전에 노동운동 조직가로 지냈던 비야라이고사는 2001년 그 의 민주당 동료인 제임스 한에 맞서서 로스앤젤레스 시장 선거에 출마했 다. 케네스 한Kenneth Hahn의 아들이자, LA 카운티의 감독관을 열 번 수행 한, 이 도시에서 가장 사랑받는 정치인 중 한 명인 제임스 한은 많은 대중 들에게 사랑을 받았다. 그의 아버지가 시민 권리를 위해 쌓아 온 진보적 경력 때문에 이 도시의 흑인 공동체는 한의 유세에 큰 지지를 보냈다.

근소한 차이로 어렵게 싸운 결선투표에서 한이 우세했다. 그러나 마 지막 선거운동에서 라티노 지도자들을 격분하게 만들었는데, 이는 마이 클 듀카키스에 대항한 1988년 대통령 경선에서 조지 부시 대통령이 사용 한 악명 높은 '윌리 호턴[52]'을 떠올리게 하는 광고를 사용한 탓이었다. 한 은 광고에서 비야라이고사가 구형받은 라티노 마약상을 사면하는 데 지 지를 보낸다는 내용을 강조했는데, 일부 백인들이 지닌 라티노 공동체의 범죄 증가에 대한 공포를 공개적으로 이용한 셈이었다.

---

52) 호턴은 휴가 중 살인, 강간, 강도를 저지른 흑인 죄수다. 부시는 듀카키스가 범죄에 관대한 사람이라는 인상을 주기 위해 텔레비전 광고에 호턴 이미지를 사용했다. —옮긴이

4년 후, 비야라이고사는 한과 두번째로 경쟁했다. 이때는 한 시장이 아프리카계 미국인 경찰청장 버나드 폭스의 재임명을 거절했기 때문에 흑인 유권자들 사이에서 이미 지지도를 크게 상실한 시기였다. 비야라이고사는 몇 년간 이 도시의 흑인 지도자들과 연결고리를 만들었고, 이 도시의 가장 강력한 흑인 맥신 워터스 의원의 지지를 확보했다. 그는 한과 맞서 대승리를 거두었고 1870년대 이래 첫 로스앤젤레스 라티노 시장이 되었다.

비야라이고사는 그의 첫 임기 동안 엄청난 대중성을 누렸고, 2009년 쉽게 재선을 했다. 이런 대중성이 혼외정사로 인한 개인적 스캔들에 의해 곧 얼룩졌지만, 많은 이들은 여전히 그를 캘리포니아의 첫 히스패닉 주지사나 상원의원감으로 어렵지 않게 점치고 있다.

동시에 코네티컷의 하트퍼드 시와 뉴욕 시의 시장직 경선은 동부 해안에서 라티노 투표의 힘이 성장하는 모습을 보여 주었다. 푸에르토리코 태생 에디 페레스는 전 공동체 조직가로 2001년 하트퍼드 시의 첫 라티노 시장으로 당선되었다. 페레스는 1980년대 이 도시에서 성장한 강력하고 독립적인 풀뿌리 운동의 혜택을 입었다. 그러나 그는 2009년 세번째 임기 동안 코네티컷 주의 뇌물죄로 체포되었고, 1년 뒤 죄가 확정돼 3년 감옥형을 구형받았다.

하트퍼드와 뉴욕 시의 시장직 선거

뉴욕에서 푸에르토리코인 페르난도 페레르 브롱크스 구청장은 2001년 민주당 시장직 지명 예비선거 결선투표에서 격렬하게 싸웠지만 마크 그린 민주당원에게 패배했다. 뉴욕 유권자는 압도적으로 민주당원이었기 때문에 그린이 일반선거에서 잘 알려지지 않은 억만장자 공화당원인 마이클 블룸버그에게 쉽게 승리를 거두리라 예상했지만 블룸버그가 판세를 뒤집고 어렵게 승리를 쟁취했다. 이는 부분적으로 많은 라티노 유권자가 그를 선택했기 때문이었다. 페레르 지지자들은 로스앤젤레스의 한 이 그랬던 것처럼 그린이 인종적 성격이 짙은 전단지와 마지막 자동음성 전화를 사용해 백인 유권자들과 흑인 공동체의 핵심 협력자인 엘 샤프턴 목사가 페레르에게 반감을 지니도록 부추겼다는 점에서 분노했다.

4년 후, 페레르는 시장 선거에 다시 출마했다. 이번에 그는 라티노와 아프리카계 미국인 유권자, 백인 중산층 사이의 연합을 도모했다. 그는 민주당 예비선거에서 우세했지만 일반선거에서 블룸버그에게 완전히 패배했다. 블룸버그는 현직에 있어 유리했는데도 불구하고 선거운동에 7,900만 달러라는 기록적인 액수의 개인 돈을 사용했다. 물론 페레르는 시청을 차지하는 일과 주요 후보로 나서는 시도에서 모두 실패했지만, 미국의 가장 크고 중요한 도시에서조차 정치 기득권이 라티노 유권자의 성장세를 더 이상 무시할 수 없다는 사실을 각인시켰다.

샌안토니오와 '거대한 라티노 희망'

2006년 말경, 텍사스의 샌안토니오는 차세대 라티노 지도자를 위한 길을 마련하기 시작했다. 또한 미국에서 일곱번째로 인구가 많은 샌안토니오는 미국 주요 도시 중 가장 높은 라티노 인구 비율인 61%를 자랑한다. 헨리 시스네로스가 1989년 시장직을 떠난 후 수년 동안 그의 자리를 이을 지방의 히스패닉 지도자가 나타나지 않았다. 2001년, 이 도시의 시의회 의원인 에드 가르사가 시장직을 차지했지만, 2년간의 임기를 두 번 마친 후 사기업의 경력을 선택하는 것으로 마무리했다. 스탠퍼드 대학교와 하버드 법대를 졸업한 31세의 훌리안 카스트로 시의회 의원이 2005년 가르사의 뒤를 이었다. 비록 젊고 경험은 없었지만 카스트로는 결선투표에서 퇴임한 필 하드버거 판사에게 간발의 차이로 패배했다. 그는 2009년 두번째 도전을 시도했다. 1970년대 호전적인 라사 우니다당^{Raza Unida}의 지도자였던 그의 어머니 로시에 카스트로가 수년간 닦아 놓은 광범위한 정치망의 도움을 받아 카스트로는 대승을 거두면서 이 나라 대도시에서 가장 젊은 시장이 되었다.

그 이후, 주류 미디어의 일부 전문가들은 카스트로를 첫 '포스트-히스패닉'인 히스패닉 후보라고 명명하고 나섰다. 전문가들에 의하면, 그는 득표를 위해서 구식 정치가들이 사용한 편협한 종족적 자존심에 기대지 않았다. 버락 오바마나 뉴저지 주 뉴어크의 시장인 코리 부커처럼 카스트로는 젊고 카리스마를 갖춘 달변가인 데다가, 무엇보다도 종족과 인종을 넘나들며 호소하는 기술관료적 자질과 최상의 교육을 강조하는 온건 정치인이다. 바리오와 이사회실 사이를 쉽사리 이동할 수 있고, 백인 유권자를 위협하는 것처럼 보이지 않기 때문에 카스트로는 언젠가는 백악관에 입성할 수 있는 역량을 지닌 '거대한 라티노의 희망'으로 이미 묘사되고 있다. 물론 이런 재빠른 묘사는 과거 다른 젊은 라티노 지도자들에게도 사용되었다. 또 다른 하버드 졸업생인 시스네로스가 4분의 1세기 전 그렇게 불렸다. 예일 졸업생이자 마이애미 시장을 한 차례 역임한 마우리시오 페레르, 레이건 대통령 시절 전직 백악관 보좌관인 린다 차베스, 덴버 전직 시장 페데리코 페냐도 그렇게 불렸다. 이것은 정치 기득권이 소수 인종 정치 지도자들 중에서 인정할 만한 사람들을 선택해 지지하는, 오랫동안 유지되어 온 제도에서 일부 나왔다. 이런 제도적 노력은

라티노 유권자의 영향력이 증가하면서 확대될 전망이다.[53]

풀뿌리 수준에서 정치에 관여하는 대부분의 젊은 라티노들은 다른 사람들이 그들의 지도자를 선택하는 시도에 대해서 의구심을 지닌다. 동시에 그들은 히스패닉 유권자들에게 종족적 호소를 통해 선거 초반에 승리를 거둔 라티노 지도자들 중 황당할 만큼 다수가 집권 동안 타락하거나 개인적 스캔들로 인해 자기-파멸된다는 사실에 대해 갈수록 더 좌절을 느낀다. 뉴욕 시만 해도 대여섯 명의 히스패닉 공무원이 지난 10년간 부정행위로 인해 기소되거나 유죄선고를 받았다. 그들 중 주 상원의원인 에프라인 곤살레스와 이스라엘 루이스, 브루클린의 시의회 의원인 앙헬 로드리게스, 맨해튼의 미겔 마르티네스가 있다. 2009년 주 상원의원인 이람 몬세라테는 그의 애인을 폭행한 일로 경범죄 선고를 받아 의회에서 쫓겨났다.

정치에 입문하는 차세대 라티노들은 어떤 '거대한 라티노의 희망'을 갈망하지 않는다. 대신 그들은 라티노를 포함해서 모든 정치 지도자가 유권자들에게 믿음을 줄 수 있는지 더 나은 방식을 탐구하고 있다. 그들을 더욱 호응적이고 포용적인, 그래서 더욱 민주적인 제도를 찾는다.

대법원의 히스패닉 법관

2009년 5월 오바마 대통령이 퇴임하는 데이비드 소터 대법관을 대신해

---

53) Zev Chafets, "The Post-Hispanic Hispanic Politician: Will Julian Castro, the 35-Year-Old Mayor of San Antonio, Be the Next Great Latino Hope on the National Stage?" *New York Times Magazine*, 2010년 5월 9일 참조.

소니아 소토마요르를 대법관에 지명한 일보다 4,600만 라티노의 정치적 진보를 명확히 상징하는 사건은 과거 수십 년간 결코 존재하지 않았다.

대통령의 발표로 인해, 잘 알려지지 않았던 54세의 뉴욕 시 연방 항소법원의 판사는 최고 법원에 임명될 첫 히스패닉계 미국인이자 세번째 여성으로 곧바로 국가적 조명을 한 몸에 받게 되었다. 그녀의 인준 과정은 모든 라티노에게 유례없는 미디어의 관심이 쏟아지게 만들었고, 가족 유산과 소토마요르가 맺고 있는 공동체와의 관계에 대해 엄청난 대중적 검토가 뒤따랐다. '현명한 라티나'라는 용어가 갑자기 국가적 어휘의 일부가 되었다.[54]

제2차 세계대전 동안 미국으로 이주해 브롱크스 공공주택 단지에 최종 정착한 푸에르토리코 노동자 '뉴요리칸'Nuyorican의 자녀인 소토마요르가 비천하게 시작해서 훌륭하게 성장한 점은 오바마가 백악관으로 불가능한 여행을 한 사실을 반추시켰다. 대통령처럼 그녀는 아이비리그에 속한 프린스턴과 예일 대학교를 다녔고, 최고 명예 졸업을 했다. 대통령처럼 그녀는 학교의 법학 리뷰 편집자로 두각을 나타냈다.

그러나 소토마요르의 이야기는 오바마와 몇 가지 핵심적인 방식에서 달랐다. 하나는 그녀가 거의 20년간 미국의 지방과 연방의 항소법원에서 보냈다는 점이다. 이 과정에서 그녀는 수백 가지의 법적 소견이라는 긴 기록을 남겼을 뿐 아니라 그녀가 곧 합류하게 될 대법원 판사들 중

---

54) 벤저민 카르도조(Benjamin Cardozo)가 사실상 첫 히스패닉 대법관이었다고 주장하는 의견이 있다. 1932년 후버 대통령에 의해 임명된 카르도조는 18세기에 포르투갈에서 미국으로 이민 온 세파르드 유태인 후손이었다. 현대 히스패닉 지도자들은 일반적으로 '히스패닉'과 '라티노'를 라틴아메리카의 스페인어 사용 국민을 일컫는 용어로 보기 때문에 카르도조를 히스패닉으로 간주하지 않는다. Neil A. Lewis, "Was a Hispanic Judge on the Court in the '30s?" *New York Times*, 2009년 5월 26일 참조.

누구보다도 임명되기 전 연방 의자를 오래 지켜 왔다. 아마도 가장 잘 알려진 판례는 2005년 그녀가 '야구를 구원한' 경우다. 이 판결은 메이저리그 구단주가 자유행동권과 연봉 협상을 일방적으로 폐지하는 것을 금지시켰고, 스포츠 역사상 가장 긴 선수 파업을 종결시켰다.

그런데 소토마요르는 연방 판사가 되기 전 또 다른 기록을 지녔다. 라티노 공동체에 영향을 미치는 단체와 사안에 관여했다는 점이다. 예를 들어, 프린스턴 대학교 학생으로 그녀는 '푸에르토리코 소송'Acción Puertorriqueña이라는 학생 조직에 참여해 공동 회장이 되었고, 이 조직에서 연방 보건, 교육, 복지 부서에 불만을 접수했고, 고용과 입학에 관한 학교의 차별을 고발했다. 프린스턴대와 예일대에서 푸에르토리코와 미국 사이의 불평등한 관계를 고찰하는 학생 논문과 법률 리뷰 기사를 썼다. 1980년대 초기 '푸에르토리코 법률 변호와 교육 기금'의 감독위원회에 가담해서 투표권과 주택 차별 소송을 진두지휘했다.[55]

그녀의 지명에서 잘 눈에 띄지 않은 부분은 얼마나 빨리 라티노 지도자들이 그녀의 뒤에 결집했는가 하는 것이다. 전 라티노의 3분의 2를 차지하는 멕시코계 미국인이 다양한 라티노 종족 그룹과 오랜 시간 동안 최고 연방 임명을 두고 격한 경쟁을 벌였다는 점에서, 대부분의 전문가들은 첫 히스패닉 대법원 판사는 멕시코계 미국인이 될 것이라고 예전부터 전망해 왔다. 따라서 소토마요르에 대한 폭넓은 지지는 라티노 내의 화합과 성숙이라는 새로운 국면을 보여 준다.

---

55) Sheryl Gay Stolberg, "A Trailblazer and a Dreamer", New York Times, 2009년 5월 27일. Juan Gonzalez, "Day of pride for Latinos as Obama nominates Sonia Sotomayor for Supreme Court", *New York Daily News,* 2009년 5월 27일.

한편, 백인의 보수적 토크쇼 사회자들은 재빨리 그녀의 지명을 규탄하기 위해 이전의 사회적 활동을 붙들고 늘어졌다. 그들은 소토마요르가 개인적 감정과 민족적 경험을 사용해 법적 판결을 내리는 경향이 있다고 주장했다. 가장 자주 언급되는 것이 캘리포니아 버클리 대학에서 2001년 한 연설로서, 소토마요르는 일군의 학생들에게 "풍부한 경험을 지닌 현명한 라티나 여성이 종종 그런 삶을 살아 보지 못한 백인 남성에 비해 더 나은 판결에 도달하리라" 희망한다고 말했다.

상원 사법위원회의 일부 공화당 의원들은 2009년 7월 인사청문회 동안 그 연설에 대해 반복적으로 언급하며 그녀를 괴롭혔다. 그래서 '현명한 라티나'는 그녀의 광범위한 법적 소견보다도 훨씬 많이 대중적 검토의 시금석이 되었다. 히스패닉 지도자들은 뉴스 미디어와 공화당 상원의원들이 그녀의 언급을 사법적 리트머스 시험으로 사용하려고 트집을 잡는다면서 격분한 반응을 보였다. 히스패닉 주거지에서는 '현명한 라티나' 티셔츠의 판매가 급상승했고, 많은 라티노들은 소토마요르에게 자신의 언급을 부인하도록 압력을 행사하는 것은 그녀에게 자신의 유산을 거부하도록 요구하는 것과 마찬가지라고 믿었다.

소토마요르는 결국 '현명한 라티나'라는 언급이 "실패한 수사학적 화려함"이라고 인정했고, 상원에서 "판사는 자신의 가슴속에 담겨진 것에 기댈 수 없다…… . 판사의 일은 법을 적용하는 것이다"라고 반복적으로 확언했다.[56]

상원에서 확실한 다수를 차지했던 민주당원들로 인해 소토마요르

---

56) Amy Goldstein, "Sotomayor Emphasizes Objectivity; Nominee Explains 'Wise Latina' Remark", *Washington Post*, 2009년 7월 15일.

는 2009년 8월 6일 68 대 31의 투표 차로 111번째 대법원 판사로 인준되었다. 미국의 수백만 라티노, 특히 수백만 히스패닉 여성들에게는 그녀의 인준이 획기적인 역사적 사건이었다. 아직까지는 대법원의 법률적 판결에 미치는 그녀의 실제적 영향력은 판단할 수 없다.

2010년 선거 : 라티노 내 공화당의 입지 확대

공화당원들이 2010년 하원을 다시 장악했을 때, 공화당의 재부상과 관련하여 관심을 미미하게 받고 지나쳤던 한 측면은, 적은 숫자에 불과했던 라티노 공화당 관료가 유례없이 많이 증가했다는 점이다. 예를 들어, 의회에서 히스패닉의 수가 두배로 느는 동안 두 명의 히스패닉 공화당원들이 그 해 주지사로 뽑혔다.

　뉴멕시코에서 도냐아나 카운티의 지방 변호사인 수사나 마르티네스는 임기가 한정된 민주당원인 빌 리처드슨을 뒤이어 이 주의 첫 여성 히스패닉 주지사가 되었다. 전 애리조나 공화당 주지사인 세라 페일린의 지지에 힘입어 마르티네스는 견고한 보수적 공약을 중심으로 선거운동을 펼쳤다. 마르티네스는 낙태와 동성 간 결혼을 반대했고, 불법 이민에 대한 강력 단속을 지지했다. 또한 총기 소유자의 권리를 옹호했으며 균형예산을 요구했다. 이런 입장에도 불구하고 그녀는 이 주의 큰 그룹인, 대부분 민주당 유권자인 히스패닉 내에서 중요한 입지세력을 만들었다. 한편 이웃 네바다 주에서도 전직 주 법무장관이자 미국 지방법원 판사인 브라이언 산도발이 첫 라티노 주지사가 되었다.

　더욱 놀라운 변화는 멀리 북서쪽에서 일어났는데, 워싱턴 주의 주 대표인 하이메 에레라가 아이다호 주의 사업가인 라울 라브라도르처럼 하원의 의석을 차지하게 된 것이다. 에레라와 산도발은 하원에서 그들의 주를 대표하는 첫 히스패닉이 되었고, 양자 모두 백인이 압도적으로 다수인 구역에서 승리를 거두었다.

플로리다에서는 티파티 운동의 인기 명사인 마르코 루비오가 이 주의 상원 의석을 차지하게 됐다. 현재 상원에 있는 또 한 명의 히스패닉은 뉴저지의 민주당원인 밥 메넨데스이다. 상원의 루비오를 포함해 하원의 공화당 히스패닉의 숫자는 3명에서 7명으로 증가했다.

민주당 역시 라티노 유권자의 영향력을 느낀다. 일반적으로 네바다 주 히스패닉의 높은 투표율 덕택으로 상원 원내 대표인 해리 리드가 티파티 진영인 공화당 셰런 앵글과의 대결에서 승리를 굳히게 되었다고 믿는다. 한편, 캘리포니아의 주지사 경합에서 제리 브라운과 이 주의 상원 경합에서 바버라 복서가 승리를 거둔 것은 상당 부분 히스패닉의 강력한 지지의 결과였다.[57]

21세기 라티노 유권자

일부 연구는 라티노 유권자들이 내심은 보수적이라고 주장하지만, 필자는 그런 결론을 받아들이기 전에 주의를 기울여야 한다고 권고하고 싶다. 마이애미, 올랜도, 뉴멕시코 북쪽, 캘리포니아의 콘트라코스타 카운티 같은 장소처럼 히스패닉 공동체가 상대적인 번영을 이룬 곳은 어디에서나 어쩔 수 없이 더욱 보수적인 투표 경향을 갖게 되는 것이 사실이다.

---

57) Marc Lacey and Julia Preston, "Some Setbacks Aside, Latinos Reached Milestones in Midterm Races", *New York Times*, 2010년 11월 6일.

그러나 히스패닉은 압도적으로 이 국가의 노동자계급과 하층 중간계급에 속해 있다. 생활수준을 향상시키기 위한 대다수 사람들의 경제적 요구는 불가피하게도 법인 미국이 보다 적은 수의 노동자에게서 최대의 수익을 얻기 위해 경주하는 노력과 갈등을 빚는다. 라티노들은 그들의 본토 사람들이 새로운 세계화된 경제 내에서 생존 투쟁을 벌이고 있다는 소식에 지속적으로 영향을 받는다. 그런 경제적 현실은 미국에서 매일 직면하는 반히스패닉 편견과 함께 히스패닉들이 자신들의 이익을 지키기 위해 국적에 관계없이 계속 연합하도록 이끌고 있다.

게다가 라틴아메리카 이민자들은 그들이 인식하는 것보다 정치적으로 더욱 의식화되어 있다. 그들은 내전이나 정치적 분쟁으로 인해 정치에 관심을 기울일 수밖에 없는 국가에서 왔다. 라틴아메리카 본토에서 가장 평화로운 곳 중 하나인 푸에르토리코는 투표 연령층 인구의 80% 이상이 투표를 한다. 흔히 미국의 축구 팬에게서 보다 전형적으로 잘 드러나는 열정을 지니고 모두들 정치에 관여한다. 그곳에서는 선거일이 축제일이다. 투표가 종료될 때까지 모든 건물이 문을 닫고 심지어는 극장이나 식당도 열지 않는다. 또한 투표를 독려하는 사회와 가족의 압력이 대단하다. 이런 방식의 투표에 대한 광적인 반응이 도미니카공화국과 다른 라틴아메리카 국가들에도 존재한다.

라틴아메리카에서 지속되는 경제 위기로 인해 더 많은 이민자가 지속적으로 유입될 것이고, 여러 국가를 아우르는 히스패닉의 정체성이 성숙해질 것이다. 따라서 필자는 21세기에는 라티노 투표의 힘을 완전히 자각하게 될 것이라고 믿어 의심하지 않는다. 앞으로 몇 년 동안 히스패닉계 미국인은 "우리의 시대가 도래했다"라는 역사적 의미에 추동을 받아, 기록적으로 많은 유권자가 등록을 하고 투표를 할 것이다. 최근 인구

<표 6> 2008년 40% 이상의 소수자 인구를 지닌 주[58]

구분	소수자 인구 비율	히스패닉 인구 비율	최대 소수자 그룹
하와이	60%	9%	아시아인
뉴멕시코	59%	45%	히스패닉
캘리포니아	57%	37%	히스패닉
텍사스	52%	37%	히스패닉
애리조나	42%	30%	히스패닉
조지아	42%	8%	흑인
뉴욕	42%	16%	흑인/히스패닉
네바다	41%	26%	히스패닉
미시시피	41%	2%	흑인

조사는 라티노 인구의 성장이 이미 거대한 영향력을 드러내고 있다는 점을 보여 주고 있다. 2000년 이후 라티노 인구가 가장 많은 캘리포니아와 텍사스에 하와이와 뉴멕시코가 합류해서 소수자 그룹이 주민의 대다수를 이루는 유일한 네 개의 주가 되었다. 이외 5개 주는 소수 인구가 40%를 넘는다. 히스패닉은 9개 주 중 5개 주에서 가장 큰 소수자 그룹을 형성하고 있다. 이외에도 뉴욕 주에서 아프리카계 미국인과 대략 동일한 수치를 보이고 있다.

이런 인구학적 변화를 인지한 히스패닉 정치 지도자들은 인종적 사안을 둘러싸고 계속 환기되는 흑백 분리 구도와, 민주당의 전유물로서 당연시되던 사안들을 거부한다. 이들은 성장세에 있는 아시아계 미국인 유권자들과 함께 히스패닉 유권자들을 미국의 정치생활에서 새로운 인

---

58) U.S. Census Bureau, *State and County Quick Facts*, 2008.

종 간 연합, 혹은 '제3의 힘'의 기반으로 바꾸는 데 성공할 것이다. 이러한 제3의 힘 운동은 순전히 다인종적, 다종족적 시민이 대다수를 이루는 사회를 건설하고자 하는 것이다. 이 운동은 많은 사람을 투표에 끌어들이고, 모든 인종과 종족 그룹의 시민에게 공간과 소리를 제공함으로써 이들이 활발하게 사회적 기관과 시민 조직에 참여하도록 독려하고자 한다. 이런 연대는 지금까지 소외되고 박탈당했던 사람들을 포함하기 때문에 미국의 현대 역사에 걸쳐 두 주요 정치 정당을 재정적으로 지원하고 운영했던 기업적-보수적 소수에게 대안을 제시하고, 국가적 논의의 쟁점들을 필연적으로 바꾸게 될 것이다.

미국 정치를 혁신하기 위해 이런 연대를 건설함으로써 후안 세긴의 후손들은 미국 역사에서 그들의 역할을 주장할 뿐 아니라 다시 쓰게 될 것이다.

제11장
옛 이민자, 새 이민자 : 마음의 경계를 닫으면서

> 15세기 동안 그들은 대륙의 척추였고, 그들에 관한 모든 근본적인 변화가 번번이 그들이 살고 있는 문명을 뒤집는 와중에도 변함이 없었다.
>
> ─오스카 핸들린Oscar Handlin , 뿌리 뽑힌 자

미국에서 20년 이상 이민정책은 격렬한 대중 논쟁을 불러일으켰다. 가장 최근의 2008~2009년 대불황을 포함해 국가 경제의 호황과 불황이 반복되면서, 수백만 명의 평범한 미국인은 생활수준의 장기 침체, 보수가 좋은 공장의 해외 이전에 따른 일자리 상실, 가계 담보의 급상승, 지불 가능한 건강보험의 부족으로 휘청거렸다. 세계화된 자본주의의 회전에 좌절한 많은 사람은 그들의 분노를 특히 라틴아메리카 출신 불법 이민자들에게 쏟아냈고, 이들을 국가 경제의 우환으로 지목했다.

많은 사람은 새로운 이민자들이 과거 유럽인들의 물결과는 다르다고 믿었다. 이민자들은 모국어에 매달렸고, 동화되길 거부했으며, 공공서비스를 고갈시켰을 뿐만 아니라, 충격적일 만큼 많은 범죄인을 양산해냈다. 텔레비전 뉴스나 라디오 토크쇼는 국경의 이민 사무소나 공항이 불법 외국인의 대규모 유입으로 초토화된 것처럼 묘사하면서 그런 두려움에 불을 지폈다. 공포가 확산되면서 모든 보수적 정치인들, 온건적 학술인들, 진보적 환경 보호론자들까지 강경조치를 요구했다. 그들에 의하면 이 국가의 삶의 방식, 바로 그 정체성이 공격에 처했다는 것이다.

캘리포니아가 첫 한 방을 날렸다. 1994년, 유권자들은 187조 발의안을 압도적으로 승인했고, 이를 통해 불법 노동자들에게 모든 공공 서비스 제공을 금지시켰다. 이듬해 이 조치는 법원에 의해 곧 번복되었다. 그러자 1996년, 합법적·비합법적 이민을 현저히 감소시키고 정부가 원하지 않는 사람들을 송환하기 위해 의회는 일련의 엄중한 법률을 새로 제정했고, 클린턴 대통령은 이를 승인했다. 2001년 끔찍한 무역센터 테러 이후 새롭게 창설된 국토안전부는 국경을 통제하고 불법 이민자를 송환하는 연방정부의 노력을 배가시켰다.

2005년 12월 6일, 밀워키의 보수적 공화당원인 제임스 센선브레너는 불법적으로 체류하는 외국인 혹은 불법 이민자를 돕거나 고용하는 사람들을 중범죄로 기소하기 위해 '국경 보호 반테러리즘과 불법 이민 통제법'이라는 새로운 법률을 미국 하원에 입안했다. 역사적으로 이 국가에 이민자가 불법적으로 머무는 것은 시민법 위반이었다. 이민 당국은 그런 사람들을 체포할 때마나 구류하거나 송환 절차를 밟았다. 센선브레너 법안은 이를 수정해서 모든 불법 이민자는 물론, 불법 체류 노동자를 고용하는 시민이나 합법적 이민자들, 이들에게 도움이나 잠자리를 제공하는 가족 구성원, 사회 봉사자, 종교 성직자를 중범죄자로 만들고자 했다. 게다가 이 법안은 멕시코 국경을 군사화하는 절차를 포함하고 있었다.

많은 미국인은 외국 테러리스트들이 재차 공격을 가하기 위해 방어가 약한 국경을 이용할 수 있다는 점에 대해 걱정했다. 그러나 많은 라티노 지도자들에게는 9·11 이후 이민 강력 단속이 결국 1930년대 초반 후버 대통령이 멕시코 이민자들을 겨냥해 시작했던 대규모 송환운동이나 1954년 아이젠하워 대통령이 실시한 '불법 이민자 강제 송환 정책'Wetback Operation으로 회귀하는 것처럼 비춰졌다.

센선브레너의 제안은 사실상 청문회도 없이 기록적인 시간 내에 몇 개의 위원회를 통과했다. 12월 16일 법안이 제안된 지 10일 만에 하원은 239 대 182로 통과시켰다. 이 법안의 통과는 이민자의 권리를 옹호하는 이들에게는 청천벽력과 같았다. 상원이 2006년 봄 자신들의 수정 입법안을 통과시키기 위해 일정을 계획하자, 이들 옹호자들은 이 법안이 최종 통과되지 않도록 열정적으로 움직였고, 의회가 이민법을 완전히 재검토하도록 압력을 행사하기 시작했다. 또한 그해 봄, 이들은 수백만 명의 불법 이민자를 합법화할 필요성을 주창하는 시위를 조직하기로 결정했다. 이렇게 해서 아마도 미국 역사상 가장 큰 규모의 항의운동으로 간주될 만한 시위가 시작되었다. 이 운동은 지금까지 진행된 연구에 비해 보다 깊이 분석되어야 할 가치가 있다.

대규모 행진의 시작

역사상 유례없는 어떤 일이 진행 중이라는 첫 징표가 2006년 3월 10일 금요일 시카고에서 나타났다. 이날 지방경찰 추산 10만 명 이상의 시민이 유니온 파크에 집결해 이층버스로 클루친스키 연방 빌딩으로 행진했다. 이 행진가들은 반전운동 혹은 노동 시위에서 흔히 보이는 평범한 행동가들이 아니었다. 규모를 갖춘 폴란드, 아일랜드, 중국 이민자 집단을 포함하고 있었지만 군중의 대부분은 젊은 라티노들로 구성되어 있었다. 이들 라티노들은 시카고 인구를 구성하는 한 부분이었지만, 그때까지 도시의 엘리트에게는 거의 눈에 띄지 않았다. 이 시위는 평일 오후 행사치고는 규모가 대단했다. 리처드 데일리 시장, 로드 블라고예비치 주지사, 루이스 구티에레스 하원의원을 포함해 이 주의 가장 유명한 정치가들이

많이 참여했고 집회에서 의회의 입법화에 대한 반대 의견을 표명했다.[1]

시카고 사건 이후 3월 23일 센선브레너의 도시인 밀워키의 자이들러 공원에 만 명 이상이 모여 집회를 가졌다. 다음 날 2만 5,000명으로 추산되는 라티노들이 이 법안의 지지자인 공화당 상원의원 존 카일의 피닉스 사무실 앞에 모였다. 이것은 애리조나에서 있었던 가장 큰 시위 중 하나였다.[2]

그리고 3월 25일 로스앤젤레스 중심가 거리는 수마일이나 늘어선 또 다른 시위로 붐볐다. 이 규모는 시위 지도자들이 매우 낙관적으로 예상한 내용을 훨씬 앞섰다. 주요 집행부원 중 한 명인 UCLA 노동센터의 빅토르 나로는 올림픽 대로와 브로드웨이에서 로스앤젤레스 시청까지 거리 행진을 하기 위해 원래 5,000명을 경찰로부터 허락받았다. 이 시위가 있기 1주 전, 나로는 이 숫자를 5만 명으로 수정했다. 집회가 있던 날, 공식적 경찰 집계에 의하면 적어도 50만 명의 사람이 모였고, 집행부는 전체 인원이 100만 명에 근접한다고 주장했다. 그러나 양측 모두 이 시위가 캘리포니아 기준으로 보면 역사적 사건이라는 데 동의했다. "나는 38년간 경찰에 몸담고 있었지만 이렇게 큰 집회를 본 적이 없다"라고 이 사건을 관할했던 루이스 그레이 주니어 경찰 대장이 연합 뉴스에 말했다.[3]

이 거대한 집회가 지배층 지도자들과 심지어 행진 집행부를 놀랍게

1) "Protestors Rally Against Illegal Immigration Bill", CBS2 News, Chicago (2010년 3월 24일, http://cbs2chicago.comltopstories/HR.4437.illegal.2.325605.html). "Immigrants Stage Massive Protest in Chicago", Reuters, 2006년 3월 10일.

2) Mark Johnson and Linda Spice, *Milwaukee Journal Sentinel Online*, March 23, 2006 (2010년 3월 27일, http://www3.jsonline.com/story/index.aspx?id=410404&date=3/23/2006).

3) Alfonso Gonzales, "The 2006 *Mega Marchas* in Greater Los Angeles: CounterHegemonic Moment and the Future of *El Migrante* Struggle", *Latino Studies* 7, no. 1 (2009), p. 42.

만든 이유 중 하나는 스페인어 언론과 라디오 진행자들의 강력한 영향력이었다. 예를 들어 수많은 로스앤젤레스의 행진 참여자들은 나중에 그들이 KNAI-FM(88.3), 라디오 캄페시나의 「알프레도 쿠티에레스와 함께 우리 여기에」Here We Are with Alfredo Gutierrez, KIDR-AM (740)의 엘리아스 버뮤데스의 「함께 얘기합시다」Let's Talk 등과 같은 시사문제를 다루는 스페인어 프로그램에 영향을 받아 참여하게 됐다고 밝혔다. 어떤 이들은 KHOT-FM (105.9)의 지방 방송 프로그램으로 대중적 인기가 높은 스페인어 모닝쇼인 「아침의 피올린」Piolín por la Mañana을 듣다가 이 시위에 대해서 알게 되었다고 얘기했다. 이 쇼의 진행자인 에디 '피올린' 소텔로가 청취자들에게 평화를 상징하는 흰색 옷을 입고 이 시위에 참여해 비폭력적으로 행진하도록 독려했던 것이다.[4]

로스앤젤레스 사건이 있던 날, 5만 명 이상의 라티노가 덴버의 시빅센터 공원에 모였고, 5,000명이 노스캐롤라이나의 샬럿에서 시위했다. 이어서 비슷한 집회가 디트로이트(5만 명), 내슈빌(8천 명), 오하이오의 콜럼버스(7천 명)에서 줄지어 열렸다. 집회는 남서부 지역에 걸쳐 수백 명, 심지어 수천 명의 고등학교와 대학교 라티노 학생들의 자발적 참여로 점점 채워졌다.[5]

---

4) Ibid., p. 41.
5) "500,000 March in L.A. against Immigration Bill", *Washington Post,* 2006년 3월 25일. Aileen Torres and Kate Howard, "Immigration March Draws Thousands", *Nashville Tennessean,* 2006년 3월 30일. "Technology Key to Promoting Immigration Protests: Cell Phones, E-Mails, Social Networking Sites Spread Message", Click2News.com, 2006년 3월 29일(http://www.click2houston.comltechnology/8335647/detail.html).
6) "Database: Immigrant Rights Marches, Spring of 2006", Mexico Institute: Mexican Migrant Civic and Political Participation, Woodrow Wilson International Center for Scholars.

〈표 7〉 2006년 4월 9일과 10일 사이의 주요 이민법 반대 시위[6]

도시	추정 시위대 규모(명)
4월 9일	
댈러스, 텍사스	350,000~500,000
샌디에이고, 캘리포니아	50,000
세인트폴, 미네소타	30,000
솔트레이크시티, 유타	20,000
다른 16개 도시	40,000
4월 10일	
워싱턴 D.C.	180,000
피닉스, 애리조나	100,000~300,000
뉴욕 시	100,000
포트마이어스, 플로리다	75,000
휴스턴, 텍사스	50,000
애틀랜타, 조지아	40,000~50,000
새너제이, 캘리포니아	25,000
시애틀, 워싱턴	25,000
디트로이트, 미시간	20,000
샌안토니오, 텍사스	18,000
투손, 애리조나	15,000
프레즈노, 캘리포니아	12,000
보스턴, 매사추세츠	10,000
매디슨, 위스콘신	10,000
베이커즈필드, 캘리포니아	10,000
인디애나폴리스, 인디애나	10,000
멤피스, 테네시	10,000
오스틴, 텍사스	10,000
오마하, 네브래스카	8,000~10,000
다른 62개 도시	140,000
합계	1,360,000~1,750,000

그러나 이 행진은 다음 달에 이어진 보다 광범위한 두번째 시위 흐름의 전주에 지나지 않았다. 4월 9일과 10일, 130만 명에서 170만 명 사이의 사람이 백여 개 이상의 도시와 마을에서 시위에 참여하였다. 4월 9일 일요일, 댈러스에서 35만 명이 텍사스 역사상 아마도 가장 큰 사회적 시위에 참여했다.[7] 다음 날 피닉스, 뉴욕, 워싱턴 D.C.에 각각 10만 명 이상의 군중이 모였다. 이틀간에 걸쳐 집회에 모인 사람들의 숫자만으로도 경이로웠지만, 특히 4월 10일이 주말이었다는 점에서 더욱 그러했다. 작은 사건들 중에서 가장 놀랄 만한 것은 앨라배마의 알베르빌에서 발생했다. 2,000명에서 5,000명으로 추산되는 라티노 군중이 마을을 행진했는데, 그 총 인원은 알베르빌 전체 인구의 10분의 1에서 4분의 1 사이였다.

4월 내내 더 많은 시위가 간헐적으로 지속되었다. 그런데 이제 이 운동의 핵심 지도부 가운데 많은 사람들은 5월 1일 국제 노동절에 예정된 전국적 행동을 포함한 제3의 흐름에 관심을 쏟기 시작했다.

이 마지막 흐름은 새로운 운동이 불러일으킨 가장 논쟁적이고 파격적인 시도가 되었다. 노동절 이민자 권리 집회는 중미와 남미로부터 온 급진적 이민 노동자들에 의해 수년간 미국의 많은 도시에서 조직되어 왔다. 그러나 미국에서 그런 사건은 전형적으로 사소한 반향만 일으켜 왔다. 이런 모든 것이 3, 4월 사건 이후 변화되었다. 보다 급진적인 공동체에 기반을 둔 조직들에 의해 생겨난 새로운 연합은 의회에서 포괄적 이민 개혁을 획득하기 위한 유일한 방법은 라티노와 다른 이민자들의 경제

---

7) Thomas Korosec and Cynthia Leonor Garza, "The Immigration Debate: Rally Floods Dallas Streets: Police Estimate between 350,000 and 500,000 in Peaceful Crowds", *Houston Chronicle*, April 14, 2006 (2010년 5월 12일, http://www.chron.comldisp/story. mpl/front/3782888.html).

적 중요성을 미국 사회에 적나라하게 드러내는 길뿐이라고 주장했다. 이제 단순한 집회를 넘어설 시간으로, 노동절이야말로 이민노동자들이 국가적 보이콧과 노동 중단을 시작할 최상의 시간이라고 역설했다. 그들은 이를 '위대한 미국의 보이콧'이라고 불렀고, 반면 다른 사람들은 '이민자 없는 하루'라고 이름 붙였다.

보이콧에 대한 요구는 국가적 연합을 분열시켰다. 가톨릭 교회, '서비스 종사자 국제연합'과 같은 주요 노동조직들, 워싱턴에 근거지를 둔 이민 로비 단체들, 민주당을 포함한 보다 온건한 지배층 쪽은 공개적으로 파업을 비난했다. 그런 공격적 행동은 백인 미국인의 분노를 살뿐더러, 의회에서 보수적 공화당원들의 반개혁적 의지를 강경하게 만들 것이라고 경고했다.

그러나 그때 이미 지도층 지도자들은 3, 4월 대규모 집회를 통해 행동으로 표출하는 방식에 눈을 뜨게 된 수백만의 라티노들을 효과적으로 통제할 수 없었다. 시카고, 로스앤젤레스, 시애틀, 덴버를 비롯하여 십여 개의 다른 도시에서 노동절 집회는 봄에 있었던 유사 사건보다 한층 더 놀랄 만한 참여를 이끌어 냈다.

파업과 보이콧 전략은 상상했던 것보다 더욱 효과적이었음이 증명되었다. 캘리포니아에서는 로스앤젤레스 항구의 트럭 운전사 중 90%가 노동절에 집에 머물렀다. 이 도시 공립학교의 출석률이 27%로 하락했다. 캘리포니아 역사상 가장 큰 농업 파업으로 인해 비옥한 센트럴과 임피리얼 밸리에 분포한 농장들이 가동을 중단했다. 이 국가의 다른 지역에 있는 타이슨 푸드, 퍼듀, 스위프트와 같은 주요 회사들은 전반적인 생산 중단을 감행하기보다는 노동자들에게 일일 휴가를 허용했다. 뉴욕 시에서는 수천 개의 라티노와 한국인 소유 가게들이 하루 동안 문을 닫으면서

워싱턴 하이츠와 브루클린의 선셋 파크와 같은 주요 이민 주거 지역이 사실상 유령 마을로 변했다.[8]

라티노 행동가 수십 명은 재정적 자원을 많이 확보하지 못한 데다 전 국가에 산발적으로 분포해 있으면서도 자신들의 전략에 강하게 반대하는 정치 기득권층 협력자들의 비판을 극복해야만 했다. 그런데 잘 알려지지 않은 이들이 어떻게 유례없는 전국적 시위를 조직해 냈을까? 그들의 역사적 성취를 충분히 이해하기 위해서는, 대규모 행진의 지도자들이 경험이 부족한 공동체 행동가들의 오합지졸이거나, 워싱턴의 진보적 정치가들과 노동조합 지도자들에 의해 지시를 받는 행동조직원이었을 것이라는 생각을 우선 버려야 할 것이다. 사실상 대규모 행진은 3세대에 걸친 라티노 지도자들의 풀뿌리 정치조직의 정점을 드러냈다. 이런 지도자들 중 많은 사람들이 미국이나 그들의 라틴아메리카 본국에서 노동조합과 농장노동자 조직의 노련한 조직책으로 경험을 쌓았다.

알폰소 곤살레스라는 정치과학자의 연구에 따르면, 이런 지도자들 중 최고령 세대는 1960년대와 70년대 치카노와 푸에르토리코 민족주의 운동의 상승 분위기에서 활동을 처음 시작했다. 예를 들어, 로스앤젤레스의 '3월 25일 연합'을 위한 미디어 전략가인 하비에르 로드리게스나 '멕시코계 미국인 정치 연합'의 회장인 나티보 로페스와 같은 핵심 조직가들은, 멕시코 이주 노동자들의 전설적인 치카노 조직가인 버트 코로나가 수십 년 전에 창설한 급진적 라티노 노동조직인 '카사: 사회자치 행동본부'CASA: Centro de Acción Social Autónoma의 회원들이었다. 아르만도 나바로

---

8) Gonzales, "The 2006 *Mega Marchas*", pp. 47~49. Juan Gonzalez, "On the Streets of New York, Solidarity Reigns", *New York Daily News*, 2006년 5월 2일.

와 카를로스 몬테스와 같은 이들은 원래 1970년 '브라운 베레모 운동'[9]에서 출발하였다.[10]

이들보다 젊은 두번째 세대는 1980년대 이민 사면과 중미 임시보호처 운동에 가담하면서 중요한 경험을 쌓았다. 예를 들어 미국 라티노 운동Latino Movement USA의 사무총장인 과테말라 출신 후안 호세 구티에레스와 산페르난도 밸리의 '멕시코 국가 단체'Hermandad Mexicana Nacional의 책임자인 멕시코계 미국인 글로리아 사우세도는 모두 1986년 이민개혁과 통제법을 이끌어 낸 불법 이민자 사면 문제에 관여했다. 구티에레스는 2006년 시위에서 가장 눈에 띄는 대변인 중 한 명이 되었다.

엘살바도르, 과테말라, 니카라과에서 오랫동안 지속된 폭력적 전쟁 속에서 살아남은 정치 행동가들은 미국으로 망명을 왔다. 이들은 보통 이곳에서 성장한 치카노, 푸에르토리코 사람들보다 경험과 자원이 훨씬 더 풍부한 조직가들이었다. 캘리포니아에 있는 '중미 자원 센터'의 앙헬라 삼브라노나, '대륙 전선'의 이사우라 리베라와 같은 인물들이 이 세대에 포함되어 있었고, 2006년 시위에서 역시 주요 역할을 담당했다.

가장 젊은 제3세대의 지도자들은 1990년대 반이민법 조치와 187조항 반대 캠페인에서 활동한 라티노 대학생 출신 지도부에서 나왔다. 이들 중 라사Laza 학생위원회의 창설자 론 고체스와 학교 졸업 후 로스앤젤레스에서 엘살바도르 이민 여성 조직자가 된 에스테르 포르티요가 있다.

---

9) 1960년대 후반 치카노 운동에서 등장한 정치적으로 극단적인 지향성을 지닌 민족주의 단체.—옮긴이

10) Gonzales, "The 2006 *Mega Marchas*", pp. 36~38. 알폰소 곤살레스는 2006년 시위의 핵심적 조직 지도들의 개인사를 추적하는 훌륭한 작업을 한다. 이들이 어떻게 로스앤젤레스에 모여서 곤살레스가 '라티노 역사적 블록'(Latino Historic Bloc)이라고 명명한 것을 형성하게 되었는가를 설명한다. 필자는 여기에 그의 주요한 조사 내용을 요약한다.

로스앤젤레스 시위 조직자들의 개인적 역사는 독특하지 않다. 여러 도시에서 수백 명의 라티노 공동체 지도자들이 미국의 정치제도에서 눈에 띄지 않게 일하면서 경험과 지식을 쌓으며 수십 년을 보냈다. 그들은 2006년 봄 히스패닉 이민자 동포들에 대한 존중을 요구하는 일에 협력함으로써 유례없는 운동을 분출시켰고 자신들의 행동을 미국 라티노 공동체 역사상 빛나는 한순간으로 바꾸었다.

그 운동은 이 나라를 망연자실케 했고, 워싱턴의 지도자들은 재빨리 센선브레너 법안을 보류시켰다. 그러나 보수적 미국인들은 분노에 차서 강하게 반발했고 2007년 이민 지지자들의 주요 목표인 포괄적 이민 개혁을 달성하려는 어떤 시도도 좌절시켰다. 매우 강력히 일어난 이 운동은 규모 큰 국가조직과 풀뿌리 단체들 사이의 논쟁에서 쉽사리 분열되었다. 워싱턴 단체들은 공화당원들과 화해를 강요했다. 지속적 합법화 프로그램의 일부 방식을 채택하는 대신, 불법체류자에 더 강력한 벌금의 부가, 새로운 초청 노동자 프로그램, 국경의 군사화를 제안했다. 풀뿌리 조직에 보다 가까운 단체들은 시민권 획득에 덜 제한적인 길을 주장했고, 더 이상의 국경의 군사화에 대해 반대했다.

반이민법 파장은 미국 역사에서 새롭지 않다. 각 신규 유입자들의 급증은 이전 정착민들 사이에서 혼란을 불러일으켰고, 정착민들은 이민자들에게 적대적 혐의를 씌우면서 주기적인 강력 단속을 정당화시켰다. 이 모습은 현재와 매우 유사하다. 현재의 이민배척주의자들의 반발은 1980년대에 시작되었고, 다른 작은 사건들이 있기는 했지만 이번이 미국 건국 이래 세번째로 큰 주요 사건이다.

현재의 이민배척주의자들이 말하는 내용의 일부는 의심할 여지 없이 사실이다. 미국에서 가장 최근의 이민은 과거의 물결과는 확연히 다르다. 1960년과 2008년 사이 합법적으로 정착한 외국인은 3,200만 명으로, 매 10년 단위로 도착하는 사람들의 비율이 지속적으로 증가했다. 여기에 현재 거주하는 1,200만 명의 불법 이민자를 포함한다면, 지난 반세기 동안 미국의 총 이민자는 4,400만 명 이상이고, 2008년과 2009년의 최근 숫자는 아직 산출되지 않았다. 현 이민 물결은 이 나라 역사 중 어느 50년간의 시기와도 규모상 비교될 수 없다. 지난 시기 중 가장 높았을 때가 1880년과 1930년 사이에 이주한 3,720만 명인데, 물론 그 시기는 이 국가의 인구 규모가 현저히 작았다. 과거의 물결과는 다르게, 새로운 이민자들의 절반은 라틴아메리카와 카리브 출신이고, 다른 4분의 1은 아시아와 아프리카 출신이다. 그들의 숫자만으로도 이식된 유럽인의 국가라는 미국의 오래된 이미지를 영원히 바꿔 놓았다.[11]

이 새로운 이민자들의 일부는 그들 이전에 도착한 유럽인과 다르고, 오늘날의 아시아 이민자들과도 다르다. 이는 그들이 범죄나 빈곤으로 전락할 타고난 성향을 지니고 있거나, 혹은 일부러 고집스럽게 영어 학습을 외면하고 미국 지배사회에 편입하기를 거부하기 때문이 아니다. 도리어 라틴아메리카나 카리브 출신 이민자들은 자연스럽게 특정한 외적 요인들에 맞섰고, 그들의 이민 시기는 미국의 국가적 삶에 통합되는 데—혹은 충분히 통합되지 못하는 데—크게 영향을 미쳤다. 유럽과 아시아 이민자들과는 달리, 라틴아메리카 사람들은 미국 제국의 뒷마당에서 중심부로, 신세계의 한 부분에서 다른 부분으로 온 경우이다. 출신국이 지리적·정치적으로 미국과 매우 가까운 탓에 유럽이나 아시아의

---

11) *Yearbook of Immigration Statistics: 2008*, pp. 6~10.

이민보다 그들의 이민이 역사적으로 훨씬 유연하고 자유로웠다. 그들은 본국과 보다 잦은 왕래와 통신을 가졌고 물리적 연결이 더 많았다. 이로 인해서 이전 이민자들보다 훨씬 더 강하게 본토 문화에 의존했다.

게다가 라틴아메리카 출신 이민자들은 미국의 지배에 오랫동안 놓여 있던 국가에서 왔기 때문에 미국 사회를 향한 태도가 세계 다른 지역 출신의 새 이민자들보다 훨씬 더 양가적이고 비판적이었다. 마지막으로, 그들의 도착 시기가 미국이 정보를 기반으로 한 후기 산업시대로 들어가는 시점이었기 때문에 이전 시대 유럽인 이민자들의 방식 그대로 동화되기에는 그들의 능력이 크게 미치지 못했다. 어떤 제약이 앞에 있더라도 라틴아메리카로부터의 이민은 이 새로운 세기가 한참 진행된 후에도 역사상 높은 수준으로 지속될 것이 명백하다. 정치적, 경제적, 인구적 힘이 이민 개혁 통제의 수위와 상관없이 발휘되기 때문이다. 이런 힘들은 다음과 같다.

1. 이민자들을 미국으로 밀어내는 라틴아메리카의 재앙적 경제위기.
2. 라틴아메리카 사람들을 이곳으로 이끄는 무지막지한 법인 회사의 글로벌화.
3. 미국의 백인 인구 출산율 저하와 고령화로 인한 저임금 라틴아메리카 노동에 대한 끊임없는 요구.

반발에서 반발로

1729년, 스코틀랜드와 아일랜드에서 처음 도착한 이민자들을 무가치하고 범죄 지향적 떼거리로 간주한 펜실베이니아의 퀘이커 교도들은 이들을 데려온 사람들을 처벌하는 법률을 통과시켰다.[12] 독립전쟁 직후 초기 개척자들의 후손들은 '본래의' 미국인들이라는 명칭을 사용해 나중에 도착한 사람들과 자신들을 구별하고자 하였다. 1840년대 대기근으로부터 도망친 아일랜드 사람들과 1848년 혁명 실패 후 가해진 탄압을 모면한 독일 노동자와 지식인들은 대규모로 이곳에 도착하기 시작했다. 이들 이민자들은 가톨릭 신자로서 이전 정착민들을 동요시켰고, 신속히 자신들의 목소리와 힘을 투표소에서 키웠다. 사실상 그들은 공립학교와 금주법에 반대하면서, 신교도 권력에 공공연히 맞서는 강력한 정치 정당들을 도시에 건립했다. 그들의 영향력 성장은 반가톨릭 신앙 편견으로 이어졌고, 새로운 반이민정당인 '부지주의자당'Know-Nothings이나 '아메리카당' American Party이 세워졌다. 부지주의자당은 미국의 신교도 뿌리를 전복시킨다는 명목으로 교황과 추종자들을 비난했다. 이 정당의 영향력은 빠르게 성장했고, 지도자들은 곧 빈민이나 범죄자의 이민 금지, 시민권 획득까지 21년 대기, 모든 공립학교에서 신교 성경의 의무적 사용, 이민자들의 공무원 임용이나 무상 토지 불하에 대한 금지를 지지했다.[13]

"그들의 가톨릭교나 무신론은 그들이 가는 어느 곳에서든 페스트를 만든다"라고 보스턴의 부지주의자당 신문은 독일인과 아일랜드인을 지목한다.[14] 1859년 뉴욕 시의 종족 그룹별 범죄 선고에 대한 한 현대 사회

12) Pastora San Juan Cafferty, "The Language Question: The Dilemma of Bilingual Education for Hispanics in America," in *Ethnic Relations in America: Immigration, The Cities, Lingualism, Ethnic Politics, Group Rights*, ed. Lance Liebman (Englewood Cliffs, N.J.:Prentice-Hall, 1982), p. 106.

13) Carl Wittke, *Refugees of Revolution: The German Forty-eighters in America* (Philadelphia: University of Pennsylvania Press, 1952), p. 185.

14) Ibid., p. 182. Westbote, 1854년 7월 28일; *New Yorker Staatszeitung*, 1854년 4월 1일 인용.

<표 8> 1859년 뉴욕 시의 종족별 범죄 선고

캐나다	80
스코틀랜드	118
영국	666
독일	1,403
아일랜드	11,305

(단위: 건수)

학자의 고찰(표 8)은 어떤 그룹이 사회에 가장 위협적으로 비춰지는지 확실히 말해 준다.[15]

이민배척주의자들은 새 이민자들에게서 발견되는 높은 정신이상 비율에 대한 연구서를 출판한 에드워드 자르비스Edward Jarvis와 같은 우생학자들의 증가를 통해 자신들의 편견을 학문적으로 입증하고자 했다. 1855년 신시내티, 콜럼버스, 루이빌에서 부지주의자당과 독일 이민자들 사이에서 참혹한 폭동이 일어났다. 그때까지 부지주의자당은 그들의 단단한 지지 기반을 바탕으로 7개 주에서 주지사직 혹은 입법부를 장악했다. 그들의 신랄한 반대자인 호러스 그릴리Horace Greeley 편집장은 75명의 의원이 이 당과 연관되어 있다고 추정했다.[16] 노예제도를 둘러싼 남북 간의 격렬한 논쟁만이 결국 움터 가는 이민배척주의 운동을 잠재웠다. 부지주의자당은 이 사안에 관해 의견을 달리했고, 1857년 분열되어 시아에서 사라졌다.

---

15) Joseph Fitzpatrick, *The Stranger Is Our Own: Reflections on the Journey of Puerto Rican Migrants* (Kansas City: Sheed & Ward, 1996), pp. 99~100.

그 다음 이민배척주의의 물결은 1890년대 즈음 시작되어 30년 이상 지속됐다. 이 시기 이민자 희생양은 남부와 동부 유럽에서 온 사람들이었다. 이탈리아와 슬로바키아 출신 사람들과 폴란드와 러시아의 유대인들이었다. 새로운 세대의 우생학자들이 사회적 다윈주의에 기반을 두고 또다시 이민자와 흑인을 열등한 사람들로 공포했을 때, 오래된 정착민들은 인종차별주의 이론을 또다시 적극 지지했다.

그들 중에 1922년 '이민과 귀화에 대한 백악관 위원회'에 고문으로 임명된 해리 로플린Harry Laughlin 박사는 이민 반대 시각을 주창하기 위해 연방 병원과 주 병원에 다니는 외국 출생인이 미국인보다 3배 높은 정신병을 지니고 있다고 의회에 보고했다.[17]

"유럽 정부는 부주의하지만 환대를 아끼지 않는 부유한 미국에 자신들의 감옥과 정신병원의 쓰레기 더미를 쏟아 버릴 기회를 가졌다"라고 이 시기의 한 전형적인 작가가 고발했다.

결과는 새로운 이민이다……. 지중해와 발칸 분지의 가장 낮은 지층에서 끌어모은 모든 인종 출신의 사람들, 나약하고, 절망하며, 정신적으로 손상당한 이들과 함께, 폴란드 유대인 지구로부터 복종당한 한 무리의 비참한 사람들이 점점 더 많이 건너온다. 우리의 감옥, 정신병원, 빈민구제소는 이 인간 표류물들로 가득 채워져 있다. 미국인 삶의 전체적 색조, 사회적·도덕적·정치적 색조는 이들에 의해 낙후되고 저속해진다.[18]

---

16) Wittke, *Refugees of Revolution*, p. 178.

17) Portes and Rumbaut, *Immigrant America*, pp. 159~164.

18) Michael Novak, *The Rise of the Unmeltable Ethnics: Politics and Culture in the Seventies* (New York: Macmillan, 1972), p. 86.

이 대중적 항의에 고개를 숙이며, 의회는 인종에 근거한 국가별 할당제도를 만들어 미국 역사상 가장 제한적인 이민법을 통과시켰다. 놀랍지 않게도, 이 시기는 남부 흑인들에 대한 강력한 억압의 시기이기도 했다. 왜냐하면 이민 반대 소요는 항상 반흑인 편견의 흐름과 고조를 맞추기 때문이다. 큐클럭스클랜Ku Klux Klan[19]은 600만으로 부풀었고, 짐 크로Jim Crow 법[20]은 남부에서 시행되었다. 1919년 74명의 흑인이 린치를 당했다.[21]

거의 한 세기가 지난 후, 미국은 또 다른 이민배척주의자의 물결에 휩싸이는데, 이것은 1980년대 '마리엘 난민 보트 탈출'Mariel boat lift 사건 이래로 열기를 더해 가고 있다. 그 해, 『타임』지는 1980년대가 '히스패닉의 시대'가 될 것이라고 공표하면서 중산층 미국을 놀라게 한 반면, 『포린어페어스』Foreign Affairs지는 1968년에서 1977년까지 "미국에 온 합법적, 불법적 이민자의 50% 혹은 그 이상이 스페인어라는 단일 외국어를 사용하는 그룹"이라면서 영향력 있는 구독자들에게 경각심을 불러일으켰다.[22]

5년 후, 전 콜로라도 주지사 리처드 램Richard Lamm은 그의 『이민 시대 폭발』The Immigration Time Bomb이라는 잘 알려진 책에서 히스패닉 이민 반대 운동을 착수했다. "우리들 대부분은 미국이 모르는 사이 오늘날과 다

---

19) 사회 변화와 흑인의 동등한 권리를 반대하며 폭력을 휘두르는 미국 남부 주들의 백인 비밀 단체.―옮긴이

20) 공공장소에서 흑인과 백인의 분리와 차별을 규정한 미국의 법.―옮긴이

21) Ibid., p. 86. Harold Cruse, *Plural But Equal: Blacks and Minorities in America's Plural Society* (New York: William Morrow, 1987), pp. 104~105.

22) Michael Teitelbaum, "Right Versus Right: Immigration and Refugee Policy in the United States", *Foreign Affairs* 59, no. 1 (Fall 1980), pp. 26~27.

르게 변화하는 것을 원치 않을 것이다"라고 썼다. "그러나 만약 동화되지 않은 이민자가 미국을 바꿀 힘을 지니고 있다는 사실이 믿기지 않는다면, 플로리다 데이드 카운티의 마이애미에 가 봐야 한다"라고 말한다. 그는 거기서 영어 사용 백인 미국인이 도망치고 있고, 흑인 미국인들은 "문화 충돌, 자신의 국가 안에서 외국인이 되는 감정"[23]의 희생자가 되었다고 말한다. 램은 새로운 이민자들이 이전 물결과는 달리 동화에 저항적이고 범죄의 증가에 책임이 있다며 처음 비난하고 나섰던 유명한 미국의 지도자들 중 한 명이다.

램의 책이 나온 지 얼마 지나지 않은 1986년 당시 이민을 감소시키려는 연방정부의 첫 시도인 '이민 개혁과 통제 법령'IRCA이 와이오밍 상원의원인 앨런 심슨Alan Simpson의 발의를 통해 통과되었다. IRCA는 장기간 불법 노동자에게 사면 프로그램을 제공하는 동시에 불법 노동자를 고용한 고용주에게 높은 벌금을 부과했다. IRCA는 이미 미국에 있는 260만 명의 이민자를 합법화시켰지만, 불법 입국의 흐름을 근절시키지는 못했다.

이 실패는 상당 부분 정부의 실수 탓이다. 연방 공무원들은 국경 입국 저지 프로그램을 강화했지만, 불법 노동자들을 모집하고 고용함으로써 공공연히 법을 어기는 고용주들을 신속히 감소시키지 못했다. 1989년과 1994년 사이, 정부 규모를 감축하기 위한 정책의 일환으로 INS는 고용주 단속 강화에 배치된 직원의 수를 반으로 줄였다. 예상대로 벌금형의 횟수도 같은 정도로 반감됐다. 1994년 INS는 2,000건 미만의 사건을

---

23) Richard D. Lamm and Gary Imhoff, *The Immigration Time Bomb: The Fragmenting of America* (New York: Truman Talley Books, 1985), pp. 85, 93.

처리했고, 3만6,000건을 미처리로 남겨 두었다.[24]

　IRCA의 부적절한 활동에 대한 대응으로, 멕시코 국경 지역에 거주하는 백인들은 통제 불능의 이민으로 인한 좌절감을 행동으로 드러내기 시작했다. '국경을 밝혀라'와 같은 자경단 운동이 생겨났고, 남부 캘리포니아에 살고 있는 시민 그룹들은 밤에 모여 국경을 향해 차량 헤드라이트를 켜고 불법적으로 월경하는 멕시코 사람들을 저지했다. 어떤 경우에는 백인 우월론자 그룹들이 이민자들을 공격하기까지 했다.[25]

　외국인의 위협 이야기가 확산되면서 정치인들이 반응했다.[26] 팻 뷰캐넌Pat Buchanan은 2차 세계대전 이래 반이민 공약으로 선거운동을 펼친 첫 대통령 주요 후보로 1992년 공화당 예비선거에 나섰다. 2년 후, 공화당원들은 그의 견해를 '미국과의 계약'Contract with America이라는 정책강령 문서에 반영했다. 1995년 또 한 권의 요란하게 선전된 책, 피터 브림로Peter Brimelow의 『외국인 국가』Alien Nation는 한층 더 극단적인 태도를 취하고 있다. 브림로는 우리의 '백인 국가'가 통제 불능의 제3세계 이민으로 인해 전복되고 있다고 경고한다. "세계의 전 역사상 국가의 종족적 성격을 두고 이렇게 빠르게 근본적인 변화를 겪는 주권국에 대한 선례가 없

---

24) *Washington Post,* 1995년 2월 2일, "INS 'Enforcement Deficit' Tied to Law; Voluntary Compliance Provision Fails to Deter Hiring of Illegals".

25) "Sealing Our Borders, the Human Toll", American Friends Service Committee, pp. 6~7.

26) "The Browning of America", *New York Times,* 1990년 4월 9일. "A Land of Immigrants Gets Uneasy About Immigration", *New York Times,* 1990년 10월 14일. "Calculating the Impact of California's Immigrants", *Los Angeles Times,* 1992년 1월 8일. "A Flood of Illegal Aliens Enters U.S. Via Kennedy", *New York Times,* 1992년 3월 18일. "Fixing Immigration", *New York Times,* 1993년 6월 8일. "Politicians Discovering an Issue: Immigration", *New York Times,* 1994년 3월 8일.

다"라고 그는 주장한다.[27] 다른 포퓰리스트 보수주의자들과 더불어 브림로는 1965년 '이민과 통제 법령'을 통해 제3세계 이민자에게 수문을 열어 준 사안을 두고 의회의 진보적 민주당원들을 비난했다. 그는 1920년대식의 비용 삭감을 요구했고 사회적·인종적 퇴화로부터 백인 미국을 구하기 위해 이민에 거의 전면적인 모라토리엄을 요구했다.

브림로나 뷰캐넌의 견해는 우파 라디오 토크쇼 사회자들에 의해 불이 붙어 중앙부까지 퍼져 나갔다. 그 결과 1996년 이민법들이 쏟아져 나왔을 뿐 아니라, 이어서 멕시코와의 국경이 사실상 군사화되었고 합법적 이민자 할당 비율이 대폭 삭감되었다. 합법적 영주권이나 시민권을 신청하는 사람들에게 부가되는 경제적 제재나 비용이 급격히 늘어났고 가벼운 범죄를 저지른 비시민권자들의 송환 과정이 더 빠르게 처리되었다.

예를 들어, 필자는 1997년 뉴욕 시에 수십 년을 합법적 시민으로 거주해 온 기업가인 헤수스 코야도의 이야기를 전했었다. 그 해 4월, 그는 자신의 고향인 도미니카공화국의 가족을 방문하고 집으로 돌아오던 중 케네디 공항에서 INS에 의해 체포되었다. INS는 즉시 그를 송환시키고자 했는데, 이유는 그가 1974년 미성년자 성폭행으로 뉴욕 법정에 기소되었던 사실 때문이었다. 그는 당시 17살이었고 미성년자는 15세의 여자친구였다. 그 소녀의 어머니는 코야도 가족의 이웃이자 친구였는데, 법정에서 그들의 관계를 막기 위해 그에게 죄를 뒤집어씌웠다고 인정했다.

---

27) 브림로는 적어도 라틴아메리카 국가 중 하나인 파나마가 1900년대 초기 미국에 의해 인종적, 종족적 성격이 전체적으로 바뀌었다는 사실에 관해 확실히 알지 못한다. 이 시기에 미국은 파나마 운하를 건설하기 위해 서인도제도에서 대규모로 사람들을 데려왔다. Peter Brimelow, *Alien Nation: Common Sense About America's Immigration Disaster* (New York: Random House, 1995), p. 57 참조.

판사는 이 사건이 성폭행이라기보다는 10대들의 애정 문제에 해당된다고 밝히면서 코야도에게 집행유예를 선고했다. 그 후 23년 동안 코야도는 법률에 저촉되는 행동을 한 적이 없다. 그동안 그는 다른 누군가와 결혼을 했고 4명의 자녀를 키웠다. 그중 두 명은 대학을 졸업해 레스토랑을 성공적으로 운영하고 있다. 그러나 INS는 23년 전 경범죄를 들어 그를 위험인물로 송환하고자 했던 것이다.[28]

그가 이민 감옥에서 7개월을 보낸 후에야 몇몇 뉴욕 의원이 중재에 나섰고 하다못해 보석으로라도 그를 사면하도록 사법부를 설득했다. 그러나 과거에 법적으로 작은 문제가 있었던 다른 수천 명의 합법적 시민들은 합법적 시민인 아내와 아이들이 있었음에도, 그처럼 운이 좋지 못했다.

2006년의 대규모 이민법 반대 시위의 결과로, 부시 행정부는 '불법체류자 강제송환 조치'Operation Wetback 시기 이후 가장 큰 규모로 불법이민자 검거와 송환을 실시하는 정부 운동을 시작했다. 거의 90만 명이 2006년에서 2008년 사이 이민세관국에 의해 송환되었다. 이는 2001년에서 2003년 사이 송환된 인원의 거의 세 배에 달했다.

이민세관국 직원들에 의한 군대 방식의 검거가 많은 저임금 공장과 가난한 라티노 주거지역에서 빈번히 횡행해 뉴스 미디어는 가장 큰 사건들을 제외하고는 방송에 내보내기를 곧이어 중단했다. 유명 회사들에서 벌어진 저인망 작전은 흔히 가장 큰 관심을 끌었지만, 더욱 놀랍고 끔찍

---

28) Juan Gonzalez, "INS Fouls with a '74 Strike", *New York Daily News,* 1997년 9월 7일. 코야도는 결국 대중들이 압력을 행사한 결과 풀려났다. Juan Gonzalez, "Learning from Immigrant's Saga", *New York Daily News,* 1997년 10월 26일 참조.

한 일은 무장한 이민세관국 직원 팀이 '외국인 범죄자'를 수색하려고 수천 가구의 일반 가정을 동트기 전에 습격하거나, 폭력적인 갱 단원을 잡기 위해 마을 전체에 행동 제한 명령을 내린 사례들이었다.

노동 현장 검거 작전

2002년에서 2006년 사이 불법 이민자를 노동 현장에서 체포하는 경우가 485건에서 3,667건으로 750% 급상승했다. 2007년 4,077건에서 2008년 5,184건으로 상승한 것이다.[29] 초기의 수많은 검거에서 수백 명의 이민 부모들은 가족이나 학교에 전화해 그들의 아이들을 돌보게 할 차후 조치를 취할 틈도 없이 즉결 심판을 받고 멀리 떨어진 연방 구류 센터에 급히 보내졌다. 이런 행위가 대중의 분노를 자극했기 때문에 이민세관국 공무원들은 어린아이들이 있는 어머니들의 경우, 인본적 차원에서 전자 팔찌를 채워 송환 명령이 있을 때까지 임시로 풀어 주었다. 여전히 대다수 미국 시민권자인 수천 명의 아이들은, 구류 후 송환된 그들의 불법체류자 부모와 수개월간 혹은 영원히 헤어졌다.

　어떤 경우 지방 공무원들은 곧 있을 검거에 대해 사전 경고를 받지 못했고, 그래서 이로 생긴 경제적 손실과 이민세관국 행동이 지방 이민 공동체에 공포심을 야기한다고 공공연히 비난했다. 예를 들어, 2006년 12월 아이오와 주 마셜타운의 스위프트 앤 컴퍼니 고기 공장에서 수십 건의 검거가 발생한 후, 아이오와 주 주지사인 톰 빌색은 국토안보부 장관 마이클 처토프에게 검거가 "잘못이 없는 많은 사람들에게 부당한 어

---

29) U.S. Immigration and Customs Enforcement 2008 Annual Report, p. 17.

려움을 안겼고 정부에 대한 분노와 불신을 더욱 증폭시켰다"고 강력히 경고했다.

가장 극적인 검거를 고르자면 다음과 같다.

2006년 12월 16일. 수백 명의 이민세관국 직원이 미네소타의 워딩턴, 콜로라도의 그릴리, 텍사스의 캑터스, 네브래스카의 그랜드 아일랜드, 유타의 하이럼, 아이오와의 마셜타운에 있는 6개의 스위프트 정육포장 공장에 비상경계선을 설치했다. 그들은 이 행위를 '왜건 트레인 작전'이라고 명명했다. 직원들은 공장문을 내리고 모든 직원을 심문했고, 결국 이민법 위반으로 1,282명을 붙잡았다. 붙잡힌 사람들은 멕시코, 과테말라, 온두라스, 엘살바도르, 페루, 라오스, 수단, 에티오피아 출신 노동자였다. 65명이 신원 도용과 관계된 중범죄로 강력 처벌되었다.[30]

2007년 1월 24일. 직원들은 노스캐롤라이나의 타 힐에 있는 스미스필드 포크와 주변 마을에서 28명의 노동자를 체포했다. 다른 근무조에 속한 수백 명의 노동자들이 일자리를 버리고 체포될 두려움 때문에 이 마을에서 도망쳤다.[31]

2007년 3월 6일. 대부분 여성 노동자인 360명 이상의 사람들이 군대용 배낭과 장비를 제조하는 매사추세츠 뉴베드퍼드의 마이클 공장에서 체포되었다. 노동자들은 이민법 위반으로 기소되었다.

2007년 5월 23일. 미주리 버터필드의 가금류 공장인 조지스 프로세싱

---

30) Julia Preston, "Immigrants' Families Figuring Out What to Do after Federal Raids", *New York Times,* 2006년 12월 16일.

31) "Smithfield Immigration Raid", WECT News 6 2010년 5월 12일, http://www.wect. com/Global/story.asp?S=6972760&nav=2gQc().

사에서 백 명 이상의 직원이 붙잡혀서 송환을 위해 수감되었다.[32]

2007년 6월 12일. 오리건의 포틀랜드의 프레시 델몬트 생산공장에서 165명 이상이 체포되었다. 세 명이 신분 사기 범죄로 기소되었고, 다른 이들은 송환을 기다리는 이민 구류소로 보내졌다.[33]

2008년 4월 16일. 아칸소의 베이츠빌, 플로리다의 라이브오크, 테네시의 채터누가, 텍사스의 마운트 플레전트, 웨스트버지니아의 무어필드에 있는 다섯 개의 필그림스 프라이드 가금류 공장에서 직원들이 동시 검거작전을 펼쳤고 이민법 위반으로 317명을 체포했다.[34]

2008년 5월 12일. 아이오와 포스트빌의 애그리프로세서스 코셔용 육류포장 공장에서 390명 이상의 노동자가 붙잡혔고 그들의 송환이 임박했다.

2008년 7월 23일. 노던오하이오에 있는 8개의 멕시코 레스토랑에서 이민세관국 직원에게 기습 검색을 당해 58명의 불법 이민자가 체포되었다.

2008년 8월 25일. 미국 역사상 가장 큰 노동현장 급습으로, 이민세관국 직원이 미시시피 주 로렐의 하워드 인더스트리 공장을 에워싼 채 들어갔다. 이 공장의 직원 800명 중에서 595명을 검거했고 거의 대부분이 라티노였다. 구류된 사람들 중에서 오직 9명만이 신분 도용으로 연방법원에 기소되었다. 어린아이들의 유일한 보호자인 백여 명의 어머니들은 나중에 전자 팔찌를 차고 인본적 차원에서 풀려났고 송환을 기다리고

---

32) "Federal Agents Arrest More Than 100 for Immigration Violation in Missouri Raid," Jurist Legal News and Research, University of Pittsburgh Law School (2010년 5월, http://jurist.law.pitt.edu/paperchase/2007/05/federalagents-arrest-over-l00-for.php).

33) "More Than 165 Arrested in Immigration Raid", *Los Angeles Times*, 2007년 6월 13일.

34) National Network for Immigrant and Refugee Rights, "2008 Chronology of ICE Raids", pp. 4~5 (2010년 5월 12일, http://www.nnirr.org/hurricane/RaidsChronology.pdf).

있다. 약 475명의 노동자는 루이지애나 주 지나의 연방 구류 센터로 보내졌다.[35]

라티노 주거지역에서 증가하는 공포감

연방정부의 예외적인 강력 단속 가운데 중무장한 연방 직원들이 동트기 전 급습을 감행하는 방식이 더욱 확산되는 경향이다. 잘 알려지지 않은 두 개의 국토안전부 작전인 공동체 방어 작전Operation Community Shield, 국가 탈주자 검거 작전 프로그램National Fugitive Operations Program을 통해, 이민세관국 직원들은 전국에 걸쳐 라티노 주거공동체 수십 곳의 거리를 전면 출입 통제했고, 종종 영장 제시 없이 개인 주택에 침입하기도 했다. 이런 급습의 표면적 목적은 폭력적 갱 단원이나 성폭력 위험인자로 수배 상태에 놓인 불법 이민자를 체포하는 것이었다.

예를 들어, 탈주자 검거 작전 프로그램으로 2003년에서 2008년 사이 9만 6,000명 이상이 체포되었다. 그러나 이민정책 연구소의 연구에 의하면, 이 사람들 중 73%는 범죄 선고를 받지 않았다. 2007년 이 프로그램을 통해 체포된 사람들 중 40%가 단지 '통상적인 시민법 위반자'였다고 이 연구는 밝혔다. 다시 말하면, 위험한 탈주자를 검거하기 위해 의회에서 계획한 이 프로그램은 이민세관국 직원이 개인 가정을 습격해 불법 이민자를 체포하는 것으로 상당 부분 변질된 셈이다.[36]

---

35) "Nearly 600 Detained in Mississippi Immigration Raid", USA Today, 2008년 8월 26일 (2010년 5월 9일, http://www.usatoday.com/news/nation/200808-26-raid-miss_N.htm).

36) Margot Mendelson, Shayna Strom, and Michael Wishnie, "Collateral Damage: An Examination of ICE's Fugitive Operations Program", Migration Policy Institute, 2009

게다가, 이런 급습으로 검거된 이민자와 미국 시민을 대상으로 직원들이 지나치게 자주 저지르는 무자비한 헌법 남용은 라티노 지도자들과 시민권 옹호자들을 분노하게 만들었다. 카르도조 법대의 연구원들은 뉴욕과 뉴저지 지역의 이민 검거 기록과 미국 전역의 법원 사례를 검토해, "제4 개정안을 위반한 가정 급습 작전 동안 이민세관국 직원에 의한 불법 침입의 수준이 허용 기준을 넘어섰다"고 밝혔다.[37]

이 보고서는 "이민세관국 직원들 이야기는 끝도 없다, 행정적 영장 하나 달랑 들고 무장한 채, 소리치고, 문을 두드리며, 동트기 전 새벽 가정집에 침입한다. 주민들이 문을 잠가 놓았으면 막무가내로 들어가거나, 그렇지 않으면 창문을 타거나 발로 문을 걷어찬다"라고 이야기한다.

2009년 초, 애리조나에서 전직 국토안전부 공무원인 지미 슬로터는 이민세관국을 상대로 소송을 제기했다. 진술서에서 그는 "초인종이 울렸을 때 나는 집에 아내와 있었다. 내가 문을 열었을 때, 제복을 입은 약 7명의 이민세관국 직원들이 장비와 총을 들고 내 집 앞에 서 있는 것을 보았다……. 서류를 보기 위해 문을 열었을 때, 5명의 직원이 집 안으로 들어왔다. 그리고 직원들이 내 아내에게 '우리' 거실의 중앙에 서 있으라고 말했다. 아무도 그들에게 영장이 있다고 말하지 않았다"[38]라고 주장했다.

카르도조 연구원들이 검토한 500여 건이 넘는 뉴욕과 뉴저지의 체포 기록을 보면, 직원들은 집에 들어올 때 동의를 구하지 않았다. 연구원들은 뉴저지의 이민세관국 직원들이 "그들의 보고서에 동의를 위조해 기

년 2월, Executive Summary, 1-2 (2010년 4월 15일, http://www.migrationpolicy.org/pubs/NFOP_Feb09.pdf).

37) Chiu, Egyes, Markowitz, and Vasandani, "Constitution on ICE", p. 10.

38) Ibid., pp. 16~17.

록했거나 동의라는 합법적 요구사항을 이해하지 못했다"라고 결론지었다. 예를 들면, 뉴어크 탈주자 검거 작전팀의 한 직원은 그들이 "문을 두드려서" 아파트에 "접근을 했고, 흔드는 강도에 따라서 문이 열렸다"[39]라고 보고서에 작성했다.

게다가 검거에서 체포된 사람들 중 3분의 2는 직원들이 찾던 외국인 범죄자가 아니었다. 대부분 이 과정에 휩쓸린 민간 이민법 위반자였다. 이런 급습 대상자의 66%만이 라티노였지만 이렇게 부수적으로 체포된 사람들의 90% 이상이 라티노였다. 이것은 히스패닉을 불균형적으로 많이 겨냥했음을 시사한다.[40]

2007년 3월 샌프란시스코 북쪽 외곽 공동체인 산라파엘의 이민법 검거 이후, 마을 시장인 앨보로는 다이앤 파인스타인 상원의원에게 편지를 써서 이민세관국 직원들이 주민들을 '불안 상태'로 만들었다고 항의했다. 보로는 "한밤중, 새벽 5시에 가정집 사람들을 깨우는 것은 법 집행의 필요라기보다는 공포를 조장하는 전술같이 보인다"라고 경고했다.[41]

지방의 열성적인 공무원들이 불법 이민자를 표적으로 그들 자신의 법과 정책을 집행한 지역들에서, 연방의 강력한 단속은 훨씬 더 심각한 결과를 낳았다. 예를 들어, 2007년 7월 펜실베이니아의 헤이즐턴이라는 마을은 '비합법적 외국인'을 고용한 지역사업체에게 벌금을 물리는 법령과, 이 마을에서 아파트 입주 시 "합법적 시민권이나 영주권을 지녔다는 증거"를 제시하게 만드는 법령을 채택했다. 헤이즐턴의 시장인 조 바를

---

39) Ibid., pp. 9~10.
40) Ibid., p. 12.
41) Jesse McKinley, "San Francisco Bay Area Reacts Angrily to Series of Immigration Raids", *New York Times,* 2007년 4월 27일.

레타는 이것이 불법 이민자를 몰아내기 위한 노력이라고 공공연하게 선언했다. 몇 달 후 연방 판사가 이 법을 번복했지만, 바를레타는 미디어의 명사가 되었고, 이민에 관한 강경한 입장으로 인해 우파 토크쇼 진행자들 사이에서 영웅이 되었다.

폭스 뉴스와 기타 보수적 미디어에서 더 큰 인기를 누린 대중적 영웅은 피닉스와 그 주변의 교외지역을 담당하는 애리조나 주 마리코파 카운티의 보안관인 조 아파이오다. 아파이오는 자신을 '미국에서 가장 엄격한 보안관'이라고 불렀다. 죄수들에 대한 가혹한 대우와 이민 공동체를 향한 저인망 수사로 인해 그는 현대의 이민배척주의자들에게 환영받았다.

그러나 보수적인 골드워터 연구소조차 아파이오의 정책을 비난했다. 2008년 12월 발행된 연구소의 정책 보고서는 아파이오가 "불법 이민자 정책에 자원을 대규모로 전환할수록——대부분 경찰 부서가 있는 피닉스나 메사와 같은 공동체에——잔혹한 범죄율, 치솟는 검거율, 시민들의 도움 요청 전화를 받는 데 걸리는 시간이 같은 비율로 증가한다"[42]라고 신랄하게 혹평했다.

골드워터 연구소가 이 보고서를 발행한 직후, 뉴욕타임스 논설 블로그는 아파이오를 "재소자 학대, 정당하지 못한 체포, 인종별 프로파일링, 잔인하고 서툰 치안활동, 낭비적 지출을 통해 잘 문서화된 긴 자취를 남긴 진짜 공적인 위협"[43]이라고 딱지를 붙였다.

---

42) Clint Bolick, "Mission Unaccomplished: The Misplaced Priorities of the Maricopa County Sheriff's Office", Goldwater Institute, Policy Report No. 229, 2008년 12월 2일, p. 9 (2010년 5월, http://www.goldwaterinstitute.org/Common/Img/Mission%20Unaccomplished.pdf).

43) "America's Worst Sheriff", New York Times, December 31, 2008년 12월 31일 (2010년 5월, http://theboard.blogs.nytimes.com/2008/12/31/americasworst-sheriff-joe-arpaio/).

2010년 애리조나 주 입법부의 대다수가 아파이오식 접근을 받아들여 '거주신분 증명서류 제시'법이라고 알려진 상원 법안 1070조항을 통과시켰다. 이 법은 지방법 집행 경찰관들이 불법적 체류자로 의심되는 누구라도 세워서 질문하고 개인의 법적 지위의 증거를 요구하며, 만약 그 사람이 증거가 없다면 체포할 수 있는 권한을 갖도록 허용했다. 2005년의 센선브레너 법안처럼 새로운 애리조나 법은 전국적으로 라티노들의 맹렬한 분노를 일으켰다. 그러나 이번에는 이 법안을 새로운 '인종별 프로파일링' 방식으로 파악한 많은 아프리카계 미국인과 심지어 온건한 백인 지도자들도 반대 의사를 표명했다. 이미 미국 시민이 된 수백만 명의 라티노들을 포함한 반대자들은 도대체 무슨 근거로 한 개인이 이 나라에 불법적으로 있다는 '의심'을 '합리적으로' 할 수 있느냐고 항변했다. 2010년 7월 한 지방법원 판사가 대법원 상고가 예상되는 사례를 가지고 이 법의 핵심 조항에 역행하는 예비 명령을 발표했다. 아파이오와 애리조나는 셀마의 보안관 불 코너와 앨라배마 주가 1960년대 흑인들에게 그랬던 것처럼 똑같은 방식으로 라티노에게 곧 편협의 상징이 되었다.

많은 라티노 지도자들은 처음에 오바마 대통령이 부시 대통령하에서 성행하던 이민 검거의 부정적 측면을 바로잡기를 기대했다. 백악관을 향한 유세기간 동안, 오바마는 그런 강력 단속을 반복적으로 비난했고 라티노 지도자들에게 대통령직 첫해에 포괄적 이민법을 모색하겠다고 약속했다.

그러나 2010년 3월, 좌절한 라티노 지도자들은 공공연히 새로운 행정부의 이민정책을 맹비난했다. 그들은 오바마 대통령의 첫해 동안 38만 7,000명이라는 기록적인 인구수가 이 나라에서 제외되었고, 이는 부시 행정부 첫해의 36만 9,000명을 넘어선 것이라고 지적했다.

"이는 부시 행정부 때 우리가 시위를 통해 반대한 법집행 행위와 똑같다"라고 로스앤젤레스의 '인본적 이민자 권리를 위한 연합'Coalition for Humane Immigrant Rights의 책임자인 앙헬리카 살라스는 주장했다. 그녀는 오바마 집권하에서 3만 2,000명 이상이 항상 이민 구류 시설에 수감되어 있다고 지적했다.[44]

신화와 현실

이민배척주의자들과 우생학자들이 편견적 신화와 고정관념을 다시 환기해 라티노 반대 열풍을 불러일으키는 방식을 보면, 오늘날 대규모 송환에 라틴아메리카 사람들을 표적으로 삼는 것은 놀랄 만한 일도 아니다.

신화 1: 라틴아메리카사람들은 복지 혜택을 입기 위해 미국에 온다.
현실: 노동참가율——노동하는 사람들이나 활발히 구직하는 사람들의 비율——은 미국 태생의 미국인들, 그리고 종종 다른 이민자들보다도 라틴아메리카 이민자들이 월등히 높다.
라티노 이민자들은 미국 태생 미국인보다 노동 참여 성향이 강하다. 그뿐만 아니라, 최근 캘리포니아 연구에 의하면 서부 멕시코 출신 이민자 전체의 절반은, 합법적이든 불법적이든, 미국에 체류한 지 2년 내에 집으로 돌아가고, 3분의 1 이하가 이곳에 십 년을 머문다.[45] 멕시코인들

---

44) Marcelo Ballve, "Immigrant Advocates Say Immigration Enforcement Worse under Obama", New America Media, 2010년 5월 9일 (2010년 5월 13일 http://news.newamericamedia.org/news/view_article.html?article_id=d38b64db97575bad4c6cc1550ge31 049).

이 전체 히스패닉 이민자들의 거의 60%를 이룬다는 사실을 잊지 말아야 한다.

신화 2: 라티노 이민자들은 교육과 정부 서비스의 공공 자원을 고갈시킨다.

현실: 수많은 연구에 의하면 미국의 이민자들은 세금과 사회보장에서 미국 사회에 거대한 공헌을 하고 있다. 주요 문제는 이러한 공헌이 연방정부와 지방정부 사이에서 불균등하게 분배된다는 점이다.

예를 들어, 뉴욕 주 이민자들 대다수인 라티노들은 1995년 인구의 17.7%를 형성하는데, 주의 개인 수입 중 17.3%를 벌었고 사회보장을 포함해 연방세와 주세, 지방세는 전체의 16.4%를 지불했다. 문제는 이런 세금의 69%가 연방정부로 가고, 오직 31%만이 이 지역의 금고에 남는다는 것이다. 이와 유사한 1990~1991년 로스앤젤레스 카운티의 불법 이민에 관한 연구에 의하면, 이들은 30억 달러의 세금을 지불했지만 이 돈의 56%가 워싱턴으로 간 탓에 이 카운티의 불법 이민 인구에 들어가는 보건, 교육, 법률 시행, 사회 서비스의 지역 비용은 이민자들의 공헌을 훨씬 넘어섰다.

간단히 말해, 젊은 이민 노동자들은 오늘날 연방 예산과 미국 노동자들의 사회보장 혜택을 지불하고 있는 반면, 지방정부들이 이런 이민자들을 위한 서비스의 사회적 비용을 지불할 부담을 지고 있다. 주 정부는 불법 이민자들에 해당하는 비용에 대해 연방기금의 할당액을 받지 못한다.

---

45) Belinda I. Reyes, "Dynamics of Immigration: Return Migration to Western Mexico", Public Policy Institute of California, 1997년 1월 28일.

<표 9> 1990년 이민자 그룹별 노동참가율[46]

출신국	미국에서의 노동력 인구 비율
미국 평균	65.3%
구소련	39.7%
캐나다	52.1%
일본	54.2%
영국	57.3%
도미니카공화국	63.8%
멕시코	69.7%
콜롬비아	73.7%
인도	74.6%
니카라과	74.7%
과테말라	75.7%
엘살바도르	76.3%
필리핀	76.3%

많은 이들이 자격을 갖추지 못했거나 심지어 공식적으로 파악되지 않기 때문이다.

게다가 뉴욕의 연구에 의하면, 1995년에 합법적 시민이 백만 명의 이민자가 이 주에서 일인당 개인 수입 2만 3,900달러를 벌었고, 8,600달러의 세금을 지불했는데, 이는 이곳 태생 미국인의 1만 8,100달러보다 6,500달러가 많은 액수였다. 이들이 합법적 시민권자든, 합법적 영주권자든, 혹은 정치 망명자든 상관없이, 합법적으로 미국에 거주하고 있는 외국 태생의 280만 명은 평균 6,300달러의 세금을 지불했는데, 이는

---

46) Portes and Rumbaut, *Immigrant America*, p. 68.

이곳 태생 미국인보다 약간 적은 액수였다. 문제는 외국 태생 이민자의 16%에 해당하는 대략 54만 명의 불법 이민자가 현저히 낮은 평균 임금 1만 2,100달러를 받았고, 2,400달러의 세금을 냈다는 점이다. 저임금 지하경제에 묶여 있는 이 불법 이민자들은 정부에 노출되지 않은 채 세금을 거의 지불하지 않는다. 사회적 서비스의 일반적인 영역 전체를 이용할 수 없고 이용하지도 않는다. 그들 중 다수는 합법화되는 대가로 흔쾌히 세금 몫을 지불하려 들 것이다.[47)]

공립학교와 보건제도는 합법적, 불법적 이민자들 모두가 광범위하게 이용하는 정부 서비스의 두 영역으로, 이민자들이 국가의 자원을 고갈시킨다는 주장의 핵심 대상이 되어 왔다. 이 이론의 주창자들은 2,000만 외국 태생 거주자들 대부분이 1990년대 그들 인생에서 가장 노동강도가 높은 시기에 미국에 왔다는 사실을 거의 언급하지 않는다, 가장 명석하고 야심차며 자질이 넘치는 시민들이 미국으로 떠나게 되면 그들의 국가는 교육비를 투자한 인적 자본으로부터 혜택을 거둘 기회를 놓치고 만다. 반면, 미국은 교육 투자의 필요성이 전혀 없는 젊은 노동자들을 얻는 셈이다. 이민자의 아이들, 이민자든 미국 태생 국민이든, 그들의 모든 아이들은 한 국가의 자원이 들어가는 배출구다. 오직 아이들이 성장해 생산적인 시민이 될 때, 그 사회가 지불한 투자를 돌려받는다. 그래서 이민자 아이들을 교육시키는 비용은 사회 일반에 대한 그들의 미래 생산성에 포함시켜 계산하는 것이 합리적이다.

---

47) Jeffrey S. Passel and Rebecca L. Clark, *Immigrants in New York: Their Legal Status, Incomes and Taxes, Executive Summary* (Washington, D.C.: The Urban Institute, 1998), pp. 4~8. "Calculating the Impact of California's Immigrants", *Los Angeles Times*, 1992년 1월 8일.

신화 3: 라티노 이민자들은 미국 시민들의 일자리를 빼앗는다.

현실: 기술을 갖춘 아시아인이나 서인도제도의 이민자들이 일부 산업분야에서 백인과 흑인의 고용에 부정적인 영향을 끼쳤다는 연구들이 있다. 반면, 다른 연구들에 의하면 라티노 이민자들, 특히 불법 이민자들의 경우, 저임금을 받고도 흔쾌히 일하기 때문에 취약한 회사의 이익 창출을 돕고 더 이상의 일자리 상실을 막아 사실상 백인들을 위해 지역 경제를 발전시키고 있다.[48] 예를 들어, 국내 태생 미국인들의 임금만큼 이민 노동자에게 지불해야 한다면, 수많은 대도시의 레스토랑, 서비스 산업, 건축, 조경 산업이 얼마나 지속적으로 운영될 수 있겠는가?

왜 라티노 이민은 21세기에도 지속될 것인가?

폭발적으로 유입되는 이민자들의 정형적 유형을 파악하는 일도 그렇지만, 라티노 이민이 왜 독특한지, 어떤 힘이 이민을 이끄는지 이해하는 일은 더욱더 어렵다. 다음과 같은 요인들을 생각해 볼 수 있다.

1. 라틴아메리카의 재앙적 경제위기

오늘날 라틴아메리카의 인구는 19세기 미국으로의 대이동 기간 유럽보다 빨리 증가하고 있고, 사람들이 처한 조건은 한층 더 비참하다.[49]

---

48) Portes and Rumbaut, *Immigrant America*, pp. 285~290.

49) 유럽은 1750년에서 1850년까지 100년 사이 1억 4,000만 명에서 2억 6,000만 명으로 인구가 급증했다. 1900년대까지 4억 명으로 늘어났다. *World Almanac and Book of Facts, 1993* (New York : Pharos Books, 1992) 참조. 우리는 만약 이민이라는 안전장치가 없었다면 20세기 유럽의 사회조건이 어떠했을까를 상상할 수 있을 뿐이다. 반대로, 라틴아메리카는 1930년대 1억 명의 인구에서 1990년대 약 4억 5,000명으로 급상승했다(Alan Gilbert, *The*

바로 1950년대만 해도 미국과 라틴아메리카의 인구는 대략 비슷했다. 그 이후, 라틴아메리카는 미국의 두 배 이상의 속도로 성장했다(〈표 10〉 참조).

특히 지난 20년간 라틴아메리카의 생활조건은 지속적으로 악화되어 왔다. 라틴아메리카 유엔 경제조사위원회에 의하면 1990년대에 40% 이상이 빈곤에 처해 있었다.[50] 이 지역의 일인당 국내총생산은 1980년 이후 사실상 감소하고 있다.[51] 미국의 농산업과의 경쟁에 의해 땅에서 밀려난 수백만의 농부들이 대도시로 들어와 거대한 빈민가를 생성했다.

동시에 소수 엘리트들은 공공 자산을 매각하고 다국적 법인 투자에 노동시장을 개방함으로써 발생하는 대규모 경제 붐으로부터 이익을 얻고 있다. 라틴아메리카의 재산은 매일 노르테(북北)로 더 많이 이동한다. 미국의 법인회사와 푸에르토리코를 제외한 이 지역 하청업체들이 1995년 162억 달러의 이익을 취한 반면, 이 지역 국가들의 총외채는 그 해 5,750억 달러로 1992년에 비해 25%가 증가했다.[52]

많은 라틴아메리카 가족들에게 이민은 단순히 더 나은 기회 획득의 문제가 아니다. 이것은 생존의 문제다. 카리브, 멕시코, 중미의 시골 마을과 도심의 주거 지역에서 거의 모든 가정이 북으로 일하러 간 가족을 두

Latin American City, pp. 26~27 참조). 이 지역은 유럽에서 150년에 걸쳐 상승한 인구수를 겨우 60년 만에 얻었다. 이 인구 폭발은 지난 몇십 년간의 경제 침체로 인해 악화되었다.

50) Petras and Morley, *Latin America in the Time of Cholera*, p. 14.

51) 1980년대 일인당 평균 국내총생산이 2,315달러였는데, 14년 후 2,218달러로 떨어졌다. Inter-American Development Bank, *Annual Report,* 1994, p. 103 참조.

52) Raymond J. Mataloni, "U.S. Multinational Companies: Operations in 1995", in *Survey of Current Business,* 1997년 10월, pp. 62~63. Inter-American Development Bank, *Annual Report, 1996,* p. 126.

〈표 10〉 라틴아메리카와 카리브, 미국의 추정 인구[53]

(단위: 명)

구분	1950년	2005년	증가율
미국	150,000,000	288,000,000	92%
라틴아메리카와 카리브	167,000,000	556,000,000	235%

고 있고, 북의 가족은 남은 가족의 부양비를 집에 송금하고 있다. 2001년과 2008년 사이 이민자들이 단지 5개국——콜롬비아, 도미니카공화국, 엘살바도르, 과테말라, 멕시코——에 보낸 송금액이 한 해 149억 달러에서 412억 달러로 거의 3배나 상승했다. 최근 한 연구에 의하면, 이 중 대부분은 미국에 거주하는 이민자가 보낸 것이다. 해외에서 일하는 국외 거주자들이 송금하는 돈은 현재 일부 라틴아메리카 국가의 국내총생산 중 상당한 부분을 차지하고 있다. 온두라스는 GDP의 21.6%, 엘살바도르는 18.35%, 니카라과는 18.13%, 과테말라는 12.75%에 해당한다. 미국의 라티노 노동자들이 그들의 본국에 보낸 전체 송금액은 2008년 476억 달러라는 기록을 세웠다. 그 해 미국의 라티노들은 미국 정부가 전세계 국가에 보낸 해외원조 총액보다 더 많은 돈을 본국에 보냈다. 그리고 송금된 현금에는 이민자들이 주기적으로 본국에 배송하거나 방문할 때 선물로 가져가는 소비재나 의류의 가치는 포함되지 않았다. 그러나 2009년 송금액수가 443억 달러로 현저히 감소하는데, 이는 대체로 미국의 심각

---

53) U.S. Census Bureau and United Nations, Department of Economic and Social Affairs, "World Population Prospects: The 2008 Revision Population Database", Panel 1, Basic Data, http://esa.un.orglUNPP/p2kOdata.asp.

한 경기 침체로 인해 라티노 이민자들의 실직률이 급격히 상승했기 때문이다.[54]

　간략히 말해, 라틴아메리카 이민자들은 출신국의 전체적 붕괴를 막고 있다. 더 많은 사람이 미국을 향해 떠나는 것을 막는 유일한 길은 그들의 국가가 생산하는 자산 중 큰 몫이 본국에 확실히 남겨지도록 하는 경제 정책뿐이다.

　2. 라티노 이민은 신세계의 도시 노동자운동이다. 과거 유럽인이나 많은 경우 현대 아시아 인구의 유입이 그랬던 것처럼 농부들의 농촌운동이 아니다.

　20세기 초 이곳에 온 유럽인들은 대부분 가난한 농부였다. 그들은 구세계와의 인연을 끊을 준비를 한 채 고국을 떠나 신세계에서 새로운 삶을 개척했다. 그들의 대이동을 완벽하게 기록한 오스카 핸들린Oscar Handlin은 "유럽의 가장 서쪽 땅인 아일랜드에서 동쪽의 러시아에 이르기까지, 농부들은 굽히지 않는 일관성을 유지해 왔다. 15세기 동안 그들은 대륙의 척추였고, 그들에 관한 모든 근본적인 변화가 번번이 그들이 살고 있는 문명을 뒤집는 와중에도 변함이 없었다"라고 말한다.[55]

　반면, 라틴아메리카의 이민은 신세계의 가난한 남부, 스페인어를 사용하는 주변부에서 가장 풍족한 북부, 영어를 사용하는 중심부로 이동하

54) Manuel Orozco, "Migration and Remittances in Times of Recession: Effects on Latin American Economies", Inter-American Dialogue, 2009년 5월 9일, p. 19 (2010년 5월 3일, http://www.thedialogue.org/PublicationFiles/Migration0/020and0/020remittances0/020in0/020times 0/0200f%20recession0/020Effects 0/020on0/020Latin0/020American0/020economies.pdf). 2008 회계연도, 360억 달러의 미국 해외원조 총액에 대한 자료에 대해서 다음 참조. http://www.usaid.gov/policy/budget/cbj2008/fy2008cbj_highlights.pdf.
55) Handlin, *The Uprooted*, p. 7.

는 사람들의 움직임이다. 양 지역의 문화적 전통과 국가적 정체성이 아무리 누군가가 고착되어 있다고 주장할지라도 상대적으로 여전히 젊고 끊임없는 변화의 과정을 겪고 있다.

미국과의 지리적 근접성과 오래된 역사적 관계라는 바로 그 이유로 인해 라틴아메리카 사람들은 이곳에 머물 계획으로, 혹은 더 발전한 새로운 문명에 동화될 생각으로 오지는 않는다. 그들은 생존을 위해 더 나은 보수의 직업을 찾아서 온다. 모든 이민자의 마음속에는 언제가 집으로 돌아갈 희망이 살아 움직인다. 1년에 한 번은 친지들에게 줄 명절 선물을 잔뜩 지고 다녀오는 사람들도 있다. 여행비를 댈 수 없는 경우에는 전화로 사랑하는 사람들과 정기적인 연락을 취한다.

이것은 이민 과정에서 유럽인들에게는 없었던 새로운 유동성을 의미한다. 남부 중앙 로스앤젤레스에서 마약이나 갱단에 연루된 아들을 둔 어머니는 그를 과테말라나 온두라스 집에 돌려보내 그곳에서 몇 년간 살도록 친척에게 맡긴다. 도미니카공화국에서 미혼모가 되거나 남편에게 버림받은 여자는 미국으로 떠나와 수치를 피하거나 자신과 아이를 부양하기 위해 일자리를 찾는다. 소노라의 작은 농장에 거주하는 멕시코인은 수확기가 되면 캘리포니아의 포도밭에서 일하기 위해 매년 왕복 여행을 한다. 도미니카공화국 출신 택시기사는 뉴욕 맨해튼에서 여름에는 택시를 몰다가 겨울에는 도미니카공화국의 시바오에 새로 지은 집에서 편하게 지낸다. 대부분 사람들이 깨닫는 것보다 훨씬 더 많은 왕복 움직임이 지속적으로 이루어져 왔다. 이 자체가 우리의 새로운 글로벌 경제에서 자본과 노동에 대한 제약이 제거됐음을 보여 주는 것이다. 이 움직임은 보내는 국가와 받는 국가의 문화 모두에 힘을 보태기도 하고 해악을 끼치기도 한다. 법인회사들이 점점 더 빠른 속도로 세계를 휘젓는 자신들의 움직임에 자부심을 갖는 것과 마찬가지로, 이민 노동은 가속적으로 활발히 움직이고 라틴아메리카의 노동은 그중 가장 빨리 이동한다.

무엇보다도 라틴아메리카인들을 과거 유럽인들처럼 변동 없는 시골 출신 농부로 간주하기는 매우 어렵다. 멕시코, 과테말라, 페루의 원주민을 예외로 하면 대부분 도시 거주자들인데, 이는 라틴아메리카가 제2차 세계대전 이후 지구상 가장 큰 도시 슬럼으로 변화했다는 사실을 반영한다. 1930년대 국민의 3분의 2 이상이 시골에 살았던 데 비해 지금은 4분의 3 이상이 도시에 거주한다. 세계에서 가장 큰 대도시 중 네 곳이 이 지역에 있다. 리우데자네이루, 브라질리아, 부에노스아이레스, 멕시코시티인데, 각기 천만 이상의 거주민을 갖고 있다. 다른 40개의 도시들이 백만 명 이상의 시민을 지니고 있다. 비교해 보자면, 2008년 미국에는 백만 명 이상의 도시가 9개에 지나지 않았다. 라틴아메리카의 도시는 흔히 화려한 중심부와 봉합이 터질 것 같은 하부구조를 지니고 있고, 판자와 찌그러진 깡통으로 이뤄진 거대 슬럼에 둘러싸여 있다.

미국으로 향하기 이전, 라틴아메리카 사람들은 그들을 맞이할 '성공적 삶'에 대한 사회적 조건에 수년간 노출돼 있다. 할리우드 영화, 지역 텔레비전에 방영되는 미국 프로그램, 지역 라디오에서 들리는 앵글로 음악, 매디슨 가의 의상 모델 사진으로 도배된 거리 광고판, 스페인어판 미국 잡지, 이 모든 것들은 본국에서 만족할 만한 무언가를 뛰어넘는 삶의 방식을 욕망하도록 부추긴다.

게다가 라틴아메리카 이민자들은 일반적으로 다른 지역의 이민자들에 비해 교육 수준이 낮지만 본국에 남아 있는 동료들에 비하면 수준이 높은 편이다. 예를 들어, 멕시코 불법 이민자 연구에 의하면 이들의 3~10%가 문맹인데, 멕시코의 문맹률은 22%에 달한다.[56] 많은 라틴아메리카 이주자들은 수년간 자유무역지대의 미국 회사에서 일하고, 미국에 오기 전 영어공부를 하기 때문에 미국의 방식에 사회화되어 있다. 간단히 말해, 그들은 20세기 초 이곳에 온 유럽 이민자들에 비해 훨씬 도시화되어 있고, 교양을 갖추고 있으며, 후기 산업시대 미국 사회에 적응할 사회적 준비가 더 많이 되어 있다. 그들이 부족한 것은 괜찮은 임금을 지불하고 얼마간의 고용 보장 조치를 제공하는 충분한 수의 반숙련 일자리다. 그들의 유럽 전입자들은 이것을 20세기 초 자동차, 철강, 고무, 석탄 회사에서 풍족하게 발견했었다.

3. 라틴아메리카 이민 그룹 중 가장 큰 멕시코인들은 역사적으로 여기에 '끌려와' 그저 쉽게 송환할 수 있는 노동력으로 간주되었다.

앞에서 보았듯이 멕시코인들은 1880년대와 1930년대 사이 모집되어 선로 공사나 미국 남서부와 중서부의 농장에서 일했다. 백만 명 이상이 1920년대와 30년대 사이에 국경을 넘었다.[57] 이후 대공황이 왔고 국내 실직이 급상승했다. 그러자 이민 노동자들은 더 이상 환대받지 못했고, 1930년대 대략 백만 명 이상의 멕시코인이 본국으로 강제 송환됐다.[58]

그러나 제2차 세계대전으로 인해 유럽과 아시아의 이민이 막히자, 미국의 법인회사들은 멕시코와 라틴아메리카 노동력을 다시 대량 수입

---

56) Portes and Rumbaut, *Immigrant America*, p. 11. 비슷한 양상이 도미니카공화국 이민자 연구에서도 발견된다.
57) James D. Cockcroft, *Outlaws in the Promised Land: Mexican Immigrant Workers and America's Future* (New York: Grove Press, 1986), p. 49.
58) Francisco E. Balderrama and Raymond Rodriguez, *Decade of Betrayal: Mexican Repatriation in the 1930s* (Albuquerque: University of New Mexico Press, 1995), pp. 120~122.

하도록 연방정부를 설득했다. 그래서 전쟁기간인 1942년에 브라세로 프로그램이 시작되었다. 첫해 5만 2,000명의 멕시코인이 철도 보수와 농업에 투입되었고, 많은 저임금 노동자가 전쟁 후 빠르게 성장하는 남서부의 농산업의 필요에 따라 건너왔기 때문에 이 프로그램은 미국 생활의 정기적 패턴으로 정착했다. 1950년에만 4만 5,000명이 미국의 주요 브라세로 모집센터 세 곳을 통해 도착했고, 수만 명이 불법적으로 일자리를 찾아 미국에 더 들어왔다.

그러나 거의 재개되자마자, 한국전쟁이 발발했고, 또다시 문이 닫혔다. 새로운 경기 침체로 인해 실직한 백인들이 반멕시코 시위를 일으켰기 때문이다. 1954년 7월, 연방정부는 이민 역사에서 가장 어두운 시기의 하나인 '불법체류자 강제송환 조치'를 시행했다. 잔인한 예인망이 수백 개의 멕시코인 마을을 덮쳤고, 이민자들은 즉결심판을 통해 감옥에 감금되거나 트럭이나 기차에 실려 멕시코로 보내졌다. 정부는 모든 정당한 절차를 무시하고 몇 달 안에 100~200만 명 사이의 사람들을 송환시켰다. 그러나 침체가 끝나자마자 멕시코 노동력에 대한 요구가 다시 고개를 들었고, 브라세로 프로그램은 부활했다. 이렇게 미국은 멕시코 이민을 두고 모순적이고 혹은 위선적이라고 할 만한 두 개의 정책을 번갈아 시행한 것이다. 값싼 멕시코 노동력을 필요로 하는 남서부 산업은 의회에 더 많은 이민자를 허용하도록 로비를 벌여 온 반면, 연방정부는 미국 자본주의 경제의 등락에 따라 좌절한 대중이 발산하는 간헐적 분노에 반응하기 위해 이민자들을 몰아낼 예인망을 주기적으로 사용했다.

1960년대에 이르러 대체로 브라세로 프로그램의 '끌어당기는' 효과 덕택에 남서부 노동력의 4분의 1이 멕시코에서 온 이민 노동자로 구성되었다.[59] 존슨 대통령은 1964년 이 프로그램을 마침내 종결시켰지만,

농산업은 단순히 그것을 H-2 초청 노동자 프로그램으로 불리는, 규모가 작아진 형태로 대체시켜 버렸다. 결국 미국의 제조업자들과 멕시코 정부는 새로운 전략을 내놓았다. 멕시코인들을 이곳에 데려오는 대신 생산을 멕시코로 이전시켰다. 그렇게 국경 산업화 프로그램이 1966년에 시작되었다(13장 참조).

그러나 끌어당기는 요인은 멕시코 사람들에게 그저 하나의 현실이 아니다. 미국으로의 이민은 항상 자본주의의 확장과 계약에 따른 노동력의 필요를 최우선적으로 충당해 왔다. 다양한 이민 물결에서 항상 변화하는 종교적, 종족적, 인종적 구성으로 인해 역사적으로 농장주나 제조업자들은 더 나은 임금과 노동조건을 불가피하게 요구하는 그들의 노동자들을 쉽사리 내칠 수 있었다. 이들은 미국 태생의 고용인들과 새롭게 일자리를 얻은 이민자들을 단순히 경쟁시킴으로써 이 요구들을 묵살해 왔다.

4. 백인 인구의 고령화에 직면한 미국은 비숙련 일자리를 채우기 위해 점점 더 많은 수의 라틴아메리카 노동자를 필요로 할 것이다.

제2차 세계대전에서 싸웠던 다른 모든 주요 강대국들과 더불어 미국은 21세기 전반에 어렴풋하게 나타나는 인구 위기, 곧 젊은 노동자의 부족에 직면하고 있다. 미국의 백인 인구는 급격하게 고령화되고 있고, 1992년 백인의 중간 연령이 34세였던 데 반해 2008년에는 41.1세까지 상승했다. 히스패닉의 경우 1992년 26세에서 2008년 27.7세로 미비하게

---

59) Cockcroft, *Outlaws in the Promised Land*, pp. 67~75. McWilliams, *North from Mexico*, pp. 238~240.

상승했다. 동시에 히스패닉 여성의 출산율은 기록적 수준에 있으며 증가 중이다. 2006년 라티노는 인구의 15%를 구성했지만, 히스패닉 여성의 출산율은 전체의 25%에 이르렀다.[60]

베이비부머 세대의 대다수가 은퇴할 즈음, 인구의 20%가 65세 이상이 될 것이다. 인구학적 진실은 사회보장제도의 유효성을 위협할 뿐 아니라 건강 관리와 사회서비스 분야의 노동자들, 특히 고령 인구를 돌보는 비숙련 노동자들에 대한 거대한 요구를 만들 것이다. "은퇴하는 베이비부머 세대를 위해서는 사람들이 사회서비스를 소비하는 것보다 더 많은 세금을 납부할 능력이 있어야 한다"라고 한 보수적 작가는 지적한다.[61] 라틴아메리카는 이미 준비된 가장 가까운 노동력 풀pool로서, 불필요할 때는 가장 쉽게 송환할 수 있는 노동자들을 보유하고 있기 때문에, 아무리 고전적 보수주의자들이 목소리를 높여 비판해도 미국을 위한 노동 자원으로 존속할 것이다.

결론적으로, 미국 회사, 문화, 달러가 라틴아메리카에 침투할수록 이 지역의 노동자들은 더욱더 미국으로 유인될 것이고, 그들 본국의 황폐해진 조건은 보다 많은 이민자를 이곳으로 밀어낼 것이다. 이런 밀고 끌어당기는 현상의 효과는 불가항력적 힘을 만들어 내고, 이 힘은 북으로 향하는 이민자들의 지속적인 행렬을 생산해 낸다. 이런 인간적 흐름을 저

---

60) U.S. Census Bureau, "Census Bureau Estimates Nearly Half of Children Under 5 Are Minorities", 2009년 5월 14일 (2010년 5월, http://www.census.gov/Press-Release/www/releases/archives/population/013733.html). "Baby Boomlet Pushes U.S.Birthrate to 45-Year High", Associated Press, 2008년 1월 15일.

61) Lawrence Auster, "The Forbidden Topic", *National Review*, 1992년 4월 27일. 오스터는 "이민이 미국에서뿐 아니라 모든 산업화된 세계에서 점점 하나의 해결방안으로 굳어질 것이다"라고 경고한다.

주로 혹은 행운으로 파악하느냐는 중요하지 않다. 왜냐하면 이것이 제국의 수확이고, 제국의 확장이 재조정되고 그 번영의 몫이 좀더 평등하게 분배될 때까지 끝나지 않을 것이기 때문이다.

제12장
스페인어를 말하라, 너는 아메리카에 있으니까:
언어와 문화에 밀어닥친 태풍

그들이 교양이 있든
무례하든, 거칠든, 야만적이든, 징그럽든,
중요하지 않다.
왜냐하면 그들이 인간이라는 것을 아는 것, 이것으로 충분하다.
아니, 그 이상이다.
그리고 알아야 한다.
마귀에게는 아니지만,
자신들이 원하면
신이 창조한 모든 피조물 중에서
그들 모두가 최악의 괴수가 된다는 것을.

— 가스파르 페레스 데 비야그라, 『뉴멕시코의 역사』, 1610

1995년 8월 28일, 텍사스 애머릴로 시에서 있었던 이혼 소송 중 자녀양
육권 심판에서 지방법원 판사인 새뮤얼 카이저는 멕시코계 후손인 미국
시민, 마르타 라우레아노에게 가정에서 그녀의 다섯 살 된 딸에게 영어
를 사용하도록 명령했다. 그녀가 아이에게 오직 스페인어로만 말한다고
인정하자 "당신은 이 아이를 학대하고 있고, 가정부의 지위로 아이를 좌
천시키고 있다"고 판사는 반응했다. "아이가 무식해지는 것을 바라진 않
을 것이다"라고 말하면서 대화 언어를 교체하지 않는 한 양육권을 끝내
겠다고 위협했다. 법정 대화를 보도한 신문 기사들은 미국의 라티노 가
정에 파문을 일으켰고 공동체 지도자들의 분노를 폭발시켰다. 판사는 명
령 어조를 누그러뜨리고 며칠 후 부분적으로 사과 성명을 발표했지만,

그는 그저 수많은 백인 미국인의 오랜 신념을 반영했을 뿐이다.[1]

언어문제만큼 히스패닉 미국인을 너무도 명백하게 영어 사용자인 흑/백인 미국인으로부터 갈라 놓는 사안은 없다. 영어를 미국의 공용어로 지정한 헌법 수정안에 지지를 보내는 사람들은 이민자의 증가, 특히 과거 수십 년간 라틴아메리카 사람들의 홍수로 인해, 이 나라가 갈등을 양산하는 언어적 그룹으로 분열되고, 영어 사용자가 자신의 영토 안에서 낯설게 느껴지는 세상이 될 것이라고 말한다.

물론 언어에 관한 논쟁이 미국에만 고유한 것은 아니다. 실질적으로 모든 현대 주권국가는 국경 내의 언어적 소수자들과 부딪힌다. 사실 미국은 세계에서 가장 큰 영어 사용 국가일 뿐 아니라 멕시코, 스페인, 아르헨티나, 콜롬비아에 이어 스페인어를 다섯번째로 많이 사용하는 국가다.[2]

그러나 언어에 대한 언쟁은 이 국가가 어떻게 미국의 경험을 해석하고 가르치는가에 관한 문제와 수년간 얽혀서 한층 더 깊은 부조화를 일으켜 왔다. 누군가는 이 문제를 다문화적 교육에 관한 논쟁이라고 부르기도 한다. 결국 언어는 개인의 사회적 정체성의 중심에 있다. 한 그룹의 음악, 민속, 관습이 보존되고 후손들에게 전달되는 것은 언어라는 수단을 통해서다. 미국 이민 인구가 역사적으로 다양했기 때문에 이 국가의 지도자는 오랫동안 영어를 국가의 직조물을 엮는 중요한 실타래로 여겨 왔다. 영어는 통신의 공동 수단을 제공할 뿐 아니라 다양한 이민 그룹을 하나의 미국적 직물로 만드는 데 일조해 왔다.

---

1) Sam Howe Verhovek, "Mother Scolded by Judge for Speaking Spanish", *New York Times*, 1995년 8월 30일.
2) 인도의 인구는 더 많다. 그러나 인구의 대부분은 두 개의 공용어인 영어나 힌디어를 사용하지 않는다.

1991년 『미국의 와해』*The Disuniting of America*라는 책에서 역사학자 아서 슐레진저 주니어Arthur Schlesinger, Jr.는 현재 다문화주의와 이중언어주의를 옹호하는 사람들에 의해서 부각되는 '종족의 숭배'나 '보상적 역사'의 부상에 대해 강하게 비난한다. 이 과정에서 슐레진저는 미국 탄생 신화에 대한 자신의 시각을 피력한다. "북미에서 프랑스, 스페인, 네덜란드라는 라이벌을 제거한 후, 영국인은 틀을 만드는 데 자유로워졌다. 이 새로운 국가의 언어, 법, 제도, 정치적 이상, 문학, 관습, 격언, 기도는 주로 영국으로부터 가져왔다."[3]

불행하게도 이 신화가 신앙심 두터운 보수주의자들에 의해 창조되었든, 혹은 진보적 역사학자들에 의해 창조되었든 상관없이 동일한 결점을 보여 준다. 즉, 명백한 운명Manifest Destiny이라는 인종주의적 이론에 의해 견인된 제국적 욕망이, '국가 언어'와 '국가 문화'에 대한 일체의 추구를 해체시키고 전복시켰으며, 이 나라의 시초부터 종족들 사이의 관계를 파괴시키고 변형시켰다는 사실을 인정하지 않는다는 점이다.

우리들 중 영어가 이 나라의 공용어라는 데 동의하지 않을 사람은 적다. 그럼에도 이민뿐 아니라 바로 그 영토 확장 과정에서 영어가 유일한 공식 언어여야 하는가라는 언쟁을 미국 역사 내내 반복적으로 펼쳐 왔다. 수많은 종족 그룹은 영어를 수용함과 동시에 자신들의 모국어를 고수하고자 노력해 왔다. 반면 미국 정부도, 특히 연방 차원에서 이중언어에 대한 노력을 억누르고자 여기에 뒤지지 않을 만큼 열심히 노력해 왔다.

이전 시대부터 이 언어 논쟁은 하나의 깔끔한 카테고리로 완전히 정

---

3) Arthur M. Schlesinger, *The Disuniting of America* (New York: W. W. Norton, 1992), pp. 27~28, 122.

리되지 않는다. 오히려 이를 자세히 살펴보면, 세 개의 주요한 경향이 존재하고, 이 경향들 사이의 질적 차이는 현 논쟁의 수사학 속에서 종종 사라져 버린다. 첫 카테고리는 유럽과 아시아에서 자발적으로 미국의 시민권을 찾아 건너온 수백만의 이민자를 포함한다. 그들은 이민 오면서 본국과의 인연을 끊었고, 새로운 국가의 언어를 습득하면서 모국어의 종속적 위치를 받아들였다.

두번째 카테고리는 아프리카의 많은 국가에서 사슬에 묶여 온 노예들로 구성되는데, 이들은 처음부터 자신들의 다양한 모국어를 포기하도록 강요받았고, 노예주들은 그들을 통제하고 지배하기 쉽도록 영어를 쓰고 읽는 능력조차 허락하지 않았다.

세번째 카테고리는 가장 이해받지 못한 경우인데, 미국이 신세계 땅을 정복했거나 차지했을 당시 이미 그곳에 살고 있었던 사람들로서, 미국 원주민, 루이지애나의 프랑스 크리올, 멕시코 사람들과 푸에르토리코 사람들이다. 마지막 두 그룹은 강제로 미국 시민이 되었다. 의회는 그들 측의 투표나 요청 없이 그렇게 선포하였다. 의회는 그들이 어떤 언어를 사용하는지 신경 쓰지 않았고 그들에게 공식적인 충성 서약을 구하지도 않았다.

여전히 그들의 본래 영토에 살고 있는 동안 강제로 새로운 주권국가의 소유가 되었다고 해도 이 '합병된' 미국인들은 스스로를 외국인으로 간주할 수는 없었기에, 자신들의 모국어를 사용할 권리를 끈질기게 방어했다. 그들이 거주하는 영토의 행정권을 차지한 새로운 앵글로 당국들은 때때로 그런 시각을 이해했고 그들의 바람을 수용했지만, 연방정부는 어떠한 언어적 다양성에도 적대적으로 반응했다.

지난 2세기에 걸쳐, 앵글로 역사가들은 이런 정복당한 국가들의 언어를 미국적 경험의 주변부로 좌천시켰고, 그들의 문화를 원시적이거나 존재하지 않는 것으로 부인했다. 이렇게 소외당했음에도 불구하고, 특히 라티노들은 스페인어뿐 아니라 영어로도 음악, 춤, 연극, 저널리즘, 문학, 민속을 나란히 지하 창고에 보관함으로써 자신들의 언어와 전통을 지켜 냈다. 시간이 지나면서 이곳에 거주하는 멕시코, 푸에르토리코, 쿠바계 라티노와 다른 라티노들은 점차적으로 서로서로 융합하는 한편, 라틴아 메리카에서 온 신참자들의 새로운 흐름으로부터 영양분을 지속적으로 공급받았다. 동시에 이 부상하는 미국-라티노 문화는 아프리카계 미국 인과 유럽계 미국인의 음악, 춤, 연극의 요소와 혼합되고 재창조되는 과 정 속에서 오늘날 미국 고유의 이종적 형태를 지닌 현란한 문화 집합체 로 태어났다. 가장 두드러지는 것은 음악적 장르의 텍스-멕스, 큐밥, 라 틴 재즈, 라틴 록, 부갈루, 살사, 랩, 심지어 컨트리 록이지만, 다른 예술적 장르에까지도 퍼져 나갔다. 최근 들어 라티노 이민이 현상적인 발전을 이룬 후에야 이 지하 문화의 흐름이 마침내 고개를 드러냈고 미국의 멜 팅 폿 신화를 쓸어내기 시작했다. 이 부활에도 불구하고 라티노들은 미 국 문화의 주요 기록에서 나타나지 않고, 최근까지도 가장 영향력 있는 동시대 미디어인 할리우드 영화와 텔레비전에서 사실상 빠져 있다.

언어에 관한 초기 논쟁

국가 시작부터 13개의 식민지들은 언어와 관련하여 곤경을 겪는다. 독 립 이전 독일어는 사실상 동부 펜실베이니아의 1만 5,000평방마일에서 두루 사용되는 유일한 언어였고, 네덜란드어는 허드슨 강 유역에서 폭넓 게 사용되었다. 1732년과 1800년 사이에 적어도 독일어로 된 38종의 신문이 펜실베이니아의 식민지에서 발행되었고, 펜실베이니아 대학에서는 1780년에 이미 독일어 이중어 교육 프로그램을 만들었다. 독일어 사용이 광범위하게 이루어져 미국의 첫 인구조사에 의하면 미국인의 8.7%가 제1언어로 독일어를 사용했다. 이 수치는 1990년대 히스패닉의 비율과 거의 유사했다.[4]

언어 소수자인 독일어의 우세는 20세기에도 지속되었다. 1900년대에 60만 명이나 되는 아이들이 미국 공립학교와 종교학교에서 독일어를 배웠고, 이는 미국 학생 인구의 약 4%에 해당되었다.[5] 1차 세계대전과 함께 생긴 미국화 정책에 의해서 독일어는 결국 교육 언어에서 제외되었다.

그러나 유럽 이민자의 경험은 합병된 국민들의 경험만큼 언어 논쟁과 연관되어 있지는 않다. 예를 들어, 루이지애나가 1812년 주로 승격되었을 때, 주민의 대다수가 프랑스어를 사용하고 있었다. 그 결과 1920년대까지 이 주의 모든 법률과 공공 문서는 영어와 프랑스어로 작성되었다. 법정, 공립학교, 심지어 주 입법부에서도 두 개의 언어를 사용하였다. 루이지애나의 두번째 주지사인 자크 빌레레Jacques Villere는 영어를 사용하지 못했고, 항상 프랑스어로 입법부의 내용을 전달했다. 더 많은 정착민이 들어옴에 따라 1840년대에 영어 사용자가 다수가 되었고 프랑스어 사용은 감소하였다. 그러나 이것은 정부의 명령이 아닌 인구의 진화에 따른 것으로, 프랑스어를 사용하는 아이들의 권리는 공립학교에서 계속 존중받았다.[6]

---

4) James Crawford, *Hold Your Tongue: Bilingualism and the Politics of "English Only"* (Reading: Addison-Wesley, 1992), pp. 30~39. Pastora San Juan Cafferty, "The Language Question", in Liebman, *Ethnic Relations in America*, p. 108.

5) Crawford, *Hold Your Tongue*, p. 46.

과달루페-이달고 조약을 시작으로 의회는 합병된 영토에 거주하던 멕시코인들에게 미국 시민권을 부여했지만, 이 새로운 주민들에게 새 국가에 충성을 서약하거나 새로운 언어를 받아들이도록 요구하지 않았다. 국민이 되길 원하지 않았던 사람들은 거부 의사를 공공연히 밝혔지만 멕시코인들의 삶은 이전과 상당히 비슷하게 지속되었다. 합병 후 25년이 흐른 1870년대까지도 뉴멕시코 주 입법부는 대부분 스페인어로 진행되었다. 그때까지 14개의 카운티 중 오직 두 카운티만이 영어로 법정 재판 언어를 바꾸었고, 대부분의 공립학교에서는 스페인어로 혹은 이중언어로 교육을 실시하였다.[7] 이는 뉴멕시코 사람들이 영어 습득에 저항했다기보다는 거의 대다수가 외진 시골 공동체에 거주했기 때문에 언어를 학습할 기회가 극히 드물었다는 사실을 말해 준다. 이 때문에 뉴멕시코는 1913년 주로 승격되는 가장 마지막 지역들 중 하나가 됐지만, 1940년대까지 멕시코인이 대다수를 이루고 있었다. 비슷한 과정이 텍사스의 리오그란데 밸리에서 펼쳐졌는데, 멕시코인들은 250년간 그곳에서만 압도적인 다수로 남아 있었고 대부분의 시민들은 영어에 능통하면서도 스페인어를 고수했다.

　　일부 미국 원주민의 언어 경험도 있다. 오클라호마의 체로키 부족은 1850년대 공립학교 제도를 설립하여 90%의 아이들에게 영어를 가르치면서 동시에 모국어로 학습시켰다. 그 노력은 대단한 성공을 거두어, 당시 체로키의 아이들은 이웃의 텍사스나 아칸소 주의 백인 아이들에 비해 더 높은 수준의 영어 사용 능력을 보여 주었다. 그러나 1800년대 후반 연

---

6) Ibid., pp. 42~44.
7) Ibid., pp. 51~52.

방정부는 미국화 정책을 시작하였다. 이 정책은 수천 명의 원주민 아이들을 강제적으로 그들의 가정에서 분리시켜 영어를 학습시킬 기숙학교로 보내는 것이었다. 20세기 후반부에 반복해서 수행한 연구 결과에 의하면, 체로키 아이들의 40%가 어떤 언어도 사용할 수 없는 문맹자가 되었고 75%가 학교를 그만두는 재앙적인 결과를 겪었다.[8]

마지막으로 푸에르토리코의 망각된 언어 무용담이 있다. 1898년 미국의 섬 침공 직후 의회는 공식적으로 이중언어 사용을 공표했다. 그러나 푸에르토리코 인구는 400년간 스페인어를 사용해 왔고 거의 누구도 영어를 할 줄 몰랐다. 군인 출신 총독인 가이 헨리Guy Henry는 즉시 공립학교의 선생님들에게 이 새로운 국가의 언어에 능통해지도록 명령했고 고등학교 졸업시험에서 영어 능력 테스트를 치르도록 지시했다. 섬의 정치인, 교육가, 학생들의 광범위한 저항에도 불구하고, 이 영토의 앵글로 행정가들은 영어를 학교의 교육 언어로 선언했다. 그 결과 수천 명의 학생들이 수업 참석을 중단했고, 많은 학생이 이해하지 못하는 언어로 교과를 배우기 위해 투쟁해야 할 정도로 교육제도에 거의 총체적인 마비가 일어났다.

푸에르토리코에 영어 학습을 강요하는 시도는 실패한 채 반세기 동안 지속되었고, 1930년대 호세 파딘José Padin이라는 교육위원장이 스페인어를 재도입하고자 했을 때 스페인어 교육이 단기간 재등장했을 뿐이다. 그러나 루스벨트 대통령이 내무장관인 해럴드 이키즈Harold Ickes의 조언에 따라 파딘을 해고하자 영어 전용 정책이 다시 실시되었다. 이것이 계속 지속되다가 1949년 이 섬 출신의 첫번째 지도자인 루이스 무뇨

---

8) Ibid., p. 44.

스 마린이 마침내 혐오스런 언어 억압 정책을 중지시켰다. 뮤뇨스와 그의 입법부는 스페인어를 학습 언어로 부활시켰지만 여전히 학생들에게 영어를 제2 외국어로 배우도록 요구했다. 인민민주당Popular Democrats은 1965년 한 걸음 더 발전한 개혁을 추진했다. 그들은 스페인어를 푸에르토리코의 법정 공식어로 회복시켰다. 그러나 의회는 영어가 이 섬의 연방법원 사용어로 남아 있어야 한다고 주장했다.[9]

스페인어를 사용하는 주민이 사는, 완전한 미국 영토인 푸에르토리코는 그 존재만으로 단일언어를 사용하는 미국이라는 국가의 이론가들에게 커다란 문제를 안겨 주었다. 1917년 의회는 시민권을 신청하는 모든 외국인에게 언어 테스트를 실시하도록 지정했지만, 같은 해 영어 능력에 대한 검증 없이 푸에르토리코인을 시민으로 선언했다. 그러나 푸에르토리코인들이 제2차 세계대전 이후 대규모로 미국으로 넘어오기 시작하자 이 모순이 불거졌다. 상황이 대단히 모순적이었기 때문에 의회는 1965년 투표권 법령에 '푸에르토리코' 특별 조항을 포함시켜야 했다. 흑인들의 투표를 저지하고자 사용되었던 남부 주들의 영어 능력 테스트를 중지시키는 이 법에 세부 조항이 하나 더 추가되었다. 이 조항은 뉴욕 상원의원인 로버트 케네디가 제안한 것으로, 교육 수준을 투표 요건으로 삼는 주들이 —— 당시 유권자에게 초등 6년 교육을 요구하던 뉴욕 주처럼 —— '주요 학습 언어가 영어가 아닌'인 미국령 학교에서 교육을 받은 시민의 투표를 거부하는 행위를 금지시켰다. 이 조항을 통해 의회는 적어도 푸에르토리코의 경우, 미국의 영토 확장으로 인해 언어적 권리를

9) Loida Figueroa, *Tres Puntos Claves: Lares, Idioma y Soberanía* (San Juan: Editorial Edil, 1972), pp. 37~51; Crawford, pp. 241~245.

주장하는 스페인어 사용 시민이 생겨났다는 점을 인정하게 되었다.

멕시코인, 푸에르토리코인, 프랑스 크리올, 미국 원주민의 언어 경험은 슐레진저가 다음 세대가 영어를 받아들이기 전 "자신들의 모국어와 한 계절 머물렀다"고 말한 유럽 이민자들의 경험과는 확실히 다르다.[10] 스페인어와 케이즌어Cajun, 생존한 원주민 언어는 '외국어'가 아니다. 그들은 다국적 국가의 확장에 의해 잠식당한, 정착한 지 오래된 언어 소수자의 말이다.

국제법과 언어차별

국제법은 미국과 같은 다인종적 국가의 언어 소수자들이 차별에 대해 보호받을 권리가 있음을 오래전에 확인했다. 예를 들어, 유엔 헌장 53항은 회원국이 "종족, 성, 언어, 종교에 관한 차별 없이 모두를 위한 인권과 근본적 자유를 보편적으로 존중하고 지키도록"(강조는 원저자) 권고하고 있다. '유엔 인권 보편 선언'과 유럽과 미주 국가 간 성명에서 유사한 내용을 찾을 수 있다.[11]

그러나 연방법원이 개인의 인종, 종교, 출신국으로 인한 차별을 금지했음에도 이런 원칙은 미국에서 일상적으로 무너졌고, 언어 차별은 계속해서 허용됐다. 1975년 텍사스 주의 가르시아 대 글로어 사건García v. Gloor에서 고전적인 사례가 발생했다. 이 사건의 원고인 엑토르 가르시

---

10) Schlesinger, *The Disuniting of America*, p. 107.
11) Manuel del Valle, "Developing a Language-Based National Origin Discrimination Modality", pp. 54~56.

아는 브라운스빌 공립학교를 나온 24세의 미국 태생 텍사스 사람으로 영어와 스페인어를 모두 사용했다. 그러나 그의 부모는 멕시코 이민자로서 가족은 집에서 항상 스페인어를 썼기 때문에 그에게 스페인어가 더 편했다.

가르시아는 고객에게 스페인어로 응대할 수 있었기 때문에 글로어 룸버 공급업체의 판매원으로 고용됐다. 그런데 회사는 고용인들에게 근무시간 외에는 어떤 언어로든 말할 자유를 허락했지만 근무 중에는 스페인어를 금지하는 정책을 실시하고 있었다. 1975년 6월, 가르시아는 회사 규칙을 여러 번 어겼다는 이유로 해고되었고, 그는 연방법원에 차별에 대한 고소를 제기했다. 미국 지방법원은 소송을 통해 글로어가 고용한 8명의 판매원 중 7명, 39명의 고용자 중 31명이 히스패닉이고 브라운스빌 사업 지역에서 고객의 75% 또한 히스패닉이어서, 고객의 다수는 스페인어를 사용하는 판매원이 상담해 주길 바란다는 사실을 알게 되었다. 주식 소유주이자 상사인 알턴 글로어는 고용인 사이의 스페인어 사용 금지에 대해 사업상의 이유가 있음을 증언했다. 영어 사용 고객은 고용인들이 이해할 수 없는 언어로 대화하는 것을 반대한다는 것이다. 또한 팸플릿과 상업적 문구는 오직 영어로 작성되어 있기 때문에 고용인들이 자신들의 영어 능력을 개선시킬 필요가 있고, 그래야 스페인어를 모르는 관리자가 그들의 부하들을 더 잘 감독할 수 있다는 것이다. 법정은 글로어 편을 들어 차별이 없다고 판결했다.

이 사건은 결국 미국 항소법원에 갔고, 1980년 5월 판결에서는 "가르시아의 스페인어 사용은 그의 고용에 중요한 요소"였다고 동의했다. 그러나 가르시아가 "스페인어는 멕시코계 미국인의 민족적 소속감의 가장 중요한 측면"이라고 밝힌 전문가 증인을 제시했고, '동등 고용 기회 위원회'에서도 그의 주장을 지지했지만, 법원은 가르시아가 국가적 차별을 겪지 않았다고 결론지었다. 법정의 결론은 다음과 같았다.

> 가르시아는 완벽한 이중언어 사용자다. 그는 사실상 근무 중에 영어 대신 고의적으로 스페인어를 사용했다.……우리는 가르시아의 주장대로, 금지 방침에는 순전한 사업적 이유가 없었고, 글로어의 선택은 임의적이었다고 추정한다. EEO 조항은 모든 임의적인 고용 행위를 금지하지는 않는다.……이것은 오직 차별의 구체적인 비허용적 근거, 즉 인종, 피부색, 종교, 성, 출신국에만 적용된다. 출신국을 종족적 혹은 사회문화적 특징, 혹은 시민권이나 거류 외국인 신분과 같은 비관련적 지위와 혼동해서는 안 된다.……의복 차림 혹은 사업 운영 방식처럼 일부 다른 근거들로 사람을 구별하는 고용정책은 고용의 평등보다 고용자의 사업 운영 방식에 보다 밀접히 관련된다.

다른 말로 하면, 가르시아는 이중언어 사용자였기 때문에 고용된 이유의 언어이자 공동체의 다수 언어인 스페인어를 말할 권리를 완전히 잃어버렸다. 스페인어는 가르시아의 선호 언어였기 때문에, 법원에 의하면, 고용주는 "특정 별자리를 지니고 태어난 사람, 혹은 머리가 길거나 짧거나 아예 없는 사람"[12]을 거부할 수 있는 것처럼 그것을 거부할 수 있다는 것이다. 법원은 그래서 솔로몬과 같은 기적을 행했다. 즉, 가르시아의 국적에서 언어를 분리시켰다.

가르시아 대 글로어 사건 이후 수년간, EEOC는 1964년 민권법의

---

12) *García v. Gloor*, 618 F. 2nd 264.

'국적' 보호를 위반했다고 주장하는 수천 건의 언어 차별 고소를 접수했다. 2002년 한 해에만 위원회는 고용주들의 영어 전용 정책에 항의하는 228건의 고소를 처리했다. EEOC 규정은 사업적 필요성을 정당화할 수 있다면 영어 전용 규정을 오랫동안 일터에서 허용해 왔다. 그러나 이 나라의 여러 장소에서 그와 같은 사례 몇 건을 담당한 연방법원은 최근 모순적 판결을 내렸고, 판결들 간의 차이에 대해서는 아직 대법원이 거론하지 않았다.

예를 들어, 2000년 텍사스의 북쪽 행정구역의 미국 지방법원은 '프리미어 오퍼레이터 서비스' 사에 대한 EEOC의 언어차별 집단소송을 지지했다. 장거리 전화 교환 회사는 특별히 스페인어 사용 고객을 위해서 이중언어 사용자를 고용해 왔다. 회사는 나중에 고용인들이 고객을 상대할 때를 제외하고는 스페인어 사용을 금지했고, 이 규정에 항의하는 13명을 해고했다. 이런 영어 전용 규정은 "이 조직의 많은 사람들이 자신들이 가장 잘 대화할 수 있는 언어로 말하는 것을 막았기 때문에 타국 출신 소수자들에게 부당하게 어려움을 주었다"라고 법원은 판결을 내렸다. 법원은 13명의 종업원들에게 70만 9,000달러의 손실과 체불임금을 배상하라고 명령했다.[13)]

1년 전, 비슷한 판결이 일리노이 연방지방법원에서 EEOC 대 싱크로-스타트 프로덕트 회사 사건을 통해 내려졌다. 이 회사는 일리노이 주의 나일스에 있는 전자제품 부속 생산 공장으로 1997년 200여 명의 종업원들에게 운영 전반에서 영어 전용 정책을 실시했다. 대부분의 종사자들은 폴란드와 히스패닉 이민자들로, 몇 명은 영어를 아주 조금만 구사

---

13) *EEOC v. Premier Operator Services, Inc.*, 113 F. Supp. 2d 1066, 1073 (N.D.Tex. 2000).

할 줄 알았다. 법원은 이 정책이 "국적을 근거로 열등감, 소외, 위협의 분위기를 만들 수 있다"라고 밝혔다. 더 나아가 법원은 세 건의 연방 상소심에서 영어전용법English only laws을 지지한 반면, "그런 규정을 적용하는 각 결정은 종업원이 영어 사용 능력을 갖춘 상황에 한해서만 유효하다"[14]라고 밝혔다.

이런 상소법원 판결 중 하나인 가르시아 대 스펀 스테이크 사건은 1990년대 초 대다수 라티노 노동력으로 이뤄진 샌프란시스코 육류 공장의 영어 전용 정책 실시에 관한 것이다. 이 정책은 오직 노동시간에만 적용되었고, 노동자들은 휴식시간이나 점심시간에는 스페인어를 자유롭게 말할 수 있었다. 두 명의 원고가 노동시간에 스페인어를 사용해 징계를 받았을지라도 이 규정이 일관되게 시행되지 않았다. 법원은 차별 고소를 거절했다. EEOC의 영어 전용 지침은 진짜 이중언어 종업원들에게 적용될 수 없는데, 왜냐하면 이 사람들은 불평등 효과를 겪지 않을뿐더러, 영어 전용 정책이 직접적으로 차별적이지도 않기 때문이라고 법원은 결론 내렸다.[15]

이런 하급 법원 판결 사이의 갈등, 국가적 차원의 영어전용법의 확산 (28개 주가 현재 상징적으로 영어 전용 조항을 지방 정부를 위해 마련하고 있고, 대부분이 지난 20년간 채택하고 있다)을 볼 때, 대법원은 결국 언어 차별 사안에 맞서 싸우도록 압력을 받을 것이다. 그러나 그렇게 될 때까지, 우리 국가는 언어 소수자의 권리를 충분히 인정하지 않는 얼마 되지 않는 진보 국가들 중 하나로 남아 있을 것이다.

---

14) *EEOC v. Synchro-Start Products, Inc.*, 29 F. Supp. 2d 911, 914-15 (N.D.Ill.1999).
15) *Garcia v. Spun Steak Co.*, 998 F.2d 1480, 1487-89 (9th Cir.1993).

예를 들어, 유럽에서는 지역적 혹은 소수자 언어에 대한 유럽 헌장이 구체적으로 "사적, 공적 생활에서 지역적 혹은 소수자 언어를 사용할 권리는 양도할 수 없는 권리다"라고 명시하고 있다. 1992년 조약을 채택한 이후로 독일, 스페인, 영국, 오스트리아, 덴마크, 폴란드, 스웨덴을 포함해 20개국 이상이 공식적으로 비준했다.[16]

아이와 남자—이미지와 실제에 대한 전쟁

언어 논쟁은 힘에 의한 영토 정복으로는 그 영토의 원거주민을 완전히 동화시키지 못할뿐더러 몇 세대가 지나가도 그들 문화의 점차적 소멸을 보장하지 못한다는 사실을 뼈저리게 보여 준다. 정복당한 사람들이 그들의 정복자에 의해 조직적으로 학대당한다고 느낀다면, 불가피하게도 그들은 자신들의 언어와 문화를 저항의 무기나, 정복사회 안에서 완전한 평등성을 요구하는 도구로 만든다. 이것은 21세기 말 무렵 아메리카의 라티노들에게 정확히 해당하는 말이다.

　불행하게도 최고의 앵글로 역사가들 중에서도 이 운동이 후진성을 고양하고, 관용이 아닌 분리를 추구하는 것으로 잘못 읽는 사람들이 있다. 퓰리처상을 수상한 아서 슐레진저의 다문화운동에 대한 답변을 예로 들어 보자. "죽은 백인 유럽 남성들이 우리 문화를 만드는 데 너무나 큰 역할을 담당해 왔다는 사실은 참으로 안 된 일이다. 그러나 그것이 우리다. 아무도 역사를 지울 수 없다"라고 『미국의 와해』라는 책에서 말한다.

---

16) European Charter for Regional or Minority Languages (2010년 6월, http://conventions. coe.int/treaty/en/Treaties/Html/148.htm).

슐레진저는 이 말을 1992년에 썼는데, 약 20년 후에야 애리조나 입법부가 그의 시각이 지닌 의미를 해석해 주었다. 미국에서 가장 강력한 이민법을 승인한 지 겨우 몇 주일 후, 애리조나의 입법자들은 2010년 5월 공립학교에서 종족 연구에 관한 교육 예산을 삭감하겠다고 공표했다. 그들이 승인한 새로운 조치에 의하면, 특정 종족 그룹을 위해 계획된 과목이나, 인종 혹은 계급의 분노와 종족 간 연대를 촉구하는 과목을 개설하는 학교 구역은 모두 주 교육 보조금의 10%를 잃게 되었다.

"그들은 라사Raza에 대한 극단적인 이데올로기를 가르치고 있다. 애리조나나 다른 주들을 멕시코로부터 빼앗았고 돌려주어야 한다는 내용을 포함해서 말이다", "내 시각은 이런 아이들의 부모, 조부모는 대부분 합법적으로 들어왔다. 왜냐하면 이곳이 기회의 땅이기 때문이다. 우리는 그들에게 열심히 공부한다면 무언가를 성취할 수 있다고 가르쳐야 한다"[17]라고 혼Horne은 말한다.

슐레진저, 혼, 그리고 다른 이들의 경고 어린 기우에도 불구하고, 소수 괴상한 종족주의자들을 제외하고는 다문화운동을 벌이는 누구도 미국 역사에서 '죽은 백인 유럽 남성들'의 역사적 역할을 지우려 하지 않는다. 단지 대부분의 다문화운동 활동가들은 문화비평가이자 사회활동가인 에드워드 사이드Edward Said가 '문화 제국주의'라고 적절히 명명한 그 힘이 수세기에 걸쳐 폐해를 만들어 왔다는 사실을 드러내고자 노력해 왔다.

사이드의 시각에 의하면, 한 문화의 음악, 노래, 소설, 연극, 민속 구

---

17) Tamar Lewin, "Citing Individualism, Arizona Tries to Rein In Ethnic Studies in School", *New York Times,* 2010년 5월 13일.

전물은 특화된 제도, 사회학, 문학사, 민족지학 등과 더불어 사람들이 자신들, 세계에서의 그들의 위치와 정체성을 가장 잘 이해할 수 있게 만드는 내러티브를 구성한다. 그러나 문명과정에서 문화는 특정한 국가들에 부속되었고, 그리스 시대 이후로 적어도 이런 부속물들은 구분화, 종종 우등한 '우리'와 열등한 '그들'이라는 적대적 개념을 만들었다. 따라서 강한 자가 약한 자를 지배하는 또 하나의 무기로 문화를 변화시켰다. 사이드는 다음과 같이 말한다.

> 제국주의에서 주요 전쟁은 물론 땅에 대한 것이다. 그러나 누가 땅을 소유하는가, 누가 정착해서 일할 권리를 지니는가, 누가 계속 유지하고, 그것을 되찾는가, 누가 지금 미래를 계획하는가 하는 얘기가 되면, 이런 사안들은 내러티브(문화)에 반영되고, 도전받으며, 심지어 때로는 결정되기도 한다……. 서술할 힘, 다른 내러티브들의 형성과 부상을 차단하는 힘은 문화와 제국주의에 매우 중요하고, 이들을 연결하는 하나의 지점을 만든다.[18]

사이드의 주장에 의하면 미국에서 문화와 제국 간의 연결을 파악하기가 힘들다. 부분적으로 미국의 혼종적 이민사회가 '지배' 문화를 정의하기 한층 어렵게 만들기 때문이고, 양자의 연결이 유럽의 전前 강대국들과 그들의 식민지 관계만큼 견고하기 때문이다.

---

18) Edward W. Said, *Culture and Imperialism* (New York: Alfred A. Knopf, 1993), pp. xii-xiii.

미국의 정체성 구성 요소에 대해 동의하기 전, 우리는 이민 정착 사회가 적지 않은 원주민 존재의 폐허 위에 세워짐에 따라, 미국의 정체성이 단일한 동종의 무엇이 되기에는 너무나 다양하다는 사실을 인정해야 한다. 사실상 내부의 전쟁은 유일 정체성을 옹호하는 사람들과 전체를 합일체로 환원되지 않는 복잡한 구성물로 간주하는 사람들 사이에서 벌어진다.

제국이라는 부분적 이유로 인해, 모든 문화는 서로의 문화에 관여한다. 어느 것도 단일하거나 순수하지 않다. 모든 것은 이종적이고, 혼종적이며, 특별히 차별적이거나 비획일적이다. 나는 현대 아랍 세계가 그렇듯 동시대 미국에게도 맞는 말이라고 믿는다.[19]

그의 선구자적 문학 분석인 『문화와 제국주의』에서 사이드는 서구의 대문호들인 데포, 콘래드, 키플링, 오스틴, 말로, 멜빌, 카뮈 등이 모두 의식하지 못한 채 그들의 작품에서 각자 국가의 제국주의적 욕망을 부추겼고, 반면 소설의 배경이 된 식민지 문화의 내재적 가치에 대해 무시하거나 간과했다고 지적한다.

미국의 고전적·대중적 문화와 전통 모두에서 상당히 유사한 일이 일어났다. 19세기 동안 남서부의 앵글로 정착민들은 쉽사리 스페인의 아시엔다 건축 스타일을 받아들였고 도시, 강, 심지어 주에도 스페인식 이름을 붙였다. 멕시코 음식, 멕시코 란초rancho의 바케로vaquero의 삶, 사냥, 캠핑, 원주민 사이에서 널리 행해진 자연에 대한 개인적 숭배를 받아들였지만, 멕시코인이나 원주민을 자신들과 동등하게 대접하는 것을 거부

---

19) Ibid., p. xxv.

했다. 국경 정복을 정당화하는 작업은 국경 생활을 다룬 싸구려 소설 창작가나, 여행작가, 저널리스트들에게 떨어진 일이었다.

20세기 동안 할리우드 영화나 텔레비전은 신문과 소설을 대신해 히스패닉을 미국 문화의 그림자 속으로 사라지게 만든 주요 도구였다. 수십 년간 행해진 여러 주요 설문조사는 텔레비전에서 히스패닉이 사실상 사라졌음을 보여 주었다. 미디어와 공공 사건 센터Center for Media and Public Affairs는 1955년에서 1986년까지 30년간 방영된 텔레비전 프로그램에 관한 연구인 「미국 보기」Watching America를 통해, 모든 인물 가운데 히스패닉이 겨우 평균 2%를 차지했다고 밝혔다. 이보다 더 열악한 것은, 히스패닉 인구가 급상승했음에도 1950년대 3%에서 1980년대 1%로 꾸준히 하락했다는 점이다. 애넌버그 커뮤니케이션 학교Annenberg School for Communication의 조사에 의하면, 1982년에서 1992년 사이 텔레비전 최고 시청시간대의 인물 중 평균 1.1%를 히스패닉이, 10.8%를 아프리카계 미국인이 차지했다. 1990년대에 히스패닉이 적어도 인구의 9%를 구성한다는 점을 상기한다면, 이것은 그들이 실제보다 9배나 적게 거실의 브라운관에 비쳤다는 점을 말해 준다.

스크린 진출에 성공한 소수 라티노들은 불균형적으로 부정적이다. 미디어와 공공 사건 센터는 1955년에서 1986년 사이 620개의 텔레비전에 방영된 비리얼리티쇼를 살펴본 결과, 히스패닉 인물 중 41%가 부정적으로 그려졌고, 백인은 31%, 흑인은 24%가 부정적이었다. 애넌버그 커뮤니케이션 학교가 21년간 등장한 2만 1,000명의 텔레비전 인물들을 조사한 결과를 살펴보면, 히스패닉의 경우 100명의 선한 캐릭터 대 75인이 악한인 반면, 백인의 경우 100명의 선한 캐릭터 대 39인이 악한이다.[20]

20세기 후반부보다 1940~50년대 할리우드 영화에서 라티노들은 사실상 더 두드러지는 주요 역할을 맡았고, 보다 다양한 종류의 인물을 표현했다. 제2차 세계대전 기간과 그 이후 라틴아메리카 사람들이 파시즘에 대항하는 중요한 아군이자 '좋은 이웃'으로 대접받았던 사실과 부분적으로 관계가 있다. 그래서 과거보다 우호적으로 그들을 표현해야 하는 압박이 존재했다. 게다가 전쟁으로 인해 유럽 시장이 막혔기 때문에 영화사들은 라틴아메리카에서 영화 판매량을 높여 잃어버린 수입을 보상받고자 경쟁했다. 이 시기에 크게 비중 있는 라티노 역할은 앤서니 퀸이 과감히 맡은 「옥스 보우 인시던트」The Ox-Bow Incident, 1943의 바케로, 리카르도 몬탈반이 맡은 「국경 인시던트」Border Incident, 1949의 영웅적 멕시코 정부관리, 오스카 상을 수상한 호세 페레르의 「시라노 드베르주라크」Cyrano de Bergerac, 1950, 케이티 후라도가 맡은 「하이 눈」High Noon, 1952의 영리한 여성 사업가, 고전 노동 영화인 「대지의 소금」Salt of the Earth, 1953의 멕시코 공동체 전체, 텔레비전 시리즈 「시스코 키드」Cisco Kid에 나온 세사르 로메로와 던컨 레날도, 힐버트 롤란드이고, 아마도 이 중 가장 유명한 사람은 「아이 러브 루시」I Love Lucy에 나온 매력적이고 성격 급한 라틴계 남편인 데시 아르나스일 것이다.

이 황금시대가 저물자, 이들 히스패닉 배우들은 정형적이고 노골적인 역할을 넘어선 작품을 찾을 수 없었다. 한 명의 주요한 예외는 리타 모레로Rita Moreno로 「쉬 러브스 미」She loves me에서 헝가리 여성으로, 「젠트리」Gentry에서 중서부의 백인 중산층으로, 「미러클 워커」The Miracle Worker에서 아일랜드 여성으로 나왔다. 물론 영화 관람객들이 히스패닉으로 보

---

20) Clara Rodríguez, *Latin Looks: Images of Latinas and Latinos in the U.S. Media* (Boulder: Westview Press, 1997), pp. 21~33. 이런 연구들을 많이 요약해 놓았다.

기 힘든 배우들은 더 많은 기회를 얻어 다양한 역할을 맡았는데, 앤서니 퀸, 리타 헤이워스, 라켈 웰치, 린다 카터가 여기에 속한다.

1970년대 라티노를 범죄자, 마약중독자, 사회복지 대상자 등으로 묘사한 영화들이 끊임없이 봇물처럼 나왔다. 「더티 해리」*Dirty Harry*, 1971 와 「프렌치 커넥션」*The French Connection*, 1971, 「센추리안」*The New Centurions*, 1972, 「세븐업 수사대」*The Seven-ups*와 「뱃지 373」*Badge 373*, 「이것이 법이다」 *Magnum Force*, 1973, 「데스 위시」*Death Wish*, 1974, 「보드워크」*Boardwalk*, 1979, 「익스터미네이터」*The Exterminator*, 1980, 「브롱크스 캅」*Fort Apache: The Bronx*, 1981, 「범죄와의 전쟁」*Colors*, 1988, 「폴링 다운」*Falling Down*, 1993 등이다.[21]

할리우드 제작자들이 본인들의 작업을 인식하는 문제와 상관없이 부정적 재현이 진행되었다. 1970년대와 80년대 영화산업이 생산한 라티노들에 대한 비정상적인 이미지와 비호의적인 묘사는 처참한 결과를 가져왔다. 젊은 히스패닉 세대들은 잔혹하고 무법적이며 소외당한 정체성을 찬양했다. 백인 미국인들은 명백한 운명의 시대부터 백인 풍속에 축적되어 온 편견을 심화시켰다. 양 그룹을 위해 영화산업은 '우리'와 '그들'이라는 문화적 건축물을 쌓았고, 그것은 사이드가 제국주의적 문화 지배의 중요한 부분으로 밝혔던 바였다.

앵글로 제작자와 감독 어느 누구도 라티노가 미국 사회에 긍정적인 힘을 발휘하고 있고, 정복당하기 이전에 가치 있는 문화를 지녔으며, 미국 문화에 공헌했거나 그것을 확장시켰다는 내용을 포함한 영화를 단 한 편도 만들지 않았다.

---

21) Ibid, pp. 73~179.

라티노 문화는 바로 여기—알려지지 않은 이야기에 대한 기록들

미국의 라티노 문학 유산은 1610년으로 거슬러 올라간다. 그 해 가스파르 페레스 데 비야그라Gaspar Pérez de Villagrá는 미국 역사에서 첫 서사시인 『뉴멕시코의 역사』Historia de la Nueva México를 창작했다. 멕시코 태생의 크리오요인 페레스 데 비야그라는 뉴멕시코를 차지했고, 1599년 푸에블로 원주민을 정복한 후안 데 오냐테Juan de Oñate의 원정에 동반했다. 그의 시는 존 스미스 선장의 『버지니아의 역사』General History of Virginia가 나오기 14년 전에 아코마의 푸에블로를 원정해서 정복한 이야기다.[22] 스페인 법정은 곧이어 원주민에게 행한 잔혹한 행위에 대해 오냐테에게 죄를 선고하고 뉴멕시코에서 추방시켰다. 그로 인해 오냐테는 그 시대의 위대한 정복자들의 신전에서 사라지게 되었다.[23]

그러나 생존한 페레스 데 비야그라의 서사시는 그 갈등에 대한 결정적인 내러티브로 남게 되었다. 이 작품은 각각 11음절의 운율을 담은 시행을 사용하여 스페인 황금시대의 고전 칸토canto 스타일로 작성되었다. 작품의 많은 부분이 시적 가치를 담보하지 못한 세속적 사건들에 빠져 있지만 몇몇 최고 시행들은 『일리아스』나 『잃어버린 낙원』에 비견할 만하다. 그러나 미국 문학을 공부하는 학생들은 이 시에 대해 거의 듣지도 못했을 것이다.

---

22) Ward Alan Minge, *Acoma: Pueblo in the Sky* (Albuquerque: University of New Mexico Press, 1991), pp. 11~15.
23) Gaspar Pérez de Villagrá, *Historia de la Nueva México, 1610,* trans. and ed. Miguel Encinias, Alfred Rodríguez, and Joseph P Sánchez (Albuquerque: University of New Mexico Press, 1992).

페레스 데 비야그라가 스페인어로 썼다는 점과 이 서사시가 거의 400년 전 작품이라는 점에서 그럴 수 있다. 그러나 펠릭스 바렐라의 작품에 대해서는 똑같이 말할 수 없다. 19세기 미국 문화에 있어 어떤 라티노도 미국 가톨릭 출판물의 아버지인 바렐라만큼 거대한 족적을 남기지 못했다. 쿠바 태생의 신부이자 철학 교수, 혁명가였던 바렐라는 1823년 스페인 왕정의 체포를 피해 미국에 도착해 필라델피아에 정착했다. 그는 쿠바의 독립을 지지하는 첫 신문인 『라 아바네라』*La Habanera*를 발간했고 중요한 영어 작품들을 스페인어로 번역하는 데 몰두했다. 여기에는 토머스 제퍼슨의 『의사 진행 매뉴얼』*A Manual of Parliamentary Practice*, 험프리 데이비Humphry Davy 경의 『농화학의 요소들』*Elements of Agricultural Chemistry*이 포함되어 있다.

결국 그는 뉴욕 시에 있는 자신의 교회에 신부로 임명되었다. 뉴욕 아일랜드계 이민자들을 대상으로 그의 작품에 관한 전설적인 명성을 쌓았고, 수많은 학교와 도시 빈민들을 위한 사회서비스를 만들었으며, 1840년 뉴욕 가톨릭 금주 연합New York Catholic Temperance Association을 설립했다. 그는 뉴욕 관구의 교구 신부로 올랐지만 가장 중요한 유산을 남긴 분야는 신학과 문학이었다. 창작과 편집을 담당했는데 선구적인 작품들로는 미국의 첫 교회 평론인 『프로테스탄트의 축약과 주석자』*The Protestant's Abridger and Annotator, 1830*, 주간 『가톨릭 관찰자』*Catholic Observer, 1936~1939*, 문학과 신학 가톨릭 잡지인 『가톨릭 해설자와 문학 매거진』*The Catholic Expositor and Literary Magazine, 1841~1843*, 『가톨릭 해설자』*Catholic Expositor, 1843~1844*가 있다. 그는 엄청난 양의 작업을 요량 있게 감당하고 있을 때조차도 본국의 동료 애국지사들을 독려하고 조언하기 위해 시간을 할애했다. 이 때문에 쿠바에서는 당대 위대한 사상가로 여전히 존경받고 있다.

조국 쿠바가 스페인 통치에서 자유롭게 된 것을 결국 보지 못한 채 플로리다의 세인트오거스틴에서 1853년 사망했다.[24]

한편, 남서부 지역의 합병된 영토에 살고 있는 멕시코 사람들은 1848년 이후 멕시코와 문화적 연결이 한층 강해지는 것을 체험했다. 왜냐하면 많은 사람이 국경을 넘나들며 여행을 다녔고 훌륭하게 다져진 연극, 음악, 미술, 민속 전통으로부터 끊임없이 자양분을 끌어냈기 때문이다.

미국에서 라티노가 소유한 첫 극장은 로스앤젤레스에 있었는데, 이곳에서 멕시코인 극단들이 1820년대 초부터 전문적인 공연을 펼쳤다. 로스앤젤레스 시장으로 한동안 근무한 안토니오 코로넬은 부유한 캘리포니아 사람으로서 1848년 300석을 갖춘 코로넬 극장을 개장했다. 코로넬은 아마도 앵글로 아내인 마리아나 윌리엄슨의 영향 때문이었는지 영어와 스페인어로 모두 연극을 상연했다. 1850년대 말에 이르면 그의 극장은 게레로 조합 극장, 아벨 스턴의 아르카디아 홀, 후안 템플의 템플 극장 등과 같이 스페인어로 공연하는 극장 몇 개와 경쟁을 벌였다. 캘리포니아 주의 스페인어 극장 운동은 매우 널리 알려져 1860년대에 몇몇 공연 단체가 라틴아메리카에서 이전해 왔다.[25]

그러나 멕시코계 미국인 극장은 1920년대에 전성기를 이루는데, 이시기에 멕시코 혁명이 태동시킨 예술적 르네상스가 남서부의 멕시코 공동체로 흘러 들어왔다. 이 공동체들은 제1차 세계대전 기간 동안 미국 공장에 일하러 넘어온 이민자들로 인해 그 규모가 확장되었다. 전쟁 이후

---

24) Roberto Esquenazi-Mayo(ed.), *El Padre Varela: Pensador, Sacerdote, Patriota* (Washington, D.C.: Georgetown University Press, 1990).
25) Nicolas Kanellos, *A History of Hispanic Theater in the U.S.: Origins to 1940* (Austin: University of Texas, 1990), pp. 2~4.

수천 명의 멕시코계 미국인이 유럽의 전장에서 귀환했다. 전직 군인들은 범세계주의적 시각을 체득해 돌아왔고, 수중의 돈도 두둑해 로스앤젤레스의 라티노 엔터테인먼트 산업을 후원하였다.

세기 전환기에 국경 아래에서 다른 무언가가 일어났다. 새로운 라틴아메리카 작가와 예술가 세대는 유럽인, 앵글로 미국인과는 차별적인 문학적·사회적 세계관을 정립하기 시작했다. 범라틴아메리카주의의 형태를 지닌 새로운 철학인 이 모더니스트 운동은 이 지역의 아프리카인, 원주민, 메스티소, 물라토 전통들의 고유한 혼합을 활용했다. 1900년대 우루과이 실증주의자인 호세 엔리케 로도는 라틴아메리카 문학의 역작 중 하나인 『아리엘』*Ariel*을 발표하면서, 미국이 물질주의적 추구에 매몰돼 개척자들의 이상주의를 상실한 탓에 신세계가 대변했던 이상주의를 수호하는 일은 이제 라틴아메리카에 달려 있다고 역설했다. 로도와 니카라과 시인인 루벤 다리오는 가장 많이 칭송받는 모더니스트들이다. 로도의 『아리엘』이 나오기 6년 전, 호세 마르티는 그의 멋진 에세이 「우리 아메리카」를 발표했다. 이 글에서 그는 라틴아메리카의 예술가, 지식인, 정치 지도자들은 유럽과 구세계의 이론과 시각을 수입하는 것을 중단하고, 자신들 고유의 전통에서 영감을 끌어내야 한다고 주장했다.

"유럽 대학이 아메리카의 대학에 고개를 숙여야 한다"라고 마르티는 선언했다. "그리스 집정관들의 역사는 간과한다 하더라도 아메리카의 역사를 잉카에서 현재까지 자세하게, 문자 그대로 가르쳐야 한다. 우리들의 그리스가 남의 그리스에 대해서 우선권을 취해야 한다. 세계가 우리의 공화국에 접목되도록 하자. 그러나 줄기는 우리 것으로 삼아야 한다."[26]

이곳과 국경의 이남에서 움트는 새 모더니즘에 대한 반응으로, 에스테반 에스칼란테, 가브리엘 나바로, 아달베르토 엘리아스 곤살레스, 브리히도 카로는 스페인 주제를 가져다 쓰기보다는 미국 멕시코인의 삶을 그리는 첫 연극작품들을 창작했다. 새로운 희곡작가들은 양식상 옛 스페인 사르수엘라zarzuela, 쿠바의 희곡bufo에서 레비스타reviesta와 코메디아comedia에 이르기까지 다양한 형태를 실험했다. 예를 들어, 카로의 고전『호아킨 무리에타』Joaquín Murieta는 백인 미국인들이 대부분 단순히 악당으로 치부하는 캘리포니아의 영웅적 저항가의 비극적 이야기를 다루고 있다. 유사한 극장운동이 샌안토니오와 투손에서도 일어났다. 이 라티노 르네상스는 멕시코인들에게만 한정되지 않았고, 백인들도 종종 극장 공연에 참석했다.[27]

미국의 다른 가장자리인 뉴욕과 탬파에서, 쿠바, 스페인, 푸에르토리코로부터 온 배우와 희곡작가들이 극장운동을 번성시켰다. 쿠바의 알베르토 오파릴Alberto O'Farrill은 쿠바의 부포 희극의 대부로서, 1920년대 뉴욕에서 가난하고 희극적인 아프리카계 쿠바인의 고전적 역할을 완성시켰다. 같은 시대 이 도시에서, 푸에르코리코의 배우 에라스모 반도, 희곡작가 후안 나달과 곤살로 오네일은 성장해 가는 소규모 히스패닉 공동체로부터 폭넓은 지지를 얻었다. 오네일의 1928년 작품「하나의 깃발 아래」Bajo una sola bandera는 미국으로부터 독립한 푸에르토리코를 과감히 지지하는 내용을 담아 극장 관람객을 열광시켰다.

그러나 라티노 문화 중 미국인들의 삶에 가장 큰 영향을 미친 것은 음악이었다. 음악을 통해 라티노들은 많이 교류하고, 서로 차용하며, 대

26) José Martí, *Our America: Writings on Latin America and the Struggle for Cuban Independence*, ed. Philip S. Foner (New York: Monthly Review Press, 1977), p. 88.
27) Kanellos, *A History of Hispanic Theater*, pp. 44~70.

중적 표현에 변화를 가했다.

존 스톰 로버츠라는 비평가는 그의 뛰어난 연구서인 『라틴의 기운: 미국에 미친 라틴아메리카 음악의 영향』*The Latin Tinge: The Impact of Latin American Music on the United States*에서 남부 텍사스와 뉴올리언스에 미친 음악적 영향력의 기원을 고찰했다. 리오그란데 밸리를 따라서 멕시코 사람들은 코리도*corrido* 음악을 발전시켰다. 이것은 폴카, 왈츠, 행진곡에 맞춰 부르는 민속 가요로서, 가사는 당시의 실제 사건을 배경으로 총기 싸움이나 전쟁에서 시작해 범죄, 연애사건, 소몰이, 철길의 도래에 이르기까지 다양했다. 평범한 코리도는 날짜, 이름, 구체적 사실로 채워져 엔터테인먼트뿐 아니라 여전히 문맹이었던 멕시코 대중을 위한 뉴스 기사, 역사적 내러티브, 논평으로도 기능했다. 초기 코리도 중 하나는 호세 안토니오 카날레스 장군과 미-멕 전쟁에서 미국 군대에 대항해 싸운 그의 게릴라 부대를 노래한다. 또 다른 코리도는 후안 코르티나의 삶과 시대를 이야기하고, 일부 코리도들은 텍사스 경비대의 잔혹함과 멕시코 무법자들의 위대한 모험을 전한다. 가장 유명한 코리도는 말 도둑이라는 누명을 뒤집어쓴 20세기 초 무법자인 그레고리오 코르테스*Gregorio Cortez*에 관한 것이다.

남서부 국경에서는 드물지 않게 멕시코의 짐마차와 앵글로 카우보이들이 길을 가로질러 함께 야간 캠핑을 하면서 코리도 가수들과 앵글로 민속가요 가수들이 캠프파이어 친선 경쟁을 하곤 했다. 이렇게 두 문화 간에 음악적 교환이 시작되었다.[28]

---

28) John Storm Roberts, *The Latin Tinge: The Impact of Latin American Music on the United States* (New York: Oxford University Press, 1999), pp. 24~27.

미국에서 가장 왕성한 초기 피아니스트 중 한 명인 뉴올리언스의 루이 모로 고트샬크Louis Moreau Gottschalk, 1829~1869는 1850년대 미국 고전음악을 작곡하면서 쿠바적 요소를 도입하기 시작했고, 오케스트라 모음곡 '크리오요의 눈'Ojos Criollos, '쿠바의 전원 무대'Escenas Campestres Cubanas나 푸에르토리코 민요를 바탕으로 한 '히바로의 행진'Marche des Gibaros을 창작했다. 뉴올리언스는 단순히 고전음악의 소재가 융합되는 장소를 넘어 음악의 중심으로 부상했다. 19세기 말에 이르면 멕시코와 쿠바의 음악가들은 루이지애나의 스페인 출신 주민들의 후손들과 더불어 라틴구Latin Quarter의 활발한 래그타임ragtime 무대에서 중요한 역할을 담당하게 된다. "백인들에게 라틴 음악이 대중적이었는데도, 라틴 리듬은 백인·대중음악보다는 미국 흑인 양식 속에 훨씬 더 지속적으로 녹아 들어갔다"라고 로버츠는 기술하고 있다.[29] 예를 들어, 페를롭스 누녜스Perlops Nuñez는 1880년대 이 도시의 첫 흑인 밴드 중 하나를 운영했고 지미 '스프리그스' 팔라우Jimmy "Spriggs" Palau는 유명한 재즈 가수 버디 볼든Buddy Bolden과 연주했다. 뉴올리언스 래그타임과 재즈가 발전하면서 이들은 멕시코와 쿠바, 이후 브라질 음악으로부터 상당한 영감을 끌어왔다.

20세기 초에 이르면 라틴 음악의 형식들이 연속해서 미국의 대중을 사로잡는다. 전국적으로 탱고 열풍이 불면서, 1913년 버넌 캐슬과 아이린 캐슬은 부부 댄스팀으로 뉴욕의 니커보커 극장에서 그들의 첫 탱고를 선보였다. 그리고 1920년대 말 과테말라의 우르타도 형제는 과테말라의 마림바marimba 음악을 녹음하고 상연하기 시작했다. 곧이어 예닐곱 개의 마림바 밴드가 큰 호응을 받으며 전국 순회공연을 돌았다. 쿠바의 작곡

---

29) Ibid., pp. 27~30, 36~41.

가인 에르네스토 레쿠오나는 브로드웨이 작곡가들 사이에서 유명해졌고, 곧 그의 아바네라*habanera* 노래가 모방되기 시작했다. 조지 거슈윈의 '아르헨티나'와 리처드 로저의 '아바나'는 이 시기의 두 사례에 지나지 않는다.[30]

1920년대 말에 이르러 카리브 출신 이민 음악가들이 뉴욕 시의 래그타임과 재즈 히트곡들을 자신들의 음악에 혼용하게 되었다. 작가인 루스 글레이서Ruth Glasser는 잘 알려지지 않은 음악사를 재건했다. 그녀는 고전음악 훈련을 통해 다져진 풍부한 전통의 산물인 푸에르토리코의 음악적 대가 그룹이 뉴욕으로 이주한 후, 이 도시의 음악사를 재창조한 아프리카계 미국인 음악가들과 어떻게 교류하기 시작했는지를 보여 주었다.

이 합작은 제1차 세계대전 당시 가장 유명한 음악 그룹인 369번째 보병대 '죽음의 용사'Hellfighter 밴드를 지휘했던 작곡가이자 밴드 리더인 제임스 리스 유럽James Reese Europe 대위에 의해 시작되었다. 그는 이 밴드를 구성하면서 자신의 상사인 윌리엄 헤이워드 대령을 설득해 1917년 관악기 연주자 모집을 목적으로 푸에르토리코를 여행하게 된다. 그는 스페인 점령시대부터 내려온 군대와 관청 행진 밴드라는 오랜 전통으로 인해 푸에르토리코에 소질을 갖춘 음악가들이 넘친다는 소식을 들었다. 더구나 모든 푸에르토리코 사람들은 악보를 읽을 줄 알았고 보통 하나 이상의 악기를 연주했다. 이 짧은 섬 여행 동안 18명의 젊은이를 모았는데, 이중에는 푸에르토리코의 훌륭한 작곡가이자 가수, 밴드 리더가 될 라파엘 에르난데스Rafael Hernández, 에르난데스의 동생인 헤수스, 클라리넷 연주가 라파엘 두체스네, 작곡가들과 지휘자들로 구성된 화려한 가족의 후손

---

30) Ibid., pp. 44~45, 50~55.

들이 포함되어 있었다.

전쟁 후에 에르난데스와 다른 푸에르토리코 사람들은 뉴욕으로 이주했다. 이들 중 몇 명은 브로드웨이 극장 밴드나 오늘날의 재즈 오케스트라에서 연주를 했다. 그들의 성공은 더 많은 푸에르토리코와 쿠바 음악가들이 뉴욕의 화려한 빛을 향해 본국을 떠나도록 부추겼다. 예를 들어, 푸에르토리코 트롬본 연주가인 프란시스코 티솔Francisco Tizol은 1922년 '셔플 얼롱'Shuffle Along이라는 뮤지컬 쇼에서 공연을 했고, 그의 동료 연주가인 페르난도 아르벨로와 함께 플레처 헨더슨 밴드에 고정 출연했다. 튜바 연주가인 랄프 에스쿠데로Ralph Escudero는 1928년 초콜릿 댄디 Chocolate Dandies 오케스트라에서 일했고, 클라리넷 연주가인 라몬 '몬초' 우세라Ramón "Moncho" Usera는 블랙버드Blackbirds에서 일했다.[31]

1929년 쿠바 사람인 마리오 바우사Mario Bauza는 아바나의 심포니 오케스트라에서 은퇴한 후 뉴욕에 도착했다. 그는 이후 10년간 노블 시슬 Noble Sissle, 돈 레드먼Don Redman, 캡 캘러웨이Cab Calloway, 칙 웹Chick Webb 과 같은 당시 유명한 밴드 리더들의 지휘 아래 연주했다. 캘러웨이 밴드에 있는 동안 바우사는 또 다른 젊은 트럼펫 연주자인 디지 길레스피Dizzy Gillespie와 함께 연주했다. 이들처럼 미국 유대인과 아프리카계 푸에르토리코 어머니 사이에서 태어난 폰세 출신인 아우구스토 코엔Augusto Coen 도 1920년대 뉴욕에 도착했다. 기타, 트럼펫, 다른 몇몇 악기들을 열정적으로 다루는 코엔은 시슬, 듀크 엘링턴, 헨더슨 등과 계속 공연했다.

1920년대 탱고 열풍은 1930년대 룸바 광기로 이어졌다. 이 사운드

---

31) Ruth Glasser, *My Music Is My Flag: Puerto Rican Musicians and Their New York Communities, 1917-1940* (Berkeley: University of California Press, 1995), pp. 54~82.

는 돈 아스피아수Don Azpiazu, 하비에르 쿠갓Xavier Cugat, 데시 아르나스Desi Arnaz와 같은 쿠바의 빅 밴드 리더들에 의해 시작되었다. 1930년대 아스피아수의 오케스트라는 첫 브로드웨이 공연에서 미국 역사상 가장 유명한 쿠바의 선율이 될 '마니세로'Manicero(땅콩 장수)를 소개했다. 초기 밴드들은 미국 관객들에게 처음으로 쿠바의 악기, 즉 마라카스, 클라베, 귀로, 봉고, 콩가, 팀발 등의 강력하고 이국적인 혼합음을 들려주었고, 이후 이 음악들은 셀 수 없이 많은 백인과 흑인 음악 그룹에 수용되었다. 그들의 음조에 영어 가사를 붙이거나 때로는 미국 여성들을 보컬리스트로 기용하여 아스피아수, 쿠갓, 아르나스는 앵글로들 사이에서 첫 성공적인 상업적 크로스오버를 개척했다. 1940년대 내내 할리우드는 라틴 선율과 테마들로 이뤄진 영화를 많이 창작했고, 이 과정에서 쿠갓은 「멕시코에서의 휴일」Holiday in Mexico과 「세 명의 신사들」The Three Caballeros에, 아르나스는 「쿠바인 페테」Cuban Pete에 밴드 리더로 참여했다. 빙 크로스비와 밥 호프는 「리오로 가는 길」Road to Rio, 1947에서, 그로우초 막스와 카르멘 미란다는 「코파카바나」Copacabana에서 커플로 연기했다.

그러나 진지한 음악 청취자들에게 이런 재미있는 실험들은 할렘 지역이나 맨해튼의 재즈 클럽에서나 일어나는 일이었다. 인종 의식적인 국가에서 여전히 무시당하는 아프리카계 쿠바인과 아프리카계 푸에르토리코인 음악 대가들은 이곳에서 훌륭한 미국 흑인 밴드들과 새로운 형식을 탐구하였다. 1940년대 이르러 쿠바와 푸에르토리코 음악가들 중 바우사, 코엔, 프랑크 '마치토' 그리요, 알베르토 소카리아스는 그들의 오케스트라를 결성하기 시작했다. 그들의 그룹은 클라리넷, 색소폰, 트럼펫 섹션을 지닌 미국 빅 밴드의 음악과 판데레타, 마라카스, 귀로, 봉고 등과 같은 섬의 악기들을 혼합했다. 그들은 쿠바의 과라차guaracha와 손, 푸에르토리코의 단사*danza*와 플레나*plena*에 새로운 미국 현실을 읊는 가사를 접목시켰고, 이런 모든 것에서 새로운 혼성적 음악 장르가 탄생했다.

이 국가의 어떤 주요 음악가도 브로드웨이나 할리우드 혹은 주요 음반 스튜디오, 콘서트홀을 막론하고 새로운 라티노 음악의 영향을 피할 수 없었다. 글렌 밀러, 캡 캘러웨이, 찰리 파커, 우디 허먼은 모두 재즈와 쿠바 음악, 이후에는 브라질 삼바 음악을 혼합하는 실험을 펼쳤다. 냇 '킹' 콜은 위대한 쿠바 트럼펫 연주자 중 한 명인 '초콜라테' 아르멘테로스와 함께 그의 첫 라틴풍 앨범인 '왕에게 룸바'*Rumba a la King*를 1946년 쿠바에서 녹음했다. 1950년에 이르면 이런 실험들로부터 두 가지 분리된 그러나 상호 연결된 음악적 양식이 부상하게 된다. 페레스 프라도, 티토 푸엔테, 티토 로드리게스와 같은 음악가들이 대중화시킨 맘보, 그리고 마치토, 스탠 켄턴, 디지 길레스피, 차노 포소, 푸엔테 등이 창조적으로 시작한 큐밥*Cubop* 혹은 아프로큐반 재즈다.

한편, 라틴음악을 오랫동안 실험해 온 영국의 피아니스트 조지 시어링*George Shearing*은 라틴풍 재즈를 캘리포니아에서 연주하기 위해 1953년 새로운 5인조 악단을 결성한다. 시어링이 모집한 음악가들은 이후 수십 년간 사실상 명예의 음악 전당을 이루게 된다. 쿠바인인 몽고 산타마리아는 콩가, 아르만도 페라사는 봉고, 푸에르토리코인 윌리 보보는 팀발, 스웨덴계 미국인 칼 제이더*Cal Tjader*은 비브라폰을 연주했다.[32]

다른 방식으로 동시에 발생한 라틴과 유럽적 미국 음악의 퓨전이 남부 텍사스에서도 일어났다. 이곳에서 멕시코의 노르테뇨*norteño* 음악이 텍스-멕스*Tex-Mex*, 콘훈토*conjunto*를 만든 것이다. 콘훈토의 발전은 마누

---

32) Roberts, *The Latin Tinge*, pp. 76~126.

엘 페냐의 예리한 연구서인 『텍사스-멕시코 콘훈토: 노동계급 음악사』 *The Texas-Mexican Conjunto: History of a Working-Class Music*에 고찰되어 있다. 페냐는 유럽의 악기인 아코디언이 1850년대에 벌써 멕시코 음악에서 사용되었다고 밝힌다. 그러나 치카노 아코디언 스타일의 대부인 남부 텍사스 출신 나르시소 마르티네스에 의해 1928년 멕시코 악기 구성이 완성되었다. 1930년대의 또 다른 주요 콘훈토 음악가는 산티아고 '플라코' 히메네스였다.[33] 란체라, 코리도, 콘훈토 형식은 멕시코의 국경 마을을 넘어 점차적으로 퍼져 나갔고 미국의 컨트리 뮤직에 스며들었다. 남서부에서 컨트리 뮤직은 "기타의 테크닉과 멕시코 출신의 노래를 함께 채택했다. '스페인식 투스텝'은 '산안토니오의 장미'의 기원으로 간주되었고, '엘 란초 그란데'El Rancho Grande는 거의 모든 서부 스윙 밴드에서 연주돼 컨트리 뮤직의 기준이 되었다"라고 로버츠는 말한다.[34]

미국 음악에 미친 치카노의 영향은 1950년대부터 특히 록과 컨트리 음악에서 드러났다. 카를로스 산타나의 라틴 록에서부터 린다 론스태드의 컨트리 록, 프레디 펜더의 야성적인 텍스-멕스 록앤롤, '리틀 조' 에르난데스와 라 파밀리아의 퓨전 스타일, 마지막으로 셀레나 킨타니야의 텍스-멕스 팝에 이르기까지 지속되었다. 지난 20년간 수많은 라티노 크로스오버 음악가들이 영어 사용 시청자들 사이에서 대스타 자리로 올라섰다. 쿠바계 미국인 글로리아 에스테반, 푸에르토리코 출신 리키 마틴, 마크 앤소니, 제니퍼 로페스, 콜롬비아 태생의 샤키라, 스페인 출신 엔리케

---

33) Manuel Peña, *The Texas-Mexican Conjunto: History of a Working-Class Music* (Austin: University of Texas Press, 1985), pp. 51~59.
34) Roberts, *The Latin Tinge*, p. 97.

456 미국 라티노의 역사

이글레시아스 등이다. 그러나 미국 젊은이들 사이에서 가장 확산적인 라티노 가수들의 영향력은 아마도 힙합과 레게톤 예술가에서 나온 것이다. 1990년대 이래 힙합 아이콘으로 부상한 라티노의 목록은 놀랄 만하다. 남부 브롱크스 출신인 빅 펀(크리스토퍼 리오스)과 팻 조(조셉 카르타헤나), 푸에르토리코 출신의 레게톤 왕인 대디 양키(라몬 루이스 아얄라 로드리게스)가 있다. 한편, 중남부 로스앤젤레스에는 핏불(아르만도 크리스티안 페레스)이 있다. 그리고 멕시코 태생이지만 미국에서 성장한 어키위드(세르히오와 프란시스코 고메스 형제)는 힙합과 멕시코의 전통의 지역 음악을 혼합했다. 재-피(후안 파블로 우에르타) 역시 멕시코 태생으로 미국에서 성장했는데, 2003년 히트한 데뷔 앨범에 '이곳 출신도 저곳 출신도 아닌'Ni De Aquí, Ni De Allá이라는 적절한 제목을 붙였다.[35]

제1차 세계대전과 제2차 세계대전 사이에 라티노 극장과 음악이 부상하였다면, 1960년대에는 호세 안토니오 비야레알의 『포초』Pocho, 1959, 피리 토마스의 『이 비열한 거리 아래에서』Down These Mean Streets, 루돌포 아나야의 성장 고전인 『날 축복해 줘, 울티마』Bless me, Ultima와 같은 고전적 작품들을 필두로 한 라티노 문학이 부상한다. 영어로 된 라티노 문학이 오랫동안 등장하지 못한 것은 놀랄 만한 일이 아니다. 새로운 언어를 배우는 것과 그 언어로 문학적 전통을 만드는 것은 사뭇 다른 일이다. 이때부터 니콜라사 모르, 산드라 시스네로스, 대니 산티아고, 오스카 이후엘로스, 크리스티나 가르시아, 훌리아 알바레스, 아나 카스티요의 소설과

---

35) Melissa Castillo-Garstow, "Latinos in Hip Hop to Reggaeton", *Latin Beat*, 2005년 3월 (2010년 6월, http://www.brownpride.com/latinrap/latinrap.asp?a=hiphoptoreggaeton/index).

단편에서부터, 페드로 피에트리, 타토 라비에라, 마르틴 에스파다의 시, 루이스 발데스, 에드워드 제임스 올모스, 목테수마 에스파르사, 돌로레스 프리다, 호세피나 로페스, 린-마누엘라 미란다의 희곡과 영화 작품에 이르기까지 라티노의 창작성은 급속한 성장을 이룬다.

게다가 마리엘의 탈출은 쿠바의 정련된 작가와 예술가들을 미국으로 불러들였다.『환각의 세계』*Hallucinating World*를 쓴 망명 작가 레이날도 아레나스, 후안 아브레우, 카를로스 알폰소, 빅토르 고메스, 안드레스 발레리오는 도착 후 곧 망명자 공동체에서 예술의 부활에 불을 붙였고, 이와 더불어 쿠바 문화에 대한 자긍심을 일깨웠다.[36]

종합적으로 라티노 예술가들은 연극, 음악, 문학, 영화를 막론하고 몇 개의 동시다발적인 퓨전 운동을 일으켰다. 그들은 서로의 다른 국가적 경험으로부터 교훈을 차용하거나 흡수했다. 그들은 라틴아메리카의 예술적 전통에서 새로운 힘과 접근법을 발견했으며, 아프리카계 미국 예술가와 앵글로 미국 예술가의 양식과 내용을 탐구하고 수용하였다. 이런 퓨전 노력으로부터 그들은 미국 문화에 생기 있고 변화무쌍한 라티노 지류를 탄생시켰다. 그러나 이런 결실은 고등학교 교과서, 할리우드 영화 혹은 텔레비전 쇼에 전혀 나오지 않는다.

이중언어주의와 잊혀진 언어에 대한 배고픔

언어를 둘러싼 논쟁의 대부분은 불행하게도 이중언어주의의 위협에 맞추어져 있다. 그러나 사실상 모든 연구가 반복해서 말하는 것처럼 대다

---

36) García, *Havana USA*, p. 117.

수 라티노들은 영어 구사가 미국에서 그들의 발전에 필수적이라고 여긴다. 라티노들은 이 사실을 너무나 열렬히 신봉하여 히스패닉 이민자의 75%가 이곳에 산 지 15년이 되면 일상적으로 영어를 사용하게 되고, 그 이민자들의 자녀 중 70%는 영어만 사용하든지 혹은 영어를 보다 우세하게 사용한다.[37]

19세기에도 스페인어로 된 신문은 분리주의 언어철학을 거부했고 영어를 학습할 필요를 받아들였다. 프란시스코 라미레스의 신문『민중의 함성』*Clamor Público*은 1850년대 독자들의 영어 학습을 돕는 데 한 면을 할당했다. 그러나 이런 초기 멕시코인들은 스페인어가 '외국의' 언어라는 시각을 거부했고 그들의 모국어 사용을 수호했다. 예를 들어, 네바다 주 라스베이거스의『인데펜디엔테』*Independiente*는 스페인어가 "발밑에서 짓밟히는 것"을 허용하지 않는 한편, 영어를 배우도록 독자들을 독려했다. 미국의 가장 오래된 히스패닉 시민 권리 그룹인 LULAC는 이 세기 초 기관을 설립한 이래, 모든 이민자에게 영어를 교습하는 것을 주요 목표로 삼았다.

1982년 베스트셀러 자서전인『기억의 허기』*Hunger of Memory*에서 작가인 리처드 로드리게스*Richard Rodriguez*는 "동화된 중산층 미국인"이 되기 위해 자발적 의지로 학교 교육의 초기 시기부터 어떻게 영어에 몰입하게 됐는지를 이야기한다.[38]

1950년대 영어 몰입 프로그램은 특정 의미에서는 성공했다. 이런 프

---

37) Crawford, *Hold Your Tongue*, p. 21.
38) Richard Rodriguez, *Hunger of Memory: The Education of Richard Rodriguez* (Toronto: Bantam Books, 1982), p. 3.

로그램들은 리처드 로드리게스, 필자 자신, 그리고 수많은 우리 세대의 사람들이 능숙한 영어 사용자가 되도록 만들었다. 그러나 학교 교육에서 실패하고 계속 뒤처지게 된 많은 사람들이 결국 두 언어에 문맹으로 남게 된 경우는 어떠한가? 아니면, 단지 영어를 정복하지 못해 학교를 그만두는 바람에 특별 교육이나 직업 프로그램을 밟게 된 경우는 무엇이란 말인가?

일방적 몰입 프로그램에 대한 유년기 기억으로 인해 나는 이중언어 교육을 지속적으로 지지했다. 그렇다고 해서 가장 극단적 형태인 '유지 모델'을 말하는 것은 아니다. 이것은 스페인어 사용을 고집해 종종 빠른 영어 습득을 망치게 하고, 결국 정부 보조를 받는 문화적 고립지로 빠뜨리고 마는데, 이보다는 '이행적' 모델을 말하는 것이다.

사실상 이중언어 교육은 가난한 히스패닉들 사이에서 출발하지 않았고, 1960년대 마이애미에 도착한 상류층 쿠바 망명자들로부터 생겨났다. 연방정부의 지원으로 시작된 이 프로그램은 망명자들이 당시 일시적 거주로 생각했던 미국 생활에 최대한 편의를 제공하고자 도입된 것이었다. 해를 거듭하면서 이 정책은 광범위한 직업 프로그램으로 변모했다. 우선은 쿠바 전문 직업인을 위해서, 이후에는 국내에 확산되는 이중언어 프로그램의 교육을 위해 해외에서 모집되어 온 다른 중산층 라틴아메리카 사람들을 위해서 사용되었다.

아이들이 영어를 완벽히 배우는 동안 대부분의 학교에서 한정된 시간 동안 모국어로 교육시키고, 이후 2~4년간 두 개의 언어로 가르치는 '이행적' 이중언어 모델을 받아들였다면, 현재의 격렬한 논쟁은 감소되었을 것이다. 그러나 양쪽의 극단적 입장이 미디어의 관심을 제일 많이 끌었기 때문에 '미국화'라는 새로운 기류에 완전한 동화되어야 한다는 주장이 호기를 얻었다. 이런 제도하에서 아이들은 언어에 대한 기초 지식을 얻을 때까지 집중 영어 교육 과정을 밟아야 했고, 이로 인해 다른 과목에서는 뒤처졌다. 이는 또한 스페인어에 대한 지식이 자산이 아닌 핸디캡으로 인식되게 만들었다.

이중언어 교육에 대한 비판자들은 이 교육으로 먹고사는 이중언어 관료제의 과잉에 대해 올바르게 지적한다.[39] 그들은 뉴욕 시를 예로 들어 말한다. 연구에 의하면 2만 5,000명의 학생들이 2~4년 동안 이중언어 프로그램을 수강하고 있다. 그러나 언어를 바꾸는 일은 옷을 달리 입는 것을 배우는 것처럼 쉬운 일이 아니다. 그것은 문화적 표지를 교체하는 복잡한 과정이고, 적절히 진행되지 않으면 수년간의 심리적 파장을 만들어낼 수 있다. 이 전이를 배우는 아이들의 연령이 높을수록 새로운 언어를 습득하는 일이 더욱 어려워진다. 미국 시민으로 태어나 성장한 푸에르토리코 사람들과 멕시코 사람들의 경우에는 수세대 동안 스페인어가 가족 생활의 일부이자 정체성의 일부였다.

모국어 보유는 다른 이민자들보다 히스패닉들에게 확실히 높다. 이는 라틴아메리카의 문화적 영향력의 근접성과 60년간 지속적으로 이뤄진 대규모 이민에서 나온 매우 실제적 요인들 때문이다. 예를 들어, 멕시코 국경 지역에서 멕시코 텔레비전과 라디오 방송국에서 방송되는 프로그램을 미국 쪽에서 보거나 들을 수 있고 그 반대도 마찬가지다. 보다 큰 규모의 대도시인 멕시코의 후아레스에서 리오그란데 강을 건너면 도착하는 텍사스의 작은 도시 엘패소에서 스페인어와 멕시코 문화가 지배적

---

39) "New York's Bilingual Bureaucracy Assailed as School Program Grows", *New York Times*, 1993년 1월 4일.

인 영향력을 행사하는 것은 당연하게 보인다.

　미국의 언어인 영어가 곧 대체될 것이라는 일부 미국인들의 두려움은 사실과 반대될 뿐 아니라 거의 편집증에 가깝다. 만약 무언가가 사실이라면, 세계적으로 확산되는 미국의 상업과 통신이 그 반대를 달성하고 있다는 점이다. 라틴아메리카 전역에서 영어는 사실상 모든 공립학교의 제2 외국어가 되었고, 많은 사립학교에서는 제1 언어로, 인터넷에서는 주요 언어로 사용되고 있다. 영어는 대중매체와 광고에 어디든지 존재한다. 이미 제국의 잡탕언어lingua franca이다. 이 반구의 남쪽 도시들에서는 밤마다 수많은 젊은 라틴아메리카 청년들이 영어를 배우고자 열심히 사설 학교를 채우고 있다. 미국에서 자란 젊은 라티노들은 그들의 영어에 자부심을 지니고 때로는 고등학교에서 스페인어를 배워야만 한다는 생각에 대해서 백인 학생들보다 더 많은 반감을 표시한다. 이상하게도 이런 라티노 학생들은 스페인어에 대한 사회적 경멸을 내면화하고 있어 다수가 사용하는 언어와 다른 언어를 사용하면 마치 보통 미국인보다 더 낮은 지위로 떨어진다고 인정하는 듯하다.

　미국에서 필요한 것은 영어를 공식어로 선언하면서 스페인어를 박해할 수 있도록 인종차별적 정치인과 고용주에게 청신호를 보내는 헌법수정안이 아니다. 오히려 우리는 미국의 다문화적 뿌리를 새롭게 인정하는 의미에서 영어를 사용하는 미국인들에게 스페인어 교육에 대해 재강조하는 것이 필요하다. 공립학교에서 학생들에게 폭넓은 교육을 제공함으로써 히스패닉이 공헌한 문화적 중요성을 인식하도록 가르쳐야 한다. 학교는 라티노, 앵글로, 아프리카계 미국인의 예술이 혼합되면서 21세기에 새롭게 등장한 혼성적 문화 경향을 분석하고 해부해야만 한다. 텍스-멕스, 부갈루bugaloo, 맘보에서 라틴 재즈, 레게, 랩, 힙합에 이르는 이런 새로운 음악 장르들이 문화적 교량의 최고 사례가 된다. 역사는 인종, 종교, 언어의 차이를 지우고자 했던 많은 거대한 국가들이 결국 자신들을 파괴해 버리고 마는 사례들을 많이 보여 준다. 우리는 우리의 운명이 다를 것이라고 생각하면서 스스로를 속이고 있다.

미국 땅의 첫 시인인 페레스 데 비야그라는 350년 전에 스페인과 푸에블로족 사이의 아코마^Acoma 전쟁을 이렇게 묘사했다.

그들이 교양이 있든

무례하든, 거칠든, 야만적이든, 징그럽든,

중요하지 않다.

왜냐하면 그들이 인간이라는 것을 아는 것, 이것으로 충분하다.

아니, 그 이상이다.

그리고 알아야 한다.

마귀에게는 아니지만,

자신들이 원하면

신이 창조한 모든 피조물 중에서

그들 모두가 최악의 괴수가 된다는 것을.[40]

---

40) Pérez de Villagrá, *Historia de la Nueva México*, p. 120.

제13장
자유무역 : 라틴아메리카에 대한 최후 정복

> 두 세기가 지난 후, 영국은 자유무역을 받아들이는 것이 더 편리
> 하다는 것을 알았다. 왜냐하면 국가 보호가 더 이상 아무것도 줄
> 수 없다고 생각했기 때문이다……. 우리나라에 관해 내가 아는
> 바에 의하면, 아메리카도 200년 내 국가 보호가 제공할 수 있는
> 모든 것을 얻고 나면, 자유무역을 채택하게 될 것이다.
>
> —율리시스 S. 그랜트

> 라틴아메리카는 신자유주의 세계화가 가장 사악한 형태를 띠고
> 있는 곳이다. 부와 권력이 유례없이 소수의 사람들의 손아귀에만
> 떨어진다.
>
> —히메나 데 라 바라

"신자유주의적 붕괴 이후 라틴아메리카"

20세기 중반 이후, 아메리카의 경제에 중대한 변화가 일어났다. 값싼 노
동력과 최대 이윤을 추구하는 미국의 초국가적 회사들은 제조 회사의 상
당수를 제3세계 국가들, 특히 라틴아메리카로 이전시켰다. 이런 변화의
일환으로서 미국 정부는 '자유무역'을 위한 세계적인 캠페인을 벌였다.
캠페인은 개발 국가들에게 수입 물품의 관세를 낮추고 새로운 수출 지향
적 제조업 지대를 만들도록 압력을 행사했으며, 대부분 외국 회사의 요
구를 수용하도록 만들었다.

　　그러나 이 장에서 보게 되듯이, 자유무역은 라틴아메리카 경제를 심
각하게 왜곡시켰다. 이것은 1980년대와 1990년대에 새로운 '신자유주

의적' 경제 전략을 위한 핵심 축이 되었다. 때로는 '워싱턴 컨센서스'라는 이름을 달고, 공공 자산의 대량 매각, 정부 기본 서비스의 사유화, 국가 정부에 의한 국제통화기금IMF, 국제부흥개발은행World Bank, 세계무역기구 World Trade Organization 같은 중재 단체의 재정과 교역 관련 조정의 수용 등을 내용으로 내세웠다.[1]

외국 투자자들과 국내의 엘리트들은 교역의 확장으로 발생하는 경제 붐을 타고 성공가도를 달렸지만, 신자유주의 모델을 급속히 받아들인 라틴아메리카 국가들은 옹호자들이 약속한 기적적 진보를 보통 사람들은 결코 누리지 못한다는 사실을 곧바로 알아차렸다. 1990년대 후반, 빠르게 확산된 부의 불평등으로 인해 이 지역이 개인소득 간 빈부 격차가 세계에서 가장 큰 곳으로 보고되었다. 아이러니하게도, 역사적으로 전 세계 수백만 이민자들의 주요 목적지였던 라틴아메리카는 자신의 국민들을 대규모로 수출하는 장소로 변모했다. 많은 라틴아메리카 이민자들이 미국을 향해 떠나갔다.

이웃 국가인 멕시코만큼 자유무역 모델을 열렬히 환영한 곳은 없었다. 멕시코는 1994년 미국, 캐나다와 북미자유무역협정NAFTA을 통해 공식적으로 영구적인 경제연합을 맺었다. 나프타로 인해서 미국과 다른 외국의 투자자들이 몰려 들어가 멕시코의 제조업, 농업, 금융 산업의 핵심적 부분을 집어삼켰다. 외국 자본의 갑작스런 유입은 멕시코의 많은 소규모 제조업자들과 농장주들을 파산하게 만들었고, 이로 인해 수백만의

---

1) 신자유주의 주요 핵심에 관한 논의를 위해서 다음 참조. *Did the Washington Consensus Fail?* (Washington, D.C.: Peterson Institute for International Economics, 2002). Ximena de la Barra and Richard Alan Dello Buono, *Latin America after the Neoliberal Debacle* (Lanham, Md.: Rowman & Littlefield, 2009).

사람들이 이주했으며, 실직자들이 우후죽순처럼 생겨났다. 나프타는 멕시코 사람들의 이민을 감소시키는 대신 증가시켰다.

라틴아메리카에서 심화되는 빈곤의 위기는 1990년대 후반에 이르면 민중 불만에 불을 지펴 대폭발을 일으킨다. 신자유주의를 신봉하던 이곳 정부들은 하나씩 대규모 저항운동에 의해 권력에서 물러나거나 국민투표를 통해 방향을 선회하게 된다.

권력에 오른 새로운 지도자들은 일관되게 미국의 통제에서 벗어나 경제성장을 추구할, 사회적으로 보다 의식화된 길을 찾게 된다. 이들 정부는 전통적 좌파 정치인들과 노동 지도자들, 새로운 시민사회 조직들 간의 복잡한 연합 덕분에 권력을 장악하게 되었다. 많은 시민단체들은 기존의 정당과 경제 엘리트들로부터 오랫동안 무시당한 그룹들, 즉 원주민, 빈농, 도시 빈민, 인종적 소수자, 하층 공무원들을 지지 기반으로 삼았다.

1998년 베네수엘라의 우고 차베스, 2002년 브라질의 룰라 다 시우바, 2003년 아르헨티나의 네스토르 키르츠네르, 2005년 볼리비아의 첫 원주민 대통령인 에보 모랄레스의 당선과 함께, 라틴아메리카 지도자들은 미국에 더 이상 휘둘리지 않는 외교와 국내 정책을 입안하기 시작했다. 이후 10여 년간 이 지역은 주변국 간의 새로운 경제동맹과 정부의 새로운 사회적 주도권을 위해서 민주주의 실현에 대규모로 도전하는 세계적 중심지로 변화했다. 일부 국가들은 워싱턴 컨센서스를 거부하고, 국내 수입 격차와 빈곤을 줄이는 데 현저히 빠른 발전을 보여주었다.

그러나 60년간 계속되어 온 미국의 자유무역 정책은 라틴아메리카뿐만 아니라 미국의 라티노 이민에도 영구적 흔적을 남겼다. 사실상 현대 라티노의 존재는 미국 정부가 라틴아메리카에 행사한 자유무역 정책의 기원과 발전을 먼저 파악하지 않고는 이해할 수 없다.

자유무역지대의 성장

북미 사람들의 첫 단계는 19세기에 멕시코, 카리브, 중미로 들어가서 땅을 매입하고 대규모 교통 개발 공사를 하는 것이었다. 예를 들어, 밴더빌트의 니카라과 교통회사, 마이너 키스의 중미철도, 아스핀월의 파나마철도가 그것이다. 20세기 초에 이르면 주요 착취 방식이 바나나, 설탕, 커피, 석유 같은 원산물을 채취하는 것에서 라틴아메리카 정부의 공사에 재정을 지원하는 것으로 바뀐다. 이 지역의 중요성은 대단해서 미국 회사는 1914년에 멕시코에만 4억 1,600만 달러어치의 직접투자를 했는데, 이것은 세계 어느 국가보다도 큰 액수였다. 라틴아메리카 전체는 미국의 외국 투자 중 거의 절반을 차지했다.[2]

제2차 세계대전 기간은 제3의 변화를 가져왔다. 미국의 의류, 전자, 합성수지, 화학물질 생산 회사들은 국내 공장을 닫고 해외에서 생산을 재개하기 시작했다. 국외 생산은 미국이 라틴아메리카에서 장려하고 완성시킨 자유무역 모델의 핵심에 해당한다. 이것은 다음과 같은 네 개의 핵심 단계를 통해 지금까지 발전해 온 모델이다.

1. 파나마와 푸에르토리코(1947)
2. 멕시코의 국경 산업화 프로그램(1965)
3. 카리브 지역 개발촉진계획Caribbean Basin Initiative(1985)
4. NAFTA(1994)

---

2) Mira Wilkins, *The Emergence of Multinational Enterprise: American Business Abroad from the Colonial Era to* 1914 (Cambridge, Mass.: Harvard University Press, 1970), p. 110.

산업 회사들이 미국 북동부와 남서부에서 문을 닫자마자, 자유무역지대FTZs나 수출공정지대EPZs로 불리는 눈부신 새 산업 공원과 공장 소도시들이 국경의 남부에 걸쳐 많이 생겨났다. 1992년까지 멕시코와 카리브 지역에 이런 지대가 200개 이상 생겨났다. 여기에 3000개의 하청 회사가 생겨났고, 73만 5,000명의 노동자들이 고용되었으며, 미국에 140억 달러어치의 물품을 수출했다.[3]

이런 자유무역지대는 유치국들 내에서 사실상 주권을 지닌 별도의 영토처럼 움직였고, 이 지방에 존재하는 노동법과 환경법은 무시되기 일쑤였다. 지대 내에서 아동 노동이 다시 생겨났고 가장 기본적인 노동권이 무시되었다. 많은 라틴아메리카 국가에서 농업생산물이 외국 농산업의 지배를 받게 되자, 수백만의 젊은이들이 가까운 공장지대의 일자리를 찾아 농토를 떠났다. 그러나 이민자들이 모여든 도시는 도로, 하수도 시스템, 주택, 학교 등의 하부구조가 불충분한 탓에 갑작스런 인구 폭증을 감당할 수 없었다. 거대한 판자촌이 거의 하룻밤 사이 생겨날 정도였다. 이 지대 내에 임시변통으로 들어선 슬럼과 새로운 공장들은 산업공해, 미처리 생활쓰레기, 질병이라는 공중보건상의 악몽을 낳았다.

그래서 자유무역지대들을 유치 국가들의 경제를 안정시키는 대신 오히려 점점 더 예견치 못한 극단적 문제들을 안겨 주었다. 이들이 만든 새로운 공장들은 유치국들에게 저임금 일자리를 일정 수 제공한 반면, 보다 큰 규모의 미국행 이민에 불을 지폈다.

라틴아메리카의 시골 출신 젊은 노동자들은 전형적으로 지방도시에 도착해 지금은 흔히 마킬라도라*maquiladora* 혹은 마킬라*maquila*로 알

---

3) National Labor Committee Education Fund, "Paying to Lose Our Jobs" (1992년 9월), p. 7.

려진 자유무역지대의 공장에서 일자리를 찾는다. 거기서 노동자들은 엄격한 생산품 조합, 시간 훈련, 지시 순종의 필요성 등 기본적인 산업규칙에 관해 훈련을 받는다. 야간에는 새로운 도시 환경에 넘쳐나는 수많은 사설 언어학원에서 영어를 배우기 시작하고, 새로 구입한 텔레비전을 통해 미국의 쇼 프로그램에 빠져든다. 1993년 온두라스의 마킬라 노동자들은 67% 대 60%로 다른 지역 노동자들에 비해 텔레비전 보유 성향이 더 강했다. 사실상, 이들은 스토브(49%)나 냉장고(24%)보다 텔레비전을 더 가지려고 했다.[4] 이런 도시들에서 노동자들이 매일 쉽게 구해서 읽는 스페인어 잡지나 신문들은 미국의 생활을 화려하게 묘사한다. 이들은 곧 국경 너머의 공장에서 같은 작업을 하면 마킬라에서 버는 임금의 10배를 벌 수 있다는 사실을 알아챈다. 결국 막다른 판자촌 생활에 싫증이 나고 새로운 생각에 부풀어올라 코요테에게 돈을 지불하면서 엘 노르테El Norte를 향해 위험한 여행을 떠난다.

내가 말하는 대로 해, 하는 대로 말고

'자유무역'이라는 용어는 얼핏 보기에 죄가 없는 듯하다. 국가들 간에 상호 교역할 최대의 자유를 찾는다는 생각에 누가 반대하겠는가? 혹은 교역 확대가 증진된 번영을 가져올 것이라는 생각을 누가 거부하겠는가? 불행히도 산업화된 국가들의 역사는 대부분 이와 정반대를 말한다. 어떤

---

4) Price Waterhouse, *Update of Baseline Study of Honduran Export Processing Zones,* Report to United States Agency for International Development (Washington, D.C.: 1993), p. 63.

국가도 경제 성장의 초기 시대에는 자유무역을 실행하지 않았다. 대신에 외국과의 경쟁으로부터 자신들의 국내 산업을 보호하기 위해 고관세를 부여했고, 종종 경쟁국과 관세전쟁에 휘말리기도 했다.

"영국의 산업이 아직 불리한 단계에 있던 초기 시대에 원모原毛를 수출하다 붙잡힌 영국인은 오른손이 잘리는 형을 선고받았다. 그리고 같은 범죄를 다시 저지르면 그는 처형당했다"라고 우루과이의 저널리스트인 에두아르도 갈레아노는 말한다.[5]

영국이 19세기 세계 상업에서 다른 모든 국가들을 제치고 확실한 우세를 점했을 때 영국 정부는 자유무역을 옹호하기 시작했다. 라틴아메리카가 독립한 지 얼마 되지 않은 초기 시대에 영국은 새로 탄생한 크리오요 정부들에게 가한 괴롭힘을 정당화하기 위해 이 슬로건을 사용했다. 예를 들어 1850년대 영국과 프랑스의 군함은 아르헨티나 지도자 후안 마누엘 데 로사스의 보호주의 정부에 힘을 행사하기 위해 리오 파라나로 항해했고, 영국의 은행가와 무역가에게 아르헨티나의 번창하는 시장을 개방하도록 강요했다.[6] 결국 영국은 카리브 지역 대부분의 통제권을 미국에 양보하면서, 남미 시장을 통제하는 데 집중했다.

미국에서도 의회는 괄목상대할 산업 성장을 이룬 시기인 남북전쟁 이후의 일정 기간에 보호주의 정책을 추구했다. "1862년부터 1911년까지 매해 모든 수입품에 매긴 평균 관세는 20%를 넘었다.……50년 중 46년 동안 40%가 넘었다"라고 레이건 대통령 시대 국제무역협회에서 근무한 경제학자인 앨프리드 에크스가 지적한다.[7] 독일도 19세기 산업 확장

---

5) Galeano, *Open Veins of Latin America*, p. 198.
6) Ibid., pp. 203~206.

시기에 유사한 보호정책을 추구했다. 독일과 미국 경제가 그 시대 자유무역을 주로 제창했던 영국에 비해 높은 성장률을 나타냈다는 것은 당연해 보인다.

이런 역사적 기록에도 불구하고, 발전한 산업국가들의 대다수 신자유주의 경제학자들은 지난 수십 년간 관세 하락과 자유무역의 성장을 계속 지지했다. 제3세계 정부가 수입대체화 전략을 통해 성장하기 시작한 그들의 산업을 보호하고자 고관세 정책을 펼치려 들면, 이런 경제학자들은 1970년대의 "그릇된 옛 시기"와 새롭게 열린 세계화 시장을 대조했다.

그러나 자유무역업자들이 말하듯이, 확대된 세계 상업은 부의 성장을 자동적으로 가져올 것인가? 그리고 오늘날 국제 무역 성장의 주요한 수혜자는 바로 누구인가?

자유무역 주창자들은 족쇄에서 풀려난 경제활동이 많은 국가 내 수백만 사업가들 사이에서 펼쳐지며, 돈을 교환하는 손들이 더 많은 수입을 보다 많은 노동자에게 가져다준다고 우리를 세뇌시킨다. 그래서 노동자들이 소비할 돈을 더 많이 벌고, 이는 역으로 시장의 확장을 의미한다고 한다. 그러나 현실은 상당히 다르다. 오늘날 세상의 모든 무역의 3분의 2는 다국적기업들 사이에서 이뤄진다. 무역의 3분의 1은 다국적기업이 자신의 해외 지사들과 교역하는 내용이다! 예를 들어, 마타모로스의 제너럴 모터스 공장은 미국의 모회사에서 부속품을 받고 완성된 차량을 교환한다. 혹은 제니스는 레이노사에서 운영하는 12개 조립공장 중 하나

---

7) Alfred E. Eckes, Jr., *Opening America's Market: U.S. Foreign Trade Policy Since* 1776 (Chapel Hill: University of North Carolina Press, 1995), pp. 47, 52.

를 확장하기 위해 그곳으로 기계를 운반한다. 1982년과 1995년 사이 미국의 다국적기업의 수출은 두 배 이상 늘었으나, 회사 간 교역을 보여 주는 수출량은 세 배 이상 늘었다. 다국적 기업의 거대한 성장의 결과로 멕시코에 생긴 가장 큰 개인 무역업자들과 고용주들은 멕시코 기업이 아니고 미국 기업이었다.[8]

게다가, 자유무역이 더 큰 번영으로 나아간다면, 왜 신자유주의적 무역정책을 받아들인 제3세계의 사실상 모든 국가에서 경제적 불평등과 빈곤이 증가했겠는가? 유엔에 따르면, 세계 최고 부자 225명은 1997년 세계 인구의 47%에 해당하는 25억 명의 수입과 동일한 순자산을 지녔다.[9]

1980년 이전, 라틴아메리카 사람들은 일반적으로 정부의 소유권 집중, 고관세, 수입대체 등을 통해 그들의 내수산업을 보호했다. 멕시코는 1940년부터 1980년까지 이 정책을 추구했고, 이 기간 동안 6% 이상의 성장률을 매해 기록했으며, 제조업 생산율과 산업노동자들의 실제 임금이 모두 꾸준히 성장했다. 그러나 1980년대에 외채 위기가 왔다. 다른 라틴아메리카 국가들과 함께 멕시코는 점차 미국이 통제하는 국제 재정기

---

8) United Nations Conference on Trade and Development, *Investment-Related Trade Measures* (New York: 1999), p. 7. Kim Moody, *Workers in a Lean World: Unions in the International Economy* (NewYork: Verso, 1997), pp. 48~49. Raymond J. Mataloni, Jr., "U.S. Multinational Companies: Operations in 1995", in *Survey of Current Business*, October 1997, p. 50. Doug Henwood, "Clinton's Trade Policy", in *Free Trade and Economic Restructuring in Latin America,* ed. Fred Rosen and Deidre McFadyen (New York: Monthly Review, 1995), p. 32.

9) United Nations Development Programme, *Human Development Report 1998* (New York: Oxford University Press, 1998), p. 30.

관들에 의해서 신자유주의적 자유무역 정책을 수용하도록 압박당했다. 그런 정책들은 공공 자산을 매각하고 외채를 상환하기 위해 수출을 증가시키는 것이었다. 1982년에서 1992년 사이 멕시코 정부는 1,500개의 주 정부 소유의 회사 중 1,100개를 매각했고, 18개 이상의 은행을 사유화했다. 이런 급매는 번영을 가져오는 대신 빈부격차만을 심화시켰고, 새로운 멕시코 억만장자 집단이 출현하면서 실제 임금은 급락했고, 20만 명이 일자리를 잃었다.[10]

그러나 멕시코는 라틴아메리카 자유무역 모델의 출생지가 아니었다. 오히려 미국이 직접적으로 통제한 두 지역에서 시작되었다.

첫 실험—푸에르토리코와 파나마

미국 회사가 처음 해외 공장을 큰 규모로 운영한 것은 1940년대 후반 파나마 운하 지역과 푸에르토리코에서였다. 그곳의 고분고분한 정부들은 기업 오아시스를 건설하는 데 협조적이었다. 여기에는 관세 혹은 지방세 면제, 초저임금, 환경법과 노동법의 최소한도 실시, 회사 이전을 위한 워싱턴의 금융혜택, 본국 송환 수입에 대한 연방세 면제가 포함되어 있다. 1980년대까지 600여 개의 회사가 대서양 연안의 콜론 자유무역지대Colón Free Zone에서 운영되었는데, 이들은 파나마의 시간당 75센트의 임금을 이용할 수 있었다.[11]

푸에르토리코에서의 실험은 보다 광범위했다. 연방세에서 미국 자

---

10) Moody, *Workers in a Lean World*, pp. 130~132.
11) Barry and Preusch, *The Central America Fact Book*, p. 309.

회사들의 수입을 제외시킨 ─ 최종적으로 936조항으로 불린 ─ 국세청 조세법의 잘 알려지지 않은 맹점 덕택에 이 섬 전체가 사실상 자유교역 지대로 변했다.

처음 도착한 것은 텍스트론Textron으로, 6개의 미국 제분소를 닫고 3,500명의 노동자를 해고한 후 1947년 섬으로 이전했다. 1950년대 초까지 매주 한 개 이상의 새로운 공장이 신설되었다. 그러나 이 붐은 일시적인 것이었다. 더 많은 미국 회사가 세워지면서 경쟁 상대가 되지 않는 푸에르토리코 소유의 회사들은 도산했다. 이 프로그램의 처음 십 년간 새로 문을 연 미국 회사들이 3만 7,300개의 일자리를 창설했지만, 푸에르토리코 제조업 종사자 중 1만 6,600명이 일자리를 상실했다.[12]

공장들이 창설한 일자리는 급속한 농업 기계화로 생긴 지방의 실직 급증과 도시로의 이주를 감당하기에 충분하지 않았다. 결과적으로 미국과 푸에르토리코 정부는 사회적 불안정을 막을 안전장치로서 본토로의 이민을 적극적으로 장려했다. 그들은 비행기 요금을 싸게 제공했고, 일부 미국 도시에 푸에르토리코 연방 사무소의 연락망을 개설함으로써 미국 회사들의 대규모 노동자 채용을 용이하게 만들었다.[13] 그 결과, 새로운 미국 투자가 최고조에 이를 때, 역사상 가장 큰 규모의 미국 이민이 이뤄졌다.

푸에르토리코는 두 세대 동안 전 카리브 지역에서 반복되는 하나의 고정적 경향을 보여 주었다. 미국 기업들이 들어와 저임금 공장을 세우고, 공장들은 빈곤한 시골로부터 도시로 노동자들을 불러들인다. 제공 가능

---

12) Dietz, *Economic History of Puerto Rico*, pp. 210~212.
13) Ibid., pp. 226~228.

한 일자리보다 많은 수의 이주자들이 움직이게 되고, 잉여 노동자들은 계약노동자 혹은 불법 이민자 신세로 미국으로 떠나기 시작한다는 것이다.

그럼에도 푸에르토리코는 자신을 차별화하는 하나의 차이를 지니고 있었다. 여전히 미국 영토라는 것이었다. 이것은 연방 노동법과 환경법이 공장 노동자의 건강과 안전, 조합 결성권을 보호한다는 것을 의미했다. 1960년대에 이르자 이 섬의 노동운동은 점점 과격해졌고, 노동자들은 미국의 수준에 근접하는 임금과 노동조건을 요구했다. 이로 인해 많은 미국 회사가 '푸에르토리코 기적'에 대해 급속히 시큰둥해져 버렸다. 회사들은 싼 노동비용과 완화된 환경안전법을 기꺼이 제시하는 다른 카리브 국가들로 이전하기 시작했다. 그러나 처음에는 푸에르토리코로부터 생산지를 전환하면서 비용의 중요한 한 부분을 따지는 데 실패했다. 바로 관세였다. 일단 미국의 영토를 떠나자 제조업자들은 미국 시장에 비관세로 진입할 수 없었다. 그래서 푸에르토리코 오아시스를 반복하기 위해서 미국 산업가들은 이후 그들이 향하는 곳이 어디든 간에 대폭적 관세 삭감을 필요로 했다.

마킬라의 부상

1965년 초 제조업 무대가 멕시코로 이전되었다. 이 국가의 새로운 국경산업화 프로그램^{BIP}은 미국 국경을 바로 넘어 줄지어 늘어선 산업공원인 마킬라도라의 '기적'을 낳았다.

식민시대 멕시코에서 마킬라도라는 농부가 자신의 수확을 도정하는 삯으로 제분업자에게 넘기는 곡물의 할당액을 의미했다. 시간이 지나면서 이 단어는 장소와 상관없이 일어나는 더 큰 작업의 한 단계를 의미하기에 이르렀다.[14] 원래 BIP 프로그램에서 제시되었던 것처럼, 첫 마킬라 도라는 미국 측에 자신의 파트너를 지닌 쌍둥이 공장이어야 했다. 멕시코 공장은 미국의 쌍둥이 공장으로부터 수입한 부속품을 가지고 물품을 조립해서 완성품을 국경 너머 미국 시장 판매처에 배송했다. 물품이 국경을 건널 때, 멕시코 노동력이 더해진 가치에만 관세가 붙었다.

이것이 매우 특수하고 제한된 관세 삭감의 형태였기 때문에 초기에 멕시코 정부는 국경 근처의 지역에서만 이것을 허용했다. 멕시코 사람들이 자신의 국가에 머물면서 새로운 북미 자회사에서 일하는 방식을 선택할 것이기 때문에, 지지자들은 국경 양쪽에서 일자리가 창출될 것이고 이민은 감소될 것이라고 주장했다.

그러나 미국으로부터 수백 야드 떨어져 제조가 이뤄지는 동안, BIP는 오히려 회사들이 미국의 노동법과 환경법을 피하는 방식으로 변모해 갔다. 태평양 연안의 티후아나에서 텍사스 만 근처의 마타모로스까지 마킬라도라 지역은 국경을 따라 거대하고 긴 산업지구로 등장했다.

미국 측 국경의 쌍둥이 공장은 아주 흔하게 창고 기능으로 전락했고 오직 소수에게만 일자리를 제공했다.[15] 1971년 첫 마킬라도라를 열었던 제너럴 일렉트릭 사가 10년 동안 만든 8개의 멕시코 공장에서 8,500명의 노동자가 순환 브레이크, 모터, 코일, 펌프를 만들었다.[16] 1년 만에 제너럴 모터스 사는 미국에서 11개의 공장을 닫고 2만 9,000명을 해고한 반

---

14) Augusta Dwyer, *On the Line: Life on the U.S.-Mexican Border* (London: Latin American Bureau, 1994), p. 6.
15) 1993년 6월 텍사스 매캘런 시의 시장이자 그리핀 앤 브랜드(Griffin and Brand)의 사장인 오살 브랜드(Othal Brand)와 필자의 인터뷰.
16) Dwyer, *On the Line*, p. 8.

면 12개의 새로운 마킬라를 열었다. 1990년대 초 GM은 50개의 마킬라 공장과 50만 명의 노동자를 지닌, 멕시코에서 가장 큰 사기업 고용주가 되었다.[17] 의회가 1993년 후반 북미자유무역협정을 승인하기 직전, 2,000개 이상의 공장에서 55만 명의 멕시코 노동자를 고용하고 있었다.[18] 그리고 약 20년 조금 지나자 북미의 산업 핵심 지구는 미국의 중서부에서 멕시코의 북쪽 국경으로 거침없이 뿌리째 이전되어 있었다.

대체로 남자를 고용했던 오래된 미국의 공장과 달리, 마킬라는 멕시코에서 전통적으로 노동력의 일부가 아니었던 젊은 여성을 모집했다. 미국 관리자들은 멕시코 남성을 통제하기가 더 어렵다고 판단했고, 가능한 한 최소한으로 고용했다.[19] 그래서 항상 남성들에게 더욱 심각했던 멕시코의 실직 문제가 마킬라 프로그램을 통해서 거의 완화되지 않았다. 과도하게 많은 젊은 여성을 지방으로부터 국경 공장으로 불러들였기 때문에 여성의 필수적 육체노동을 대대로 보수 없이 사용해 온 시골 마을에서 사회적 조직이 해체되고 말았다. 젊은 남자들은 일자리 전망이 없을 때조차 여성을 따라 도시로 이주하게 되었고, 일단 국경 마을에 도착하면 많은 사람이 미국으로 넘어갈 결심을 했다. 경제학자인 사스키아 사센Saskia Sassen은 "우선 전통적 삶의 방식에서 뿌리 뽑힌 사람들은, 수출 회사들이 젊은 노동자를 고용하거나 생산공장을 다른 국가로 이전하면

---

17) Ibid., p. 42.
18) *NAFTA's Broken Promises: The Border Betrayed* (Washington, D.C.: Public Citizen Publications, 1996), pp. 5~6. *La Industria Maquiladora en Reynosa y Matamoros*, Centro de Estudios Fronterizos y de Promoción de los Derechos Humanos (Tamaulipas, Mexico: 1992), p. 5.
19) *La Industria Maquiladora*, p. 10. *Mexico, No Guarantees: Sex Discrimination in Mexico's Maquiladora Sector* (New York: Human Rights Watch, August 1996).

서 실직하거나 구직할 수 없는 상태가 되었을 때, 특히 수출 위주의 전략이 국가의 내수경제를 약화시킨 경우에는, 이민 외에 다른 선택이 없다고 생각할 것이다"[20]라고 지적한다.

마킬라에서 일자리를 찾은 사람들은 곧 그들의 낮은 보수로는 생활을 유지하기 어렵다는 사실을 알게 되었다. 미국 달러로 환산하면 산업에서 실제 임금은 급락했다. 마킬라 생산성이 41%로 성장했음에도 1980년에서 1992년 사이 임금이 68% 하락했다. 대부분 하락은 1980년 두 번에 걸친 멕시코 페소의 평가절하에서 기인했다. 이는 50%의 페소 가치를 추가적으로 상실한 1994년 12월의 거대 평가절하 이전에 있었던 것들이다.

미국 정부와 비즈니스 지도자들의 눈부신 전망과는 상반되게, 마킬라도라의 폭발적 확대는 멕시코 이민을 낮추는 데 아무 성과를 내지 못했다. 대신, 이민은 마킬라의 성장과 더불어 상승했고 푸에르토리코의 상황과 완전히 똑같았다(표 11 참조).

낮아진 무역장벽이 당연히 일으켜야 하는 기적적 번영은 마킬라도라 외부의 대다수 멕시코 사람들에게는 결코 도달하지 못했다. 국가 전체의 1인당 국내생산은 1980년 2,421달러에서 1994년 2,284달러로 하락했다.[21] 1980년대 내내 극동 지역 회사의 임금은 증가한 반면, 멕시코의 임금은 급감했다. 이는 미국의 직접투자를 위해 멕시코와 카리브 지역 전체를 세계에서 가장 탐나는 장소로 만들었기 때문이다.[22]

---

20) Saskia Sassen, "Why Migration?" in *Free Trade and Economic Restructuring in Latin America*, pp. 277~278.

21) Inter-American Development Bank, *Annual Report* (Washington, D.C.: 1994), p. 103.

22) 1981년 멕시코와 홍콩의 평균 시간당 공장 임금은 1.80달러로 같았다. 그러나 1987년에 이르면 홍콩의 임금은 2.11달러로 상승했고, 멕시코는 0.71달러로 하락했다. *La Industria Maquiladora en Reynosa y Matamoros*, p. 3 참조.

(단위: 명)

1960~1969년	441,824
1970~1979년	621,218
1980~1989년	1,009,586
1990~1999년	2,757,418
2000~2008년	1,698,091

멕시코 정부는 국내 노동조합을 강력히 통제한 덕분에 아무도 마킬라의 초저임금 구조에 도전하지 않을 것이라는 사실을 외국인 투자자들에게 확신시켰다. 국경에 있는 대부분의 자유무역지대에서는 오직 정부 조합의 운영만 허락되었다. 타마울리파스라는 북동부 주처럼 드물게 독립 노동조합들이 기반을 마련한 경우는 노동자들이 즉각적인 혜택을 보게 된다. 멕시코의 다른 주 노동자들이 주당 48시간 일하는 반면, 마킬라 노동자들은 주당 40시간 일한 대가로 다른 주 노동자들에 비해 30% 이상을 더 번다.

그러나 타마울리파스에서조차 조합 지도자들은 그들의 한계를 안다. 1993년 아가피토 곤살레스라는 76살의 마타모로스 일용직 노동자와 산업 일꾼 조합Union of Day Laborers and Industrial Workers의 지도자는 그 한계를 넘게 되면 어떤 일이 일어나는지 알게 되었다. 그 해 1월 마킬라 소유주들은 주당 48시간 노동을 재도입하려고 시도했고, 그는 이에 맞서 3만 5,000명의 조합원을 이끌고 유례없는 파업을 이끌었다.[24] 그 파업은 대

---

23) U.S. Department of Homeland Security, *Yearbook of Immigration Statistics: 2008*.
24) Juan Gonzalez, *New York Daily News*, 1993년 6월 11일.

단한 성공을 거두었고, 소유주들은 며칠 만에 양보했다. 그러나 이후 연방정부는 이 유명한 노동 지도자를 체포해 멕시코시티로 보냈고, 그는 탈세 혐의로 6개월간 보석 없이 투옥되었다.

　카를로스 살리나스 대통령은 곤살레스로부터 조합의 일상적 운영을 그의 아들에게 넘긴다는 동의를 받아 낸 후 그를 사면했다. 1993년 6월 필자는 마타모로스의 조합 본부에서 아가피토 곤살레스 주니어를 인터뷰할 기회를 가졌다. 그때, 그는 확실히 조심스럽게 마킬라 소유주, 그리고 정부와 '협조'해야 할 필요성에 대해 언급했다.

국경의 악몽

고삐 풀린 성장으로 인해 발생한 사회적, 환경적 재앙은 멕시코의 산업적 변화가 몰고 온 또 다른 측면이다.

　단조롭던 국경 마을들은 허겁지겁 산업 시대로 내몰렸다. 예를 들면, 엘패소에서 리오그란데를 건너면 바로 나오는 후아레스는 인구가 1960년대 25만 명에서 30년 사이 5배나 증가했다.[25] 텍사스의 매캘런으로부터 강을 가로질러 마주한 레이노사는 1930년 4,800명이던 주민이 1990년 28만 명으로 늘어났다. 이것은 정부의 공식적 계산에 의한 것이다. 매캘런 경제 발전 법인의 계산에 의하면 인구가 거의 60만에 근접한다! 성장 속도가 너무 빨라 레이노사의 마킬라 노동자 60%가 이 도시에 5년 미만 거주이고, 20%가 1년 미만 거주자다.[26]

---

25) Dwyer, *On the Line*, p. 17.
26) *La Industria Maquiladora en Reynosa y Matamoros*, p. 34.

이런 인구 폭발은 티후아나, 멕시칼리, 노갈레스, 누에보 라레도, 마타모로스 같은 국경 도시들에서 반복되었다. 수천 명이 일자리를 찾아 혼란스런 마킬라도라로 모여들자, 국경 마을들은 새로운 이주자들을 위한 도로, 집, 전력, 학교, 심지어 깨끗한 상수도가 부족한 탓에 완전히 주체 못할 상태가 되었다. 그 결과 미국인들은 거의 생각할 수 없을 정도로 도시가 무정부 상태에 놓였다. 한 연구원의 조사에 의하면 1992년까지 레이노사에 시멘트 도로가 거의 없는 200여 개의 판자촌이 생겨났다. 도시 인구의 3분의 1이 내부에 배관시설이 없는 집에, 15% 정도는 전기가 들어오지 않는 집에 거주했다.[27] 150만 명이 거주하는 후아레스를 포함해 1998년까지도 국경 지대의 주요 도시에 완벽히 작동하는 하수도 관리 공장이 없었다.

인구 급증이 야기하는 쓰레기와 오물에 더해서 유례없이 집중된 공장으로부터 생기는 공해문제가 있었다. 최악의 오염에 대해 가장 끔찍한 경우만 요약해도 수십 장에 이를 것이다. 그들 중에 마타모로스의 고밀집 주거지역에 있는 듀폰의 키미카 플로르Quimica Flor 공장에서 방출된 위험한 독가스, 로스앤젤레스에 본사를 두고 10년 이상 티후아나에서 납공정 공장을 운영한 회사인 알코 퍼시픽Alco Pacific이 1992년 도시 외부에 불법적으로 버린 8만 톤의 황산납, 제너럴 모터스의 리미르 공장이 마타모로스의 하수도에 흘린 고도의 유독성 산업 용해제인 크실렌이 있다. 이 크실렌은 보스턴에 근거지를 둔 환경단체들의 보고에 의하면 미국 상수도 기준 허용치보다 6,300배 많은 양이었다.[28]

그렇게 많은 유독한 오염이 인간에 미친 영향은 회피 불가능하다.

---

27) Ibid., p. 36.

• 1980년대 중반, 마타모로스의 멕시코 보건 전문가들은 이 도시의
많은 아이들의 기형이 첫 마킬라도라의 하나인 맬러리 메히카나
S.A.^{Mallory Mexicana S.A.}에서 기인했다고 발표했다. 인디애나에 본사
를 둔 공장으로 초기에 텔레비전의 콘덴서를 생산했는데, 이 과정에
서 고용자들이 PCBs(폴리염화비페닐)를 포함해 다양한 유독 화학물
질에 노출되었다.

1992년 필자가 마타모로스를 방문했을 때, 적어도 맬러리의 아이들
70명이 심각한 장애를 지닌 것을 확인했다. 그때 이후로 이 수는 증
가해서 120명에 이르렀다. 아이들은 모두 1970년에서 1977년 사이
임신 기간 중 부속품 조합 라인에서 일했던 어머니에게서 태어났다.
아이들은 모두 지금 성인이 되었지만, 많은 수가 여전히 기저귀를 차
고 있다. 일부는 정상적으로 움직이고 말하지만 7세 수준의 생각을
지니고 있다. 그들의 얼굴 형태는 평평하고 무기력하다. 일부는 날카
로운 고함소리로 대화를 하고 팔과 다리는 뻣뻣해서 지속적으로 경
련을 일으킨다.

어머니들이 문제의 원인을 알게 되었을 때는 이미 공장은 문을 닫았
고 회사는 줄지은 협상을 통해 몇몇 미국 상사들에 매각된 상태였
다.²⁹⁾ 회사가 환경적 관련성에 대해 아무런 증거가 없다고 주장했을
지라도 1995년 8월 27일, 6개 이상의 마킬라도라 상사는 스물일곱

---

28) Sanford J. Lewis, *Border Trouble: Rivers in Peril: A Report on Water Pollution Due to Industrial Development in Northern Mexico* (Boston: National Toxic Campaign Fund, 1991), pp. 4~8.

29) Michael Beebe, "Mallory Plant Is Long Gone: Some Say It Left Grim Legacy", *Buffalo News,* 1987년 3월 11일. Juan Gonzalez, "The High Costs of 'Free' Trade", *New York Daily News,* 1992년 1월 22일. Dwyer, *On the Line*, pp. 66~68.

가정에게 소송을 종결시키기 위해 1,700만 달러를 지불하기로 동의
했다.[30]

- 1993년, 미국의 환경 보존 그룹인 아메리칸 리버스American Rivers는
  리오그란데가 북미의 다른 강 시스템보다 인간의 건강에 큰 폐해를
  주었다고 결론을 내렸다. 보고서는 마킬라도라로부터 나오는 산업
  폐기물이 이 문제에 상당 부분 책임이 있다고 비난했다.[31]

- 1991년부터 1993년까지 브라운스빌의 공립학교에서 소아암이
  230% 증가했다.[32]

- 담낭문제, 간암, 간염 비율이 미국의 다른 주에 비해 리오그란데 근
  처의 39개 텍사스 카운티에서 높았다.[33]

- 무뇌아 출생의 기형 집단이 미국 쪽 국경의 캐머런 카운티와 멕시코
  쪽의 타우말리파스의 접경 주에서 발견되었다. 미국 의학 전문가들
  에 의한 연구들이 지금까지 오염과의 관련성은 밝혀내지 못했지만,
  많은 주민과 환경 활동가들은 기형 출생이 마킬라에서 생산된 유독
  물질과 연관이 있다고 확신한다.[34]

- 멕시코의 산업재해와 질병률은 1987년에서 1991년 사이 매해 10만

---

30) *NAFTA's Broken Promises*, p. 25.
31) *Endangered Rivers of America: The Nation's Ten Most Endangered Rivers and
   Fifteen Most Threatened Rivers for 1993*, American Rivers (Washington: 1993년 4월 20
   일), p. 1.
32) 1993년 6월 텍사스 브라운스빌에서 '마킬라도라 노동자를 위한 정의 연합'(Coalition for
   Justice for the Maquiladora Workers)의 도밍고 곤살레스와의 필자 인터뷰. Lewis, *Border
   Trouble*, p. 8.
33) *NAFTA's Broken Promises*, pp. 29~34.
34) Ibid., pp. 20~25. Texas Department of Health, *An Investigation of a Cluster of Neural
   Tube Defects in Cameron County, Texas*, 1992년 7월 1일. Linda Diebel, "Mexico's
   Futuristic Nightmare", Toronto Star, 1993년 3월 13일.

명당 23건의 사례로, 세계에서 최고 수준에 속한다. 국제 노동조합에 의하면 이 비율이 상승하고 있다.[35] 게다가 멕시코의 법률하에서 외국 회사들은 노동 관련 상해에 대해 법정 소송이 면제된다. 미국 회사들은 정부로부터 법적으로 한계가 정해진 장애인 보조금을 받는 양만큼 해당 수의 노동자들을 채용함으로써 법적 책임 소송에 대해서 별다른 두려움을 지니지 않는다.[36]

카리브 뒷마당

1980년대 중반까지 미국의 산업가들은 미 연방 정부를 설득해 푸에르토리코와 멕시코의 실험을 나머지 카리브와 중미에서 반복하도록 만들었다. 레이건 행정부는 다음 단계를 카리브 지역 개발촉진계획CBI이라고 지칭했다. 이 프로그램을 통해 의회는 이 지역에 설립된 자유무역지대에서 제조된 상품이 무관세로 미국에 수입되도록 허용한 국가에게 직접적인 연방 보조금을 제공했다. 이 계획안의 통과는 해외 생산의 즉각적 팽창을 가속화시켰다. 많은 새로운 제조업자들은 미국 회사의 직접적인 하청업체가 되거나, 미국 시장에 물건을 공급하는 한국과 대만의 중간업체가 되었다.

그러나 CBI는 멕시코 프로그램보다 훨씬 더 나아갔다. 미국 공무원들은 사실상 미국 회사들이 미국 내 공장을 닫고 미국인의 일자리를 없애도록 유도했다. 노조 연합이 미국 역사에서 첫 노동 선동을 시작했

---

35) Dwyer, *On the Line*, p. 67.
36) Ibid., p. 5.

던 1992년 후반, 이 정책은 공공연해졌다. 국가노동위원회에 의해 조직된 이 선동은 가짜 회사인 뉴 에이지 텍스타일New Age Textiles이라는 회사의 존재를 중심에 두고 있다. 이 가짜 회사의 운영진들은 섬유사업 무역쇼에 참석해 그곳에서 미국 국제개발단US agency for International Development과 미국 상무부Commerce Department 사무관들이 섬유회사를 카리브 지역에 이전하도록 독려하는 모습을 비밀리에 촬영했다. 연방 사무관들은 재정 보조, 타당성 조사, 카리브 무역지대로의 부지 선정 여행을 제안했다. 사무관들은 조합 활동가들이 블랙리스트에 올라 있고 노동조합들이 이 지대에 발붙이지 못한다는 것을 자랑하기까지 했다.

텔레비전 방송사 뉴스 프로그램에서 이 선동이 마침내 보도되었을 때, 연방정부가 1980년 이래 카리브 마킬라도라를 조성할 목적으로 이 프로젝트에 거의 7억 달러를 사용했다는 사실이 드러났다.[37] 1992년 대통령선거 바로 전 경기침체기에 나온 이 폭로로 인해 워싱턴은 흔들렸고, 의회는 CBI의 경제원조에 새로운 제한을 가하게 되었다. 이 프로그램이 생긴 지 10년 내, 500여 개 이상의 회사가 CBI 지원정책을 활용해 카리브의 자유무역지대에 그들의 첫 생산시설을 설립했고, 300개의 회사가 시설을 확장했다.[38]

1992년 필자가 도미니카공화국을 처음 여행했을 때 이 국가는 이미 17만 명을 고용한 23개의 자유무역지대를 자랑하고 있었다. 10년 전에는 이 일자리의 대부분이 존재하지 않았다. 가장 큰 자유무역지대는 산 페드로 데 마코리스라는 남동부 도시 내에 있었다. 90개의 공장에 4만 명

---

37) National Labor Committee, "Paying to Lose Our Jobs", pp. 17~22.
38) Ibid., p. 23.

의 노동자가 북적였고, 이들은 대부분 10대였다. 젊은 여성 노동자들은 하루에 고작 4달러를 받고 10~12시간 교대로 일했다.

그러나 다시 한 번, 주춤거리는 일자리 성장은 이민을 막지 못했다. 도미니카공화국에서 마킬라 일자리의 대부분이 생긴 10년 동안 가장 큰 규모의 미국 이민이 이뤄졌다. 1981년에서 1990년 동안 합법적으로 25만 2,000명이 이민을 갔고, 불법 이민자 수는 가늠할 수 없다. 그 이전 20년 기간 동안보다 많은 수가 갔을 것이다.

마킬라 이익의 상승으로 인해 도미니카공화국의 보통 사람들에게 돌아갈 미비한 번영을 기대할 법도 했지만, 그 반대의 결과만이 생겨났다. 도미니카의 국민총생산은 1982년에서 1992년 사이 거의 매해 감소했고 1인당 소비는 이 시기 동안 22% 하락했다.[39]

중미의 사정도 낫지 않았다. 우선 이 지역의 내전이 외국 투자 이익을 감소시켰기 때문이다. 그러나 내전 종료 이후부터 중미 일부 국가들은 자유무역지대를 키우는 동시에 대규모 마킬라 공동 행사에 참여하게 되었다.

1998년에 이르자, 카리브 해협은 미국 시장에 의류를 파는 세계에서 가장 큰 공급자로 변했다.[40] 미국 소매업자의 이름을 쉽게 댈 수 있는데, 그들의 치솟는 이익 덕분에 월스트리트의 애호주가 되었다. 그들의 물건은 십중팔구 중미의 십대들에 의해 생산되었다.

---

39) Ramona Hernández, Francisco Rivera-Batiz, and Roberto Agodini, "Dominican New Yorkers: A Socioeconomic Profile", *Dominican Research Monographs* (New York: CUNY Dominican Studies Institute, 1995), p. 14.

40) 이 지역에서 미국으로의 의복 수출은 1980년에서 1991년 사이 688% 증가하였다. National Labor Committee, "Paying to Lose Our Jobs", pp. 23~24 참조.

이 지대에서 평균 시간당 임금이 최저를 향한 하강 레이스를 시작했다. 1992년 엘살바도르는 45센트, 온두라스는 39센트, 코스타리카 26센트, 과테말라는 62센트였다.[41]

국내 공장을 닫고 이 지역에 모여든 미국 회사 가운데 파라Farah, 해거Haggar, GTE, 켈우드Kellwood, 레비 스트라우스Levi Strauss, 레슬리 페이Leslie Fay, 사라 리Sara Lee, 옥스퍼드Oxford, 애로우Arrow가 있다. 예를 들어, 1981년 세인트루이스에 본사를 둔 의류와 가정용 가구 제조업체인 켈우드 인더스트리는 62개의 미국 공장에서 1만 6,000명을 고용했고 해외 생산을 하지 않았다. 11년 후 켈우드는 이 중 50개의 회사를 닫고 9,500개의 국내 일자리를 없애서 8,900개의 새로운 일자리를 도미니카공화국, 온두라스, 코스타리카에 만들었다. 오늘날 켈우드의 노동력의 58%가 해외에 있고, 그곳 노동자들은 하루에 고작 몇 달러를 벌고 있다.[42]

이 지역에서 공장 확장은 광적인 속도를 자랑하고 있다. 1993년도 온두라스의 자유무역지대에 관한 미국 AID 연구 보고에 의하면, 온두라스 마킬라 노동자의 수는 겨우 1년 사이 2만 2,000명으로 43% 고속 상승했고, 1996년까지 세 배 증가할 것으로 예상되었다. 그 온두라스 노동자 중 여성이 71%로 압도적이었고, 83%가 25세 이하로, 절반에 가까운 수가 십대였다.[43]

클라우디아 레티시아 몰리나는 이런 십대 중 한 명이었다. 산 페드로 술라 외곽지대 중 한 곳에 있는 오리온 어패럴Orion Apparel이라는 온두

---

41) National Labor Committee, "Paying to Lose Our Jobs", pp. 39~41.
42) National Labor Committee Education Fund, "Free Trade's Hidden Secrets: Why We Are Losing Our Shirts" (1993년 11월), p. 9.
43) Price Waterhouse, *Update of Baseline Study*, pp. 11~12.

라스 공장에서 일하기 시작했을 때, 그녀는 몸무게가 고작 42킬로그램인 16세의 가녀린 소녀에 지나지 않았다. 감독관들은 때때로 클라우디아가 금요일 아침 7시에 일하러 들어가 다음 날 아침 4시까지 공장을 떠나지 못하도록 감독했다. 그녀의 유일한 휴식은 기계 옆 바닥에서 몇 시간 눈을 붙이는 것뿐이었다. 이런 식으로 일해 받는 일주일 임금이 43달러였다. 이웃 국가인 엘살바도르의 18세 소녀 후디스 야니라 비에라는 에디 바우어Eddie Bauer, 갭Gap, 제이시페니JCPenney 같은 유명한 미국 소매업자들에게 셔츠를 파는 대만 소유의 회사인 만다린 인터내셔널Madarin International에서 70시간이나 일했지만 시간당 받는 평균 임금이 56센트였다.[44]

이 지대에서 여성에게 행해지는 신체적, 성적 폭행은 일반적이다. 어떤 공장에서는 여성이 임신을 하면 해고된다. 공장 소유주가 고용인들이 출근을 하면 매일 아침 피임약을 먹도록 강요한다는 사례가 문서화된 적이 있다.

산살바도르의 가톨릭 대주교 교구의 인권사무소는 만다린 인터내셔널의 많은 여성 노동자가 1995년 6월 29일 공장 매니저와 이 회사 동업자인 엘살바도르 육군 대령에게 총의 개머리로 맞은 사례에 대해 고발했다. 당시 여성들이 노동조합을 조직한다는 이유로 회사가 그들의 동료 350명을 해고한 것에 대해 항의했기 때문이다.[45] 엘살바도르와 미국에 있는 교회와 노동단체들의 절규는 만다린의 주요 고객인 갭에 맞서는 보

---

44) Juan Gonzalez, "Exploitation's Always in Fashion", *New York Daily News*, 1995년 7월 25일.

45) "Casos Especiales Durante el Período del 23/06/95 al 29/06/95", Oficina de Tutela Legal del Arzobispado, Comisión Arquidiocesana de Justicia y Paz, San Salvador, El Salvador, C.A.

이콧으로 이어졌다. 보이콧이 힘을 얻는 것처럼 보이자, 이미지를 의식한 갭 관리직들은 논쟁을 마무리하고 노동자들을 재고용하겠다고 제안했다. 또한 갭은 일련의 선구적인 고용인 권리에 서약해 모든 미래의 계약자들에게도 이를 엄수하겠다고 약속했다.

자유무역지대 회사들의 압도적인 성장세로 인해 연방 조사는 앞으로 여성 노동자가 부족해질 것이라고 경고했다. 프라이스 워터하우스 회계 회사가 미국 국제개발단을 위해 수집한 조사에 의하면, 온두라스의 술라 밸리에서는 젊은 여성의 50%가 이미 회사에서 일하고 있다. 조사는 "여성의 참여율이 65%에서 70%로 상승할 것이다. 그래서 미래의 노동력 성장은 자연적(식물적) 인구증가율과 이민에 의존할 것이다"[46]라고 전망했다.

불행하게도 다국적기업과 그들의 중간업체들이 생산하는 현상적 이익은 평균적 중미 노동자들에게까지 전달되지 않았다. 자유무역지대에서 외국 투자가 유행했지만, 이 지역에서 미국으로 수출하는 전체 연간 액수는 1984년에서 1991년 사이 10억 달러 이상 감소했고, 카리브 해협 국가의 일인당 수입은 다른 라틴 아메리카보다 2배 반 빠른 속도로 떨어졌다. 미국은 중미와 카리브의 60%가 빈곤선 이하의 생활을 하고 있다고 추정한다.[47]

푸에르토리코, 멕시코, 도미니카공화국에서와 마찬가지로 중미의 마킬라도라 성장은 이민을 늦추지 못했다. 이 지역의 내전이 최고조로 달한 1980년대에 46만 8,000명의 중미 사람이 미국으로 합법적으로 건

---

46) Price Waterhouse, *Update of Baseline Study*, p. 50.
47) National Labor Committee, "Paying to Lose Our Jobs", pp. 24~25.

너갔고, 더 많은 수가 불법적으로 들어갔다. 그러나 내전이 종결된 후, 탈출은 계속되었다. 1991년에서 1996년 사이 34만 4,000명이 또 합법적으로 갔다. 이런 결론은 피할 수 없다. 신자유주의적 산업화 전략은 이 지역의 기본 조건을 증진시키는 데 아무 일도 하지 못했다. 했다고 한다면, 이 지역 노동자들을 가속적으로 이민, 이주시켰다는 것이다. 노동자들은 일단 마킬라를 향해 자신들의 마을을 등지고 나면, 마킬라를 버리고 노르테를 향해 떠나가기가 한결 쉬웠다.

그럼에도 민주당과 공화당의 지도자들은 이 지역에 무역 자유화를 확대시키고자 압력을 계속 가했다. 2005년 7월 27일 이른 아침 시간, 미국 하원에서 새로운 중미 자유뮤역협정이 217 대 215로 간발의 차이로 통과되었다. 미국과 다섯 중미 국가뿐 아니라 도미니카공화국을 최종적으로 포함하게 된 이 조치는 의회 마당에서 예외적인 싸움을 거친 후에 통과되었다. 이 싸움 동안 공화당 지도자들은 어떻게든 승리를 확보하기 위해, 뻔뻔하게도 반대하는 의원들에게 완력을 행사하고 몇몇 의원에게는 지역구 선심성 사업안을 제안하느라 투표를 한 시간 반 이상이나 열어 두었다.[48]

NAFTA : 모든 약속은 어디로 갔는가?

이 불가항력적 자유무역 시대 이전 시기는 미국 의회가 나프타를 승인한 이후 발생한 일과 규모에서 비교가 되지 않는다. 1994년 1월 1일 효력이

---

48) Edmund L. Andrews, "How Cafta Passed House by 2 Votes", *New York Times*, 2005년 7월 29일.

발생한 이 조약은 새로운 공동 시장을 만들었고, 이것의 목표는 멕시코, 캐나다, 미국 사이에 존재하는 모든 관세 장벽을 2010년까지 없애는 것이었다.[49]

이 조약에 대해서 의회가 격렬한 싸움을 벌이는 동안, 나프타 지지자들은 세계에서 가장 큰 경제 블록을 제안한 이 조약 덕분에 새로운 번영의 시대가 올 것이라고 약속했다. 클린턴 대통령은 나프타 첫 해 멕시코로의 수출이 상승해 17만 개의 새로운 일자리가 생기게 될 것이라고 예측했다.[50] 처음 10년간 전문가들은 멕시코에 100만 개 이상의 새로운 산업 일자리가 생길 것이라고 주장했다. 클린턴과 부통령 앨 고어는 협정에 대해 맹렬하게 로비를 펼쳤고, 전직 공화당과 민주당 대통령 몇 명이 여기에 참여했다. 그들은 모두 전직 리더들이 국경 산업화 프로그램에서 그랬던 것처럼, 나프타로 얻은 경제 부흥이 미국인들에게 혜택을 줄 것이며 불법 이민의 흐름을 줄일 것이라고 대중을 납득시켰다. 멕시코인들이 국내에서 더 많은 수입을 올려 미국으로 일자리를 구하러 오지 않을 것이라고 했다.

나프타가 효력을 발생한 날, 치아파스의 마야 농민들은 사파티스타 봉기를 시작했다. 이 저항의 요구들 중 하나가 나프타가 농업에 미칠 영향력에 대한 보호였다. 사파티스타와 미국의 몇몇 비판가들은 이 협정으

---

49) 멕시코는 나프타 통과를 위해 약 3,000만 달러를 로비에 사용했다고 추정된다. 이는 그때까지 외국 로비를 위해 사용한 금액의 두 배 이상이다. 페르시아 걸프 전쟁 이전과 전쟁 동안에 쿠웨이트가 1,000만에서 1,200만 달러를 사용했다. "Trading Game", the Center for Public Integrity, 1993년 5월 27일. 그리고 "Mexico Buys Free Trade", Don Hazen, in *Facts and Fictions About "Free Trade"* (New York: Institute for Alternative Journalism, 1993), pp. 89~92 참조.

50) "NAFTA Trade-off: Some Jobs Lost, Others Gained", *New York Times*, 1995년 10월 9일.

로 인해, 개인 소유의 작은 토지에서 이 국가의 주요 산물인 옥수수를 재배하는 200만 가까운 멕시코 농민이 피폐화될 가능성이 있다고 주장했다. 줄어든 농업관세로 인해 고도의 기계화를 통해 수확되는 미국의 옥수수와 밀의 수입량이 증가할 것이고, 따라서 농민들은 이 예상 증가량과 경쟁할 수 없기 때문에 나프타가 농민들의 일자리를 빼앗을 것이라고 주장했다.[51]

게릴라 봉기는 멕시코를 라틴아메리카의 모델이자 경제 기적이라고 오랫동안 칭송해 온 세계의 재정 전문가들에게 충격을 안겨 주었다.[52] 이런 전문가들이 인정하려 들지 않았던 내용은 멕시코가 거대한 부의 불균형에 의해 양분된 국가였다는 점이다. 예를 들어, 1992년 멕시코의 상위 10%는 전체 수입의 38%를 차지했고, 하위 절반은 겨우 18%를 받았다.[53]

나프타를 향한 미국 법인의 욕망에 대부분 의견을 나란히 하면서 멕시코 헌법을 통해 협정을 지지했던 멕시코 지도자는 전직 대통령 카를로스 살리나스였다. 대통령직을 수행하는 동안 살리나스는 미국 달러로 계산된 고수익의 단기 채권을 외국 투자자들에게 파는 위험한 수를 가지고 멕시코의 기적에 불을 지폈다.

1995년까지 멕시코는 이런 채권에 290억 달러를 빚졌다. 이미 세상에서 가장 큰 규모가 된 정기적 장기 채무의 이자만 갚는 데 1년에 90억 달러가 또 필요했다. 결합된 빚은 부풀려진 무역적자로 인해 1993년 후

---

51) 텍사스 매캘런 시의 시장 오살 브랜드와의 인터뷰.
52) Nancy J. Perry, "What's Powering Mexico's Success", *Fortune,* 1992년 2월 10일, pp. 109~115.
53) Jorge G. Castañeda, *The Mexican Shock: Its Meaning for the U.S.* (New York: The New Press, 1995), p. 36.

반과 1994년 초반에 멕시코를 지급 불능의 순간까지 몰아갔다.

그러나 클린턴과 살리나스 행정부는 위기가 커져 간다는 사실을 무시했다. 그들은 미국 의회에서 나프타를 먼저 통과시키고, 그 다음 1994년 8월 선거에서 살리나스가 채택한 대통령 후계자인 에르네스토 세디요의 승리를 확보하기로 결정했다. 그래서 멕시코 유권자들을 분노케 할 긴축재정 개혁은 감히 시도하지 않았다. 살리나스의 조치 실패는 멕시코의 경제를 극도의 혼란 상태에 빠뜨려서 그의 후계자는 대통령직을 맡은 지 겨우 몇 달 만에 페소의 무기한 가치하락을 지시해야만 했다. 세디요의 결정은 세계 시장을 놀라게 했고 이 국가의 경제적 추락을 가속화했다.

클린턴 대통령은 서둘러 500억 달러의 국제 금융구제를 추진했고, 이 중 200억 달러는 미국 재무부에서 나온 것으로, 멕시코가 외국 채무를 변제할 수 있도록 도와주었다. 구제금융은 세디요 정부가 국민에게 심각한 내핍계획을 실행할 것을 조건으로 내걸었다. 1995년 중반까지 멕시코 페소는 달러당 50% 급락했고, 백만 명이 일자리를 잃었으며, 이자율은 멕시코 소비자들이 신용카드 대출에 100% 이자를 지불할 만큼 치솟았다. 나프타 직후의 모든 예상은 흔적을 감추었다. 4년 후 평균적 멕시코인은 여전히 위기 이전의 생활수준을 회복하지 못했다.

미국의 많은 경제학자들은 멕시코의 재정 붕괴와 나프타 협정의 관련성을 부인하고자 했다. 심각한 빈곤과 계급갈등으로 여전히 휘청대는 개발국가였던 멕시코는 협정을 통해 세계에서 가장 부유한 국가들 중 두 곳과 결합했다. 그럼에도 경제학자들은 그렇게 부인하면서 그 협정이 만든 공동시장의 근본적 취약성을 외면해 버렸다.

미국과 캐나다에 미친 나프타의 영향력

2009년 새로운 경제연합의 15주기에 이르면 초창기 약속의 많은 부분이 사라진다. 이 협정의 강력한 지지자 중 일부조차 미국, 캐나다, 멕시코 사이의 무역이 현저히 증가한 반면, "나프타 협상이 미국의 국내총생산을 '매우 조금' 상승시켰고, 유사한 효과, 즉 긍정적이지만 매우 작은 효과가 캐나다와 멕시코 경제에 미쳤다"[54]라고 오래전부터 인정했다.

다른 이들은 훨씬 더 문제적인 그림을 그린다. 1989년 미국과 양국 간 나프타 협정을 먼저 맺은 캐나다에서 실직률은 1990년대에 걸쳐 평균 9.6%로 상승했는데, 대공황 이후로 이 국가에서 가장 높은 수치였다. 반면, 수입 불균형은 증가했다. 1989년과 1997년 사이 수출 증가로 87만 개의 새로운 일자리가 생겼지만, 훨씬 더 높은 수입 증가율로 인해 114만 7,000개의 일자리가 사라졌다.[55]

미국 노동부는 1994년에서 1998년 사이 국경 남쪽으로 사업이 이전된 탓에 21만 4,000건의 해고가 발생했다고 추산했다. 그러나 조합 지도자들은 정부의 계산 범위가 너무 협소해 일자리 손실이 사실상 그 수치의 두 배라고 주장했다. 또한 그들은 미국 제조 회사들이 저임금 멕시코로 생산을 이전하겠다고 위협하면서 노동자들의 월급 인상 요구를 묵살

---

54) Lee Hudson Teslik, "NAFTA's Economic Impact", Council on Foreign Relations Backgrounder, 2009년 7월 7일 (2010년 5월, http://www.cfr.org/publication/15790/). "The Effects of NAFTA on U.S.-Mexico Trade and GD~" U.S. Congressional Budget Office report, 2003년 5월 참조.

55) Bruce Campbell, "False Promise: Canada in the Free Trade Era", Economic Policy Institute Briefing Paper, 2001년 4월 (2010년 5월, http://www.epi.org/pages/briefing papers_naftaOl_ca/).

해 왔기 때문에 국내 산업 임금이 인위적으로 낮게 책정된 상태라고 비난했다.

나프타 상대국과 미국 교역의 적자는 놀랄 만큼 단박에 증가했다. 예를 들어 1993년 미국은 멕시코와의 무역으로 17억 달러의 흑자를 보았지만 이런 흑자는 곧 날아가고 2007년 747억 달러라는 엄청난 적자로 돌아섰다.[56]

대멕시코·캐나다 무역적자가 상승한 결과, 경제정책연구소의 보고서에 따르면 미국은 나프타의 시작부터 2004년 사이 101만 5,290개의 교역 관련 일자리 순손실을 겪었다. 그 손실 중 56만 개는 멕시코, 45만 5,000개는 캐나다 때문이었다.[57]

게다가 상실한 일자리는 주당 평균 임금이 800달러였는데, 미국에 남아 있는 제조업 일자리 임금보다 상당히 많은 액수였다고 보고서는 결론지었다. 보고서는 이에 대해 다음과 같이 덧붙였다.

나머지 경제분야의 평균 일자리는 주당 단지 683달러를 지불하는데, 이는 무역 관련 일에 비해 16~19%가 적다. 대멕시코·캐나다 무역 적자의 증가는 보다 높은 소득의 일자리로부터 백만 노동자를 밀어내 비교역

---

56) 미국이 멕시코에 판매한 서비스업 이익 증가가 재화에서의 적자를 다소 상쇄시켰다. 그러나 적자는 2007년 87억 달러로 여전히 역사상 높은 수준을 유지했다. Office of the United States Trade Secretary, "U.S.-Mexico Trade Facts", 2009년 7월 23일 (2010년 5월, http://www.ustr.gov/countriesregions/americas/mexico). "Trade in Goods (Imports, Exports and Trade Balance) with Mexico", U.S. Census Bureau, Foreign Trade Statistics (2010년 5월, http://www.census.gov/foreign-trade/balance/c2010.html#2010) 참조.

57) Robert E. Scott, Carlos Salas, and Bruce Campbell, "Revisiting NAFTA: Still Not Working for North America's Workers", Economic Policy Institute Briefing Paper No. 173, 2006년 9월 28일, p. 9 (2010년 5월, http://www.epi.org/publications/entry/bp173/).

관련 산업의 보다 낮은 보수의 일자리로 몰아넣었다. 그래서 비교역 물품 산업으로 밀려난 백만 노동자는 2004년에만 미국 노동자의 임금을 76억 달러 어치 감소시켰다.[58]

전체적으로 미국 경제는 거의 380만 개의 제조 분야 일자리를 2001년과 2008년 사이 잃어버렸다. 10년 이하의 기간 동안 22%가 감소한 것이다.

의회 예산사무소 보고서는 저가로 생산된 외국 수입품을 주요 원인으로 지목했다. "무역 외에 많은 요소가 제조업 고용에 영향을 미쳤지만, 최근 몇 년간 산업 전반에 걸쳐 고용 하락 패턴은 수입 증가율과 관련이 있다"[59]라고 보고서는 기술했다.

1990년대와 21세기 초기 몇 년 동안 지속된 미국 경제의 고성장은 나프타 실패의 심각함을 국내에서는 무마할 수 있었지만 멕시코에서 발생하고 있는 일은 감출 수 없었다.

나프타와 멕시코 사회의 재조정

미국 사람들은 나프타에서 기인한 멕시코 사회의 광범위한 단절과 혼란을 이해하기 어렵다. 미국 정부의 무역정책이 사실상 미국을 향한 멕시코 노동자들의 대탈출을 가속화시켰다는 점을 상상하기는 더욱 어렵다.

---

58) Ibid., p. 3(강조는 원저자).
59) David Brauer, "Factors Underlying the Decline in Manufacturing Employment Since 2000", U.S.~ Congressional Budget Office report, 2008년 12월 23일, pp. 2, 4 (2010년 5월, http://www.cbo.gov/ftpdocs/97xx/doc9749/12-23Manufacturing.pdf).

어쨌든 무역협정의 지지자들은 세 동반자 국가에게 전반적인 번영을 가져올 것이고, 리오그란데 강 아래로부터 이민자의 흐름을 감소시킬 것이라고 약속했었다.

처음에 멕시코는 굉장한 규모의 외국 투자와 일거리를 끌어왔다. 그러나 고용 성장은 일시적이었다. 게다가 이것은 멕시코의 은행 제도와 주로 농업에서 동시에 발생하고 있는 심각한 변화를 감추었고, 그 사회적 비용은 심지어 사파티스타나 다른 나프타 비판가들이 경고한 것보다 많았다.

외국 소유의 멕시코 마킬라도라의 일자리 수는 1993년에서 2000년 사이 54만 6,000개에서 130만 개 이상으로 거의 세 배 증가했다. 이것은 부분적으로 1995년 페소의 가치 하락에 기인한 것으로, 멕시코 노동 비용이 현저히 낮아진 탓에 외국 회사들이 서둘러 새로운 공장을 설립했기 때문이다. 마킬라 고용은 2000년 최고에 이르렀지만, 그 이후로 정체되어 2008년 약 120만을 기록하고 있다. 그래서 나프타 실시 15년 후 외국 소유의 제조공장에서 겨우 66만 개의 일자리를 창출한 셈이 되었다.[60]

반면 새로운 외국 소유의 회사들은 그들의 수출 지향적 공장에서 멕시코 국내 부속품을 그다지 사용하지 않는 편이라 멕시코 소유의 지역 산업이 힘을 잃게 되었다. 2008년에 이르러 멕시코의 비마킬라 산업의

---

60) Eduardo Zepeda, Timothy A. Wise, and Kevin P. Gallagher, "Rethinking Trade Policy for Development: Lessons from Mexico under NAFTA", Carnegie Endowment for International Peace, 2009년 12월, p. 10 (2010년 4월, http://www.carnegieendowment.org/files/nafta_trade_development.pdf). Kevin P. Gallagher and Lyuba Zarsky, "Sustainable Industrial Development? The Performance of Mexico's FDI-Led Integration Strategy", Global Development and Environment Institute, Fletcher School of Law and Diplomacy, Tufts University, 2004년 2월, pp. 44~45.

고용은 124만 명으로 축소되었는데, 나프타가 발효되었을 때보다 15만 9,000개가 적은 수였다. 외국 회사들이 제조업에서 창출하는 고용은 현재 멕시코 소유 국내 공장 정도이다. 외국과 국내 소유를 막론하고 제조업 노동자의 순수 증가가 전체 기간 동안 단지 50만 명이었다. 이 숫자를 제대로 바라보면, 노동현장에 진출하는 사람들과 진도를 맞추기 위해서 멕시코는 매해 100만 개의 새로운 직업을 만들어야 한다는 사실을 알 수 있다.[61]

멕시코 시골에 미친 나프타의 영향을 해석해 보면 노동 분야의 모습은 훨씬 더 음울해진다. 옥수수 재배를 위한 정부의 보조금이 사라지자, 소규모 경작농은 미국 농산업의 기계화된 생산물과 도저히 경쟁할 수 없었다. 미국으로부터 수입된 곡물은 1994년 기준에서 세 배가 증가했고, 지금은 멕시코 곡물 필요량의 40%를 차지한다. 농업 고용은 1993년에서 2008년 사이 거의 30%, 즉, 810만 개에서 580만 개로 추락했다. 농토를 등진 230만 명의 농부와 농장 노동자들은 멕시코 제조업에서 순수 증가한 50만 개의 일자리를 왜소하게 만들었다. 일자리를 얻지 못한 많은 농부들은 멕시코의 거대한 비공식적 경제의 일원이 되거나 미국으로 이주해야만 했다.[62]

그래서 미국으로의 대탈출을 줄이기는커녕 나프타는 멕시코 농업에 보기 드문 영향력을 가하면서 이민 속도에 박차를 가하게 만들었다. 미국의 멕시코 태생 인구가 1990년 450만 명에서 2000년 900만 명, 2008

---

61) Zepeda, Wise, and Gallagher, "Rethinking Trade Policy", pp. 10, 13.
62) Anne Vigna, "NAFTA Hurts Mexico, Too", Agence Global, 2008년 6월 1일. Zepeda, Wise, and Gallagher, "Rethinking Trade Policy", pp. 12~13.

년 1,270만 명으로 늘어났고, 이 인구의 반 이상이 불법체류자다. 멕시코 인구의 4분의 1만이 시골에 거주하는데도 시골 출신이 이 이민자의 44%를 차지한다.[63]

카네기 재단의 연구가 보여 주듯이, "나프타의 역설 중 하나는 지도자가 '사람이 아닌 상품을 수출'하도록 돕겠다고 약속했음에도, 지금 멕시코는 전보다 더 많은 사람을 '수출'하고 있고, 그들 가운데 더 많은 수가 합법적 서류 없이 미국에 영구 거주하고 있다는 것이다."[64]

국내에 남은 멕시코인들은 임금 하락과 저급한 삶의 질을 강요하는 무지막지한 힘에 부딪혀야 했다. 예를 들어, 미국의 가공 음식이 눈에 띄지 않게 물밀듯 유입된 결과 비만이라는 유행병이 생겨났다. 한 보고서에 따르면, "멕시코 성인의 33% 정도가 비만이고, 40%가 과체중이다".[65]

반면 멕시코 가정의 오직 10%만이 1994년 이후 수입이 증가하였고, 반면 90%는 수입이 정체되거나 감소되었다. 마킬라도라 산업의 평균 임금이 약간 상승했을지라도, 미국과 멕시코 공장노동자들의 임금 격차는 여전히 극심한 상태다. 1993년 미국 제조업 평균 임금은 멕시코에 비해 5.6배 높았고 2007년에는 5.8배 높았다. 게다가 멕시코에서 만들어진 새로운 일자리의 절반은 이 나라의 법이 지정한 사회보장이나 유급휴가와 같은 기본적 혜택을 제공하지 않는다.[66]

나프타 이후로 멕시코 최저 임금의 실제적 가치는 25% 감소했다. 2006년 이 나라의 시골 인구 중 55%가 빈곤선 이하로 살고 있고, 사파티

---

63) Elisabeth Malkin, "NAFTA's Promise Unfulfilled", *New York Times*, 2009년 4월 13일, B1.
64) Zepeda, Wise, and Gallagher, "Rethinking Trade Policy", p. 13.
65) Vigna, "NAFTA Hurts Mexico, Too".
66) Ibid.; Zepeda, Wise, and Gallagher, "Rethinking Trade Policy", p. 14.

스타 운동의 본산지인 치아파스와 같은 주에서는 놀랍게도 75%의 빈곤율을 기록하고 있다. 멕시코의 전체적 빈곤율이 1992년 이래 53%에서 43%로 떨어졌지만, 이것은 대부분 멕시코 정부가 빈곤 퇴치를 겨냥해 가계 수입 부족을 해결하고자 개발할 수밖에 없었던 정책 덕분이었다. 멕시코 가정의 18% 이상이 2006년까지 두 개의 주요 빈곤 프로그램인 '프로캄포'Procampo와 이전에 '프로그레사'Progresa라고 불린 '오포르투니다데스'Oportunidades를 통해 정부의 보조금을 받고 있다.[67]

빈곤 감소에 강력하게 공헌한 또 하나의 요소는 실직한 노동자들이 미국으로 지속적으로 탈출했다는 점이다. 2007년에 이르러 이주자들이 멕시코에 보내온 송금액은 240억 달러로 증가했는데, 이는 나프타 이전 수준보다 6배 많은 액수로 전체 가정의 7%가 이런 송금을 받고 있다.[68]

반면 멕시코와의 자유무역의 최대 수혜자는 외국의 다국적기업들, 특히 미국에서 온 회사들이었다. 1994년에서 2004년 사이, 미국의 회사들은 새로운 외국 직접투자 전체량의 67%를 차지했는데, 이로써 멕시코는 예전보다 미국 경제의 등락에 더욱 의존하게 되었다. 1970년대 멕시코 수출의 70%가 미국으로 간 반면, 2008년에는 그 수치가 85%까지 올랐다. 그래서 대규모 경제 침체가 그해 미국 경제를 급속도로 위축시켰을 때, 멕시코 노동자들이 특히 타격을 받은 사실은 전혀 놀랍지 않다. 2009년 미국으로의 수출이 15% 이상, 2,150억 달러에서 1,760억 달러로

---

67) Gerardo Esquivel, "The Dynamics of Income Inequality in Mexico since NAFTA", United Nations Development Programme, Regional Bureau for Latin America and the Caribbean, February 2009년 2월, pp. 14~15 (2010년 5월, http://economicclusterlac.orglimages/pdf/desarrollos-Incluyentes/02_RPPLAC_ID.pdf).

68) Zepeda, Wise, and Gallagher, "Rethinking Trade Policy", pp. 10, 14~15. Esquivel, "The Dynamics of Income Inequality", p. 15.

급감했다.[69]

멕시코의 은행 시스템은 산업에 비해 나프타의 영향을 더 많이 받았다. 1994~1995년 멕시코의 재정 위기와 맞물린 교역 협정은 외국 은행들의 유입에 수문을 열었다. 예를 들어 시티은행은 멕시코에서 독립적으로 운영하도록 허가받은 유일한 비멕시코계 회사였고, 다른 외국인들은 국내 주요 은행의 30% 이상을 소유하지 못하도록 규제받았다. 그러나 1994년에서 2004년 사이 외국의 재정 투자 쓰나미가 닥쳤고, 이것은 한 경제학자에 따르면 "멕시코의 경제 규모에서는 유례없는 것이었다". 미국, 캐나다, 유럽의 은행들이 300억 달러 이상을 쏟아부었고, 이 나라의 재정 분야를 완전히 통제하기에 이르렀다. 1997년 외국 회사들은 은행 자산의 고작 16%만 통제했지만, 2004년에는 놀랍게도 82%까지 차지했다. 그때까지 멕시코의 가장 큰 10개 은행 중 8개가 외부인의 손에 놓이게 되었다. 그런 은행들 중 스페인의 BBVA그룹이 소유한 BBVA Bancomer(반코메르)와 시티그룹이 소유한 바나멕스Banamex, 단지 두 은행이 전 은행 자산의 48%를 통제했다.[70]

외국 은행이 멕시코의 상거래를 잠식하기 시작했다. 그들은 다른 국가에서보다 소비자 서비스 수수료를 세 배나 높게 책정했고, 이전보다 보통 멕시코인들의 대출을 훨씬 더 어렵게 만들었다. 그러자 대중의 분

---

69) United Nations Statistics Division, United Nations Commodity Trade Statistics Database, 2008 (2010년 5월, http://unstats.un.org/unsd/comtrade).

70) Heiner Schulz, "Foreign Banks in Mexico: New Conquistadors or Agents of Change?", Wharton Financial Institutions Center Working Paper No. 06-11, 2006년 4월 22일, pp. 3, 8~10. Luis Peña, "Chase Is On for the Whole *Enchilada*", *The Banker*, 2004년 6월 2일 (2010년 4월, http://www.thebanker.com/news/fullstory.php/aid/1587/Chase_is_on_for_the_whole_enchilada.html).

노가 잇따랐다. 예를 들어, 2004년 은행이 사적인 용도로 빌려 준 돈이 미국에서는 경제의 70%에 영향을 미친 데 반해, 멕시코에서는 15%만 영향을 미쳤다. 엄청난 수수료와 대출 규제가 너무 만연해서 비센테 폭스 대통령과 멕시코 입법부는 공공연히 외국 은행들을 비난했고 그들의 정책에 변화를 요구했다. 그럼에도 불구하고 폐해가 생겨났다. 나프타 10년 내, 멕시코 사람들의 은행 잔고가 미국과 유럽 은행가의 통제하에 대부분 들어갔다. 미국에서 몇몇 외국 재정회사가 갑자기 국내 은행업의 80% 이상을 통제하게 됐다면 어떤 절규의 소리가 생겨날지 잠깐이나마 상상해 보았는가?[71]

나프타와 마약전쟁

멕시코는 지난 수년간 불법 마약 거래 관련 폭력과, 이를 근절시키기 위한 멕시코와 미국의 법 집행에 따른 폭력이 증가하면서 큰 소용돌이를 겪고 있다. 미국의 뉴스 미디어가 폭력에 관해 점점 큰 관심을 보이면서, 수송 차단을 목적으로 한 워싱턴의 지원이 크게 증가했지만, 나프타와 우후죽순처럼 늘어나는 마약 거래 사이의 연관을 분석한 기사는 거의 없었다.

멕시코 북쪽을 향한 돈과 무기, 미국을 향한 마리화나, 아편, 메탐페타민(각성제)의 국경을 가로지르는 거래는, 현재 추정하건대, 매년 생산량이 150억 달러에서 300억 달러에 이르는 치명적인 산업으로 자리 잡

---

71) John Lyons, "Mexican Officials Prod Banks to Boost Lending", *Wall Street Journal*, 2004년 3월 22일, A17. Peña, "Chase Is On".

았다. 그 무역을 통제하는 주요 카르텔은 너무나 대담하게도 주기적으로 경찰과 정부 관료를 살해하고, 밝은 대낮에 시민들을 향해 총을 겨누며, 심지어 법 집행 기지를 공격한다. 2009년에 멕시코에서 5,800명 이상이 마약 관련 폭력으로 인해 사망했고, 사건 수가 2006년에 비해 거의 세 배나 상승했다. 살인의 대부분은 후아레스와 국경에 접한 도시들에서 일어났다. 대략 3만 6,000명의 사람이 2009년 마약 사범에 대한 법률 집행으로 인해 감옥에 갇혔는데, 이는 2001년보다 4배 상승한 것이다.[72]

멕시코 플랜으로 알려진 '메리다 계획'을 통해 미국 정부는 펠리페 칼데론 대통령의 마약 거래 조직 소탕 노력에 협조하기 위해 2007년에서 2009년 사이 군 장비, 훈련, 감시 기술 제공 명목으로 멕시코에 7억 달러 이상의 보조금을 제공했다.[73]

그러나 마약 거래는 계속 성장해 갔다.

미국 국무부의 세계 마약 거래에 관한 2009년 연간 조사는 멕시코에서 3만 7,000에이커의 토지가 아편 재배에 사용되고 있다고 추정했다. 이 수치는 전해에 비해 두 배 상승한 것이었고, "멕시코와 라틴아메리카 전역을 합쳐서 지금까지 추정된 생산량의 최고치다"라고 보고서는 결론지었다. 마리화나 재배를 위한 토지 사용은 2002년 이래 어느 때보다도

---

72) "2010 International Narcotics Control Strategy Report (INCSR)", U.S. State Department, Bureau of International Narcotics and Law Enforcement Affairs, 2010년 3월 1일 (May 2010년 5월, http://www.state.gov/p/inl/rls/nrcrpt/2010/voll/137197.htm). Hector Tobar and Cecilia Sanchez, "Mexico's Drug War Tops 2,000", *Los Angeles Times,* 2006년 11월 14일.

73) Roberta S. Jacobson, "U.S.-Mexico Security Agreement: Next Steps for the Merida Initiative", deputy assistant secretary of state testimony to U.S. House of Representatives Committee on Foreign Affairs, 2010년 5월 27일 (2010년 5월, http://www.state.gov/p/wha/rls/rm/2010/142297.htm).

높았다. 게다가 멕시코는 미국에서 팔리는 메타팜의 80%를 생산하고 있고, 미국에 공급되는 코카인의 90% 이상을 통과시키고 있다.[74]

일부 멕시코 공무원들은 마약 거래와 나프타, 멕시코 농업의 위기 사이에 직접적 연관이 있다고 본다. 그들에 의하면, 이 나라의 수십만 농민이 나프타와 함께 수입된 미국의 싼 곡물과의 경쟁으로 인해 콩과 옥수수를 경작해서는 더 이상 생활할 수 없게 되었다. 마약 거래상들은 불법 작물을 대신 경작하도록 농부들을 유인하고 있다. 멕시코의 농업 사안을 다루고 있는 최고 연방법원의 법원장인 리카르도 가르시아 비야로보스는 현재 멕시코 경작지의 30%에서 마리화나와 아편 양귀비가 부분적으로 경작되고 있다고 추산한다. 그리고 멕시코 북부의 도시들은 나프타 이후 일자리를 잃은 200만 이상의 농장노동자와 절박한 실직자 군단으로 북적거리고 있다. 많은 수의 실직자들은 마약 갱단이 운영하는 업체에서 구직하기가 쉬워진다. 결국, 나프타가 생산한 수출입 물품을 수송하기 위해 매일 미-멕 국경을 넘다드는 대규모 트럭 교통량 때문에 미국 국경사무소들은 합법적 무역을 방해하지 않은 채 동시에 마약 밀거래를 찾아내 격리하느라 한층 더 어려움을 겪고 있다.[75]

미국의 음식 품질에 미친 나프타의 영향력에 대해서 수출 기반의 자유무역을 제안한 사람들은 거의 언급하지 않는다. 2000년에 이르자 미국에서 소비되는 모든 딸기의 약 96%, 다른 모든 과일과 채소의 52%가 멕시코에서 들어왔다. 동시에 국경 양쪽에서 음식 검사율은 급속도로 감

---

74) "2010 International Narcotics Control Strategy Report (INCSR)".

75) Tracy Wilkinson, "Mexico Agricultural Subsidies Are Going Astray: A Fund to Help Poor Farmers Compete with U.S. Imports Is Instead Benefiting Drug Lords' Kin and Officials", Los Angeles Times, 2010년 3월 7일.

소했다. 1997년 5개 주에서 270명이 멕시코산 냉동 딸기를 먹고 잠재적으로 치명적인 일종의 A형 간염에 걸렸다. 2007년 미국 FDA(식품의약국)는 규제 음식 —— 주로 야채, 과일, 해산물, 곡물, 낙농제품, 동물 식품——의 1% 미만이 그 해 국경 검색을 받게 될 것이라고 예상했다. 그것은 이미 나프타 이전에 비해 8% 내려간 것이다. 스크립스 뉴스 서비스 Scripps News Service의 조사에 따르면 미국인 5만 명이 2001년에서 2004년 사이 그들이 섭취한 음식으로 인해 앓거나 사망했다고 한다. 그러나 음식 중독 사건에서 보건공무원들은 3분의 2의 경우 원인을 밝혀내거나 중독 여부조차 진단하지 못했다.[76]

자유무역에 대항한 라틴아메리카의 반란

나프타 체결 후 수년 동안 미국의 공무원들은 지역적 성격의 '카리브 자유무역협정', 미주에 걸친 '아메리카 자유무역지대', 칠레와 콜롬비아 같은 핵심 국가들과의 개별적 협정 등을 포함해, 라틴아메리카 전역의 정부와 유사한 협정을 맺고자 공격적인 시도를 펼쳤다. 그러나 이런 노력들은 워싱턴 컨센서스를 거부하기 시작한 새로운 흐름의 포퓰리스트 정부들의 저항이 확산되면서 주춤해졌다. 미국의 미디어 기사는 베네수엘라의 우고 차베스나 볼리비아의 에보 모랄레스처럼 지도자들 중 가장 대

---

76) Mary Botari, "Trade Deficit in Food Safety: Proposed NAFTA Expansions Replicate Limits on U.S. Food Safety Policy That Are Contributing to Unsafe Food Imports", Public Citizen, 2007년 7월, p. 4 (2010년 5월, http://www.citizen.org/documentslFoodSafetyReportFINAL.pdf). Thomas Hargrove, "A Russian Roulette of Food Poisoning in the American States", Scripps News, 2006년 11월 11일 (http://www.scrippsnews.com/fatalfood).

립각을 세우는 경우에만 관심을 쏟는 경향이 있지만, 사실상 전 지역이 변화를 겪고 있었다.

새로운 저항에 대한 이유는 간단했다. 신자유주의 20년이 실패했다는 것이다. 미국에 의해 추진된 경제정책은 번영을 창출하지 못했고, 라틴아메리카 전 지역에서 경제적 비참함은 더욱 심화되었다. 1990년에서 2004년 사이, 이 지역의 공식적인 실직률은 6.9%에서 10%로 상승했다. 이 시기에 생긴 10개의 일자리 중 7개가 비공식적 분야였다. 노동자들은 미래 보장이 없었고, 혜택을 누리지 못했으며, 실제적으로 보건과 안전보호책이 없었다. 국제노동기구ILO는 2006년 라틴아메리카에서 2,300만 명이 실직한 상태였고, 이 지역의 노동활동 인구 중 절반 이상인 1억 300만 명이 '불안정적으로' 고용된 상태라고 보고했다.[77]

위기에 대한 응답으로 새로운 사회운동이 일어났고, 이는 라틴아메리카 현대사의 다른 어떤 운동과도 달랐다. 그들의 지도자들은 전통적인 야당, 즉 오래된 사회민주당이나 공산당 혹은 화석화된 노동조합 출신이 아니었고, 페루의 '빛나는 길'이나 콜롬비아의 FARC과 같은 마르크스주의 게릴라 부대의 잔재로부터 영향을 받지도 않았다. 대신 새로운 운동은 그들 사회의 가장 빈곤한 영역, 오랫동안 무시당해 온 원주민과 흑인 인구로부터 나왔다. 볼리비아와 페루의 농민 코카렐로cocalero 운동, 멕시코 치아파스의 사파티스타 봉기, 아르헨티나의 공장 점거 운동, 브라질의 무토지 농민 운동 등은 그들 자신의 정부와 국내 엘리트를 단순히 반대하는 데 그치지 않고, IMF, 세계은행, 세계무역기구와 같은 국제조직의 신자유주의 의제를 겨냥해 점점 더 그들의 분노를 표출해 갔다.

---

77) De la Barra and Dello Buono, *Latin America after the Neoliberal Debacle*, p. 28.

2003년 1월, 나프타 10주년에 'El Campo No Aguanta Más'(농촌은 더 이상 참지 않는다)라는 운동은 후아레스와 엘패소를 연결하는 국경 다리를 봉쇄했고, 멕시코 농부 10만 명이 멕시코시티로 행진하며 저가 미국 옥수수의 투매와 멕시코 소농의 대규모 이동을 규탄했다.[78]

또한 이 지역에서 정부의 자산과 서비스를 지속적으로 매각하는 데 반발해 다수의 저항이 일어났다.

- 푸에르토리코에서는 50만 명 이상이 1998년 이틀간 일반 파업에 참여해, 은행, 관공서, 상업 쇼핑센터를 멈추게 했고, 산후안 국제공항으로 난 도로를 차단했다. 그들의 목표는 정부가 미국에 본부를 둔 GTE에 푸에르토리코 전화회사를 매각하는 일을 저지하는 것이었다. 투표 결과 푸에르토리코 사람들의 65%가 이 매각에 반대하는 것으로 나타났지만, 이 섬의 총독인 페드로 로세요는 이 협상을 추진했다. 2010년 대학생들은 푸에르토리코 대학의 11개 캠퍼스를 15일 이상 마비시켜 정부의 사유화와 등록금 인상에 항의했다.
- 볼리비아에서는 2000년 도시 빈민 수만 명이 코차밤바의 거리를 메워 상수도 사유화에 반대하는 시위를 성공적으로 성사시켰다. '물과 삶을 보호하기 위한 조정위원회'Coordinating Committee in Defense of Water and Life가 조직한 항의자들은 큰 폭으로 상승한 수도요금에 대해 분노를 표출했다. 정부는 이 도시의 물 공급 사업을 미국의 다국적 거

78) Isidro Morales-Moreno, "Mexico's Agricultural Trade Policies: International Commitments and Domestic Pressure", World Trade Organization, Case Study 28 (2010년 11월, http://www.wto.org/english/res_e/booksp_e/casestudies_e/case28_e.htm).

인 벡텔Bechtel의 자회사에 매각한 다음 수도요금을 인상했다.

- 코스타리카에서는 2002년 수천 명이 전기 사유화에 반대하여 거리로 나섰다.
- 엘살바도르에서는 2002, 2003년 9개월간 의사와 공공보건 노동자들이 파업에 들어가 보건제도의 사유화를 성공적으로 막아냈다.
- 파나마에서는 2003년 후반 두 건의 일반 파업이 국가를 마비시켰다. 두 건 모두 미레야 모스코소 대통령이 추진한 사회보장제도의 사유화를 저지하는 데 목적이 있었다. 이 사태는 이듬해 투표에서 모스코소를 패배시켰다. 물론 후계자인 마르틴 토리호스가 이 운동을 가혹하게 억압했고 사회보장 개혁을 추진했다.[79]

새로운 사회운동은 지도자들이 그들 문제에 주의를 기울이지 않으면 곧 그 체제를 밀어내기 시작했다. 1997년 이래 라틴아메리카 4개국 7명의 대통령이 임기를 마치기 전에 국민에 의해 대통령직을 사임해야 했다. 볼리비아의 곤살로 산체스 데 로사다(2003), 카를로스 메사(2005), 에콰도르의 압달라 부카람(1997), 하밀 마우아드(2000), 루시오 구티에레스(2005), 파라과이의 라울 쿠바스 그라우(1999), 페루의 알베르토 후지모리(2000)가 그러했다.[80]

지난 십 년 동안 라틴아메리카에서 일어난 보기 드문 정치적·경제적 변화는 이 책이 나열하는 범위를 넘는다. 그러나 누군가 이 지역의 대

---

79) 새로운 사회운동에 관한 훌륭한 요약본은 다음을 참조. De la Barra and Dello Buono, *Latin America after the Neoliberal Debacle*, pp. 51~77.
80) Ibid., p. 77, n. 8.

〈표 12〉 1998~2009년 좌파 연합을 통해 당선된 라틴아메리카 대통령

우고 차베스	베네수엘라	1998년 12월*
루이스 이나시우 '룰라' 다 시우바	브라질	2002년 10월
네스토르 키르츠네르	아르헨티나	2003년 5월
타바레 바스케스	우루과이	2004년 10월
에보 모랄레스	볼리비아	2005년 12월
미첼 바첼레트	칠레	2005년 12월
다니엘 오르테가	니카라과	2006년 11월
라파엘 코레아	에콰도르	2006년 12월
알바로 콜롬	과테말라	2007년 9월
마우리시오 푸네스	엘살바도르	2009년 3월

* 차베스는 2000년과 2006년에 재당선되었다. 크리스티나 페르난데스 데 키르츠네르는 2007년 10월 아르헨티나 대통령으로 당선돼 그녀의 남편을 계승했다.

부분 국가들이 그들의 역사상 처음으로 워싱턴과 월스트리트로부터 독립해 국내외 정책을 펼치기 시작했다고 말한다면, 결코 과소한 진술이 아닐 것이다. 불행하게도 이 지역에 관한 미국의 미디어는 낡은 워싱턴 컨센서스에 대해 가장 반대의 목소리를 내는 베네수엘라의 우고 차베스와 볼리비아의 에보 모랄레스를 새로운 라틴아메리카의 '위협'으로서 계속해서 집중 조명했고, 그들에게 두목^{Jefe}(우두머리)이라는 정형적 이미지를 씌우려고 했다. 그러나 차베스와 모랄레스는 미국이 제시하는 해결책에 맞서는 이 지역의 대통령 십여 명 중 오직 두 명에 지나지 않는다. 최근 민주적으로 대통령에 오른 라틴아메리카의 좌파 포퓰리스트 지도자들의 명단은 정말 유례가 없다.

오직 멕시코와 콜롬비아만 미국과 연합한 보수적 대통령을 당선시켰다. 그러나 멕시코 경우, 2006년 사업가 펠리페 칼데론의 힘겨운 승리는 부정투표에 대한 끈질긴 고발과 선거 이후 수개월 동안 상대편 좌파 포퓰리스트 안드레스 마누엘 로페스 오브라도르의 지지자들이 펼친 집단적 항의에 의해 퇴색해 버렸다. 지난 10년간 라틴아메리카의 대통령 선거에서 승리를 거둔 유일한 중도우파 후보는 미첼 바첼레트를 계승해 2010년 1월 칠레 선거에서 당선된 세바스티안 피녜라다.

이 지역의 새로운 포퓰리스트 지도자들은 다양한 접근법과 스타일의 차이에도 불구하고 많은 정책에서 상당한 통일성을 지니고 있다. 외국의 다국적기업과 불평등한 계약을 재협상하고 천연자원에 대한 통제력을 더 많이 장악함으로써 미국과 유럽의 제국주의적 지배를 종결시키고자 노력했다. 국내에서 소득 불평등을 줄이는 데 정부의 권력을 사용했고, 이 지역 내에서 더 강력한 경제 통합을 달성했으며, 주요 산업국가들과 공정한 무역협정을 요구했다.

라틴아메리카의 분할정치Balkanization라는 긴 역사를 청산하려는 시도에 있어서 새로운 지도자들은 두 진영으로 대략 나뉜다. 브라질과 아르헨티나를 필두로 하는 온건한 '신개발주의적' 경향과 베네수엘라와 볼리비아가 주도한 더욱 근본적인 '볼리바르적' 경향이다. 예를 들어, 2004년 7월 브라질, 아르헨티나, 우루과이, 파라과이에 의해 1991년 결성된 교역 연합인 메르코수르는 베네수엘라와 콜롬비아를 포함해 4개국에서 10개국으로 공식적인 참가국을 확장시켰다. 그리고 2004년 12월, 페루 쿠스코에서 열린 제3 남아메리카 정상회담에서 브라질과 베네수엘라의 주도 아래 12개국은 3억 6,100만 사람들의 교역 연합인 남아메리카 국가위원회를 만들기로 합의했다.[81]

한편, 베네수엘라의 차베스는 국가의 광대한 석유 자산을 사용해 값싼 기름을 대상으로 주변 12개국 이상과 양국 무역협정을 맺었고, 그 결과 이 지역에서 그의 영향력은 급상승했다. 더욱 중요한 것은 차베스와 모랄레스가 이 지역의 비정부 사회운동을 지지하고 독려했다는 점이다. 대륙간 사회연맹Continental Social Alliance과 세계사회포럼World Social Forum 과 같은 단체들은 라틴아메리카에서 수만 명의 사람들을 추동해 아메리카 자유무역지대FTAA와 같은 미국의 계획안을 반대했다.

원래 나프타보다 확장된 조약으로 제시된 FTAA는 34개국을 하나의 자유무역연합으로 묶어 아메리카 반구에 대한 미국 다국적기업들의 헤게모니를 공고하게 만들려는 부시 행정부의 시도였다. 브라질, 아르헨티나, 쿠바, 베네수엘라 외 6~7개국이 참여를 거부했을 때, 이 계획은 2005년 11월 아메리카 정상회담에서 무산되었다. 이것은 세계무역기구를 강화하려는 워싱턴의 시도를 좌절시킨 시애틀 도로 시위가 있은 지 겨우 몇 년 후에 생긴 패배였다. 시애틀 사건은 대체적으로 수천의 과격한 항의자들이 거부를 표명한 것이었지만, FTAA에 대한 거부는 세계의 한 지역 전체가 부유한 국가들이 주도하는 자유무역협정에 반기를 들었다는 신호의 의미였다. 라틴아메리카 지도자들의 새로운 흐름은 그들 지역이 미국으로부터 독립하겠다는, 혹은 적어도 자치를 실시하겠다는 의지를 효과적으로 천명했다.[82]

그런 독립적 정책들은 보통의 라틴아메리카 사람들에게 구체적인 혜택을 이미 드러내기 시작했다. 2002년과 2008년 사이 이 지역의 전체적 빈곤율이 44%에서 33%로 극적으로 감소했다. 가장 큰 개선은 신자유

81) Raul Zibechi, "Regional Integration after the Collapse of the FTAA", International Relations Center, Silver City, N.M., 2005년 11월 21일, pp. 2~4.
82) Ibid., pp. 1~2.

주의 정책을 거부한 국가들에서 대부분 일어났다. 베네수엘라는 48.6%에서 27.6%로, 아르헨티나는 45.4%에서 21%로, 에콰도르는 49%에서 38.8%로, 볼리비아는 62.4%에서 54%로, 브라질은 37.5%에서 30%로 줄었다. 반면 미국의 빈곤율은 2002년 12.4%에서 2008년 13.2%로 증가했다.[83]

라틴아메리카의 개선 상황에도 불구하고, 이 지역 인구의 1억 3,000만 이상의 사람들이 빈곤에 허덕인다. 가난한 사람들이 사는 바리오와 판자촌, 작은 마을에서는 신자유주의 자유무역 정책이 실시된 60년 동안 입안자들이 약속했던 번영을 거의 맛보지 못했다. 대신 일자리를 찾아 북으로 수백만의 사람들이 절망적인 탈출을 감행했다. 선에 인급했듯이 오늘날 라틴아메리카 이주자들은 매달 본국에 송금하는 돈을 통해 그들의 동포들을 살리는 데 핵심적인 역할을 맡고 있다(11장 참조). 예를 들어, 2009년 라틴아메리카와 카리브에서 온 이민자들은 본국의 가족들에게 640억 달러를 보냈다.[84] 아이러니하게도, 국경을 가로지른 노동의 대규모 이동은 아메리카 반구의 재정적 엘리트들이 지지한 모든 자유무역 정책들보다 라틴아메리카를 지원하는 데 더 많은 것을 성취해 냈다.

---

83) 베네수엘라, 볼리비아, 에콰도르, 브라질의 연도 기간은 2002년에서 2007년이고, 아르헨티나의 기간은 2002년에서 2006년이다. "Social Panorama of Latin America, 2009", United Nations Commission for Latin America and the Caribbean, pp. 9~11 참조.

84) Manuel Orozco, "Migration and Remittances in Times of Recession: Effects on Latin American Economies", Sistema Económico Latinoamericano y del Caribe, 2009년 5월 (2010년 5월, http://www.thedialogue.org/PublicationFiles/Migration%20 and%20remittances%20in %20times%200fok20recession%20Effects%200n %20Latin%20 American%20economies.pdf).

제14장
점령한, 그러나 원치 않는 미국령 푸에르토리코

식민주의는 자신의 손아귀에 사람들을 움켜쥐고 모든 형식과 내용을 그들의 두뇌에서 전부 비우는 것에만 만족하지 않는다. 억압받은 사람들의 과거로 돌아가서 왜곡된 논리에 기대어 그것을 비틀고 망가뜨리며 파괴한다.

— 프란츠 파농, 『대지의 저주받은 사람들』

미국인은 지난 세기 대부분 푸에르토리코에 대해 두 개의 상반된 이미지를 지녀 왔다. 하나는 그늘이 드리워진 해변, 옥빛 색깔의 바다, 번쩍이는 카지노를 지닌 휴양 천국으로서, 라틴아메리카에서 두번째로 높은 생활수준을 자랑하는 미국령 섬이다. 다른 하나는 복지 의존 영토다. 푸에르토리코 가정의 45%가량은 빈곤 수준 이하의 연간 수입을 번다. 2005년 평균 수입이 1만 4,412달러로, 미국 가정에 비하면 고작 3분의 1 수준이었다. 이로 인해 푸에르토리코가 워싱턴으로부터 받는 보조금은 지속적으로 증가해 왔다. 섬 주민에게 지불되는 순 연방 이전지출net federal transfer payment이 2008년 총 100억 달러로, 2000년에 비해 거의 두 배 증가했다. 푸에르토리코인들은 미국 시민이라 할지라도 의회에서 투표권을 지닐 수 없기에 연방세를 지불하지 않는다. 따라서 이런 비용은 온전히 미국 납세자에게서 나오는 것이다. 섬 주민은 일 년에 정부보조금 53억 달러를 소모하지만 연방세를 전혀 지불하지 않는다. 한편, 섬의 살인, 마약중독, AIDS 비율은 미국에서 가장 최악인 주와 대등하고, 많은 주민이 이민을 떠나 현재는 푸에르토리코인 중 과반수 이상이 미국 본토

에 살고 있다.[1]

섬에 대해 알려진 바가 거의 없다. 왜냐하면 미국 뉴스에서는 관광업에 타격을 입히는 간헐적인 허리케인이나 간혹 미국 측의 호기심을 자극하는 요상한 이야기 외에는 그곳의 사건을 거의 전하지 않기 때문이다. 예를 들어, 1995년 가장 관심을 많이 끈 푸에르토리코 이야기는 오명의 '추파카브라스'Chupacabras로서, 자기가 죽인 동물의 피를 빨아먹는다는 뱀파이어였다. 이곳에서는 섬의 사안들이 너무 모호해서 이곳 주민이 미국 시민임에도 불구하고 보통 연합뉴스의 국제란에 실린다. 할리우드 또한 도움이 되지 못한다. 심심치 않게 영화는 푸에르토리코를 빈곤하고 폭력 지향적인, 확실히 호의적인 이야기에서는 다뤄지지 않을 만한 대상으로 묘사한다.[2]

사회학자 오스카 루이스의 베스트셀러 『인생: 산후안과 뉴욕, 가난한 문화 속의 푸에르토리코 가족』[3]의 시대부터 많은 학술인은 한결같이 우울한 초상을 만들어 냈다. 예를 들어, 전 레이건 백악관 참모 중 한 명인

---

1) 빈곤 수준에 관해서 다음 참조. Alemayehu Bishaw and Trudi Renwick, "Poverty: 2007 and 2008", American Community Surveys, U.S. Census Bureau, 2009년 9월 (2010년 5월, http://www.census.gov/prod/2oo9pubs/acsbr08-1.pdf). 중간 가계수입 비교를 위해서 다음 참조. U.S. General Accounting Office, "Puerto Rican Fiscal and Economic Trends", 2006, p. 11 (2010년 5월, http://www.gao.gov/new.items/d06541.pdf). 연방 이전에 관해서 다음 참조. "Transfers between Puerto Rico and the Federal Government, State Governments and Other Nonresidents in Puerto Rico", Puerto Rico Planning Board, Program of Economic and Social Planning, Subprogram of Economic Analysis, Statistical Appendix, Table 21, 2010년 5월 17일 (2010년 6월, http://www.jp.gobiemo.pr/).
2) Pérez, "From Assimilation to Annihilation", pp. 8~27.
3) 루이스는 리오스 가족을 여러 사회적 문제들과 매춘의 역사를 지닌 세대 간 역기능적 그룹으로 그렸다. 그는 사회의 소외층으로 사는 데 익숙해진 개인들을 묘사하기 위해 '빈곤의 문화'라는 용어를 대중화시켰다. Oscar Lewis, *La Vida: A Puerto Rican Family in the Culture of Poverty, San Juan and New York* (New York: Random House, 1966) 참조.

린다 차베스는 1992년 『바리오에서』Out of the Barrio라는 책에서 '푸에르토리코의 예외'에 대해 썼다. "푸에르토리코 사람들이 모든 히스패닉 그룹 중 가장 가난한 이들이라는 사실에만 머무는 것이 아니다. 그들은 어떤 히스패닉 그룹보다도 높은 수준의 사회적 역기능을 경험했고 이것은 일부 지표에서 흑인들을 능가했다."[4] 차베스는 이 '역기능'을 복지 의존과 혼외 출산에서 오는 '자기 가해적' 상처 탓으로 돌리고 있다.

차베스가 주장하듯이, 푸에르토리코 사람들이 사회적으로 문제가 있고 의존적인가? 최근 보수인사들이 주장하는 것처럼, 섬의 거주민들이 되돌려 주는 것 없이 미국의 연방 지원 프로그램만 고갈시킨다는 것이 사실인가?[5]

'휴가 천국'과 '복지 하수구'는 달기 쉬운 꼬리표로, 전문가들이나 뉴스 네트워크 방송의 이목을 단번에 사로잡는 소리다. 유일한 문제점은 이 말들이 대체로 부정확하다는 점이다. 심각하고 불편한 현실, 즉, 식민지들이 당연히 사라졌어야 하는 시대에 푸에르토리코가 미국이 보유한 가장 크고 오래된, 그리고 가장 수지타산이 맞는 식민지로 남아 있다는 현실을 감추는 표식일 것이다.

이 장에서 보게 되듯이 아마도 푸에르토리코는 역사상 미국에게 어떤 나라보다도 더 많은 부를 제공했을 것이다. 50년 동안 미군이 주둔했던 수많은 군사기지와 20세기 동안 미국의 전쟁에 참전한 푸에르토리코

---

4) Chavez, *Out of the Barrio*, p. 140.
5) 1999년 5월 6일, 푸에르토리코 지위에 관한 미국 상원의 청문회에서, 상원의원 메리 랜드루(루이지애나-민주당)는 푸에르토리코가 연합에 소속돼 납세하기보다는 '공짜 점심'을 먹길 원한다고 말했다. Kenneth R. Bazinet, "Senate Furor on Puerto Rico", *New York Daily News*, 1999년 5월 7일 참조.

퇴역군인들의 엄청난 희생과 더불어, 그 부는 주민들이 받아 온 어떠한 연방 보조금의 가치도 능가한다.

푸에르토리코에서 미국의 존재는 부인할 수 없는 혜택을 가져온 반면, 섬의 경제와 사람들의 심리를 기형적으로 만들고, 전반적으로 의존적 관계를 조성함으로써 푸에르코리코 사람들을 비난의 대상으로 만들었다. 섬을 점령한 지 한 세기가 지난 지금에야 미국의 정책 입안자들은 그들에게 마지막으로 남은 주요 해외 소유지에서 발을 빼려고 한다. 그러나 푸에르토리코의 최종 지위를 결정짓는 법안을 두고 의회는 10년간 비정기적으로 논쟁했지만 성과는 거의 없었다. 워싱턴과 산후안의 지도자들은 주, 독립, 혹은 현재의 연방이라는 보다 자립적인 형태 중 하나를 선택하는 문제에서 첨예하게 갈렸다. 그들이 갈린 이유는 선택이 무엇이든 간에 — 양쪽 모두 현재의 관계가 만족스럽지 못하다는 점을 잘 인식하고 있고 — 어떤 변화라도 푸에르토리코와 미국 모두에게 큰 파장을 몰고 올 것이기 때문이다. 식민지를 얻는 것이 없애는 것보다 훨씬 쉽다는 사실이 드러나고 있다.

미국 역사에서 가장 부유한 식민지

푸에르토리코는 미국에 속해 있으면서도 미국의 일부는 아닌 미국의 소유지로서, 역사적으로 미국 정치에서 독특한 입장을 지녀 왔다. 섬 주민들은 태생적으로 미국 시민이지만 다른 미국인들처럼 권리나 보호, 의무를 지니지 않는다. 예를 들어, 그들은 선거에서 투표하지 않는다는 이유로 연방세에서 면제되었다. 섬과 미국 대륙 사이의 무역은 언제나 수입 의무에서 제외된다. 그래서 푸에르토리코 경제는 미국 경제에 완전히 편입되어 있다.

앞 장에서 본 것처럼, 연방세 면제는 거부할 수 없는 투자 유치를 이끌어 냈다. 수백 개의 미국 회사가 제2차 세계대전 후에 설립되어 푸에르토리코에 경제 기적을 창출함으로써 개발국들의 부러움을 샀다. 산업화 결과, 무뇨스 마린Muñoz Marín 총독 아래 인민당Popular Party 당원들은 일류 항구, 고속도로, 통신 시스템, 공립학교, 발전된 의료망, 거대한 관광산업, 엄청난 정부 소유 기업군을 만들어 냈고, 이는 라틴아메리카에서 모범적 생활수준을 만드는 데 일조했다.

그러나 기적은 쉽사리 증발했다. 연간 성장률은 1950년대 평균 6%에서 1970년대 4%대로 떨어졌고, 1980년대에는 정체상태였다.[6] 그런 정체에도 불구하고, 제조업은 섬의 경제활동의 한 부분으로서 지속적으로 성장했다. 1970년대에 이르러 미 연방의 최저임금이 섬의 노동자들에게 점차로 적용되면서 노동조합이 보다 잘 조직되어 가자, 다수의 미국 회사들은 더욱 싼 노동력을 찾아 멕시코나 도미니카공화국으로 이전해 갔다.[7]

남아 있는 회사들은 화학물질, 의약품, 전기제품, 과학 장비의 제조에

---

6) Héctor Cordero Guzmán, "Lessons from Operation-Bootstrap", in Rosen, *Free Trade and Economic Restructuring in Latin America*, p. 79. James Dietz and Emilio Pantojas-García, "Puerto Rico's New Role in the Caribbean: The High-Finance/ Maquiladora Strategy", in *Colonial Dilemma: Critical Perspectives on Contemporary Puerto Rico*, ed. Edwin Meléndez and Edgardo Meléndez (Boston: South End Press, 1993) p. 108.
7) 푸에르토리코 연방이 의회에 제출한 1964년 보고서에 의하면, 지방세 면제 혜택을 받고 시작한 회사의 40% 이상이 이 혜택이 없어지자 문을 닫았다. Fernández, *The Disenchanted Island: Puerto Rico and the United States in the Twentieth Century* (New York: Praeger, 1992), p. 208 참조.

관여하는 큰 다국적기업이었다. 그런 분야의 회사들은 936조의 연방세 제외 법안의 허점이 숨겨진 금광이 될 것이라는 점을 바로 알아차렸다.[8]

비밀은 간단했다. 연구, 개발, 판매비용이 비싼 대신 생산단가는 낮은 물품을 파는 회사는 완전한 자기 소유의 푸에르토리코 자회사에 물품 생산을 맡겼고, 미국 본부로부터 전매특허와 상표 또한 이전시켜 상품 수익에서 연방세가 감해지지 않도록 만들었다.[9] 예를 들어 동네 약국에서 파는 약병 속의 처방 알약은 푸에르토리코에 있는 회사가 하나당 단 몇 페니만 들여 생산했을지도 모른다. 그러나 병에 붙은 75달러라는 가격표의 알짜배기는 생산원가와 함께 미국에 있는 회사가 사용한 연구비와 판매비의 합계를 나타내는데, 936조항에 의해 모두 세금 공제를 받았다. 그 허점이 대단한 불로소득임이 드러나자 1974년까지 포춘지의 500대 기업 중 110개 이상의 회사가 푸에르토리코 자회사를 지닐 정도였다.[10]

수백 개의 제약, 의료기기 공장이 사실상 섬의 모든 작은 마을 외곽에 문을 열어 1990년 초까지 10만 명 이상의 노동자를 채용했다. 1960년에서 1976년 사이 작은 규모의 푸에르토리코는 라틴아메리카 내 미국의 총 직접투자 6위에서 선두로 급상승했다. 세계에서 가장 높은 수준의 생산율을 기록하는 노동자들로 인해 미국 내에서는 금시초문의 수익률

8) U.S. General Accounting Office, *Tax Policy: Puerto Rico and the Section 936 Tax Credit*, June 1993, p. 3.

9) Ibid., p. 9; Congressional Budget Office, "Potential Economic Impacts of Changes in Puerto Rico's Status Under S. 712", 1990년 4월, p. 7. Emilio Pantojas-García, *Development Strategies as Ideology: Puerto Rico's Export-Led Industrialization Experience* (London: Lynne Rienner Publishers, 1990), pp. 117~118.

10) 이 110개의 회사가 거기서 300개의 공장을 운영했다. Pantojas García, *Development Strategies*, p. 114 참조.

을 남겼다. 1976년에 이르러 푸에르토리코는 라틴아메리카에서 거두는 미국 총수익의 40%를 제공했고, 이 수치는 브라질, 멕시코, 베네수엘라에 있는 미국 자회사 전체가 거두는 총수익을 능가했다.[11] 이 불로소득이 너무나 대단해 1977년 일부 주요 다국적기업은 그들의 해외 흑자의 4분의 1 이상을 이 섬에서 거둔다고 기록할 정도였다.[12] 화학제품과 제약품은 흑자폭이 더 컸다. 1985년 푸에르토리코 노동자들에게 급료와 혜택으로 제약회사들이 지불한 총 3만 300달러에 대해 회사들은 연방세금 혜택으로 8만 5,600달러를 돌려받았다.[13] 거대 제약회사인 존슨 앤 존슨은 4,000명의 노동자를 지닌 푸에르토리코에서만 1980년에서 1990년 사이 연방세로 10억 달러를 절약했고, 스미스-클라인 비첨Smith-Kline Beecham은 9억 8,700만 달러, 머크 앤 컴퍼니Merck & Company는 7억 4,900만 달러, 브리스틀-마이어스 스퀴브Bristol-Myers Squibb은 6억 2,700만 달러를 절약했다.[14]

　푸에르토리코가 미국 회사의 세계 제1의 수익 원천으로 급부상하면서 연방기금에서 잃어버린 세금 비용이 1992년에는 연간 30억 달러에 육박했다. 1986년에 이르러 섬의 수익성은 독일, 캐나다, 일본, 영국과 같은 산업 거인조차 능가했다. 그 해, 미국 회사는 푸에르토리코 투자로 58

<hr />

11) Ibid., pp. 115~116.
12) Ibid., p. 153. 판토하스-가르시아에 의하면, 애벗래버러토리스(Abbott Laboratories)는 전 세계 이익 중 푸에르토리코로부터 71%를 거두었다. 디지털 이퀴프먼트는 57%, 유니언 카바이드는 25%, 펩시콜라는 21%, 모토롤라는 23%를 거두었다.
13) 푸에르토리코의 22개 제약 자회사들은 1983년 운영 수입에서 평균 77.5%를 돌려받았다. 제약업에서 본토의 평균은 18.7%였다. GAO, *Tax Policy*, pp. 52~53 참조.
14) Kelly Richmond, "Drug Companies Fear Loss of Tax Exemption", *New Jersey Record*, November 8, 1993.

〈표 13〉 1995년 미국이 직접투자로 거둔 순이익[*15)]

	(단위: 백만 달러)
푸에르토리코	14,339**
영국	13,773
아일랜드	7,440
독일	5,271
브라질	4,579
일본	4,237
프랑스	4,077
홍콩	3,005
멕시코	916

* 주식을 과반수 이상 소유한 비은행 외국 지부에 의한 것.
** 푸에르토리코는 외국으로 간주되지 않기 때문에, 숫자는 비거주민들(압도적으로 미국 회사)의 직접투자액이다.

억 달러를 벌어들였다.[16)]

　10년 후, (대부분 미국 회사인) 푸에르토리코 비거주민들이 직접투자로 얻은 순이익이 143억 달러로 부풀었다. 영국에 있는 미국 회사의 수입보다 컸고, 세계 다른 어느 나라보다도 거의 두 배가량 많았다. 1995년 영국의 인구가 5,800만 명인 데 비해, 푸에르토리코 인구가 380만 명 이하였다는 점을 감안한다면, 이 액수는 놀랄 만하다. 작은 섬 푸에르토리코

---

15) Puerto Rico Planning Board, *Economic Report to the Governor 1995*, 1996년 3월, 5장, 11장.
16) 캐나다의 51억 달러, 독일의 46억 달러와 비교된다. 캐나다에서 미국 투자의 규모는 푸에르토리코의 두 배였던 반면, 섬에서의 투자 회수율은 캐나나 제약업의 23.7%에 비해 두 배 이상이었다. Pantojas-García, *Development Strategies*, p. 167 참조. 잃어버린 연방 수입에 관해서 다음 참조. U.S. General Accounting Office, "Pharmaceutical Industry Tax Benefits of Operating in Puerto Rico", 1992년 5월, p. 14.

로부터 그런 걸맞지 않은 (잘 알려지지 않은) 수익을 거둔 이유는 간단하다. 푸에르토리코는 제3세계에서 가장 산업화된, 가장 종속된 경제를 지녔기 때문이다. 수출의 98%가 제조상품이다. 최근 들어 외국 시장을 다변화시키려는 지역 정부의 노력에도 불구하고 수출품의 71.5%가 여전히 미국으로 수출된다.[17]

1990년대 초에 이르자 연방세 면제를 규정한 936조항은 너무나 명백한 '기업 복지'의 형태가 되었고 의회에서 큰 분노를 일으켰다. 클린턴 대통령은 단순히 혜택을 줄임으로써 논쟁을 잠재우고자 했다. 그러나 1996년 의회의 공화당원 다수가 상당수의 민주당원의 도움을 얻어 10년 내 세금 면제를 전면적으로 폐지하는 법안을 밀어붙였다. 936조항이 2005년 사라질 때까지 많은 미국 회사는 푸에르토리코에서 생산량을 축소시켜 나갔다. 이런 회사의 산업 생산량이 1997년 섬의 총 제조업 가치의 72%에서 2002년 겨우 26%로 현저히 감소했다. 한편, 제조업 일자리는 지난 10년에 비해 거의 3분의 1로 떨어졌다.[18]

그러나 제약회사들은 그들의 푸에르토리코 자회사에서 거대한 수익을 계속 창출했다. 왜냐하면 제약·화학 산업이 푸에르토리코 정부와 함께 섬에 있는 미국 소유의 회사가 연방세를 피할 수 있는 대안적 조세 허

---

17) Puerto Rico Planning Board, Statistical Appendix, 2010년 4월 12일, Table 25, "Trade Balance: Fiscal Years" (2010년 4월, http://www.jp.gobiemo.pr/).

18) "Democrats Attack Permanent Tax Exemption for Profitable Territorial Subsidiaries Bill", Puerto Rico Herald, 2002년 10월 18일 (2010년 5월, http://www.puertorico-herald.org/issues/2oo2/voI6n42/WashUpdate0642-en.html). U.S. GAO, "Puerto Rican Fiscal and Economic Trends", p. 81. 제조업은 2000년의 15만 8,000개에서 2009년 11만 2,000개로 감소했다. Puerto Rico Planning Board, Statistical Appendix, Table 33 (2010 6월, http://www.jp.gobiemo.pr/) 참조.

점을 고안해 냈기 때문이다. 이런 새로운 허점의 주요 도구는 외국 법인이었다. 이는 (푸에르토리코를 포함해) 제3의 국가에 들어간 다국적기업을 말하는 것으로, 미국 주주들이 주식의 과반수 이상을 소유했다. 이런 회사들은 미국으로 그들이 가져가는 수입에 대해서만 연방세를 지불한다. 오늘날의 세계화된 경제에서 다국적기업들은 쉽게 기금을 다른 외국의 자회사들로 돌릴 수 있다.[19]

"이곳에 있는 회사들이 이곳에 머무는 유일한 이유는 그들이 외국 법인으로 바꾸었기 때문입니다"라고 섬의 주민위원인 안토니오 J. 콜로라도는 2000년 인정했다.[20]

푸에르토리코 정부는 다음과 같이 공공연히 새로운 소정에 따른 세금 혜택을 내세웠다. "외국 법인 구조하에서 푸에르토리코 자회사는 다른 원천징수세 없이 최대 7% 수입세를 지불하는데, 여기서 생긴 수익을 그들의 (푸에르토리코를 포함해) 외국 사업체들을 위한 기금으로 사용할 수 있을 것이다. 본국 송금을 피하거나 연기하기 위해서 푸에르토리코의 사업체는 푸에르토리코로부터 모회사의 다른 자회사들에 투자를 하거나 대출을 할 수 있다. 이런 투자나 대출로 생긴 수익은 미국 연방 세금당국에 의해 수입으로 과세될지라도 원금에 대해서는 본국에 송금될 때까지 과세되지 않는다."[21]

19) U.S. GAO, "Puerto Rican Fiscal and Economic Trends", pp. 15~16.

20) Larry Luxner, "Puerto Rico: Life after Section 936", *Global Finance,* 2000년 10월 1일 (2010년 5월, http://www.allbusiness.com/accounting-reporting/corporate-taxes/1151063-1.html).

21) "Puerto Rico's Recommended Tax Structure", Puerto Rico Industrial Development Company website (2010년 6월, http://www.pridco.com/english/tax_and_business_incentives/tax_incentives/3.11rec_tax_structures.html).

특히 제약회사들의 경우, 외국 법인이 푸에르토리코에서 올린 수익에 견줄 만한 대상이 없었다. 제약회사들은 이 섬의 모든 제조업 노동자의 5분의 1만 고용했지만 2002년 제조업 순수입 지분의 50%, 2009년 70% 이상을 차지했다.[22]

한 연방 연구에 의하면, 푸에르토리코의 각 제약업 노동자들이 2002년 그들의 고용주를 위해 생산한 150만 달러의 가치는 미국의 유사 업종 노동자들의 3배 이상이었다.[23]

간단히 말해, 푸에르토리코는 미국 제약산업에게 최고의 국외 세금 면제 천국이 된 것이다.

이로 인해 936조 세금 면제가 폐지된 2005년에도 이 섬은 여전히 미국 회사에게 세계에서 일곱번째로 수익성이 높은 장소로 남았다. 미국의 다국적기업들은 그 해 중국, 브라질, 멕시코, 인도와 같은 제3세계 개발거인국들보다 푸에르토리코에서 더 큰 수익을 거두었다.[24]

세금 면제 산업화를 추진하는 한편, 대규모 이민을 장려하는 푸에르토리코 정부의 이중적 전략에도 불구하고, 섬의 실직률은 본토보다 훨씬 높다. 그 비율은 지난 40년 동안 11% 이하인 적이 드물었다. 최근 2010

---

22) U.S. GAO, "Puerto Rican Fiscal and Economic Trends", p. 61. Puerto Rico Planning Board, "Net Manufacturing Domestic Income", Statistical Appendix, Table 12.

23) U.S. GAO, "Puerto Rican Fiscal and Economic Trends", p. 65.

24) 네덜란드가 푸에르토리코를 앞섰다. 네덜란드는 777억 달러, 룩셈부르크는 624억 달러, 영국은 457억 달러, 버뮤다는 429억 달러, 아일랜드는 420억 달러, 스위스는 400억 달러였다. 그러나 일본이 121억 달러, 프랑스가 95억 달러, 멕시코가 87억 달러, 중국이 78억 달러로, 푸에르토리코는 이들을 훨씬 앞섰다. Raymond J. Mataloni, "U.S. Multinational Companies, Operations in 2006", *Survey of Current Business,* November 2008 참조. 푸에르토리코에 대해서는 다음 참조. Puerto Rico Planning Board, "Functional Distribution of Net Income by Major Industrial Sectors", "Proprietors' Income, Rest of the World", Statistical Appendix, 2010년 5월 17일 (2010년 6월, www.jp.gobierno.pr/).

년 4월에는 17.2%라는 불황에 달하는 수준까지 치솟았다. 그러나 이런 불안한 수치조차 일자리를 충분히 창출하지 못하는 푸에르토리코 경제의 엄청난 무능함을 감춘다. 보다 신뢰할 만한 지표는 노동참여율, 즉 고용된 상태이거나 일자리를 구하는 성인의 비율이다. 지난 25년간 50% 이하에 머물렀고, 2008년에 44%로 떨어졌다. 다시 말하면, 푸에르토리코의 노동 가능 인구의 대다수가 구직을 중단했거나, 장애인이거나, 아직 학교를 다니거나, 혹은 비공식적 경제에 몰렸다는 것이다. 반대로 미국 노동참여율은 65%에 근접한다.[25]

반면, 푸에르토리코인이 거둔 수입의 몫은 안타깝게도 그들 손에 들어가지 않는다. 2008년 섬에서 거둔 10달러 중 거의 4달러는 미국 법인의 은행계좌로 입금되었다. 수많은 제조업 수입이 이 섬의 경제에서 빠져나가는 까닭에 오늘날 푸에르토리코 공장노동자의 임금은 그들이 생산하는 실제적 가치의 아주 작은 분량만을 차지하고 있다. 1963년에는 공장 임금이 이 섬의 총 제조업 수입의 63%를 차지했다. 하지만 1995년 고작 21%로 대폭 축소되었고, 2008년에 이르러서는 11%까지 떨어졌다. 다시 말해, 오늘날 푸에르토리코 공장노동자들은 그들의 회사를 위해 생산한 10달러의 소득에서 겨우 1달러의 임금을 받는 것이다. 반면 미국 노동자들은 지난 30년간 모든 회사에서 조합이 축소되고 붕괴된 이후에도

---

25) U.S. Department of Labor, Bureau of Labor Statistics, "Puerto Rico, Historical Data" (2010년 4월, http://data.bls.gov/PDQ/servlet/SurveyOutputServlet? data_tool=latest_numbers&series_id=LASST43000003). U.S. Bureau of Labor Statistics, "Civilian Labor Force and Unemployment by State and Selected Area" (2010년 6월, http://www.bls.gov/news.release/laus.t03.htm). U.S. GAO, "Puerto Rican Fiscal and Economic Trends", p. 15. Puerto Rico Planning Board, "Employment Status of Persons 16 Years Old and Over", Statistical Appendix, Table 32.

여전히 그들 고용주 수입의 평균 60%를 임금으로 받고 있다.[26]

푸에르토리코에 있는 미국 회사의 높은 노동생산성과 역사적인 수익률에도 불구하고, 푸에르토리코인의 45%는 여전히 빈곤 수준 이하에서 살고 있다. 1990년대 말 60%라는 수치에 비하면 확실히 눈에 띄는 발전이지만, 이는 여전히 50개 주에서 가장 가난한 미시시피의 빈곤 수준의 두 배에 해당한다. 푸에르토리코의 많은 인구가 그들의 기본적 욕구를 채울 정도의 생활비를 벌 만한 직업을 찾지 못한 채, 생존을 위해 온갖 이름의 연방 보조에 의존해야만 한다. 이 연방보조금은 1975년에 시작되었는데, 바로 푸에르토리코 노동자 임금과 기업 수입 간의 차이가 벌어지기 시작할 무렵이었다.[27]

종합적으로 푸에르토리코의 식민적 상태는 비관세 무역, 저임금, 누세 허점이라는 이점을 한꺼번에 이용해 이 섬을 세계에서 유일한 기업 노다지로 만들었다. 동시에 연방정부는 바로 이런 기업들이 영속화시킨 섬 전반의 가난을 완화해 보고자 매년 연방 복지와 이전지출로 거의 100억 달러를 사용해야 했다.[28]

---

26) Puerto Rican Planning Board, *Economic Report to the Governor 1995*, 1996년 3월, 5장, 11장. Puerto Rico Planning Board, "Functional Distribution of Net Income by Major Industrial Sectors", Statistical Appendix, Table 11 (2010년 4월, http://www.jp.gobierno. pr/). 미국 노동자에 대해서는 다음 참조. "Personal Income and Outlays", 2010년 4월, Bureau of Economic Analysis, U.S. Department of Commerce, Table 2 (2010년 6월, http://www.bea.gov/newsreleases/national/pi/2010/pdf/pi0410.pdf).

27) Jaime Bofill Valdés, "Comportamiento de Diversas Variables Macro-Económicas de Puerto Rico…", in *Boletín de Economía*, no. I, p. 4.

28) 예를 들면, 1989년 제약회사들은 푸에르토리코에 자선적 용도로 100만 달러를 기부했지만, 이곳에서 회사 운영을 통해 30억 달러의 수익을 취했다. GAO, *Tax Policy*, p. 64 참조.

그러나 푸에르토리코의 식민 상태가 어떻게 사람들에게 불필요한 역경을 만들게 되었는지를 보여 주는 다른 실례들이 있다. 다음은 가장 확실한 예들이다.

1. 배송: 미국의 소유지가 된 초기 시대부터 푸에르토리코는 북미 해안으로부터 수천 마일 이상 떨어져 있고 다른 섬 국가들에 둘러싸여 있는데도, 의회로부터 미국의 해안 배송법을 적용받았다. 이 법에 의하면 섬과 미국의 50개 주 사이의 교역은 미국의 선원이 조정하는 미국산 배에 의해서만 이루어져야 한다. 세계 나머지 국가는 상품을 저가 파나마-라이베리아산 깃발을 꽂은 화물선으로 주로 수송하는 반면, 이 섬의 주민들은 더 비싼 화물선으로 수송하는 까닭에 수입 물품에 결국 25%나 비용을 더 지불한다. 해안법의 맹점은 푸에르토리코를 미국 수송선의 주된 보조금 지급자로 만들었다는 것이다. 2004년 섬 인구가 미국 전체 인구의 겨우 2%에 해당하는데도 미국 깃발을 단 화물선의 17.5%가 섬 배송을 맡았다(표 14 참조).

2. 교역: 카리브해 국가로서 푸에르토리코의 교역 필요성은 미국과는 상당히 다르다. 그러나 이 섬은 미국 50개 주와 동일하게 상업적 조약을 체결하고 수입세를 지불하고 있다. 푸에르토리코 정부는 자신에게 유리한 별도의 교역 협정을 협상할 권리를 요구했지만 미국 의회는 이 요구를 계속 거절해 왔다. 그런데 이 권리는 1897년 스페인의 소유지였을 당시 푸에르토리코가 이미 누려 왔던 것이다.

푸에르토리코는 종속된 경제이기 때문에 이곳 사람들은 일인당 미국 물품을 세계에서 가장 많이 수입하고 있다. 한 연구에 따르면, 두 나라 간 교역은 미국에서 48만 7,000개의 일자리를, 푸에르토리코에서 32만 2,000개의 일자리를 창출했다. 이 교역을 통해 미국은 푸에르토리코보다

〈표 14〉 2004년 미국 상선의 선적 가치[29]

전체	미국과 푸에르토리코 사이의 배송	푸에르토리코의 비율
2200억 달러	385억 달러	17.5%

3분의 1 이상의 일자리를 더 얻었을 뿐 아니라 미국 노동자들은 두세 배 이상의 수입을 거두었다.[30]

　　3. **법원** : 스페인어는 푸에르토리코 지방법원의 언어지만 영어는 산후안에 있는 미국 지방법원의 언어다. 이것은 영어 사용자가 아닌 이 섬의 주민 대다수가 연방 사법부에서 근무할 수 없도록 효과적으로 차단한다. 또한 하급 법원의 결정을 상급 기관에 상소하고자 하는 모든 소송 당사자는 중간에 언어를 바꿔야만 한다. 게다가 푸에르토리코의 미국 지방법원에서 올라온 모든 상소는 애틀랜타나 워싱턴처럼 좀더 가까이에 있는 사법부 대신 수천 마일이나 떨어진 보스턴에서 진행되기 때문에 소송 당사자에게 더 큰 어려움을 준다.

　　4. **연방정부 프로그램** : 최근 의회는 정부 고속도로 건설 기금, 보충적 소득 보장, 정부 수익 분배에서 푸에르토리코를 완전히 제외시키는 한편,

---

29) U.S. Commission on Ocean Policy, *An Ocean Policy for the 21st Century, Final Report*, 2004, p. 192. "U.S. Trade with Puerto Rico and U.S. Possessions, 2004", U.S. Department of Commerce (2010년 5월, http://www.census.gov/prod/2005pubs/annI04tx.pdf).

30) Angel L. Ruiz and Fernando Zalacain, "The Economic Relation of the United States and the Puerto Rican Economies: An Interregional Input-Output Approach", in *Boletín de Economía* 3, no. 1, Unidad de Investigaciones Económicas, Universidad de Puerto Rico.

저소득층 의료보장제도, 복지, 연방 교육 보조와 같은 재정지원 혜택을 다른 50개 주보다 낮은 수준으로 책정함으로써 연방 지출을 감소시키고 자 노력해 왔다.[31] 이렇게 의회가 제한을 둠으로써 섬 주민이 미국의 시 민이기는 하나 보다 낮은 범주의 시민이라는 메시지를 그들에게 명백히 전달했다. 그들이 미국으로 이주해야만 연방정부로부터 동일한 처우를 받을 수 있다.

5. 군대: 푸에르토리코는 20세기 후반부 동안 미국의 주요 군사요새 중 하나였다. 한때는 25개의 개별적 육·해·공군 시설이 섬의 14%까지 차지했었다. 그러나 과도한 군사 주둔에 대한 지역의 반대가 점점 표면 화되자, 특히 냉전 종식 이후 연방정부는 많은 기지를 닫게 되었다. 수십 년간 비에케스^{Vieques}라는 작은 섬에서 행해진 해군의 공중폭격 훈련에 대해 대규모 시민불복종운동이 1999년에 일어나자 대중적 불만은 정점 에 달했다. 연방정부는 이런 압력에 억지로 고개를 숙였고 2003년 비에 케스에서 철수하는 데 동의했다. 다음 해 미 국방부는 비에케스 근방의 거대한 루스벨트 로드 해군기지를 닫았다. 오늘날 산후안 근처의 부카난 요새가 유일한 군사기지로 남아 있다.

기지 문제를 넘어서 미국 군대 자체가 핵심 사안이다. 푸에르토리코 인들은 20세기에 미국이 벌인 모든 전쟁에 자원하거나 징집됐다(표 15 참조). 한국전과 베트남 전쟁에서 특히 푸에르토리코 군인들은 탁월한 전투력을 드러내곤 했다. 한국에서 푸에르토리코인들은 600명당 1명에 해당하는 사망률을 드러냈는데, 이는 하와이 사람들 다음으로 높은 것이 었다. 반면 미국 나머지 주에서는 그 비율이 1,125명당 1명이었다. 그러

---

31) Torruella, *The Supreme Court and Puerto Rico*, pp. 257~259.

<표 15> 미국의 전쟁에 복무한 푸에르토리코 군인 수

(단위: 명)

	참여 군인	사망자
제1차 세계대전	17,855	1
제2차 세계대전	65,034	23
한국전	61,000	731
베트남전	47,000	342
이라크/아프가니스탄 전쟁	15,000	63[32]

나 이 섬의 주민은 이런 전쟁을 선포한 의회에서 한번도 투표에 참가한 적이 없었다.[33]

우리가 무엇을 위해 양적 규모를 갖춘 적이 있는가?

한 세기 동안 가한 정치적, 경제적 규제는 푸에르토리코 사람들에게 깊은 심리적 흔적을 남겼고, 미국인들이 이 섬과 사람들을 생각하는 방식에 영향을 미쳤다. 푸에르토리코인들이 제2차 세계대전 이후 대규모 미국행 이민을 시작한 이후로 이런 시각은 눈에 띄게 부정적으로 변했다.

---

32) 2010년 말 현재, 푸에르토리코계 군인 107명이 이라크와 아프가니스탄 전쟁에서 사망했다고 파악된다. 이들 중 63명은 섬 출신이고, 나머지는 미국, 산타크루스 섬, 파나마 출신이다. http://madrescontralaguerra.blogspot.com 참조.

33) Luis R. Dávila Colón, "The Blood Tax: The Puerto Rican Contribution to the United States War Effort", *Review of Colegio de Abogados de Puerto Rico* (1979년 11월). 또한 W. W. Harris, *Puerto Rico's Fighting 65th U.S. Infantry, from San Juan to Corwan* (San Rafael: Presidio Press, 1980). Nicolás Santiago Ortíz, *Korea 1951, La Guerra Olvidada: El Orgullo de Haber Sobrevivido* (Río Piedras: Esmaco Printers, 1991).

예를 들어 1972년 『뉴욕』지의 기사를 보자.

이들은 '스페인어' 사람들이다. 그들은 인도를 갈색으로 뒤덮는 개미떼처럼 몰려와서 정착했고 규모를 늘려 갔다. 도시의 모든 구획에서 그들의 반짝거리는 검은 우비가 눈에 띄었고 껌 씹는 듯한 말투가 들렸다. 우리는 그들을 '메다스'라고 불렀는데, 그것은 그들이 항상 "메다, 메다"(내게 줘, 내게 줘)라고 외쳤기 때문이었다.……
나는 그들이 능력보다는 머릿수를 늘릴 것이고, 그들이 희지도 검지도 않은 상스러운 황갈색을 띠고 있으며, 그들이 여기에 머무르는 것이 돌이킬 수 없는 사실이라는 것을 알았다. 오염을 피하기 위해 당신이 할 수 있는 최선은 그들을 마음에서 비우는 것이다.[34]

혹은 옥스퍼드 대학교의 라틴아메리카 전문가인 레이먼드 카 교수가 1984년에 쓴 글을 보자.

미국인들은 푸에르토리코 문화의 소유권을 심각하게 생각하지 않는다. 그들은 이 섬에 도착해 영어를 사용하는 웨이터가 주는 럼주와 코카콜라를 마시고, 미국의 책 표지가 꽉 들어찬 서점을 본다. 푸에르토리코 문화는 그들에게는 관광업을 위해 살려 둔 괴이한 풍속에 지나지 않는다. 푸에르토리코인의 문화는 빈약할 수 있다. 그러나 그것은 그들의 것이

---

34) Richard Goldstein, "The Big Mango", *New York,* 1972년 8월 7일, p. 24; Manuel Maldonado-Denis, *The Emigration Dialectic: Puerto Rico and the USA* (New York: International Publishers, 1980), pp. 76~77에서 인용.

다. 지적인 산물이라기보다는, 부족의 삶을 자신의 일원에게 이해시키는, 태도와 감정의 덩어리다.[35]

혹은 차베스의 『바리오에서』는 "상당히 많은 젊은 푸에르토리코 남자들이 노동에서 소외된 채 범죄나 자선에 의해 살아가고, 자식들에게 아무런 책임감을 느끼지 못하는 아비 노릇에 만족하는 한, 미국 푸에르토리코인의 전망은 어두울 것이다"[36]라고 말한다.

푸에르토리코인들이 빈곤 문화가 뿌리내리도록 내버려 둔다는 이론, 사회의 모든 분야가 정부의 기부에 적극적으로 의존한다는 이론은 많은 백인 미국인들 사이에 놀랄 만큼 퍼져 있다. 차베스는 다른 라티노와 비교해서 푸에르토리코인들의 발전이 뒤떨어진다는 것을 어떻게 달리 설명할 수 있는가라고 묻는다. 예를 들어, 뉴욕 공동체 서비스 협회의 최근 보고서에 의하면, 푸에르토리코 청년들이 라티노 그룹 중에서 가장 저조한 학교 등록률과 취업률, 가장 높은 빈곤율을 보인다.[37] 그러나 의존도는 한 민족의 특정 문화와 별로 관계가 없고 이 민족이 직면한 외부 문화와 직결되어 있다. 의존도는 교육되고 양육되며 강화되는 무언가다. 알제리 정신의학자이며 독립이론가인 프란츠 파농은 식민제도가 어떻게 대상 민족에게 역사적으로 의존하는 심리를 심어 왔는지를 잘 분석하고 있다.

---

35) Raymond Carr, *Puerto Rico: A Colonial Experiment* (New York: Vintage Books, 1984), pp. 294, 297.
36) Chavez, *Out of the Barrio*, p. 159.
37) Sam Dolnick, "Report Shows Plight of Puerto Rican Youth", *New York Times*, 2010년 10월 29일.

식민주의는 자신의 손아귀에 사람들을 움켜쥐고 모든 형식과 내용을 그들의 두뇌에서 전부 비우는 것에 만족하지 않는다. 억압받은 사람들의 과거로 돌아가서 왜곡된 논리에 기대어 그것을 비틀고 망가뜨리며 파괴한다.……식민주의의 의식적 효과는 원주민의 머릿속에 정착민들이 떠난다면, 그들이 곧 야만성, 퇴화, 수성獸性으로 떨어질 것이라는 생각을 주입하는 것이다.[38]

독립적이라는 것, 자신의 힘으로 선다는 것은 한 사람, 한 공동체, 한 국가가 처음으로 자신을 전체로, 별개로, 고유한 생명으로 인식한다는 말이다. 다른 이민자들, 심지어 다른 라틴 아메리카 사람들과 달리, 푸에르토리코인들은 정체성과 같은 기본적인 사안에 대해 깊은 양면성과 불안감을 항상 지녀 왔다. 몇몇 연구에 의하면, 푸에르토리코인들은 미국 평균의 세 배에 달하는 정신적·인성적 불안을 겪고 있고, 월등히 높은 비율로 정신분열증 치료를 받고 있다.

1980년대 미국 심리학회의 발표에서 엑토르 R. 버드 박사는 다음처럼 말한다.

푸에르토리코 사회의 현재는 정체성 유실과 혼란 상태다.
수많은 사회적 표지는 푸에르토리코가 직면한 위기의 깊이와 폭을 반영하고, 사회심리적 해체의 상태를 겪는 공동체 모습을 시사한다. 범죄는 만연해 있고, 이혼율뿐 아니라 알코올 중독률과 마약 복용률, 정신병증

38) Frantz Fanon, *The Wretched of the Earth* (New York: Grove Press, 1963), pp. 210~211.

의 높은 발병률, 감정적 기능장애가 세계에서 상위에 속한다.……정체성 갈등이 푸에르토리코의 모든 사회적 병폐에 대한 유일한 설명이라는 뜻은 아니다. 이런 고도로 복잡한 상황은 분명히 다양하게 결정되는데, 다른 수많은 요소의 개입, 즉 인구과잉과 왕복하는 이주 패턴으로 인해 생긴 비정착민의 반복적 스트레스, 빠른 사회적 변화 등이 영향을 미치고 있다. 그러나 이런 많은 요소는 직간접적으로 식민 상태, 그리고 앞서 언급한 '상호 보조적 사회심리적 균형상태'의 부재와 관련이 있는데, 정체성 갈등이 여기에 일조한다.[39]

이런 정체성 혼란이 없었다면 어떠했을까? 예를 들어 멕시코, 도미니카, 콜롬비아 출신 이민자들은 미국에 오기 전에 모두 그들 자신의 국가 역사와 문화를 공립학교, 도서관, 대중매체를 통해 배운다. 가장 가난한 멕시코 노동자들도 목테수마, 과달루페 성모, 베니토 후아레스, 사파타, 20세기 예술 거장인 오로스코와 리베라를 언급하며 자부심을 한껏 느낀다. 그러나 푸에르토리코 후손들을 단지 워싱턴, 링컨, 루스벨트, 휘트먼, 헤밍웨이, 포에 대해서 배울 뿐이다. 미국이 점령한 후 첫 50년 동안 공립학교는 미국 국기가 휘날리기 전에 존재했던 문화와 역사에 대한 어떤 기억도 들추려 하지 않았다. 그 역사와 문화를 보존하는 가장 중요한 매체인 이 섬의 언어를 없애려는 헛된 시도까지 서슴지 않았다. 반면 푸에르토리코 아이들을 포함해 미국에서 공립학교에 다니는 학생들은 푸에르토리코의 지리적 위치와 미국에 귀속되어 있다는 사실을 제외하고는 이 섬에 대해 아무것도 배우지 못했다.

---

39) Torruella, *The Supreme Court and Puerto Rico*, p. 223에서 인용.

문화적 종속의 역사를 감안한다면, 섬의 푸에르토리코인들이 그들의 문화적 유산에 대한 어떤 지식이나마 보존하고 있다는 점이 놀랄 만하다. 알론소 라미레스의 1849년 대작 『히바로』El Jíbaro에서부터 시인 호세 가우티에르 베니테스[1851~1880]와 롤라 로드리게스 데 티오[1843~1924]의 작품, 화가 프란스시코 오예르[1833~1917]와 라몬 프라데[1875~1956], 수필가이자 역사가인 에우헤니오 마리아 데 오스토스[1839~1903]와 살바도르 브라우[1842~1912]에 이르기까지 다양하다.[40] 이런 문화적 유산의 보존이 인정을 받게 된 이유는 대부분 '푸에르토리코 문화협회'처럼 20세기 후반에 인민당에 의해 개발된 정부 조직과, 푸에르토리코 대학에서 독립을 지지하는 많은 학자의 연구와 글 덕택이다.

민중적 차원에서 섬 문화는 음악과 춤이라는 분야에서 특별한 유연성을 보여 주었다. 훌리오 아르테아가[1867~1923]와 후안 모렐 캄포스[1857~1896]의 전통 단사danza, 최면을 거는 듯한 스타카토 비트를 지닌 플레나plena, 호셀리노 '붐분'Bumbun 오펜하이머[1884~1929]의 20세기 초기 노래, 1940년대의 세사르 콘셉시온과 라파엘 에르난데스, 1950년대와 60년대의 라파엘 코르티호와 이스마엘 리베라, 오늘날의 수많은 일급 살사와 재즈 음악가들이 있다.

푸에르토리코인들은 섬에서 그들의 문화 유실을 막는 투쟁을 벌였지만, 한편으로 그들은 그 문화에 대한 가장 기본적인 접근조차 거부당했고 미국과의 독특한 관계에 대해 사실상 이해하지 못한 채 성장했다.

차베스는 "시민권은 푸에르토리코의 발전을 촉진했어야 했다. 시민권은 동반된 의무 없는 복지처럼 사회보장 혜택을 부여함으로써 실제적

---

40) Arturo Morales Carrión, *Puerto Rico: A Political and Cultural History*, pp. 326~330.

으로 그들의 발전을 방해했을 수 있다"[41]라고 주장한다. 그 증거로서 뉴욕 히스패닉의 복지 의존도가 보여 준 불균형적 수준을 지적한다. 히스패닉이 전체 인구의 12%에 그쳤던 1977년, 부양자녀 가족 보조금의 수혜자 중 42%가 뉴욕 히스패닉이었다. 의심의 여지 없이 정부에 대한 의존적 정신, 미래 변화 능력에 대한 염세주의, 자아 혐오, 자기 비하는 너무나 많은 푸에르토리코 사람들에게 뿌리박혀 있다. 그러나 차베스와 모이니안Moynihan, 그리고 일부 학자들이 주장하는 것처럼 이것은 가족의 해체와 혼외출생으로부터 생기는 것이 아니다. 좀더 깊게 뿌리내린 재앙, 즉 식민주의 구조 자체의 징후다. 푸에르토리코인들이 무기력하고 스스로를 책임질 수 없다는 이미지를 미국 정부가 만들지 않고는 달리 어떻게 이 식민지를 계속 소유할 구실을 자국민들에게 정당화할 수 있겠는가?

가족의 해체에 대한 문제라면, 미국으로의 대규모 이민이 있기 전, 이상적 푸에르토리코 가족이 어떠했는지, 혹은 경제적·계급적 힘이 어떤 영향을 미쳤는지를 질문해야 할 것이다. 우리는 라틴아메리카 사회, 특히 가난한 계급에서는 합의 결혼이 앵글로 색슨 사회보다 항상 더 보편적이었다는 사실을 이미 파악했다. 그러나 빠른 산업화 자체가 푸에르토리코 가족구조를 약화시켰다. 미국 회사들은 섬 공장에서 남성들을 제외하고 주로 여성들을 고용했다. 1980년 여성들은 푸에르토리코 노동력의 36.5%, 공장노동자의 48.3%를 차지했다. 제2차 세계대전 말부터 1980년대까지 이 섬 성인 남자의 경제활동참가율은 70.6%에서 54.4%로 감소했다.[42] 섬에서 일자리를 찾기 어려운 남자들은 미국의 이주 근로자 농장 프로그램을 통해 뉴저지, 뉴욕, 코네티컷, 매사추세츠, 오하이오

---

41) Chavez, *Out of the Barrio*, p. 159.

의 밭으로 쉽사리 이동할 수 있다는 것을 알았다. 이 프로그램을 통해 매년 수개월을 그들의 가족과 떨어져 지내거나 때로는 완전히 결별하기도 했다.

이주 노동에 대한 부담과 함께 미국에서는 산업 고용의 감소가 이어졌다. 푸에르토리코인들이 북동부와 중서부에 이민을 온 직후부터 이 지역에서 비산업화가 진행되었다. 예를 들어, 1960년대 뉴욕에서는 푸에르토리코 노동자의 60%가 공장에 고용되었지만 이후 수십 년간 일자리가 줄어듦에 따라 그들은 더욱 큰 타격을 입었다.[43] 도시 지역에서 일의 성격이 변화해 가자, 푸에르토리코인들은 성장세의 화이트 칼라 직종인 재정직, 전문직, 공직에서 소외되었다. 이것은 그들 자신의 의지라기보다는 언어 장벽, 교육의 부족, 인종차별 탓이었다.

푸에르토리코와 미국 도시지역에서 복지제도는 1970년대 연방정부가 장기 실직자에게 최저생활비를 지불함으로써 기아와 사회불안을 막고자 고안한 핵심적 도구로서 등장했다. 불행히도, 이미 식민주의에 의해 심리적 기형상태에 놓인 푸에르토리코인들은 정부의 지원금에 의지하는 것이 너무도 쉽다는 사실을 간파했다.

게다가 푸에르토리코인들은 섬과 대륙을 연결하는 '항공 다리'를 통해 편리하게 왕복하게 된 덕분에 오히려 불안정이라는 고유한 문제를 겪어야 했다. 이는 다른 라티노 이민자들에게는 부족한 선택사항이었다. 사

---

42) Palmira Ríos, "Export-Oriented Industrialization and the Demand for Female Labor: Puerto Rican Women in the Manufacturing Sector, 1952-1980", in Meléndez, *Colonial Dilemma*, pp. 89~92.

43) Clara E. Rodríguez, *Puerto Ricans: Born in the U.S.A.* (Boston: Unwin Hyman, 1989), p. 86.

업에서 성공한 이민 개척자들은 쉽게 짐을 싸서 푸에르토리코로 돌아갔다. 일단 그곳에 가면, 적잖은 저축과 새롭게 얻은 유창한 영어를 발판으로 급속한 성장세에 있는 관광업에 취직을 하거나, 미국 회사의 관리인이나 편안한 퇴직자로 섬의 중간계급에 합류했다. 그러나 그들의 귀향은 미국 본토의 푸에르토리코 바리오에서 중간계급이 성장하는 것을 가로막았다. 비숙련 노동자로 이루어진 새 흐름이 섬에서 올라오면서 이 바리오들은 실직자와 가난한 사람들에 의해 비균형적으로 채워졌고, 따라서 외부인들에게는 정체한 듯 진보하지 못하는 장소로 비춰졌다.

1970년에 이르러서야 푸에르토리코 전문직 종사자들은 섬에서 일자리를 찾지 못해 미국으로 이주하기 시작했다. 그러나 이 새로운 전문직업인들은 오래된 푸에르토리코 바리오에서 멀리 떨어진 곳이나 멕시코인이나 쿠바인이 주로 사는 도시에 정착하곤 했다. 예를 들어, 섬에서 훈련을 받은 엔지니어들은 휴스턴의 나사NASA나 급성장하는 캘리포니아의 컴퓨터 회사에 일자리를 찾아 많이 이주했다(푸에르토리코 공동체는 플로리다의 올랜도에서 지금 빠르게 성장하고 있다). 왕복을 반복하는 이주 결과로 인해 푸에르토리코 중간계급은 훨씬 더 불안정하고, 단체를 건립하는 문제에서 한발 떨어져 있다. 그들에 비해 멕시코나 쿠바의 이민공동체들은 수많은 가난한 사람들 사이에서 조직을 만드는 일에 더욱 깊이 관여한다. 앞에서 살펴보았듯이, 멕시코, 엘살바도르, 혹은 다른 국가 출신 라티노들과 마찬가지로, 쿠바의 사업가들은 보통 그들의 동포들을 고용해서 사업을 확장하고, 쿠바 공동체 내에서 돈을 소비한다.

위의 요소들은 왜 다른 어느 라티노 그룹보다도 푸에르토리코인들이 자신들의 고국에 보다 친밀한 유대를 지니는지, 왜 미국 사회가 그들을 한 국민으로 간주해야 하는지를 설명해 준다. 미국에 거주하는 480

만 푸에르토리코인의 경험은 390만 섬 주민들의 경험과 분리될 수 없다. 800만 모든 사람이 결국 미국 시민이고, 미국 사회가 깨닫든 아니든, 수백 년간 지속된 식민주의의 효과와 함께 계속 살아가고 있다.[44]

1999~2003년 역사적 비에케스 유세

1999년 4월 19일, 35세의 시민 안전 경호원 데이비드 사네스 로드리게스는 푸에르토리코 비에케스의 미국 해군 폭격 사정거리 근처의 초소에서 경비를 서고 있었다. 그때 미국 F-18 제트기 한 쌍이 정기 훈련 임무 중에 발포 목표점을 놓쳐 250파운드의 폭탄을 초소 근처에 떨어뜨렸고, 이로 인해 사네스는 숨졌으며 다른 4명은 상해를 입었다. 이런 비극적 사건은 지역 주민에 대한 해군의 처우로 인해 수십 년간 쌓여 온 대중의 분노를 폭발시켰고, 섬의 해군 주둔에 반대하는 항의를 4년 동안 지속시켰다. 이 운동은 곧 비에케스를 식민주의에 반대하는 전세계적 저항의 상징으로 바꾸었고, 동시에 국방부 장관들과 클린턴 백악관 사이의 골을 더 깊게 만들었다.

자연 그대로의 해변과 수정처럼 맑은 푸른색 물, 무성한 식물을 지닌, 푸에르토리코 동부 해변에서 55평방마일 떨어진 이 섬은 카리브에서 가장 수려하고 오염되지 않은 장소 중 하나이다. 제2차 세계대전 동안 해군은 이 영토의 3분의 2를 폭격 사정거리 지역, 무기 저장 시설지로 사용했고, 이후 해안에 근접한 잠수함 사정 범위로 개발했다. 잠수함 사정 범

---

44) "Hispanics of Puerto Rican Origin in the United States, 2007", Pew Hispanic Center Fact Sheet, 2009년 7월 13일 (2010년 6월, http://pewhispanic.org/files/factsheets/48.pdf).

위와 넓은 비에케스 해변의 조합은 수륙 작전에 적합했고, 6마일 떨어진 거대한 루스벨트 로드 해군 기지는 이 섬을 해군 훈련시설의 가장 매력적인 장소로 바꾸었다. 이곳은 국방부에 너무 잘 알려진 탓에 미국 사령관들이 라틴아메리카와 다른 유럽 동맹국들에게 폭격 연습장으로 정기적으로 임대해 주었다.

한편, 1만 6,000명이었던 원래 주민이 9,400명으로 줄어들었고, 해군의 통제로 인해 주민 전부는 섬 중앙의 작은 밀집거주지에 모여 살아야 했다. 수십 년 동안 이 주민들은 근처 사정거리 내의 폭격과 해군 무기 발사 범위에서 들려오는 고성의 폭발음, 저공 제트기의 귀를 먹게 하는 굉음, 소형 무기 발사에 의한 무지막지한 소음을 견뎌 왔다. 이런 끊임없는 군사행위는 산업과 관광업의 성장을 막았기 때문에, 지역 주민들의 유일한 생계는 어업뿐이었다. 그래서 이 섬은 푸에르토리코에서 가장 가난하고 가장 외진 지방자치 구역이 되었다.[45]

1970년대, 비에케스 주민은 군부대 주둔이 야기했을 것으로 의심되는 주요 건강문제에 대해 항의하기 시작했다. 푸에르토리코 정부는 처음에 그들의 걱정을 무시했다. 그러나 1990년대 몇몇 연구는 비에케스 주민이 나머지 푸에르토리코 사람들에 비해 27% 높은 암 발병률과 매우 높은 심장 질환율을 지녔다고 밝혀 냈다. 이 연구는 소아암 발병률은 본 섬

---

45) Katherine T. McCaffrey, "Social Struggle against the U.S. Navy in Vieques, Puerto Rico: Two Movements in History", in Kal Wagenheim and Olga Jiménez de Wagenheim, *The Puerto Ricans: A Documentary History*, 4th edition (Princeton: Markus Weiner Publishers, 2008), pp. 334~345. Ronald O'Rourke, "Vieques, Puerto Rico Naval Training Range: Background and Issues for Congress", Congressional Research Service, 2001년 12월 17일 (2010년 6월, http://www.history.navy.mil/library/online/vieques.htm).

의 어린이들에 비해 3배 높고, 지역 주민은 다른 푸에르토리코인들에 비해 당뇨병, 호흡기 질환, 간질에 훨씬 많이 걸렸다는 사실을 보여 주었다.

그러나 외부인들이 공개되지 않은 공공보건 재앙에 심각하게 관심을 기울이는 데는 사네스의 죽음이 도화선이 되었다. 2000년 푸에르토리코 유행병학자인 카르멘 오르티스 로케는 그녀가 검사한 49명 중 44명의 주민에게서 높은 수준의 납, 수은, 카드뮴을 발견했다. 한편, 푸에르토리코 대학의 생물학자는 비에케스의 식물에서 높은 농도의 중금속을 발견했다. 학계 검증을 받은 논문 한 편에 따르면, 이 섬의 표본은 "납은 10배까지, 카드뮴은 3배까지 푸에르토리코 본섬의 표본보다 많다." 그리고 비에케스의 표본은 "안전 기준을 상회한다." 다른 연구들에 의하면, 공기, 지하수, 어류, 심지어 거주민의 머리카락과 소변 표본조차도 중금속과 우라늄을 포함한 다른 독성 물질에 오염되어 있다.[46]

국방부 고위 공무원들은 그들이 사정거리 내에서 화학무기를 실험했고, 네이팜탄(네이팜 원료의 화염무기), 고엽제, 심지어 열화우라늄탄을 썼다고 나중에 시인했다. 그들은 또한 이 섬에 1만 8,000개의 미폭발 포탄이 널려 있다고 인정했다.[47]

---

46) Matthew Hay Brown, "Military Exercises Left Toxic Waste, Residents and Experts Claimed", *Orlando Sentinel*, 2003년 1월 18일. Elba Díaz and Arturo Massol-Deya, "Trace Element Composition in Forage Samples from a Military Target Range, Three Agricultural Areas, and One Natural Area in Puerto Rico", *Caribbean Journal of Science* 39, no. 2 (2003), pp. 215~220. Cruz Maria Nazario, John Lindsay-Poland, and Déborah Santana, "Health in Vieques: A Crisis and Its Causes", Fellowship of Reconciliation Task Force on Latin America and the Caribbean, 2002년 6월 (2010년 4월, http://www.forusa.org/programs/puertorico/viequesupdate0602.html).

47) Mike Melia, "Former Marine Becomes Face of New Vieques Battle", *New York Times*, 2009년 10월 11일.

폭탄 사건이 있은 지 몇 주 후에 푸에르토리코 활동가 수십 명이 사정거리 안의 제한구역을 침입해 해군의 철수를 요구했다. 그들은 해안가에 12개가 넘는 임시 항의 캠프를 세워 13개월 동안 고수했고, 그 기간에 더 이상의 발포 연습을 저지했다. 클린턴 백악관의 최고 보좌관들이 대응방안을 논의 중이었기 때문에 국방부 고위 공무원들은 비에케스 훈련 시설이 미국 국가 방어에 있어 핵심적이고 대체 불가능한 독보적인 곳이라고 주장했다.[48]

항의자들의 최고 대변인 중 한 명인 루벤 베리오스 마르티네스Rubén Berrios Martínez는 영향력 있는 소규모 푸에르토리코 독립당의 장기 집권 총재로서, 1년 이상을 이 사정거리 내에서 진을 쳤다. 그러나 이것은 단지 푸에르토리코 과격 좌파의 돌출행동이 아니었다. 푸에르토리코의 주 지위를 지지하는pro-statehood 총독인 페드로 로세요Pedro Rosselló를 포함해 푸에르코리코의 정치·시민·종교 단체 다수와 함께 비에케스 전 공동체가 즉각 해군이 모든 폭격을 중단하고 비에케스에서 철수하기를 요구했다.

2000년 1월, 클린턴과 로세요는 향후 해군의 주둔에 관해 비에케스에서 투표를 하기로 합의에 이르렀다. 지역 주민이 화염훈련을 지속하도록 허락한다면, 클린턴은 기반시설과 주택보조금으로 이 섬에 5,000만 달러를 지불하기로 제안했다. 캠프에 있는 항의자들은 이 계획을 거절했고, 푸에르토리코 대다수 시민단체들은 이를 대대적으로 비난했다. 한 달이 채 지나지 않아 8,000명으로 추산되는 사람들이 산후안의 거리를 메우고 해군과 클린턴-로세요 계획에 대해 항의했다.[49]

---

48) Mike Allen and Roberto Suro, "Vieques Closing Angers Military, Hill GO~", *Washington Post*, 2001년 6월 15일.

2000년 5월, 이 위기가 시작된 지 13개월 후 FBI 요원들과 연방법원 집행관들은 항의 캠프를 덮쳐서 200명 이상의 사람들을 체포했다. 며칠 후 해군은 불활성 탄약을 가지고 폭격훈련을 재개했다. 그러나 수많은 폭격 반대자들이 사정거리 범위를 계속해서 침범해서 연방 요원들이 그들을 체포해 수감시킬 때까지 이 훈련을 방해했다. 비에케스의 갈등 소식이 전세계에 퍼지자, 인권활동가, 정치가, 연예계 유명인들이 이 섬으로 날아와 그들을 지지했다. 2001년 4월, 앨 샤프턴 목사, 로버트 케네디 주니어, 배우인 에드워드 제임스 올모스, 유명한 푸에르토리코 가수인 대니 리베라, 제시 잭슨 목사의 부인인 재키 잭슨은 모두 비에케스에서 체포되었다. 푸에르토리코계 의회 의원인 뉴욕의 니디아 벨라스케스와 시카고의 루이스 구티에레스도 여기에서 체포되었다. 세번째 의원인 뉴욕의 호세 세라노는 백악관 앞에서 반해군 항의를 벌이던 중 마찬가지로 체포되었다. 연방 요원은 2000년 5월에서 2001년 9월 사이 비에케스에서 통틀어 1,400명 이상의 사람을 체포했다.[50]

푸에르토리코 인구가 이렇게 한 사건에 결집한 적은 없었다. 사실상 모든 푸에르토리코계 유명인사들, 즉 가수인 마크 앤서니와 호세 펠리시아노, 리키 마틴, 배우인 베니시오 델 토로, 야구선수인 로베르토 알로마

---

49) 2009년 5월, 필자는 제시 잭슨 목사와 산후안의 대주교인 로베르토 곤살레스 추기경이 사정거리 안을 방문하는 동안 비에케스 항의를 다뤘다. 이들은 공개적으로 시민불복종운동을 지지했다. 로세요 주지사는 개인적으로 잭슨의 푸에르토리코 방문을 반겼다. 이후 루스벨트 로드 해군기지의 사령관과 사적 만남을 갖는 동안, 잭슨은 사령관에게 다음처럼 경고했다. "이곳 사람들은 당신이 여기 있는 것을 원치 않습니다. 떠날 때입니다." "Puerto Ricans Protest Plan to Resume Navy Training", *Los Angeles Times*, 2000년 2월 22일 참조.

50) O'Rourke, "Vieques, Puerto Rico Naval Training Range: Background and Issues for Congress".

르와 카를로스 델가도, 후안 곤살레스, 이반 로드리게스, 권투선수인 존 루이스와 티토 트리니다드, 골프선수인 치치 로드리게스가 신문과 텔레비전 광고에 나와 해군이 비에케스에서 철수하도록 요구했다. 2001년 대중민주당의 실라 칼데론Sila Calderón이 새로운 총독으로 취임하자, 그녀는 즉각 클린턴-로세요 합의를 거부했다. 3월, 해군은 칼데론에게 이 합의의 일부에 따라 비에케스에서 불활성 폭격을 재개하겠다고 통보했다. 총독은 즉시 새로운 소음 방지 법안Noise Prohibition Act을 통과시켜 푸에르토리코 법률에 근거해 그런 폭격을 불법적인 행위로 만들었다. 또한 더 이상의 폭격을 막기 위해 연방법원에 해군을 고소했지만 이것은 실패로 돌아갔다. 한편, 즉각적 폭격 중단이라는 선택을 포함한 주민투표를 11월에 비에케스에서 실시하기로 일정을 세웠는데, 그때 부시 행정부는 해군에 반대하는 푸에르토리코의 결정을 되돌리기 힘들다고 판단했다. 2001년 6월 14일, 부시는 비에케스에서 모든 해군 훈련을 2년 내에 종결할 것을 발표했고, 이로써 해군과 공화당 지도자들에게 충격을 안겨 주었다. 그러나 이런 큰 양보에도 불구하고 분노를 완전히 가라앉히지 못했다. 11월에 열린 비에케스 주민투표에서 유권자 68%가 훈련의 즉시 중지를 지지했다.[51]

되돌아보면, 비에케스 운동과 2003년 5월 해군의 강제 철수는 괄목할 만한 인권 승리를 보여 주었다. 이것은 비폭력적 시민불복종을 통해 이루어졌기 때문에 감동이 더욱 크다. 반면, 많은 미국인은 왜 미국 시민인 푸에르토리코인이 그토록 강경하게 해군 주둔을 반대했는지 이해하지 못한다. 마찬가지로 푸에르토리코인들, 특히 비에케스 주민들은 왜 위

---

51) Ibid..

싱턴에 있는 그들의 정부가 수십 년간 자신들의 땅과 건강, 생계수단을 해군이 파괴하도록 허용해 왔는지 이해할 수가 없다. 다른 말로 하면, 비에케스는 종결지어야 할 식민적 상태의 가장 생생한 실례다.

선택의 자유와 지위에 관한 논쟁

거의 반세기에 걸쳐 의회는 푸에르토리코인들이 잘 치장한 식민지 혹은 연방이 되길 자발적으로 선택했고, 지난 푸에르토리코 국민투표에서 그런 뜻에 일치한 투표를 했다고 주장해 왔다. 1989년 이 섬의 세 주요 정당이 푸에르토리코인들은 자기 결정권을 진정으로 실현해 본 적이 없다는 의견을 공동으로 발표했을 때, 의회의 주장이 결국 허구로 드러났다. 그해, 인민민주당Popular Democratic, 새 진보당New Progressive, 푸에르토리코 독립당Puerto Rican Independence Party은 의회에 섬의 최종 지위를 결정할 새 국민투표를 공동으로 요청했다.

　　푸에르토리코 역사를 진지하게 공부한 학생이라면 누구나 아는 것처럼, 1952년과 1967년에 있었던 두 번의 국민투표에서는 하나의 선택이 완전히 부당하게 막혀 있었다. 따라서 그것이 자유로운 선택이었다는 생각은 조롱거리가 되고 말았다. 1952년 투표는 푸에르토리코인들에게 직접적 식민지로 남거나 연방하에서 현재 존재하는 제한된 자치를 받아들이는 두 가지 선택만을 제시했다. 주의 위치도, 독립도 아닌 선택이 의회 투표에 부쳐졌다. 사실상 독립운동에 대한 정부의 탄압은 그때 최고조였다. 평화로운 분리 지지자들조차 조직적으로 공직에서 제외시키는 블랙리스트에 올랐다. 1948년 사전연방precommonwealth 헌법에 의해 통과된 오명의 '개그 법'gag law은 미국 점령에 반대하는 폭력적 저항에 대해 공개적 지지를 표명하는 것을 범죄로 만들었다. 1950년에 실패한 하유야Jayuya 독립 폭동 이후, 이 법은 사실상 해안법 선언으로 이어졌고, 수천 명의 민족주의자와 동조자들이 투옥되었다. 이런 억압에도 불구하고 친독립당의 후보자들은 1950년대 섬 투표에서 놀랍게도 20%의 득표를 거두었다. 그들은 UN에서 푸에르토리코의 식민 지위와 관련된 사안이 사라지지 않도록 노력했다.[52]

1960년 아프리카와 아시아의 많은 식민지들이 독립을 획득하고 UN에 가담하면서, 새로운 회원국들은 푸에르토리코의 지위에 대해 미국 대표단에게 날카로운 질문들을 던지기 시작했다. 1964년 압력을 행사하여 존슨 대통령이 미국-푸에르토리코 특별지위위원회U.S.-Puerto Rico Status Commission를 지명하도록 만들었다. 이 위원회는 새로운 국민투표를 통해 처음으로 독립, 주, 연방 모두를 '동일한 존엄성과 평등한 지위'의 선택사항으로 제시할 것을 제안했다. 국민투표는 1967년 7월 23일에 열렸다. 무뇨스 마린 총독은 1848년에 연방정부가 승인한 것보다 더 큰 자주권을 지니게 된다고 설명하면서, 그것을 '개선된 연방'enhanced commonwealth이라고 명명하며 전력을 다해 캠페인을 벌였다.

1952년에 제시된 선택사항들에 비하면 많은 진전이 있었지만 여전히 근본적인 결함이 있었다. 첫째, 의회는 이 투표 전에 푸에르토리코 사람들이 선택한 결정이 무엇이든 그것을 인정하길 거부했고, 대신 섬의 지위를 결정할 주권을 주장했다. 둘째, 의회는 연방정부가 세 개의 선택 중 하나로 이양하는 기간 중에 이 섬을 경제적으로 어떻게 다룰 것인지

---

52) Ivonne Acosta, *La Mordaza: Puerto Rico, 1948-1957* (Río Piedras: Editorial Edil., 1989). 이 책은 개그 법과 독립주의자들의 처형에 관해 잘 설명하고 있다.

명백히 밝히길 거부했다. 이런 결점 때문에 푸에르토리코 독립당과 주의 지위를 지지하는 당의 일부는 이 투표를 보이콧했고, 따라서 '개선된 연방'은 60% 득표로 승리를 확실시할 수 있었다.

고작 몇 년이 지난 뒤, 제3의 혹은 그 이상의 심각한 결점이 드러났다. 연방 공무원들이 투표를 뒤집을 음모를 꾸민 것이다. FBI 요원들이 푸에르토리코 독립당에 대한 지지를 약화시킬 목적으로 검은 공작과 추행작전을 펼친 것이다.[53] 그러나 무뇨스 마린과 인민민주당에게도 국민투표는 무의미한 승리가 되었는데, 의회가 유권자들이 과거 승인했던 것보다 더 많은 자치권을 획득하고자 하는 무뇨스의 노력을 반복적으로 무산시켰기 때문이다.

1977년 지미 카터가 대통령으로 당선된 직후, 그의 라틴아메리카 전문가들은 푸에르토리코 사안을 재검토할 것을 개인적으로 건의했다. 이 섬의 지위가 UN 반식민위원회에서 계속 수치심을 일으켰을 뿐 아니라, 구제할 수 없는 빈곤이 연방재정에 구멍을 만들고 있었다. 일부 고문들은 이 섬이 미국의 영향과 통제를 받는 주권국 형태로 가도록 만들어야 한다고 주장했다.[54] 그러나 새로운 대통령위원회가 작업을 끝내기 전, 지

---

53) 1967년 국민투표 동안 독립운동에 반대하는 FBI의 전복작전에 관한 설명에 대해 다음 참조. Ronald Fernández, *The Disenchanted Island: Puerto Rico and the United States in the Twentieth Century*, pp. 214~219. 또한 Juan Manuel García-Passalacqua, "The 1993 Plebiscite in Puerto Rico: A First Step to Decolonization", *Current History* 93, no. 581 (1994년 3월), p. 78.

54) 카터 행정부의 논쟁에 관한 전면적인 논의에 대해서는 다음 참조. Beatriz de la Torre, "El Plebiscito Nación la Era de Carter", in *Puerto Rico y los Estados Unidos: El Proceso de Consulta y Negociación de 1989 y 1990*, vol. 2, 1990, ed. Juan Manuel García-Passalacqua y Carlos Rivera Lugo (Río Piedras: Editorial de la Universidad de Puerto Rico, 1991), pp. 10~21.

미 카터는 1980년 대통령 선거에서 패배했고, 두 명의 후임 대통령인 로널드 레이건과 조지 부시는 이 섬에 주州의 지위를 승인했다. 그러나 레이건과 부시가 지닌 주 지위에 대한 시각은 이 섬의 합병론 지도자들의 생각과 확연히 달랐다. 전 총독인 카를로스 로메로 바르셀로와 같은 지도자들은 에스타도 크리오요estado criollo 즉, '크레올 주'를 옹호했다. 이들은 연방에 통합된 후에도 스페인어가 섬의 언어로 남아 있길 원했지만, 이것은 의회의 보수당원들이 받아들이길 거부하는 사안이었다.[55] 결과적으로 백악관과 의회가 일치하지 않았기 때문에 1980년대는 연방정부 차원의 행동 없이 지나갔다.

섬의 세 정당은 일관성 없는 미국 정책에 좌절을 거듭한 후 1989년 워싱턴에 새로운 국민투표 실시를 요청하기 위해서 연합했다. 이런 요청에 대한 답변으로 미국 입법자들은 '푸에르토리코 자기 결정 법령'을 루이지애나 상원의원인 J. 베넷 존스턴의 주도로 만들기 시작했다. 푸에르토리코 지도자들은 지난 투표에서 회피했던 사안인 각 선택에 대한 구체적 정의를 요구했다. 그들은 구체적인 사항들이 각 선택의 진짜 핵심이라고 주장했다. 의회가 각 대안의 경제적, 문화적 파생문제들을 어떻게 해결할 것인지가 유권자의 마음을 결정짓는 것이었다.

예를 들어, 주가 되는 경우, 주민들이 연방세 납부를 시작하기 전에 의회는 어떤 방식으로 이양 시기를 허용할 것인가? 이전에 누렸던 연방세 면제가 폐지된 이후, 미국 회사들을 이 섬에 계속 머물게 하기 위해서 의회는 어떤 인센티브를 제공할 것인가? 공립학교와 지역 정부는 제1 교

---

55) Edgardo Meléndez, "Colonialism, Citizenship and Contemporary Statehood", in Meléndez, *Colonial Dilemma*, pp. 41~52.

육 언어로 스페인어를 계속 사용할 것인가? 스포츠와 같은 것도 주목을 받았다. 푸에르토리코가 51번째 주가 된다면 자신의 올림픽 팀을 유지할 것인가?

유권자들이 독립을 선택할 경우, 미국 시민권을 이미 지니고 있는 사람들에게는 어떤 일이 일어나는가? 이중시민권의 형태인가? 아니면 적어도 미국 출입국은 자유롭게 되는가? 푸에르토리코 사람들이 이미 받고 있는 사회보장, 연금, 퇴직 군인 혜택, 연방 모기지 보험 프로그램의 운명은 어떠한가? 미국 정부는 푸에르토리코에 계속 주둔시키고 싶은 미군의 기지를 위해 새로운 협약을 체결해 돈을 지불하는 데 동의할 것인가? 독립된 푸에르토리코는 현재 멕시코, 요르단, 이스라엘이 누리는 것처럼 무역과 외국 원조를 위한 특별 우선권을 얻을 수 있는가?

개선된 연방하에서, 섬 정부는 미국 점령 전 스페인 통치하에서 누렸던 폭넓은 자치와 지역문제에 관해 큰 결정권을 최종적으로 지니게 될 것인가?[56] 예를 들어, 푸에르토리코는 다른 국가와 무역과 세금 협정을 스스로 협상할 수 있는가? UN과 같은 국제조직에 가입할 수 있는가? 섬에 대한 정부 임용권에 대해, 혹은 연방법이 적용되었던 방식에 대해 발언권이 있는가? 더욱 중요한 사항으로, 푸에르토리코 지도자들은 이 법안이 '자동 집행'self-executing이길 원했다. 즉, 의회가 유권자의 선택을 거부하거나 수정할 최종 권력을 지니는 것이 아니라, 유권자 선택을 채택하기로 사전에 동의하는 것이었다. 푸에르토리코 지도자들은 워싱턴이 1952년, 1967년 투표와는 달리 그들의 근심사항을 무시할 수 없을 것이

---

56) Pedro Caban, "Redefining Puerto Rico's Political Status", in Meléndez, *Colonial Dilemma*, pp. 24~27.

라고 확신했다. 어쨌든 모든 시민권 혁명은 이전 투표 때부터 진행되어 왔다. 그 결과, 많은 라티노와 아프리카계 미국인이 의회에 자리를 잡았다. 푸에르토리코 대표자로서 뉴욕 시의 호세 세라노도 이 경우인데, 그는 푸에르토리코 자기 결정권 사안을 둘러싸고 영향력 강한 소수 연합을 형성해 냈다.

그들은 틀렸다. 법안을 작성했던 상원위원회는 모든 선택의 핵심 요청을 대부분 거절했다. 주를 지지한 사람들이 제안한 스페인어를 공립학교에서 교육 언어로 유지하는 주장이나, 푸에르토리코 커피농장을 수입으로부터 보호하기 위해 특별세를 내거나 기간 내에 단계별로 연방세를 납부하는 요구를 거부했다. 마찬가지로 모든 '개선된 연방' 제안을 사실상 비합헌적인 주권 침범으로 치부해 거부했다.

더욱 중요한 것은, 상원은 푸에르토리코인들이 최종적으로 결정한 선택이 무엇이든 간에 연방정부가 그것을 위해 부가적 비용을 지불하지 말아야 한다고 주장했다. 의회 예산사무소의 연구가 푸에르토리코가 주로 될 경우, 섬에 의료보조 제도와 다른 혜택을 균등하게 부여하기 위해서 9년간 180억 달러가 추가적으로 필요하다고 밝히자, 상원은 어떤 예산안 승인에도 거부 자세를 보였다. 의회 예산사무소는 가장 비용이 절감되는 선택은 독립이고, 이것은 매년 재무부에 10억 달러를 절약하게 만들 것이라고 결론지었다.[57] 2년간 치열한 협상과 논쟁이 분분한 공청회가 뒤따랐다. 상원의 자원위원회가 결국 10-10 투표로 국민투표 법안을 승인하는 데 실패했다.

1991년 국민투표 법안을 통과시키고자 두번째 노력을 펼쳤으나 실

---

57) Congressional Budget Office, "Potential Economic Impacts", pp. 26~27.

패로 돌아갔다. 그때 보수적 공화당원들은 푸에르토리코 주가 또 다른 퀘벡이 될 것이라는 근심 어린 소리를 내기 시작했다.[58] 주 지위를 지지하는 대부분의 사람과 섬의 모든 친연방 정치인이 민주당에 연합했다는 사실을 양당의 지도자들은 간과하지 않았다. 푸에르토리코가 주가 된다면 두 명의 민주당 상원의원과 6명의 민주당 하원의원이 선출될 듯 보였다. 이것은 심지어 컬럼비아 특별구를 주로 만들고자 했던 아프리카계 미국인들의 오래된 요구에 불을 붙일 수도 있었다. 간단히 말해, 이 모든 사안은 수백만의 히스패닉과 아프리카계 미국인들에게 선거권을 대폭 확대하는 문제와 연방 정치권을 거의 재정비하는 차원의 위협이 되었다.

국민투표 법안이 실패한 후, 곧 실시한 섬 투표에서 주 지위를 지지하는 새진보당이 권력을 휩쓸었다. 새로운 대표인 페드로 로세요는 의회를 무시하고 곧이어 1993년 11월 자신이 만든 지위 관련 국민투표를 조직했다. 이 투표가 비록 의회의 승인을 받지 못할지라도 로세요는 위싱턴이 최종 결정을 내리는 데 압력을 행사하길 희망했고, 주를 지지하는 사람들이 최종적으로 대다수를 차지하게 될 것으로 확신했다. 그러나 마지막 득표수는 연방 지지표가 48.4%, 주를 지지하는 표가 46.25%, 독립 지지표가 4.4%로 드러났다. 80%라는 놀랄 만한 투표율이 나왔다. 50년 동안 세번째로 연방 지지자들이 선거에서 승리했고, 또다시 워싱턴은 이 섬의 투표를 간단히 무시해 버렸다.

공화당원들이 다음 해 의회를 장악했고, 연방 예산에 대한 쓰라린 논쟁은 푸에르토리코의 지위 관련 문제를 정치적 그림자로 일시 좌천시켰다. 이 새로운 공화당 대다수는 이어서 히스패닉에 반대하는 일련의 법

---

58) García-Passalacqua, "The 1993 Plebiscite", pp. 103~107.

안을 억지로 가결시켰고, 이것은 1996년 투표에서 기록적인 숫자로 라티노가 클린턴 대통령의 재선을 돕는 원인이 되었다. 이 선거 이후 여론조사를 보면, 공화당원들이 미국에서 가장 빨리 성장하는 유권자인 히스패닉 사이에서 지지도를 잃고 있음을 확인할 수 있다. 당 고문들은 하원 의장인 뉴트 깅리치Newt Gingrich에게 공화당이 히스패닉 표를 더 많이 가져오지 않는 한, 1998년 선거에서 간신히 과반수를 넘는 공화당 의원들이 자리를 잃게 될 것이라고 경고했다. 그래서 공화당의 가장 보수적인 인사들의 희망과는 달리, 깅리치는 새로운 푸에르토리코 국민투표 법안을 하원에서 표결에 부치는 데 동의했다. 클린턴 정부는 초당파적 태도를 예외적으로 드러내면서 깅리치 계획을 지지했고 정부는 모든 민주당원이 이 법안에 투표하도록 독려했다.

그 투표까지 몇 달 동안 푸에르토리코 지도자들은 법안의 내용을 두고 열성을 다해 로비 활동을 벌였다. 반면 보수적 그룹들은 어떤 입법이라도 저지하기 위해 주 지위 로비를 가로막는 데 온갖 노력을 경주했다.

알래스카의 공화당원인 돈 영Don Young이 지지한 최종 법안이 1998년 3월 4일 209 대 208표로 간발의 차로 통과되었다. 그러나 상원은 이 법안에 대한 일체의 행동을 묵살시켰다.

'영 법안'—식민주의가 종결되어야 한다는 최초의 인정

'영 법안'Young Bill이 결국 상원에서 죽었다 할지라도 한 세기 동안 지속된 지위 논쟁의 주요한 시금석이 되었다. 예를 들어, 법안의 전문은 미국이 푸에르토리코의 진정한 자기결정권을 결코 허용한 적이 없다고 시인했다. 처음으로 의회는 섬 유권자들에게 연방, 주, '독립적 주권' 사이의 선택을 제공했다. 또한 처음으로 의회는 연방이 미국의 시각에서 보면 영속적인 해결책이 아닐뿐더러 '개선된 연방'에 포함된 보다 확대된 자기-통치가 헌법적인 것도 아니라는 것을 언급했다. 이 법안에 따르면, 푸에르토리코 사람들이 연방을 선택한다면, 다수가 주나 독립된 주권을 선택할 때까지 매 10년마다 새로운 선거를 치러야 할 것이다.

영 법안에 의하면, 푸에르토리코가 주로 인정받기 전에는 현재 공식적인 언어로 존재하는 미국의 어떤 법률이든 따라야 한다. 영어가 아직 이 나라의 공식적 언어가 아니기에 이 말에 숨어 있는 의미는 확실했다. 푸에르토리코가 주로 되는 그때 그럴 것이라는 말이다.

마찬가지로 법안의 '독립적 주권'에 관한 조항은 완전한 독립 혹은 자유로운 연합이라는 눈에 띄는 두 가지 대안을 보여 줬다. 두번째 대안에 의하면, 이 섬은 미국과의 자발적 결합 내에서 독립된 국가로 인정된다는 것이다. 그러나 독립과 자유로운 연합 모두 새로운 지위가 유효하게 되면, 섬에서 태어난 사람들에게 자동적으로 주어진 미국 시민권이 종결되는 것을 의미했다. 얼핏 보기에, 푸에르토리코인 대다수가 현저하게 미국 시민권을 존속시키길 원하기 때문에 '독립된 주권'이란 선택이 불투명하게 보인다. 그러나 연방법원은 오래전에 미국 시민권자의 아이들이 이 세상 어디에서 태어나든 미국 시민권을 갖도록 규정했고, 따라서 그렇게 하길 원하는 푸에르토리코 사람은 누구라도 할아버지의 시민권이 직계 가족에게 대대로 승계되게 만들 수 있다.

미 하원 투표 전 24시간 마라톤 논쟁은 푸에르토리코와 미국에서 모두 C-Span 사에 의해 방영되었고, 이는 미국 지도자들이 국가의 가장 중요한 식민지를 두고 벌이는 첫 공개토론을 국민들이 지켜봤다는 것을 의미했다. 그리고 이 논쟁은 푸에르토리코 출신 하원의원 네 명이 주도했다. 이 의원들은 푸에르토리코 일반인들이 지닌 국가 지위에 대한 골 깊은 의견 대립과 열정을 똑같이 반영하였다.

독립 지지자인 시카고의 루이스 구티에레스와 연방 지지자인 뉴욕의 니디아 벨라스케스는 이 '영 법안'을 격렬하게 반대했다. 그들은 이 안이 영속적이고 합법적인 대안인 연방을 망치기 때문에 그것을 속임수라고 치부했다. 최종 지위에 관해 자신의 의견을 밝히지 않은 뉴욕의 호세 세라노와 푸에르토리코의 비선거권 주민 이사이자 주 지위에 대한 열렬한 지지자인 카를로스 로메로 바르셀로는 이 안을 적극적으로 지지했다. 그러나 이들은 미국에 사는 푸에르토리코인들이 투표할 수 있도록 허용해야 한다는 내용에 관해서는 생각이 매우 달랐다. 세라노는 국가의 미래를 결정하는 국민투표는 보통선거가 아니므로, 현재 거주지와 상관없이 섬 출생 국민은 모두 참여해야 한다고 강조했다. 로메로 바르셀로는 오직 섬 주민들만이 국민투표의 결과에 따라 살아갈 것이기 때문에 국적과 상관없이 그들만 투표해야 한다고 주장했다. 세라노의 수정안은 압도적으로 패배했다.

의회의 나머지 의원들은 이 푸에르토리코 의원들처럼 현저하게 의견을 달리했다. 팽팽한 최종 투표에서는 미국과 푸에르토리코의 지속된 관계에 대한 심각한 불확실함이 드러났다. 몇몇 의원은 푸에르토리코 문제가 마치 앞으로 수백 년간 논의될 것처럼 논쟁의 대상이 되고 있는 이유조차 의문시했다.

주 지위 지지자인 페드로 로세요 총독은 의회의 비활동으로 인해 결정이 연기되는 것을 반대했다. 그는 미국 점령 100주년 기념 해인 1998년 말 국가 지위에 대한 또 다른 국민투표를 계획해 워싱턴의 움직임을 압박하고자 했다. 그는 그 해 9월 허리케인 조지가 카리브를 강타해 푸에르토리코를 포함한 다른 많은 섬을 폐허로 만든 후에도 국민투표 연기 요청을 거부했을 정도다. 로세요는 인민민주당이 지지하는 '연방'을 제외시킴으로써 유권자를 선거에서 한층 멀어지게 만들었다. 그 결과 이 전체 과정에 대해 대규모 유권자 반대운동이 생겨났고 50% 이상이 '선택사항 없음'을 선택했고 46%만이 주 지위를 선택했다. 이상한 의견 일치로 인해 의회는 혼란을 겪었고, 섬에 관한 새로운 논쟁도 연기되었다.

지난 십 년간, 친연방 정부——실바 칼데론 총독과 그녀의 후계자인 아니발 아세베도 빌라——는 지위 문제를 무시했다. 그러나 주 지위 지지당이 2008년 총독과 입법부에서 권력을 휩쓴 후 지도자들은 워싱턴을 압박해 또 다른 지위 국민투표를 실시하고자 했다. 주 지위 지지자들은 의회가 새로운 투표를 승인하지 않는다면, 푸에르토리코가 독립적으로 실시하겠다고 경고했다. 한편, 독립 지지자들은 UN의 개입과 자기결정권을 얻기 위해 제헌의회를 구성할 것을 계속 촉구했다. 2010년 4월 하원에서 푸에르토리코 민주법령을 통과시켰다. 이 법안은 지난 의회 입법으로부터의 극적인 출발을 나타낸다. 법안은 섬에 사는 주민들과 섬 출생이지만 미국에 사는 푸에르토리코 사람들에게 두 단계의 국민투표를 승인한다. 첫 단계에서 유권자는 현재 지위를 유지하길 원하는지 변화를 원하는지를 결정한다. 만약 대다수가 변화를 원한다면, 두번째 단계는 네 가지 선택을 제시한다. 주, 연방, 독립, 주권국들 간의 자유연합이다.

이전 1990년대의 시도처럼 새로운 법안은 상원에서 승인을 얻는 데 실패했다. 그러나 의회의 행동은 더 이상 미룰 수 없다. 경제 침체와 문화적 혼란으로 점철된 현재의 식민적 지위는 누구에게도 더 이상 용인될 수 없다. 섬의 모든 지도자들은 변화를 요구하고 있다. 불행하게도 푸에르토리코에서든 미국에서든 다수가 하나의 선택을 하기에는 지금까지

어려운 상황이 지속되었다. 여론조사에 의하면 푸에르토리코인들은 미국 시민권과, 섬의 학교와 법정에서 스페인어를 사용할 권리 중 어느 하나라도 포기하게 되는 선택을 반대하고 있다. 대부분의 영어 사용 미국인들에게는 그 두 권리가 상호 배타적이며 해결될 수 없는 모순으로 보인다. 그러나 푸에르토리코인들에게는 이 나라가 미국에 속해 있지만 일부는 아니라는 의회와 대법원의 현재 입장이 더욱 모순적이다. 어떤 종족이든, 혹은 영토의 사람이든 간에 다른 나라의 '소유'가 될 수 없다고 푸에르토리코 사람들은 지금 말하고 있는 것이다. 그런 식민적 관계를 종결시키기 위해 헌법을 변경해야 하는 불편함이라는 비용을 식민국가가 치러야 한다면, 그렇게 해야 한다는 것이다.

그러나 의회의 행동을 추진하게 만드는 다른 요인이 있다. 미국은 더 이상 푸에르토리코라는 식민지를 필요로 하지 않는다. 주인이 노예들의 숙식비를 지불해야 하기 때문이 결국 노예제도가 임금노동보다 비용이 더 많이 드는 것처럼, 식민지를 소유하는 일은 곧 식민지 행정가에게 부담이 될 거대한 유지비용을 포함한다. 주지하다시피 오늘날 미국의 기업에게는 푸에르토리코보다는 도미니카공화국이나 멕시코의 노동자들을 착취하는 것이 더 용이하다. 푸에르토리코의 노동자들은 다른 미국인들처럼 노동권을 지니고 있기 때문에 푸에르토리코를 소유하는 데 드는 유지비는 더 이상 정당화될 수 없다.

마지막으로, 공산주의에 대항하는 군사적 기지로서 푸에르토리코가 지닌 전략적 가치는 세계대전 후에 상당히 감소되었다. 그럼 왜 합병주의자들이 원하는 것처럼 푸에르토리코를 51번째 주로 받아들이면서 식민주의를 종식하지 못하는 걸까? 20세기 모든 주요 미국 전쟁에서 푸에르토리코 사람들이 충성심을 증명하지 않았던가? 호세 트리아스 몽헤José Trías

Monge 전직 푸에르토리코 대법원장은 의회가 이 섬을 주로 만들고자 의도하지 않았다고 강조한다. 푸에르토리코에 대한 의회법과 대법원 결정을 검토한 책에서 그는 의회가 처음부터 합병을 예상하고 영토 병합을 인정했던 하와이나 알래스카와 달리 푸에르토리코에 특별히 주 지위를 부여하는 것을 회피하고자 영토를 비영합 상태로 유지해 왔다고 지적한다.

태프트 대통령은 1912년 의회에 보내는 전언에서 이 정책을 명확히 밝혔다.

> 나는 시민권에 대한 요구가 정당하고, 이것은 전반적으로 섬 주민들이 입증한 충성심으로 인해 보장된다고 믿는다. 그러나 그 요구는 주 지위에 대해 푸에르토리코 대다수 사람들이 품고 있는 어떤 생각과도 완전히 분리되어야 한다. 미국에서 혹은 푸에르토리코에서 유효한 대중적 의견은 두 국가 사이의 최종적 관계 형태로 섬을 주로서 받아들이지 않는다고 확신한다.[59]

태프트 대통령의 말이 오늘날 얼마나 더 들어맞는가. 라틴아메리카 이민자들의 홍수 속에서 미국 정부가 행하는 강력 단속을 보면, 의회 대다수가 혼합된 인종으로 구성된, 스페인어를 주요 언어로 사용하는 국가를 받아들일 준비를 갖췄다고는 거의 생각할 수도 없는 일이다. 하와이는 1919년 처음 의회에 주 지위를 신청했다. 주민들은 1940년대에 이미 투표를 통해 이를 압도적으로 지지했다. 그러나 의회는 19년 이상 그 요청을 거부했다. 왜냐하면 그 영토의 인구가 기본적으로 원주민과 아시아 인구였기 때문이다.[60] 앵글로 미국인의 인구가 여전히 소규모이고 100년 이상 섬 주민의 대다수가 주 지위를 요청하지도 않는데, 푸에르토리코를 주로 받아들인다는 것은 얼마나 더 어려운 일이겠는가?

그렇다면 독립은 어떤가? 대부분 섬 주민에게 미국 시민권을 잃게 만드는 푸에리토리코공화국이라는 개념은 가까운 미래에 실패하게 마련이다. 이유는 간단하다. 미국이 세계에서 가장 부유하고 강력한 국가이기 때문이다. 다른 국가의 수백만 사람들이 먼 거리 여행을 감내하며 여러 희생을 치르면서 미국 시민권, 혹은 적어도 영주권을 얻기 위해 어떤 장애라도 무릅쓰는 이 시점에, 푸에르토리코 사람들이 자발적으로 그들의 시민권을 포기할 것 같지는 않다.

그렇다면 미국인과 푸에르토리코 사람들 사이의 모순된 필요를 맞출 해결책을 어떻게 발견할 수 있을까? 비록 작지만 영향력을 크게 행사하는 섬의 지도자 그룹은 몇 년 동안 이런 곤경에서 빠져나올 유일한 해결책은 새로운 지위, 즉 세 가지 역사적 선택을 조합한 것이라고 역설했다. 그들은 연합공화국, '레푸블리카 아소시아다'república asociada라고 부르는데, 1986년 미국의 태평양 신탁통치 지역Pacific Trust Territories에 의해 선택된 조정안이다. 이것은 유엔에 의한 '자유 연합주'로 가는 탈식민화 과정과 같은 것이다.

연합공화국은 푸에르토리코가 주권과 자치권을 지닌 별개의 국가라는 전제에서 시작한다. 미국과 푸에르토리코 국민이 '밀접한 상호 혜택의 관계를 자발적 연합'을 통해 유지하겠다고 선택한다는 것이다.

---

59) José Trías Monge, *Puerto Rico: The Trials of the Oldest Colony in the World* (New Haven: Yale University Press, 1998), p. 64. 초기 식민정책에 대한 논의 전체를 보려면 36~76쪽 참조.

60) Roger Bell, *Last Among Equals: Hawaiian Statehood and American Politics* (Honolulu: University of Hawaii Press, 1984), pp. 1~5. Lawrence H. Fuchs, *Hawaii Pono: A Social History* (New York: Harcourt, Brace & World, 1961), pp. 406~414.

이 새로운 연합의 주요 요소는 다음과 같다.

- 푸에르토리코는 조약, 관세, 유엔과 다른 국제조직 가입을 포함해 자신의 국제관계 업무를 수행한다.
- 섬 태생인 경우 미국과 푸에르토리코 이중 국적을 부여한다.
- 양국 간 공동 시장, 화폐, 우편제도를 운영한다.
- 양국의 시민들에게 이민을 막는 장애를 폐지한다.
- 미국에게 '국제 안전과 방어를 위한 권한과 책임'을 부여하지만 전쟁에 푸에르토리코를 가담시키기 위해서는 푸에르토리코 입법부의 동의가 필요하다.
- 미 군사기지 사용을 위해 협상이 필요하며 적절한 사용료를 지불한다.
- 936 면세 조항을 대체할 외국 자본 인센티브를 도입한다.
- 푸에르토리코로 배송할 경우 미국 선박의 독점을 폐지한다.
- 현재 연방 이전지출을 대체할 외국 보조금의 정액 교부금을 마련한다.
- 25년짜리 계약은 종결 후 재협상한다.[61]

연합공화국은 새로운 공동 기반을 마련한다. 여러 의미에서 이것은 뮤뇨스 마린의 '개선된 연방'이라는 40년 된 꿈의 합법적 연장이다. 그러나 이것은 미국 지도자들에게 푸에르토리코는 미국과 분리된 국가라는 확실한 인식을 요구한다. 동시에 새로운 지위는 모든 시민권에게 미국과

---

61) "Testimony Before the Co-Coordinators of the Interagency Working Group on Puerto Rico on the Future of Puerto Rico", 1995년 6월 22일, 백악관, in *Cambio xxi*, Washington, D.C., pp. 11~25.

의 연결을 끊지 않고, 장기간 기지를 위한 군사적 욕망을 자극하지 않는다. 이것은 관세와 조약에 있어 연방 지지자들이 추구하던 개혁의 형태를 제공하고 해양 독점을 폐지한다. 이것은 섬의 스페인어와 문화를 유지하면서 주 지위 지지자들이 혐오하는 2류 지위에 종지부를 찍는다. 푸에르토리코 사람들은 주 지위에 대한 추구를 포기함으로써, 합병이 완전히 이뤄지면 미국의 문화적 통일성이 더욱 와해될 것이라는 수백만 본토 미국인들의 두려움을 덜어 줄 것이다. 또한 푸에르토리코가 매년 더 많은 양의 연방보조금을 요구하는 가난한 고립지역으로 남을 것이라는 걱정을 상쇄해 줄 것이다.

그럼에도 푸에르토리코 사람들만 양보할 수는 없다. 미국인들은 푸에르토리코에 장기간 연방 보조를 흔쾌히 승인해야만 한다. 푸에르토리코 사람들이 미국의 전쟁에서 치른 커다란 희생과 미국 법인회사들이 섬의 노동력으로부터 얻은 거대한 부를 감안하면 자유연합 푸에르토리코는 적어도 이스라엘이나 이집트만큼은 연방 보조를 받아야 한다. 이 나라들은 미국과 훨씬 먼 거리에 있고 덜 지속적인 관계를 유지하고 있다. 자유연합은 세계에서 가장 오래된 식민지가 국가들로 이뤄진 세상에서 평등을 향해 나아가도록 길을 만들 수 있을 것이다. 푸에르토리코의 후세대들에게 식민적 의존의 종결이 가져올 심리적 혜택은 헤아릴 수 없이 클 것이다. 미국인에게는 이것이 이 국가의 가장 소중한 이상에 새겨진 오래되고 흉악한 오점을 벗겨 줄 것이다.

수백 년의 세월은 마침내 결정을 내리기에 충분한 시간이다.

맺음말

중국인은 만리장성을 완성하는 데 거의 2000년이 걸렸다. 스페인 사람들은 무어족을 모두 축출하기까지 외부의 침입을 800년간 견뎠다. 테오티우아칸의 찬란한 문명은 갑자기 사라지기 전 7세기 동안 꽃피웠다. 따라서 미국인이 유럽의 식민주의로부터 벗어난 후 단지 2세기는 국가 건설을 향해 진보해 가는 단계에 해당했을 뿐이라고 말할 수 있다.

아메리카의 새로운 국가들은 유례없는 사회적 실험물로서, 정착민과 원주민의 문화, 인종, 정치적 전통이 혼합되는 과정을 겪었다. 이런 실험으로부터 나온 사회는 여전히 오늘날도 견고한 정체성을 확립하고자 모색 중이며 문명의 유산이 될 광석을 추출하고 제련하고 있는 중이다. 미국도 예외가 아니다. 이 국가의 지도자가 변함없이 앵글로 색슨의 특성에 대해 주장하고 있다 하더라도 새로운 이민자의 물결이 매년 도착해 그들 자신과 관습을 그 속에서 혼합시킨다. 아주 미약하게나마 아메리카의 정의를 만들 공유된 기억의 장소를 재조합하고 재정의하고 있다. 이런 성장과 변화의 과정, 서로 거름을 주고 혼합하는 과정은 21세기에 들어 감소하기보다는 더욱 속도를 높이게 될 것이 뻔하다.

초기 200년간 미국은 세계 유일의 초강대국, 가장 부유한 국가로 부상했다. 고대와 현대를 거쳐 어떤 제국도 오늘날 이 나라만큼 세계 많은 사람들의 생각과 행동에 영향을 미치고 결정짓지는 않았다. 이런 경이로운 성공은 대부분 대표 민주주의라는 고유한 브랜드, 대담한 기업정신, 개인 자유에 대한 존중과 많은 초기 정착민의 험난한 육체노동 덕분이었다. 그러나 이 성공에는 내가 말하고자 했던 것처럼 또 다른 측면이 있었다. 대부분의 미국인들이 잘 알지 못하는 세세한 부분이지만 항상 그들의 이름으로 행해진 사악하고 무자비한 영토 확장과 정복이다. 타인들(원주민, 아프리카 출신 노예, 라틴아메리카 사람들)은 누구든지 막론하고 복종시키고자 했으며, 미국의 지도자들은 이런 욕구를 '명백한 운명'으로 정당화시켰다.

이런 확장은 반구 전체를 미국의 경제적 위성국이자 영향력이 미치는 공간으로 바꾸어 놓았다. 확장이 만든 제국은 21세기 말 무렵 미국 내에서는 예견치 못한 수확, 즉 대규모 라틴아메리카 이민을 거둬들였다. 미국 자본주의가 이 지역에 파고들면서, 그들의 땅에서 라틴아메리카 사람들은 소외당했고, 빈곤으로 추락했다. 그리고 저임금 노동이라는 넝마 군대에 모집당해서 조심스럽게 자리매김한 이주 순환이라는 흐름에서 부유하는 신세가 되었다. 반구에서 가장 좋은 임금, 부의 최대 분배 몫은 미국에 남겨 두었기에, 회사 모집자 손에 이끌리거나, 정치적 탄압에 밀리거나, 뿌리 뽑힌 노동자들 중 최악의 경우로 남은 때에는 어쩔 수 없이 미국으로 향했다.

풍요의 한 조각을 찾아서 라틴아메리카인들은 미국인의 이민 창조 이야기를 그저 되살리고 있을 뿐이다. 그들은 수백만 단위로 이곳에 와서, 절망한 채, 무방비상태로, 고개를 숙이고 산다. 그들 전에 라틴아메리카를 탐험한 앵글로 개척자들이 그랬던 것처럼, 총구를 들이대고 지시하지도 못했고 불법폭동을 통해 독립을 선언하지도 못했다. 그들이 쟁취한 평화로운 변화는 그저 냉혹하기만 하다. 바닥으로부터 미국이 라틴아메리카화되는 것에 지나지 않는다. 현재 경향이 지속된다면, 미국인의 10분의 1을 구성하고 있는 라티노들은 2050년에는 4명당 1명으로 증가할 것이고, 2100년에는 거의 절반에 근접할 것이다.[1]

리오그란데 강 이후로 거침없이 확장하는 미국 회사를 통제하지 않는 한, 이 이민폭발을 소멸시키고자 하는 시도는 모두 실패할 것이다. 배타적 법률로 이민을 막고자 지속적으로 노력했던 이들은 바로 종족적 분열과 그들이 두려워하는 국내 시민투쟁을 야기할 위험을 감수하고 있다. '오래된 미국'을 방어하기 위해 그들은 현재에 영원한 해를 가하는 위험을 저지르고 있다.

이런 방식일 필요가 없다. 미국의 종족적 구성이 심각하게 변화한다고 해도 깊이 뿌리박힌 믿음이 흔들릴 일은 없다. 노예해방이 새로운 시작, 민주주의를 더욱 보편적으로 만들 기회를 알렸던 것처럼 미국의 역사와 항상 얽혀 있던 라틴아메리카 대중을 감싸 안는 정책 또한 그렇게 될 것이다. 백인 앵글로 지도자들은 문화적 편협과 라티노들에 대한 소외에 맞서면서 시작해야 한다. 이들은 히스패닉계 미국인들과 나머지 인구들 사이에 점증하는 배타성을 감소시킬 신속한 움직임을 취해야 한다. 라티노를 제국 안에 존재하는 언어적 하층계급으로, 정복당한 사람들로 간주하는 것을 중지하고, 오랫동안 무시해 온 경제적, 사회적 개혁의 실

---

1) U.S. Census Bureau, *Statistical Abstract of the United States: 1997* (Washington, D.C.: U.S. Government Printing Office, 1997), Table 12.

천을 강행해야 한다.

　오직 근본적 변화가 라티노의 경제적 삶에 질적 진보를 만들 것이다. 이런 변화는 보수파들의 '행동 혹은 태도' 위주의 해결책과는 관계가 없다. 그들은 기억하기 쉬운 슬로건으로 '가족 가치', '노동 윤리', '개인적 책임'을 내건다. 혹은 더 크고 좋은 정부 사회 프로그램, 학교 통합, 차별철폐조치를 내건 자유주의자들의 응급조치형 해결책과도 관계가 없다. 내가 제안하는 개혁은 얼핏 보기에 국내 정책보다는 해외 영역에 더욱 해당되는 것처럼 보인다. 그러나 이곳 라티노 존재가 미국의 외국 정복과 바로 직결되어 있기 때문에 이 개혁들은 본질적이다. 미 제국의 성격을 바꿈으로써만 라티노 평등과 동화는 실제적일 수 있다. 국가정책에서 다음과 같은 변화가 새로운 세기를 위해서 본질적이라고 생각한다.

1. 값싼 멕시코 노동력의 약탈적 이중 노동시장의 종결

미국과 리오그란데 강 너머에서 모두 수백만 멕시코인들에 대한 지속적인 착취를 막기 위한 유일한 길은 두 국가 간 노동력의 완전한 이동과 그들 각자의 환경법, 노동법의 점차적 균일화이다. 1994년 NAFTA는 상품 공동 시장을 만들었으나 인력 공동 시장을 만들지 못했다. 전자는 본질적으로 양국의 소수 엘리트에게 혜택을 주고 있고 후자는 양국의 대다수 노동자에게 이익이 될 것이다. 공동 노동시장은 아마도 미국-캐나다 AFL-CIO 조합과 같이 국경을 아우르는 노동조합이나 연합을 통해 미국과 멕시코 간 임금이나 노동 기준에 관한 차이를 줄일 것이다. 국경 남쪽에서 임금이 상승함에 따라 멕시코 사람들은 더 많은 미국 재화를 소비할 것이고, 북쪽으로 이민을 떠나는 숫자가 줄어들 것이다. 불법 노동자 중 압도적으로 다수를 차지하는 멕시코인들 사이에서 '불법성'이라는 개

넘을 폐지하는 일은 미국 사회의 밑바닥 임금을 끌어올리게 될 것이다. 어떻게 가능한가? 미국 고용자들은 자유롭게 노동조합을 결성하고 자신들의 법적 권리를 정부와 법원에 청원하는 사람들을 착취하기가 더욱 어려워지게 될 것이다. 이것이야말로 유럽 연합이 추구하는 공동 노동시장의 종류다.

2. 푸에르토리코의 식민 지위 종결

의회는 즉시 푸에르토리코의 영구적 지위에 관한 국민투표를 계획해야 할 것이다. 푸에르토리코가 내린 어떤 결정, 즉 자치권 연합 주, 안전한 자치연방, 독립국가, 51번째 주 어떤 것이든 이를 채택하겠다는 동의가 사전에 있어야 한다. 푸에르토리코 사람들이 자유연합이나 독립을 선택한다면, 의회는 백 년간에 걸쳐 섬 사람들이 제공한 거대한 부에 대한 인식과 미국의 전쟁에 참전한 수천의 푸에르토리코 사람들에게 감사하며 이행기 동안 연방 보조, 이중국적을 보유할 권리, 미국과의 자유무역시장을 적극적으로 제공해야 한다. 푸에르토리코 사람들이 주의 지위를 선택할 경우 의회는 그것을 부여하는 데 시간을 끌어서는 안 되며 영어와 스페인어를 공동 공식 언어로 사용해야 한다. 진정한 탈식민화를 통해서만 푸에르토리코인들이 경험하는 하류 변방지옥을 마침내 끝낼 수 있다.

3. 소수 언어의 권리 인식과 스페인어에 대한 폭넓은 연구 증진

세계의 많은 국가들과 달리 미국은 차별에 대한 보호로서 소수 언어에 대한 권리를 아직 인식하지 못하고 있다. 미국의 푸에르토리코, 쿠바, 멕시코 사람들은 각기 종족적 소수이지만, 모든 히스패닉은 통틀어 언어적 소수자로서 그들의 언어 기원이 미국의 건설보다 앞선다. 스페인어는 미국에서 외국어가 아니다. 그것은 서반구에서 주요 언어이자 미국의 제 2언어인데, 미국에서 결국 그렇게 인식되어야 한다. 시대착오적인 영어 전용 법안을 통과시키는 대신, 지도자들은 최소한 이중언어를 받아들여야 한다. 예를 들어, 미국의 공립학교는 주요 제2언어로 스페인어 교육을 강화해야 한다. 히스패닉이 실질적 다수 소수자에 해당하는 지역이나 주에서는 스페인어 교육을 아마도 요구해야 할 것이다. 그렇게 한다고 해서 미국의 주요 언어인 영어가 지니는 핵심적 역할이 어떤 식으로든 감소되지는 않을 것이다. 반대로 다양한 인종의 미국인들 사이의 이해를 현저히 강화시킬 것이다. 스페인어를 배우는 백인과 흑인이 늘어날수록 영어 단일 사용의 모토를 깬 문화적 세련과 지적 능력을 맛보게 된다. 그들은 이 나라 인구 사이에서 가교나 치유자 역할을 하게 될 것이다.

4. 미국 도시와 공립학교에 대한 재투자

많은 라티노가 도시에서 살고 일하고 배운다. 미국의 미래는 도시에 달려 있다. 도시의 하부구조를 재건설하고 공립학교에 투자를 목적으로 하는 연방 프로그램은 마치 1950년대 도심 주변부 건설이 백인 중산층 형성을 도왔던 것처럼 현재 경제적 소외를 겪고 있는 많은 라티노에게 일자리를 제공하고 중산층으로 상승하게 만든다.

5. 라틴아메리카에서 미국 군사주의의 종결

포함외교砲艦外交 시대부터 우두머리Jefe 시대까지, CIA의 비밀 전쟁으로부터 현재 마약전쟁에 이르기까지, 미국의 군대는 언제나 라틴아메리카 관련 사건에 대해 개입하고자 했다. 비인기 지도자를 앉히거나 지지하고, 무법의 양키 사업가를 보호하며, 혹은 미국 무기를 지역 정부나 사적인 준군사 그룹에 판매하는 것을 부추겼다. 미국 정부는 이런 군사주의를 단칼에 포기해야 한다. 180도 전환만이 엘살바도르, 과테말라, 콜롬비아, 도미니카공화국 출신 이민자들이 느끼는 소외감을 감소시키게 될 것이다. 이 이민자들 중 많은 수가 그들의 출신 국가의 최근 내전에서 미국이 행한 역할에 대해 씁쓸한 감정을 지니고 있다.

6. 쿠바에 대한 경제 봉쇄의 종결

최근 중국, 베트남과 같은 사회주의 국가와 맺은 경제적·정치적 관계가 융성해짐을 본다. 이에 반해 지난 50년간 쿠바를 묶은 고집스런 워싱턴의 봉쇄정책은 엉클 샘이 여전히 라틴아메리카를 자신의 뒷마당쯤으로 여기고 이 지역 정치적 이견자를 용납하지 못하고 있음을 확연하게 보여 주는 사례로 남아 있다. 봉쇄정책은 세계 나머지 국가에 의해 거의 보편적으로 힐난받고 있다. 과거 쿠바 이민자들에게 제공한 예외적인 정부 보조는 그들을 경제적으로 가장 성공한 라티노 그룹이 되도록 만든 반면, 또한 이민정책에 대한 이중 잣대와 다른 라티노들의 분노가 뒤따르게 만들었다. 봉쇄정책을 끝내고 관계를 정상화하면 쿠바의 경제조건이 나아질 것이고, 이런 이중 잣대를 마감할 길이 생길 것이다.

최근과 같은 보수 시대에 이런 해결책을 수용할 만한 귀를 발견하기는 어려울 듯하다. 요즘 우리 지도자들은 그들이 활동하거나 활동하지 않는 사회의 맨 밑바닥에서 범죄와 가난의 원인을 찾기를 선호한다. 지난 30년간 부富는 바닥에서 상위 소수 특권층에게로, 제3세계에서 서구의 재정 엘리트에게로 추잡하게 전이됐고, 시장의 자연적 진화로 모두 사면받았는데, 사실 그 전이는 시장을 형성하고 지휘한 사람들의 견줄 수 없는 욕심의 산물이다.

　이것은 왜 필자의 해결책이 눈에 보이지 않는 강력한 시장과, 시장이라는 이름으로 우리가 창조해 온 제국을 직접 겨냥하고 있는지 그 이유를 설명해 준다. 이민 노동은 시장의 번영에 항상 중요하다. 시장은 그것을 모집하고 착취하고 남용하고 분리시키며 더 이상 필요치 않으면 본토로 돌려보낸다. 이 시장을 지배하고 그것의 무자비한 장악에 대항함으로써, 그리고 그 거대한 힘을 굴복시킴으로써, 미국의 라티노들은 수적 진보에서 질적 진보로 나아갈 수 있다. 오직 그때만이 그들은 종속당해 있는 신분계급 제도를 흔들 수 있다. 오직 시장을 누름으로써 북이든 남이든 아메리카인들은 그들의 종족, 인종, 언어적 분리를 뛰어넘을 수 있다. 오직 그때만이 우리는 우리의 공통의 인간성을 획득할 수 있고, 우리의 공통의 꿈을 실현할 수 있다.

　결국, 아메리카는 리오그란데 강에서 결코 끝난 것이 아니었다.

감사의 말

펭귄 퍼트넘Penguin Putnam에 있는 내 많은 편집자들에게 매우 감사드린다. 신문 글을 책으로 만드는 데 첫 몇 해 동안 나를 지도해 준 돈 페르Don Fehr의 치밀한 분석과 조직과 구조에 관한 묘한 감각이 나의 원시적이고 혼란스러운 초기 원고를 일관된 뭉치로 바꿔 주었다. 제인 본 메흐렌의 끊임없는 도움과 사려 깊은 원고 리뷰는 내가 청자로서 감각을 갖추도록 도와주었다. 또한 사라 베이커는 면밀한 질문을 반복적으로 해줌으로써 내 사고와 글의 약점을 파악할 수 있게 해주었다.

내용을 발전시키는 데 있어 수년간 각 장의 다양한 초본을 읽고 제안을 해준 몇몇 친구에게 감사한다. 뉴욕의 톰 아코스타, 스티븐 핸들먼, 데니스 리베라와 캘리포니아의 질 세디요, 데이비드 산도발, 『뉴욕 데일리 뉴스』편집자인 제임스 '햅' 헤어스턴과 알보르 루이스, 노동연구위원회의 그레그 타르피니앙, 포드햄 대학교의 클라라 로드리게스, 사회연구 뉴욕학교의 엑토르 코르데로 구스만, 푸에르토리코의 훌륭한 저널리스트인 후안 마누엘 가르시아 파살라콰와 헤수스 다빌라.

나는 친구이자 대리인인 프랜시스 골딘에 특히 빚을 지고 있다. 자신의 작가들에 대한 그녀의 엄준한 방어는 사회 정의에 대한 지치지 않는 헌신에 의해서만 가능하다.

자료 출처를 찾는 데 소중한 도움을 준, 뉴욕에 있는 헌터 칼리지의 푸에르토리코 연구 도서관 센터의 아밀카르 티라도, 브라운스빌에 있는 텍사스 대학교 아르눌포 올리베이라스 기념 도서관의 욜란다 곤살레스, 오스틴에 있는 텍사스 대학교 벤슨 라틴아메리카 컬렉션의 마르고 구티에레스,『뉴욕 데일리 뉴스』의 도서관 수석인 파헤이 로젠탈과 내 연구보조원들인 에스더 (네키) 곤살레스, 자이설 누르, 카렌 이, 제니아 블레이저에게 많은 감사를 보낸다.

스페인어 사용에 있어 잦은 실수를 지적해 주고 내가 의욕을 상실할 때마다 계속 집필하도록 독려해 준 내 아내이자 동료인 니우르카 알바레스에게 감사드린다. 그녀는 이 모든 와중에도 멋진 딸인 가브리엘라를 출산하기까지 했다.

멕시코, 중미, 카리브뿐 아니라 이 나라의 셀 수 없이 많은 라티노들이 나를 그들의 고향으로 반갑게 안내해 주었고, 지난 수십 년간 내게 마음을 열어 주었다. 내가 신문에 글을 쓰든, 이 책을 위해 연구를 하든 간에, 그들은 아메리카의 나머지가 그들의 이야기를 더 충분히 이해할 것이라는 희망을 지니고 흔쾌히 잘 알려지지 않은 가족 담화를 말해 주었다. 여기에 언급하기에는 너무 많은데, 라티노 공동체의 잘 알려진 수많은 지도자들은 수년간 나와 그들의 생각을 허심탄회하게 공유했고 이 책에 그런 견해를 펼칠 수 있도록 도움을 제공했다.

그러나 이민 가족들을 만나도록 애써 준 무명의 라티노들에게 보다 특별한 감사를 보내고 싶다. 그 가족들의 이민 이야기는 이 책의 감정적 핵심을 차지하고 있다. 이 라티노들은 텍사스 브라운스빌의 도밍고 곤살레스, 엘패소의 산드라 가르사, 뉴욕 시의 에스텔라 바스케스, 알프레도 화이트, 엑토르 멘데스, 윌리엄 아코스타, 마이애미의 루이스 델 로사리오, 시카고의 마리오 곤살레스, 도미니카공화국의 이그나시오 소토와 에라클리오 리베라, 멕시코의 빅토르 알파로 클라크와 같은 사람들이다.

마지막으로 나는 내 가족들, 어머니 플로린다 기옌과 돌아가신 아버지 후안 곤살레스에게 특별히 감사드리고 싶다. 부모님은 우리가 얼마나 멀리 오게 됐는지를 결코 잊지 않게 만드셨다.

용어 설명

과라차 Guaracha | 18세기에 뿌리를 둔 쿠바 음악. 흔히 코러스와 솔로를 위한 자극적인 가사 내용의 노래로서 즉흥적인 변화를 준다.

귀로 Güiro: | 카리브의 타이노 원주민에서 기원한 것으로 박과 유사한 과일의 껍데기로 만든 악기.

단사 Danza | 푸에르토리코의 상위층에서 특징적으로 즐긴 형식적 양식을 지닌 음악과 춤.

라 마탄사 La Matanza | '암살'. 엘살바도르에서는 1930년대 독재자 에르난데스에 의해 자행된 3,000명의 피필 원주민 학살에 붙여진 이름.

라 비올렌시아 La Violencia | '폭력'. 콜롬비아에서 수십만 명의 목숨을 앗아 갔다고 알려진 20세기 중반 내전에 붙여진 이름.

라티푼디오 Latifundio | 거대한 소유지.

레비스타 Revista | '연극' 혹은 '촌극'.

레파르티미엔토 Repartimiento | 노골적인 원주민 노예제를 폐지한 이후 스페인 정착민들에게 왕이 허가한 것으로서 노동력을 위해 원주민을 선발하는 제도이다.

마라카스 Maracas | 자갈이 안에 들어 있는 건조된 박으로 만든 악기. 흔히 두 개를 동시에 연주한다.

마요라즈고 Mayorazgo | 가족에게 남아 있는 세습 토지로, 장자가 물려받는다. 장자상속제도.

메렝게 Merengue | 빠른 2/4 박자를 지닌 도미니카공화국의 전형적인 춤.

메스티사헤 Mestizaje | 인종의 혼합.

메스티소 Mestizo | 원주민와 스페인 사람 사이의 자식.

모사라베 Mozárabe | 무슬림이 지배한 시대에 살았던 스페인 그리스도인.

무데하르 Mudejar | 정복 후에 그리스도교가 점령한 스페인에 남았던 무슬림.

물라토 Mulato | 흑인과 스페인 사람 사이의 자식.

바리오 Barrio | 거주 지역 혹은 구역.

바케로스 Vaqueros | 카우보이.

발세로 Balsero | '사공'. 미국에 선박을 통해 불법적으로 들어오는 쿠바인들에게 종종 사용된다.

봉고 Bongo | 아프리카와 카리브 음악에서 손으로 연주되는 작은 드럼.

부포 Bufo | 연극 형태의 익살극.

사르수엘라 Zarzuela | 보통 희극적이거나 조소적인 주제의 대화를 담고 있는 스페인 오페라.

살사 Salsa | 큰 밴드가 연주하는 매우 빠른 박자의 최신 유행 카리브 음악으로 20세기 후반 뉴욕에서 발전했다.

살타-아트라스 Salta-atrás | 흑인의 면모를 지닌 백인.

손 Son | 강한 당김음조를 지닌 가장 오래되고 고전적인 아프로쿠바계 음악 형태.

엔코미엔다 Encomiendas | 초기 식민지 시대 동안 라틴아메리카에서 스페인 정착민들에게 수여한 신덕통치. 원주민들은 여기서 보호를 받는 대가로 봉건적 농노로 전락했다.

엘 헤페 El jefe | '우두머리'. 이 용어는 몇몇 나라에서는 독재자나 권력자를 지칭한다.

올라 Yola | 작은 배.

이호 나투랄 Hijo natural | 라틴아메리카에서 혼인관계를 통해 태어난 아이.

치노 Chino | 원주민과 살타-아트라스 사이의 자식.

카빌도 Cabildo | 라틴아메리카의 마을위원회.

카사 레알 Casa real | 스페인 식민지 마을에 있는 왕의 건물. 그곳에서 왕가의 대표자들이 만나고, 정부기금, 무역업자와 상인들의 물건이 보관되었다.

케리다/코르테하 Querida/corteja | 연인 혹은 정부.

코레히돈 Corregidon | 식민지 스페인 아메리카의 치안판사.

코메디아 Comedia | 흔히 웃긴 결말을 지닌 연극.

코요테 Coyote | 메스티소와 원주민 사이의 자식. 또한 수수료를 받기 위해 미국에 불법적으로 입국하는 사람들을 안내하는 사람.

코카레로스 Cocaleros | 주로 페루와 볼리비아의 코카잎 재배자.

콤파드라스고 Compadrazgo | 아이의 친부와 대부 사이의 관계. 보통 혈연으로 연결되지 않은 이웃 사이의 가족 같은 인연.

크리오요 Criollo | 스페인 라틴아메리카 식민지에서 스페인 부모에게서 태어난 사람.

킨세나리오 Quincenario | 젊은 여성이 된다는 것을 의미하는 소녀의 15번째 생일 축하. 앵글로의 달콤한 16세보다 좀더 세련된 라틴아메리카 방식의 행사.

파드리노 Padrino | '대부'.

파하로 Pajaro | '새'. 콜롬비아에서는 라 비올렌시아 동안 고용된 살인자를 말한다.

판데레타 Pandereta | '탬버린'.

페닌술라르 Peninsular | 식민시대 라틴아메리카에 살았던 스페인 사람.

플레나 Plena | 아프리카 음악에 뿌리를 둔 푸에르토리코 춤. 제1차 세계대전 동안 해안 지역

을 중심으로 발전되었고, 조소적 내용의 4~6줄의 연과 후렴으로 이뤄져 있다.

인터뷰이 목록

아래 리스트는 필자가 미국, 멕시코, 중미, 카리브 지역에서 이 책의 주제와 관련해 지난 수십 년 간 해 온 수백 건의 인터뷰 중 이 책과 관련된 일부 인터뷰이이다. [인터뷰 리스트는 이름, 소속 내 지는 직업, 거주 지역, 인터뷰 날짜 및 특이사항 등이 기록되어 있으나 누락된 사항도 있다.—옮긴이]

윌리엄 아코스타 William Acosta, 뉴욕시 경찰관, 1992년 3월, 5월, 12월, 1995년 11월

빅토르 알파로 클락 Victor Alfaro Clark, 변호사, 티후아나, 멕시코, 1992년 5월

베아트리세 베아우몬트 Beatrice Beaumont, 푸에르토 코르테스, 온두라스, 1990년 3월

랄리세 베아우몬트 Lalyce Beaumont, 푸에르토 코르테스, 온두라스, 1995년 1월 8일

아킬리노 보이드 Aquiliano Boyd, 파나마시티, 파나마, 1989년 12월

그렉 보일 Greg Boyle, 목사, 로스앤젤레스, 1992년 4월

오살 브랜드 Sila Calderón, 산후안시 시장, 푸에르토리코, 1999년 3월

라파엘 카예하스 Rafael Callejas, 온두라스 대통령, 산페드로 술라, 온두라스, 1990년 4월

헤로니모 캄포 세코 Gerónimo Campo Seco, 전직 대표, 아타나시오 출, 1998년 8월

에두아르도 카날레스 Eduardo Canales, 카날레스 가족의 후손, 샌안토니오, 1992년 1월

힐 세디요 Gil Cedillo, 로스앤젤레스 노동지도자, 1993년 4월

라파엘 치네아 Rafael Chinea, 한국전 참전, 가이나보, 푸에르토리코, 1992년 8월 22일

다니엘 다크레아스 Daniel Dacreas, 파나마 이민자, 브루클린, 뉴욕, 1993년 2월 19일

에르나 다크레아스 Erna Dacreas, 브루클린, 뉴욕, 1995년 2월 6일

마누엘 데 디오스 우나누에 Manuel de Dios Unanue , '70-5 위원회'의 회원, 뉴욕시, 1990 년 5월

루이스 델 로사리오 Luis Del Rosario, 쿠바 망명자, 마이애미, 플로리다, 1994년 8월, 1996 년 5월

도르카 노에미 디아스 Dorca Noemi Díaz, 온두라스 마킬라 노동자, 1994년 6월

카를로스 훌리오 가이탄 Carlos Julio Gaitan, 콜롬비아 영사, 1992년 11월

호세 가르시아 José García와 엔리에타 가르시아 Henrietta García, 로스앤젤레스 폭동 당시 아들 사망, 1992년 4월

다이앤 가르사 Diane Garza, 학교 행정가, 브라운스빌, 1992년 1월 19일

이멜다 가르사 Imelda Garza, 카날레스 가족 후손, 킹스빌, 텍사스, 1992년 4월 28일

파울라 고메스 Paula Gómez, 브라운스빌 공동체 보건 센터, 텍사스, 1993년 6월

아가피토 곤살레스 주니어 Agapito González Jr., 노동 지도자, 마타모로스, 멕시코, 1993년 6월

안토니오 곤살레스 Antonio González, '남서부 유권자 등록과 교육 프로젝트', 샌안토니오, 텍사스, 1992년 5월 11일

도밍고 곤살레스 Domingo González, '마킬라도라 노동자 정의 연합', 브라운스빌, 텍사스, 1992년 5월, 1995년 6월

마리오 곤살레스 Mario González, 코블러 센터, 시카고, 일리노이, 1998년 8월

세르히오 곤살레스 Sergio González, 곤살레스 가족, 카예이, 푸에르토리코, 1992년 8월

에바 구아드론 Eva Guadrón, 포트레리요스, 온두라스, 1990년 4월

후안 게라 Juan Guerra, 지방 변호사, 레이먼드빌, 텍사스, 1995년 6월

아나 솔 구티에레스 Ana Sol Gutiérrez, 몽고메리 카운티 학교 위원회 회원, 1998년 8월

후안 구티에레스 Juan Gutiérrez, 마타모로스, 멕시코, 1993년 6월

호르헤 이노호사 Jorge Hinojosa, '미국-멕시코 국경 프로그램'의 '미국 프렌드 봉사단', 샌디에이고, 캘리포니아, 1992년 5월

카를로스 익스우약 Carlos Ixuuiac, 로스앤젤레스 과테말라 후원 센터,

마이라 히메네스 Mayra Jiménez, 마킬라 노동자, 산페드로 데 마코리스, 도미니카공화국, 1991년 8월

베니토 후아레스 Benito Juárez, 과테말라 후원네트워크, 휴스턴, 텍사스, 1998년 8월

라파엘 란티구아 Rafael Lantigua, 도미니카공화국 이민자, 뉴욕시, 1994년 5월

기예르모 리나레스 Guillermo Linares, 뉴욕시 시위원, 1996년 4월

엑토르 로페스 시에라 Héctor López Sierra 목사, 산투르세, 푸에르토리코, 1992년 8월

호르헤 히오반니 로페스 Jorge Giovanni López, 산페드로 술라, 온두라스, 1990년 4월

아나 마리아 루시아노 Ana María Luciano, 루시아노 가족, 1992년 5월 29일

카를로스 말라곤 Carlos Malagón, 콜롬비아 이민자, 퀸즈, 뉴욕, 1995년 1월 27일

모니카 만데르슨 Monica Manderson, 파나마 이민자, 브루클린, 뉴욕, 1995년 1월 21일

로버트 마르티네스 Robert Martínez, '미국-멕시코 국경 프로그램', '미국 프렌드 봉사단', 샌디에이고, 캘리포니아, 1992년 5월

패트리샤 마사-피츠포드 Patricia Maza-Pittsford, 온두라스 영사, 뉴욕시, 1997년 9월 8일

아나 멜렌데스 Ana Meléndez와 찰리 멜렌데스 Charlie Meléndez, 1993년 6월

엑토르 멘데스 Héctor Méndez, 콜롬비아 이민자, 퀸즈, 뉴욕, 1995년 1월 20일

루이스 모히카 Luis Mojica, '산페드로 데 마코리스 지방 노동자 연합', 산페드로, 도미니카
　　공화국, 1991년 8월

클라우디아 레티시아 몰리나 Claudia Leticia Molina, 온두라스 마킬라 노동자, 뉴욕시,
　　1995년 7월

산토스 몰리나 Santos Molina, 카날레스 가족 후손, 브라운스빌, 텍사스, 1992년 5월 9일

에우헤니오 모랄레스 Eugenio Morales, 뉴욕, 1992년

푸라 모로네 Pura Morrone, 곤살레스 가족 후손, 브롱크스, 뉴욕, 1992년 8월 11일

세실리아 무뇨스 Cecelia Muñoz, '라사 국가 위원회', 워싱턴 D.C., 1997년 7월

에드워드 제임스 올모스 Edward James Olmos, 배우, 로스앤젤레스, 1993년 4월

에디 팔미에리 Eddie Palmieri, 음악가, 뉴욕시, 1990년 5월 12일

마리오 파레데스 Mario Paredes, 뉴욕 가톨릭 교구, 1997년 12월

호세 프란시스코 페냐 고메스 José Francisco Peña Gómez, 도미니카공화국, 1992년 9월

티토 푸엔테 Tito Puente, 음악가, 1998년 3월

그라시엘라 라모스 Graciela Ramos, 곤살레스 가족 후손, 뉴욕시, 1992년 8월 8일

아르눌포 레예스 Arnulfo Reyes, 의사, 트루히요 독재 희생자, 도미니카공화국, 1992년 9
　　월 5일

실베스트레 레예스 Silvestre Reyes, 국경경비대 대장, 맥앨렌 지부, 1995년 6월

팔미라 리오스 Palmira Ríos, 뉴욕시, 1994년 6월

에라클리오 '판초' 리베라 Heraclio 'Pancho' Rivera, 산토 도밍고, 도미니카공화국, 1992년
　　9월 4일

마티아스 로드리게스 Matias Rodríguez, 65보병대 퇴역군인, 푸에르토리코, 1992년 8월 20
　　일

카를로스 로메로 바르셀로 Carlos Romero Barceló, 푸에르토리코 주민 위원, 1996년 3월

이스라엘 로케 보레로 Israel Roque Borrero, 반체제 인사, 코히마르, 쿠바, 1994년 9월

알보르 루이스 Albor Ruiz, '70-5 위원회'의 회원, 1998년 1월

알폰소 루이스 페르난데스 Alfonso Ruiz Fernández, 감독관, 마타모로스 마킬라 지대의 키
　　미카 플라워 Quimica Flour 공장, 멕시코, 1991년 6월

에밀리오 루이스 Emilio Ruiz, 라트리부나 *La Tribuna*의 편집장, 롱아일랜드, 뉴욕, 1998년
　　7월 26일

에밀리오 사가르디아 Emilio Sagardía, 65보병대 퇴역군인, 푸에르토리코, 1992년 8월

피아크로 살라사아르 Fiacro Salazaar, 카날레스 가족 후손, 샌안토니오, 텍사스, 1992년 1월 20일

앙헬라 삼브라노 Angela Sambrano, '카레센' CARECEN, 로스앤젤레스, 1998년 8월

힐 산체스 Gil Sánchez, 노동지도자, 로스앤젤레스, 1991년 10월

다비드 산도발 David Sandocal, 교육자, 로스앤젤레스, 1992년 4월, 1995년 6월

암파로 센시온 Amparo Sanción, 루시아노 가족 일원, 도미니카공화국, 1992년 9월 3일

토니 센시온 Tony Sención, 루시아노 가족 일원, 도미니카공화국,1992년 9월 2일

호세 세라노 José Serrano, 뉴욕시 미국 하원 의원

할리 쉐이컨 Harley Shaiken, 교육학 교수, 버클리 캘리포니아 대학교

이그나시오 소토 Ignacio Soto, 노동지도자, 도미니카공화국, 1991년 8월

카를로스 스펙토르 Carlos Spector, 이민 변호사, 엘패소, 텍사스, 1992년 5월

산드라 스펙토르 가르사 Sandra Spector Garza, 카날레스 가족 후손, 엘패소, 텍사스, 1992년 5월 6일, 1995년 6월

훌리오 스털링 Julio Sterling, 국회의원, 도미니카공화국, 1992년 9월 5일

에스테반 토레스 Esteban Torres, 로스앤젤레스 미국 하원 위원, 1996년 11월

베아트리세 우리베 Beatrice Uribe, 퀸즈, 뉴욕, 1995년 2월 4일

글로리아 우리베 Gloria Uribe, 퀸즈, 뉴욕, 1992년 8월

비르투데스 우리베 Virtudes Uribe, 도미니카공화국, 1991년 8월

카를로스 바케라노 Carlos Vaquerano, 로스앤젤레스, 1998년 8월

에스텔라 바스케스 Estela Vázquez, 로시아노 가족 후손, 뉴욕시, 1992년 4월 10일, 4월 18일, 8월 7일, 10월 24일

메리 바스케스 Mary Velásquez, 윌리 바스케스의 어머니, 샌안토니오, 텍사스, 1992년 5월 12일

니디아 벨라스케스 Mary Velázquez, 뉴욕시 미국 하원 위원

비센테 화이트 Vicente White, 뉴욕시, 1993년 2월 10일, 1994년 12월 29일, 1994년 4월 16일, 1995년 1월 15일.

후디스 야니라 Judith Yanira, 엘살바도르 마킬라 노동자, 뉴욕시, 1995년 7월

페드로 사몬 로드리게스 Pedro Zamón Rodríguez, 쿠바 망명자, 키웨스트, 플로리다, 1994년 8월

옮긴이 후기

70년대, 심지어 80년대 중반만 해도 미국의 영문과 혹은 비교문학과 대학원 학생이 '라티노' 혹은 '히스패닉'을 학위 논문에서 다루고자 하면, 지도교수가 졸업 후 교원으로 임용될 가능성이 낮다는 이유를 들어 반대했다고 한다. 그만큼 이 주제가 흔치 않았다는 소리다. 지금으로 보면 매우 낯설게 들리는 이야기다. 그 후 20년이 채 지나지 않아, 대학에서는 라티노를 주제로 한 논문이 쏟아져 나오기 시작했다. 현재는 라티노와 관련해서 새로운 주제를 찾기 어려울 만큼 문학은 물론이고, 각 학문 분야에서 심도 있는 연구가 진행되고 있으며, 대학마다 스페인어를 위시로 학제를 아우르는 강좌가 매우 다양하게 개설되어 있다. 또한 라티노와 관련한 이야기는 학계를 넘어서 미디어에서도 흔히 접하는 내용이 되었다. 미국 여행을 다녀온 사람은 누구나 '스페인어'가 제2외국어의 위상을 넘어선다는 인상을 받게 될 것이다. '멕시코인이 사라진 날'이라는 2004년도 영화에서 코믹하게 보여 주는 것처럼, 미국의 농업, 건축업, 서비스업 등에서 종사하는 히스패닉이 없다면 미국 사회가 일순간에 정지될 듯이 이들은 사회 전반에서 경제활동노동인구로 가까이 건재해 있다. 이렇듯 현재 스페인어와 히스패닉의 존재는 인구의 10분의 1에 해당한다는 단지 수치의 문제를 훨씬 능가한다. 2050년에는 미국 인구의 3분의 1에 육박할 것이라는 연구기관의 예상처럼, 히스패닉 인구의 증가가 일상적으로 체감되리만큼 특정 도시와 문화의 한계를 넘어서 미국 사회의 모든 부문에 영향력을 확산해 가고 있다.

미국 인구 구성을 예견하기 위해서는 라티노 인구, 라티노 이민에 대한 이해가 적실히 필요하다. 이들이 경제 해결책인가 혹은 해악인가 하는 논의가 정계, 학계를 막론하고 사회 전반에서 활발히 진행됐지만, 사실상 의견이 극단적으로 갈려 있는 상태다. 학계 전문가들의 중론에 의하면, 불법 이민자를 합법화시키는 것이 장기적 관점에서 유익한데, 이민자들이 일자리를 앗아 가기는커녕, 창조적 동력을 제공하거나 임금 피라미드의 하부를 견고히 떠받치는 노고를 통해, 본토인들이 중간 관리자로 활약할 수 있는 노동력 구조 체제에 일조하기 때문이라는 것이다. 그러나 정치적 손익 계산에 바쁜 양당 지도자들이 쉽사리 합법화 합의에 이르기는 힘들 것으로 보인다. 아직 상원의 투표를 통과해야 하는 불법 이민자 합법화 법안이 현실에서 조속히 실효를 나타낼 것으로 전망하기란 쉽지 않다.

미국에서는 심지어 유치원 수업의 주제로 선정되는 '라티노 아메리카'에 대한 인식이 우리에게는 얼마나 현실적으로 와 닿는지 의문이 든다. 그러나 이것은 저자인 후안 곤살레스가 미국 백인 주류 사회에 던지는 질문이기도 하다. 이 용어는 라티노화化가 빠르게 진행되어 가고 있는 미국 사회를 지칭하는 것이기도 하지만, 국가적 경계 없이 이동하는 아메리카의 인구학적 현실을 언급하는 것으로 볼 수도 있다. 라티노 인구의 힘을 드러내는 말이자, 인구 이동에 연대 책임을 져야 하는, 하나의 경제 공동체적 운명을 살아가는 아메리카의 현재를 시사하는 말이다.

『미국 라티노의 역사』로 번역되어 출판된 『제국의 수확』*Harvest of Empire*은 미국 내 라티노 역사를 아메리카 전체 대륙의 맥락에서 통합적 관점을 통해 다루고 있다. 라틴아메리카에서 대규모 이민을 떠나온 수많은 라티노들의 현재를 보다 깊은 정치사회적 맥락을 통해 고찰함으로써 아메리카의 반구적 관계의 제국주의적 성격을 부각시킨다는 점에서 작가의 비판적 관점이 확연히 두드러지는 책이다.

'제국의 수확'은 저자가 책에서 설명하고 있듯이, 미제국이 예상치 않게 수확한 열매라는 뜻이다. 제국의 수확인 라티노 인구의 폭발적 유입과 증가로 인해 발생되는 부정적 영향을 역설적으로 보여 주는 단어다. 따라서 이 책은 라티노의 역사 중, 특히 이민의 역사와 원인, 갈등에 초점을 맞춘다. 라티노 인구의 증가에 따른 앵글로 주류 사회의 불안, 최근 수십 년간 발생한 라틴아메리카 출신 이민자들을 대하는 사람들의 분노에 찬 시선을 반박하기 위해서 마치 곤살레스는 그들의 변호인을 자처하고 있는 듯하다. 그는 이민의 원인과 결과에 대한 역사적 검토, 사회학적 분석, 감정적 호소 등을 모두 동원해 변론을 펼치고 있는 듯이 보인다.

곤살레스는 푸에르토리코 이민자 출신으로 뉴욕에서 성장한 저널리스트다. 청년 시절 '영로드'당과 1970년대 후반 '푸에르토리코인 권리를 위한 전국의회'라는 조직을 창설한 공동체 활동가였으며, 언론인으로서 오랜 기간 동안 미국과 라틴아메리카를 오가며 라티노 공동체의 실상을 목격하고 이들 경험을 직접 수집했다. 따라서 이 역사서에는 저자의 살아 있는 체험과 공감을 통해 획득한 광범위한 역사적 정보뿐 아니라, 마치 공동체의 목소리가 담겨 있는 듯한 현장감이 잘 살아 있다. 다양하고 방대한 내용을 딱딱하게 나열하는 역사서라기보다는 균일하지 않은 어투로 쓰여진 역사 에세이와 정치 평론의 중간쯤에 해당하는 글로 읽힌다. 신랄한 촌평과 감정적 호소가 적소에 잘 사용되어 저자의 호흡을 함께 따라가기가 어렵지 않다.

곤살레스는 미국이 어떻게 라틴아메리카의 영토를 강탈하고 수탈함으로써 제국으로 팽창했고 유지했는지를 세밀히 훑고 있다. 그러나 그는 이민의 역사적 원인 추적과 현상적 결과 분석에만 머물지 않는다. 신자유주의적 교역을 통한 야생적 경쟁과 약육강식적 경제 질서로 인해 생존을 찾아 떠나가는 이민의 행렬을 둘러싸고 미국이 책임져야 할 부분에 대해서는 촌철살인의 한마디를 아끼지 않는다. 심지어 이런 행렬의 속도를 늦추기 위해서 미 제국이 누렸던 번영의 몫을 재분배할 것을 제안한다. 이것은 단순한 인본주의적 차원의 배려가 아닌, 미국이 세계 내에서 공존하기 위한 불가피한 대안으로 제시하고 있다. 라티노 지식인으로서 지닌 사회적 책임감과 연대의식이 두드러지는 부분이다.

이 책의 구성은 '뿌리', '가지', '추수'라고 이름 붙여진 세 부분으로 이뤄져 있다. 1부 '뿌리'는 라틴아메리카와 미국이 1500년대부터 1950년대에 이르기까지 완전히 다른 사회로 발전할 수밖에 없었던 역사적 과정을 요약하고 있는데, 특히 라틴아메리카의 근현대사를 미국과의 관계를 통해 조망하는 점이 두드러진다. 라티노의 현 위치를 불가피하게 만들어 온 역사적 조건을 파헤치는 이 부분은 독자들에게 아메리카 대륙의 불평등한 반구적 흐름을 일별할 수 있는 탈식민적 시각을 제공하고 있다.

총 6장으로 구성된 2부 '가지'는 미국 내에서 가장 큰 라티노 그룹인, 멕시코인, 쿠바인, 푸에르토리코인, 도미니카공화국인, 중앙아메리카인, 콜롬비아인, 파나마인들의 역사를 각기 다루고 있다. 이 장에서는 인터뷰를 기반으로 개인 혹은 가족사를 추적하는 방식을 사용해 이들 국가의 정치적 사안을 보다 밀착된 시선으로 바라볼 수 있게 한다.

3부 '추수'는 20세기 미국의 지도자들이 경제적 필요성에 따라 카리브 지역을 어떻게 활용했는지를 개괄하고 있다. 라티노의 이민과 사회적 갈등, 문화적 공헌 등 흔히 라티노와 결부되는 중요한 사안들을 두루 다루고 있다. 이와 더불어 신자유주의적 경제질서 재편으로 인해 라틴아메리카가 치러야 했던 희생과 미국이 당면한 대가를 구체적으로 논의한다.

간단히 말해, 이 책은 라티노 이민자의 최근 역사뿐 아니라 500년 신세계 역사 내에서 라티노의 입지와 위상을 살필 수 있는 광범위한 패러다임을 사용해 '라티노 아메리카'의 역사를 개괄하고 있는 것이다. 따라서 저자가 밝히고 있듯이, 앵글로아메리카와 라틴아메리카 양쪽 저술가들이 쓴 다양한 역사서 내용을 기반으로 통합적 관점을 유지한다는 점이 이 책의 가장 큰 강점이라고 하겠다. 이 책은 신세계 발견에서부터 현재까지 연대적인 흐름을 따라 서술하고 있지만, 과거와 현재 사이의 인과관계를 밝히는 서술적 의도로 인해 시간을 역행하는 방식 또한 취하고 있다. 또한 역사학의 관점과 더불어 저널리즘적 비평, 사회학적 분석, 인류학적 경험 연구 등을 아우르며 분과 학문들을 넘나드는 시도를 펼치고 있다.

이번 개정판에서 새롭게 추가한 부분은 이 역사서의 현재적 의미를 강화시켰다. 9·11 이후 연방 정부와 지방 정부에 의해 강화된 불법 이민자 송환 정책과 반히스패닉 정서, 이에 맞서는 라티노 유권자의 영향력 상승을 자세히 다룸으로써 한층 더 시의성을 지니게 되었다. 또한 푸에르토리코가 겪어 온 여러 위기와 라틴아메리카에 미친 미국 자유무역 정책의 파괴적 영향, 라틴아메리카 전역에 등장한 좌파 성향 정부 등, 라티노 인구 이동을 추동하는 라틴아메리카의 정치 사안을 다양하게 살피면서 현재 아메리카 대륙 내 반구적 관계를 더욱 세밀하게 조명하고 있다.

현재 인구 규모의 성장과 더불어 정치경제적 힘이 강화되고 있는 라티노에 관해 국내에 소개된 연구서가 미비한 상황이다. 따라서 이 책은 멕시코계 이민자뿐 아니라 라티노 전반에 관해 통시적·공시적 관점의 정보를 원했던 독자들에게 매우 유용하다. 역사적 접근 방식이 다양하고 정보가 광범위할 뿐 아니라 라티노 연구의 학제적 성격 또한 반영하고 있어 교양서적뿐 아니라 대학 교재로 사용하기에도 매우 적절하다. 이주, 이민, 식민주의, 문화, 도시, 라틴아메리카와 미국의 역사적 관계, 신자유주의 등 역사적이면서 시의적인 주제를 모두 아우르는 탓에 단편적 시사상식을 넘어서 비판적 통찰력을 키우는 데 도움이 된다. 라티노의 뿌리뿐 아니라 현재 처한 다양한 상황, 미래에 펼쳐질 희망적 모습과 비관적 한계 등을 포함함으로써 교과서적인 역할을 충분히 수행한다고 하겠다. 라티노 역사에 관심이 있는 독자들이나 대학 강의실에서 교재로 사용하고 싶은 강의자들에게 강력히 추천할 만한 책이다.

2014년 5월
옮긴이들을 대표하여
이은아

찾아보기